都兰吐蕃文化全国
学术论坛论文集

ༀ། །གཅེར་ལམ་གྱི་བོད་བཙན་པོའི་རིག་གནས་
སྐོར་གྱི་རྒྱལ་ཡོངས་རིག་གཞུང་བགྲོ་སྟེང་
དཔྱད་རྩོམ་ཕྱོགས་བསྒྲིགས།

青海藏族研究会　编

文物出版社

图书在版编目（CIP）数据

都兰吐蕃文化全国学术论坛论文集/青海藏族研究

会编 . —北京：文物出版社，2017.4

ISBN 978 – 7 – 5010 – 4811 – 3

Ⅰ.①都… Ⅱ.①青… Ⅲ.①吐蕃 – 民族文化 – 中国

– 学术会议 – 文集 Ⅳ.①K289 – 53

中国版本图书馆 CIP 数据核字（2016）第 276934 号

都兰吐蕃文化全国学术论坛论文集

编　　者：青海藏族研究会

责任编辑：陈　峰
责任印制：陈　杰
出版发行：文物出版社
社　　址：北京市东直门内北小街 2 号楼
邮　　编：100007
网　　址：http://www.wenwu.com
邮　　箱：web@wenwu.com
经　　销：新华书店
印　　刷：北京鹏润伟业印刷有限公司
开　　本：889mm×1194mm　1/16
印　　张：29.25
版　　次：2017 年 4 月第 1 版
印　　次：2017 年 4 月第 1 次印刷
书　　号：ISBN 978 – 7 – 5010 – 4811 – 3
定　　价：280.00 元

序言（一）

王 尧

今年 6 月，青海省文化厅原副厅长、青海藏族研究会副会长、研究员格桑本同志来我处，介绍了 2012 年 10 月底至 11 月初，青海藏族研究会举办首届都兰吐蕃文化全国学术论坛的情况，并说，他们正在编辑一本汉藏合璧的《首届都兰吐蕃文化全国学术论坛论文集》。10 月中旬，藏研会的李庆和中国藏学中心的吉美桑珠两同志又前来看望，还带来《首届都兰吐蕃文化全国学术论坛论文集》（样本），他们请我写一篇序言。我已年届九十，且以腰疾等因住院，然盛情难却，遂不怕体弱，拟一短文，以为序。

2012 年论坛举办前，我收到藏研会邀请函，终因年事已高，不适应高原气候而未成行，便寄去一套新出版的五卷本《王尧藏学文集》，表示祝贺。

藏族历史文化悠久，典籍浩如烟海，是中华民族优秀文化的瑰宝。吐蕃为藏族的形成和发展，从语言文字、文化艺术、宗教信仰、天文历算、药物和诊治、经济和军事诸方面奠定了根本基础。这些大都记载于文化典籍中，还有一部分保留于已出土的地下文物。可以肯定，在尚未发掘的吐蕃墓葬中还会有不少文物留待我们去发掘研究。就已出土文物而言，在各种物体上保存下来的古藏文随处可见。我从事古藏文研究几十年，早些年当得知青海都兰县出土了大量的吐蕃墓葬品，其中就有古藏文时，感到无比惊喜。当时青海省上的领导还同我一起去都兰看过，至今印象很深。这些古藏文书写在大量的纸质经卷，木制简牍、泥塑擦擦上，乃至镌刻于一些石材、动物骨骼，编制于绢帛上。都兰地区墓葬规模之大，墓葬文物之丰富、珍贵，让世人惊叹。对都兰吐蕃古墓的发掘，为我们的研究提供了极为重要的地下实物资料，弥补了历史文献的不足。我和陈践，还有东嘎·洛桑赤列先生都为此作过一些考释和研究。

从 1999 年下半年开始，北京大学考古文博学院、青海文物考古研究所联合在都兰热水河南岸发掘了 4 座大中型吐蕃墓葬，这是在都兰地区进行的一次重要的科学考古发掘工作，我受托研究和考释了热水南岸一、二、三号墓的出土木简。其中，一号墓主人可能为公元 757 年死于任上名叫"甲贡"的尚论思结杰，这是一座可以认定墓主人的吐蕃墓葬。同时，我对 1985 年出土的热水 10 号墓的 11 支吐蕃简牍也作过考释。中央民大的东嘎·洛桑赤列先生（已过世几年）对都兰热水血渭 6 号墓出土木牍作过考释。他认为："出土的木牍是一封信，从文字书写的特点和内容看，墓主人应是吐蕃显贵人物。"

多年来，国内外专家学者不断探讨和研究吐蕃文化，成绩斐然。这次学术论坛的成功举办和论文集的整理出版，既是对都兰吐蕃研究的一个成果总结，又是推动今后研究的一个良好开端，具有重要的启迪意义，由此而带来的影响肯定是正面的和广泛的。我这一辈子只从事过藏族文化工作，主要是考释和研究古藏文，深感藏族人民勤劳智慧，淳朴实在，藏族文化博大精深，独步于世。真诚希望中国各民族团结和谐，共建美好家园。青海的藏学研究者们再接再厉，不断取得新成果，这是我们应尽的历史责任。

2015 年 10 月于北京

序言（二）

格桑本　许新国　李智信

　　吐蕃政权是我国历史上一个非常重要的地方政权，鼎盛时期的版图包括现在的西藏、青海全部和甘肃、新疆、云南、四川大部以及南亚、中亚西部部分地区，触角一度进入唐代首都长安。吐蕃政权的建立和壮大对于藏民族以及我国西北、西南许多少数民族的形成和发展产生过巨大作用，对于中华民族的形成与发展做出了巨大贡献。对于吐蕃文化的研究，以前仅限于汉藏史料和在甘肃敦煌和新疆等地发现的壁画和吐蕃文书。青海都兰地区墓地的发现和发掘，为世人打开了一扇了解吐蕃文化的新窗户。透过这扇窗户，人们看到了许多以前闻所未闻的全新景象，看到了1200年前中原文化与中西亚文化在青藏高原上的激烈碰撞与交融，也看到了青藏高原上主人兼容并蓄的气度与博采众长的雅量，更看到了青藏高原上的繁华、繁荣与繁忙。这些景象带给现时人们的是惊喜，是震撼！

　　都兰吐蕃墓葬最早发现于20世纪50年代，1957年12月13日青海省人民政府将其中考肖图、英德尔两处墓地公布为第二批省级文物保护单位。1996年11月20日"都兰热水吐蕃墓群"被国务院公布为全国重点文物保护单位。

　　1982年以来，经国家文物局批准，青海省考古队对都兰吐蕃墓葬进行了系统发掘，发掘墓葬80余座，出土了大量精美丝绸、金银器、铜器、漆器、木器等珍贵文物，引起国内外学界广泛关注，有越来越多不同学科的权威学者参与研究讨论，研究工作涉及墓葬形制、结构和出土文物的方方面面，得出很多科学结论。

　　2012年10月28日至11月2日，青海藏族研究会在青海西宁举办了首届都兰吐蕃文化全国学术论坛，国内60余名专家学者参加了论坛，收到汉藏文论文30余篇。参加的学者既有考古学、古藏文学、历史学的专家，还有人骨DNA测定、树轮测定、物理探测等自然学科的专家。汉藏学者用汉藏两种语言发言，介绍各自的研究成果，对相关问题进行了科学、缜密、深入的探讨，会议气氛热烈，学术态度严谨，取得了良好的效果。

　　从都兰热水吐蕃墓群布局及结构看，在文化面貌上与西藏地区吐蕃墓有高度的一致性，其中热水1号大墓在墓葬规模和级别上可与西藏琼结吐蕃王陵相仿佛。墓前排列五条殉有87匹完整马的陪葬沟和27个殉有完整狗及牛头等的陪葬坑。墓地空间布局以一座居于高地的大墓为中心，中小型墓葬在其周围低地松散分布。大型墓葬封土结构以土、石混筑，内有多级石砌围墙，墓葬位于石砌围墙之中，中小型墓葬以石室为墓室，或以石板为葬具。以石室、石板为主要埋葬用材是吐蕃时期使用范围最为广泛的使用频率最高的埋葬方式，具有比较稳定的状态，体现出强烈的时代风格和民族特色。

中国社会科学院考古研究所对都兰地区热水墓地、智尕日墓地和莫克里墓地等墓葬出土的树轮标本进行了精确年代测定，认定9座墓葬年代在公元7世纪末至8世纪末，这一年代区间处于吐蕃王朝统治柴达木盆地时期。

吉林大学边疆考古研究中心对热水墓地3例人骨进行了DNA测序分析，认为"这批古人骨的族属当系唐代的吐蕃人"。"这3个古代序列应属于亚洲谱系，关系与现代藏族人群比较接近"。

热水墓群出土的古藏文木牍、木简和碑铭，经古藏文专家研究，其内容或与吐蕃王室有关，或与"论"、"赤"等重要官员有关，表明了热水墓群主人与吐蕃王朝之间的血肉联系。王尧教授对热水南岸1号墓出土木简甄辨结论是：墓主人为公元757年死于任上名叫"甲贡"的尚论思结桑，这是第一座可以断定墓主人的吐蕃墓葬。宗喀·漾正冈布研究认为，热水当地地名"偕微"，与起源于吐蕃邦国"吉若姜恩"的"偕微"氏族有关。

都兰吐蕃墓葬出土丝绸数量巨多，品种、图案多样，不少制品技艺繁复，制作精良，令人叹为观止。这些丝绸中有130余种不同图案，其中112种为汉地织造，占品种总数的86%；在西方织品中粟特锦数量较多，1件西方锦中有钵罗婆文字，是确定无疑的波斯文字锦。根据类型学分析，这些丝绸的年代约在7世纪中叶至9世纪，其上限年代与中国社会科学院考古研究所树轮测定墓葬年代上限较一致。这一时期，吐谷浑政权早已瓦解，萨珊王朝已经覆灭，吐蕃王朝蓬勃兴起，因此，都兰出土的西方织锦，除了一部分在中亚地区织造以外，在吐蕃统治地区织造的可能性极大。

都兰及其他柴达木地区发现的壁画和棺板画是这一地区又一文化亮点，自发现以来引起专家学者热议。图案涉及诸多内容，对研究当时政治、军事、经济、文化、宗教、风土人情等具有非常重要的意义，其中许多画面使人耳目一新，为人们提供了非常直观、非常生动的实物资料。罗世平先生在《天堂喜宴——青海海西州郭里木吐蕃棺板画笺证》中运用大量汉藏资料，通过猎鹿驱牛、驼运赴盟、拂庐宴饮、客射牦牛、男女合欢、灵帐举哀、多玛超荐、送鬼祈福、牛马献祭、葬吉宴饮等节对郭里木板画内容进行了深入细致的对比研究，得出了比较中肯的意见。许新国先生在《郭里木吐蕃墓葬棺板画研究》中通过四神图、狩猎图、商旅图、宴饮图、帐居图、男女双身图、射牛图、人物服饰与赭面等，在使用文献资料对壁画内容进行宏观研究的同时，使用大量文物资料对壁画许多细节进行了分析对比，得出了更为实际的结论。霍巍先生在《西域风格与唐风染化》中通过入华粟特人墓葬与郭里木墓葬比较，研究两者的异同，研究他们之间千丝万缕的联系。这些研究共同的特点是系统、细致、深入，论据充分、结论科学，令人信服。

都兰吐蕃墓葬中还出土了一些金银器，大多数是器物上的装饰品。饰物上的装饰图案以动物和植物为主，其制作技法和题材与中亚粟特人使用的金银器非常接近，有些图案则具有中原传统文化式样。

漆器在都兰吐蕃墓葬中占有一定比例，通过拼对复原，可知有碗、杯、盘、罐、勺、盒、马鞍、箭囊等，漆器内胎均为木质，绝大多数由整木旋制而成，外表有黑漆、清漆、紫黑色漆等，色泽光亮，质地上乘。漆器器形大部分与同期唐代金银器器形相似，可能是由中原地区输入的。

　　总体看，从人种、文字、墓葬布局及建造技术看，这些古代墓葬的主人与吐蕃王朝和现代藏族的关系十分紧密，可认定都兰墓群是吐蕃文化遗存，中央政府、青海省人民政府公布文物保护单位时，对它的定性是准确的。

　　都兰吐蕃墓葬出土的许多具有明显中原、西亚风格的文物，既有中原、中西亚输入品，也有具有中原和西亚传统工艺在吐蕃统治地区制造的可能性。从这些具有不同文化传统的文物可以看出，吐蕃王朝无论是在促进中西文化交流方面，还是吸纳中西文化精华、在本民族文化发展方面都取得了可歌可颂的成就。

　　习近平总书记多次就文物保护工作作出重要指示，他指出，文物承载灿烂文明，传承历史文化，维系民族精神，是老祖宗留给我们的宝贵遗产，是加强社会主义精神文明建设的深厚滋养。保护文物，功在当代，利在千秋。他强调各级党委和政府要增强对历史文物的敬畏之心，树立保护文物也是政绩的科学理念，统筹好文物保护与经济社会发展，全面贯彻"保护为主，抢救第一，合理利用，加强管理"的工作方针，切实加大文物保护力度，推进文物合理适度利用，使文物保护成果更多惠及人民群众。各级文物部门要不辱使命，守土尽责，提高素质能力和依法管理水平，广泛动员社会力量参与，努力走出一条符合国情的文物保护利用之路，为实现两个"一百年"奋斗目标、实现中华民族伟大复兴的中国梦做出更大贡献。

　　都兰热水吐蕃墓群是祖国历史文化遗产的重要组成部分，是生活在 1200 年前青藏高原上的先民们给我们留下的不可再生的珍贵文化资源，是国家的"金色名片"，是中华民族生生不息发展壮大的实物见证，又是国家公布的全国重点文物保护单位和全国 100 个大遗址之一。首届都兰吐蕃文化全国学术论坛与会者呼吁：各级政府尤其当地政府，应遵照《中华人民共和国文物保护法》及其国保和全国百大遗址总体规划要求，实施对热水吐蕃墓群的整体保护和适度展示利用，尽快建立大遗址博物馆，将丰富多彩的吐蕃文化瑰宝展现在世人面前！

序言（三）

李　庆（多哇·更桑协热）

  首届都兰吐蕃文化全国学术论坛于 2012 年 10 月 28 日至 11 月 2 日成功举办。论坛由青海藏族研究会组织，并分两段时间安排。前两天组织与会人员到海西州的茶卡、都兰古墓现场考察，后两天在西宁开会研讨。来自北京、西藏、四川、吉林、甘肃、青海的 60 多位专家学者和研究生到会，提交论文 30 多篇，在考察现场接受采访和研讨会发言者达 30 多人。

  参加论坛的人员多是熟悉吐蕃文化的研究者和古墓发掘者，其中有几位还是国内外知名专家。与会者提交的论文几乎涉及都兰等地吐蕃墓葬的所有问题。作为这次论坛的倡办者和组织者之一，我有幸参加现场考察、听取发言。在编辑本论文集时，再次阅读所有论文和发言记录，使我再次受到启发，所获教益良多，影响深刻。如是者，考古发掘报告《都兰吐蕃墓》内容涉及广泛，考证测试科学精到，事实结论无可辩驳；树轮测定墓葬年代恰在吐谷浑被吐蕃灭亡之后；墓葬形制和丧葬特点与西藏一致；对棺板画、壁画的解读和对各种物体上的古藏文考释，明确显示墓葬族属和墓中主人身份；专家学者中不少人汉藏文兼通，他们引经据典，优势互补，从不同侧面和角度阐述己见；还有宗喀·漾正冈布和他的团队选题特点突出，送交多份研究论文。众学者之论犹如百花绽放，群蜂咀华，莫不让人惊叹称奇。

  举办这次论坛，是基于这样的认识和目的：吐蕃在中华民族发展史和藏族历史上发挥过极其重要的作用，谱写了光辉灿烂的篇章，它所创造的历史和文化一直影响着后世和现代。自公元 6 世纪末到 7 世纪初，吐蕃王国在拉萨河谷崛起，至 7 世纪中叶后，其强大的军事力量，不断东扩西攘，北略南进，占领和控制了东至成都和云南大部，东北据武威一带，南占尼泊尔和孟加拉，在加尔各答立碑；西进巴基斯坦和阿富汗；西北达葱岭，据有西域四镇的现新疆南部全部地区；北面领有敦煌和河西走廊。伴随着军事力量的扩展，吐蕃成功进入和控制了中亚、南亚和唐朝长安、成都、云南以及境内外的西部和南部贸易通道。其时吐蕃的政治、军事、文化和商贸的发展和势力已达于极点。吐蕃的军事力量不仅"阻止武力传教的大食（阿拉伯）东侵"，还扩展和奠定了中华帝国的西北和西南版图，吐蕃与唐朝的经贸和文化交流，促进了与祖国内地的联系和发展，这些贡献是巨大的和持久的，无论从哪个角度看，都具有重要的历史和现实意义，值得深入探讨和研究。

  吐蕃时期的几代赞普政权完全控制和牢固据有青康藏高原，从松赞干布开始，藏文的创制与推广，方言的组合与共同语言的逐步形成，宗教信仰的由苯而佛，促进了吐蕃民族的形成和发展，以至深刻影响到吐蕃以后整个藏族社会的发展进程。

青海都兰是整个吐蕃时期一个极为重要的战略要地，它在军事上既是向前进攻的根本据点和暂作退守的天然屏障，又是进行东西方经贸和文化交流的通道和驿站。全盛时期的吐蕃对青海的经营（包括吐谷浑的被灭）历经两个多世纪，深刻而又广泛。探讨和研究吐蕃，我们不仅有浩如烟海的各类藏汉典籍，还有从地下发掘出来的丰富宝藏，这些宝藏就是吐蕃墓葬。国学大师季羡林说过"在全世界范围内，藏学已经浸浸成为显学"，吐蕃研究是藏学研究的重要组成部分，吐蕃墓葬的发现、发掘，为藏学研究提供了极为丰富的实物资料。青海是仅次于西藏的吐蕃墓葬遗存最多的一个地区，是整个吐蕃时期吐蕃文化的一个不可或缺的重要组成部分。

就吐蕃在都兰等地留下了许多宏伟的由大、中、小各种类型庞大的墓葬群，以及难以统计清楚的墓葬数量。从 20 世纪 60 年代开始，在都兰陆续发现和发掘出的吐蕃墓葬，引起社会和各级政府的广泛重视。1982 年青海省文物考古研究所在都兰县热水乡血渭草场发现庞大的吐蕃墓葬群。1986 年 5 月 27 日，青海省政府以青政【1986】65 号文件将"都兰热水吐蕃墓群"公布为第四批省级文物保护单位。该文的附件二还重申了青海省第一、二、三批文物保护名单。其中，1957 年 12 月 13 日公布的第二批名单中，都兰县英德尔羊场老场部的英德尔古墓和都兰县香加乡考肖图古墓均被定为唐代吐蕃古墓。1996 年都兰吐蕃墓葬群被国家文物局学术委员会冠名为"都兰吐蕃墓葬群"，评为"1996 年全国十大考古新发现"之一。同年 11 月 20 日国务院以国发【1996】47 号文将"都兰热水吐蕃墓群"公布为全国重点文物保护单位。1996 年国家文物局主编的《中国文物地图集——青海分册》等书也将"都兰热水吐蕃墓群"定名为吐蕃古墓群，并将热水吐蕃墓群列入全国百大遗址。1999 年北京大学考古文博学院与青海省文物考古研究所联合对青海都兰热水南岸的四座吐蕃墓葬进行了抢救性发掘，2005 年科学出版社出版了最具权威的考古发掘报告《都兰吐蕃墓》。该书就出土的陶器、织物残片、木器件、木板画、皮件、金银饰件、古藏文、人体骨骼、道符等加以专文论述。后来，又相继于 2002 年发现了德令哈市郭里木乡棺板画，2008 年发现了乌兰县希里沟镇泉沟壁画墓，2011 年在青海省第三次全国文物普查期间，正式确定玉树县当噶墓群、称多县白龙沟可哇下庄墓群和治多县那考达墓群等十多个墓葬群为吐蕃墓群。这些墓葬的发现，使人耳目一新，又一次在学术界产生了震撼效果。已经出土的文物，从人类学、民族学、历史学、民俗学、美术学、语言学、宗教学等许多方面极大地丰富了吐蕃文化的实物材料，使我们对吐蕃文化、唐蕃关系、中西方文化交流等有了更新的乃至颠覆性的认识。探讨和研究整个吐蕃时期的历史文化、政治制度、商贸通道的继承与发展、与外域的交流和往来，对总结历史经验教训，发扬与传承藏族文化，有着不可替代的借鉴和启示作用。研究吐蕃，继承和发扬民族历史传统文化不仅能丰富整个藏族思想文化的内涵，而且对增强中华文化认同感和民族团结和谐，各民族共同发展亦具有重要意义。

但是，青海吐蕃墓葬特别是都兰吐蕃墓葬的发现并未能使一些人改变认识。他们无视国务院、省政府的《通知》和公布的保护名录，不顾专家学者们几十年来的考古科研成果，在省内外一些刊物和媒体上发表文章，臆说这些墓葬为吐谷浑墓。多年来，青海极少数文史爱好者们不顾国家定论，依凭国内极个别学者错误论证，歪曲历史事实，怀着不同的目的，或借坟认祖，或打着学术研究的幌子，妄猜臆断，任意发挥，给省情介绍、观光旅游和部分读者思想上造成了不小的混乱，甚至影响到省内外一些学术单位的研究和基层政府的决策。这个影响不能低估。

为正本清源，还原历史，青海藏族研究会会刊《青海藏族》2011 年第 2 期和 2012 年第 1 期，组织专刊，据理反驳。2011 年 12 月向省级有关领导、地方政府和部门呈送《都兰吐蕃墓》一书及情况说明。这些工作产生了较为强烈的社会正面反响，越来越多的人了解真相，拥护国家定论，充分肯定我省考古工作者做出的贡献。这种形势也为举办首届都兰吐蕃文化全国学术论坛奠定了坚实的思想基础和工作基础。

在这次论坛上，专家学者们对吐蕃文化和都兰等地的吐蕃墓葬以及出土文物从各方面进行论证和探讨，获得许多新成果和新见解。特别是在一些关键问题上通过交流，强化了早已取得的共识和结论，这就是，历史文献、墓葬形制、树轮测定和出土实物充分证明都兰古墓为吐蕃墓，古藏文木简牍和石刻人物考释，人骨线粒体 DNA 测试结果均表明已发掘墓葬的墓主人为吐蕃人，其中可以确认有 3 座墓葬的墓主人是大论一级的吐蕃高官。专家学者们的结论对"吐谷浑墓葬论"者，是一个有力的回答。

今天，两吐之争初见端倪，但"吐谷浑墓葬论"之声音尚未止息，其危害所及，影响还在。要真正从各个层面、各媒体和出版物实现正本清源，恢复都兰吐蕃墓葬的历史真面目，尚需时日，但我们坚信，假造的雾霾渐进消弭，无谓的努力终究还是泡影。

这次学术论坛的成功召开和论文集的编辑出版，既是对以往都兰吐蕃研究的一个成果总结，也是推动今后研究工作的一个良好开端，具有重要的发轫和启迪作用，由此而带来的影响肯定是正面的和广泛的。今后的论坛应该从综述性的议题逐步转向不同的专题研讨，使之更加深入、集中，达到认识上新的高度和广度。我们对已知的吐蕃文化到底能掌握多少，研究的深度和广度如何，对未知的吐蕃文化应从什么角度和层面上进行探讨、挖掘和开展研究？如，吐蕃向西南、西北扩张和控制的疆域对中华民族的意义；吐蕃与唐王朝在政治、经济、军事、文化交流（包括文成公主、金城公主进藏）中的相互关系及其影响；吐蕃继承和发展东西方商贸和青海南路商道，即南达尼泊尔、印度，西至伊朗、巴基斯坦和阿富汗通道的状况和作用，包括文化交流以及相互影响；藏文创制对藏族的形成、社会发展以及对中华民族的历史文化意义，藏语文一千多年来的发展变化和未来前景；吐蕃时期农牧业、医学、手工业和造桥业的发展，并结合现状进行对比；吐蕃文化的古为今用和现代藏族的发展应从吐蕃借鉴什么经验教训；苯教的衰落和藏传佛教的兴起以及对其后藏族社会各方面的影响；又如，关于吐蕃与吐谷浑的关系：吐谷浑在青海相当长的一个时期内和吐蕃有战有和，直至被吐蕃灭亡后的情况，弄清他们在不同阶段的具体交往、相互关系和影响，包括语言文字、丧葬习俗、民族的融合与同化以及吐谷浑自进入青海以后的居地变化、战争活动、农牧商贸等，这方面汉文资料有限，今后还应从搜集、翻译和整理藏文历史文献，结合出土文物的研究，这样才能比较全面和准确地反映吐蕃和吐谷浑关系的全貌，等等。

本次论坛的举办者——青海藏族研究会高度肯定和赞同专家学者们在论坛结束时的强烈呼吁，乘当前文化大发展、大繁荣和中央支持藏区发展政策的有利时机，相关部门和地区应该按有关规定和程序，对热水墓群及其范围内大量无地表标志的大遗址（包括房址、灶坑、灰沟、排水沟等地下遗迹）整体保护；就地保护展示都兰热水一号大墓及其殉葬坑和房址、灶坑等建筑遗址。建成类似西安半坡、四川三星堆、陕西汉阳陵一样的遗址博物馆，在其周围进行有计划发掘，逐步建成有大、中、小型吐蕃墓葬系列遗址博物馆，并建立青海省和都兰县两级吐蕃文化博物馆，将珍贵的吐蕃文物向世人展示。

通过对都兰吐蕃墓葬及其出土文物（还应包括整个海西地区，乃至玉树、果洛和化隆等地）保护和研究，给后人留下我们在现有能力下所能达到的目标和取得的成果，是我们这一两代人应尽的历史责任。当此之时，应充分认识党的十八大将文化建设列为今后主要工作之一的重要性，善于把握有利时机，乘势而上，把保护都兰吐蕃墓葬、建设遗址展馆和进一步深入研究吐蕃墓葬及文物的工作同时抓起来，使遗址和墓葬保护为历史和后代负责，遗址建设为文化旅游开道，文物研究为国家和藏区发展服务。愿这一美好愿望能够早日实现。

目 录

汉文史料中的"玛卿邦热"白兰方位再考

刘铁程　　宗喀·漾正冈布　　周毛先[1]

阿尼玛卿山在稍晚的汉文文献中又称为"大积石山"。此名乃是从《禹贡》中来，雍州的贡道，是"浮于积石，至于龙门"。《汉书·西域传》说黄河潜行地下，"南出于积石，为中国河云"[2]。可知，在早期华夏的视域里，积石山可算是黄河的一个源头。我们今天知道河源在多思麦地区。由于中原政权的势力远没有到达这里，早期汉文文献不可能认识到河源的真正所在。对此，《元史·河源附录》有如下总结：

河源古无所见。《禹贡》导河，止自积石。汉使张骞持节，道西域，度玉门，见二水交流，发葱岭，趋于阗，汇盐泽，伏流千里，至积石而再出。唐薛元鼎[3]使吐蕃，访河源，得之于闷磨黎山。然皆历岁月，涉艰难，而其所得不过如此。世之论河源者，又皆推本二家。其说怪迂，总其实，皆非本真。意者汉、唐之时，外夷未尽臣服，而道未尽通，故其所往，每迂回艰阻，不能直抵其处而究其极也[4]。

大积石山是与今临夏的小积石山相对存在的，山名的大小对举是华夏地理视野拓展后的结果。华夏的势力范围在河湟地区稳定后，小积石山显然不再是黄河的源头了，河源则继续向黄河上游推进，故而今藏语名为"阿尼玛卿"的大山成为积石山的另一处地名。由于阿尼玛卿山地区常被视为"河源"，我们在本章探讨黄河上游及其支流的历史地名时，首先将检讨汉文史料中阿尼玛卿山的地名记录情况。

一　阿尼玛卿的藏文名称

阿尼玛卿神山（ཨ་མྱེས་རྨ་ཆེན།）在藏文化中是"世界形成之九神"（སྲིད་པ་ཆགས་པའི་ལྷ་དགུ）之一。"阿尼"意为"祖父、祖先"，故而阿尼玛卿的字面意思可解释为"祖先大玛神"。"玛"（rma）一词指地域，关于这个词何时起源尚没有充分的研究。在多麦地区，阿尼玛卿山与青海湖（措赤雪嘉姆）是两个最受尊崇的自然景观，山与湖构成阴阳关系。

阿尼玛卿亦有"玛卿邦热"之名。一份苯教的"玛卿神山颂词"（རྨ་ཆེན་པོམ་རའི་བཅོད་བཤགས།）中将"邦热"写为"པོམ་ར།"（bom ra）[5]，其他文献中更广泛的写法是"སྤོམ་ར།"（spom ra）或者

"སྦོམ་ར།"（sbom ra）。从很多文献记载来看，这座神山更多地是以"玛卿邦热"的名字出现的，并且"玛卿邦热"的名称提及了有关这一神山的更具体的信息"邦热"（sbom ra），这是阿尼玛卿山较古的名称。在白龙江流域发现的苯教文献中[6]，涉及阿尼玛卿山的煨桑颂文、赞词、招魂词中都是以"邦热"（spom ra）的称呼出现的。我们现在以杨士宏教授等所搜集公布的题目为例记于下面：

发现地点	藏文名称	藏文转写	汉译名
甘南藏族自治州舟曲县峰迭乡好地坪村	སྦོམ་རའི་བསང་ཡིག་དབུ་ལ་གསོལ།	Spom ra'i basng yig dbu la gsol	邦热煨桑颂文敬上
	སྦོམ་རའི་བླ་བསྲུ་དབུ་ལ་གསོལ།	Spom ra'i bla bslu dbu la gsol	邦热招魂颂文敬上
陇南市宕昌县新城子藏族乡叶贝村	སྦོམ་ར་སྐུ་ཚན་དབུ་ལ་གསོལ།	Spom ra sku tshan Dbu la gsol	邦热山神昆季供赞词敬上
	སྦོམ་རའི་རི་ཆུང་དབུ་ལ་གསོལ།	Spom ra'i ri chung dbu la gsol	邦热小山神供赞词敬上
	སྦོམ་རའི་རི་ཆེ་དབུ་ལ་གསོལ།	Spom ra'i ri che Dbu la Dbu la gsol	邦热大山神供赞词敬上

关于白龙江流域发现的这批苯教文献，有学者认为其年代可能早于吐蕃时期。杨士宏教授等在相关研究中初步推测"文献产生年代的上限约在 12 世纪末至 13 世纪初期这一时段，并带有受藏传佛教宁玛派影响的印记"[7]。

约瑟夫·洛克（J. F. Rock，1884~1962）在他的重要著作《阿尼玛卿及其周边地区》（The Amnye Ma‑chhen Rangeand Adjacent Regions）中提及"正如在藏文文献特别是有关阿尼玛卿山神的经典著作中所载，（阿尼玛卿）真正的名字是玛卿邦热（rMa‑Chen sPom‑Ra），没有阿尼（Anye）或阿米（Amye）这两个在提及这条山脉时所使用的荣誉性标志"[8]。"邦热"一词的确切含义，已经难以解释。有研究认为"'邦热'二字字面可解为'粗大的角'，其具体含义难以考述，也许玛卿山神的原型是一种长有粗壮双角的动物"[9]。

现在我们由近及远，探讨这座大山在汉文史料中的地名记录。

二　由清至唐"邦热"（bomra）地名的记录

1. 阿弥耶玛勒津木逊鄂拉

《钦定西域同文志》载此山蒙古语名为"阿弥耶玛勒津木逊鄂拉"，此名释为：

蒙古语玛勒津老人头童之象，木逊，冰也，山顶光净，少草木，多冰雪，为青海望山[10]。

"阿弥耶玛勒津木逊鄂拉"一名为蒙古、藏语合璧地名。"阿弥耶"为藏语ཨ་མྱེས།（Amyes）意为祖父、祖先。前引《同文志》关于"玛勒津"的解释有偏差。玛勒津本意为"光秃秃"的，与前文的藏语"阿弥耶"连称可强解成"老人头童之象"。

2. 阿木尼麻禅母逊阿林

《清史稿·地理志》中所载的阿尼玛卿山名也是蒙藏语合璧地名：

其一为阿木尼麻禅母逊山，即大雪山也。番语称祖为"阿木尼"。西海十三山，番俗皆分祭之，而以大雪山为最[11]。

（黄河）又东南流，曲曲七百余里，绕大雪山南，古积石山也。番名阿木尼麻禅母逊阿林。阿木尼谓"祖"，麻禅谓"险恶"，母逊谓"冰"，犹言"大冰山"也。山自巴颜喀喇东来，当黄河北岸，绵亘三百余里，上有九峰，甚高，冬夏积雪。在西宁边外西南五百三十余里。元史谓之亦耳麻不莫剌[12]。

"阿木尼麻禅母逊阿林"作为蒙藏合璧地名，《清史稿》中所载的释义恐有部分错误。"阿木尼"为藏语ཨ་མྱེས（A myes），意为"祖"；"麻禅"应是藏语རྨ་ཆེན（rma chen）的音译，而非"险恶"之意；"母逊阿林"即前引文中的"木逊鄂拉"，均是蒙古语"冰山"的音译。"阿木尼麻禅母逊阿林"一句藏语写为ཨ་མྱེས་རྨ་ཆེན་མུ་སུན་ཨའུ་ལ（A myes rma chen mu sun A'ula），意为"祖先大玛神冰山"。

3. 麻瑹剌山

明洪武十一年（1378年），赴西方的求法僧人宗泐（1318~1391年）途径河源，赋诗《望河源》一首，他在诗序中说：

河源出自抹必力赤巴山，番人呼黄河为抹处，旄牛河为必力处，赤巴者，分界也。其山西南所出之水则流入旄牛河，东北之水是为河源。予西还，宿山中，尝饮其水，番人戏相谓曰："汉人今饮汉水矣。"其源东抵昆仑可七八百里，今所涉处尚三百余里，下与昆仑之水合流。中国相传以为源自昆仑，非也。昆仑名麻瑹剌，其山最高大，四时常雪，有神居之。蕃书载其境内祭祀之山有九，此其一也。并记之[13]。

在昆仑—西王母神话系统中，如《山海经》认为河水出昆仑虚东北隅[14]。受其影响，历代汉文文献在论及河源时，常将其所定河源地附近确定昆仑山的参考坐标。在汉文文献中宗泐的这篇诗序正确地指出巴颜喀拉山是黄河源头所在。巴颜喀拉山在上文中所反映的名称是"抹必力赤巴山"。"抹处"即藏语"玛曲"（རྨ་ཆུ；rma chu）。"必力处"即现今藏语读若"治曲"（འབྲི་ཆུ；bri chu；母牦牛河）的通天河。"赤巴"乃藏语མཚམས་པ（mtshams pa），意为分界，分际。正如宗泐所说，"抹必力赤巴山"（རྨ་འབྲིའི་མཚམས་པ་རི（rma 'bri 'mtshams pa ri），意为玛曲与治曲分界之山。藏语中关于巴颜喀拉山的命名，反映出长期在汉文文献中莫衷一是的河源问题，在土著人民中有清晰的认识。但这个名称似乎并非是今巴颜喀拉山的通用藏语名，我们将在"阊摩黎山"的部分加以讨论。

然而，在黄河（玛曲）所流经的多思麦地区中，阿尼玛卿山才是土著文化中最为重要的大山脉。宗泐在诗序中也提到了这座"有神居之"的大山脉——麻瑹剌山。与我们现今看到的很多藏文文献一样，"麻瑹剌"正是指向了阿尼玛卿山另外一个常见的名称"玛卿邦热"（rma chen spom ra），只是没有"卿"（chen）这一指称"大"的词汇。宗泐去西域求法时，佛法已经在印度本土衰落了。在宗泐途径地区，佛法尚且昌盛的地方是藏地和斯里兰卡，故而我们推测宗泐跟藏地僧人有过密切的接触，从而对藏文化有一定的了解。正因此，他才提及"番书"（藏文书籍）记载玛卿邦热（麻瑝剌）乃是雪域祭祀的九大神山之一。

4. 亦耳麻不莫剌

前所引《清史稿·地理志》已经指出阿尼玛卿山（阿木尼麻禅母逊阿林）在《元史》中称为"亦耳麻不莫剌"，此名载于《元史·河源附录》，相关部分写道：

朵甘思东北有大雪山，名亦耳麻不莫剌，其山最高，译言腾乞里塔，即昆仑也。山腹至顶皆雪，冬夏不消。土人言，远年成冰时，六月见之。自八九股水至昆仑[15]行二十日。思本曰："自浑水东北流二百余里……又折而东流，过昆仑山下，番名亦耳麻不［莫］剌。其山高峻非常，山麓绵亘五百余里，河随山足东流，过撒思加、阔即、阔提地。"[16]

《元史·河源附录》是一篇重要历史地理文献。其所本的一是翰林学士潘昂霄所撰的《河源志》，该书是从元招讨使都实之弟阔阔出所说而撰就的。都实是元代奉命勘察河源的官员，所以有关此地山川的名称不少以蒙古语地名出现，藏文地名的音译也照顾了蒙古语音译藏语的习惯。《河源附录》还参考了临川朱思本汉文翻译的帝师所藏梵字图书，所谓"梵字图书"指的即是藏文书籍。可见《河源附录》的撰写不仅有实地考察作为基础，还参照了汉、藏文文献，有很高的可信度。

《河源附录》中提到的朵甘思（mdo khams）东北的大雪山，汉文名之为"昆仑"，藏语名（番名）"亦耳麻不莫剌"。从前所引文的前后文来看，黄河先是绕昆仑东南流，而后"北行，转西流，过昆仑北，一向东北流，约行半月，至贵德州"。很容易判定，这座昆仑山（亦耳麻不莫剌）即是阿尼玛卿大雪山。黄河在青海省的主要流向是由阿尼玛卿山来限定的。就"亦耳麻不莫剌"一词而言，"亦"相信来自藏文ཨ（myes），"耳麻"来自藏文ར（rma），"不莫剌"相信应是藏文བོམ་ར（bom ra）。这一译法应是在藏语读音基础上的蒙古语音译，照顾了藏文上加字的前缀音和后加字的辅音韵尾。如将现在读若"玛"（rma）的词汇读若"耳麻"。按照这个规律判断，"不莫剌"所能还原的藏文是བོམ་ར（bom ra），而不是སྤོམ་ར（spom ra），这个汉字音译支持了前引本教神山颂词的写法。如若写为སྤོམ་ར（spom ra），按照蒙古语音译藏语的习惯，似乎前加字"sa"的发音也应该被记下来。

5. 闷摩黎山

唐代刘元鼎在途经河源时曾经报告当地的一处山脉称为"闷摩黎山"。《新唐书·吐蕃传》关于刘元鼎所经见的河源情况描述如下：

河上之流，繇洪济梁西南行两千里，水益狭窄，春可涉，秋夏乃胜舟。其南三百里三山，中高而四下曰紫山，直大羊同国，古所谓昆仑者也，虏曰闷摩黎山，东据长安五千里，河源其间，流澄缓下，稍合众流，色赤，行益远，它水并注则浊，故世举谓西戎地曰河湟[17]。

近人吴景敖先生主张闷摩黎山即今巴颜喀拉山。他说"紫山一称闷摩黎山，即所谓中昆仑，蒙人西入河源，始称之为巴颜喀拉山，藏人重牧其地，又改称为察拉"[18]。黄文弼先生也引用明代求法僧人宗泐的说法，将闷摩黎山与巴颜喀拉山的一个藏语名称"抹必力赤巴山"对音，认为"闷摩黎"即"抹必力"[19]。我们不能同意这个对音。首先，巴颜喀拉山作为黄河（玛曲）与通天河（治曲）

的分界之山，藏语写为 རྨ་འབྲིའི་མཚམས་པ་རི (rma 'bri 'imtshams pa ri)。它所强调的重点是"མཚམས་པ" (mtshams pa) 即"分界"，单独说"རྨ་འབྲི" (rma 'bri) 并不能强调这个山的特性。所谓的"玛曲与治曲分界之山"只是对这条山脉的一种属性的描述，不见得是常用名。《钦定西域同文志》对此名就没有著录。"巴颜喀拉山"在藏语还有另外的名称。我们将在后文中提到，今巴颜喀拉山脉北段，《钦定西域同文志》记蒙古语名称为"巴颜哈拉鄂拉"，其南段《钦定西域同文志》载其名为"察鄂拉"（ཁྲ་ཨ་འུལ, khra A' ula），释为"西番语'察'斑驳色也，山色青黄不一，故名"[20]。周希武先生的《玉树调查记》支持这一看法：

（昆仑——引者注）中干横枕玉树、娘磋、加迭喀桑之北境，为黄河、金沙江之分水岭。蒙古名巴颜哈拉山，番名奢拉山……[21]

据此，巴颜喀拉山的藏语通用名是ཁྲ་ལ (khra la)。周希武先生音译为"奢拉"。据前引《同文志》的释名，ཁྲ (khra) 意取自藏语ཁྲ་ཁྲ (khra khra)，意为"花色斑驳，众色混杂"[22]，此应是对今巴颜喀拉山山体样貌的描述。这个名称不能与"闷摩黎"对音。我们提出，前引《新唐书》中的紫山可以与ཁྲ་ལ (khra la) 对音。

《旧唐书·吐蕃传》完全没有提及"紫山"和"闷摩黎山"的名称，其叙述也比《新唐书》通顺流畅。按照前引中华书局《新唐书》标点本的断句，紫山与闷摩黎山似乎都是古昆仑的名称，吴景敖先生等认为紫山是汉名，闷摩黎山是藏名[23]。我们还是认为这是两座藏语山脉的名称，并提出《新唐书》所引的这段刘元鼎的叙述存在衍文。如"河源其间"一句，在《旧唐书》中是紧接"其南三百里三山"[24]（即紫山）的，表明河源所在为紫山。至于"中高而四下曰紫山，直大羊同国，古所谓昆仑者也，虏曰闷摩黎山"一句，"直大羊同国"后应为一句之结束，指的是"紫山"直大羊同国。而后句的昆仑应是承接下一句，表明古所谓昆仑吐蕃名为"闷摩黎山"。昆仑与闷摩黎山一句乃是《新唐书》多出来的记述，按照《旧唐书》的叙述，则河源其间的山脉是紫山，而非闷摩黎山。这也支持将"紫山"解释为今巴颜喀拉山，前已经指出"紫"与（khra）也可以对音。

再从对音上而言，将闷摩黎对音为"抹必力"（rma 'bri）并不比对音为"邦热"（bom ra）有更大的优势。两种对音都涉及藏文字母 ba 汉字音译为［ma］的问题。在敦煌吐蕃汉藏对音文献中，藏文字母 ba，也有译音为［ma］的。这种情况以 ba 字母前有前加字 a 为多，如汉字"门"，一种藏文译音为འབུན ('bun)，但也有单独发音为［ma］的，如藏文བུ (bu) 的汉字译音为"母"[25]。我们提出"闷摩"对应的藏文是བོམ (bom)，"黎"对应藏文ར (ra)。"闷摩黎"山是"邦热"（bom ra）的藏文记音。

苏雪林先生（1897～1999）曾主张闷摩黎山为今阿尼玛卿山，她说阿尼玛卿山为本地之圣山，"元鼎不查，信以为真"，但她认为闷摩黎即"阿木奈、阿弥耶、阿木尼"的对音，是"特吞其尾音耳"[26]实难成立。

三　白兰山

白兰羌作为两汉以后汉文史料中记载较为详细的羌人部众，引起了不少学者的重视，在其地望问题上莫衷一是。归纳起来，主要有以下几种：

1. 柴达木

近人吴景敖先生在《西陲史地研究》中首倡说，提出为白兰地在柴达木的"巴隆河流域"，认为"巴隆河流域，在青海南疆间现行交通上之地位，是亦足以印证其为吐谷浑于阗间之白兰故地而毋庸置疑"[27]。松田寿男在《吐谷浑遣使考》中定其在布尔汗布达山。聪喆先生在相关研究中认为白兰位于柴达木盆地东南部山地，具体所指是都兰县巴隆一带的布尔汗布达山（布龙山）[28]。正如胡小鹏先生所指出的，将白兰国址判定在柴达木一带是忽视吐谷浑的势力在立国过程中有所迁移的结果。吐谷浑政权的中前期其主要的势力范围在"河南地"，白兰羌此时依附于吐谷浑政权。吐谷浑政权的中后期，权力中心才逐渐向西北转移，白兰羌也逐渐脱离了与吐谷浑的关系。"所以说白兰与早期吐谷浑唇齿相依，它的方位只能依早期吐谷浑的疆域去判断"[29]。

最近有文章仍然强调这个观点，与聪喆先生一样，更具体与都兰县的"巴隆"地名对音。他们说，布尔汗不达山之名是在13世纪初出现的，晚于白兰山之名约八九百年。而现在的都兰县巴隆地区的牧民仍称布尔汗布达山为巴隆山或巴隆南山[30]。"巴隆、白兰系双声（b/b）而近似叠韵（lan/long），可视为一音之转"[31]。这种说法完全忽视了历史语言学的基本规律。"巴隆"一名，是清朝雍正年间划定的青海二十九旗旗名之一，属于柴达木五旗之一。"巴隆"蒙古语意为"右"，是与左翼"宗"（ཟུང意为"左"）相对存在的。"巴隆"与"宗"合称"中柴达木"地区[32]。将这个晚近时期才产生的蒙古语地名与一千多年前的羌语地名对音，完全不合适。

2. 巴颜喀拉山

顾颉刚先生在《昆仑传说与羌戎文化》中据前所引文献特别是《北史·附国传》，认为北利模徒、那鄂均在附国（邛崃山之西，宁静山之东，巴颜喀拉山之南）东北，"一定是现在甘、青两省交界的俄洛（或作果洛、郭洛）或玉树等地。根据这一点，可知白兰疆域在今青海、四川间，离甘肃的西南部也不远"[33]。他又具体指出，白兰山即巴颜喀拉山，"适当白兰及吐谷浑活动中心"。"'巴颜'的缩音为'白'，'喀喇'的缩音为'兰'，为求简练起见，当时的人们就写作'白兰'了"[34]。

顾颉刚先生关于"白兰"与"巴颜喀拉山"的语音考证，忽视了历史语言的层累关系。"白兰"是羌地名称，语言首先应从藏缅语中解释，而巴颜喀拉山是阿尔泰语名称，这个地名不是起于吐谷浑时期，为元明以后蒙古人所立之名。《钦定西域同文志》有几处相关地名，其中一处记为：

巴颜哈拉鄂拉，蒙古语山多生殖，石色近黑，故名。与阿克塔沁鄂拉、巴尔布哈鄂拉为三山，总名库尔坤[35]。

此处所记的"巴颜哈拉鄂拉"即今之"巴颜喀拉山"。阿克塔沁鄂拉为昆仑山脉东支，藏文名 ཨ་ཆེན་གངས་ཆགས（A chen gangs chags）。巴尔布哈鄂拉即今之雅拉达泽山（གཡག་ར་སྟག་རྩེ gyag rwastag rt-se），三山名均系蒙古语名。故而将白兰与"巴颜喀拉山"对音是不合适的。

李文实先生以顾颉刚先生所定白兰区域为是，但他调整了顾颉刚先生关于白兰与巴颜喀拉山对音的论证路线，认为巴颜喀拉山的名称来源于"白兰"。认为巴颜与喀拉是"白兰"、"可兰"两个部落的对音。"白兰一名，辗转成为突厥或蒙古的巴颜喀拉"，"说明巴颜喀拉乃是用蒙古或突厥语译自吐谷浑口语中的白兰"[36]。如丁骕先生一样，他也指出"模徒"即"玛多"（rmamdo），他说"从今天的黄河沿直到河源所出的约古宗列，地以玛多名者很多，玛多汉译即是黄河沿，那段地带盖以玛多为名"[37]。"玛多"之"多"藏文并非"mdo"，而是"stod"，表示上部。

3. 白兰与 gling、rlans

胡小鹏先生据山口瑞凤[38]等的意见，释白兰为 'phan rlans（འཕན་རླན།），意为潘（'phan）域的郎氏。"白兰位置原在松潘班佑、黄胜、漳腊以西至黄河、白河、黑河环绕的阿坝草地一带，这一地域当地部落称为潘域"[39]。丁骕认为"北利"为通天河畔的白利，"模徒"为今"玛多"。胡小鹏先生认为"北利"为通天河藏语名"'bri chu"的汉字音译，"模徒"之位置与丁骕所定不一致，他定为今墨尔多（དམུ་རྡོ། dmu rdo）神山[40]，此山位于小金和丹巴之间。我们知道《周书·白兰传》载白兰"西北利模徒"，"模徒"在白兰西部。按照胡先生所定之白兰的位置，"模徒"所对应的"墨尔多山"在"白兰"南部，与史籍所载不符。

4. 白兰与 phrom、弥不弄羌

关于白兰的藏文对应名称，还有两种说法有代表性。陈宗祥教授认为藏文 phrom（即"冲"khrom）一词，在早期汉文史料中称为"卑湳"（汉时一种羌部众）和"白兰"。杨铭先生认为陈宗祥先生将"'不弄'与'白兰'对应起来，解决了历史文献上悬而未决的一个问题"[41]。他在《"弥不弄羌"考》中据《新唐书·吐蕃传》中所载的"昨弥不弄羌、党项交构二国"一句，据有关意见提出"昨弥不弄羌"应断开为"昨、弥不弄羌"。其中"弥不弄羌"一词即敦煌古藏文文献《岱噶玉园会盟碑愿文》中的འབྲོམ་ཁོང་།（'brom khong），也即"白兰"部落。他并将西域出土古藏文文献中的འབྲོམ་གི་སྡེ།（'brom gi sde；仲部落）、འབྲོམ་ནང་པོ་རྗེ།（'brom nang po rje；仲·囊布支）、འབྲོམ་སྟོང་།（'brom stong；仲·董氏）等部落名或人名中的འབྲོམ།（'brom）都释为"白兰"。杨铭先生的对音存在很大问题。首先，在敦煌吐蕃汉藏对音材料中，与འབྲོམ།（'brom）一词接近的འབྲོ།（'bro）一词（比前词少一辅音韵尾），一般都译为"没卢"，受前加字 a 的影响，ba 字母发音为［ma］[42]，而不是按照杨铭先生那样将这个词拆分为"弥（m）[43]、不（bu）、弄（rom）"[44]。其次，也是最重要的一点，将 khong 一词对应为"羌"是完全不合适的。这是一篇雅摩塘属下若干部落在"岱噶玉园"落成时所呈现的藏文愿文，怎么会自称为"羌"呢？一般来说，羌是汉文史料中一种对藏缅语族群的他称，至少在唐代时肯定是作为他称出现的。综上，杨铭先生关于"弥不弄羌"与白兰和愿文中的 'Brom khong 对音研究，难以成立。

"白兰"一词作为羌地，常在有关吐谷浑的汉文史料中被提及。如以"白兰"为地名的，《晋书》提到吐谷浑的疆域"其后子孙据有西零以西甘松之界，极乎白兰数千里"[45]。《隋书·吐谷浑传》做如此叙述时写为"南极白兰山"，将白兰作为山名，再如吐谷浑首领视罴（？～400年）被西秦进攻时"遁保白兰山"[46]。作为羌人部落名称的，《周书·白兰传》载：

白兰者，羌之别种也。其地东北接吐谷浑，西北至利模徒，南界那鄂，风俗物产与宕昌略同。保定元年，遣使献犀甲铁铠[47]。

《北史·白兰传》写为：

白兰者，羌之别种也。其地东北接吐谷浑，西北利摸徒，南界那鄂。风俗物产，与宕昌略同。周保定元年，遣使献犀甲、铁铠[48]。

按照《周书》的理解，白兰西北的名称是"利模徒"，《北史》"西北利摸徒"却写得很模糊，不知北字当是方向的名称还是与后面的"利模徒"连接为一个地名。《北史·附国传》提到白兰周围的一系列羌部名称：

附国南有薄缘夷，风俗亦同。西有女国。其东北连山绵亘数千里，接于党项。往往有羌，大小左封、昔卫、葛延、白狗、向人、望族、林台、春桑、利豆、迷桑、婢药、大硖、白兰、北利摸徒、那鄂、当迷、渠步、桑悟、千碉，并在深山穷谷，无大君长。其风俗略同于党项，或役属吐谷浑，或附附国[49]。

按照中华书局标点本《北史》的记载，与白兰西部相接的羌地名为"北利摸徒"，则《北史·白兰传》中的"西北利摸徒"是指白兰西接"北利摸徒"。《北史》的校注者们认为此句西下应脱"至"字[50]。《通典》、《通志》引用此文时写为"西至叱利摸徒"，顾颉刚先生认为"叱"字应为"北"字的讹写[51]。丁骕先生和胡小鹏先生在各自研究中认为"北利摸徒"是两个名称，应写为"北利、摸徒"[52]我们同意此说。

又《新唐书·西域传》对"白兰"的位置有如下限定：

又有白兰羌，吐蕃谓之丁零，左属党项，右与多弥接。胜兵万人，勇战斗，善作兵，俗与党项同[53]。

根据《新唐书·西域传》载多弥"滨犛牛河，土多黄金"[54]，则多弥在长江上游治曲沿岸，今玉树藏族自治州一带[55]。"右与多弥接"指多弥在白兰西面，则党项位于多弥东面。

《释迦方志》载有自汉至唐由汉地至印度的路线，"东道"为穿越今青海省和西藏自治区至尼泊尔的道程。其中有关青海湖西南的部分也提到了白兰与周边地域的方位关系：

又西减二百里至清海，海中有小山，海周围七百余里。海西南至吐谷浑衙帐。又西南至国界，名白兰羌，北界至积鱼城，西北至多弥国。又西南至苏毗国……[56]

海西南至吐谷浑衙帐，其所指不可能是吐谷浑后期的伏俟城（布哈河入青海湖处附近），而是指今海南藏族自治州的吐谷浑控制范围。白兰羌在吐谷浑西南，与《周书》、《北史》载其东北接吐谷浑一致。积鱼城的详细位置不确定，其当白兰羌的北界。在吐谷浑的西南部边界，西北到多弥国，可知多弥在白兰的西北部。

至此，白兰地望的大致位置被确定为：东北接吐谷浑，西至北利、模徒、多弥，南界那鄂[57]东与党项相连。以此为参照，我们只要弄清楚周边地名的位置，就可以确定白兰的位置了。

"北利"一地，我们与胡小鹏先生的意见一样，认为应是འབྲི་ཆུ།（治曲，'bri chu，即今通天河）的汉字译音。"模徒"我们仍以丁骕和李文实先生的为是，认为是玛多，但其藏文对应词是རྨ་སྟོད།（rma stod），表示玛曲（黄河）上部地区。由上文分析，多弥尚在吐谷浑西南界的西北地区，则在通天河上游（滨犛牛河）。

吐谷浑，据我们在后文的研究，其中前期王驾居于莫何川，即今海南藏族自治州贵南县的木格塘，其四大戍均在今海南藏族自治州及其周边地区。据《旧唐书·党项传》载，党项的范围是"东至松州，西接叶护，南杂春桑、迷桑等羌，北连吐谷浑，处山谷间"[58]，松州即今四川省阿坝藏族自治州松潘地区，一般认为党项的原居地在青海东南、甘肃西南及四川西部。白兰和党项同在吐谷浑的南面，白兰东北接吐谷浑，白兰之东为党项，则党项的位置似乎是在吐谷浑的西南面。至于"那鄂"，其位置还难以判定。但是我们确定了白兰西、东北、东三个方向相邻的地名后，白兰的位置也就不难判定了，其位于今果洛藏族自治州内。

"白兰"东侧是玛多（"模徒"）及黄河河源地区，逾巴颜喀拉山至治曲（'bri chu，"北利"即通天河）；北界在今阿尼玛卿山北面，临今海南藏族自治州；由于党项据有今果洛州的东南地区，则我们考虑白兰应在果洛州的中西部。果洛藏族自治州的南面是巴颜喀拉山脉，此山似可为"白兰"的南界。在这个界限内，寻找与白兰有关的地名，就是玛卿邦热（阿尼玛卿山）了。从中古音上讲，"白兰"与"邦热"（bom ra）的声母一致，可以作为"邦热"的汉字译音。前文已经提到，《晋书》和《隋书》两次提到"白兰山"，白兰指称山的意向是明确的，这正与我们将白兰对音为"邦热"（阿尼玛卿山）的看法一致。"白兰"一名，是先有山名，之后才有地名、部落名的。

白兰即今阿尼玛卿山，白兰羌则是今阿尼玛卿山西北段南北地区的羌人部落。吐谷浑西面和南面的界限是"洮水之西，南极白兰山"，可知吐谷浑政权南面的界限就是阿尼玛卿山。每当吐谷浑政权遇到攻击而不敌时，其选择的撤退路线就是退入"白兰"之地以自保。阿尼玛卿山区是吐谷浑的避难所。前文已经提及公元398年（视罴九年），西秦进攻吐谷浑时，首领视罴"遁保白兰山"。公元444年（慕利延九年，北魏太平真君五年），北魏遣晋王伏罗进攻吐谷浑，首领慕利延"走奔白兰"[59]。吐谷浑退保白兰的路线则是经过"清水戍"（今曲什安河）进入阿尼玛卿山区。

由于吐谷浑南界阿尼玛卿山，所以常因山为名，被封为"白兰王"。如公元390年（视连十五年），吐谷浑向西秦遣使称臣，首领视连北西秦乞伏乾归拜为"白兰王"。

"白兰王"这个名号，很奇怪地在元代出现，成为元帝国所封的一位藏裔王的名号。《元史·英宗纪》载至元元年（1264年）十二月："己未，封唆南藏卜为白兰王，赐金印"[60]《元史·释老传》同此记载。陈庆英、周伟洲先生等对此有专文研究。陈庆英先生考订《萨迦世系史》中所记的 sa len dbang、savi len dbang 即汉文史籍中的白兰王，藏文字母 sa 字是字母 pa 字之误写，藏文中两字母形似。第一任白兰王是八思巴帝师之弟恰那多吉，有元一代所封白兰王，均因娶蒙古公主而为驸马[61]。"白兰王金印"印文为八思巴文，转写为"pay lan Avang yin"[62]。这个"白兰王"与白兰是否存在关系还待确定。周伟洲先生在研究中认为此白兰就是唐初被吐蕃征服的白兰，他解释说"索南藏卜等的封地或领地可能即在原白兰羌聚居的青海或四川西北一带。因此之故，元朝敕封他们为'白兰王'，作为封邑"[63]。此观点仅备一说，尚没有文献支撑。若两者真的存在关系，那么可能是"阿尼玛卿山"（玛卿邦热）作为大神山的文化影响。

注　释

[1] 刘铁程，兰州大学西北少数民族研究中心暨民族学研究院讲师、博士；宗喀·漾正冈布，兰州大学西北少数民族研究中心暨民族学研究院教授、博士生导师，兰州大学藏缅—阿尔泰研究所所长，美国印第安纳大学研究员；周毛先，兰

州大学西北少数民族研究中心暨民族学研究院博士研究生。

［2］（汉）班固撰：《汉书》卷九十六上，西域传第六十六上，中华书局，1962 年，第 3871 页。

［3］应为刘元鼎，《元史》误。

［4］（明）宋濂等撰：《元史》卷六十三，志第十五，地理六，中华书局，1976 年，第 1563 页。

［5］才贝的博士论文《阿尼玛卿神山文化研究》中公布了作者采自民间的这部本教颂词，并在论文附录中提供了这部颂词的写本。见才贝：《阿尼玛卿神山文化研究》，中央民族大学博士学位论文，指导教师：丹珠昂奔教授，2010 年，第 149 页。

［6］参见杨士宏、华青太：《白龙江流域发现的苯教文献及其文化信息》，《中国藏学》2009 年第 3 期。另，本表中的藏文采自杨士宏教授等的录文，题目汉译文参考了杨教授等人的译文。

［7］杨士宏、华青太：《白龙江流域发现的苯教文献及其文化信息》，《中国藏学》2009 年第 3 期。

［8］The Amnye Ma - Chhen Rangeand Adjacent Regions：A Monographic Study，ByJ. F. Rock，Roma，1956，P107. 洛克的这部以阿尼玛卿地区为核心的著作问世后，曾被很多研究者征引，现在研究者反复引用的内贝斯基的《西藏的神灵和鬼怪》一书关于阿尼玛卿神山的介绍，不少是以洛克的这部著作为据的。

［9］才让：《藏传佛教信仰与民俗》，民族出版社，1998 年，第 90 页。

［10］《钦定西域同文志》，吉林出版集团有限公司影印本，2005 年，第 288 页。

［11］赵尔巽撰：《清史稿》卷七十九，志五十四，地理二十六，中华书局，1976 年，第 2456 页。

［12］赵尔巽撰：《清史稿》卷七十九，志五十四，地理二十六，中华书局，1976 年，第 2459 页。

［13］（清）钱谦益编著：《列朝诗集》（第 11 册），闰集第一，中华书局，2007 年，第 6100 页。另，原文断句有误，我们据藏语知识改正。

［14］"昆仑之墟，在西北……河水出东北隅，入禹所导积石山"，见《山海经·海内西经》。

［15］《古西行记选注》所录《河源记》中，注释者说此山即"阿尼玛卿山，义为冰山之祖，又称大积石山"。"阿尼玛卿山"或者"腾乞里塔"均没有"冰山之祖"的意思，此说盖受《钦定西域同文志》和《清史稿·地理志》释名的影响。参见杨建新主编：《古西行记选注》，宁夏人民出版社，1987 年，第 258 页。

［16］（明）宋濂等撰：《元史》卷六十三，志第十五，地理六，中华书局，1976 年，第 1565 页。

［17］（宋）欧阳修、宋祁撰：《新唐书》，卷二百一十六下，吐蕃传下，中华书局，1975 年，第 6104 页。

［18］吴景敖：《西陲史地研究》，中华书局，1949 年，第 12 页。

［19］参见黄文弼：《西北史地论丛》，上海人民出版社，1981 年，第 235 页。黄文弼先生文中说"摩黎即抹必力之对音"，似乎是误写，实应是"闷摩黎即抹必力之对音"。

［20］《钦定西域同文志》，吉林出版集团有限公司影印本，2005 年，第 288 页。

［21］周希武编著，吴均校释：《玉树调查记》，青海人民出版社，1986 年，第 36 页。

［22］张怡荪主编：《藏汉大辞典》，民族出版社，1993 年，第 269 页。

［23］再如罗泽浦：《河源考察：历史的回顾》一文，载祁明荣主编：《黄河源头考察文集》，青海人民出版社，1982 年，第 112 ~ 113 页。

［24］"是时元鼎往来，渡黄河上流，在洪济桥西南两千余里，其水极为浅狭，春可揭涉，秋夏则以船渡。其南三百余里有三山，山形如镒，河源在其间，水甚清冷，流经历水，色遂赤……"参见（后晋）刘昫等撰：《旧唐书》卷一百九十六下，列传第一百四十六下，吐蕃下，中华书局，1975 年，第 3582 页。

［25］参见周季文、谢后芳：《敦煌吐蕃汉藏对音字汇》，中央民族大学出版社，2006 年，第 36、113 页。

［26］参见苏雪林：《昆仑之谜》，载苏雪林主编：《屈赋论丛》，武汉大学出版社，2007 年，第 501 页。

［27］吴景敖：《西陲史地研究》，中华书局，1949 年，第 5 ~ 6 页。

［28］参见聪喆：《白兰国址辨》，《青海社会科学》1982 年第 2 期；及聪喆：《白兰国地再辨：答李文实同志》，《青海社会科学》1984 年第 5 期。

［29］胡小鹏：《白兰考辨》，载胡小鹏：《西北民族文献与历史研究》，甘肃人民出版社，2004 年，第 70 ~ 71 页。

［30］即聪喆先生所说的“布龙山”。

［31］朱世奎、程起骏：《吐谷浑白兰地望新考》，《青海社会科学》2008 年第 2 期。

［32］参见妥超群、刘铁程：《19 世纪末环青海湖及柴达木地区的藏蒙人口：以柔克义考察文献为中心》，《青海民族研究》2011 年第 4 期。

［33］顾颉刚：《昆仑传说与羌戎文化》，载顾颉刚：《古史辨自序》（下），河北教育出版社，2000 年，第 712 ~ 713 页。

［34］顾颉刚：《昆仑传说与羌戎文化》，载顾颉刚：《古史辨自序》（下），河北教育出版社，2000 年，第 712 ~ 713 页。

［35］《钦定西域同文志》，吉林出版集团有限公司影印本，2005 年，第 291 页。

［36］李文实：《白兰国址再考》，载李文实：《西陲古地与羌藏文化》，青海人民出版社，2001 年，第 366 ~ 367 页。

［37］李文实：《白兰国址再考》，载李文实：《西陲古地与羌藏文化》，青海人民出版社，2001 年，第 368 页。

［38］山口瑞凤认为白兰属于郎（rlans）氏，见其《白兰与松巴的郎 rlans 氏》，《东洋学报》52 卷，1 号。笔者未见到此文，引自胡小鹏先生的《白兰考辨》。

［39］胡小鹏：《白兰考辨》，载胡小鹏：《西北民族文献与历史研究》，甘肃人民出版社，2007 年，第 74 ~ 76 页。

［40］参见胡小鹏：《白兰考辨》，载胡小鹏：《西北民族文献与历史研究》，甘肃人民出版社，2004 年，第 73 页。另，“墨尔多”原文“木尔多”，汉字今多写为“墨尔多”。

［41］杨铭：《“弥不弄羌”考》，《民族研究》2007 年第 1 期。亦载杨铭：《吐蕃统治敦煌与吐蕃文书研究》，中国藏学出版社，2008 年，第 107 ~ 118 页。

［42］参见周季文、谢后芳：《敦煌吐蕃汉藏对音字汇》，中央民族大学出版社，2006 年，第 117 页。

［43］即字母，杨先生据安多方言认为发音为［ma］。

［44］杨铭：《“弥不弄羌”考》，《民族研究》2007 年第 1 期。

［45］（唐）房玄龄等撰：《晋书》卷九十七，列传第六十七，四夷，中华书局，1974 年，第 2537 页。

［46］（唐）房玄龄等撰：《晋书》卷一百二十五，载记第二十五，乞伏乾归，中华书局，1974 年，第 3119 页。

［47］（唐）令狐德棻等撰：《周书》卷四十九，列传第四十一，中华书局，1971 年，第 894 页。

［48］（唐）李延寿撰：《北史》卷九十六，列传第四十八，中华书局，1974 年，第 3191 页。

［49］（唐）李延寿撰：《北史》卷九十六，列传第四十八，中华书局，1974 年，第 3194 页。

［50］（唐）李延寿撰：《北史》卷九十六，列传第四十八，中华书局，1974 年，第 3203 页。

［51］顾颉刚：《昆仑传说与羌戎文化》，载顾颉刚：《古史辨自序》（下），河北教育出版社，2000 年，第 712 页。

［52］胡小鹏：《白兰考辨》，载胡小鹏：《西北民族文献与历史研究》，甘肃人民出版社，2004 年，第 73 页。

［53］（宋）欧阳修、宋祁撰：《新唐书》卷二百三十七，列传第一百四十六上，西域上，中华书局，1975 年，第 6215 页。

［54］（宋）欧阳修、宋祁撰：《新唐书》卷二百三十八，列传第一百四十六下，西域下，中华书局，1975 年，第 6257 页。

［55］“又渡西月河，二百一十里至多弥国西界。又经犛牛河度藤桥，百里至列驿”（参见《新唐书》卷四十四，志第三十，地理四）。另，多弥西与苏毗相接。

［56］（唐）道宣：《释迦方志》，遗迹篇第四，中华书局，1983 年，第 14 页。

［57］“那”又写为“郍”，郍古同那。

［58］（后晋）刘昫等撰：《旧唐书》卷一百九十八，列传第一百四十八，西戎，中华书局，1975 年，第 5290 页。

［59］（北齐）魏收撰：《魏书》卷四下，帝纪第四下，中华书局，1974 年，第 98 页。

［60］（明）宋濂等撰：《元史》卷二十七，本纪第二十七，英宗一，中华书局，1976 年，第 615 页。

［61］参见陈庆英：《元朝在西藏所封的白兰王》，《西藏研究》1983 年第 4 期；周伟洲：《白兰与多弥》，载周伟洲：《唐代吐蕃与近代西藏史论稿》，中国藏学出版社，2006 年，第 41 ~ 44 页。

［62］周伟洲：《白兰与多弥》，载周伟洲：《唐代吐蕃与近代西藏史论稿》，中国藏学出版社，2006 年，第 43 页。

［63］周伟洲：《白兰与多弥》，载周伟洲：《唐代吐蕃与近代西藏史论稿》，中国藏学出版社，2006 年，第 43 页。

关于吐蕃、吐谷浑若干问题之我见

雨 佳

一 吐蕃国和吐谷浑国概述

从公元 4 世纪到 9 世纪，在广阔的青藏高原曾建立和存在过两个彪炳史册的国家。一个是公元前 2 世纪前崛起于西藏雅隆地区的鹘提悉朴野部族（ཡར་ཀླུངས）的吐蕃国（བོད）。吐蕃国到公元 7 世纪中叶藏王松赞干布时，北面占领党项、白兰，东面与大唐结盟，南与尼泊尔、印度，西与波斯、粟特开展贸易，国力不断增强。后经三代藏王经营，到藏王赤松德赞（ཁྲི་སྲོང་ལྡེ་བཙན）汉文称婆悉笼腊赞，公元 742～797 年时，国势达到鼎盛。他一统整个青藏高原，破长安，立新帝，将尼泊尔、拉达克和西域四镇纳入治下。一个是庶兄弟因马斗，于公元 283～289 年吐谷浑率七百帐（或云一千七百帐），走内蒙古阴山，度甘肃陇山至枹罕（临夏），后进入甘南、川北和青海海南一带的古氏羌地，最后以海南地区为根据地，建立的吐谷浑国，至公元 663 年为吐蕃所灭，凡 350 年。他们以气候高寒、条件严酷的青藏高原为舞台，演出了一幕幕惊天动地、豪迈悲壮的历史大剧，永远让后人缅怀、惊叹和深思！

史留吐谷浑资料十分缺乏，仅有的一点也多零散、重复。正如《吐谷浑传》作者、陕西师大教授周伟洲所说："现存资料大都出自内地政权的汉族封建史学家的手笔，他们的记述主要集中在内地政权与吐谷浑的关系上，因而要完整地论述吐谷浑族本身的历史几乎是不可能的，甚至对像吐谷浑的社会性质这类的重大问题，也难做出明确的回答。"有人原以为，都兰墓葬的发现和发掘，会为吐谷浑在都兰的存在提供有力的依据。但事实恰恰相反，几十年过去，墓葬的考古发掘和专家、学者们的研究证明，墓葬和族属均为吐蕃，而非吐谷浑。从 1957 年至 1996 年，都兰吐蕃墓葬曾多次被青海省人民政府和国家文物局认定和公布为文物保护单位，1996 年 11 月 20 日，热水吐蕃墓群又被国务院公布为全国重点文物保护单位之一，就是证明。但本地一些业余文史爱好者，无视近六十年，三代人的考古研究成果，公然违背国家认定、公布的结论，发表了许多以论代证、悖理臆测的文章，实在是说不过去的。笔者通过对照研究不同观点的论述，查找相关文献，并根据个人的工作和社会经历，对吐蕃和吐谷浑若干问题提出一些个人意见，以求教于大家。

为便于读者了解笔者的意见和想法，先将吐蕃和吐谷浑的一些基本情况，主要是两者关系中的一些背景材料概述于后。

1. 关于吐蕃的一些史实

在吐蕃王朝第九代藏王布德贡结（即上丁二王སྟོད་ཀྱི་སྟེང་གཉིས།之一的སྤུ་དེ་གུང་རྒྱལ།约在公元前 140 前 88 年西汉武帝时期）在位时，漠北慕容鲜卑还没有从东胡分离出来。这个时期，据藏文史料记载，吐蕃已掌握冶炼铜、铁和架桥技术，开始修建水利，还建造了祥哇达泽宫。据《西藏通史》记载，第三十代赞普达布年塞（སྟག་རི་གཉན་གཟིགས།汉文距素若）尊奉其父第二十九代赞普仲年德茹（འབྲོང་གནན་ལྡེའུ།汉文为勃弄若）遗言，"请来吐谷浑的医生治好了眼睛"[1]时间大约在公元 600 年前[2]，为吐谷浑世伏时期。到第三十一代藏王南日松赞（གནམ་རི་སྲོང་བཙན།汉文称论素赞，松赞干布之父）时，完成了一统雅鲁藏布江南北的业绩，并降服苏毗（又谓孙波，约今之藏北、玉树一带）。第三十二代藏王松赞干布（སྲོང་བཙན་སྒམ་པོ།汉文称弃宗弄赞，公元 617～650 年，629 年继承赞普位，又说活了 82 岁）是强盛吐蕃王朝的奠基人，也是中国和藏族历史上著名的民族英雄。他迁都拉萨，招抚苏毗，吞并象雄（羊同），将青藏高原分散的小邦和部落组成统一的吐蕃王朝。同时，制定管理制度和法律，创造文字，先后迎娶三位藏族王妃和尼泊尔赤尊公主、唐文成公主。他南控尼泊尔，东与大唐联盟，促进了吐蕃社会政治、经济、文化发展。在松赞干布时，社会发展就已进入到一个崭新阶段，其经济实力已超过当时唐以外的所有周边国家。所谓"吐蕃全境经商"，可谓不是虚言。南北各地蕃民均参与物品交换，推动了农牧生产发展，群众生活水平提高。据史料记载，吐蕃设大小八个市场（凯杰——ཁྲོམ་བརྒྱད།），且在大小八个山口拉杰和列琼（ལ་རྒྱུད་དང་ལ་ཆུང་།）打开东西南北各方货易之门："与东方大唐开展帛绢与各种谷物贸易；同南方门地、印度进行大米、糜子等粮果贸易；同西方波斯、尼泊尔、拉达克开展吐蕃织氆氇、不可或缺的颜料草、紫梗，即以胭脂红等为主的各种染料物品交易；同北方于阗、粟特进行食盐、畜产贸易。"《贤者喜宴》记载："从西方粟特、尼泊尔开通了财物之库藏；从北方霍尔与回纥获得法律事业楷模；经治四方的勇武之王，近地财富悉聚之下。"意思是不仅打开了赋税、贡品之门，同时也开通了与西方诸国之商道。这些边地商道、市场和山口均有吐蕃王朝信赖的氏族首领奉令守护和管理。至其孙子芒松芒赞（མང་སྲོང་མང་བཙན།汉名乞黎拔布）于公元 663 年，一举攻灭吐谷浑。公元 670 年 8 月，吐蕃大将、禄东赞长子伦钦陵指挥 40 万大军在共和大非川（所谓"切吉旷野"）合围唐军，元帅薛仁贵全军覆没。第三十四代藏王都松芒布吉（འདུས་སྲོང་མང་པོ་རྗེ།汉文称器弩悉）于公元 703 年亲率大军进据云南洱海。至第三十五代藏王赤德祖丹（ཁྲི་ལྡེ་གཙུག་བཙན།汉文称弃奴缩赞，公元 704～755 年）时，政通民和，群众安居乐业。据藏文史料记载，赞布北上亲征汉地聚财之地瓜州（敦煌城西），所获财物颇丰，庶民百姓普遍能穿得上唐人上好的绢帛。同时，又率军直下南诏，促其国王归降。打通南北两地，既保障了军需给养，又经瓜州互市，垄断西域贸易，促进了经济发展。公元 710 年，唐之又一公主即金城公主嫁赤德祖丹，并与唐会盟，发展友好关系。第三十七代藏王赤松德赞（系赤德祖丹次妃那囊氏芒姆杰于 742 年在扎玛所生[3]）于公元 755 年继位。其在位时主要做了两件大事。一是提倡兴佛，二是与唐战和。公元 763 年，吐蕃军长驱东进，破泾州、邠州（彬县），击破奉天（乾县）、武功，唐代宗逃往陕州，攻破长安，立金城公主之侄李承宏为帝，进贡吐蕃。吐蕃军在长安劫掠十五日后退守甘肃、宁夏以东。其后，与唐结盟、破盟，多次用兵，战争不断，各有胜负。松赞干布时，有"茹"（翼，部之意，即军区）61 个，军队达 61 万人。赤松德赞时，吐蕃国力达到极盛，就军力而言，有多弥、白兰和吐谷浑人加入，数量可能超过 60 万人。南日松赞、松赞干布、赤松德赞三辈在藏族历史上因其成就卓著，史家因之称为"祖孙三法王"（ཆོས་རྒྱལ་མེས་དབོན་རྣམ་གསུམ།）。因赤松德赞成就显赫，所以又把赤松德赞、静命和莲花生（མཁན་ཆེན་ཞི་བ་འཚོ། སློབ་དཔོན་པདྨ་འབྱུང་གནས། ཆོས་རྒྱལ་ཁྲི་སྲོང་ལྡེ་བཙན།）称之为"师君三尊"（མཁན་སློབ་ཆོས་གསུམ།）。公元 842 年，最后一代藏王即四十二代吾都赞布（ཨུ་དུམ་བཙན་པོ།公元838～842 年，汉文称达磨，即达玛，贬称朗达玛）因灭佛被杀。这样，从有汉文史料可查的《新唐书·吐蕃传》所载赤宁松赞（ཁྲི་སྲན་གཟུངས་བཙན།汉文称揭利失若）到吾都赞布达玛，历时三百多年的吐蕃王朝终于瓦解。至其六十年后的公元 907 年，唐王朝也被五代后梁朱温所灭，凡二百九十年。

唐蕃极盛之时，也是强大的吐蕃向四面用兵，攻邻国，扩疆域，充分发展的阶段。"《贤者喜宴》对赤松德赞时期的吐蕃疆域做了这样的描述：'东抵昴宿升起之地，即有万座城门的唐廷京师，南接轸宿出现之地，立碑恒河之滨，控制世界三分之二的地方'。《白史》记载：'印度北部与尼泊尔等地皆置于吐蕃治下'。这些记述涉及西部波斯与北方于阗等国的许多历史遗迹"[4]。史学家范文澜说："吐蕃以逻娑（拉萨）为中心，向外扩张，——早在唐高宗晚年（680 年前后）时，《新唐书·吐蕃传》说它的疆域：东与松、茂、嶲接，南极婆罗门（尼泊尔），西取四镇，北抵突厥，幅员万余里。汉魏诸戎（指西方诸族）所无也"[5]。在论及吐蕃对中国历史的功绩时，范文澜还说："吐蕃与唐争夺西域前后凡百二十年，吐蕃胜利了……唐失西域反而有利于长安的保存。这个新形势，从长远处看，吐蕃阻止武力传教的大食东侵，使汉族文化免于大破坏，又为后来回纥（笔者注：唐时建政于今额尔浑河流域，地域东起兴安岭，西至阿尔泰山）西迁，定居在天山南北作了准备，对中国历史是一个巨大的贡献。"[6] 到清朝时，西藏政府为抵御南面尼泊尔廓尔喀族、西面巴基斯坦和英国人对西藏的入侵和掠夺进行了英勇斗争，保卫了边疆安全。

令人遗憾的是，吐蕃及其后裔们建树的这些特殊的历史功绩却被后来的人们淡忘了，更谈不上深刻的认识。

2. 关于吐谷浑的一些史实

吐谷浑约在公元 286 年左右乘西晋永嘉八王之乱，率部从辽东北进入内蒙古阴山（呼和浩特境内大青山），驻牧 20 年后南下，在汉历西晋太康四年到太康十年间，约在吐蕃下赞三王时期（འོག་གི་བཙན་གསུམ།）至 313 年（即西晋永嘉）时，进入枹罕，后继续向南、向西扩展，占领甘南（古谓之甘、松，今之白龙江上游，洮水之南的临潭、临洮），四川西北之昴城，龙涸、平康（今四川阿坝、松潘和黑水西南一带），尔后进入青海南之沙洲（贵南穆格塘一带）、赤水（一说在兴海，一说在共和曲沟）、浇河（贵德），进而占据白兰（果洛为主地区）。至吐谷浑夸吕（公元 353～391 年）时，居移青海湖西南之伏俟城，以为都城。公元 445 年吐谷浑慕利延被北魏击败而西入于阗，后至吐谷浑伏允（公元 597～635 年）在位期间的唐初，吐谷浑分东西两部，东部由伏允守伏俟城，西部由其太子慕容尊王（即达延芒波结）守鄯善。在青海河湟地区，自西晋后，有前梁、后梁、南梁、西秦、北凉、吐谷浑、北魏、西魏和北周等部族政权先后统治。这时候吐谷浑拥有的地区已经很大。

下面，将吐谷浑所处区域，风土物产、周边关系等，按记载最早的《晋书·四夷传·吐谷浑》为主引述之，其他史料略作补充。《晋书》云："子孙据有西零已西甘松之界，极乎白兰数千里。然有城郭而不居，随逐水草，庐帐为屋，以肉酪为粮。其官置长史、司马、将军，颇识文字。其男子通服长裙，帽或幂。妇人以金花为首饰，辫发萦后，缀以珠贝。其婚姻，富家厚出聘财。窃女而去。父卒妻其辟母；兄亡，妻其诸嫂。丧服制，葬讫而除。国无常税，调用不给，辄敛富室商人，取足而止。杀人及盗马者罪至死，他犯则征物以赎。地宜大麦（青稞），而多蔓菁，颇有菽（豆）粟（玉米）。出蜀马、牦牛。"这是记载公元 426 年前吐谷浑阿柴时候的情形。《隋书·西域传·吐谷浑传》对其地域的表述稍有变化，这是因为吐谷浑的都城已北移青海湖伏俟城，且与西域发生联系。传曰：吐谷浑"当魏周之际，始称可汗（笔者：指夸吕）。都伏俟城。……性皆贪忍。有大麦、粟豆。青海周四千余里，中有小山，其俗至冬辄放牧马于其上，言得龙种。吐谷浑尝得波斯草马，放入海，因生骢驹，能日行千里，故时称青海骢。多牦牛、饶铜、铁、朱砂。地兼鄯善，且末。西北有流沙数千里，夏有热风，伤毙行旅。风之将至，老驼预知之，则引项而鸣，聚立，以口鼻埋沙中，人见则知之，以毡拥蔽口鼻而避其患"。这里主要说的是夸吕时候的情况，已经"地兼鄯善，且末"，西行有流沙，始养西域草马，出铜、铁、朱砂，其他描述同《晋书》。至隋唐时，也与《隋书》所记略同，只是对其地域说得更简明，如"吐谷浑居甘松之阳，洮水之西南，抵白兰，地数千里"，未列入"地兼鄯善、且末"，不知何因。

在吐谷浑国统治期间，有这样一些重要的史实、事件和特点值得记述：

（1）与东面（包括东北、东南）各朝代之间的联系，一直处在战争与媾和相间，婚嫁与授封相随之中。其间，有几件值得记述的大事件：

——四次保白兰：

——公元 327 年吐延临死之前，要求部下"保于白兰"；

——公元 398 年，吐谷浑视罴"退保白兰"；

——公元 417 年，吐谷浑树洛干"奔保白兰"而卒；

——公元 444 年，吐谷浑慕利延"走保白兰"。

这些足可证明白兰作为吐谷浑大后方之战略地位，所以，吐蕃早就认识到占领白兰就断了吐谷浑后路的重要性了。值得一提的是，这期间吐谷浑的活动中心是在川北、甘南和青海海南南部一带的四戎之间。退走白兰，果洛最近。不可能远去西北的所谓柴达木的白兰。白兰不在柴达木的都兰和巴隆，已有定论。

（2）吐谷浑王曾三次进入西域：

——公元 445 年，慕利延被北魏击败于阴平（四川理藩县附近）、白兰后，逼迫西入于阗；

——公元 635 年，唐李靖兵讨吐谷浑，吐谷浑王伏允被追至且末西之突伦碛（新疆且末、于阗间），被部下所杀；

——公元 647 年，吐谷浑王诺曷钵助唐军进攻西域龟兹。吐谷浑之能入西域，不仅有其史上贸易和交往的基础，而且在一个时期内占据过，尽管这种记载极少。

（3）吐谷浑两王娶得中原公主，这和其后的吐蕃一样：

——公元 596 年，隋文帝宗室女光化公主妻吐谷浑王世伏；

——公元 639 年，唐以宗室女弘化公主嫁吐谷浑王诺曷钵。

恰在弘化公主嫁诺曷钵第二年的 641 年，唐以室女文成公主嫁松赞干布；公元 710 年唐又将金城公主嫁给藏王赤德祖丹。

（4）吐蕃为笼络和利用被灭后的吐谷浑后裔，曾嫁公主给吐谷浑王或王子，但疑点不少。

——"及至猪年（高宗上元二年，乙亥，公元 675 年）春，赞普至'谐幸'。赞蒙墀玛伦举行盛大庆宴。坌达延墀松贡金鼎"[7]。又，王尧、陈践疏证云："坌达延墀松吐谷浑一王子名。此人为吐蕃妃所生，故称为'坌'（外甥）。在吐蕃王庭任大伦。"贡金鼎应在吐蕃赞布即第三十四代藏王松赞干布之孙芒松芒赞（ མང་སྲོང་མང་བཙན་ 公元 650～676 年，汉名乞黎拔布）的时候。

——那么，这位吐蕃妃是谁？是否是赞蒙墀玛伦？再看下列诸事：

——公元 689 年，吐蕃"赞蒙墀邦嫁吐谷浑王为妻"[8]。王尧等疏证亦云："赞蒙墀邦，吐蕃公主名，嫁与吐谷浑王子为妻室。吐蕃与吐谷浑通婚事，《新传》'吐谷浑与吐蕃本甥舅国'即谓此。又，吐谷浑王子在吐蕃供职，自称'坌'即外甥。"

——公元 727 年，吐蕃藏王一改大臣一伦制为三伦制，担任这一重要职务的第一个便是吐谷浑小王。周伟洲在《吐谷浑传》中，最后确定这个小王就是坌达延墀松。

——公元 745 年，吐蕃外甥吐谷浑小王和伦奔布支战于计巴堡寨，攻下唐石堡城，唐军大败。

——公元 748 年，唐将哥舒翰击吐蕃，"擒吐谷浑王子悉弄恭及子婿悉颊藏。累拜唐左武大将军、充关西游奕使"。《隋唐民族史》编著者问："这位当了唐朝俘虏的吐谷浑王子悉弄恭是否是指挥石堡城之役的那位王子。抑或是住在吐谷浑本部的其他王子。公元 689 年，'赞蒙墀邦嫁吐谷浑王为妻'。此王是否是坌达延墀松尚无史料佐证。若是，后来在 727 年任吐蕃大伦的外甥吐谷浑小王是否就是赞蒙墀邦的儿子？"这一时期，吐蕃赞普恰是赤松德赞之父赤德祖丹（ ཁྲི་ལྡེ་གཙུག་བཙན་ 公元 704～755 年）。赞普临巡吐谷浑想必也是他了，说明他到过青海。但是，坌达延墀松从 675 年贡金鼎到 687、688 年两次参加吐蕃议盟，745 年又助吐蕃击败唐军。不知道他贡金鼎以前年龄多大，这已经是 70 岁过了的人，是否有可能？[9]

（5）吐谷浑在统治青海地区期间，曾建有四个大据点：

《南齐书》谓其"大戎有四，一在清水川，一在赤水，一在浇河，一在吐屈真川，皆子弟所治。其王治慕贺川（在贵德西，亦名莫何川，伏罗川）。多畜，逐水草，无城郭。后稍为宫室，而人民犹以毡庐百子帐为行屋"。戎（ㄖㄨㄥˊ），西藏将戎译作"茹"意亦为翼，部（军区之意）。对其所在地点，历来解释不同。李文实从地望推测，"清水川应在共和县境，绝无在循化清水之理"（见《西陲古地与羌藏文化》p332～336）。对赤水，周伟洲认为在今共和县之曲沟，李文实以为西魏时（386～534 年），已"被改为树敦城，多诸珍藏，隋时移设于今兴海"[10]，《西藏通史》亦为兴海。浇河在今贵德境，各方均无异疑。吐屈真川，亦为"屈真川"，周引丁谦等人之言，在今青海南柴集河（日人松田寿男同此说）。马长寿在《氐与羌》中说是在甘南洮州古城。当以在青海南之柴集河为准。但柴集河指何河而言，均无说明。

（6）吐谷浑之疆域实为东西两部，而不是连成一片：

"唐初，吐谷浑分东西两部，东部以伏俟城为中心，西部以鄯善为中心，吐谷浑可汗慕容伏允驻伏俟城，立次子慕容尊王（达延芒波）为太子，守鄯善。"[11]李文实的观点与范文澜一致。李说，"隋末唐初时，吐谷浑分东西两部。东部以伏俟城为中心，由王伏允坐镇，西部以鄯善为中心，由王子驻守。其后吐蕃由南进逼白兰，遂失其险。而吐谷浑只好辗转流徙于浩门河流域，最后由河西移灵州（凉州）附唐自保，白兰便没于吐蕃。从此便渐归衰微[12]"。《隋唐民族史·吐蕃》的编著者祝启源教授亦坚持东西两部说："吐谷浑在强盛之时，地域辽阔，为便于统治，曾分东西两部分管理，东部的政治中心在伏俟城，是为都城，为主要的部分；西部的政治中心在鄯善（今新疆若羌）。鄯善地区的吐谷浑人早于东部地区的吐谷浑人归降吐蕃，所以鄯善后来也成了吐蕃人在南疆东部的一个统治据点。"[13]把伏俟城与鄯善东西两部加中间即今海西地区全部连为一体的原因，多是部分中外学者受了日人佐藤长和国民党官员吴景傲等人之影响，从而牵强附会，臆为之，实不足信，亦难为凭。

吐谷浑在青海建政至灭亡，凡三百五十年，其时间之长，所历周边朝代、国家之多，在中国古代民族中可能是绝无仅有的。吐谷浑与西域，东和东南面与北魏、刘宋等政权交往、沟通了中西文化和经贸渠道，促进了社会发展，这是不可否认的。但，史籍除了重复介绍吐谷浑所处的地域方位、风土物产外，再就是与内地政权的相互关系以及吐谷浑与他们的争战、贡物和授封方面。吐谷浑内部的政治制度、经济状况、文化艺术、习俗变化、对外交流等诸方面史料极缺，给后人留下了许多难题和疑点，引起了不少争论和猜测，致使在诸多问题上难以取得一致意见。

考古发掘成果与史籍文献研究的结合，肯定是一种有成效的办法，但是，青海都兰墓葬考古的发掘发现，不仅不能为吐谷浑在都兰的存在提供依据，反而为当时吐蕃的存在提供了强有力的证据。都兰大墓的形制，葬法均与西藏的藏王墓完全相同或相似。许多墓葬包括血渭一号大墓出土的古藏文木简牍和数量巨大的随葬动物，证明这些都不属于吐谷浑。吐谷浑的墓葬和汉文墓碑是吐谷浑诺曷钵被吐蕃消灭之后，携弘化公主，带数千骑（帐）东徙唐境后，才在凉州武威青嘴喇嘛湾墓葬中发现，那已经是公元663年以后很久的事。吐谷浑被灭后留下来的部分成员中的极少数上层，包括外甥垄达延墀松，是受到了吐蕃重用和分封，他们的习俗肯定是随吐蕃的。向东迁徙的吐谷浑逐渐分散于甘肃、山西、内蒙古以及辽东等地，其上层人物，受到唐朝各代的关待、授封和婚嫁。公元694年武则天改封弘化公主为西平大长公主，自京师长安返安乐州（甘肃武威）。诺曷钵之子慕容忠迎娶唐室宗女季英为金城县主，又以金明县主嫁诺之次子，武则天之侄孙女又尚慕容曦皓为妻。究其根源是与诺葛钵自始至终对唐廷效忠有着直接关系。吐谷浑被灭后，其迁徙到东部的后裔又延续379年，到宋辽之时（约公元1042年前后）吐谷浑之名才从史册消失，可见其后裔延续之久。

二　从迁徙路线、地理位置、风土出产、活动地区、周边争战以及葬丧风俗看，吐谷浑不在都兰

1. 青海海南地区是吐谷浑的根据地。

如前所述，公元283年至289年之间，吐谷浑率七百帐（或云一千七百帐）西附阴山，20年后，始度陇（陕西龙山县以西）而西，又出枹罕。之后，其子孙渐次向青海贵南、兴海、贵德一带发展，

并在这里建立四个据点（大戎）作为政权中心。向南至甘松（甘南白龙江上游，洮水之南），以及四川昂城（阿坝）、龙涸（松潘），并占据白兰（果洛）。白兰是吐谷浑退保之地，因其寒冷和僻远而不易建都。西域易居，但民族相异，距东部发达地区又远，亦属留居或暂避，吐谷浑并无建都久居之心。公元 535 年夸昌立，自称可汗，都城迁至青海湖西南石乃亥，筑伏俟城而居，直到公元 663 年诺曷钵东迁武威前，在此地居住近 130 年。所以说，吐谷浑治国三百五十年中，其活动地区是以海南为主（后来还据有河湟地区的周边牧区，含小块农业区）。这是吐谷浑一直统治着的地区。而白兰则是吐谷浑统属后的退保之地和后院。吐谷浑曾进驻西平郡（西宁），据大通长宁川以北和浩门（门源），这已到后期。当时，西平郡在青海所辖地区，主要是河湟一带的农牧业区。自汉代以来，包括其后的整个吐谷浑统治时期，河湟地区曾建立过几个地方部族政权，其区域与吐谷浑处在一种犬牙交错的状态。

2. 慕利延和伏允败走西域没有从柴达木西进。

吐谷浑进入新疆南部鄯善（即若羌、且末、于阗）地区，并与西域有关系的记载只有三次：一是公元 445 年，慕利延被北魏遣军击破后，西走于阗，一年后返回故土（但《通典·吐谷浑传》说：七年后返。李文实亦谓七年）。他是经白兰（果洛）、苏毗（玉树）、萨毗（新疆南部阿雅格库木库勒）走且末、于阗的，这是捷径[14]。二是公元 634 年，因伏允寇凉州，拘留唐行人赵德楷，太宗发诏谴责，并以李靖为将讨伐伏允。公元 635 年，李靖分军南北两路进击伏允。南路从果洛玛多古柏海西进北上，伏允被击败，走南疆之突伦碛（且末、玉田间），唐将契苾何力直追至沙碛中，十余日后，为部下所杀。伏允西逃之路线历来说法不一。日人佐藤长认为击败于柴达木（即巴音河以西）；又有人认为，是从柴达木直接往西逃且末。从唐将契苾何力追击之路线看，伏允也应是从白兰（果洛）经苏毗（玉树）进入且末的，基本上是慕利延所逃之路线，因此，应确定慕利延和伏允没有走柴达木西进之路。因为当时，那里是无路可走的（见注释 [15]）。三是公元 647 年 12 月，诺曷钵配合唐军进龟兹（阿克苏地区）平定叛乱。这次的路线一定是从北路即从河西走廊过敦煌一带进去的。吐谷浑之前期是与北魏以及东南之刘宋沟通商贸，后期主要是循着前人的道路和西域交往。

3. 从吐谷浑与周边政权之争战，分析其所处位置均与都兰无关。

吐谷浑统治青海 350 年间发生的争战，多在与其周边政权相接的东部地区，包括北魏、西魏和北周，东南先后与刘宋、梁和北周为邻。从争战的性质看，不论是哪一方，各为自己的国家和边境安全而自保，或为生存和发展而主动进攻，谈不上正义与不正义。但争战的结果，都使双方老百姓生命财产遭受损失，有时甚至造成堆尸如山，血流成河的程度，争战之频繁与残酷可见一斑。例如：从公元 398 年至 428 年的 30 年中，吐谷浑多次受到外来攻击。从 429 年后的慕利延开始，随着国力的增强，吐谷浑王中多有野心勃勃之辈，经常侵扰东部政权的边境。这期间出现在史料上的词语，多用侵扰、抢掠、寇边等。有时一年中有几次，但每次掠边多被击溃或败走。从吐谷浑和唐王朝建立政治关系后的武德二年（619 年）至贞观八年（634 年）的 16 年间，吐谷浑寇唐边地 21 次，遍及松、洮、岷、叠、旭、芳、河、扶、鄯、兰、凉等 11 洲地，唐主动攻入吐谷浑腹地只有一次（即公元 635 年，李靖之西征）。有意思的是，几乎每次击溃之前后，往往又得到这些政权之授封。其目的则完全是为了巩固西部边境的安全，对吐谷浑是一种笼络和利用的手段。当然，其东南部政权的授封，则具有经贸的意义。

4. 吐谷浑根据地主要部分在海南，还有甘南、川北地区。但甘南和川北靠东部的部分地区，却被后来不断变更的朝代所兼并，反成为吐谷浑寇边掠物的地区了。

5. 从授封、加封看，多与吐谷浑所据地区有关，与都兰无关。

吐谷浑前期，居地在黄河河曲、海南南部一带，并占有白兰。前秦、西秦、刘宋、北魏等封吐谷浑为漒川侯、河南王、沙州刺史、浇河公、白兰王等。建都伏俟城后势力北移，封为西海郡王、西海王、青海王。这些授封称号，大都离不开吐谷浑所据之海南、果洛地区，从没提到过海西，特别是都兰。

6. 沙漠之说漫延无边，不是定为海西都兰之理由。

至于提到进入沙漠，沙鸣驼知和雀鼠同穴等自然现象以及北魏宋云、惠生从都兰直进嘎斯口入西域等，这都是后人为了想让他们抄近路，而作的臆想之说。康熙五十四年（公元1715年）十月戊辰日，銮仪使董大成给皇帝上疏说："臣至嘎斯口巡查，并无来往人迹。嘎斯地方，三面雪山，中有一线水草，皆系芦苇。"对此李文实说："这里他先指出并无来往人迹，是证过去并非通道，其次，指今——嘎斯池即在期间。"[15]西域之道经河西走廊，在汉朝（东、西汉）以前，就已打通了的，西晋、北魏时，更加畅通无阻。宋云、惠生一个二十人左右的队伍，不去走前人开创的熟路，却走荒无人烟、沙漠连片的险道，是不可思议的。所以听凭一些人对这种自然现象和想象的路程做出轻率的结论，实不足取。

过去，我们在牧区工作过的很多人都有这样的经历：从海西大小柴旦过当金山口到敦煌，一路多戈壁沙漠，见不了几块绿洲。笔者曾多次去过玉树、果洛、海南和海西的许多县乡，沙漠处处可见。如，经贵德、贵南去果洛，一路不论从哪一条路走，均遇沙漠（包括穆格塘），都在离黄河不远处。在玛多县和曲麻莱县，均可目睹古代沙漠在当今世界性气候变化的大环境下泛滥成灾的景象。

7. 从风土出产看，与都兰无关。

对吐谷浑治下的东部四戎和伏俟城周边的风土出产，如居住特点、作物种植、畜种和矿产资源，从《晋书》到新旧《唐书》均有较为相同或后者直接引用前者的记述，《晋书》记载最早。谓其"逐水草，庐帐而居，以肉酪为粮，地宜大麦、而多蔓菁，颇有菽、粟。出蜀马、牦牛"。《魏书》加了句"好射猎"，未列"蜀马、牦牛"。《宋书》首次提到有"雀鼠同穴，地生黄紫花草，白兰出黄金铜铁。其国虽水草，大抵治慕何川（一说在甘肃洮水上游，一说在贵德西）"。《南齐书》进一步说"肥地则有雀鼠同穴，瘦地辄有瘴气，使人断气，牛马得之，疲汗不能行"。有瘴气足可证明地极高寒。这种现象不仅在我们年少时听说过，且在青南牧区遇到。尚未听说在海西山地有此现象。《梁书》只说"有麦无谷"，但第一次提到马放青海湖边产龙种，"其国多善马，男着小袖袍，小口袴，大长裙帽。女子披发为辫"。今海南州牧区妇女多尚此辫，可能就是吐谷浑遗风。《周书》记载与前朝雷同。《隋书》第一次提到有"朱砂"（朱砂亦名辰砂，可作颜料和炼汞配料，入药可安神、治惊癫）和"西北有流沙数百里，夏有热风，伤毙行旅"之事。《通典》未提风土出产，但提到大城有四（前述之）和西有黄沙。新旧《唐书》的记载则是集前朝之大成者。对其风土出产和居所、服饰的记载，李文实先生和其他一些人都有相同论述。至于白兰出产铜铁、朱砂，笔者近查相关资料，海南兴海有大中型铜矿，伴生金银等多种金属矿产。果洛州玛多的砂金和玛沁德尔尼的铜矿极为著名，还有钴锌矿和煤矿。玉树杂多、治多、囊欠县有多个银、钼、锑矿和煤矿。锑矿伴生朱砂。按理来说，这些都为吐谷浑和吐蕃提供了生活和军事需求，绝无非都兰莫属之事。都兰之农耕只是近代的事，除几小块宜农之地外，许多地方均为戈壁沙漠和盐碱之地。1949 年后兴办劳改农垦，终因不宜为农，得不偿失而停办。还有海西之养驼，史无记载，有骆驼那是 13 世纪蒙古人进入后的事。但海南之兴海、贵南和共和之养驼古已有之，据 1985 年统计，三县尚有骆驼 1800 多峰。换言之，吐谷浑的养驼，不在海西，而在很早以前的海南地区。

8. 关于雀鼠同穴之说。史地学家李文实先生说得对（他曾蒙难几十年，在海西待过很长时间），在海西看不到雀鼠同穴，其他地方则处处可见。过日月，下海南，进果洛，走玉树，莫不如此。雀鼠同穴确实是个有趣的故事：此鼠，系草鼠，藏话叫"阿布热"（热音日阿），体黄，圆耳，无尾，善打洞，食草及根，为害草原。雀似麻雀状，果洛地区藏话叫"阿布热约合莫"（ཨ་ཕ་གཡོག་མོ即阿布热之仆妇），体较细，腹白，头、背、尾灰青而泛蓝。夏秋牧草长起，鼠出洞觅食，雀在其上空，或作盘旋飞，或作上下翻，窥食小虫而已。牧民说，晨起，雀要把鼠洞口打扫干净，晚歇，守住洞口，保护安全。亲呼哉，有雀如此，况人类乎！

9. 从吐蕃北上之路线和沿途分布的墓葬看，都兰墓群不是吐谷浑墓。

以我们现在的目光反观古代的吐蕃，想不到他当时的实力是那样的强大。7 世纪初，吐蕃国力逐步增强。从一代英主松赞干布（སྲོང་བཙན་སྒམ་པོ）经芒松芒赞（མང་སྲོང་མང་བཙན乞梨拔布）、都松芒布吉（འདུས་སྲོང་མང་པོ་རྗེ器弩悉）、赤德祖丹（ཁྲི་ལྡེ་གཙུག་བཙན弃奴缩赞于 745 年曾临巡青海吐谷浑）到赤松德赞（ཁྲི་སྲོང་ལྡེ་བཙན婆悉笼腊赞）时，国力达到极盛。吐蕃铁骑向南之一支征尼泊尔、天竺，在今之加尔各答立碑；西进之一支达于波斯（巴基斯坦以西）；从拉萨向西北之一支攻占西域四镇，势力达葱岭，即今阿富汗境。向东南的一支，于公元 703 年进占川西，深入云南洱海，征服南诏（赞普都松芒布吉死于军中）。以上这些地区中新疆南部已发现吐蕃墓葬，其他地区有无吐蕃墓，尚无资料可证。向北之军队，可能从拉萨出发，经苏毗（即今之玉树，南日松赞，གནམ་རི་སྲོང་བཙན论素赞时已被征服）时，北上之路至少有一支先经玉树境，在玉树县当嘎等地留下 7 处墓葬群。多为梯形，少为长方形；继而进称多，在白龙沟可哇下庄留下 8 处墓葬群。墓葬多为圆形，特别是可哇下庄的墓葬，墙体内侧有彩绘壁画，那一定是吐蕃的，极为珍贵；再进治多，在那考达等 16 个地方建有墓群，均为梯形。或先走治多而后称多。据考古部门估计，这些墓葬数量在千座以上，初步考证是唐代吐蕃墓葬群，均为石砌的封土堆，形制和西藏一样[16]。这么多的墓葬，说明吐蕃军队在这里留居时间长，可能是从松赞干布之父南日松赞收复苏毗以来留下的。收复后的苏毗称多弥，史谓兵多取自多弥地。吐蕃以苏毗为基础，继续北上，攻占吐谷浑作为后方的白兰。这里有两条路可达白兰所属的即现在的玛多县：一条是循松赞干布前来迎文成公主的柏海（扎陵、鄂陵两湖）。扎、鄂间黄河两岸地势较低，河宽不过六七丈，水深不能没马，夏秋转场，方便通过，更不要说冬春枯水季节。另一条是翻越巴颜喀拉山（བ་ཡན་ཧ་ག་ད་ཀར）到黄河沿，即现在从玉树到玛多县之路。从两湖间过黄河渡口，或从巴颜喀拉山到黄河沿，有三条道可通花石峡（མཛོ་ཁན་ར་བ），北去 20 里达黑海（མཚོ་ནག），花石峡有河入黑海。海之出口处今设有海西香日德农场管理的水闸。黑海海拔 4117 米，东西长 45 公里，南北宽 10 公里，面积 450 平方公里，水深 10 米。属玛多第三大湖，产湟鱼。海水出口之东岸有一座独立小山，名为莫格得哇（ཤྲུག་གི་ཟི་ཀ），高约 200 米，周边长不到 2 公里，山头平地，定是古人所铲平，不到 100 平方米。有建房的遗迹，坐南朝北，土中可见朽木，纹质紧密。山之西临海，东、北、南三面有开阔的草滩，山下有明显的圆形城墙遗迹。城墙之中有等距离三个隆起的土堆，估计是城门。城墙周长约有 500 米，似古代的一座小山城。城北不远处是一条小河，注入黑海，河对面是布青山，山脚下点布着四座圆形坟墓。1983 年，省政府将其公布为唐吐蕃时期的莫格得哇遗址。海水向北流出，经闸口急湍而下，过布青山石峡 30 公里后注入香日德河。这里又有城址，名为香日德古城。至于分布于海西的墓葬，《青海藏族》杂志 2011 年第二期已经全面说明了情况，那是毋庸置疑的事实。在此，特别要说明的是，2011 年公布的青海第三次全国文物普查资料显示，在海西都兰芦丝沟又发现吐蕃时期墓葬。文字介绍说，石砌边框墓葬形制多见于西藏几个地方吐蕃墓葬[17]。同时，在乌兰县泉沟新发现我省首座有游牧、商旅图的壁画墓，壁画中人物均为赭面[18][19]。吐蕃风俗，以赭色涂面。唐著名诗人白居易（772～846 年）带着歧视和排斥的心理，在其《时世妆》中写道："圆鬟无鬓椎髻样，斜红不晕赭面状"，"元和妆梳君记取，髻椎面赭非华风"。赭面是吐蕃区别于吐谷浑和其他民族的极为重要的特征。赭面人（གདོང་དམར་པོ）就是藏族的古称。事实一再证明：玉树墓、玛多墓、都兰墓乃至乌兰等处的墓葬，非吐蕃莫属。

以上吐蕃之军队从拉萨出发，经玉树到称多、治多再到玛多的莫格得哇城，过布青山峡到香日德古城，再到乌兰，这一路的墓葬和城堡，很明显都是吐蕃进军吐谷浑时留下来的，是吐蕃军队攻占吐谷浑退守的白兰之后，抄后路袭击青海湖地区必经之处，其后便成为据点。吐蕃军队的另一路可能是从花石峡经苦海（དུག་མཚོ）过姜路岭攻入兴海的。有待专家进一步考证。

10. 吐谷浑和吐蕃的丧葬风俗。

吐谷浑的远祖施行的多为土葬，少有火葬。20 世纪五六十年代，内蒙古文物工作队对古札赍诺尔、陈巴尔虎旗、察右后旗的墓葬进行过考古发掘。墓葬有大小之分，随葬品多寡不同，反映了贫富差别，但墓葬品大同小异。有家畜头、蹄，有陶、铜、铁器，各种饰牌和铁矛、镞、刀、鞘等。前汉时期的多为单人桦木棺，东汉至三国时期多为土坑墓，无棺椁葬具。说明鲜卑慕容施行的是土葬，这也应该是吐谷浑在辽东时的情况。史书没有记载鲜卑慕容有火葬。但当时西北之突厥实行火化，即与生前的乘马、衣物一起火化，骨灰隔两季埋入土下，突厥强盛之时，势力曾达辽海。不知道他们的火化是否对慕容鲜卑有影响。吐谷浑作为慕容鲜卑之后裔，其远祖之葬俗应是在离开辽东后逐步变为火葬。先是在阴山，二十年中受到北方突厥等少数民族火葬之影响，后经甘南、四川北部进入青海，应是完全受到当时地域广大、人数众多的已经流行于羌人火葬风俗之影响，终被众羌和吐蕃所融合或同化为火葬和天葬，无土葬可言，这可以肯定。但众羌间的情况，稍有差别。战国至秦汉，岷江上游之羌，有石棺葬，亦有以石块、石板砌的棺椁葬，应是土葬的一种特有形式，但这只是早期的情形。众羌所居之青、甘、川地区，则实行火葬。《吕氏春秋·孝行览》曰："戎羌之民其虏也，不忧其系累，而忧其死亡之不焚也。"《太平御览·四夷部》说："羌人死，燔而扬起灰。"《墨子·节葬篇下》说："其亲戚死，据柴薪而焚之，烟上谓之登遐，然后成为孝子。"在吐谷浑进入青海以后，即在拾寅（452～481）时，佛教传入，崇尚火化，羌人火葬之俗一直保留下来，据《旧唐书·党项传》记党项羌"死则焚尸，名曰火葬"。

在此，比较吐蕃之葬俗。据藏史记载，吐蕃在第八代藏王止贡赞普时，为使死后尸体遗留人间，始建陵墓。之后，藏王均建陵实行土葬，到达磨灭佛被杀之后，吐蕃瓦解，诸王割据，上层建筑和统治方式发生了新的变化，土葬随之消失，代之以火葬、天葬等。最后以天葬为主，延续至今，全国藏区普遍施行。只有高僧大德和高级政界人物多实行火葬、塔葬，普通百姓均为天葬。但个体情况一直是存在的，如甘、青华锐（ དཔའ་རིས །甘肃天祝、我省互助北山一带）等藏族地区人死后多为火葬。即在人刚断气时，即将热尸呈跌坐安放于塔（ ཅོག་ཙེ །）中，经三至五天诵经超度后送到葬场，将尸体取出，架柴薪添酥油，连同塔一起焚烧。海南州农业区有土葬之俗，但牧区仍以天葬为主，火、土葬为辅。

天葬之在藏区普遍风行，应是受到佛教影响。在佛陀释迦牟尼时实行火葬，但到佛教从印度传入西藏，可能受印度旧有的文化包括天葬之风俗，一同传入西藏。据西北民大才让教授研究，这是公元11世纪的事。天葬的合理性、神秘性也从佛教的传入开始传播开来，如"形灭神离"以升天，"慈悲布施"利众生，"舍身饲虎"为贡献等。佛教从公元5世纪中叶传入吐谷浑，这时是在拾寅时期。到6世纪初，史载吐谷浑"风俗政治多为夷法"，说明各方面都发生了变化。从佛教传入吐谷浑不到二百年，即被吐蕃灭亡，可以想见其葬俗亦由火葬逐步向天葬演变，到佛教"后弘期"，佛法从青海传入西藏，葬俗发生了根本变化，由火葬而为天葬，并遍及整个藏区。

所以说，吐谷浑进入内蒙古阴山凡二十年，想必已经接受火葬，到众羌之地，其风俗习惯包括丧葬风俗可以说与羌通俗，其土葬已成为历史。史载吐谷浑葬俗为土葬，只不过是辽东鲜卑的记载复制而已，并非青海等地的实际。这是至今在甘南、川北、青海地区包括海西都兰，甚至乌兰找不到一座足以使人信服的吐谷浑墓葬的原因。笔者曾问过贵南茫拉（这里曾是吐谷浑时期的沙洲所在中心）的当地人，说他在小时候，看到过城墙遗址，现已被沙漠淹没。沙漠边缘偶尔可见马具，如木鞍、皮钗子等。还看见过用于葬人的两口对合的陶瓮，内有尸骨，但没有发现过坟墓。瓮葬在汉代以前较为流行，在这里出现，值得研究。

吐蕃藏王建陵墓，实行土葬，这只是从止贡赞布开始至达玛王朝结束前大约一千年左右的特殊现象（包括青海玉树、玛多和海西的土葬），在这之前，可能施行着火葬。佛教"后弘期"之后全面施行天葬。吐蕃后期之天葬，为被征服后的青海羌人包括吐谷浑的后裔亦因信仰藏传佛教，而被全面接受。

笔者认为，由葬俗而及其他，吐谷浑进入青海等地广大氐羌之地凡二三百年，不仅葬俗发生了根本改变，就连它的风俗习惯、语言文字、吏治制度（包括名称）等也应发生了改变，即被羌蕃（藏）逐渐融合和同化了。这种情形在唐人司空图的《河湟有感》里描写得很形象："一自萧关起战尘，河湟隔断异乡春；汉儿学得胡儿语，却向城头骂汉人。"为什么史籍说它"颇识文字"，有"长史、司马、将军"之置，而在墓葬或地面实物中就没有发现呢？想必就是这个原因。还望在今后的研究中得到进一步的证实。再比较一个现实的事例：20 世纪五六十年代，藏区进去许多以汉族为主的内地干部、职工，其中一些人和当地藏族妇女结婚。几十年过去，不仅他们自己学会了藏话，连他们的子女都成了藏民，而其藏族感情、民族意识甚至比当地藏族还深、还强。用我们眼前最了解不过的事实来类比一千多年前的吐蕃和吐谷浑，就能明白其所以然了。还是范文澜说得对："少数慕容部贵族与众多羌族部落酋长融合成为一个统治阶级，鲜卑人羌化了，因之，吐谷浑实际是羌族的国家。"[20]《新唐书·吐蕃传》也说"逾代之后，斯人既没，后人安于所习"，这是事实。

对以上所列进行综合分析，笔者的结论是：

1. 吐谷浑居地不在海西，起码不在都兰、乌兰一带。香日德古城应是吐蕃城，而非吐谷浑城。

2. 时至今日，考古发掘、历史文献和地面实物等都不支持都兰墓是吐谷浑墓的观点。如果说，墓葬中出现内地或其他民族的一点实物，那也是不足为奇的。它是和东西方、和内地进行物贸交流、人事往来之必然遗留。看看我们现在的家庭、个人身边物品，谁没有别人、他处的东西，况国家、地区乎！

3. 羌人之丧葬风俗对吐谷浑的影响是直接、全面和深刻的。换言之，吐谷浑进入青海地区，其葬俗完全是羌人的火葬。

4. 藏传佛教传入青海后，其信仰和葬俗亦发生了直接、全面和深刻的变化，原羌人和吐谷浑后裔都由火葬而变为天葬并延续至今，成为藏族的主要丧葬风俗。

5. 吐谷浑在青海没有墓葬，都兰和乌兰墓葬的族属是吐蕃，而非吐谷浑。

让我们等待考古学家、史地学家们新的更加令人信服的发掘和研究成果！

（原载《青海藏族》2012 年第 1 期）

注　释

［1］《西藏通史·上册》（西藏社科院，2005 年），第 38 页。

［2］贺文宣、窦存琦编：《藏汉对照常用合称词词典》，青海民族出版社，第 843 页。

［3］《西藏通史·上册》，第 136 页。

［4］《西藏通史·上册》，第 139 页。

［5］范文澜：《中国通史简编》（第三编·第二册），第 464 页。

［6］范文澜：《中国通史简编》（第三编·第二册），第 462 页。

［7］王尧、陈践：《敦煌古藏文文献探索集·敦煌本吐蕃历史文书》，第 89 页。

［8］同［7］，第 90 页。又，王尧疏证云："坌达延墀松吐谷浑一王子名。此人为吐蕃妃所生，故称为'坌'（外甥）。在吐蕃王庭任大伦。"坌达延墀松在此历史文书中出现于 675、687、688 三年。

［9］以上多处年份又见《吐谷浑史·吐谷浑大事年表》（周伟洲著，广西师范大学出版社，2006 年），第 213～235 页。

［10］李文实：《西陲古地与羌藏文化》，第 332～336 页。

［11］范文澜：《中国通史简编》（第三编第二册），第 445 页。

［12］李文实：《西陲古地与羌藏文化》，第 372 页。

［13］祝启源：《隋唐民族史》，第 124 页。

［14］李文实：《西陲古地与羌藏文化》，第 376 页。

［15］李文实：《西陲古地与羌藏文化》，第 163 页。

［16］《青海第三次文物普查资料精选》，第 94～98 页和《青海第三次文物普查报告》（2011 年），第 308～310、426 页。

［17］同［16］，第 92、317 页。

［18］同［16］，第 93、315 页。

［19］许新国：《乌兰县泉沟吐蕃时期的壁画墓》，《青海藏族》2012 年第 1 期第 7 页和图版 1～11。

［20］范文澜：《中国通史简编》（第三编第二册），第 446 页。

都兰吐蕃墓群的发掘研究概述

格桑本

都兰吐蕃墓群的发现最早是在 20 世纪 50 年代初，是我省的考古老前辈们在英德尔羊场旧场部和香加的科肖图发现的，于 1957 年 12 月 13 日，青海省人民政府将两处吐蕃墓群时代定为唐代（吐蕃），公布为第二批省级文物保护单位。

1982 年以来，青海省考古队经国家文物局批准，并向许新国同志颁发考古发掘领队资格证书后，先后有 20 多位考古专家和工作人员参加，陆续对都兰以热水吐蕃墓群为主的 80 余座吐蕃墓进行了考古发掘［其中包括都兰热水血渭（偕微）一号大墓］。1983 年和 1996 年将"都兰吐蕃墓群"由国家文物局学术委员会分别评定为"全国六大考古新发现"和"全国十大考古新发现"之一。在这之前，青海省人民政府于 1986 年 5 月 27 日将"热水墓群"时代定为唐代（吐蕃）公布为第四批省级文物保护单位。1996 年 11 月 20 日国务院将"热水墓群"，公布为第四批全国重点文物保护单位。并在其附件简介中称："热水墓群共有封土 300 余座"，"该墓地属盛唐时期的吐蕃遗存，也是青海境内面积最大、保存封土最多的一处吐蕃墓地。"

都兰吐蕃墓出土了一批精美的丝织品、金银器、铜器、铁器、木器、漆器、陶器、皮革制品、古藏文木简牍、石刻碑铭、绿松石饰品等珍贵文物。出土丝织品数量之多，品种之全，图案之美，技艺之精，时间跨度之大，均令人震惊。种类有锦、绫、罗、缂丝、绢、纱、绨等，其中织金锦、唐代缂丝、嵌金组织显花绫、素绫等均属国内首次发现。这批丝绸文物中，共有残片三百五十余种，不重复图案的品种达一百三十余种，其中一百一十二种为中原汉地织造，占总数的 86%，十八种为西方中亚、西亚所织造，占品种总数的 14%。西方织锦中有独特浓厚异域风格的中亚粟特锦数量较多，一件织有中古波斯人使用的钵罗婆文字锦，属国内外罕见的稀世珍宝。这些织锦的年代约在 7 世纪中叶到 9 世纪，均在萨珊王朝灭亡之后，应该排除波斯锦产自本土的可能性，但其边饰又出现的波斯文字是毋庸置疑的波斯锦。这是由于大食攻灭波斯萨珊王朝后，其部族余部大批东迁，散居中亚和中国之间，这部分波斯人和中亚粟特人，还在中国西部建立的几座城市，例如著名的萨毗城就是其中一座，都兰出土的西方织锦除了一部分在中亚地区织造外，在吐蕃统治区织造的可能性极大，这部分人受吐蕃统治，他们织造的粟特锦或波斯锦受到吐蕃贵族乃至平民的喜爱，已成为吐蕃生活中必不可少的衣饰用品。目前，丝绸之路上中古西方织锦以都兰出土者为大宗。

都兰吐蕃墓出土的金银器大多为牌饰、带饰、金银饰片等。金银饰片大多带有小孔，有的出土时附着有残木片，有的在底部贴有绢类丝织物，有的孔内残存有铜钉，有的带有铜锈，表明其原来均系装饰固定在其他质地器物上的金银饰片。饰物上的动物与织物图案造型优美，流行镶嵌各种宝石和绿松石的工艺，纹饰的排列方式采用纵列式、横列式、独列式等不同的纹样，变化极为丰富，其中尤以连续的忍冬纹、立鸟（凤）等纹样最具特色。热水血渭一号大墓殉马沟中出土一件忍冬纹镀金银饰片木质舍利容器，出土前残碎，弥足珍贵。这些金银饰片是整个吐蕃金银体系中重要的组成部分，它充分证明，吐蕃不仅可以制作大量图案精美，造型生动的金银器，同时还在对其他质地的器物进行装饰的过程中，也广泛地使用了金银工艺，从而形成丰富多彩又别具一格的吐蕃器物的装饰风格，与中原唐朝和中亚、西亚金银器相比较，其中一些精品的制作水平已达到与之相当的程度，表明吐蕃已成为当时东亚地区一个重要的金银器生产制作中心。从吐蕃金银器中既可以清楚地感受到其与唐、粟特等多种文化因素相互影响和交融的痕迹；另一方面，吐蕃在不断兼并扩展的过程中，通过与我国北方，西北草原的游牧民族发生密切的交往，在继承其文化传统的基础上加以汲取和创造，也逐渐形成自身鲜明特色的金银器系统，成为我国多民族古代文化当中一个重要的组成部分。

漆器在都兰吐蕃墓葬的随葬品中有一定的数量，大多数残碎，经拼对可知器形有碗、杯、盘、罐、勺、碟、鞍、箭囊等。出土漆器的墓葬地点主要有都兰县热水墓地，热水乡智尕日墓地，德令哈市郭里木乡夏塔图墓地等。这些漆器均为木质胎骨，由整木旋制而成，其外表有黑漆、清漆、红漆、紫黑色漆。黑漆表面用彩漆绘画。具体制法分为三种形式，一是在木胎上直接涂漆；二是在打磨光滑的木胎上先均匀涂一层灰泥，然后磨光直接上漆；三是将木质胎骨用灰泥腻缝补之后，然后在器物表面粘贴一层或多层麻布，再髹表漆，又称作夹纻胎。根据实物观察，这些漆器均色泽光亮，质地上乘。这些漆器应是中原地区的产品，说明漆器不仅受到中原人民的喜爱，吐蕃人同样喜爱，并且在日常生活中大量使用漆器。他们对漆器是十分珍惜的，有的漆器在使用中有破损，也要细心的将其修复再继续使用，死后还要用漆器随葬，陪伴到另一个世界继续使用。都兰吐蕃墓葬中出土的漆器另一个特点是，其器形大部分与同期唐代金银器的器形相似，例如碗、杯、盘等，由于内地的地理条件，唐代漆器在内地难以保存，而青藏高原干燥的地理环境使这些漆器得以保存，使得我们了解了部分唐代漆器的情况，不能不说是一项有价值的新发现。

都兰热水以及海西地区吐蕃墓葬中的棺板，木板上的绘画即是吐蕃时期珍贵的绘画资料。从德令哈市郭里木棺板画的内容技法上看，这一时期吐蕃绘画风格深受中原地区与中亚、西亚地区的影响，并在其基础上形成了自己独特的民族风格，在整个藏族绘画史上占有重要的地位，郭里木棺板画以其丰富的形象遗存，充实了吐蕃时期的绘画例证，为早期藏族绘画的研究提供了重要资料。罗世平先生根据郭里木棺板画的图像，认为 A 板是由多个叙事情节组成的主题画面，"拂庐"宴饮为叙事的中心，相关的人物活动分别安排在两侧，有猎鹿驱牛、驼运赴盟、拂庐宴饮、男女合欢等内容，这些内容均与文献记载的吐蕃会盟的主题相扣合，故将 A 面板画定名为《会盟图》。其 B 板的绘画叙事结构与 A 板的完全相同，画面以棺板的矮帮（右）为起首，渐向棺板的高帮（左）推进，到拂庐宴饮形成高潮，分为灵帐举哀、多玛超荐、送鬼祈福、牛马献祭、踞地拜谒、葬吉家宴等内容，充分利用历史文献，对以上内容进行了考识。以"天堂喜宴"为题，对当时吐蕃民族的社会生活，以及其表达天国观念的特有方式，进行了详尽考证，具有重要的参考价值。

吐蕃墓葬中的壁画，目前仅在青海省海西州乌兰县希里沟镇泉沟发现，是首次发现的吐蕃王朝时期的壁画墓，壁画内容有人物出行图，有执旗人物、牵马人物、舞蹈人物等，奏乐人物有手持琵琶与捧笙者。墓葬后室西壁绘有一木结构建筑、帐篷、人物等，后室北壁绘有帐篷、人物、黄羊、山羊、牦牛及羊群等动物，似为放牧图。残留木棺前档上绘有一怪兽形象，值得注意的是，人物均"赭面"，再现了吐蕃时期这种习俗的具体形象，"赭面"就是面部涂赭红色的妆式，这是当时吐蕃普遍流行的习俗，吐蕃的赭面作为一种习俗在河陇地区的出现，无论是一种主动的模仿，或是被动地接受，对非吐蕃文化而言都是一种异文化的移植，"赭面"作为吐蕃文化的一个标志，这种习俗的影响之远，传播到河陇地区乃至数千里之外的唐长安城。泉沟壁画以其丰富的形象遗存充实了吐蕃时期的绘画艺术内容，为藏族绘画史的研究提供了新的资料。

1999 年 7 月至 9 月，北京大学考古文博学院，青海省文物考古研究所联合在都兰热水沟南岸发掘了 4 座大、中型吐蕃墓葬。参加发掘的有北大教授齐东方、林梅村和我省考古所研究员许新国、任晓燕以及北大考古博士生、研究生等 17 位考古工作者。经过几年的资料整理和研究，于 2005 年出版了《都兰吐蕃墓》考古发掘报告，这部北京大学考古文博学院牵头的权威考古发掘报告书中的绪言中称热水墓群为"吐蕃陵墓群"。编著者在报告后记中说："此次发掘的 4 座墓葬均遭盗掘，但仍然出土了许多珍贵的文物，如反映游牧民族的鞍具，绘有狩猎，伎乐场面的彩绘木板，各种质地的纺织品，众多的金银饰件，以及一些珍贵的文字资料，为研究唐代吐蕃的社会生活和当时的历史状况提供了线索"。发掘领队齐东方教授在报告附录的调查记录中断言："吐蕃打吐谷浑就是走热水沟，这个地区能确定为吐谷浑的东西很少。也就是说，在诺木洪文化和吐蕃时期之间的吐谷浑文化是空白的"。这部考古发掘报告除了对墓葬形制、随葬器物进行考古研究外，还特邀国内著名古藏文专家、中央民族大学的王尧教授对古藏文木简和碑铭释读；中国社科院王育成研究员对出土的道符解读；吉林大学教授朱泓、周慧、崔银秋、段然慧对出土人骨进行测试。此外，还组织专家对桦皮器残件、墓葬封土修筑过程进行复原研究；对出土彩绘木构件颜料、金属文物及埋藏环境对文物保存状况的影响等方面进行分析研究，专文论述。最后得出的结论是，这四座大、中型墓葬等级较高，属于吐蕃贵族墓葬。

2014 年 4 月至 9 月，青海省文物考古研究所与陕西考古研究院对都兰热水（察汗乌苏河）北岸第一台地的官却和遗址及河南岸的墓葬进行了发掘。李冀源等在《中国文物报》发表文章显示：共清理房址 10 座，灶坑 31 个，墓葬 25 座，祭祀坑 6 座，揭露面积达 7695 平方米。官却和遗址分东西两区，东区为集体烹食之所，其中葫芦形灶台 30 座，圆形灶台 1 座。遗址西面为生活居住区，密集分布有 7 座房址，其中单体单间房址 2 座，单体多件房址 5 座。清理石室墓 17 座，砖室墓 1 座，木椁墓 3 座，土坑墓 3 座，清理祭祀坑 6 座，其中，殉马坑 5 座，人牲合殉坑 1 座。规格较高的 2 号祭祀坑底部发现有颅骨前额被钝器敲击致死的 9 匹马骨。经鉴定，该坑中的马在屠宰时均处在壮年，且都为雄性，而规模较小的 1 号祭祀坑中只殉有 5 匹老年的雌性马。墓葬随葬品主要有陶器、铜器、石饰、卜骨、木简、丝绸、皮革等。陶器主要有夹砂灰陶罐，夹砂灰陶灯。铜器有釜、盆、盘、勺等。此外还出土一件"开元通宝"。饰品有镶绿松石金耳坠、蜻蜓眼石珠、蚀花肉红石髓珠、血珀坠饰、绿松石珠饰等。在部分木椁墓中出土卜骨，部分墨书古藏文卜骨或有墨绘人像，还出土有墨书古藏文木简等。

官却和遗址发掘众多排列整齐的集体烹食之所的灶台坑，密集分布的居住房址等唐代吐蕃时期建筑遗址是我省在热水流域首次发现；而雄雌马分开的殉葬坑所体现的等级差异为吐蕃丧葬殉牲习俗等方面的研究提供了重要实物资料；吐蕃墓葬中出土的墨书古藏文卜骨、木简、墨绘人像等弥足珍贵，对古藏文及藏族绘画史研究等方面提供了新的资料，具有非常重要的学术价值与历史意义。

这次考古发掘所取得的重大成果进一步证明，察汗乌苏河两岸的热水墓群内不仅分布有众多的吐蕃墓葬和殉葬坑，而且还有很多埋藏在地下的居住房址、灶坑、灰坑（沟）等吐蕃时期考古文化遗迹和珍贵文物。因此，国务院将其公布为全国重点文物保护单位；国家文物局列入全国100个大遗址内，进行整体保护，适度展示利用；又将其大遗址作为丝绸之路跨国联合申报世界文化遗产的重要组成部分。

关于古藏文木简牍、石刻碑铭的释读

1. 1982年在热水北岸血渭1号大墓旁陪葬的6号墓中出土了一件古藏文木牍（长25.8厘米，宽2.5～2.7厘米，厚0.2～0.5厘米），通体横写古藏文，正反两面各书写三行古藏文（图一），经中央民族大学著名古藏文专家东嘎·洛桑赤列教授考释、扎西旺都副教授翻译：

正面汉义为：

> 萨萨芒姆基亲眷母子……母子平安否。
> 近闻安督地方人畜都很平安无恙……
> 我正身患疾病……因而未毕其事，请勿见怪。

反面：

> 因若赴府邸又恐受责罚，故未前往，请勿见怪。
> 若不见怪，我当赴底邸会晤，于安督呈献压书礼品
> 谨捺手印后奉上……（后面字不清）

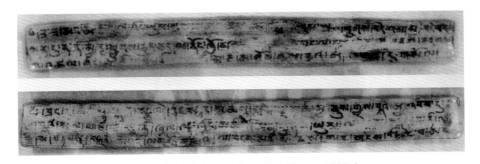

图一　都兰热水墓群6号墓木牍正、反照片

东嘎教授说："一般而言，墓葬的主人应该是收信者，可是古藏文'芒姆基'是王后的意思，难道大墓（指血渭一号大墓）是一座藏王陵吗？这太不可思议了。据藏文记载，吐蕃时期的藏王死后

一般都要归葬于现西藏山南琼结的藏王陵，据我所知，对青海没有这类文献记载，加之出有木牍的墓葬规模较小，与王后的身份不太符合，会不会有这种可能：墓葬的主人不是收信者，而是写信者，这一木牍是不是一件未发出去的信？"东嘎教授的考释提示我们：6 号墓主人如果是收信者，那么墓主人就是王后，而 6 号墓作为陪葬的 1 号大墓就是高于王后的藏王墓。如果墓主人是发信者，那其身份也应该是与王族有关的吐蕃上层显贵人物。

2. 1985 年在热水北岸 10 号墓中出土了 11 支木简：经王尧教授考释发表在《西藏研究》1991 年第 3 期上。王尧教授的结论是：①青海出土木简与新疆木简属于同一时期，即公元 9 世纪藏文改革前的作品；②11 支木简是登录随葬品的文献。③墓主人似为一吐蕃贵族，衣着绸缎，生活豪华，生前器用物品，死后陪葬，供死者继续享用，反映出当时的灵魂观念；④当时的吐蕃实行墓葬制，与刘元鼎出使吐蕃时所见略同。

3. 1999 年在热水沟南岸出土的木简有：1 号墓 1 支、2 号墓 1 支、3 号墓 3 支，王尧教授对 1 号墓出土木简甄辨结论是：墓主人为 757 年死于任上名叫"甲贡"的尚论思结桑，这是第一座可以明确断定墓主人的吐蕃墓葬。

4. 1999 年热水南岸 3 号墓出土碑铭 4 方。王尧教授对其中一方刻有"论"的墓石考释认为：这方墓石标明墓主人的身份是"论"，当属于政府高级官员无疑，否则也不能有如此豪华的陪葬品，更不可能有此墓石的树立。

5. 兰州大学宗喀·漾正冈布教授对热水南岸 3 号墓出土的 4 方碑铭，经考释推论，3 号墓墓主人是"论赤偕微噶"，属于"偕微氏族，为'论'一级的官员和有'赤'身份的吐蕃大贵族"。

6. 在热水血渭（偕微）一号大墓封土的发掘中，距封土顶部 12 米的 2 号陪葬墓中出土了 6 支古藏文木简，还有血渭 12 号墓中出土了 1 支古藏文木简，这些标本的摹写图片许新国研究员在《青海藏族》2012 年第 1 期《关于都兰县热水血渭（偕微）一号大墓的族属与年代》一文中首次发表，许新国认为"这些古藏文木简的发现，确证无疑地证明大墓的族属应是吐蕃"。

关于都兰吐蕃墓树轮年代测定

2002 年以来，中国社会科学院考古研究所王树芝研究员，中国科学院地理资源研究所邵雪梅研究员和我省文物考古研究所研究员许新国、肖永明等人采集墓葬出土柏木进行树轮测定的结果是：热水北岸的 M21：公元 685 年；M14：公元 691 年；M19：公元 713 年；M3：公元 732 年；M23：公元 753 年；M8：公元 784 年；还有热水南岸 M3：公元 784 年；智尕日 M：公元 789 年。香加莫克里 M1：公元 783 年。还有德令哈市郭里木乡夏塔图 M1：公元 757 年；M2：公元 756 年；M3：公元 790 年；M4：公元 785 年或之后。表明这些墓葬都是 7 世纪末至 8 世纪末的吐蕃墓。尤为重要的是，王树芝研究员对都兰热水一号大墓封土堆出土的柏树穿木的树轮定年或为公元 715 年或晚于公元 715 年，这与该墓出土盛唐时期纺织品，年代当为 8 世纪中叶的考古学研究成果较接近。这一时期为吐蕃王朝统治，其族属自然应归入吐蕃。

关于都兰吐蕃墓葬人骨线粒体 DNA 测定

吉林大学人骨鉴定专家朱泓、周慧、崔银秋、段然慧教授等在都兰热水南岸 1 号、2 号、4 号墓采集的 3 例古代人骨样本中的线粒体 DNA 进行分析后的结论是："这批古人骨的族属当系唐代的吐蕃人。""关于墓主人的人种参数属于现代藏族人种。"

其外，我省已故的著名历史学家李文实先生，瑞士藏学家阿米·海勒先生，四川大学霍巍教授、李永宪教授，西北民族大学才让教授等都对都兰吐蕃墓进行了多学科研究，有很多专文论述，尤其是我省文物考古研究所吐蕃考古专家许新国研究员，几十年来坚持在都兰做艰苦的田野考古发掘工作，同时一直整理都兰吐蕃墓发掘资料、撰写发表了很多研究成果。许新国在他研究文章中说："吐蕃是藏族所建立的政权，整个政权在鼎盛时期，曾辖有青藏高原诸部，势力达到西域、河陇地区。统一强盛的吐蕃经历了二百多年的时间，在我国古代史上占有重要的一页。都兰吐蕃墓葬分布广泛，绵延百里，在此范围内还有众多的遗址和城址，是一处不可多得的祖国文化遗产。""从80年代初期，我们即将都兰吐蕃墓葬作为我省考古学科发展的一个生长点，不断进行了发掘和研究。""我们相信都兰吐蕃考古工作的加强将极大地促进藏汉友好关系，中西文化交流以及民族、经济、宗教、艺术等一系列重大历史课题的研究。"

综上所述，都兰吐蕃墓葬群，经过我省考古工作者几十年的考古调查、发掘和研究，尤其国内外许多知名考古专家、藏学专家等从都兰墓葬形制、随葬品、古藏文、人骨、树轮等方面进行多学科研究和测定，得出一致的结论：都兰古墓群是吐蕃墓葬群，属于吐蕃文化。这个结论与国家文物局、青海省人民政府、国务院对都兰吐蕃墓群认定公布为全国重点文物保护单位的文件相吻合。

都兰热水吐蕃文化遗址和墓群是中华民族乃至世界人类文化遗产，是不可再生的具有独特研究、观赏价值的国家"金色名片"。省内外专家多次呼吁：对全国重点文物保护单位，又是全国百大遗址之一的热水吐蕃遗址和墓群，应依法进行整体保护（包括其文化生态、周边环境的保护）；对我省首次发现的唐代吐蕃建筑遗址（包括密集分布的7座房址，排列整齐紧密的31座集体烹食灶炕），以及大、中、小型石室墓、砖室墓、木椁墓、土坑墓等种类齐全的吐蕃墓葬，还有殉葬9匹雄性马和殉葬5匹雌性马的祭祀坑，加上之前发掘又回填的热水血渭一号大墓及其前面五条陪葬沟殉葬的87匹马及27个殉葬有完整狗、牛头殉葬坑等，采取现场保护，展示利用。建成类似陕西半坡、汉阳陵，四川三星堆一样的遗址博物馆（展示馆）向世人展示，对传承和弘扬中华优秀传统文化，建设"一带一路"文化遗产长廊，促进当地经济社会发展，满足人民群众精神文化需求，壮大旅游事业等方面具有十分重要的现实意义和历史意义。

（原载《青海藏族》2015年第2期）

吐蕃古墓铁案在，偷梁换柱亦枉然

——评鲍义志先生的两篇文章

华桑扎西

青海是个多民族聚居的地方，各有渊源，典籍宝藏、历史文化十分丰富。而一次次的考古发现，更加开阔了人们的眼界。从 1982 年开始，我省考古工作者在青海都兰陆续发现了多个古墓葬群，发掘了其中的 80 多座，包括闻名中外的热水血渭一号大墓。国内外考古专家和学者们一致认为这些墓葬均属于吐蕃。但近年来，我省一些民间文史爱好者行文报刊，就古墓葬的年代、墓主人和族属等问题提出异议，认为都兰县乃至海西州的全部古墓都属于吐谷浑。双方观点相左，真有隔夜巨变之感。鲍义志先生是持"吐谷浑说"者。最近，笔者看到他两篇文章，对其文中所作定论很是费解，甚至有如鲠在喉之感，不得不吐。现择文中要点，不揣浅薄，阐明观点，愿与作者和有意于这个命题者继续研讨。

为了便于读者了解鲍义志文章的全貌，先把他两篇文章的主要内容引录于此。

第一篇题目为《寻踪吐谷浑》，刊登在 2011 年《中国土族》杂志夏季号上。文中选了八首诗，每首之后均有注释。其中第七首标题是"血渭一号大墓"，诗曰："大墓雄踞天地间，凤护龙守叹大观。木迭石砌九楼高，当年建来颇费难。从来可恨盗墓贼，考古无果人茫然。龙脉已断谁人续，恨睹疮痍血渭滩。"注释是："血渭一号大墓是确凿无疑的吐谷浑大墓。考古发掘时挖断了龙脉，而 20 多年过去，至今不提交考古报告，真是不可思议。实际上，以考古为名造成的破坏是最让人遗憾的。"第八首的标题是"观央视 10 套《树轮定年法》有感"，诗曰："谁家陵墓谁家坟，专家考证有定论。惊世骇俗棺板画，印迹总留大漠中。人身攻击实可哀，只恐意欲水搅混。树轮测年驱阴霾，大墓铁定吐谷浑。"注释说："2011 年 3 月 24 日《青海日报》报道了我调研吐谷浑文化的情况，这次调研活动是'青海省特色文化和文化产业发展'调研的一个组织部分。几天后，有人在网上对我进行大肆攻击，说我是搞文化侵略云云，实际是煽动莫名其妙的民族情绪。都兰血渭一号大墓开挖以来，有一些争议、学术观点，均属正常。根据近几年来的研究成果，专家们的观点基本趋于一致，认为都兰的古墓群是吐谷浑王国的遗存，而我只是采用了专家的研究成果而已。可喜的是 4 月 1 日晚央视 10 频道《中国地理》报道了中国树轮测定法首席科学家邵雪梅的研究成果，认定血渭一号大墓的时间是在公元 400 年左右，是铁定的吐谷浑大墓。因为这时吐蕃王朝的军队还没有翻过绵绵唐古拉（那应是 200 多年后的事了）。不论是谁，都应相信科学。"

第二篇文章的题目是《吐谷浑文化——历史留给青海的厚重礼物》，刊登在 2011 年 12 月 6 日《西宁晚报》A02 版上。文章说："散落在青海大地上的吐谷浑文化遗产如满天星斗一般。以墓葬而言，除都兰吐谷浑墓群外，整个海西境内遗留的吐谷浑墓群就达 2000 多座。这些墓葬的考古发掘收获巨大，有众多国家级的文物。""今年 4 月初，央视 10 频道《中国地理》报道了中国树轮测定法首席科学家邵雪梅博士的研究成果，她认定规模庞大的热水一号大墓即人们常说的'九层妖楼'，最后封土完工时间是公元 600 年。根据这一比碳十四还要准确科学方法可以确认，都兰热水一号古墓应是促进吐谷浑走向辉煌顶峰的夸吕可汗（535～591 年）的墓葬"。

读青海地方史者都知道，吐谷浑部曾有 700 户（另说 1700 户）在公元 4 世纪初，从辽东慕容鲜卑分离出来后，途经内蒙古阴山，辗转四五千公里，到达甘青，并于公元 313 年在青海建立政权。公元 663 年为吐蕃所灭，前后存在 350 年之久。青海是其活动的区域之一。350 年后，逐渐从史书中消失，没留下任何记载。如果都兰古墓葬的发现、发掘能为吐谷浑统治时期的历史提供物证的话，对研究吐谷浑，弥补史书之不足，无疑是莫大的补益。但遗憾的是，至今没有发掘出足以服人的实物证据，来确认这些古墓葬是属于吐谷浑。从 20 世纪 50 年代考古工作者考察发现英德尔草场和科肖图吐蕃墓算起，到 1982 年后省考古所对都兰古墓进行了近 20 年的发掘，再到 1999 年 7 月至 9 月，北京大学考古文博学院、青海文物考古研究所对热水南岸 4 座古墓进行的发掘，发现了许多弥足珍贵的墓葬文物。这些发掘和发现都证明古墓葬属于吐蕃，而非吐谷浑，包括血渭一号大墓在内，年代均在吐谷浑被灭之后。

现将鲍义志两篇文章综合梳理，理出要点，予以驳诘。

一　关于都兰古墓葬乃至血渭一号大墓的年代、族属问题，主要参考国家考古专家和学者们的研究成果，从以下几个方面予以阐述：

1. 版画人物是吐蕃人

（1）在德令哈市郭里木乡墓葬出土的棺板画上，有四神、射猎、射牛、商旅、饮宴、野合、妇女、人物服饰与赭面等多种图案。我省著名考古专家许新国认为是吐蕃人，描写的是贵族和平民的生活（许新国：《西陲之地与东西方文化》p300～322）。

（2）考古专家通过对从热水南岸第一、二、三座墓葬中出土木板画人物形象的分析，分别认为："此人物形象很可能就是吐蕃人"，"此人物皆有赭面特征，可推测为吐蕃人形象"，"人物形象似为吐蕃人"（《都兰吐蕃墓》p100～104）。

2. 古藏文是重要物证

在已发掘的多座墓葬中，发现了古藏文木简、木牍和"擦擦"。其中对热水南岸一号墓的木简，经古藏文专家、中央民族大学教授王尧释读，认为："墓主人可能为 757 年死于任上名叫'甲贡'的尚论思结桑，若此，这是第一座可以明确断定墓主人的吐蕃墓葬。"（《都兰吐蕃墓》p44、106、127～128、132～134，图版八、图版十和《中国文物地图集——青海分册》p103～104）。墓葬中的"擦擦"，其内窝中多有在桦树皮上书写的古藏文，并圈成小捆塞在里面。血渭一号大墓出土的古藏文木牍现存省文物考古所。

古藏文是第三十二代藏王松赞干布时代的吞弥桑布扎创制的，一般认为时在公元 617 年后。古藏文从创制到使用，再传至青海，那应该是在吐蕃灭吐谷浑以后的事情。怎么会在公元 400 年或公元 600 年前的墓葬中出现公元 617 年以后的古藏文呢，这怎么解释？作为地方史爱好者的鲍义志应该知道藏文是怎么回事，因为这是常识。多座古墓中出土那么多古藏文，那是多么珍贵的实物证据，作者怎么视而不见、避而不谈呢？还有，一会儿说是在公元 400 年，一会儿又改口说是公元 600 年，对如此重要的改动既不解释，又不说明，作悄悄的私下动作，这不是对媒体的不负责任和对读者的不恭吗？更有甚者，随意借用邵雪梅研究员之名，造假作势，这是对这位研究员应有的敬重吗？鲍义志在后一篇文章中，就喇家遗址提到考古专家叶茂林，叶说他的观点是"一家之言"。这"一家之言"真是难评，笔者只能说一句话：珍惜别人的尊重才能得到尊重。把恭维当真，视读者为孩童，这当是一种失去自知之明的病态心理。若不信再问问，听叶先生还说什么。鲍的两篇短文，前后矛盾，经不起推敲的地方不止一处、二处。事理不明，何以为文？

3. 线粒体 DNA 研究证明是吐蕃人

"墓葬的年代应当在中晚唐时期"。"关于墓主人的人种参数我们已经进行 DNA 测定，属于现代藏族人种"。"这批古人骨的族属当系唐代的吐蕃人"。"族属无疑是吐蕃，而非吐谷浑"。（《都兰吐蕃墓》p158～162）

4. 墓葬的形制结构与西藏的吐蕃墓基本一致

"发掘的 4 座墓葬等级较高，属于吐蕃贵族墓葬，封土、墓室都是该地区新见的形制"，有呈长方形的前、后和左、中、右室，多为柏木砖石混筑，也有土坯墙，也有呈凹形的石室葬（《都兰吐蕃墓》p125）。"都兰吐蕃墓葬讲究对葬地的选择，一般均'依山而建'……'存在着聚族而居的制度'"，"墓室常见长方形、方形、梯形等形式，分单室、双室、多室等几种"，"葬墓均有封堆，分梯形和圆形两种"，"常见用砾石砌壁"，"血渭一号大墓墓上建筑引人注目。该墓为双覆斗式封土，上层封土由黄土、沙土、砾石、巨石等组成，排有七层穿木，并构筑梯形混凝夯土墙和梯形石墙"（许新国：《西陲之地与东西方文化》p137～138 和李永宪：《西藏原始艺术》，2009 年 4 月 12 日网络发布）。

5. 树轮定年均在公元 663 年以后。

树轮测定法不仅是广泛用于编制某地区历史气候变化表的先进手段，也是确定古代墓葬中树木砍伐年代的可信办法。

从中国社科院考古研究所王树芝、中科院邵雪梅和我省文物考古研究所许新国、肖永明等人，采集测定的都兰热水北岸、南岸血渭 7 座墓葬和香加乡莫克里一座墓葬的定年结果表明，都是公元 663 年后的墓葬，均属吐蕃墓。它们是热水北岸 M21：公元 685 年；M14：公元 691 年；M19：公元 713 年；M3：公元 732 年；M23：公元 753 年；M8：公元 784 年，还有热水南岸 M3：公元 784 年和香加莫克里 M1：公元 783 年；智尕日 M：公元 789 年（见《考古》2008 年第 2 期等）。

对都兰古墓葬的年代、族属包括"血渭一号大墓"，是近年来争论的重点之一。我省部分非专业、民间文史爱好者的观点与国家考古专家和研究人员观点完全相左。从鲍文看出，他是坚定的"吐谷浑说"者，在"血渭一号大墓"上尤其如此。

现在让我们研究"血渭一号大墓"的族属和主人：

（1）从大墓本身的形制构造、出土古藏文木牍和殉葬品等就可以确定该墓是吐蕃墓，主人是吐蕃人，而且是非同一般的吐蕃人。

今年12月16日，央视4频道《走遍中国》栏目报道了"血渭一号大墓"节目。记者就大墓采访了我省考古专家许新国（他一直从事都兰古墓的发掘考古）。许新国说，这座墓葬里的丝织品，都是唐朝的。说明墓主人规格相当高。部分墓构件上有古藏文。它有一个动物陪葬坑，有几百个动物的个体。除有两三个马鹿的头，大量是牛羊的。统计的牛和羊的肩胛骨就有170多个。墓葬里埋葬了活马87匹，这个规模就跟吐蕃的藏王一样。关于殉生的陪葬品，《新唐书》、《旧唐书》里都记载得很清楚，"赞普死，杀马百匹以行粮。"我们估计它相当于一个赞普的墓葬。西藏那么多藏王墓，现在一座都没有发掘过，那么出现87匹马的，也就是这座墓。

（2）从大墓周围发掘出的其他墓葬的古藏文木简、"擦擦"、随葬品以及人骨研究和树轮定年来分析，大墓是吐蕃墓，主人也应该是吐蕃人。打个比方说，在自家坟墓中埋葬他族人，而自家人却葬在他周围，那是不可想象的。

（3）关于大墓的树轮定年。央视10频道报道和鲍文发表后，引起了网民质疑和有关方面的重视。今年10月底，省考古研究所有关专家询问了中国社会科学院考古研究所王树芝研究员和中科院地理资源与环境研究所邵雪梅研究员，两位研究员都说："没有采集过血渭一号大墓树轮样本，所以现在没有该墓的具体定年"。

（4）对这座大墓，从80年代到90年代，在国务院、省政府公布的全国重点文物保护单位和省级文物保护单位名录，《中国考古地图集——青海分册》和1994年版《青海百科大辞典》等专著中，都将其定为吐蕃墓，且专列词条说明。

1996年，经国家文物局学术委员会评定，国家文物局正式公布了《1996年全国考古十大新发现》，其中第九个就被称为"都兰吐蕃墓群"，同样包含血渭一号大墓。

二　从"龙脉"想到族源

鲍义志在"血渭一号大墓"诗的后半阕写道："从来可恨盗墓贼，考古无果人茫然。龙脉已断谁人续，恨睹疮痍血渭滩。"其注释在强调"血渭一号大墓"是确凿无疑的吐谷浑大墓之后，又说"考古挖掘时挖断了龙脉，而20多年过去，至今不提交考古报告，真是不可思议。实际上以考古为名造成的破坏是最让人遗憾的。"毫无疑问，盗墓贼实在可恨，马步芳派军队盗掘，"文革"后又处于长期无人管理状态，至90年代，任其狂盗乱挖。我们应为后代树立榜样，永远树立文物保护意识。至于恨考古者挖断了"龙脉"，疮痍满目，笔者不是考古工作者，也不了解情况，但对鲍的话，却不敢苟同。国家对考古发掘有严格的法律和条例规定，对考古单位，专业资格都有具体要求。首先我省近20年来，对几十座古墓进行大规模、长时间发掘。可以肯定，省政府和省级主管部门——文化厅，不仅知道而且是同意了的，否则一个考古所敢擅自行动吗？如果发生违章操作，或实施破坏性发掘，有意破坏文物，那肯定是违法犯罪行为。时至今日，除了鲍先生之外，还未曾听说考古所有如此行为。其次，所谓"挖断了龙脉"的说法，既不加引号又不加思索地直接从一位国家公职人员的笔下写出，且进入正式发行的刊物中，实在不可思议。过去老百姓讲"地脉"，皇家讲"龙脉"，都是想着在死后找个好地方埋葬，作者在这里不提"地脉"，而提"龙脉"，是有其隐情的。说白了，就是认定土族族源是吐谷浑，"血渭一号大墓"是公元600年前吐谷浑夸吕可汗的墓葬。挖坏了可汗的墓和周围的地段，那就是"挖断了龙脉"，所以他"恨"。

土族是我国56个民族中的一员，有自己独特的语言和历史文化。长期以来，勤劳智慧的土族人民，一直生活在青海这块热土上，平静地劳作着、追求着、前进着，和周边的兄弟民族和睦相处，同呼吸，共命运，开发青海，创造未来。不管研究者们论其族源是甲还是乙，是远还是近，土族就是土族，是有别于其他民族的土族。不是说土族族源不可以研究，我没有那个资格说这种话。而是说，希望持不同观点者特别是土族中的学者，能够坐下来，平心静气地探讨，使认识能够逐步趋于一致。原来的四五种族源说，现在不是基本趋于两种了吗？如持"蒙古说"者，有著名的土文的创制者、土语研究者李克郁教授，还有李生华先生等，持"吐谷浑说"者有吕建福先生，最早还有陈寄生、卫惠林等。陕师大教授周伟洲在其《吐谷浑史》一书中，对土族族源专辟一章讨论，对族源提出了三个演变过程。兰州大学副教授杨沛艳提出了从考古和体质人类学角度，取得实证材料加以研究。周的结论和杨的建议，还有其他学者的意见，对进一步探讨土族族源，具有参考价值。但在没有定论之前，不可支持一派，贬斥另一派，而应互相尊重、与人为善、取长补短、求同存异、逐步趋和，不应在本民族内部制造矛盾和隔害。省志办在《青海省志——民族志》处理土族族源问题时，就注意了这个问题，持慎重态度。对吐谷浑说、蒙古说、多源混合说、阴山白鞑靼说、沙陀突厥说等五种说法并列，不作定论，意在继续探讨。

祖宗荣耀感，无论个人，还是民族都有之。这是正常的情感。但子不嫌父穷，女不嫌母丑。父母是无法选择的，民族也一样。无须因甲强大而光荣，也不必因乙懦弱而自卑。它是在历史长河中形成的，是不可改变的。历史已经过去，它能够留给我们多少幸福，只有把握现在，奋发图强，锐意进取，才有民族的发展和前途。

三　巴隆非白兰，都兰不是吐谷浑王城，正本清源，还历史本来面貌

我省已故史学家、青海民族大学教授李文实先生是中国著名史学家顾颉刚之高足。著有《西陲古地与羌藏文化》（2001年青海民族出版社出版），尤见长于西陲史地考证。顾颉刚考定白兰国疆域在今青海省与四川之间，距甘肃西南部亦不远，并由境内有白兰山而得名。李文实据此继续考证，认为，白兰山即在今果洛藏族自治州的玛多、玛沁、甘德、达日、班玛县和久治县之大部。"若以今之都兰为吐谷浑王城，而以巴隆为白兰，则其东北方位为今之海北，而非海南，与古籍的河南国的记载全相违背。以此时期之吐谷浑王城都兰，则察汗乌苏与巴隆密迩相望，有何退保之可言？这种向声背实的说法，都是轻信新说，耳食传言或迷信权威所造成的"。（《西陲古地与羌藏文化》p369）李文实在其著作中几次严厉批评一些人将巴隆视作白兰，把都兰视为吐谷浑王城的错误，且这种批评几近到了谴责之程度。他说，这种"仰人鼻息，以讹传讹，则即无味，且败坏学风"（p31）。"近年有人根据吴景敖（见《西陲史地研究》p1~p9，1947年10月由中华书局出版）和日人佐藤长等人之说，以为今布尔汗布达山下的巴隆，即为当年白兰国所在，依人作嫁，反自以为新说"（p90）。

李文实之言，凿凿有据，针对性不言而喻。皮之不存，毛将焉附，地之不符，墓从何来？近年来在吐谷浑问题上既传讹又造假的程起骏、鲍义志先生怕是找错了坟头，烧错了纸！

四　关于"民族情绪"问题

鲍先生说，有人在网上大肆攻击他搞文化侵略，这是"在煽动莫名其妙的民族情绪"。现在网上对骂者很多，明星们尤其如此，谁对谁错，谁去评判。但他在这里认定对他的"攻击"是"民族情绪"，那么问题就严重了。"民族情绪"属于政治范畴，"煽动民族情绪"是政治问题，这曾在50年代和"文革"中被大量使用过，是那些思想极左的人用来整说过一两句老实话或错话的少数民族干部的最为有效的办法，让他们蒙受精神痛苦。现在，鲍又祭起这根哭丧棒，实在令人可怖！建议把对你的攻击公示于众，如果攻击者污蔑捏造、诽谤你，那么我们应该一起口诛之！笔伐之！如果拿不出证据，那就是反诬。你在自己掌管的正式刊物上这样写，更是非常错误的。人家会批评是你在煽动"莫名其妙的民族情绪"。这不是在同建立和谐社会，提倡民族团结唱反调、对着干吗！

五　关于"吐谷浑文化"说

这里说的文化，应该是指考古学上的用语。资料介绍，考古学上的文化，是指一个历史时期的不依地点为转移的遗迹、遗物的综合体。同样的工具、用具，同样的制造技术等，是同一文化的特征。如仰韶文化、龙山文化、马家窑文化、半山文化等等。用这一标准来考察、衡量吐谷浑文化，就应把吐谷浑在辽东鲜卑，中途驻牧蒙古阴山，后到甘青，在青建政，350年后又被吐蕃灭亡，大批吐谷浑内附唐朝等处的属于吐谷浑的遗迹、遗物发掘出来，研究他们的共同点，看有无同样的工具、用具和同样的制造技术。具备了这些条件，才能谈得上是文化，否则，就戴不起文化这顶帽子。尽管我们希望看到有能说服人的吐谷浑墓葬被发掘出来，但是，现在很少有这方面的对比实物资料可供研究。

想当年，一个强大的满洲人的铁骑，踏破山海关进入中原汉族的汪洋大海，建立了清王朝。270年过去，最后她的文化呢？人们开玩笑地说，"建立了一个王朝，搭上了一个民族"。以此类比吐谷浑，一个户不足二千，人口不足一万的部族，辗转四五千公里到达汪洋大海般的众羌之地，凡350年，最后能留下多少文化？他们的文化应该是早就消失了的，只不过是建立了一个政权而已。所以著名史学家范文澜说，"少数慕容部贵族与众多的羌族部落酋长融合成为一个统治阶级，鲜卑羌化了，因之，吐谷浑实际上是羌族的国家"（《中国通史简编》第三编第二册第四章《吐蕃国》。p447）。

现在，就算海西州有2000多座墓葬，包括都兰热水地区300座，已发掘的还不到二十五分之一。从已发掘的几十座墓葬来看，绝大多数属于吐蕃，其中都兰是全部。如果硬要将吐蕃墓说成是吐谷浑墓，置以往的考古研究于不顾，也无视国务院和省政府的通知和其他证据资料，这实在是有悖于常理。

面对吐蕃墓丰富的出土文物和充足的实物证据，以论代证不足为证，推测、想象更显得暗淡无光。以上事实和结论，如同铁案，横亘在前，要想推翻可不是件容易的事。让我们拭目以待。

这是我的结语。

（原载《青海藏族》2011年第2期）

行骗造假非学问，欺国瞒众为哪端

华桑扎西　雨　佳

笔者看到 2011 年 6 月 15 日我省正式出版物《中国土族》杂志夏季号，上载鲍义志的诗文《寻踪吐谷浑·诗八首》，每首诗都有注释。后又看到 2011 年 12 月 6 日《西宁晚报》，登有鲍的短文并附有鲍的彩照，题目是《吐谷浑文化——历史留给青海的厚重礼物》。循着《寻踪吐谷浑》的指示，又找到了同年 3 月 24 日的《青海日报》第四版，即鲍说的 "2011 年 3 月 24 日《青海日报》报道了我调研吐谷浑文化的情况，这次调研活动是 '青海特色文化和文化产业发展' 调研的一个组成部分"。报道说 "都兰吐谷浑古墓群考古发现还曾被国家文物局评为 '全国六大考古新发现' 之一和 '全国十大考古新发现' 之一"。鲍义志不仅呼吁尽早在都兰建立 "中国吐谷浑文化中心"，还在全国 "两会" 上提出尽快在都兰县建立 "中国吐谷浑文化中心" 的建议。

调研 "特色文化和文化产业" 的命题很正确，但鲍的所作所为是醉翁之意不在酒，在于借此造假，为己所用。

一

这里先将有关问题简述清楚，再回头来论鲍义志的言行，就明白其所以然了。这些问题是关于巴隆和都兰、墓葬的族属和主人、考古发掘和学者们的考证研究，省政府，国家文物局和国务院文件等。

1. 关于巴隆和都兰问题

巴隆不是白兰，都兰不是吐谷浑王城。中国著名史学家顾颉刚说过：白兰在青海与四川之间距甘肃西南部亦不远。我省已故史学家李文实先生长于西陲古地的考证，在其著作《西陲古地与羌藏文化》中有几篇文章均涉及这些问题，考证得非常清楚。他在 80 年代初就说，白兰在现在的果洛藏族自治州，都兰不是吐谷浑王城。巴隆与察苏河密迩相望，有何 "退保" 之可言？还有，中国社会科学院民研所研究员卢勋和祝启源说，"史称羌之别种的白兰，其地居今青海果洛和川西北一带，与吐蕃相连"（见《隋唐民族史》p401）。李文实在其著作中批驳吴景敖的臆测和日人佐藤长的错解。这些应该是早就解决了的问题，但还是有人在其编著的文章中（实指程起骏等人）"仰人鼻息，依人作嫁，还以为是新说"，继续 "以讹传讹，且败坏学风"。

2. 关于都兰古墓的族属与主人

对已经发掘出来的八十多座墓葬的形制、结构、随葬品、殉生、人骨、古藏文、棺板画等省内外考古专家和国内外学者发表了许多考古报告和研究成果。最近笔者收到一本《都兰吐蕃墓》及送书说明。此书介绍了都兰热水南岸四座吐蕃墓的发掘情况，经其他学科的专家学者研究分析，认定这4座墓葬都是吐蕃墓，墓中人经人骨测定是吐蕃人。古藏文专家王尧教授释读后说，墓中人不仅是吐蕃人，可能还是吐蕃大伦级的人物。热水"血渭一号大墓"旁的六号墓也出土古藏文木牍，经东嘎·洛桑赤列先生生前对其释读后认为，木牍是一封信，可能是事涉王后与藏王的联系，有重要的史学研究价值。对"血渭一号大墓"发掘研究结果，同样证明是吐蕃墓，墓中主人同样是吐蕃人。按我省考古专家许新国的话说，很可能是藏王级的大墓。

唯有实物证据，才能证明族属和主人，都兰古墓的发掘充分印证了这个结论。

3. 始作俑者吴景敖的臆想之谬

1947年10月，民国时期的国民党官员吴景敖编著了一本薄薄的《西陲史地研究》，涉及吐谷浑问题的只在书中的第一部分，即"吐谷浑通向南朝罽宾之路"，其第一节中提出，去西域之路，从柴达木过去，可能最近，从而臆定了丝绸之路青海道。路线应从伏俟城经巴隆、都兰过去到西域，有三条路线可选。继而毫无史据地武断巴隆即白兰，都兰为吐谷浑王城。从此，以讹传讹之说泛滥成灾，以致顾颉刚、李文实等人正确的考证结果，被淹没在那些"仰人鼻息，依人作嫁，还自以为是新说"的谬论中，而鲍义志、程起骏则更是把做学问当创意，视历史为儿戏的人。

二

现在，把话说回来，讨论鲍义志在吐蕃墓问题上的言行。

对都兰地区吐蕃古墓葬的发现、发掘和研究，我省考古工作者经历了三代人，近60年的努力，1999年7～9月，北京大学考古文博院的专家和我省考古所的同志们一起工作，又发掘了热水南岸的四座墓葬。几十年来，已发掘的80多座墓葬，基本上都在都兰境内。这些墓葬都属于吐蕃墓，而非吐谷浑墓，墓主人也是吐蕃人，而非吐谷浑人。

几十年来，对都兰地区考古调查和发掘的成果，按有关文物考古呈报条件和程序，经各级文物主管部门层层研究核实，逐级上报审查，最后以省人民政府名义、国家文物局名义、国务院名义下发通知公布。对其保护、发掘、管理已由文物考古的专业行为而成为国家行为。下面以时间为序，列表说明都兰吐蕃墓被省政府、国家文物局和国务院认定公布的情况（见附表）。

三

鲍义志从2011年3月20日在都兰写"血渭一号大墓"到4月8日"大墓铁定吐谷浑"（见《寻踪吐谷浑》）为他行骗造假定下了调子，所以他特别提醒人们去看3月24日的《青海日报》报道。他不仅认可这篇报道，还极力进行推荐。在这篇报道里，他直接将国家文物局学术委员会分别于

1983 年和 1996 年被评为"全国六大考古新发现"之一,"全国十大考古新发现"之一的都兰热水血渭吐蕃一号大墓和热水吐蕃墓群篡改为"都兰吐谷浑古墓群"。更有甚者,他在当年召开的全国"两会"上提出尽快在都兰建立"中国吐谷浑文化中心"的建议。作为全国政协委员、省政协副主席的鲍义志在这个神圣的殿堂之上,公然行骗造假,偷梁换柱,欺上瞒下,到了令人发指的地步。鲍义志唯恐人们对他的造假、篡改知之不多,认之不清,事过半年之后,又以《吐谷浑文化——历史留给青海的厚重礼物》为题,继续制造舆论,混淆视听。说什么,"散落在青海大地上的吐谷浑文化遗产如满天星斗一般。以墓葬而言,除都兰吐谷浑墓群外,整个海西境内遗留的吐谷浑墓群就达 2000 多座"。

正如上述,对都兰古墓经三代人的考古调查和发掘,众多国内外知名学者的研究考证,古墓确属吐蕃而不属吐谷浑。如果鲍义志一定要改都兰吐蕃墓为吐谷浑墓,那就请你先推翻这半个多世纪以来对都兰古墓考古调查和发掘的结论,推翻半个多世纪以来众多专家学者们的考证研究结果,然后建议省考古所、省文物局、省文化厅改正,并请他们向国务院、国家文物局、省政府建议撤销都兰吐蕃墓群国保名录。至于省上有关单位和部门会不会听你的话,确认你的意见,他们会不会报省政府,省政府报国务院撤销,那不是你能管得了的事。事实结论如座座高山,你能跨越得过去吗?你敢推翻吗?我想你不能,也不敢。鲍义志无视国家权威,心不存敬畏,反以匪夷所思之举,予以蔑视、亵渎,甚至公然挑战,其胆也大,其声也狂!请问你:为什么要这样说,这样写,这样干呢?你到底想干什么?!是只为寻找族源,还是为标新立异,青史流芳呢?!除此还有何目的,笔者无须去做揣想。

做学问首先要做有良心、良知的人,可寻根摸底,细查正反,去伪存真,但宗旨是实事求是,不可行骗造假。作为全国政协委员、省政协副主席,你的良心、良知到哪里去了?参政议政,应当是为民申言,为国尽责,作为全国政协委员、省政协副主席,你是怎么为人民服务,为政府参政,为国家负责的?利用国家公职人员的重要职务之便,打着学术、调研之旗号蒙骗造假,居心何在?!

鲍不去研究那么多考古专家们的发掘报告,也不去研究那么多知名学者们的考证研究成果,却只听信于一个不负责任、以论代证的民间史学爱好者程某某一人之辞,把他当作你唯一的师爷,而敢冒天下之大不韪。在《寻踪吐谷浑》诗文中,鲍说:"我只是采用了专家的研究成果而已","程某某先生是吐谷浑研究专家"。至此才知道他的谬据是来自程氏的。你想过没有,为此害一生功名,是否值得?

我不懂平仄,仅识韵味,在此写两首小诗分赠你和程先生教正。赠程先生的是:"望能自悔",诗曰:年届耄耋不守拙,枉有都兰三十秋;以论代证不足凭,青海史话留笑柄。

赠鲍先生的是:"常为自警",诗曰:妄言都兰吐谷浑,慢塑神像鲍家村;看似锵锵"铁定"语,幕落西山遭讥讽。

注:鲍义志在《吐谷浑文化——历史留给青海的厚重礼物》一文中,"设想在民和南部黄河边塑造治水英雄大禹的巨型塑像"(喇家遗址近邻是鲍家村)。

(原载《青海藏族》2011 年第 2 期)

都兰吐蕃墓被省政府、国家文物局和国务院认定公布表

序号	名称	时代	地点	公布时间和单位	备注
10	英德尔古墓	唐代吐蕃	都兰英德尔羊场老场部	1957年12月13日，青海省人民政府公布为第二批文物保护单位。	见《文物工作文件选编》，1989年12月青海省文物管理处编，p297。
11	考肖图古墓	唐代吐蕃	都兰县香加乡	1957年12月13日，青海省人民政府公布为第二批文物保护单位。	见《文物工作文件选编》，1989年12月青海省文物管理处编，p297。
	热水"血渭一号大墓"	唐代吐蕃	都兰县热水乡	1983年国家文物局被评为"全国六大考古新发现"之一。	见《青海考古纪实》p170。
128	热水墓群	唐代吐蕃	都兰县热水乡	1986年5月27日，青海省人民政府以青政【1986】65号文公布为第四批文物保护单位。	见《文物工作文件选编》，1989年12月青海省文物管理处编。
8	莫格得哇遗址	唐代吐蕃	玛多县花石峡乡日谢定居点	1988年9月15日，青海省人民政府以青政【1988】93号文公布。	吐蕃军队之一部从玛多进入都兰香日德。（编者注）
	都兰吐蕃墓群	唐代吐蕃	都兰县热水乡	1996年，国家文物局学术委员会评为"1996年全国十大考古新发现"之一。	见《中华人民共和国文物博物馆事业纪事》（1949～1999年），国家文物局编。
15	热水墓群	唐	都兰县热水乡	1996年11月20日，国务院以国发【1996】47号文公布为全国重点文物保护单位之一。	热水墓群共有封土300余座，1982～1985年发掘26座，其中"血渭一号大墓"封土内有三周阶梯形的石砌围墙，主墓位于石围墙内，由封石、照壁、棚木、墓道、墓门、回廊、东室、西室、中室、南室组成。该墓地属盛唐时期的吐蕃遗存，也是青海境内面积最大、保存封土最多的一处吐蕃墓地。见《第四批全国重点文物保护单位简介》1996年，国家文物局编。
	芦丝沟龙根墓地	唐代吐蕃	都兰县热水乡	系第三次全国文物普查新发现吐蕃墓两处。	见《青海省第三次全国文物普查资料概选》，2010年。

青海吐蕃简牍考释

王 尧 陈 践

一 概述

近年来，青海省境内几件考古学上的大发现引起学术界普遍的注意，其中最为轰动的有两件：（1）"舞蹈彩陶盆"：1973 年，青海省大通县上孙家寨马家窑类型墓葬中出土。画面上表现五人一组的氏族成员正在举行狩猎舞[1]。（2）"唐蕃古道考察报告"：记录了沿唐蕃古道的居民生活、历史文物、河川走向，以及唐宋以来的历史遗迹[2]。

从以上的考古发现中不难看出青海地区在中国历史上的地位，同时也反映出青海古文化发达的水平。

1985 年，青海省考古队在都兰县热水斜外草场地方对两座古墓进行科学发掘。墓形为梯形石砌，墓内有马、牛、狗等殉葬品骨骸。墓主尸身附近有大量的绸缎、织锦、羊皮、牛皮、鹿皮靴，靴为高筒，皮质柔软，有光泽、黑色；有的织锦上有索特文字，似为中亚一带进口物品；另有铜镜、铜钱，方孔开元通宝。大致可看出墓主身份及入葬时代不会早于 8 世纪。第十号墓中尤为引人注目的随葬品有吐蕃文木质简牍 11 支。关于墓葬的发掘报告将由青海省考古队发表，其丰硕成果当公之于世。承蒙许新国同志雅意，将随葬的吐蕃简牍交给我们来研究，这使我们受到很大鼓舞。因为 1979 年新疆维吾尔自治区博物馆沙比提馆长和穆舜英所长两位友人曾约我去新疆研究他们发掘、收藏的吐蕃墓简牍，1983 年我又到伦敦印度事务部图书馆去核对 F. W. 托玛斯先生生前研究、发表过的散简；后来，在此基础上我们出版了一本名为《吐蕃简牍综录》的书（北京，文物出版社，1986 年）。共收录了吐蕃简牍 464 支。从那以后，我们心中一直希望能在藏区见到吐蕃简牍出现。因为从理论上讲，简牍是吐蕃时期重要的文献，在藏区不应该完全灭绝。这一次，青海都兰热水的吐蕃简牍出现，可以说弥补了这一段空白，也极大地满足了我们个人的愿望。

这一批简牍共十一支，均为短简，最长不超过 10.5 厘米，宽 2.3 厘米。字迹均为吐蕃简牍中常见的行书体，介于草书（དབུ་མེད་）和楷书（དབུ་ཅན་）之间，流畅而气韵生动，清晰可读，与新疆出土的简牍无甚差异。我们乃费旬日之功，进行摹写、转写、翻译和考索。兹将有关材料，先行公布，以飨读者。

二 录文及译文（附藏文摹写）

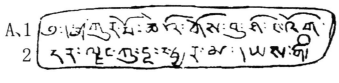

M10：4—1

A、1 ⵁ⎹⎹ ཚ་གུར་པོ་ ཆེའི་ གོས་ བུ་ གི་ ང་ འོག⎹

2 དར་ ལྡང་ ཀྱི་ ཇ་ སྦྱར་མ⎹ ⎹ ཡམ་གི⎹

B、1 སྣ་ནེག་ ཀྱི་ ཁྱུད་ གོར་ ཤལ་ དམར་ ཁག⎹

2 ཇ་ སྦྲེགས་ སག་ ཏེ་ ནག་ པོའི་ ཡུ་རིང་ ཇ་ སྱི⎹

此木简长 10.5 厘米，宽 2 厘米，厚 0.2 ~ 0.3 厘米。右侧有小孔。正反面各两行，藏文行书体，潇洒，接近正楷，字迹清晰。

译文：黄河大帐产之普兴缎面，绿绸里夹衣及悉诺涅缎红镶边衣，黑漆长筒靴共三件。

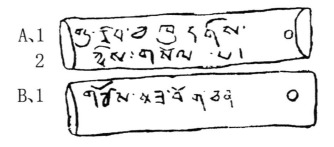

M10：4—2

A、1 ⵁ⎹⎹ གུ་རིབ་ཅ་ཁྱུད་གིས⎹

2 ཀྱིས་གསོལ་བ⎹

B、1 གཙོས་ར་པོག་ཆ་(ན)

此木简右有小孔。长 8.7 厘米，宽 1.8 厘米，厚 0.2 ~ 0.3 厘米。正面有两行字，背面有一行字，字体与其余木简迥异，水平低，字迹基本清晰。

译文：古日家客奉赠：羚羊皮，边镶锦缎之衣。

M10：4—3

A、1 ⵁ⎹⎹ ཤེའི་ རག་ ཏུང⎹

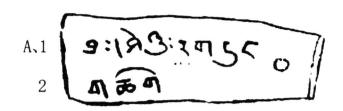

2 གཅིག

B、无字

此木简长6.3厘米，宽2.2厘米，厚0.3厘米，右有小孔，正面有两行字，背面无，简右略残，有一字模糊。

译文：秀乌地产黄铜号一把。

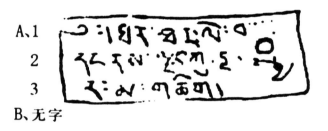

M10：4—4

A、1 ╲‖ ཐར་ཐར་ཨེ་ག

2 དང་རས་ལྡུང་ཀྱི་ཇ་ཥྲ

3 ར་མ་གཅིག

B、无字

此木简长6.5厘米，宽2.2厘米，厚0.3厘米。右有小孔，正面有三行字，字迹一半清晰，反面无字。

译文：镶边……绿绒夹衣一件。

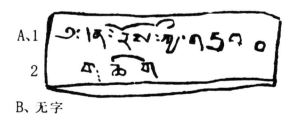

M10：4—5

A、1 ╲‖ ན་རོས་ཀྱི་གཏུག

2 གཅིག

B、无字

此木简长 6.5 厘米，宽 2.2 厘米，厚 0.4～0.6 厘米。右有小孔。正面有两行字，背面无。正面有一字模糊。

译文："纳乳"宝石之钏一件。

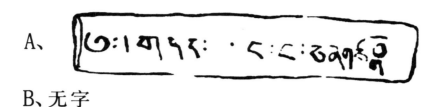

B、无字

M10：4—6

A、1　ㄟ丨丨 གདད་（ཕྱིར་ཅན་）གཆིག

B、无字

此木简长 8 厘米，宽 1.3 厘米，厚 0.3 厘米。右有小孔。正面有一行字，字迹模糊，仅前后二字隐约可辨。

译文：毛毡铺垫一块。

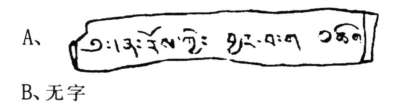

B、无字

M10：4—7

A、1　ㄟ丨丨 ན་རོས་ཀྱི་（ཐྱར་བ）གཆིག

B、无字

此木简长 8.1 厘米，宽 1.5 厘米，厚 0.2 厘米。右有小孔。正面有字一行，字迹一半清晰。背面无字。

译文："纳乳"宝石之杯（？）一件。

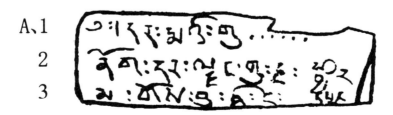

M10：4—8

A、1　ㄟ丨丨 དར་ཆུའི་ཀུ（ར་པོ་ཆུའི）

2 ནོག་དར་ཕྱུང་ཀྱི་དང་ཕྲིབ།

3 (མ)་གོས་བུ་ཞི་བ་(དཔྱང་)

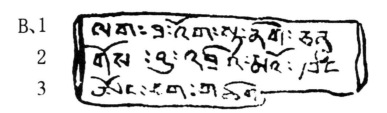

B、1 ﹨ ། ། ལག་ཇ་བོན་སྟུ་ཞིག་ཅན།

2 གོས་བུ་འཐིའ་ཀྲའི་(ཡོང་

3 ཡོང)་ཅག་གཆིག

此木简长 7.5 厘米，宽 2.3 厘米，厚 0.3 厘米。右边有孔。正反面各三行，右角略残，缺字，其余部分字迹清晰，藏文行书体，接近正楷。

译文：黄河大帐产之普兴缎面，绿绸里，衣袖镶悉诺涅缎，价值一头母牦牛之缎夹衣一件。

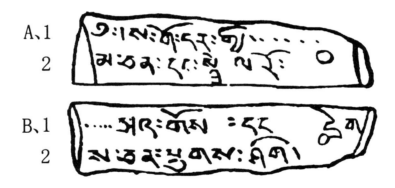

M10：4—9

A、1 ﹨ ། ། ས་གོ་དར་ཀྱི་……

2 མ་ཅན་དང་(སྦྱལ)

B、1 ཡའི་གོས་དང་ཇེག

2 ས་ཅན་ཕུགས་ཞིག

此木简长 8 厘米，宽 1.8~1.5 厘米，厚 0.4 厘米。正面左侧字清晰，右侧略有模糊。背面第一行字迹难辨，第二行清晰可读。

译文，萨郭绸之……衣里，吾缎……衣一套。

M10：4—10

A、1 ﹨ ། ། ཐར་ཐར་དམར་པོའ་

2 དཔྱང་ལག་ཅང་གོང།

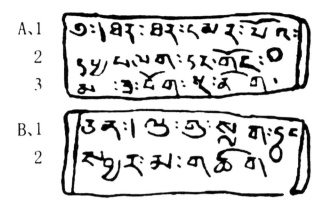

3　(ཨ)ཾ:ཟ:པོག:སྲག:ཤིག

B、1　ཚན:ལུ:ཀྱི:སྲག:ཏུད།

2　སྦྱར:ཨ:གཅིག

此木简长6.5厘米，宽2.2~2厘米，厚0.4~0.5厘米。右有小孔，正面三行，背面两行，字迹大部清晰。

译文：衣袖为红镶边，衣领为悉诺涅锦缎之羔皮衣一件。

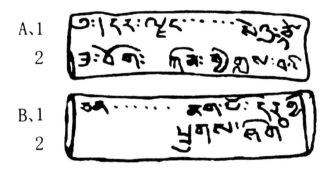

M10：4—11

A、1　、‖དར:སྨ(ང:ཀྱི)……མེན:ཚོ

2　ཟ:པོག:(བུ:ཀིམ:ཀྱི)སྲས:བའི

B、1　ན:(……བ:ནག:པོ)དར:ཀྱི

2　……སྦྱགས:ཤིག

此木简长7.5厘米，宽2厘米，厚0.6~0.4厘米。右有小孔，正反面各两行，正面字迹约半数清晰，反面字迹模糊。

译文：绿绸……寿字缎，金线……（衣及）黑绸之……衣一套。

三　考　索

史载藏文于公元7世纪初草创[3]，后人认为吐蕃时期最重要的历史性成就乃是创造了藏文。它的作用是无可比拟的。藏文一经创造出来立即产生其巨大功能：书写政府文告，制订法律条文，创作文学作品，翻译经典论著，举凡政治、军事、经济、文化、宗教，乃至社会生活各个层面无一不是藏文在传导、记录和运载、负荷着整个藏人的文化心理的各种表现。对于藏族文化传统的延续和发展，其作用是决定性的。由于这个原因，文字在使用过程中必然会产生种种不协调、不顺手和不规范的矛盾，难免产生这样和那样的差别、距离。新的观念、新的事物、新的思想的出现也会要求文字来适应，要求文字能有所表达。所以，文字也在不断地丰富、修整，到了一定阶段，就会产生"文字改革"[4]，改革前后的文字有明显的分界线。我们今天常见到的文字大都是改革后的产物，改革前的藏文文献极为少见。近几年来，我们注意搜寻、排比、研究，大致摸清了现存的改革前也就是公元9世纪前的藏文文献的面貌（包括它的分类、内容、特点）[5]。青海出土的这批木简反映出几个令人注意的特点：

其一，当时纸张缺乏，是靠内地运来的，保存不易，价格较贵，人们就地取材，选择了木质的材料，削成薄片，用以书写，是最方便、简单、经济的。这一点与新疆出土的简牍完全一致，都是利用木质材料，没有发现竹简，可能因竹子产于南方，僻处西北一隅的吐蕃人还不易获得，未能利用。

其二，它作为随葬衣物疏，只记墓主有关的服饰等品，不记其他，因而其内容比较集中，反映出墓主服饰的特点。绸缎之类在当时吐蕃贵族生活中已普遍使用，生前穿着光彩耀目，死后随葬，仍享有昔日的威风。

其三，木简的形制与新疆出土的木简几乎可以认同，都在右面留有一孔，或在右侧刻有凹槽，备捆扎或编集之用。

我们可以回顾一下：吐蕃时期木简使用较为普遍，在《敦煌本历史文书》中称之为臂扳（册），民间口语则称为锤爸安吹安（片，版），或靛爸安编安锤爸安吹安（木片、木简），简称ཤིང་བྱང་这里，青海出土的木简是随同墓主陪葬物的登录，不妨称作དུར་ཤིང（墓中木简）。

现在再比较青海木简与新疆木简之间的异同，从文字上看：在字体、书写风格和文字结构上两者都属于同一类型，也可说是同一时期的产物。

请比较：

新疆木简第86号

A、1　ྃ།། འདི་ཆུས་གསལ་ཞིགས་ལ་གཏད། པ༢། ནན་ཟ་རྒྱ་དགས་ཀྱི་རལ་ག

2　གཅིག　རེཏ་ཀར་གྱི་རལ་གཅིག　གཙོས་ཀྱི་སྤོད་ཀོར་གཉིས།

B、1　ཟ་པོག་གི་སྐྲོག་ལ་གཅིག　གཙོས་ཀྱི་སྤོད་རུམ་གཅིག　མེན་ཏྲི།

2　ཤམ་གཅིག　དཀུ་ཕོད་གསར་སྟེང་གཉིས། ཤི་ལེག་ལ་ཤ　སོགས།

译文：交付哲蒁悉腊衣着：汉地织成披风一件、白山羊皮披风一件，羚羊皮短披肩两件，锦缎裘袍一件，羚羊皮上衣一件，美哲缎裙一条、新旧头巾两块、丝带五条……

青海木简第M10：4—6（见前）。

两者同异之处：

①使用反写的元音符号i（益），这是吐蕃时期文献的一大特点。根据"吐蕃文献学概述"：元音

i 的反书"益"。这是一个十分醒目的标记，几乎成为吐蕃文献的共同特征（见《吐蕃金石录》P.9）。两者相同。

② གཆིག 这种不合现代藏文规范的拼写法，在吐蕃时期，经常出现，这里，我们根据新疆木简和青海木简共同出现这一拼写法做一解释：本来，藏文拼写规则中，清音吐气字母之前不可能出现前加字，只能出现 འ 或 ཨ；但是，根据现代藏语来推断，吐气音在一个词第二音节时，即转化为不吐气，如：སྟོན་ཁ་དབྱར་ཁ 经常读为 སྟོན་ཀ　དབྱར་ཀ　དགོན་མཆོག　ཨ་མཆོག 也经常读为 དགོན་ཅོག　ཨ་ཅོག。那么，在古代一个词中，如果承认其复辅音存在的话，其第二复音吐气也相应转化为不吐气。就是说：གཆིག 实际上应该为 གཅིག，就与规范的正字法一致。这一问题，牵涉很大，在吐蕃文献中经常碰到，待我们另著"吐蕃文献读音考"来说明我们的观点。

③双点音节号，在青海木简中使用双点"："，新疆木简中极为少见。但在吐蕃另一重要文献，即《桑耶寺兴佛证明碑》（公元779年稍后建立）中一律使用双点音节号，请参看《吐蕃金石录》167～168页全文。据我们所知，唐代几通突厥文古碑（如：《阙特勒碑》、《毗伽可汗碑》）都是使用双点音节号，这两者有何种联系，尚须进一步研讨。

现在，可以做一简单结论：

①青海出土木简与新疆出土木简大致属于同一时期，即公元9世纪藏文改革前的作品，统称为 ཁྲམ，口语作 ཤིང་གི་ཇིང་བུ

②青海木简出土于墓葬之中，为随葬品的登录文献，可称为 དུར་ཁྲམ。

③墓主似为一吐蕃贵族，衣着绸缎，生活豪华，生前器用物品，死后陪葬，供死者继续享用，反映出当时的灵魂观念。

④当时在吐蕃实行墓葬制，与刘元鼎出使吐蕃时所见略同。

（刘元鼎："……曰阁惧庐川，直逻娑川之南百里，藏河之所流也。河之西南地如砥，原野秀沃，夹河多柽柳，山多柏坡，皆丘墓，旁作屋，赭涂之，绘白虎，皆虏贵人有战功者，生衣其皮，死以旌勇。殉死者瘞其旁。"载"使吐蕃经见记略"，《全唐文》卷一百一十六。）

（原载《西藏研究》1991年第3期）

注　释

　　[1] 关于这一发现的重大文化价值请参看下列文章：汤池：《谈舞蹈彩陶盆纹饰》，载《美术研究》1979年第2期。金维诺：《中国美术史论集》第13页，20～22附录，人民美术出版社，1981年。

　　[2] 文载《青海地方史略》，青海人民出版社，1985年。

　　[3]《敦煌本吐蕃历史文书》"传遍篇"第八节："往昔，吐蕃无有文字，乃于此赞普（指松赞干布——笔者）时创出。"这是最早的关于藏文创造时期的记载。创制文字的荣誉，一般传统说法均归于通米桑布札，如：《松赞干布遗训集》（མ་ཎི་བཀའ་འབུམ）："在通村庐日卡地方，有通米阿努惹达之子，名通米桑布札者，少年聪俊，乃派往天竺，携带黄金一升，

学习梵天文字，返藏，乃创藏文……"《译师·班智达遗教》（ལོ་པན་བཀའ་ཐང་།）（五部遗教之一）："吐蕃通氏牦牛部落家族阿努之子，精通梵文，乃取梵文五十字母，并为三十（是为藏文文字），复请迎迦湿弥罗王子阿难陀来藏，共同翻译《妙法莲华经》等为藏文……"上述这两部托古伪书，起了很大的宣传作用。以后，藏族学者大致根据这一传说写下自己的见解：《善逝佛教史》（布顿·仁钦珠著，成书于1322年）载："往昔，吐蕃并无文字（于此赞普松赞干布时），乃派遣通米阿努之子，偕同随行人员一十六位，往天竺学文字。先从大班智达天种狮子习声明文字，参据蕃语实际，乃创三十字母及四元音符号，字体乃仿迦湿弥罗文字也。……"《吐蕃王统世系明鉴》（萨迦金刚教持·索南坚参著，成书于1388年，又有异说）载："以吐蕃无文字，乃派遣通米阿努之子，名通米桑布札者，心性渊懿，根器锐利，具足无量才识，使携多量黄金，前往天竺，习学文字。……以那呷惹（即天城体）及伽塔等部类繁多，为便在蕃土不致变易，创立依兰查天字，瓦尔都龙字，制定天然完美之西藏文字……"以上五种说法，大体一致，但当中也有歧异之处。近人日本山口瑞凤氏，独标新论。在1976年《东洋学报》第57卷1、2号上发表了"《三十颂》和《性入法》成书年代考，兼论通米桑布札在世年代"一文。对通米桑布札是否是藏文创造者以及他生活的年代提出质疑，立论新奇，值得注意。

[4]《贤者喜宴》第三章第132页下，载可黎可足赞普进行文字改革的具体内容："依止诸大经师、大译师，特别是恩德至大的三大译师，即兹那米多罗、达那锡罗及益西岱三人。将往昔所译经文，改正厘定，章节判明。古昔难懂之词语尽行舍弃，以合于地区、时代及通俗易懂者为准则。为减少字母缀音将ཧྱ། ད་དྲ།及单体后加字小伴，三者尽行取消。"这一改革影响巨大，基本上定下今天流行的藏文规模构架，其功不可没也。

[5]请参看《吐蕃文献学概述》，载《吐蕃金石录》第1~14页。

青海都兰新出吐蕃文汇释

王　尧

1999 年 7 ~ 9 月，北京大学考古文博学院与青海省文物考古研究所在青海都兰联合发掘吐蕃大墓，工作重点在都兰县热水乡血渭草场，以前曾译作"斜外草场"，音近而译法不同。他们在热水沟南岸一共发掘了四座大、中型吐蕃时期的墓葬。

此前，1985 年青海省考古队（青海省文物考古研究所的前身）曾在同一地区的北岸发掘过两座吐蕃古墓，两组墓葬群，隔河相望。

1985 年青海考古工作者对北岸吐蕃墓群的发掘收获不小。我本人的兴趣在古文字，其中 10 号墓中出土了 11 支吐蕃简牍，确实令人兴奋不已。因为，我以前接触过吐蕃简牍，而且出版了一本小书。书中素材都是在新疆出土的[1]。许多材料现已流散海外。为此，我不得不到巴黎和伦敦追踪探索一番。

从理论上讲，藏区亦流行古文字简牍，可惜一直未见。发现的 11 支吐蕃简牍，解决了这个问题。为此，我写过一篇文字考释，发表在《西藏研究》1991 年第 3 期上[2]。现在我们已经明确知道，吐蕃时期的简牍一共发现了大约 440 多支，分别藏于伦敦英国图书馆东方部（原属印度事务部图书馆）、俄罗斯圣彼得堡埃米塔什博物馆东方部、新疆博物馆和青海省文物考古研究所。

1999 年这次发掘，收获巨大，陪葬器物、衣饰、用具极其华贵，而且品级很高。虽然历经盗墓者多次扰乱、破坏，但从出土物仍可了解这几座大墓的墓主人身份非同一般。今仅就文字方面的问题说明如下。

一　大相（blon）墓石

此墓石字迹十分清晰，从残留的金箔痕迹看，阴刻文字内原来贴有金箔。所谓 blon，汉字译为"论"，正是《新唐书·吐蕃传》所云：

其官有大相曰论茝，副相曰论茝扈莽，各一人，亦号大论、小论。……总号曰尚论掣逋空瞿[3]。

"论"就是部长一级的长官，可译为"相"；"论茝"是"大论"，也就是大相、首相。吐蕃职官还设有内大相、外大相、小相……所谓"总号曰尚论掣逋空瞿"，意思是"所有大尚论"。"尚"是与王室通婚的外戚家族，出任官员，称为"尚论"，更握有一定实权。

这方墓石标明墓主人的身份是 blon（论），当属于政府高级官员无疑，否则也不可能有如此豪华的陪葬品，更不可能有此墓石的树立。

二　尚思结木简

在这次发掘出土木简中，有一简编号为 RBll5. Ki22（99DRNM1：36）。简文写有 vdzong/zhang. skyes 一词，似乎这就是墓主人的名字，可译作"为尚思结送葬"。前文说过，"尚"是与王室通婚的家族。在吐蕃时期，和王室通婚的有四大家族。它们是：

vbro 氏，汉文译作"没庐氏"

sna—nam 氏，汉文译作"南东氏"

mtshims 氏，汉文译作"绕氏"

tshe. spom 氏，汉文译作"蔡邦氏"

这四大家族成员往往以后党身份，由外戚入主大政，专任"尚论"一职，左右吐蕃政教事务。

三　尚思结与《敦煌本吐蕃历史文书》中记载的"论（思）结桑"

值得注意的是，墓主人名曰"尚思结"。我怀疑此人就是《敦煌本吐蕃历史文书》提到的"结桑"，按照古代发音，应读"思结桑"。兹将相关记载摘录如下[4]：

（1）"及至猴年（玄宗天宝三年，甲申，744 年）……由大论穷桑、论·（思）结桑二人集冬会议盟，进行征兵点兵、大料集。"

（2）"及至狗年（玄宗天宝五年，丙戌，746 年）……由大论穷桑、论·（思）结桑顿则布二人集冬会议盟。大料集四茹之牧场、草料。"

（3）"及至猴年（肃宗至德元年，丙申，756 年）……于'洛之布琼'由论·（思）结桑甲贡集会议盟，清查朗氏、末氏之财产尾数……冬季会盟事于畿之期蔡，由（思）结桑甲贡与甲达墀贡二人召集之。"

（4）"及至鸡年（肃宗至德二年，丁酉，757 年）……论（思）结桑甲贡任副大相多年，薨。"

从上述引文看，这位尚论思结桑，名叫"甲贡"，一直参与并主持会盟重典，权力很大，在 757 年死于任上。这个发现提示我们，是否因为那时吐蕃已经攻陷一系列青海、河西一带城池，军事攻略的军帐就设在吐谷浑旧地，而都兰一带属于吐蕃后方，故葬于此地。此类问题均有待于进一步考察。

（原载北京大学考古文博学院、青海省文物考古研究所《都兰吐蕃墓》，科学出版社，2005 年）

注　释

［1］王尧、陈践：《吐蕃简牍综录》，文物出版社，1986 年。

［2］王尧、陈践：《青海吐蕃简牍考释》，《西藏研究》1991 年第 3 期，第 127～135 页。

［3］《新唐书》，中华书局，第 6071～6072 页。

［4］王尧、陈践译注：《敦煌本吐蕃历史文书（增订本）》，民族出版社，1992 年，第 154～155 页。

青海省都兰县唐代吐蕃墓葬人骨
线粒体 DNA 研究

崔银秋　段然慧　周　慧　朱　泓

北京大学考古文博学院和青海省文物考古研究所于 1999 年 7 ~ 9 月在青海省都兰县热水乡血渭草场热水沟南岸发掘了 4 座唐代的大、中型吐蕃墓葬。墓地位于海拔 3400 多米的高原地带，经纬度位置为北纬 36°09′41″，东经 98°17′11″。墓葬集中分布在一山谷两侧的山脚下，与该墓地最大的吐蕃陵墓（都兰一号大墓）隔河相望，位于后者的右翼。热水乡位于柴达木盆地东缘，气候干旱，空气稀薄，太阳总辐射能量较高，气温日较差大，多风，降水量较少，属温凉干旱气候区。本次所发掘的 4 座墓葬位于察汉乌苏河南岸的牧场上，植被为草原荒漠植被，比较稀疏。土壤属棕钙土，有盐化现象，碱性反应，钙积层位高，且 4 座墓墓室均比较深，文物在墓中处于无光、缺氧、稳定的温湿度环境中，并与略为潮湿、含有可溶盐的土壤接触。这种特定的自然环境，使一些弥足珍贵的有机质文物（漆器、彩绘木构件、纺织品、皮革、纸张、动物骨骼等）能够保存至今。我们采集了 3 例古代人骨样本进行古 DNA 的研究，我们的目的在于通过对所采集的样本中的线粒体 DNA 进行序列分析，重建当地古代居民的系统发育关系，从而了解当地居民的起源和发展的历史轨迹。

一　实　验　部　分

本实验的 3 个样本（99DRNM1，99DRNM2，99DRNM4）采自青海省都兰县的唐代吐蕃墓葬，遗骸的保存状态良好，骨骼两端完整，骨体无裂纹、破损。我们首先去除骨样表面的污染，然后将之打磨成骨粉。使用 GENECLEAN for Ancient DNA 试剂盒（BIO101，USA）进行 DNA 的提取，然后利用 4 对套叠性引物对线粒体 DNA 上的长度为 313bp 的片段进行扩增。使用 QIAEX Ⅱ GEI Extraction Kit（QLAGen，Germany）纯化 PCR 产物，用于双链 DNA 直接测序（ABI Model 310）[1][2]。所得到的序列数据用 Clustal X 进行序列对准后，使用 MEGA 2.1 软件包进行数据分析[3]。用于比较分析的群体数据从 Genebank 中获得[4][5]。系统树的每个分支的统计学显著性分析由自举法（bootstrapping）完成。重复次数为 1000 次（表一）。

表一 扩增用引物序列以及扩增产物的长度

扩增区域	引物位置	引物序列	扩增长度（bp）
HVRI	L16055：	5′ – GAAGGAGATTTGGGTACCAC – 3′	128
	H16142：	5′ – ATGTACTACAGGTGGTCAAC – 3′	
HVRI	L16131：	5′ – CACCATGAATATTGTACGGT – 3′	128
	H16218：	5′ – TGTGTGATAGTTGAGGGTTG – 3′	
HVRI*	L16185：	5′ – ACCCAATCCACATCAAAACC – 3′	142
	H 16286：	5′ – TGTACTGTTAAGGGTGGGTAGG – 3′	
HVRI*	L16281：	5′ – CCTCACCCACTAGGATACCAA – 3′	138
	H16379：	5′ – CAAGGGACCCCTATCTGAGG – 3′	

注：①所标数字是指该引物的 3′末端的碱基在线炷体基因组中的位置，碱基编码是根据 Anderson 等 1981 发表的线粒体基因组的全序列得出。L 和 H 分别代表环状的线粒体 DNA 子中的重链和轻链。

②实验自行设计的引物用 * 标记，其余引物引白于 Handt Oct al, 1996 的文献 ［Handt O. The retrieval of arcieng human DNA sequences ［J］. Am J Hum C. enet, 1 996, 59（2）：368～376］

二 结 果

线粒体 DNA 片段从所有 3 个样本中成功地扩增出来。所有的抽提和扩增的空白对照都为阴性，表明在骨样的抽提和扩增过程中无可观察到的污染发生。4 对重叠引物扩增出的片段可连接成一条 313bp 的高可变区的序列，测序结果列在表二中，在 3 个序列中，共发现 3 个 DNA 序列（haplotype）、8 个核酸变异位点。1 号样本有 5 个变异点：16141（A→T），16183（A→C），16223（C→T），16225（C→A），16234（C→T）；2 号样本有 3 个变异点：16145（G→A），16209（T→C），16223（C→T）；3 号样本有 4 个变异点：16183（A→C）、16209（T→C），16223（C→T），16319（G→A）。

我们将青海都兰的序列与现代藏族（Tibetan）的序列进行了比较，并构建了系统发育树（图一）。结果显示青海都兰的 3 个线粒体 DNA 序列分散在现代藏族的序列之中，未形成独立的分支。

三 讨 论

过去，人们通过对人类的遗骸进行宏观检查并辅以文化和地域环境的分析来探讨人类进化中各种群间的进化关系。随着分子生物学技术的发展，我们已经可以将古遗骸中的残余的核酸分子抽提出来，并通过 PCR 技术将之扩增，进而得到序列信息，使我们可以进行直接系统的发育分析[6]。因为无须特殊的设备和分析方法，古 DNA 的研究从技术角度，已无任何困难。它最大的障碍是古 DNA 的污染问题。污染主要来自两个方面：一是样品本身如埋葬以及挖掘过程中的污染，二是来自于实验室的污染。对于前者，我们主要是通过对样品的处理将之清除；实验室的污染可以通过设立抽提和扩增对照组来排除。同时保证实验用品及试剂的无核酸污染（用品为一次性，试剂分装）。另外，

表二　青海省都兰县唐代吐蕃墓葬人骨线粒体 DNA 序列

5′16071

参考序列	cccatcaaca accgctatgt atttcgtaca ttactgccag ccaccatgaa tattgtacgg
99DRN M1	....
99DRN M2	....
99DRN M4	....
参考序列	taccataaat acttgaccac ctgtagtaca taaaaaccca atccacatca aaaccccctc
99DRN M1	.........t...c.
99DRN M2	...........a...
99DRN M4	....c.
参考序列	cccatgctta caagcaagta cagcaatcaa ccctcaacta tcacacatca actgcaactc
99DRN M1	...............................t.a........t...........
99DRN M2	...................c.............t...................
99DRN M4	...................c.............t...................
参考序列	caaagccacc cctcacccac taggatacca acaaacctac ccacccttaa cagtacatag
99DRN M1	....
99DRN M2	....
99DRN M4	....
参考序列	tacataaagc catttaccgt acatagcaca ttacagtcaa atcccttctc gtccccatgg
99DRN M1	....
99DRN M2	....'........................
99DRN M4	.......a..................X...................
参考序列	atgaccccc tca – 3′16383
99DRN M1	....
99DRN M2	....
99DRN M4	....

图一　青海都兰古代人骨线粒体 DNA 与现代藏族（Tibctan）人群序列间的
无根邻接树（使用 MEGA 程序的 kimuia－2 参数模型构建）

对相同的个体在不同的时间和地点进行两次独立的重复实验，检验结果的可重复性也是鉴别古 DNA 是否被污染的有效手段。另一个检验结果可靠性的标准是根据古 DNA 的一个特性：即扩增长度与扩增效率的负相关性。如前所述，古 DNA 模板一般被降解成 200bp 左右的小分子，因此，扩增的长度越长，则成功率越低。相反，对于现代 DNA 来说，扩增 500bp 以内长度片段的效率与 100bp 几乎相同。这一特性常常用于观察和分辨相对现代的污染。比如：从 quagga 中的抽提物的 PCR 扩增反应，常规扩增小 DNA 片段（140bp）产生 quagga 序列，而零星出现的长的扩增产物，则毫无疑问是现代的序列[7]。

　　本实验的样本取自青海省都兰县热水乡血渭草场热水沟南岸的 3 座唐代的中、大型吐蕃墓葬，从出土物如丝织品的技法及纹样、陶器、古藏文的字体等方面来看，墓葬的年代应当在中晚唐时期。若所出木简 RBll5. Ki22（99DRNM1：36）如王天挺（尧）所言，99DRNM1 墓主人为公元 757 年死于任上名叫"甲贡"的尚论思结桑的话，那 99DRNM1 墓主人的族属无疑是吐蕃，而非吐谷浑。同时 99DRNM1 也是第一座可以明确断定墓主人的吐蕃墓葬。从 99DRNM1 和 99IRNM3 的比较来看，似已可断定99DRNM3墓主人的族属也应该是吐蕃[8]。由此可见，本文所研究的这批古人骨的族属当系唐代的吐蕃人。

　　本实验的样本中，3个样本都含有16223（C→T）的取代，这一位点在中亚、东亚的谱系中占有很大的比例（蒙古为65%，日本为40.7%），在现代的藏族群体中的比例更大，占97.5%，而这一位点的变异在欧洲的谱系中却很少见，只占7%左右。另外，16319（G→A）位点变异在东亚的汉族人群为17.3%，在日本的阿伊努（Ainu）人群为3.9%。在欧洲的人群中就更低，在西班牙的巴斯克（Basques）人群为2.3%，在地中海的撒丁岛（sardinia）为1.4%。但此位点在藏族人群中的比例却很高，约占32.5%。我们使用MEGA程序的kimura－2参数模型构建了青海都兰的序列与现代藏族序列之间的系统发育树（图一），结果显示青海都兰唐代吐蕃人的3个线粒体DNA序列分散在现代藏族人群的序列之中，未形成独立的分支。从实验的结果我们可以推断这3个古代序列应属于亚洲谱系，关系与现代的藏族人群比较接近。当然，更多的样本及更长的序列无疑将为这一地区的遗传谱系的系统发育提供更详细的资料。

（原载北京大学考古文博学院、青海省文物考古研究所《都兰吐蕃墓》，科学出版社，2005年）

注　释

[1] Pääbo S，Higuchi R，Wilson A. Ancient DNA and the Polymerase Chain Reaction [J]. The Journal of Biological Chenistry. 1989，264：9709~9712.

[2] Hoss，M. DNA damage and DNA sequence retrieval from ancient tissues [J]. Nucleic Acids Res. 1996. 24 (7)：p. 1304~1307.

[3] Sudhir Kumar，Koichiro Tamura，Ingrid B. Jakobsen，and Masatoshi Nei. MEGA2：Moleeular Evolution—ary Genetics Analysis software. Bioinformaties (submitted). 2001.

[4] Horai S，Murayama K，Hayasaka K，Matsubayashi S，Hattori Y，Fucharoen G，Harihara S. mtDNA poly—morphism in East Asian populations，with special reference to the peophng of Japan. Am J Phys Anthropel. 1994，93 (2)：189~199.

[5] Torroni A，Miller JA，Moore LG，Zamudio S，Zhuang J，Droma T，Wallace DC. Mitochondrial DNA analysis in Tibet：impolications for the origin of the Tibetan population and its adaptation to high altitude [J]. Am J phys Anthropol，1994，93 (2)：189~199.

[6] Higuchi R，Bowman B，Freiberger M，Ryder 0A，Wilson AC. DNA sequences from the quagga，an extinct member of the horse family. Antiquity. 1992，66：10~23.

[7] Brown T，Brown K. Ancient DNA and the archaeologist [J]. Antiquity. 1992，66：10~23.

[8] 北京大学考古文博学院，青海省文物考古研究所《都兰县热水吐蕃大墓》，《中国考古学年鉴（2000）》，文物出版社，2002年，第283~284页。

都兰吐蕃墓调查记录

1999 年 9 月 8 日星期三，经由青海省文物考古研究所驻都兰县工作站负责人王建安同志的联系，得都兰县公安局张局长的惠允，齐东方、林梅村、沈睿文、滕磊及王建安等一行 5 人如约前往都兰县公安大楼。此行收获颇丰，兹记录如次：

（上午 9：25 抵达）

林梅村：我们在北京就听说都兰盗墓特别严重，对此，新闻界、电视台都先后做了报道。今天，我们来打扰您是为了进一步了解文物的性质以及分布情况，以便更好地保护国家文化遗产。我们的发掘工作起初在香日德镇立新村，后转移到热水乡智尕日村（按：指血渭草场对岸）。由于我们发掘的墓葬 100% 地被盗，因此想到县公安局了解一下文物是什么时候被盗的、被盗走的文物具体有什么，以便向北京有关方面汇报。希望张局长能向我们提供有关情况。此外，公安局还收缴了一批文物，我们想看一看以了解当地的文化性质、文物情况，以期我们这次发掘报告的进一步完善。

张局长：其实，我知道的也不多。都兰县墓葬被盗历史很长，但是早期被盗的墓葬很少。大体可以分成三个阶段。第一阶段早在清朝时就有盗墓的，盗墓的高峰期是在马步芳时期，即 20 世纪三四十年代，这是第二阶段。当时马步芳派一个工兵营驻扎在智尕日，将在热水南岸的一个大墓挖成平台。据说工兵营撤退时点着造成的浓烟达一个多月，肯定里面有粮食。马步芳主要是盗了这座墓，规模与血渭 1 号大墓差不多。第三阶段是在 1949 年后。1949 年后一直有人盗墓，到了 20 世纪 60 年代，森林砍伐严重，政府也采取了封山措施，这样做导致了牧民缺柴，无法取暖做饭。因此，牧民就挖墓里的柏木来烧饭取暖，破坏极为严重。当时只是拿走金银器而丝绸不拿，也没有人管，国家也没人主动去保护——这是破坏最严重的时期。破坏的主要是中小型墓葬，这个时期香日德镇还没有被染指。墓葬被盗是在 80 年代以后，90 年代是高峰期。这主要是因为：（1）吐蕃考古后发现墓里有东西的首先是当地的牧民，这也只有当地的老百姓才知道。我 1982 年到都兰县，可是直到 1996 年专项斗争时才知道。我们从 1996 年开始进行专项斗争，破了 3 个案件。一个是工商局干部才洛用炸药炸智尕日的山顶墓（按：即指热水牙豁南侧山顶）。没有炸动，只是炸出黑漆皮。当时也没有引起重视，因为它的价值不清。后来通过许新国往上反映，一个记者——具体单位已经不清——也于 1996 年反映到中央。才洛这次盗掘主要有 6 个人，前后雇工 10 多人。1996 年李铁映打电话到青海省，省长直接打电话到都兰县。于是通过省厅、州、县公安局在这里搞了专项工作，前后达 4 个多月，分了几个阶段。1. 首先突破了才洛的案子，全部抓获。在查案的过程中，通过揭发，又反映出其他文物被盗的来龙去脉。2. 查获了两个团伙。其一是华旦；其二是尕科。二者都是热水人。华旦案子主要是家庭成员——华旦与他的两个儿子；尕科案子也是以家庭成员为主——尕科与老婆及儿子与儿媳妇。这样才发现还有很多文物。这时的盗掘是采取挖的方式，去年年底才动用推土机盗墓。3. 收购了 1000 多件文物。不过，能上等级的也就几十件。可以说已经全部收缴到了。主要是集中在热水智尕日、扎马日。以后，每年都有 1～2 起案件。华旦的案子，当时知道他盗了 1 座墓，盗洞很深，有10 多米（按：即 99DRNM1）。从里面挖出的东西很多，出一铜马，因为个体太大，拿不出来，便锯断腿，后来砸碎了卖给都兰县五金公司。铜马长、高约为 70 厘米，重 100 多斤。这座墓是 1995 年被盗的。同时还盗走了一个银盘、酒具、玉枕，有镀金银质器——可能是镶嵌物。银盘直径 30 多厘米，中间有一鹰，卖给塔尔寺附近的一个银匠。听说被银匠化了做成藏族服饰的腰牌。据分析，该银匠懂文物，不会化了而是可能卖了。尽管我们全面搜查，但是没有查到。华旦盗掘的这座墓文物最多。尕科在热水的另一座墓里盗出一个残马鞍，该墓以前也已经被盗，文物已被收缴。我们收缴的文物都集中放在看守所里，其他的如果是文管所收购的，如塔温塔哈挖出一个瓮棺，出一小孩，就藏在文管所。尕科的案子之后又破了很多案子，就很少有这么多的文物。财源村大墓被盗使用推土机，影响很大，新华社的记者做了专门报道，中央（领导）胡锦涛对此做了批示。我们根据这座大墓前后查了 14 起案件，有的是盗掘、有的是贩卖文物。但是，仅仅收回很少的东西，仅有几块残缺的小丝绸。

林梅村：文物贩卖的渠道都有哪些？

张局长：收缴文物之前，我们还专门发了通告。就目前掌握的情况看，文物贩卖的渠道主要有：

（1）北京潘家园，这主要是湟中的藏民。

（2）果洛、四川、西藏的文物贩子通过尼泊尔出境。西藏海关已经来电说尼泊尔人在都兰收购，但是都兰公安局没有抓获，也没有发现线索。

林梅村：我刚从新疆回来，据说楼兰发现的彩棺就是在西藏缴获的。

（9：55，都兰公安局刑警队田队长到）

张局长：现在据说（都兰文物）流入日本很多，美国也出去很多。这个情况省公安厅也知道，缉私科也在注意这件事。但是已经有很多东西出境了。现在掌握的情况看，主要是从北京潘家园出去了。

林梅村：敦煌也有（都兰文物）很多。甘肃省博物馆就收获了 40 多件都兰丝绸。

张局长：我们在文物保管上想了很多办法，但是没有人力和经费。县上一直想建博物馆，专案经费已经批了。过去收缴的丝绸没有多大价值，今年收了 2 片，但是现在也知道小片丝绸的价值也很高，可达几万到十多万元不等。

王建安：丝绸是按平方英寸定价的。

（10：00，都兰县法院院长［藏族］到）

林梅村：盗墓贼的民族成分都有哪些？

田队长：主要是回、汉、蒙、藏等民族。

张局长：不仅是墓都被挖了，就连土包也被挖。盗墓贼 3～4 天的时间可以挖 5～6 个土包、墓葬。可是考古队做一个墓却至少要个把月。

林梅村：听说前些日子（按：即1999年8月25日）在夏日哈大墓有两个盗墓贼被压在里面。

张局长：夏日哈这个大墓是不是墓还很难定，全是沙子。

林梅村：我们到热水的前一天（按：即1999年8月2日）还有人在盗99DRNM1。

齐东方：在我们发掘的墓葬里出有盗墓贼用的蜡烛头、黄河啤酒、1号电池、娃哈哈矿泉水、555牌香烟、果糖纸等物品。

林梅村：财源村大墓出了什么东西？

张局长：财源村大墓仅仅出了几个陶罐，其他东西什么都没有。这个墓前后用推土机盗了几次。第一次用推土机推了几天，没有推出东西来。第二次又用推土机推，这次推出了东西。听许新国说有人骨、丝绸残片。公安局去仅捡到几个陶片。

林梅村：在巴隆盗出一个瓮棺，装有一个小孩。现在已交给县文化局了。这座墓很可能偏早，是诺木洪时代的，不是吐蕃时期的。

张局长：当时好多东西都是烧过的，有一层灰。

齐东方：看来还没有专门的盗墓贼，好像只是为了卖钱。

张局长：对。

齐东方：这些年来总共抓获多少个盗墓贼？

张局长：今年（1999年）抓了363个（人），1996年抓了17个（人），去年（1998年）抓了5个（人）。

齐东方：收购文物的人抓了没有？

张局长：外地来收购的一个也没抓住。

林梅村：听说收购文物的都住在兴都宾馆，可以查住宿登记表上的名字。

张局长：住宿登记的用假名字，连身份证也有假的。比如海南州兴海县的文物贩子安迪卡尔（An. dkar）在兴都宾馆住宿时登记为安迪卡。现在我们已经查清安迪卡就是安迪卡尔，但是却一直抓不住。这个人收购的东西较多。省、州公安部门一直在配合。

林梅村：有没有照片？

张局长：有。

齐东方：现在在美国市场上有极好的都兰丝绸，丝绸的价值大概在4~5年前才引起盗墓贼的重视。现在我们要写学术报告，好多墓很大，但东西已经没有。

张局长：华旦盗墓时出了一个银盘，图案是鹰，直径1尺左右，卖给塔尔寺的一个银匠。玉枕上面有个弧度，还是卖到北京。根据我们公安局了解的情况，还是以北京最多。安迪卡尔就是主要通过北京出手的。你们在北京绝对想不到都兰墓葬这么多，地方太大，也不好抓。有一次，新华社、中央电台、公安局的人员在沟里了解情况，可是，当晚就抓了当时在另外一条沟里盗墓的人。现在保护难度也大，虽然县上、州上、省上都很重视，还专门成立文物派出所——有5个工作人员、文物稽查总队。县上也成立了文管所，有5个人。他们一直在跑，但是没有什么收获。文管所的主要任务是收购私藏，省上批了他们成立文物商店。为了收购文物，我们还专门发了两次通报。

私藏主要是陶罐。

齐东方：都兰的人口、面积有多大？

张局长：都兰县面积有 5.7 万平方公里，全县人口 5.3 万多人。其中县城有 1 万多人，加上流动人口有 1.3 万多人，县城周围人口有 1.8 万多人；香日德有 2 万多人；热水有 1000 多人；巴隆塔温塔哈有 1000 多人。

林梅村：从热水沟可以进藏吗？

张局长：热水沟可以到果洛、兴海、共和等地。走香日德河经化石峡再往里可以到玛多县，这是进藏的路线。

林梅村：唐代进藏走的是青海湖……

齐东方：吐蕃打吐谷浑就走热水沟。这个地区现在能确定为吐谷浑的东西很少。也就是说在诺木洪文化和吐蕃时期之间的吐谷浑文化是空白的。

林梅村：小沈、滕磊你们看看还有什么问题？

沈、滕：没有。

齐东方、林梅村：非常感谢张局长。

谈话 10：20 结束。都兰县公安局办公室冯主任 10：40 到，看守所副所长巴兵欠（藏族）10：55 到。随后在冯主任、巴兵欠副所长的陪同下参观了收藏在看守所 18 号牢房的文物。

都兰县公安局收缴的文物都集中放置在看守所 18 号牢房的床板上，计有丝绸、铜器、藏文佛经经文（3000 多件）、陶器、玻璃珠、玛瑙珠、串珠、彩绘木板（文管所所长马云案）、马鞍、金饰件、鎏金银质器、大定通宝铜钱、99DRNM3 石碑座部件等一千多件。因为时间限制，仅观看、拍摄了其中的一小部分。

（原载北京大学考古文博学院、青海省文物考古研究所《都兰吐蕃墓》，科学出版社，2005 年）

都兰吐蕃墓发掘述略

孙　莉

　　1999 年 7～9 月，北京大学考古文博院与青海省文物考古研究所联合在青海省都兰县热水乡血渭草场的热水沟南岸，发掘了 4 座唐代的大、中型吐蕃墓葬。我作为在读的硕士研究生有幸参加了当时的发掘及后期的资料整理工作，并撰写了其中部分内容。更为有幸的是，当我到科学出版社工作后，又担任了考古发掘报告《都兰吐蕃墓》的责任编辑，负责了该书的出版工作。因此，我成为唯一经历了"发掘""写作""编辑"全部流程的人，伴随了这个项目的始终。

　　如今，十几年的时间已经过去了，当我重新翻读《都兰吐蕃墓》一书，看到那些既陌生、又熟悉的文字和图片，沉睡的记忆被渐渐地唤醒。

　　当年的发掘，组建了由青海省文物考古研究所的许新国、任晓燕等 6 位老师，以及北京大学考古文博院的齐东方、林梅村、沈睿文 3 位老师和我们 8 名研究生参加的考古发掘队。一共正式发掘了 4 座墓葬，它们分别位于一条现代冲沟的东西两侧，其中 M1 和 M4 位于沟的西侧，M2 和 M3 位于沟的东侧。

　　当时，我因为其他安排，到达都兰热水工地时同学们已经在老师的指导下，开始了对墓葬封土的清理工作，我随即被安排发掘 M2。与以往我发掘过的墓葬不同，都兰的这些墓葬封土土方量极大，因此参加发掘的撒拉族民工，最初的工作就是大量地去除封土。我所负责的 M2 有着特殊的墓葬形制，当厚厚的封土堆减少了 5 米之后，就露出了埋在下面的柏木垫石圈，这是用柏木板一个挨一个摆成的梯形。柏木的上面还叠压着几层土坯块，在柏木和土坯之间是掺有红色颜料的土层，它既像是黏合层，又像是一道分明的界限，应该有着特殊的含义。在柏木层的下方就是用碎石砌成的石墙，在石墙的近底部位置，也涂有一圈红色的颜料带。这种专门为墓葬制作的"墓上建筑"，很像是为内中的墓葬圈定了围墙，划定了范围。M2 的墓室呈带墓道的前后室结构，前室为柏木结构，后室为石结构，略小于前室。墓室的顶部用柏木搭成，其上为一层碎石层。在这层碎石层上还有一面土坯照墙，这是其他几座墓不曾有的一种筑墓方式。清理时，我们就发现这座墓有 2 个盗洞，其中一个直接通到墓室，因此当看到墓葬中的随葬品所剩无几时，我们也没有太多失望。但即便如此，我们也还是发现了陶器、木简、彩绘木构件、马鞍残块、漆器残片、桦皮器残片、纺织品残片、皮质品残片等多个类别的残碎品，虽然都少得可怜，有些也仅是一些痕迹，但是这仍然阻挡不了我们发现它们时的喜悦，以及对墓主人曾经拥有过的财富的想象。

在我们发掘的过程中，大家免不了相互之间的拜访和切磋，当然也少不了更多的惊喜和收获。M1 以其庞大的土方量和复杂的"五室"结构（甬道、前室、东室、西室、后室）震撼了我们。当我们猫着腰在这几个狭小的空间中来回转时，突然发现其中一个小龛内还留下了一小盘核桃，仿佛是在串门时，邻居端出来供品尝的鲜果。

M3 则是这几座墓葬中最富有的，虽然这里每座墓都被盗了，但是那些侥幸留存下来的随葬品，似乎全都留在了 M3 里面。金、银、铜、铁器各有收获，但是数量最多的却是各类纺织品。质地有绫罗绸缎，花纹为奇花异兽，颜色是红黄蓝绿，几乎展示了当时的各类纺织品，大家开玩笑地说，"墓主人可能就是一家唐朝布店的老板"。此外，这座墓还出土了各类木质构件、彩绘木俑、带文字和花纹的木简等，数量众多。特别精彩的是一件彩绘木箱状木器的出土。当时已接近黄昏，我们在墓道的扰土中发现了这个还保存着底面和四个侧面"木箱"，在小心翼翼地去除了覆盖在上面的黄土之后，画在每块木板上的图案便清晰地展现出来。有的壶门中，绘着一朵白云，并以蓝线勾勒；有的则是脸上涂着"赭面"的猎人（一般由此认为是吐蕃人），搭弓扣弦，欲射其旁侧的被涂成蓝彩的鹿；还有的则是涂有赭面的一人，双手持笙，做吹状，而旁侧的另一人则左手按弦，右手持拨子弹琵琶。看着如此的画面，让我们不禁吟唱起了含笑的歌曲《飞天》，"……大漠那落日下吹箫的人是谁，任岁月剥去红妆无奈伤痕累累；荒凉的古堡中谁在反弹着琵琶……"那一刻，收获、满足、幸运、幸福……各种美妙的感觉，冲淡了连日来高原反应的不适、野外发掘的艰辛。我们风吹日晒的坚持，终于换来了"回报"，但是即使没有这样的"收获物"，科学的发掘和研究本身就是我们最大的收获。

在整个发掘工作即将结束时，我们发现了一座小型墓葬 M4，因其被盗掘严重遂进行了发掘。这样到全部野外工作结束，已过了一月有余。

发掘工作结束后，我们回到都兰县城进行资料的整理工作，器物摄影、绘图、文字描述，从早到晚忙碌了二十多天，为进一步编写报告做了充分的资料准备。同时，为了对此次发掘工作有更为清晰地了解和认识，我们还邀请了相关的专家和学者对其中不同类别的文物进行了进一步的研究和科学分析。

此次发掘最重要的收获之一就是出土了许多藏文木简、碑铭和织物，它们对于判定此批墓葬的族属、时代发挥出重要作用。其中，M3 出土的一块石碑上有"blon"（"论"），经中央民族大学藏学教授王尧先生的认定，其应为吐蕃的政府高级官员；而众多藏文木简中提到的"zhang"（"尚"），则是与吐蕃王室通婚的家族。特别是 M1 出土的一支木简译为"为尚思结送葬"，王尧先生推断其墓主人可能为 757 年死于任上的名叫"甲贡"的尚论思结桑，那么这座墓的墓主人无疑是吐蕃外戚，也是第一座可以被明确判定为是吐蕃墓葬的墓。通过 M3 与 M1 的比较断定，M3 也应为吐蕃墓。根据这批墓葬的分布、朝向、封土及墓葬形制，以及随葬品来分析，M4 是 M1 的附属墓葬，M2、M5 是 M3 的附属墓葬，这两个小墓群很可能就是吐蕃的两个家族墓地。吉林大学边疆考古研究中心所做的人骨线粒体 DNA 鉴定，也表明他们与现代藏族有着密切的联系。

此次考古发掘还出土了带有宗教色彩的遗迹现象及遗物，如 M1 和 M2 封土中的殉狗及祭祀现象，与苯教经典的记载相契合。而 M3 出土的众多纺织残片中有道教的符箓，经中国社会科学院历史研究所王育成研究员认定，应为庇佑商业买卖和家庭生活的两件符箓。这是第一次发现用纺织品书写的符箓，而且也是第一次在吐蕃贵族墓葬中发现，其对于研究古代吐蕃人的宗教信仰及其与中原宗教文化的关系将会有重要的启示。

　　虽然这件事距现在已经多年，但是重温当年的发掘岁月，还是能唤回我无数美好的回忆；重新翻读此报告，仍然能带给我一些学术上的启示和收获。

都兰古墓：蕴藏在高原深处的中古文明

——北大力作《都兰吐蕃墓》评介

完玛冷智

　　青海地处奇妙的世界第三极，是自然生态和生物多样性的宝库，更是文化的宝库。人们常常用"富矿区"这样的比喻，来描绘和论述大美青海的民族文化、民俗文化、宗教文化和生态文化。同样，青海的历史文化资源也相当深厚和丰富，并越来越受到世人的青睐。其中，1973 年青海大通县出土的马家窑类型墓葬，以表现五人一组氏族成员的"舞蹈纹彩陶盆"而轰动世界；其后的"唐蕃古道考察报告"，则以记录古道沿线两个古老民族的居民生活、历史文物、山川河流以及各种遗迹而震撼世人；1982 年起青海省文物考古研究所在都兰热水血渭（偕微）草原发现的吐蕃陵墓群，并发掘"都兰一号大墓"，被国家文物局学术委员会评选为"1996 年全国十大考古新发现"之一。仅是这些遗迹的历史、考古、艺术和民族关系研究价值，不能不说是青海的一张张文化名片。

　　然而，由于地理环境条件、学术层次、研究水平和支撑条件等限制，对这些历史文化的研究深度、开发力度、交流进度、宣传广度还有一些缺陷，也在一定程度上限制了外人甚至一大部分本地人对青海本土历史文化的认识。欣慰的是，有一部北京大学牵头的权威考古发掘报告，是值得我们细细品味的，那就是北京大学考古文博学院和青海省文物考古研究所联合编著、2005 年 1 月科学出版社出版的《都兰吐蕃墓》一书。看来，青海省内的学界、政界至今对这本书还比较陌生，或许不知道很多业已考证的定论，笔者就此在前辈智者指导下做推介。

一　学术的严谨性断定了吐蕃陵墓的族属及年代

　　对吐蕃陵墓群的分布、建造和还原吐蕃上层生活场景的丰富随葬品，《都兰吐蕃墓》做了较为全面翔实的介绍。著作的内容，以大量的历史（尤其古代吐蕃和青海地方史）、考古、艺术、古藏文等资料为核心，向读者述说着青海的古老文明，让我们不得不为如此宏大、丰富而独特的灿烂历史文化所折服。这个基于科学发掘工作的报告，作为一部学术著作，显然不是文人、目击者或盗墓贼的猜想，是依据科学的考古发掘，经过严密的集体论证，可以说把握了三个"严"字，即严谨的学术态度、严格的学术规范、严肃的研究风格。"严"字当头，科学研究方有科学结论，社会科学的生命也在于此。从权威学者严肃、科学的论述中，不仅描绘了墓葬的形制、结构以及随葬品情况，更是通过墓室、艺术品、织物、文字和人骨、颜料等大量的基于类型比较研究，"发掘的 4 座墓葬等级较高，属于吐蕃贵族墓葬"，明确地断定这个墓群属于唐代中晚期的吐蕃陵墓，其中"三号墓墓主人的身份是 blon（伦）"；"而一号墓墓主人据考释可能为 757 年死于任上名叫'甲贡'的尚伦思结桑。这说明两位墓主人的身份等级相同"（《都兰吐蕃墓》：p125）。

尤其是出土的古藏文，为确定墓主人身份提供了线索，王尧先生《青海都兰新出吐蕃文汇释》（《都兰吐蕃墓》：p132）专题解读部分墓石碑铭（ཤོག）、木简（ང་འཛིན་ཞེན་བྱེས）人名等，经与《新唐书·吐蕃传》、《敦煌本吐蕃历史文书》等比较研究，认定三号墓主人的身份是"伦"（大相），为握有实权的政府高级官员；一号墓木简所记墓主人是名叫"甲贡"、757 年（鸡年）死于任上的"尚伦思结桑"，他是和王室通婚的四大家族等外戚入主大政、左右吐蕃政教事务的"尚伦"，一直参与并主持会盟重典，权力很大（《都兰吐蕃墓》：p134）。从而成为第一个明确断定墓主人的吐蕃墓葬（《都兰吐蕃墓》：p127）。

经过严谨、规范的学术研究后，得出了严肃的吐蕃墓结论，指出："从出土物如丝织品的技法及纹样，陶器、古藏文的字体等方面来看，这两组墓葬的年代应当是相仿的，大约在 8 世纪中期"，一号墓"墓主人的族属无疑是吐蕃外戚"，同时一号墓木简和三号墓"伦"（大相）碑铭的比较，"似亦可断定 9DRNM3 墓主人的族属也应为此"（《都兰吐蕃墓》p128）。这个判断，仅是书名《都兰吐蕃墓》就足以能够说明的。与该书同年发表的许新国《郭里木吐蕃墓葬棺板画研究》（《中国藏学》2005 年第 1 期），从墓葬棺板画以及其他文物的分析研究，也"断定这两座墓属于吐蕃时期墓葬"，显然观点相同，判断一致。

这一断定也得到了现代科学实验的支持。《青海省都兰县唐代吐蕃墓葬人骨线粒体 DNA 研究》（吉林大学边疆考古研究中心考古 DNA 实验室崔银秋等）通过对采集样本中的人骨线粒体 DNA 进行序列分析，指出"99DRNM1 墓主人的族属无疑是吐蕃，而非吐谷浑。同时 99DRNM1 也是第一座可明确断定墓主人的吐蕃墓。从 99DRNM1 和 99DRNM3 的比较来看，似可断定 99DRNM3 墓主人的族属也应该是吐蕃。由此可见，本文所研究的这批古人骨的族属当系唐代的吐蕃人"。而"从实验的结果我们可以推断这 3 个古代序列应属于亚洲谱系，关系与现代的藏族人群比较接近"。（《都兰吐蕃墓》：p162）因此得出结论"关于墓主人的人种学参数我们已进行 DNA 测定，属于现代藏族人种"（《都兰吐蕃墓》：p128），从各方面为墓葬的族属提供了有力的证据。

在附录的调查记录中，主持发掘的齐东方教授断言："吐蕃打吐谷浑就走热水沟。这个地区现在能确定为吐谷浑的东西很少。也就是说在诺木洪文化和吐蕃时期之间的吐谷浑文化是空白的。"（《都兰吐蕃墓》：p166）毫无疑问，《都兰吐蕃墓》是迄今为止有关青海都兰古代陵墓群的最权威学术报告，相比那些以论代证、片面取证或断章取义、随意描述的旅游开发式文章，抑或对一些出土文物视而不见的非学术"研究结论"，本书无疑是一部真正的学术力作。

二 报告的权威性引领读者跨入远古文明殿堂

据考古发现，吐蕃陵墓群的分布是相当广泛的，除了都兰一带较为集中，还延伸到果洛的玛多、玉树的治多和曲麻莱，乃至甘肃的肃南等地，不过并不十分确定，也很少科学发掘。而本书涉及的 4 座大、中型吐蕃墓葬，首先由考古界非常权威的北京大学和青海本地最具实力的考古研究所联合发掘，是难得的强强联合，是顶级研究机构和地方实力机构的合作，然后出具发掘报告。主持出具这个报告的，有一大批国内外颇有威望的考古文博专家，其中包括北大考古文博学院汉唐考古教研室的齐东方、林梅村等 11 位师生和许新国等 6 名青海文物考古专家。同时，资深专家王尧等中央民族大学、中国社科院、北京大学和吉林大学的民族文史、中国历史、文博考古和考古 DNA 方面专家，也专门就此进行研究，就历史、人骨、DNA 考古、古藏文、颜料、道符等专题攻关，考证成果颇具水平。其研究报告连同发掘报告，打开了一个认识青藏高原远古文明的大门，尤其是打开了认识吐蕃的新大门。正如编著者所言："此次发掘的 4 座墓葬均遭盗掘，但仍然出土了许多珍贵的文物，如反映游牧民族的鞍具，绘有狩猎、娱乐场面的彩绘木板，各种质地的纺织品，众多的金银饰件以及一些弥足珍贵的文字资料，为研究唐代吐蕃的社会生活和当时的历史状况提供了线索。"（《都兰吐蕃》：p168）

本书通过如此有目共睹的、显而易见的和深度研究的无数实物，引领读者不偏不倚、沿着正确的历史文化之路，步入远古文明的光辉殿堂。在这庞大的古老文明殿堂，仅仅是丝绸文物就足以改写中世纪的亚洲历史，许新国在《都兰吐蕃墓出土含绶鸟织锦研究》中说：此墓地丝绸文物"数量之多、品种之全、图案之美、技艺之精、时间跨度之大，均属罕见"（《中国藏学》1996 年第 1 期），还报告了其中的波斯文丝绸，可见对这个墓群的研究，可能从更大的空间和时间，拓展大唐中原、高原吐蕃和富地波斯的文化往来历史。

不难想象，一个盗墓近百年的陵墓群，依然出土了这么多反映历史场景、民族文化、语言文字、艺术水准的考古科学证据，甚至明确地保留了吐蕃大相级别的墓主人身份及名称等的依据，如果能完整发掘将可能改写 8 世纪前后那段时期的吐蕃历史和文化。

三　发掘的科学性带领后人踏上考古之旅

这是一本精致的书，16 开精装，正文 170 页约 25 万字，以及附后的 40 页彩色图版，读来清晰简明；这更是一本厚重的大书，它是"北京大学考古文博学院和青海省文物考古研究所，在 1999 年联合对青海都兰吐蕃墓进行抢救性发掘"的考古发掘报告，墓葬、人骨、历史、艺术、器物、古藏文、道符等完全遵循了科学的考古发掘精神，精细的线图绘制（包括大墓的平、剖面图）、翔实的测量描述，真实地描绘了墓葬（封土、墓室）的形制和结构，详细记录所出每一件随葬品的特征等情况，并配以大量的彩图，展示了一个宏大墓葬的整体面貌。

我们可以从报告中看到，这些文物包括墓葬被盗后残留的金银饰件、各种宝石、木板画、丝织物、陶器和木器件、皮件、藏文石碑和木简、道符、骨器等残片，很多出土文物是其他地区非常罕见的，颇为珍贵。这些发掘的收获，如同是用文字复原大墓的里里外外，能够让读者认识这个曾严重盗毁的辉煌古墓，书写远古青海的灿烂历史文化，无疑是这部书的生命所在。

编著者指出，1999 年 7 月到 9 月在唐研究基金会的资助下，北京和青海的团队在都兰血渭草原发掘"4座唐代的大、中型吐蕃墓葬"，其中包括基本能够断定具体墓主人及其职级的大墓。"这是都兰地区吐蕃墓葬的第一次科学考古发掘工作"。（《都兰吐蕃墓》：p1）这部大书，则作为清理4座墓葬的"发掘报告全面报道这次工作的主要收获"，详细记录了有关情况。书作在"第一次科学考古发掘"和"报道主要收获"两者之间，提供了共享科学考古之旅的珍稀食粮。正如此前专家所言："对于研究唐代河陇地区吐蕃文化的形成、族属、埋葬制度和习俗，以及吐蕃同东西方之间的文化交流与融合等学术问题，提供了重要的实物资料（《都兰吐蕃墓群》，《中国文物报》1997年2月2日）。"这样全面报道的收获，不是一般性的推测、描述和讨论所能比拟的，我们甚至应该看作一部通俗的考古科学普及读物。

四　资料的独特性敞开了高原史志研究新视野

《都兰吐蕃墓》说："这次发掘最重要的收获之一是发现了一批藏文资料，计有木简、碑铭、织物三种。"（P127）详细阅读该书，在都兰出土的古藏文遗物显然是比较多见的。据本书对随葬品的描述，一号墓85件中有1件长6.3厘米的藏文木简（99DRNM1：36，正面：ང་འཐིང་ཤན་རྗེ，反面：ཤག），"行书体，介于草书和楷书之间，字体流畅，字迹清晰可读"（P20）。藏文织物1件，为菱格纹锦带99DRNM1：50（ར་དཀང་ལ）；二号墓被盗严重，仍有藏文木简1件（99DRNM2：4，似共五个吐蕃时期字母：ཤག་ལ་རབ，背面也有墨点，似为文字残痕 P44.45/图版一七）；三号墓木简2支（99DRNM3：154、155、156），其中两支完整（p106、108/图版三五）长方形大石条12块，其中西室扰土里有7块，在盗洞（99DRNM157：1，图版二九，4）和西室扰土（99DRNM157：2、3、4，p109图六九）的块石条上可有文字（标本长约90～130、宽20～40、厚约10～25厘米），每块各刻一个古藏文（分别是：ཀྲོན、ཞི、ཤེང、ཀ）。

早些时候，我们听说过都兰古墓出土了不少古藏文，有幸在青海藏医药博物馆看过都兰墓出土的树皮古藏文文献；也有报道说都兰县热水吐蕃大墓还出土了一批木简、碑铭。（1999《中国考古学年鉴》p283，据《中国文物报》1999年12月1日）报道所说，正好是本书所收录的，令人无比震撼，已经引起了学界的高度关注。

而据海西州文联调查记录，二号墓也发现过一墓牌，写有"rgal gyii pho brang pa nyan stag rtsal"（ར་དཀང་ལ）；也有报道说出土了"藏文木简，分别墨书于木简或肋骨上"（1996年《考古文物新发现》：都兰县考肖图沟吐蕃时期遗址），说明可能有一大批是吐蕃墓出土的木简、肋骨文和桦树皮文等，且其存量远远大于新疆出的吐蕃木简（464支）。后来，也零星地见过一些木简、桦树皮藏文残片等，却一直难见都兰吐蕃墓藏文文献的庐山真面目。对于这些藏文资料，除了王尧先生对本书所收的部分古藏文碑铭和木简的研究，还在此前发表《青海吐蕃简牍考释》（《西藏研究》1991年第3期：127）。经多方比较和考证，断定这些木简跟新疆出土的木简大致属于同一个时期，即公元9世纪藏文改革前的作品，是随葬品的登录文献，墓主似为一吐蕃贵族，当时在吐蕃实行墓葬制。近期，人类学教授宗喀·漾正冈布也对三号墓4个碑铭做了综合考察，并与敦煌文献等比较，断定三号大墓墓主人的职级、姓氏以及吐蕃王室的关系（见宗喀·漾正冈布、英加布、刘铁程《“论赤偕微噶”（Blon Khri She’u Ka）——都兰热水河南岸吐蕃三号墓葬出土藏文碑刻考释》）。而这样的研究空间，对都兰吐蕃墓的出土文物是非常巨大的，是其他历史遗存或文物资料所难以代替的。

我作为一名民族古籍工作者和西藏语言文字研究者，对这样珍贵的文字资料更感兴趣，完全不想放过这样记载珍贵历史文化信息的文物资料。我坚信这些石碑、木简、肋骨和桦树皮等为载体的珍贵文献记载着远古的历史人物、职位官阶、方位地名、往来礼节、贵族生活、民族习俗、周边民族之间文化交流等大量信息。我们把它称作“至今没有整体解读的最珍贵吐蕃文献之一，也是最具史志及载体研究价值的中国唐代时期民族文字资料群”，是我们今天加深对中世纪亚洲文明及其交流历程的认识的窗口。然而，可惜的是，如此数量众多的、弥足珍贵的古文献资料，不仅很多实物还难以公开见到，我们的古代文字研究利用也非常有限，尤其是研究相对滞后的古藏文领域。如何公布实物资料，深化专题研究，是当前抢救保护流散严重的都兰吐蕃墓出土文献（藏文为主，包括汉文和波斯文等）的当务之急。

《都兰吐蕃墓》提供的独特资料及其价值，远不止文字性的实物资料，还包括很多。比如，通过都兰吐蕃墓镀金银器的研究，“以往，人们侧重于吐蕃与中原及印度的关系，而考古发现提醒史学界还应重视吐蕃与西亚的伊朗、阿拉伯，中亚的粟特、突厥以及塔里木盆地、天山地区其他古代部族的关系。只有这样，才能全面地正确地认识吐蕃。从这个意义上说，都兰的发掘资源具有相当重要的价值。”（许新国《都兰吐蕃墓中镀金银器属粟特系统的推定》，《中国藏学》1994 年第 4 期）

又比如，确定墓主人为“吐蕃高级贵族”的墓葬中发现道符，为唐和吐蕃的宗教文化交流研究增添了新的重要实物资料（《都兰吐蕃墓》p142：中国社科院历史所研究员王育成《都兰三号墓织物墨书道符初释》）。而后期《土观教派源流》把道教称作“中原（汉地）的苯波教”，也许就是基于吐蕃苯波教和唐代道教之间可能存在的交流交往，值得从更大范围内展开研究。

总之，都兰吐蕃墓的历史文化地位和科学考古价值，是青海文化的宝贵财富，是青海透过古老文明走向世界的一张名片。璀璨的历史文化、民族文化作为青海的优势资源，在历史远古历程、当前需求和未来发展之间搭起一道极富魅力的彩虹。《都兰吐蕃墓》这样的力作，乃至其更深层的挖掘和研究的提升，无疑能够成为推进青海文化大发展大繁荣的强大动力。

（原载《青海藏族》2011 年第 2 期）

关于树轮测定法

〔美国〕贾雷德·戴蒙德（Jared Diamond）

    科学家们把树木年轮测定法成为"树轮年代学"（Dendrochronology，这个单词源于希腊语词根，dendron 意为树，chronos 意为事件）。你如果在今天（2005 年）砍倒一棵树，那么只要顺着年轮由外向内数（最外一圈就是代表今年的树轮），如果从最外边的一圈数到正中心是 177 个圈的话，那么就是 2005 减去 177，即这棵树是从 1828 年开始生长。由于我们无法得知阿纳萨兹的木梁是哪年砍倒的，所以得根据树轮来推算年份。树木年轮的宽距每年都不尽相同，这取决于当年的降雨和干旱程度，因此树木剖面上的年轮就像以前用来发送电报的摩尔斯码所传送的信息，摩尔斯码是嘟—嘟—哒—嘟—哒，年轮则是宽—宽—窄—宽—窄。事实上，年轮比摩尔斯码更具特征，也代表更丰富的信息，因为年轮剑的宽距不尽相同，但摩尔斯码的选择只有嘟或者哒。

    年轮专家（被称为"树木年代学家"）在做研究时会将在近年已知年份砍倒的树木所表现出的年轮宽窄序列记录在案，同时也把过去未知年份砍倒的木梁上的年轮序列记录下来，然后两者进行比较，从中找出具有相同特征的宽窄图案。打个比方，假设今年（2005 年）你砍倒了一颗 400 岁的树（400 圈年轮），从 1643 年到 1631 年这 13 年的年轮特征非常明显，上面有 5 圈宽，2 圈窄和 6 圈宽。如果你在一段有 332 圈年轮但不知其砍倒年份的老木头上发现从外往里数第 7 圈开始具有和上述树木同样的特征，那么你就能推断出这段老木头砍倒的年份是 1650 年（1643 年往后推 7 年），而这棵树是从 1318 年开始生长的（1650 年往前推 332 年），接下来你就可以整理归纳从 1318 年到 1650 年的树木年轮特征了。同样地如果你能找到在 1318 年之前开始生长且 1318 年之后被砍伐下来的木头的话，你就可以继续延伸上面整理的年轮谱。树木年代学家们通过这一方法在世界部分地区建立了长达数千年的年轮谱。每一份年轮谱只适用于某一个地区，气候因素导致各个地区树木生长图案都不尽相同。比如在美国西南部一带，墨西哥州北部的基本年轮年表就与怀俄明州的不一样。

    树轮年代学的好处在于每一圈是关乎轮的宽度和结构可以反映出那一年的降雨量和降雨季节。因此，树木年轮研究使我们能够重建过去的气候资料。例如，一系列的宽轮代表湿季，而一系列的窄轮则代表干旱。树木年轮使得美国西南部的考古学家们能够准确断年，同时也对每年生态环境情况了如指掌。

（原载《青海藏族》2011 年第 2 期）

都兰墓葬群的精确年代：利用树轮年代学方法

王树芝

引　言

都兰县位于青海省海西州，在都兰县分布着许多古代墓葬，墓葬中有丰富的遗存，由于这一地区缺乏各文化时期的文字资料，因此，必须依靠考古学提供实物资料对其文化进行研究，而这些研究又必须立足于精确的年代基础上。树轮年代学是目前考古定年中最精确的定年方法，可以精确到年，甚至到季节。由于都兰墓葬中有大量的保存完好的木材，所以本研究的目的是通过树轮定年的方法确定墓葬的年代，为古文化的研究提供精确的时间标尺。

一　研究区域与研究材料

都兰县墓群位于柴达木盆地的南缘，巍峨的昆仑山的山麓（图一）。多数古墓在山前较高的台地上，背对高山，面朝河流，视野非常开阔。都兰古墓群分布有 200 多座墓葬，墓葬形制多为覆斗形，封土中有夹杂柏木的现象，墓室内用柏木构建，大墓中约有 60 根原木，小墓中约有 20 根原木，原木长达 6 米左右，直径最大者达 60 厘米，木材保存完好，多数有完整的髓心和保存完好的树皮。

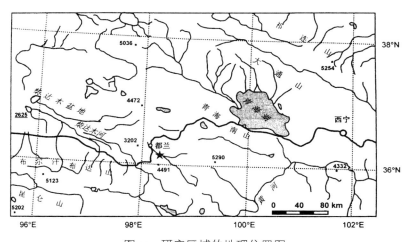

图一　研究区域的地理位置图

研究材料来自都兰县墓葬群。从柴达木盆地都兰热水南岸三号墓、热水南岸一至四号墓、热水血渭墓（2000 年发掘）、热水智尕日、热水卢丝沟、热水血渭墓（2007 年发掘）、香加乡莫克里一号墓、羊场康家店子（表一），采集了 39 个树盘，204 个生长芯。

表一　都兰县墓葬群样本信息

采样地点	遗址代码	纬度 N	经度 E	海拔（米）	采集样本
都兰热水南岸三号墓	DRN3	36.16°	98.31°	3440	16 棵树 35 芯
都兰热水南岸一至四号墓	DRN	36.18°	98.30°	3430	22 个盘
都兰热水血渭墓 2000	DRX	36.16°	98.24°	3440	17 个盘
都兰香加乡莫克里一号墓	MKL	35.86°	97.99°	3420	46 棵树 97 芯
都兰热水智尕日	ZGR	36.24°	98.15°	3280	16 棵树 35 芯
都兰羊场康家店子	YCK	36.26°	98.24°	3380	9 棵树 18 芯
都兰热水卢丝沟	LSG	36.16°	98.26°	3450	2 棵树 6 芯
都兰热水血渭墓 2007	DRX4	36.18°	98.30°	3440	6 棵树 13 芯

在这些墓中，正式发掘的墓有都兰热水南岸一至四号墓、都兰热水血渭墓（2000 年发掘）、都兰热水血渭墓（2007 年发掘）[1]、都兰香加乡莫克里一号墓、都兰热水智尕日墓。其余为被盗墓，墓的形制和遗物不详。

下文仅对已经发表的热水南岸三号墓为例说明如何利用树轮定年方法对墓葬进行定年的。

1999 年 7～9 月间，在美国企业家罗杰伟先生（Roger E. Covey）创办的唐研究基金会的资助下，北京大学考古文博学院、青海省文物考古研究所联合在青海省都兰县热水乡的血渭草场热水沟南岸发掘了 4 座大、中型墓葬。墓葬位于北纬 36°09′41″，东经 98°17′11″，海拔 3400 多米的高原地带。墓葬集中分布在一山谷两侧的山脚下，自西向东依次为都兰热水南岸四号墓（99DRNM4）、都兰热水南岸一号墓（99DRNM1）、都兰热水南岸三号墓（99DRNM3）、都兰热水南岸二号墓（99DRNM2），与都兰热水血渭一号大墓隔河相望。其中南岸四号墓位于一号墓的西北，南岸三号墓位于二号墓的西面，一条现代冲沟把这 4 座墓葬分成东西两个小区[2]（图二，左上）。

都兰热水南岸三号墓的封土基本上是平地上构筑。封土平面近椭圆形，周长 99 米，最大直径约 33 米。封土顶部接近长方形，长 14.2 米，宽 11 米。封土高约 3.7 米。其外轮廓由北向南正视接近一弧腰梯形。封土坡度约为 30°（图二，左下）。墓室位置在封土平面中并不居中，而是偏向西南部。墓室平面形状似凸字形，面积约 60 平方米，墓道朝南。有东室、中室、西室和墓道四部分南北方向排列，两头放置于墓室石墙上。柏木共有 39 根，每根柏木直径为 20～40 厘米，长约 6 米左右。柏木除东侧的 10 根外，其余的中部全部折断，折断的一头压于墓室扰土上（图二，右）。用生长锥在都兰热水三号墓墓室里取到了 16 个原木的 35 个生长芯，用于建立年轮年表和确定墓葬的建立年代。

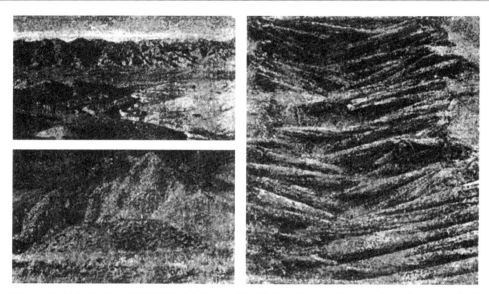

图二　都兰热水 4 座古墓位置（左上）；都兰热水三号墓（左下）；都兰热水三号墓墓室顶部的圆柏木（右）（自《都兰吐蕃墓》，科学出版社，2005 年）

二　研 究 方 法

1. 木材鉴定方法

从都兰热水南岸三号墓 10 号样本及热水俄日格活树木材上分别取 1 小块木样进行软化。软化后用徒手切片法切厚度为 15～20 微米的横、径、弦三个方向的切片，然后用 1% 的番红水溶液染色[3]。在光学显微镜下观察，并记载木材横向、径向、弦向三个切面上特有的结构特征，根据《中国木材志》的描述和照片资料进行树种鉴定[4]。

2. 取样、加工、定年和测量

木材样本的采集采用两种方法，其一，采集木材圆盘（包括棺板）；其二，采集木材生长芯。用生长锥采集木材生长芯，为了使古木损伤最小，采用直径为 4.35 毫米的较细生长锥取生长芯。

回到实验室后，将生长芯有树皮或接近树皮的一边朝外，用乳胶粘在木槽里，然后用细绳将其按十字形式捆绑固定，待乳胶干后取下细绳。用不同粒径（120 目、240 目、280 目和 600 目）的砂纸摩擦样本的表面，先用粗砂纸再用细砂纸摩擦。生长芯用人工摩擦，对圆盘则先用电动磨光机摩擦，然后再人工摩擦直到摩到年轮清晰，颜色深的细胞壁与颜色浅的细胞内含物区分开来为止。

接下来开始定年。首先，将打磨好的样本，由髓心向树皮方向，每 10 年用自动铅笔画一个小点，每 50 年在垂直方向画两个小点，每 100 年在垂直方向画 3 个小点。然后采用美国亚利桑那大学树木年轮研究实验室的交叉定年方法，即骨架示意图方法对祁连圆柏年轮进行定年，该方法将树轮宽度序列中的窄轮作为序列之"骨"，识别后即以竖线的长短形式标注在坐标纸上。

如果所视年轮比其两侧相邻的年轮相对愈窄，在坐标纸相应的年份位置上标注的竖线就愈长，而平均宽度的年轮不标出，以空白表示，极宽的年轮以字母 W 标注。以此方法在坐标纸上标识出的窄轮分布型被看作是实际轮宽变化的"骨架"。每个样本画一个骨架图。最后，进行比较定年。对两个树芯进行比较，是否窄轮重合，如果前一部分重合，后一部分不重合，那么，往后移动一个或几个年轮后，骨架又重合，说明有可能缺轮，要回到显微镜下重新确认。确定好后再与另一个样本用同样的方法进行比较，直到所有的样本的年轮数量准确无误为止[5][6]。在定年时，为了提高定年效率，先定年轮宽的样本和年轮数少的样本，同一个原木的不同圆盘或生长芯比较着定年代。

定完年后，用 LINTAB 树轮测量系统对样本进行测量，测量精度为 0.01 毫米。然后用计算机程序 COFECHA 对测量的树轮宽度值的准确性进行检查[7]，并结合其他方法进行检查，如利用未发生缺失轮的样本进行检查；采用折线图对样本进行比较；利用 Gleichlufigkeit 统计量对定年结果进行检查。定年无误后，利用 ARSTAN 软件建立其生长趋势的树轮宽度指数序列[8]。

三　研究结果和讨论

1. 古木和活树木材鉴定

从都兰热水南岸三号墓和都兰活树上取 1 小块木块进行软化，软化后，用徒手切片法切厚度为 15~20 微米的横、径、弦三个方向的切片，用 1% 的番红水溶液进行染色，在 Nikon 光学显微镜下进行观察和拍照。从古木和活树横切面看，晚材带窄，早材带占全轮宽度的绝大部分。早材至晚材渐变，木射线细，没有树脂道（图三；图六）。从古木和活树径切面看，射线薄壁细胞与早材管胞间交叉场纹孔式为柏木型（图四；图七）。从古木和活树弦切面看，木射线单列，高度多数 2~9 个细胞（图五；图八）。据此，将古木和活树鉴定为柏科（Cupressaceae），圆柏亚科（Juniperoideae），圆柏属（*Sabina*），祁连圆柏（*Sabina przewalskii Kom*）。古木与活树为同一个树种。同一气候区内同一种树种的不同个体在同一时期内年轮的宽窄变化规律是一致的，因此，古木与现代树木生长芯的交叉定年是很容易进行的，建立长序列的年轮年表是完全可能的。

图三　都兰热水三号墓 10 号样本横切面

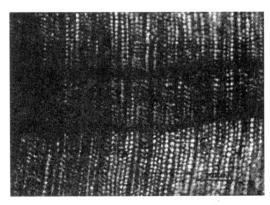

图四　都兰热水三号墓 10 号样本径切面

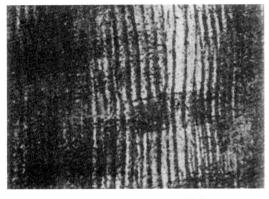

图五　都兰热水三号墓10号样本弦切面　　　图六　热水俄日格活树木材横切图

图七　热水俄日格活树木材径切面　　　图八　热水俄日格活树木材弦切面

2. 长序列年轮年表的建立

利用严格的交叉定年工作程序对热水南岸吐蕃三号墓取到的16个原木的35个样芯与已经发表的404AD－2000AD的现代年表进行了交叉定年[9]，建立了从483BC到784AD年，跨度为1268年的年轮年表（图九），从图三还可以看到建立年表的样本数。此年表与现代年表有381年的共同生长期（图一〇），即重叠381年（404AD～784AD），相关系数为0.8642，经显著性测验，达到了99.9%极显著水平。

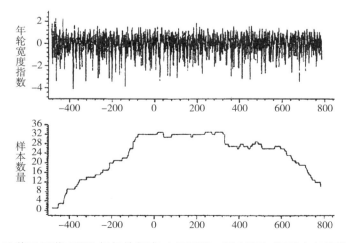

图九　吐蕃三号墓1268年年轮年表（483BC～784AD）和建立年表的样本数

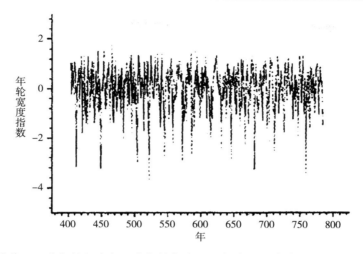

图一〇　吐蕃三号墓年轮年表与现代年轮年表重叠部位（两者有 381 年的共同生长期）

3. 热水南岸吐蕃三号墓的年代[10]

对于考古样本，知道最外层的年轮是否是砍伐年代是非常重要的。因为知道了砍伐年代，就有可能确定遗址的年代。遗憾的是考古遗址中发掘出的木材经常表面腐烂，不知道损失了多少年轮，但是，有两种方法可以精确确定砍伐年代，一是如果样本有树皮，二是较多的样本最外层年轮的年代都是同一年。还有下面一种情况可以估计砍伐年代，当木材样本存在部分边材，根据树种通常有的边材年轮数量，可以大概确定木材损失了多少个年轮；如果加上损失的年轮后，砍伐年代一致，而且，如果木材是现伐现用的，就可以根据木材的砍伐年代估测遗址的年代。

（1）木材的砍伐年代

①利用是否有完整的树皮，确定木材的砍伐年代

这 35 个样本能很好地交叉定年，其中，2 号样本的 b 树芯，7 号样本的 a 和 b 树芯，9 号样本的 a 和 b 树芯，12 号样本的 a 树芯由于中间一段太密，因此，这几个样本分别分两段测量。9 号样本的两个树芯和 10 号样本的两个树芯都有保存很好的树皮。因此树皮的存在，可以确定木材的砍伐年代。从图中可看到有树皮的 9 号样本的两个树芯和 10 号样本的两个树芯最外层年轮年代都是 784AD。根据解剖结构，如果测量的最外层年轮外面没有松散的颜色浅的春材细胞存在，说明最外层年轮的年代应该是砍伐年代。在显微镜下观察，9 号样本的两个树芯和 10 号样本的两个树芯最外层年轮外面没有松散的颜色浅的春材细胞存在，说明最外层年轮的年代应该是砍伐年代。因此，最外层年轮的年代应该为 784AD。

②利用存在部分边材的样本，估计木材的砍伐年代

祁连圆柏心材为褐色，边材为浅黄色，心材与边材界限很明显，因此可以确定边材年轮数。对随机选择有髓心和完整的树皮平均树龄在 622 年的 100 个现代树芯调查其边材数，调查结果表明：平均边材年轮数为 148 ± 35，也就是说边材的变动范围为 113 ~ 183 轮[11]。对含有部分边材的样本根据现代样本边材数推测了大约的砍伐年代（表二），共有 12 个样本有边材，加上估计丢失的边材数后，这 12 个样本，784AD 都在估计范围之内，从另一个方面也证明了由带有树皮的 4 个样本确定的砍伐年的正确，所以砍伐年代为 784AD。

表二   都兰热水三号墓葬中有边材样本的砍伐年代

样本号	结束年	边材数	可能丢失年轮范围	砍伐年
99DRNM304b	679	57	56～126	735～805
99DRNM306a	736	106	7～77	743～813
99DRNM306b	721	81	32～102	753～823
99DRNM307a	742	101	12～84	754～824
99DRNM307b	728	63	50～120	778～848
99DRNM309a	784	129	0	784（有树皮）
99DRNM309b	784	129	0	784（有树皮）
99DRNM310a	784	131	0	784（有树皮）
99DRNM310b	784	131	0	784（有树皮）
99DRNM312a	750	100	13～83	763～833
99DRNM312b	770	130	0～53	770～823
99DRNM314a	711	59	54～124	765～835

＊根据平均年轮范围在113～183，确定砍伐年代（以下同）

（2）墓葬的年代

从图一一可以看出，在原木的上下两头，用工具凿出的围绕树干圆周的小洞，小洞在距树皮3厘米左右凿通，说明建造墓葬的木材是从山上用绳子把原木拖拉下来的。从这点也可以看出，在生长有茂密森林的山谷中建造坟墓，可以很容易地获得木材，不用大量贮存以备后用。另外，据当地的居民说，在海西州由于气候干旱，砍伐10天后的木材就可以利用。因此推测木材是现伐现用的。

图一一   原木下部和上部两头附近，用工具凿出的围绕树干圆周的小洞

另外，取到的样本中有的圆柏可以看到用斧头加工的痕迹，木材表面有清晰可见的木材结构形成的花纹（图一二），斯克威格鲁伯（Schweingruber）认为，如果存在这种现象，说明加工的是湿的、新鲜木头[12]，换句话说，木材是现伐现用的。因此墓葬的年代应为784AD。

图一二　斧头加工的痕迹，加工表面有清晰的花纹

都兰热水南岸吐蕃三号墓出土古藏文3、碑铭4方，其中一碑为"blon"（"论"），木简多次提到"zhang"（"尚"）一词，即与吐蕃王室通婚的家族。王尧教授认为都兰热水三号墓主人的族属是吐蕃外戚。在663AD，吐谷浑被吐蕃所灭，既然墓主人的族属是吐蕃外戚，那么，墓葬的年代要晚于663AD。另外，从出土遗物如丝织品的技法及纹样，陶器、古藏文的字体等方面看，都兰热水三号墓的年代大约在8世纪中期[13]。利用树轮分析判定三号墓的建立年代为784AD，与考古学研究结果是一致的。

4. 柴达木盆地考古出土木材树轮定年的墓葬年代

都兰热水北岸血渭M3：732年、M8：784年、M14：691年、M19：713年、M21：685年、M23：753年，都兰热水南岸M3：784年，都兰热水智尕日M：789年，都兰香加莫克里M：783年，德令哈郭里木夏塔图M1：757年、M2：756年、M3：790年、M4：785年或之后[14]。

注　释

[1] 王树芝：《青海都兰地区公元前515年以来的树木年轮年表的建立及应用》，《考古与文物》2004年第6期。

[2] 北京大学考古文博学院、青海省文物考古研究所：《都兰吐蕃墓》，科学出版社，2005年。

[3] 郑国昌：《生物显微技术》，人民教育出版社，1978年。

[4] 成俊卿、杨家驹、刘鹏：《中国木材志》，中国林业出版社，1992年。

[5] 马利民、胡振国：《干旱区树轮年代学研究中的交叉定年技术》，《西安工程学院学报》2002年24卷第3期。

[6] 邵雪梅、方修琦、刘洪滨、黄磊：《柴达木东缘山地千年祁连圆柏年轮定年分析》，《地理学报》2003年58卷第1期。

［7］Holmes，R. L.. Computer – assisted quality control in tree – ring dating and measurement. Tree – Ring Bulletin 1983，43：69 – 75.

［8］Cook E R，Holmes R L. Guide for computer program ARSTAN. Grissino – Mayer H D，Holmes R L，Fritts F C. The International Tree – Ring Data Bank program library version 2. 0 user's manual，University of Arizona，Tucson，Arizona. 1996：75 – 87.

［9］邵雪梅、梁尔源、黄磊、王丽丽：《柴达木盆地东北部过去 1437 年的降水重建》，《气候变化研究进展》2006 年 2 卷第 3 期。

［10］王树芝、邵雪梅、许新国、肖永明：《都兰吐蕃三号墓的精确年代——利用树轮年代学研究方法》，《文物科技研究》2008 年第 5 期。

［11］王树芝、邵雪梅、许新国、肖永明：《跨度为 2332 年的考古树轮年表的建立与夏塔图墓葬定年》，《考古》2008 年第 2 期。

［12］Schweingruber，F. H. Tree – rings basics and applications of dendrochronology. D. Reidel Publishing Company，Dordrecht，Holland，1988.

［13］同［2］。

［14］王树芝：《柴达木盆地考古出土木材的树木年轮研究》，《考古学集刊》第 18 期，科学出版社，2010 年。

青海都兰热水血渭一号大墓的年代

王树芝

一　引　言

　　热水血渭一号大墓位于青藏高原东北部的柴达木盆地东南端的青海海西蒙古族藏族自治州都兰县，当地藏民称其为"九层妖楼"，其地理坐标为北纬 36°10′39″，东经 98°17′49″，海拔高度 3440 米（图1）。关于热水血渭一号大墓的年代，学界一直争论不休，恰好在其封土上现保存完好的穿木，为确定墓葬的精确年代提供了物质基础。2013 年在青海省文物考古研究所肖永明研究员的建议下，在印昔、张杲光等同志的帮助下，取了一些穿木的树盘，目的是通过树轮定年，确定热水血渭一号大墓的精确年代。

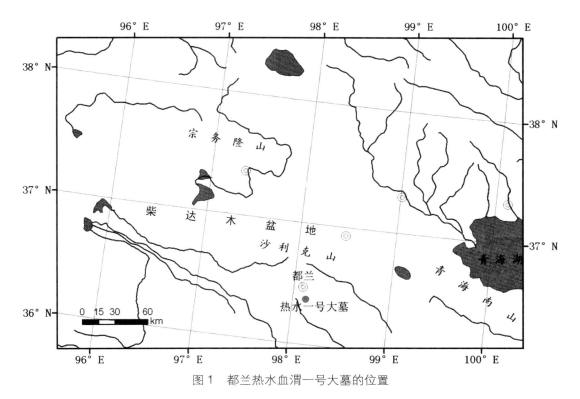

图 1　都兰热水血渭一号大墓的位置

二　研究材料

热水血渭一号大墓为梯形双覆斗形封土。其北部与自然山岩相连，南部凸出山外。南宽北窄（图2b），依山面水，墓葬底部南面宽160米，北部连接山岩最窄处达60米。封堆顶部距南面地平面高达30~35米。上部封堆叠压在下部封堆之上，平面呈南宽北窄的梯形，与北部山岩相连接，其上部南北长58米，南部最宽处达65米，北部最宽处为55米，高11~11.5米。封土堆积由黄土、灰沙石、砾石、巨石等组成，遗迹有穿木（图2c），混凝夯筑圈墙，石砌圈墙，圈墙外房基、动物陪葬墓、十字形陪葬墓等组成[1]。

从箭头所指的平铺的穿木中随机取三根，每根穿木分别取6、5和5个树盘，共16个树盘用于树轮分析（图2d），并从每根穿木上取一厘米见方的小块木材，用于树种的鉴定，在都兰热水俄日格山上取现生一厘米见方祁连圆柏木材，进行木材解剖用做树种鉴定比对样品。

图2　取材信息：图2a　热水血渭一号大墓（远眺）；图2b　热水血渭一号大墓封土；
图2c　封土夹杂的木材；图2d　用于树轮分析的木材

三　研究方法和研究结果

1. 古代木材鉴定方法和研究结果

将穿木上的3个小木块进行软化，软化后，用冷冻结片机切厚度为15~20μm的横、径、弦三个方向的切片，用1%的番红水溶液进行染色，在Leica光学显微镜下进行观察和拍照。从横切面看，晚材带窄，早材带占全轮宽度的绝大部分，横切面的最上面深红色的部分为树皮，可以看到最外层年轮已经形成。早材至晚材渐变，木射线细，没有树脂道（图3a-1、图3b-1和图3c-1）。从径切面看，射线薄壁细胞与早材管胞间交叉场纹孔式为柏木型（图3a-2、图3b-2和图3c-2）。从弦切面看，木射线单列，高度多数 2~9 个细胞（图 3a - 3、图 3b - 3 和图 3c - 3）。把古木的木材解剖构造特征与《中国木材志》[2]、《中国主要木材构造》[3]等主要书籍对树种木材特征的描述和现代木材的构造特征进行树种的鉴定。据此，将古木鉴定为柏科（Cupressaceae），圆柏亚科（Juniperoideae），圆柏属（*Sabina*），祁连圆柏（*Sabina przewalskii* Kom）。

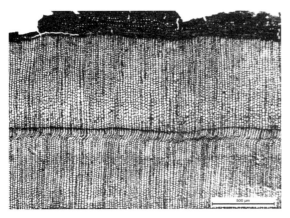

图 3a - 1　第一个穿木的横切面

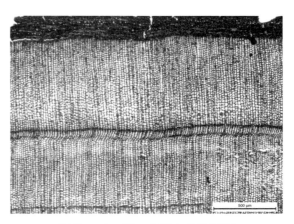

图 3b - 1　第二个穿木的横切面

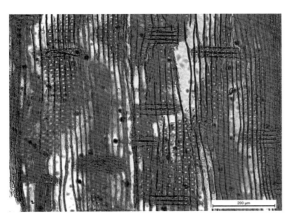

图 3a - 2　第一个穿木的径切面

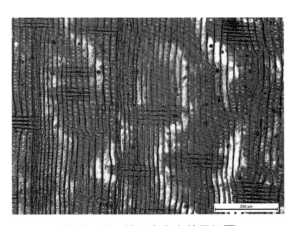

图 3b - 2　第二个穿木的径切面

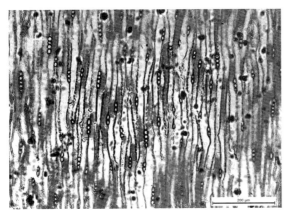

图 3a - 3　第一个穿木的弦切面

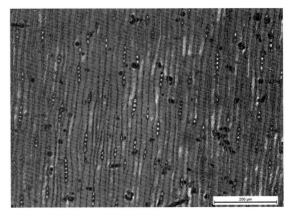

图 3b - 3　第二个穿木的弦切面

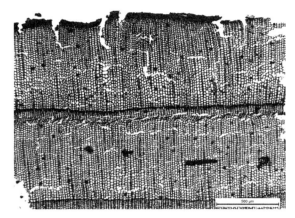
图 3c -1　第三个穿木的横切面

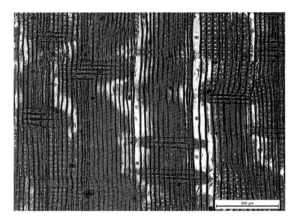
图 3c -2　第三个穿木的径切面

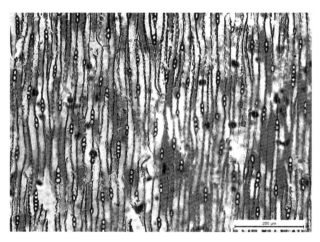
图 3c -3　第三个穿木的弦切面

　　古木与活树为同一个树种。同一气候区内同一种树种的不同个体在同一时期内年轮的宽窄变化规律是一致的，因此，古木与已建立的都兰地区的长年表可以交叉定年。

　　2. 古代木材的定年和研究结果

　　将采集到 16 个圆盘、5 个棺板和 55 个树芯，用不同粒径（240 目、280 目、400 目、600 目、800目）的砂纸手工打磨样本的表面，先用粗砂纸打磨，最后用 800 目的细砂纸打磨，直到在磨到年轮甚至细胞壁也非常清楚为止。将打磨好的一个样本，由髓心向树皮方向，每 10 年用自动铅笔画一个小点，每 50 年在垂直方向画两个小点。然后用德国福兰克林（Frank Rinn）公司生产的 LINTAB 树轮宽度测量仪测量，该系统测量精度为 0.01 毫米，将测量数据保存为 TUSON 格式，利用COFECHA[4]程序与都兰热水三号墓建立的从 483 BC ～784 AD 年，跨度为 1268 年的年轮年表[5]进行交叉定年，提示古代样品的起始年，将样品的起始年改正后，该样品的每个年轮的日历年代就已知了。然后开始第二个古代样品的定年，直到所有样品都定年。用 COFECHA 程序对定年和轮宽量测值进行检查，结果表明与主序列的相关系数 0.755，平均敏感度 0.292，没有缺轮，问题段为0（图4）。

　　利用 ARSTAN 软件，采用负指数函数别除与树龄有关的生长趋势，采用双权重平均法合并得到

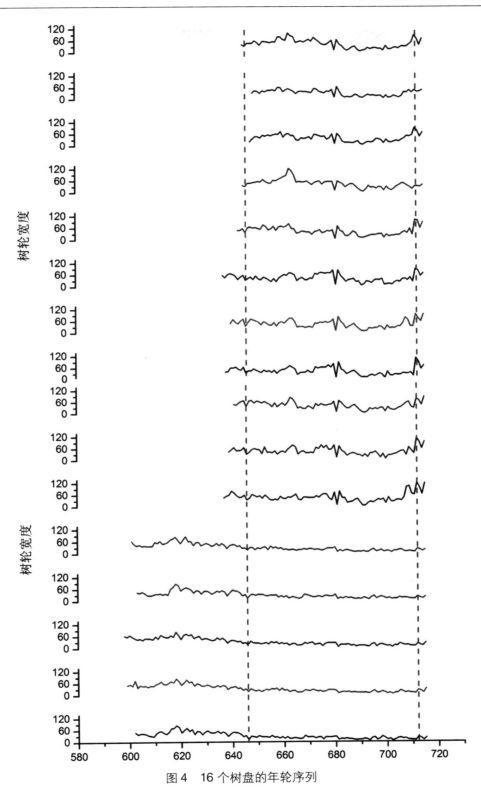

图4　16个树盘的年轮序列

古木的标准年表。此年表与已经建立的年表有 118 年的共同生长期，样品最外层一个年轮的年代为 715 年。二者相关系数为 0.14997，达到了 99.9% 的极显著水平（图5）。

　　由于 3 个穿木有树皮，样本最外层年轮的年代应该为砍伐年代或砍伐年代的前一年。通过解剖观

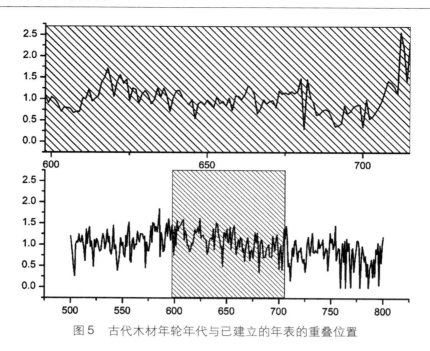

图 5　古代木材年轮年代与已建立的年表的重叠位置

察，从图 3a－1、图 3b－1 和图 3c－1 看出，测量的最外层年轮外面没有松散的、颜色浅的春材细胞存在，最外层年轮已经形成，说明最外层年轮的年代应该是 715 年，可以进一步断定热水一号大墓封土的年代成为 715 年，或者晚于 715 年。

四　结　语

青海都兰热水血渭一号吐蕃大墓封堆 2 号陪葬墓（十字形陪葬墓）出土 6 枚古藏文木简，许新国等专家以类型学推断 1 号大墓出土众多盛唐时期丝织品等[6]，年代定为 8 世纪中叶的观点与树轮定年较接近。

注　释

［1］许新国：《关于都兰县热水乡血渭一号大墓的族属与年代》，《青海藏族》2012 年第 1 期。

［2］成俊卿、杨家驹、刘鹏：《中国木材志》，中国林业出版社，1992 年。

［3］腰希申：《中国主要木材构造》，中国林业出版社，1988 年。

［4］Holmes R L. Computer－assisted quality control in tree－ring dating and measurement［J］. Tree－Ring Bulletin 1983，43：69－75.

［5］王树芝、邵雪梅、许新国、肖永明：《都兰吐蕃三号墓的精确年代——利用树轮年代学研究方法》，《文物科技研究》2008 年第 5 期。

［6］许新国：《关于都兰县热水乡血渭一号大墓的族属与年代》，《青海藏族》2012 年第 1 期。

利用树轮年代学方法为柴达木盆地东部地区古墓中椁木定年

邵雪梅

【摘要】树轮年代学中交叉定年的方法可以对树木年轮进行准确定年，从而可以利用树轮资料和树轮定年信息进行自然科学和人文科学的研究，特别是对估计古建筑和古墓的建造年代提供依据。在柴达木盆地东缘山地上生长着大量的条带状分布的祁连圆柏。由于地处高海拔内陆地带，该地区环境不仅干旱还严寒，生长条件严酷。树木的生长受制于气候要素，树轮宽窄的年际变化与温度的高低以及降水量的多少密切相关。由于研究区均属于同种气候类型，德令哈、乌兰、都兰的祁连圆柏树轮宽度的宽窄变化有很好的一致性，因此可以利用该区的祁连圆柏进行准确的交叉定年。严酷的生长环境也使得该地区的祁连圆柏生长慢，但寿命长，老树多。另外，干旱的环境使一些树木死后长年不朽，依然站立在山坡上。使我们能够在方圆200多公里的范围内建立2000多年长度的轮宽年表，对过去的气候变化进行研究。

与此同时，在柴达木盆地的东部，保留有众多的古墓。古墓内有大量祁连圆柏的椁木，这与附近山上的活树属于同一树种，且2000多年的活树轮宽年表为古墓中椁木的定年提供了标尺。在2004～2006年间，我们在柴达木盆地东部地区的洪积扇上采集了大量被盗墓贼挖掘出的椁木以及部分已正式考古发掘的古墓中的椁木，在树轮年代学交叉定年方法的帮助下，将采集到的样本进行了定年，为每个采集到样本的古墓提供了所用椁木中距今最近的年代。这为古墓建造年代的估计提供了很有价值的基础数据。

在我们采集的古墓样本中，距今最近的年代为公元793年，至今没有采集到任何公元800年后的样本。在一些采集到样本量较多的样点，古木距今最近的年代为古墓建造年代的估计可以提供很好的借鉴，但当样本量少的时候，特别是仅有几个样本时，古墓建造年代的估计还需慎重。

都兰吐蕃古墓中的树元素及宗教内涵分析

闫脑吾

树是人类早期萨满文化中比较常见的一种元素，它常常和鸟等元素呈组合形式出现在世界各地的符号系统中，是古代人类在理念里表达世界图示、构建意义世界不可或缺的要件。它在人类世界观的思想体系中占有极其重要的位置，常被用来表达世界的中心。这和人类早期的宗教思想息息相关，如果按照宗教理论的探讨，认为对自然的恐惧和困惑产生了宗教，那么心理上对自然认识的无序所带来的混乱则成为当时人类生活中挥之不去的梦魇。虽然从笛卡尔开始对世界本源的追问不再是人类哲学的核心。但早期人类面对纷繁的客观世界就要在主观世界中对这些混乱的客体建立一个有序的归类和认识。这就让寻找这些无穷尽的物质世界的本源成为构建秩序的源头，这是一个极其抽象且对思维程度要求极高的意识活动。所以在现实世界里对等地以象征手法进行定位，使得这些来自于对物质世界的有序认识要求，而又在意识中形成更高层面的哲学认识成为摸得着看得见的可控世界。在这个有序的排列和哲学的意识中世界的中心和世界的本源一样成为人类意识中乐此不疲的最美遐想。强纳生·霍尔维兹（JonathanHorwitz）曾表示"萨满教不是关乎信仰，而是关乎经验"。为了能由理念的想象图示转向现实的经验，根据对山的空间想象把宇宙的中心定位宇宙山，基于对宇宙中心"更方便的操作"，把宇宙的中心更精确的定位为长在宇宙山的宇宙树，以便把鸟幻化成人类的灵魂栖落在这个宇宙树上或是用这个宇宙树进行有助于灵魂升天的表达。对于那些深知事物的起因，并能接触到这部庞大复杂的宇宙自然机器运转奥秘发条的人来说，巫术与科学这二者似乎都为他开辟了具有无限可能性的前景[1]。正是人类在认识论上对世界的可控诉求才衍生出了巫术，"认定事件的演替是完全有规律和肯定的，并且由于这些演进是由不变的规律所决定的，所以它们是可以准确地预见和推算出来的"[2]。由此宇宙山和宇宙树就充当了巫术文化世界观的中心。青海省文物考古研究所原副所长、研究员汤惠生先生在他的《神话中之昆仑山考述》一文中详细地考查了萨满教的形成和含义：萨满教宇宙观，把宇宙分为天上、人间、地下三个世界，天上住着神和天帝，地下住着的是魔鬼，人类在中间。上界曰巴尔兰由尔查，即天堂。中间曰额而土土伊都，即地面。下界曰叶尔羌珠尔几牙几，即地狱。上界为诸神所居，下界为魔鬼所居，中界为净地，今人类繁殖于此。三个世界由一根"中心轴"或"中心柱"联系在一起。中心轴或中心柱位于世界的中心，故又称"世界柱"、"宇宙柱"、"天柱"、"地钉"、"地脐"、"中心开口"、"中心孔"、"中心洞"等等。传说中的神灵、英雄以萨满教的巫师都是通过这个中心柱或上天或下凡或入地。萨满教宇宙观中联系天地宇宙中心的最重要的意象是"山"，它们被称为"宇宙山"或"世界山"。佛教的世界观中认为四大洲的中心是须弥山，而瞻部洲上长有瞻部树，瞻部树上的果子落入不热湖中发出"瞻部"的声音，所以人类居住的这个洲叫瞻部洲。就佛教的须弥山也与早期萨满文化中的"宇宙山"有共同的渊源。印度远古的雅利安人在公元前2000左右从中亚地区各自向不同方向迁移，雅利安人向东南迁移，到达印度河、恒河流域。雅利安人在古代中亚、西亚文明中是比较活跃的民族，在古代文明的交流中占有重要的位置，甚至印度佛教早期的许多文化都受到过雅利安人影响。崇拜橡树或者是橡树神似乎是欧洲所有雅利安族的习俗。而汉族《山海经·海内经》说："南海之内，黑水、青水之间，有九丘，似水络之。有木，青叶紫茎，玄华黄实，名建木。"由此早期时代人类都创造过宇宙山和生命树的世界观。曾有一个时期人们为满足他们那些超越一般动物需求的愿望而只相信巫术[3]。

一　藏族宇宙山与宇宙树

处于萨满文化的藏族早期文化以及后期脱胎于萨满文化的苯教文化，有着和人类早期构建宇宙图示有共同的心路历程。在藏族文化中宇宙山和宇宙树也是从上古开始表达世界中心的核心元素。苯教著作《经部集要》中，苯教的圣地被形容为是以一座圣山——九级雍仲山为中心的，雍仲山上有雍仲树。在藏族史诗《格萨尔》中生命树被描绘成人的灵魂出入的地方。"在那金制宝座的里面，有一棵白螺的生命树，它是白帐王的生命柱；有一棵黄色黄金生命树，它是黄帐王的生命柱；有一棵黑色铁的生命树，它是黑帐王的生命柱；是我三大王的生命树。"[4]今天藏族文化中的生命柱依然是一个根深蒂固的观念，用来形容某个事物质的规定性的因素。藏区的许多山都是苯教宇宙观中的宇宙山，如念青唐古拉、阿尼玛卿山、雅拉香波山以及其他山峰。在藏区处处可见的嘛呢石堆，其原形也是宇宙山，许多嘛呢石堆上插有树枝，以象征宇宙树。

二　从藏族远古岩画中走来的树鸟崇拜

在早期的藏族岩画中树、鸟以及牦牛是出现频率最高的符号，而且呈现出组合式以表达人们的宗教思想和祈愿。藏族岩画有早、中、晚期三个分期。早期的岩画距今3000年，之中树、鸟、牦牛、雍仲符号等一些图案比较凌乱和随意，还没表现出常态化的固定模式。这几个元素未出现特定的组合模式，表达也呈现出某个元素时有时无的不稳定状态。鸟图案在早期也被刻画成一种自然地鸟形象，不像后期给予鸟形象以超自然的内涵。这是和当时人们所表达的宗教思维未系统化和条理化有关，虽然当时藏族也已出现了生命树和灵魂鸟的宗教观念。西藏岩画点最为密集的日土县境内的任姆栋、鲁日朗卡、阿垄沟、塔康巴、曲嘎尔羌、那布龙、多玛等岩画点的早期岩画中，树、太阳、雍仲符号排列比较凌乱，但日月符号与树木图案的伴生似乎比较常见。藏北加林山岩画中的树木图像反映了早期岩画"事树神"的观念，其树木图像只与日月符号搭配。而这些岩画点周围数百公里之内根本不见树木。所以由此也可以判断出藏族早期的部族处于一种游动中，而原有的宗教思想却始终伴随左右，显现出人类文化和族群心理素质的稳定性。这可能就是考古学上所说的文化的"遗型"。而树木图案反复出现在岩画里，说明树木在宗教观念的重要性。中、晚期岩画中这几个常见元素已趋向于组合程式化的表达，树、鸟、雍仲符号等成为一组固定符号。西藏日土拉卓章的一幅岩画，与树木图像组合搭配的符号就相当齐全，有雍仲、日月、塔图像、鹰以及鸟人等，如藏西改则县日杰岩画点树木与鸟的组合图像。可以看出到中后期的岩画，以鸟树为核心出现了一种程式表达并形成了一组符号化系统，来表达比较系统化和条例化的宗教思想。可以看出到中后期的岩画，以鸟树为核心出现了一种程式表达并形成了一组符号化系统，来表达比较系统化和条例化的宗教思想。鸟的表达由自然鸟——超自然鸟——人格化鸟（羽人）——图腾的转化，而树则也从自然树——超自然树——人格化树神的转化。到后期这种自然鸟的形象却发生了变化，与雍仲符号、日月符号或者是树木图像共同有某种固定含义的组合，明显地反映出符号化的趋势，成为当时藏族宗教文化符号中的一个重要组成部分。这无疑是文字产生的前奏，而这些岩画的创制者是作为当时社会精英的巫师，"巫史是文字的创造者，所创造的'文字'原本是'图画'那个时候的文字，是巫术形式的重要组成部分，是巫术与精灵世界、神话世界取得联系的一种象征""文字的发明很大程度上是为了巫术的需要。无巫则无字，无字则无史"[5]这和苯教文献《世界祜主教诲十四》中所说苯教经历了辛热梅沃的多苯、外教邪说的恰苯、信仰汇聚的居苯的苯教发展的轨迹是相一致的。由此，某种东西在我们内心所激发起的情感会自发地附加在代表这种东西的符号上[6]《隋书·女国》曾提到葱岭之南（今阿里西部）女国的宗教习俗是"俗事阿修罗，又有树神，岁初以人祭，或用猕猴"。

三 都兰吐蕃墓中的树实体及绘画形象

在都兰吐蕃墓葬中出现了大量的实体的树木，有些可能与树的性能和使用性有关，但也不乏其中蕴含有宗教思想在其中，而有些则是专门用来表达宗教思想的。这种蕴含在树木中的宗教思想就是藏族宇宙树思想在具体实物的呈现，且与人死亡后灵魂的归宿观念相关联。在藏族人的观念中既然宇宙树处于宇宙山上，那么宇宙树就是人生彼岸世界中最高的宇宙秩序和道德价值，也是人的灵魂最后的皈依之地。在广袤而神奇的高原上，晶莹剔透的蓝天与一望无垠的草原在人的意象世界里构成了莫测、高贵、无限的想象空间。蓝天的湛蓝是一种让人在意识中激发无限感和空感而又遮掩着太空中星球乱象的大自然最美妙和不可言语的色调。面对苍穹人们总是渴望像苍鹰一样自由地翱翔在美妙而又莫测的蓝天，让人实现一种对世界触手可及的可控和在高处的人生尊严。于是人们最向往自己的灵魂像鸟一样自由的飞翔并经常栖息在树上，这树便是宇宙山上的宇宙树。由此就用鸟或鹰来在意象中代表灵魂，而用宇宙树来代表宇宙中最有尊严和最终极的归宿。人死后灵魂依然是人生前尊严的延续，甚至比生前的尊严有更高的礼遇要求。"灵魂是人格的一种象征词，它与人格的特点相同。虽然灵魂与躯体密切相连，但是人们认为灵魂不同于躯体，而且与躯体相比，灵魂有更大的独立性。人在世期间灵魂可以暂时离开躯体，人死时完全离开。灵魂非但不依靠躯体，而且它靠它本身更高的尊严主导躯体。"[7]树在墓葬中的设置是灵魂出没的宇宙树观念。苯教认为"山谷上部的高级灵魂如飞鸟一样共有十三只，山谷下部的低级灵魂如同游鱼一样共有十二条"。都兰吐蕃墓葬中的实体树主要是大量柏木平铺的柏木垫、单独的木柱、彩绘的木柱。《旧唐书·吐蕃传》"其赞普死，乃于墓上起大室，立土堆，插杂木为祠祭之所"。这里插的杂木也具有宇宙树的宗教观念在里面。

柏木在墓葬中的运用，一方面是由于柏木不容易腐烂，能够长时间保持墓葬的结构和原貌。另一方面是因为柏木在藏族宗教思想中较之其他树木占有比较重要的位置。墓葬的选址一般都会选依山的柏木丛中。墓葬中木头几乎都运用柏木，如墓室上方的封口层，"墓室上方盖有柏木，柏木大小与墓室大小成正比"[8]。而墓葬中的木垫几乎是清一色的柏木，如北京大学考古研究所对都兰一、二、三号墓葬的发掘报告中叙述道：

柏木垫石圈西北角柏木层封土顶部平面的垂直距离4.5米。……柏木层厚4厘米。石墙与柏木间夹土厚4厘米。柏木垫石圈东边的南端有长5.8米的一段石墙上没铺柏木，而直接垒土坯；仅在接近东南拐弯处的地方顺石墙外侧放置一根长15、直径14厘米的圆柏木。

都兰热水血渭1号吐蕃墓葬梯形石砌墓圹墙体中间一个紧挨一个的柏木木橼排列与西藏琼结境内的著名青瓦大孜的吐蕃古墓，以及拉龙沟墓群的结构形制极为相似。这种结构的大型古墓，被考古工作者认为是吐蕃时期藏王墓的特点之一。在苯教文化中雪松和柏树被认为是九位创世天神中的主神"塞"的神树，烧起雪松枝的烟火，苯教神祖和以塞为首的九位创世神，会顺着这股家献香火冒出的烟缕自天而降，煨桑焚祭的目的在于让神灵吸收桑烟，并通过桑烟和祈祷把人间的信息送到天界报与神知。

都兰吐蕃古墓中单独木柱的运用则表现为纯粹地表达宗教思想。99DRNM3东室北壁近东壁处发现牛骨架、人骨架与木片、木条杂处的现象。可能跟苯教的丧葬仪轨有关。99DRNM1封土中所谓的"中心柱"，发现该"柱"上分成三段埋在填土里，每段有3根柏木片，且各段之间只是叠加在埋土中，根本不见什么捆绑痕迹。最下层一组柏木片之间有一青砖，其下覆盖较大的柏木空隙——大小容身。柏木之间留有较大空隙的现象亦见于99DRNM2，只是99DRNM4的柏木空隙上覆盖一较大的石块而不是青砖，且其上不见竖立的柏木片。从建筑的角度看，虽然如前所言，该地区时期的建筑水平不高，但是让柏木结合紧密是不难的，这从其他墓葬可以得到证明。由此看来柏木间的空隙是故意的行为，是有某种特定的含义的，是否与灵魂的出入有关还是其他缘故，有待以后的研究。苯教的世界观认为宇宙由天上、人间、地下三个世界构成，三个世界由一根"中心轴"或"中心柱"联系在一起。中心轴或中心柱位于世界的中心，故又称"世界柱"、"宇宙树"等等。传说中的神灵、英雄以及苯教的巫师都是通过这个中心柱或上天或入地。位于宇宙中心四面环水；山顶上有一棵树，分3~13层不等。都兰吐蕃墓中的设置柱子这一特点可能就是为表达苯教中的宇宙树思想，为埋葬人的灵魂自由出入宇宙三界的媒介。三段的数字象征意义就是三界的世界观表达，中间余留的能容身的空隙可能就是具体地指向三个世界空间，由此人的灵魂就可以自由地在三界享受比人间还有尊严的生活。有的苯教文献中表明空间长有一种宇宙树，此树叶子是丝绸片、芽胚是珍宝、树液精美可食、树皮如同保护生命的铠甲、花朵如同节日的装饰；其上部住的是天王，下部居住阎王，中间是益门国王（祈愿王）；三界的划分标志是上部大鹏鸟、下部为保护世界的乌龟、中间是会飞的绵羊皮（或猕猴）。会飞的绵羊皮或者是猕猴则隐喻人或者是人的灵魂，可以畅游这一垂直的世界体系。在都兰吐蕃二号墓（99DRNM4）在封土底部四周清理出一圈短柏木，该现象与99DRNM4同。出土大量木器构件残件，已被破坏，无法复原，其用途不清楚。其中仅发现一块彩色木构件。标本99DRNM4：4，残长21.8、宽5、厚1.2厘米。木板有一正面和侧面绘有云气纹。

都兰吐蕃墓树的绘画形象有两种，一种是吐蕃本土的树形象，另一种是与中亚、西亚以及中原通过贸易来到吐蕃丝绸、织锦上的树形象。如标本黄地大窠联树下对虎锦（DRM25：11）。大联珠圈由上下左右的四个回纹和五个一组的20个珠组成。圈内居中一树。树上绿叶黄花，分成四簇，树下似为山石状物，左右对虎作相扑状。标本99DRNM1：42，残存植物花瓣组成的圆圈、生命树和两只鸟的爪，鸟爪立于生命树树枝上，树枝下有5片树叶，树叶分叉处有花形。另外还有许多花叶纹的图案见于墓葬的绘画和棺板墓中。其中仅发现一块彩色木构件。标本99DRNM4：4，残长21.8、宽5、厚1.2厘米。木板有一正面和侧面绘有云气纹。这些都是用宇宙树和鸟来组合表达，人的灵魂通过这些媒介到达宇宙秩序的最顶端。我们已经看到，选择将经验组织成为意义模式的特征是文化的基本特点，而且有充分的理由认为这与艺术风格结构的形式同时产生。在绘画的树木形象总是伴随着鸟出现。这可能是观察到鹰经常出没在古柏树上，于是便形成了（鹰）与树之间非常古老的关系，鸟被认为是古树的灵魂。鸟被认为是长命树的灵魂，于是鸟便成为不死鸟。作为这样一种象征，它和生命树一道塑造在死者的墓葬中，以象征死者转入永生。

注　释

［1］许新国：《都兰吐蕃墓葬发掘和研究》，《中国藏学》1992年第2期。

［2］三木才：《都兰古墓1号殡葬民俗文化考察》，《柴达木开发研究》2001年第6期

［3］卡尔梅：《苯教历史及其教义概述》，中央民院民研所编《藏族研究译文集》（1）。

［4］卡尔梅：《"黑头矮人"出世》，《国外藏学研究译文集》第五辑，西藏人民出版社，1989年。

［5］《解脱烦恼障碍仪轨一切明灯》第五卷，参见杜齐与海西希：《西藏和蒙古的宗教》（汉译），天津古籍出版社，1989年，第293~296页。

［6］北京大学考古文博学院、青海省文物考古研究院编著：《都兰吐蕃墓》，科学出版社，2005年。

［7］〔英〕弗雷泽：《金枝》，大众文艺出版社，1998年，第15页；〔英〕莱顿著，李东晔、王红译：《艺术人类学》，广西师范大学出版社，2009年，第184页。

［8］〔法〕爱弥尔·涂尔干著，渠东、汲吉译：《宗教生活的基本形式》，上海人民出版社，2006年。

吐蕃王朝时期的墓葬形制

格桑本

公元 6 世纪的后半期，在西藏雅鲁藏布江中游地区山南琼结一带，以朗日松赞为首的地方势力，先后征服了苏毗、藏博、达布等地，悉补野部由南向北大举扩张，为西藏高原诸部最终走向统一奠定了坚实的基础。至公元 7 世纪初，松赞干布接替其父朗日松赞继赞普位，统一了西藏全境，建立起强大的奴隶制王朝，即历史上的吐蕃王朝。这个时期，也是吐蕃社会在政治、经济、文化等各个方面较之以前诸代空前发展的阶段，反映在丧葬习俗上，则表现为与统一的吐蕃王朝相适应，开始逐步形成具有等级特点、民族特点、地域特点的墓葬制度与丧葬风俗。这也是青藏高原古代墓葬制度由发展走向成熟的阶段。

下面将吐蕃王朝时期的墓葬形制大致分类来加以叙述。

1. 石棺墓

石棺墓作为青藏高原最早出现的墓葬形制之一，从史前时期一直延续到吐蕃时期，青海史前时期的宗日文化、卡约文化中多有发现，吐蕃时期的石棺墓在西藏山南隆子河谷的谷玛、乃东县格桑乡的结桑村、青海化隆县雄先乡的森岗拉尕都有所发现。以吞玛石棺墓为例，其墓室采用石板沿墓坑四壁砌筑而成。墓底用石板铺地；筑墓的石板大小不一，厚薄不一，以石块加以拼砌筑成棺室。石棺顶部用石板层层叠压，犹如屋顶的板瓦式样，一块压住一块，与墓口大致平齐[1]。

2. 偏室洞穴墓

偏室洞穴墓的基本形制特征是在竖穴土坑的一侧再向里挖出近半圆形的洞穴作为墓室，目前在拉萨河谷附近发现两处：

澎波位于今拉萨之北，在一座山腰上清理墓葬 8 座，形制相同，坐北朝南，其建墓方法是先在山腰的斜坡上向里挖不规则的椭圆形洞穴，底部用石块砌成较规则的长方形竖穴，穴底用石块加以填砌，然后再向一侧挖出不规则的椭圆形洞穴作为墓室，口部用石块堆砌堵封。葬式为二次葬，各墓中还有零散的牛、羊骨，可能是随葬的牛羊骨骼。出土有陶器和部分铜器、铁器[2]。

辛多山嘴墓地位于拉萨以东，与拉萨同在吉曲河的一侧。1950 年当地居民修筑渠堤时发现，由当时旅居拉萨的德国人奥夫施内特、英国人哈雷进行了清理发掘，共清理出 16 座墓葬[3]，这批墓葬与拉萨澎波农场的洞穴墓接近。葬式有屈肢葬、二次葬以及双人合葬等不同的葬俗。出有陶器、铁器、木器和绿松石等。

3. 封土石室墓

封土石室墓最主要的特征，是在地表建有明显的墓丘封土标志。建筑方式是以土石混合砌建、堆垒或者夯筑墓丘，形状以平面呈梯形、立面呈立体形的坟丘最为常见。此外有方形、圆形、塔形、十字折角形等不同类型。往往在同一墓地中有大、中、小型墓葬同时并存，墓地的规模远远超过其他类型的墓葬，有的大型墓地墓葬的总数可达百座以上。

从地表标志来看，常见用砾石、石块砌出石圈等可能用以表示"茔城"的界石，将不同的墓葬之间加以联系或者区别，形成不同的墓群。

在一些大型墓地还可以观察到，墓群内建有专门的祭祀场所，以墓地主要墓葬作为对象，祭祀建筑的种类包括殉马坑、石砌祭台、陪葬坑等不同的类型。

个别大墓的墓前还有石狮、石碑等与墓葬等级相关的标志物。

近年来，青海省文物考古研究所、四川大学考古系、四川大学考古系藏学研究所。成都文物考古所以及玉树文物管理部门联合，共同对玉树境内的吐蕃古墓群进行了发掘工作，取得了丰硕的成果。除在地表发现大批封土石丘墓葬外，对在调查中发现破坏严重的聂龙加霍列墓群和章齐达墓群两处墓葬群进行了考古发掘工作，这也是首次在玉树地区经过发掘的吐蕃墓葬。蔡林海等将发掘研究成果在《青海日报》上做了如下介绍：

聂龙加霍列墓群位于玉树州治多县治曲乡治加村的聂龙沟内。共发掘墓葬 15 座，编号 M1 至 M15。根据墓葬所处的地形特征和分布情况，墓地分为 3 区，Ⅰ 区墓葬共为 5 座，Ⅱ 区共 9 座，Ⅲ 区墓葬仅 1 座。墓葬群范围 2 万平方米。墓葬封堆形制全部为梯形。墓室结构为先挖竖穴，形制不很规整。墓上有大型石板封顶，层层叠压，底部铺有小碎石，不铺底板，墓室中用石条分割出区域。墓葬均被盗扰过，个别墓葬中发现骨灰。M8 墓室被整齐分割成两行 8 个隔断，清理时发现牛尾骨摆放。出土随葬品主要有银器、铁器、漆器、陶器等。

章齐达墓群位于玉树州治多县立新乡叶青村，共发掘墓葬 2 座，编号为 M1，M2，发掘面积 500 平方米。墓地分布有明显地表特征的单体墓葬 33 座。整个墓地中以编号 M1 规模最为宏大，梯形，前端边长 17.3 米，后端边长 12.6 米，侧边长 12.5 米，高度 1.7 米左右。M2 的规模仅次于 M1，圆形，直径约 9 米，高为 0.6 米。从墓葬此次发掘情况来看，封堆采用岩石人工垒砌，中间加以碎石填充。M1 封堆砌石底部前沿经过修整，基本上处于水平线上，两侧边及后沿随地形。M2 整体随地形。两座墓葬封堆墙体逐级收分，呈三级台阶状。第一、二级保存完好，第三级局部有所破坏，但仍能清晰复原。M1 封堆内部结构最为复杂，采用岩石砌成的网状石墙将封堆上部划分成 7 个不同的单元，墓室位于中间的一格位置。由墓道、天井、主室、侧室以及主侧室与天井相通的甬道组成。墓道平面呈狭长长条形，西向，开口于封堆顶部三分之二处，与封堆顶部齐平。墓道下行共有 9 极台阶到达天井，仅容 1 人下行活动，显得狭小。天井平面呈长方形。天井南侧通甬道与主室相连，西侧通甬道与侧室相连。主室与侧室平面呈圆形，略不规整，下半部采用平砌，上半部采用立券，逐渐收分成穹隆顶。顶部留有圆形空洞，用石板封砌墓室顶部。圆形穹隆顶的墓室结构不但在西藏发现，也与近年在海西蒙古族藏族自治州德令哈市郭里木乡夏塔图草场棺板画上绘制的吐蕃"拂庐"形制相似。墓内出土人骨不完整，为一个个体，初步判断为男性。人骨旁还有一个羊的头骨随葬。出土物不丰富，有石器和陶器残片。M2 墓室位于中央。石板封顶，平面呈十字形，无分割相互贯通，因早年被盗掘严重，墓内无出土物。

青海玉树地区吐蕃时期墓葬的发掘是都兰以及海西地区吐蕃墓葬发掘之后的一次发掘，从墓地布局、墓葬形制与结构等方面看，一方面与西藏本土发现的吐蕃墓葬之间有许多相同的特点，但另一方面也具有若干地方性的特点。

热水墓地是吐蕃王朝统治时期最重要的一处文化遗存，也是青藏高原北部的吐蕃墓葬最集中的地区。它位于都兰县东南约十公里的热水乡，分布于察汗乌苏河两岸，以热水血渭一号大墓为中心和制高点，沿山麓向两翼呈长条状分布。1982 年至 1985 年青海省文物考古研究所对该墓的上层封土及其附属遗迹进行了发掘。

这座大墓为梯形双覆斗形封土。坐落在察汗乌苏河的北岸，其东西两面均有中小型墓葬分布。墓葬北部与自然山岩相连，南部凸出山外，南宽北窄，依山面水。墓葬底部南面宽 160 米，北部连接山岩，宽达 60 米。封堆顶部距地平面高达 35 米，封土由黄土、灰砂石、砾石、巨石等堆积而成。上层封堆底部有三层石砌围墙构成，每层高约 1 米，宽约 3 米，其上是泥土夯层、砂石夯层以及夯土层等。从上到下每隔 1 米左右便有一层平铺的柏木，环绕封土四周整齐排列。

大墓南面平地上，有排列规则的动物殉葬遗迹。5 条殉葬沟居中，东西向横列，殉完整马 87 匹，姿态各异，应为活马推入沟中殉葬。其东西两侧共有 27 个圆形殉葬坑，13 座殉牛头、牛蹄，8 座殉完整的狗，2 座殉巨石，4 座空无一物。第一条殉马沟中出土一件忍冬纹镀金银饰片木质舍利容器，在出土前残碎，其地表列有一巨石。整个分布范围长 30 米，宽 50 余米。地表上按沟或坑的形状铺有一层或一圈砾石。

热水血渭一号大墓周围分布中、小型墓葬，土石混筑结构封土，封土中间插多层柏木，石砌围墙，墓前动物殉葬坑等与西藏地区吐蕃墓葬相似。据许新国等考古专家经多年调查、研究认为：热水血渭一号大墓形制结构、规模和级别与西藏琼结吐蕃藏王陵相同。与西藏琼结吐蕃藏王陵相同或相当的墓葬在青海都兰发现四座。其中，热水乡智尕日 1 村西头一座，1949 年前被马步芳军队盗掘过，规模略小于热水血渭一号墓；热水血渭垭口南面山顶一座，亦规模巨大；热水乡隆马日有大墓一座，规模与热水血渭一号墓相当。经过正式发掘的仅一座，即都兰热水血渭一号大墓。

1985 年，青海文物考古研究所发掘的热水血渭十号墓中出土木简 11 支，经古藏文专家王尧先生考证认为："青海木简出土于墓葬之中，为随葬品的登录文献"，"墓主似为一吐蕃贵族，衣着绸缎，生活豪华，生前器用物品，死后陪葬，供死者继续使用，反映出当时的灵魂观念。"北大考古文博学院和青海文物考古研究所出版的《都兰吐蕃墓》发掘报告书中称：热水南岸"发掘的四座墓葬等级较高，属于吐蕃贵族墓葬"，南岸一号墓出土木简 1 支，"据王尧教授甄辨，墓主人可能为 757 年死于任上的名叫'甲贡'的尚伦思结桑，若此，这是第一座可以明确断定墓主人的吐蕃墓葬"，南岸四号墓出土碑铭四方，其中一碑为"伦"字样，王尧教授考释认为"这方墓石表明墓主人的身份是'伦'，当属政府高级官员无疑，否则也不可能有如此豪华的陪葬品，更不可能有此墓石的树立"。

综上所述，到目前为止，都兰热水墓群中发现级别在贵族以上墓葬有 9 座之多，说明在《都兰吐蕃墓》发掘报告书中称"热水墓群"为"热水陵墓群"，可谓名实相符。

纵观上述三类墓葬中，前两类墓葬无论是从墓葬的形制、规模等方面，都与第三类墓葬差别很大。其中，石棺墓还保持着早期的基本形制特征，墓室狭小，无地面封土标志。与同一地区内出现的封土石室墓相比较，不仅分布地域十分有限，而数量也很少，推测其可能为一种早期石棺墓的残存形式。

然而，第三类墓葬却是一种在这个时期新出现的墓葬类型，与前两类墓葬之间除在"以石为葬"这一点上保持着青藏高原古代墓葬的共同特点之外，已出现了大量新的文化因素，反映着吐蕃王朝时期墓葬制度和埋葬习俗在新的时代背景下所发生的重大变化。下面我们着重分析此类墓葬的形制结构特征及其主要变化特点。

封土石室墓，是青藏高原古代墓葬中目前发现数量最多，地域分布最广、墓葬布局最为密集的一种墓葬类型。分布范围东起西藏东部的昌都，西达后藏日喀则的昂仁，南面沿雅鲁藏布江流域，北抵藏北那曲、索县及安多、比如一带都有分布，几乎遍及西藏高原全境。其分布的最北已达青海省柴达木盆地[4]，东北部达果洛、玉树一带。而在西藏最为密集的墓葬分布区域，是在雅鲁藏布江流域的日喀则、山南、林芝地区以及拉萨河流域的拉萨、林周等地[5]。

这类墓葬早期的形制比较简单，其地面封土形制只有圆丘形封土一种，如雅鲁藏布江中游昂仁一带的封土墓葬。这类墓葬晚期的形制，其封土式样趋于复杂，以方形和梯形的坟丘最为常见。根据考古发掘的墓葬与此前的各类墓葬形制相比较，能够明显地看到在墓葬结构上所发生的变化，大体上可以区分为两种基本类型。

（1）直穴式石室墓

直穴式石室墓的基本特点，是在封土下方的中央向下挖掘出竖穴，形状大多为长方形或正方形，有的留出二层台后，墓壁采用石板拼砌或用石板和石块混合砌壁，墓室的构造已经具有相当的水平。除有一墓单棺和一墓多棺以外，还出现了比较复杂的附属设施，如头箱、耳室、立柱、门槛等。较典型者见于西藏山南乃东普鲁沟墓地[6]、定日县门道墓地 M56[7]、青海玉树州治多县聂龙加霍列墓地。

（2）穹隆顶式洞室墓

穹隆顶式洞室墓在地表标志上与直穴式石室墓无明显的区别，而且大多数处于同一墓地中，故其时代亦应大致相同。两者之间的主要区别在于结构的不同。穹隆顶式洞室墓的结构一般由竖井式的墓道和墓室两部分组成，墓室是在墓坑内沿四壁用石板向上叠砌起拱，形成向上隆起的穹隆顶式墓室，在西藏目前的考古出土材料，较典型的例子有山南朗县列山墓地 M27[8]，日喀则萨迦县给百山墓地 M44[9]和青海玉树州治多县章齐达墓地。

这种形制的墓葬，是青藏高原进入吐蕃时期后，在以拉萨、山南地区为中心的腹心区域发生、发展起来的一种新型的墓葬形制。

青藏高原在吐蕃王朝尽管一度还同时并存有石棺墓，偏室洞穴墓以及封土石室墓等几种不同的墓葬形制，但在其发展的过程中，逐渐以封土石室墓这种新型的墓葬取代了旧有的墓型而占据了首要地位。现有的考古资料能够证明，封土石室墓这种墓葬形制应代表吐蕃时期古墓的主流，不仅分布地域广泛，墓葬密集宏大，而且无论是从墓葬的外标志和内部结构上看，都已经具有比较稳定的状态，体现一种时代特点和民族风格。吐蕃王朝时期墓葬所具有的地域特点、民族特点、文化属性，很大程度更是以此种考古遗存为背景得以反映的。对墓葬出土物所做的^{14}C 年代测定数据也提供了断代的参考依据。从这批墓葬中出有两批^{14}C 年代测定数据：一为朗县列山墓地 M130 出土的木炭标本，其年代为公元 700 年 ±70 年[10]；二为萨迦县给百山墓地 M44 出土的木炭标本，年代为公元 582 ~767 年[11]，可见其年代的下限均未超过吐蕃王朝时期。

综上所述，我们可以比较有把握地将以上这批封土石室墓为主流的墓葬的相对年代，大体测定在 7 ~9 世纪，确定其为吐蕃王朝建立后，国力强盛、经济繁荣时期的考古遗存。

与西藏的古墓相比，青海省的墓葬多为竖穴（直穴）石室，但也存在一定数量的竖穴（直穴）土坑木椁墓、穹隆顶式洞室墓，吐蕃王朝早期的偏室洞穴墓在目前的考古发掘中没有发现。说明青海与西藏的吐蕃墓在一定程度上也表现出差异，体现出地域的特点。但是共性更大，例如：

墓葬封土平面呈梯形，立面呈立体形，在都兰存在。方形和圆形封土都兰普遍存在。在同一墓地大、中、小型墓葬同时并存的情况，青海与西藏一致。用砾石、石块砌出石圈用以表示"茔城"的界石在都兰常见。大规模的殉牲祭祀现象两地惊人的一致。在大墓前列狮两地均有。尤为重要的是，在石室的周围建有平面呈梯形的石围墙更是普遍现象。血渭、智尕日、大什角沟、莫克利、科肖图的墓葬即是明证。

这些都说明，青海和西藏吐蕃王朝时代墓葬中，文化因素是基本一致的。它们之间的共性是主要的，差别是次要的，这就决定了其文化性质应同属于一个文化系统，即吐蕃文化系统，而不是两个文化。而封土石室墓是论证吐蕃王朝时期墓葬的一个重要的文化现象，这一点是判定考古学文化的一个至关重要的因素。

（原载《青海藏族》2015 年第 2 期）

注　释

［1］西藏自治区文管会文物普查队：《西藏山南地区隆子县石墓试掘清理简报》，《考古》1994 年第 7 期。

［2］西藏自治区文管会：《西藏拉萨澎波农场洞穴坑清理简报》，《考古》1964 年第 5 期。

［3］〔德〕奥夫斯内特：《西藏居民史前遗址发掘报告》，《中国藏学》1992 年第 1 期。

［4］许新国、格桑本：《都兰热水唐代吐蕃墓》，《中国考古学年鉴》，第 171 ~172 页，文物出版社，1984 年。

［5］西藏自治区文管会：《西藏古葬俗的新揭示》，《中国文物报》1992 年 2 月 2 日第三版。

［6］西藏文管会文物普查队：《西藏乃东普努沟古墓群清理简报》，《南方民族考古》第 4 辑。

［7］西藏文管会文物普查队：《西藏拉孜、定日两县古墓群清理简报》，《南方民族考古》第 4 辑。

［8］索朗旺堆、侯石柱：《西藏朗县列山墓地的调查和试掘》，《文物》1985 年第 9 期。

［9］西藏文管会文物普查队：《萨迦县夏布曲河流域古墓葬调查试掘简报》，《南方民族考古》第 4 辑。

［10］中国社会科学院考古所实验室：《放射性碳素年代测定报告》，《考古》1984 年第 7 期。

［11］中国社会科学院考古所实验室：《放射性碳素测定年代报告》（19），《考古》1992 年第 7 期。

吐蕃墓的墓上祭祀建筑问题

许新国

一 有关文献的记载

在敦煌古藏文历史文书 P·T·1042 卷子中，记述了吐蕃的丧葬仪轨，也有反映吐蕃时期赞普陵墓基本面貌的内容。该卷子称呼陵墓建筑各组成部分时使用了以下几个词语。即墓地和坟场（地面上的，强调的是"范围"），整个陵墓建筑（包括地下的，强调的是"建筑"）；四方墓室，在赞普大葬以前停厝尸体的场所以及建于陵墓之上用于祭祀的建筑等[1]。尤为重要的是该卷子提到了赞普陵上用于祭祀的墓上建筑。褚俊杰氏在解读 P·T·1042 卷子时，指出这种墓上的建筑，其作用主要用于祭祀，相当于汉人墓地上的"享堂"。对这种墓上建筑，在汉文史料中也有记载。《旧唐书·吐蕃传》曰："其赞普死……乃于墓上起大室，立土堆，插杂木为祠祭之所"。这是一段极为重要的史料。

关于吐蕃的墓上建筑，在后世藏文史料中也有一些记载：《德乌教法史》说松赞干布陵"四角建有四神殿"[2]，《王统世系明镜》说"墓内五个神殿"[3]，这里所谓的"神殿"，很可能即是指"享堂"一类的墓上建筑。另外，各史料都说囊日松赞陵墓有供祭建筑，即指高高耸起的（堡垒形的）"供殿"或"享堂"。尤其是《贤者喜宴》中也有记载说："供殿"的形状是"四方高耸的样子"。如果上述的记载属实，那么这种供殿或享堂一类的墓上建筑，可能从囊日松赞时期就已经出现。与此相对，许多史料都说，从"3—5 赞"到囊日松赞以前的各赞普的陵墓上都"没有供品，不知建造四方陵墓"[4]。据此，目前大体可以推知，在那个时代还设有陈列供品进行祭祀的墓上建筑。

根据以上文献记载，我们可以确知，吐蕃赞普陵墓存在着墓上建筑，这种墓上建筑被称为神殿、供殿、享堂和祠祭之所，其具体构造形式为"大室"，这种大室一般分为四格或五格，立于土堆之中或之上，并且要插以杂木。

必须说明的是，关于文献记载的吐蕃墓上建筑的具体形制是非常简略的，距离我们研究吐蕃葬制的要求来说还相差甚远，下面，我们将结合考古发掘资料对这种墓上建筑进行分析和研究。

二 考古所见吐蕃的墓上建筑

关于吐蕃墓葬的考古工作，早在 1950 年意大利学者图齐，根据其 1948 年实地调查所得的材料写成《吐蕃赞普陵墓》一书。同年霍夫曼根据文献材料发表《穷结地区的赞普陵墓》一文。其后许多学者对吐蕃墓葬以及赞普陵的韵文进行了研究，但以上这些研究均不是实地进行的考古发掘，对于吐蕃的墓上建筑研究来说，意义不是很大。值得一提的是，国内近几年的考古发现提供了吐蕃墓葬科学发掘所得的资料，即《西藏朗县列山墓地的调查和试掘》、《西藏乃东普努沟古墓清理报告》、《乃东县切龙则木墓群 G 组 Ml 殉马坑清理简报》[5]、《热水吐蕃墓葬发掘述要》[6]等等，而其中较为重要的是，在青海海西州都兰县热水乡血渭草场发掘了一座吐蕃贵族人物的大墓，对于了解吐蕃的墓上建筑有非常重要的意义。

这座显贵人物的大墓位于血渭草场，坐落在察汗乌苏河的北岸：其周围有中小型墓葬分布。我们编号为 M1。

M1 大墓为梯形双覆斗形封土。其北部与自然山岩相连，南部凸出山外，南宽北窄，依山面水，墓葬底部南面宽 160 米，北部连接山岩最窄处达 60 米，封堆顶部距南面地平面高达 35 米。上部封堆叠压在下部封堆之上，平面呈南宽北窄的梯形，与北部山岩相连接，其上部南北长 58 米，南部最宽处约 65 米，北部最宽处为 55 米，高约 11 米。我们即对这上部封堆进行了发掘，另在封堆北部与自然山岩的连接处开了一条东西向的大探沟，了解了下部封堆的结构。并对大墓南面地平面上的动物陪葬遗迹进行了大面积完整的揭露。

封土堆积由黄土、灰沙石、砾石、巨石等组成，遗迹由穿木、混凝夯筑圈墙、石砌圈墙、圈墙外房基、动物殉葬墓、"十"字形陪葬墓等组成。南面平地上有由马沟、牛坑、狗坑组成的组合陪葬献祭遗迹。以下分别进行介绍：

1. 穿木均为柏木，在上部封堆从上至下共平铺了七层，平面呈梯形，均粗头向外，细头向内。间隔为 0.8～1.2 米不等，阶梯状上升排列。环绕封堆四周，从下而上逐渐内收，越往下柏木越粗、越长，越往上柏木越细、越短。这种排列穿木的方法显然使用了力学知识，起承托墓葬封土压力的作用。

2. 混凝夯土圈墙、压在石砌圈墙之上，环绕封堆一周，平面与石砌圈墙相同，呈梯形。厚 3～3.5 米不等，宽 5 米。采用土、砾石搅拌掺水夯打而成，夯层清晰，异常坚固。其构筑方法是先平铺一层混凝土石，然后在其上平铺一层当地生长的沙柳枝条，用夯具在沙柳条上夯打，夯层每层厚 0.1～0.15 米不等。该墙硬度较高，是一种原始的混凝土建筑。墙外壁面平整，可见用木板挡泥的痕迹，板宽 0.2 米左右，故推测应系版筑。

3. 石砌圈墙位于混凝夯层之下，平面呈梯形，环绕封堆一周，窄头朝北，宽头朝南。石墙共分为三层，自下而上逐渐内收呈阶梯状，每层高约 1 米，外部壁面叠砌整齐，层与层之间以穿木相隔。砌墙所用石块，均系花岗岩砾石。整个石墙厚约 3.3 米，宽 3～6 米左右。按最下一层墙计算，南面东西长 56 米，北面东西长 37 米，南北长 49 米，石墙最上层距封堆顶部深 6.5 米。四角因封土压力较大，均下陷。

4. 房基位于石圈墙东侧，上部封堆的根部。平面呈长方形，西靠石墙的东壁，四围用石块垒砌而成。房基中部筑有东西向隔墙一道，将房基分为南北两室，在北室垒南北向隔墙一道，使北室分为两小间。房间共有 3 间。其东缘石墙与南墙低于中墙 1 米，分两层呈阶梯状叠砌。在北室北部开有两个门道。房基内部与外部未见柱洞等其他遗迹。

5. 动物墓葬在封堆顶部下深 4.5 米处，出有一座动物陪葬墓，编号为 PM1，平面呈长方形，四壁用石块垒砌，东西向横列，长 5.8、宽 4.8、深 2.25、厚 0.9～1 米。墓上覆盖有柏木 13 根。墓内盛有羊、马、牛、马鹿等大量动物骨骼。另在下部封堆东北位置底部（探沟内），出有一座圆形动物陪葬墓。径 1.2、深 0.4 米左右，内葬有牛羊头骨 27 个，编号为 PM3。

6. 多室陪葬墓位于上部封堆正中心，周围是平面呈等腰梯形的石墙。这座墓葬压在下部封堆之上。由封石、照壁、盖木、墓道、墓门、回廊、东室、西室、中室、南室等组成，平面呈"十"字形。各室内面均用石块整齐砌垒，石块之间亦排有穿木。照壁叠砌于墓门横梁之上。在墓室之上棚盖有巨形柏木，均被火焚烧成炭状，共有 61 根，长 3～5 米不等。墓道为长方形竖穴式，开在墓葬的北部，内用巨石封填。其南即为封门，门南为甬道，连接回廊，并与中室墓门相对。中室位于墓葬正中，四壁系用整齐的长方木叠砌而成，火烧痕迹历历在目。其东、西、南面各有一长方形墓室，均以石块垒砌，边缘置有条木，壁面均排有穿木，均有门，各室之间与回廊相连通。整个墓葬东西为 21 米，南北长 18.5 米。墓葬被顶部盗洞所打破，显示盗掘所致。中室出有大量丝织物残片，除用于衣饰外，多见用于幡上加有边饰的残片。东室内置有大量牛、羊、马骨和木制食具。西室除残木件外，放有大量的小麦粒。南室以木残件居多，各室均未发现人骨。

7. 组合动物献祭陪葬遗迹。遗迹位于墓葬正南平地之上，由 27 个陪葬坑及 5 条陪葬沟组成。距封堆顶部约 30 米。陪葬沟居中，东西向横列，依南北顺序东西向横列，内殉有完整的马 87 匹。陪葬圆坑置于马沟东西两侧。各分两排排列，东部有 14 个，西部有 13 个。除 4 座空无一物外，共有殉牛头、牛蹄的 13 座，殉狗的 3 座，殉有巨石的 2 座。其中殉牛的坑靠近大墓，位于遗迹北部，殉狗的坑紧接牛坑，位于遗迹的南部。在一号马沟的正中，地表上立有一巨石，巨石下的马坑内，出有砸碎的金银祭器残块。

以上是都兰热水血渭 1 号墓的概况介绍，这是目前在我国发掘的唯一一座吐蕃上层人物的大墓，对于研究吐蕃王陵的墓葬形制有着特殊重要的价值，有必要加以研究和探讨。对于目前发掘出来的上部封堆出现的遗迹，究竟是墓上建筑还是主墓的争议，贯穿于墓葬发掘的始终，其中核心的问题是下部封堆的性质，究竟是人工堆积还是自然堆积。如果是人工堆积，下部封堆即有存在主墓的可能，那么目前上部封堆发掘出来的遗迹就应属墓上建筑；如果属自然堆积，那么目前发掘出来的遗迹就是主墓，墓上建筑问题也就无从谈起。下面，我们从考古地层学原理出发，对笼罩在这座古墓上的迷雾进行必要的廓清，对其性质进行科学的分析和推定。

1. 大墓下层封堆系自然堆积还是人工堆积问题

部分同志认为现在所发掘的上部封堆即为主墓封堆，其底部所出的石圈墙和 PM2 墓葬即为主墓，而 PM2 之下的堆积系自然堆积，其堆积成因是由于雨水冲积而成，换句话讲即是构筑在自然山岩的堆积之上。我们不同意这种结论，这是由于石崖基岩与人工堆积是截然不同的两种成分，水冲积层的形成有一个渐变的过程，很难设想，自然的雨水冲积层会在陡峭的石崖旁突出形成，对照河旁台地的冲积层断面，墓葬下部封土堆积与自然雨水冲积层断面有较大区别，将二者等同为一是不科学的。

从层位学角度来观察，下部封土被 PM2 所叠压，从探沟剖面可明显看出，封堆中部是砾石堆积，其中堆积层次清晰可见。两侧覆盖有厚厚的黄土，黄土的人工堆积层次亦非常明显。其中 3 号动物陪葬墓就埋在黄土层下。在砾石堆积的下部还发现有牛羊的碎骨，这些均从考古地层学角度证明此封土堆积系人工所致。

为了对墓葬封土的鉴定更加科学和严密，我们还邀请了青海省地球物理勘察队的地质专家，对大墓下部封土的属性进行了科学测定。他们选用了直流电法和人工浅震方法进行测试，并进行了地表地质观察。在此引用其结论：

"该砾石堆形态规整，岩性以后山深绿色基岩为主，砾石无分选性，无定向排列，砾石棱角尖锐，粒径一般 5~20 厘米，最小 1 厘米，最大可达 1.5 厘米。因此，不可能是风积、冲积形成。"

墓葬下部封堆位于小山梁南端，距后山四百余米，从山梁顶部及两坡并未发现任何类似的砾石堆，而且该砾石堆高出小山梁 10 余米，无法想象后山的岩石会自然地运到此处。另外砾石堆中黄土（砾石堆表面覆盖之黄土）具有明显的层理（多为水平层理），说明也不是洪积而成（亦被考古发现证明，在黄土下压有一动物陪葬墓和零星兽骨）。同时，砾石上未见任何擦痕现象，因此，也不是冰碛而成。分布于封堆表层和砾石堆中的黄土含有少量小砾石，具有明显的层理，我们认为这是人工堆积黄土。

综上所述，认为已见墓穴下部砾石堆属人工堆积。通过对电法、浅震资料分析，我们认为……砾石堆下部有一南北走向的异常体……异常体埋深估算约 15 米。由于电法反映存在的高阻体和浅震反映存在的干扰体空间位置基本相符，形态一致，而且均不是随机因素的反映，因此我们认为这可能是墓穴……如果作为墓穴解释，则可能是装尸骨的墓穴[7]。

2. 封堆墓葬性质的推定

在确定了下部封堆系人工堆积后，我们即可推定上部封堆遗迹的性质。关于上部封堆的遗迹均应列入墓上建筑的范围，首先看一看动物陪葬墓，这从文献上也可以确证。《通典》卷一九五·四夷条中谈到吐蕃葬俗时记曰："人死杀牛马以殉，取牛马积累于墓上"。从热水一号大墓的动物陪葬墓中可以看出，其牛马骨占主要成分，充分证明吐蕃时期的丧葬中，确实存在在墓上殉葬牛马等动物的习俗。故这种动物陪葬墓的性质应属于墓上祭祀建筑的一部分。

关于上部封堆的其他遗迹的性质，笔者认为即所谓赞普陵上用于供祭主墓的"神殿"或"享堂"。符合《旧唐书·吐蕃传》所说："其赞普死……乃于墓上起大室、立土堆、插杂木为祠祭之所"的记载。结合都兰热水一号大墓封堆分为上下两部分的实际情况，其下部封堆中的墓葬即应视为主墓所在，而上部封堆中的十字形陪葬墓以及圈墙等遗迹就应视为墓上建筑中的祠祭之所。这种祠祭之所规模巨大，故亦称其为"大室"，主墓之上的封堆与"立土堆"相合。这也就为热水大墓为何采用"双覆斗"的形式，或"封堆之上有封堆"找到了最合理的解释。至于"插杂木"的问题，在热水一号大墓上部封堆，从上至下排列七层柏木的现象，则是对"插杂木"的形象说明。

再从其十字形陪葬墓看，墓葬分为东、西、南、中四室，与藏族文献所说的"四神殿"的记载相合，如果把长方形竖穴式墓道也算作一室的话，则与所谓"五神殿"或"五方格"的记载相差不远。从出土物放置的情况看，中室主要出有幢幡、衣物残片，东室则主要放置兽肉、木制食具等，西室主要盛储粮食（小麦），南室则主要陈放各种杂物。由于这座墓葬被盗，且物品残碎较甚，在回廊中也散见各种物品，其最早的陈列位置已无法确知。从墓葬中未发现人骨的情况亦可看出，这座墓葬不是埋葬墓主的主墓，显然是一座"供祭"的场所。从敦煌所出古藏文文书 P·T·1042 中也可看到"将形形色色的供品置于陵墓顶上"，"将供品列于灵堂"，"献上粮食、羊只及贵人衣冠代用品等物，作为对祖先的酬谢品而献上"等记载。在《新唐书·吐蕃传》中也提到："君死……所服玩乘马皆瘗，起大层冢颠，树众木为祠所。"这座十字形的陪葬墓，在其东回廊的东南角还出有一件人形木牌，为木板制成，表面贴有一层薄绢，其附近出有木制的 8 只人手，表面亦贴有绢帛，可能即是作为祖先神来使用。热水一号墓的发掘，对于印证吐蕃供祭用的"神殿"或"享堂"这种墓上建筑，提供了重要实物例证，不能不说是吐蕃墓葬形制研究上的一项重大突破。

需要指出的是，这种在墓上建祠祭之所的葬俗和制度，并不仅见于赞普和贵族王陵一级的大墓，在中小型墓葬上亦有所反映。在目前西藏、青海发掘的中小型墓葬，常见梯形墓室，这种墓葬一般也建作上下两室，石墙中心的空穴为一室，穴口以下的棺室为一室，棺室和穴口之间以柏木相隔。这种所谓上层的空穴，笔者推测，其作用也可能即文献中所说的供祭用的大室和享堂。与大型墓葬的主要差别在于大墓享堂建筑单独修建，与主墓（即埋尸的墓）不直接相连；而中小型墓葬的享堂与棺室是上下相连通的。中小型墓葬采用的这种形制，一方面反映在吐蕃中下层人物亦采用在主墓之上修建享堂的风俗，另一方面也确证，大墓极可能存在在主墓之上修建享堂的同样葬俗。

至于上部封堆石墙东侧发现的房屋，则可能是施工或临工人员的临时性的住处，或者说有可能是为加固封堆，而采用的特殊累石手段。

鉴于热水一号大墓的下部封堆尚未能进行发掘，其主墓的形制究竟如何尚不得而知，以上所作推测和研究，其科学性究竟如何，还有待于考古发掘的证实。从尊重科学的态度出发，我们热切盼望热水一号大墓下部封堆的发掘工作能够早日实施，如能如此，则解开吐蕃墓葬形制的千古之谜就指日可待了。

三　吐蕃墓上建筑的源流

吐蕃幅员辽阔，历史悠久，内杂众多的其他民族和部落，而其他民族的文化和习俗必定会对吐蕃有较大渗透。纵观吐蕃墓葬的形制和结构，与中国西南地区的古代民族有极大的相近之处。故而它渊源于古代西南地区，因袭和融合西南地区古代民族固有的生活和丧葬习俗是极有可能的。对此，我们将加以研究。

在今四川阿坝藏族自治州，位于岷江上游的汶川、理县、茂汶一带，很早以前即发现了一种石棺葬。这种石棺葬的一般结构，系用板岩或片麻岩打制成长方形的石板，嵌成长方形石棺。其时代大致是从战国一直延续到西汉晚期。这种石棺葬虽以岷江上游最为密集，但实际上遍及整个阿坝州，近年来在黑水和松潘等地均有发现，所以这应视为该地区一种土著民族的遗留。

《史记·西南夷列传》言冉駹在筰的东北，其地正当岷江上游区域。又汉武帝元鼎六年在冉駹地区设置的汶山郡，郡治亦在今茂汶县境内，故我们可将石棺葬视为冉駹地区民族的文化。《史记·西南夷列传》虽将冉駹连称，但冉駹实为二族[8]。《后汉书·南蛮西南夷列传》记冉駹事云：

> 冉駹夷者，武帝所开。元鼎六年，以为纹山郡。……其山有六夷、七羌、九氐，各有部落。其王颇知文书，而法严重。贵妇人，党母族。死则烧其尸。土气多寒，在盛夏冰犹不释，故夷人冬则避寒，入蜀为佣，夏则违暑，反其邑。皆依山居止，累石为室，高者至十余丈，为邛笼。又土地刚卤，不生谷、粟、麻菽，唯以麦为资，而宜畜牧。

此处既云冉駹地区有六夷、七羌、九氐，则冉駹究竟属于何种民族，是我们需要进一步研究的问题。有学者认为冉駹属于氐族的可能性较大[9]。《后汉书》所记的冉駹风俗，似乎是将几种民族的特点混合而言的。其中母系氏族残余和死后行火葬等，无疑是指羌族。但居住石砌邛笼，则可能是氐族的习惯。古代羌族的住所，一般认为是一种帐篷式的建筑[10]，而氐族自古"无贵贱皆为板屋土墙"[11]，他们迁入西南山地以后，利用当地易得的原料"累石为屋"是很自然的。作为"筰都夷、白马氐之遗种"的三王蛮，到唐代还是"叠甓而居，号獨舍"[12]，亦为氐族居石室的旁证。

隋唐时代，在今大渡河流域的丹巴、懋功、靖化一带，有一种"嘉良夷"，有人认为即为冉、駹的后代。《隋书·附国传》云：

> 附国者，蜀郡西北二千余里，即汉之西南夷也。有嘉良夷，即其东部所居种姓，自相率领，土俗与附国同，言语少殊，不相统一，其人并无姓氏。附国王字宜绘。其国南北八百里，东西千五百里，无城栅，近川谷，傍山险。俗好复仇，故垒石为石巢而居，以避其患。其石巢高至十余丈，下至五六丈，每级丈余，以木隔之。其方三四步，石巢上方二三步，状似浮图，于下级开小门，从内上通，夜必关闭，以防盗贼……[13]

从上述记载看，嘉良夷的"垒石为石巢"，当即《后汉书》中的"邛笼"和《新唐书》中的"獨"。而其普遍采用的石棺葬中所用的石棺，均四壁整齐，封闭紧密，足证其建造者是非常熟悉砌石技术的。而且死后丧葬采用石棺，可能也与生前住宅用石砌有一定关系。其住宅分层分级、以木隔之、从内上通等做法，与吐蕃墓葬的建筑何其相似。

从战国至秦汉时期，分布在雅砻江流域及渡口以上的金沙江流域地区的古文化仍以石棺葬（或其变形石棺盖土坑墓）文化为代表。此类墓葬，在甘孜州及其邻近地区的分布是非常广泛的。它遍及巴塘、康定、雅江、新龙、义敦、石渠等县，渡金沙江而西，在西藏的芒康、贡觉等地亦有发现。同一县内，墓群分布亦颇密集。所以我们可以将这种民族视为秦汉之际该地区一种主要的土著民族。

当汉武帝初开西南夷时，其直接统治并未到达大渡河以西。至天汉四年（公元前 97 年），才"置两都尉，一居旄牛，主徼外夷，一居青衣，主汉人"[14]。这些盛行石棺葬的民族，当为这些"徼外夷"的组成部分。其族系唯一可供推测的是，在《后汉书·南蛮西南夷列传》中是将这些"徼外夷"置于"筰都夷"一节中叙述的，可能暗示出与"筰都夷"有一定关系。从考古文化内涵上看，与岷江上游、雅砻江、金沙江流域的石棺葬大致相同，即说明其风俗与冉駹相接近。

在雅砻江上游地区，秦汉时期民族的具体名称已不可考，但到隋唐时，此地无疑属于附国的范围。附国风俗同于嘉良夷，正说明他们同属石棺葬民族的后代，其地正当甘孜州北部。

至于金沙江流域巴塘等地的石棺葬，其民族（或部落）的线索较为清楚。《后汉书·南蛮西南夷列传》记载道：

> 永平中，益州刺史梁国朱辅，好立功名，慷慨有大略。在州数岁。宣示汉德，威怀远夷。……白狼、槃木、唐菆等百余国，户百三十余万，口六百万以上，举种奉贡，称为臣仆。辅上疏曰："今白狼王唐菆等慕化归义。作诗三章。路径邛来大三零高坂，峭危峻险，百倍歧道。"

邛来大山即今大相岭，在荥经县西，白狼、槃木来蜀必经大相岭，则其地必在甘孜州南部，恰当今巴塘一带。

除了甘孜州以外，此种石棺葬文化顺着雅砻江、金沙江河谷继续往南扩展。在汉代与濮人同时居住在这一地区的另一支大的民族，即为筰人。《史记·西南夷列传·集解》引徐广曰："筰音昨，在越嶲。"当时的越嶲郡，以筰为名的三县，均在雅砻江流域。

这种石棺葬的文化内涵，带有甘、青地区原始文化的风格。在墓葬形制上，二者似乎也有一种承袭的关系。如葬具采用石棺，早在甘肃景泰、张家台半山类型墓葬中即已发现，在其后的卡约、辛店文化中更是屡见不鲜。更早的在今西藏昌都卡若新石器时代遗址中也有发现，其晚期建筑全部是半地穴式石墙房屋。因此，如果从大的族系来讲，我们将石棺葬文化视为北方康藏高原东端横断山脉的河谷南下的氐羌民族的文化，可能不致有大误。

古代某些民族之所以兴建石构坟墓，其最本质的原因，还在于人们在生产和生活的实践中，对于石质建筑有所熟悉、有所应用，最后才能产生宗教信仰上的观念。根据古人事死如事生的观念来看，为死者兴建的幽宅，往往模仿生前的住宅，所以石构坟墓的出现，亦与其实用的石构建筑有关。我们有理由认为，上述西南民族在生活上居住的邛笼、碉、稠舍，在丧葬中使用的石墓、石棺葬等，对吐蕃的石构墓葬产生过直接的影响。

但是，吐蕃墓葬在墓上建享堂的风俗，或许还受到了中原地区汉族的影响，由于考古发掘资料的不足，目前只能做初步的探讨，或者说作为一个问题来提出，为进一步深入的研究提供参考。

关于在墓上建祠堂的由来，历来有两种意见。一种意见认为，墓上祠堂起源于先秦。东汉王逸在注《楚辞·天问》时说："屈原放逐，彷徨山泽，忧心愁悴，见楚先王庙及公卿祠堂，图画山川神灵，琦玮僪佹，及圣贤怪物行事，因书其壁，呵而问之，以渫愤懑。"清赵翼据此认为"战国末已有祠堂矣"[15]。近年，由于安阳小屯妇好墓（小屯5号墓）、大司空村311号、312号墓室圹上部地面建筑遗迹和河南辉县固围村魏王陵及河北平山县中山王陵封丘上建筑遗存的发现，特别是中山王陵《兆域图》的出土，一些学者将这种意见进一步引申，认为战国时期，甚至殷商时期就已经有了用于墓祭的祠堂性质的建筑了[16]。

另一种看法认为"古不墓祭"[17]。战国以前祭祀祖先的活动都在宗庙进行，春秋战国之际才出现墓祭，用于墓祭的祠堂出现更晚。杨宽先生根据文献记载，认为祠堂产生于汉代，昭帝时已相当普遍[18]。

在先秦文献中，确实没有出现过"祠堂"这一名称。"祠堂"的最早记载，见于《汉书·循吏传·文翁传》。文翁，庐江舒人，景帝末为蜀郡守，"仁爱好教化"，他死后，"吏民为立祠堂，岁时祭祀不绝"。文翁的祠虽非墓上祠堂，但显然是蹈袭了墓上祠堂而修建的。按时间推算，为文翁立祠堂事当在武帝初年。蜀郡地处偏僻，吏民为其立祠堂当学自关中等经济、文化发达地区。显然，在这些发达地区，立祠堂当早就沿袭成风。这一推测，可从另一条文献得到证实。《盐铁论·散不足》记载，贤良文学在对比古今葬俗时指出："今富者积土成山，列树成林，台榭连阁，集观增楼，中者祠堂屏阁，垣阙罘罳。"《盐铁论》所记载的关于盐铁政策的辩论，发生于昭帝始元六年（前81年）。贤良文学的这段议论，说明墓上立祠之风在昭帝时期已经普及到社会中层，其滥觞期当更早。根据这两条记载，我们有理由认为，西汉早期，即已出现祠堂。

　　既然西汉早期即已出现墓上祠堂，那么历史文献中为什么没有记载，其来源又是什么？这些问题，可以从祠堂的名称入手，结合文献和考古材料来解答。

　　关于祠堂，在汉代有着几种不同的名称。1964年，在北京西郊石景山上庄村东发现了一批东汉石刻，其中一块"永元十七年"的石阙构件上，刻有铭文，陈述了孝子秦仙悼念死去父母的悲痛心情。其中一段说："欲广庙祠，尚无余日。呜呼！非爱力财，迫于制度。"据此可知，秦仙父母墓前立有规模较小的、称为"庙祠"的祠堂建筑。在山东一些地方发现的祠堂画像石上，则常在铭文中将祠堂称为"食堂"。如汶上县路公祠堂画像石上刻有"天凤三年立食堂"的刻铭[19]。另外在邹县发现的一块祠堂画像石上，刻有"石斋祠园"四字[20]。据此，可知祠堂在汉代至少还有"庙祠"、"食堂"和"斋祠"三种不同叫法。这三种不同叫法的由来，都与古代的宗庙建筑有关。

　　先秦时期的宗庙，不仅是统治者（宗子）祭祀祖先的地方，也是举行军政大典之处，因此，宗庙都修筑在统治者居住的都城中。《左传·庄公二十八年》云："凡邑有宗庙先君之主者曰都，无曰邑。"也就是说，宗庙和祖茔是分开的。这种情况，汉初仍无变化。汉高祖死后，葬于渭北长陵，而高祖庙则建于"长安城中，西安门内，东太常街南"，"寝在桂宫北"[21]，庙与陵墓分开。根据当时的礼制规定，每月要把高祖的衣冠从寝中抬出，送到高庙中去游历一次，其意大概是让高祖灵魂按时节变换衣装，这种活动称作"衣冠游"。每次衣冠游，都必须经过未央宫和长乐宫之间的安门大街。当时惠帝住在未央宫，其母吕后住在长乐宫，惠帝为了会见母亲方便，在两宫之间，凌空穿越安门大街修了一条复道。这样，"衣冠游"队伍就必须在复道下经过。博士叔孙通认为复道在"宗庙道上行"不敬。惠帝采纳叔孙通的建议，在渭北长陵附近重建了一座高庙，称为"原庙"，从而将"衣冠游"活动移到长陵进行，即每月将高祖衣冠从陵园的寝殿中取出，送到原庙中去游历一次。这样，就开了将祖庙、祖陵建在一起的先例，以后遂为定制。据《汉书·韦玄成传》记载："自高祖下至宣帝，与太上皇（高祖之父）、悼皇考（宣帝之父），各自居陵旁立庙，又园中各有寝、便殿，日祭于寝，月祭于庙，时祭于便殿。寝，日上四食，庙，岁二十五祠，便殿，岁四祠，又月一游衣冠。"古代的宗庙。形制模仿生人住处，前有朝而后有寝。西汉诸帝的陵地建筑，是把宗庙制度搬到了墓地。皇陵中祭祀建筑的这一变化，不能不影响到社会其他阶层的墓地建制，汉代祠堂的不同名称，正是受这些建筑的影响而产生的。祠堂被称作"庙祠"，说明祠堂的前身即是宗庙，不过是被搬到墓地的宗庙。看来，司马光所说的"先王之制，自天子至于官师皆有庙。……（秦）尊君卑臣，于是天子之外，无敢营宗庙者，汉世公卿贵人多建祠堂于墓所"[22]，并不完全正确。至少汉代中、下层统治者的墓地祠堂，仍然保留着"庙"的名称。

祠堂为什么又被称作"食堂"呢《汉书·元后传》载："初，（王）莽为安汉公时，又谄太后，奏尊元帝庙为高宗，太后晏驾后当以礼配食云。及莽改号太后为新室文母，绝之于汉，不令得体元帝。堕坏孝元庙，更为文母太后起庙，独置孝元庙故殿以为文母篹食堂。既成，名曰长寿宫，以太后在，故未谓之庙。莽以太后好出游观，乃车驾置酒长寿宫，请太后。既至，见孝元庙废彻涂地，太后惊，泣曰：'此汉家宗庙，皆有神灵，与何治而坏之！且使鬼神无知，又何用庙为！如令有知，我乃人之妃妾，岂有辱帝之堂以陈馈食哉。'"孟康注："篹音撰"。晋灼曰："篹，具也。""具"，有具办、准备的意思。如按晋灼解释，"篹食堂"成了具办祭食之处，而元后明确说是"陈馈食"的地方，显然晋灼释不确。查篹、撰、馔同音，本字则为馔。《仪礼·聘礼》："馔于东方"，馔字为供设食物之意。"篹食堂"的"篹"字也应作此解，即供设、陈放食品。也就是说，"篹食堂"是元后庙中向元后灵魂陈献祭食，供其享用的地方。"食堂"一词当即"篹食堂"的简化和省称。1980年，山东嘉祥宋山出土了一块永寿三年许安国祠堂刻石，上铭文说："甘珍滋味兼设，随时进纳，省定若生时。"[23] 东阿县芗他君祠堂石柱刻铭中说："财立小堂，示有子道，荏（差）于路食。"[24] 这两处铭文，可证"食堂"就是祠主灵魂享用祭食的地方。目前所见称为"食堂"的汉代祠堂，多系石结构小祠堂。由于祠主身份不同，在其墓上不可能像元后庙一样另立食堂，而是庙祠和食堂合一，因而"食堂"一词遂为祠堂别称。

祠堂之所以称为"斋祠"，源于与宗庙祭祀活动有关的另一种建筑。宗庙是祖先灵魂所在的地方。即王充所说的"鬼神所在，祭祀之处"[25]。祭祀时为了表示对祖先灵魂的恭敬，事先必须进行"斋戒"，即通过沐浴更衣，不饮酒、不吃荤来进行修省洁身。这就是《礼记·曲礼》所说的"斋戒以告鬼神"。这种仪式，通常都在称作"斋宫"的建筑中进行。秦代即在都城咸阳建有斋宫，宗人在宗庙祭祀前必须在斋宫斋戒。汉代，不仅都城长安建有斋宫，在官吏的衙署中也往往建有斋戒用的"斋室"。既然"宫"、"斋室"是为宗庙祭祀活动而建立的，那么汉惠帝在长陵附近重建"原庙"之后，也一定要在庙附近修建斋宫。近年来，陕西一些同志在调查长陵时，在陵区陪葬区最大的一座陪葬墓21号墓周围，发现了一组带"斋园"、"斋一宫当"，"斋园宫当"[26] 等字的瓦当。从瓦当文字、形制和风格看，此为西汉早期遗物无疑。汉代，只有皇室建筑才称"宫"。因此，可以肯定，瓦当所在建筑一定是为祭祀原庙举行斋戒而修建的斋宫。既然皇陵庙附近建有"斋宫"，那么高官显宦墓前也必建有同类的"斋室"。祠堂之所以称为"斋祠"，当即从这种建于墓前的"斋宫"、"斋室"而来。

西汉帝陵地面上建有庙、寝、斋宫，规模十分庞大，而高级贵族的墓前建筑也十分宏丽，有的可与皇陵相比，霍光墓就是其中一例。霍光历事武帝、昭帝、宣帝，前后秉政达二十年之久，权倾朝野。据《汉书·霍光传》载，地节二年，霍光死，宣帝令以皇帝礼仪埋葬。"发三河卒穿复土，起冢祠堂，置园邑三百家，长丞奉守如旧法"。不久，霍光妻又"改光时所自造茔制而侈大之。起三出阙，筑神道，北临昭灵，南出承思，盛饰祠堂，辇阁通属永巷，而幽良人婢妾而守之"。既然"幽良人婢妾而守之"，其墓前除祠堂外，必有"寝"一类的建筑。东汉崔寔在《政论》中痛斥当时高官贵戚的厚葬陋习时，曾愤怒指出："高坟大寝，是可忍，孰不可忍！"可以肯定，在上层显贵的墓上建筑中、祠堂、寝室、斋室是一应俱全的。

以上所论，仅仅是帝陵和高级贵族的墓上祭祀建筑的情况。至于中、下级官吏和一般平民，则不可能有雄厚的经济力量营建规模巨大的墓地建筑，同时也受到制度上的限制。从考古发现看，一般中下级官吏和较富有的豪绅，在墓前都只建一座独立的祠堂，而不再另建"寝"和"斋室"。但其使用目的，却兼"庙"、"寝"，"斋宫"之职能而有之，这也就是祠堂又名为"庙祠"、"斋祠"和"食堂"的原因。从祠堂的不同名称看，汉代的墓上祠堂制度，当源于惠帝所创始的汉高祖长陵寝庙制度，惠帝和景帝是其滥觞，武帝以后普及于社会中下层[27]。

综上所述，中原地区在墓上建祠堂的制度，在漫长的历史长河中，显然对吐蕃的墓葬形制产生过重要影响。吐蕃墓上的供殿和享堂，同中原地区墓上祠堂，均具有祠祭的意义。从热水一号墓 PM2 的情况看，其墓室分为回廊和多室的情况，与汉代墓葬也有诸多的相似之处。但吐蕃墓葬的供殿和享堂建在上部封堆之中，采用封闭的形式，与汉中原地区的墓上祠堂也存在较大差异，可能还有时代和民族习俗方面的原因。而且，吐蕃墓葬本身尚存在着地域性的差别，应与吐蕃本身的民族构成有关。这些都必须依据考古资料和文献资料做深入细致的研究，才能做出较为可信的回答。

四　结　语

本文从藏文和汉文文献中记载的吐蕃王陵墓上建筑中出现的祠祭建筑出发，引用最新的考古发掘资料，特别是青海都兰热水一号唐代吐蕃墓葬的资料，对吐蕃墓葬的墓上建筑进行了初步的研究，对热水一号墓葬墓上建筑的性质进行了推定，认为热水墓葬上部封堆出现的遗迹即文献中记载的供殿、享堂和祠祭之所。并从墓葬的墓上建筑这一重要的考古学文化因素的对比入手，探讨了吐蕃墓葬形制的形式和产生的规律，以及吐蕃墓葬石构建筑的风俗产生于中国西南地区的古代属于氐羌系统的民族的可能性。接着，对中原地区汉代的墓上祠堂的由来进行了较为详细的考察，这种制度对后来的吐蕃流行的墓上所建的供殿、享堂和祠所的风俗可能产生过重要的影响。

以往，对于吐蕃的埋葬习俗的研究，多局限在藏族本身的习俗，而对异族对藏族在埋葬习俗上的影响则注意得不够，尤其是中原地区汉族丧葬习俗对藏族的影响。笔者近年来参加了吐蕃墓葬的发掘工作，对此体会尤多。中原地区丧葬习俗对吐蕃的影响，不仅局限于墓上建筑和墓上祠堂，在其他方面也有所反映，均需要加以注意和研究。

吐蕃文明的发展，犹如滔滔江河，是由许多溪流和源头聚汇而成的。吐蕃文化的发展，也是在若干年的时间内，不断地汇聚了若干其他文化的支流，最终才形成发展为雄踞青藏高原的吐蕃文化的。

（原载《西陲之地与东西方文明》，北京燕山出版社，2006 年）

注　释

[1] [4] 褚俊杰：《吐蕃本教丧葬仪轨研究》—敦煌古藏文写卷 P·T·1042 解读，《中国藏学》1989 年第 3～4 期。

［2］《德乌宗教源流》（藏文），恰白・次旦平措整理，西藏人民出版社，1987 年。

［3］萨迦・索南坚参著：《王统世系明鉴》，民族出版社，1987 年，参见陈庆英、仁庆扎西汉译本，辽宁人民出版社，1985 年。

［5］侯石柱、索南旺堆：《西藏朗县列山基地的调查和试掘》，西藏文管会文物普查队《西藏乃东普鲁沟古墓群清理报告》，《乃东县切龙则木墓群 G 组 Ml 殉马坑清理简报》，均见《文物》1985 年第 9 期。

［6］许新国：《海西州都兰县热水吐蕃墓葬发掘述要》，《青海地方史志》1984 年第 1 期。

［7］《青海都兰热水血渭 M1 测试报告》，青海省地球物理勘察队，1985 年。

［8］［9］童恩正：《试论我国从东北到东南的边地半月形文化传播带》，《文物与考古论集》，文物出版社，1986 年。

［10］《周书・异域上》记甘肃南部之宕昌羌："其屋，织犛牛尾及。觟羊毛复之。"

［11］《后汉书・西羌传》。

［12］《新唐书・南蛮传下》。

［13］《隋书・附国传》。

［14］《后汉书・南蛮西南夷列传》。

［15］《陔余丛考》卷 32 "祠堂" 条。

［16］杨鸿勋：《关于秦代以前墓上建筑问题》，《考古》1982 年第 4 期；《"关于秦代以前墓上建筑问题" 要点重申——答杨宽先生》，《考古》1983 年第 8 期。

［17］蔡邕：《独断》下。

［18］杨宽：《中国古代陵寝制度研究》，上海古籍出版社，1985 年。

［19］傅惜华：《汉代画像全集》初编图版 94、图 129，巴黎大学北京汉学研究所，1950 年。

［20］山东省博物馆、山东考古所：《山东画像石选集》图 1 和图 32，齐鲁书社，1982 年。

［21］《汉书・叔孙通传》注引《三辅黄图》。

［22］司马光：《文潞公家庙碑》。

［23］李发林：《山东汉画像石研究》，齐鲁书社，1982 年。

［24］罗福颐：《芗他君石祠堂题字解释》，《故宫博物院院刊》总二期，1960 年。

［25］王元：《论衡・四讳篇》。

［26］石兴邦等：《长陵建制及其有关问题》，《考古与文物》1982 年第 2 期。

［27］信立祥：《论汉代的墓上祠堂及其画像》，载《汉代画像石研究》，文物出版社，1987 年。

吐蕃"剖尸"习俗与青海远古文化
"二次扰乱葬"对比研究

李智信

对于吐蕃"剖尸"、"大葬"习俗，褚俊杰先生在《吐蕃苯教丧葬仪轨研究》一文中通过对《敦煌文书》P. T. 1024 的翻译，作了细致研究，得出了有益的结论。本文拟就吐蕃这一习俗与青海远古文化中的"二次扰乱葬"习俗间的关系作进一步的探讨。

"二次扰乱葬"是青海新石器时代、青铜时代乃至汉代时期一种主要的葬式。对于"二次扰乱葬"的最早认识始于 20 世纪 80 年代对大通上孙家寨和湟中下西河潘家梁卡约墓地的发掘。卢耀光先生和李国林先生对这种埋葬方式进行了详细分析：

"这部分墓葬，总的特点是'乱'；但是乱的部位、乱的程度是大不相同的。有的大部分骨架完整，部分散乱；有的骨架则全部零乱不整，或堆放墓室一角，或高低不一、散见墓室各处和填土之中。乱的部分以上肢为多，一般从头部开始。具体扰乱部位的分布情况是这样：肩部以下完整的 20 座；腰部以下完整的 29 座；股骨以下完整的 96 座；胫骨以下完整的 125 座。以上分布数字可以看出，从头到脚数码是加大的，以下肢完整者居多。骨架'全'乱的有 400 多座，所占的比例最大。就在这所谓'乱骨'一堆中，如果仔细观察，仍然可以找出相当数量一小部分骨架仍在原来部位未加扰动的情况。如果要把它们都分别统计罗列的话，那就显得有些多余。因为这些局部幸存的骨架，只是当时'扰乱者'手下留情的偶然产物。此外，'扰乱'的主要对象似乎还集中于头骨、髋骨、骶骨、肩胛骨和四肢骨这些较大的骨骼。"

"在这里，'二次扰乱葬'的含义是指死者埋葬后一个时期，当尸体基本腐烂之时，二次将墓挖开，把尸体的部分骨架或全部骨架给以扰动后，原坑重新埋葬。这与一般意义的二次葬的区别是二次将墓挖开，扰乱一番；和迁葬墓的不同是除个别迁葬外，绝大部分原坑重新埋葬。"[1]

青海省湟中县下西河村潘家梁卡约文化墓地"二次扰乱后的情形大致归纳有：1. 全部尸体被扯乱；2. 双足未扰动；3. 左膝以下未扰动；4. 双膝以下未扰动；5. 左骨盆及右膝以下未扰动；6. 盆骨以下未扰动；7. 左臂及盆骨以下未扰动；8. 左臂及躯干未扰动；9. 双臂被扰动；10 头骨被扯下；11. 未被扰动。""除上述各种姿态外，这里还流行将头骨砸碎及截取手指或脚趾的习俗，被砸碎头骨及截取手指或脚趾的人骨架，约占总数的 40% 左右。在被砸碎头骨的墓葬中往往发现有天然的河卵石，这些河卵石显然是敲砸头骨的工具。"[2] 潘家梁墓地中被扰乱的 10 类墓中，有 9 类墓的头部都未能幸免，躯干以上被扰乱的占 7 种。

卡约文化是青海地区特有的一种考古学文化，其分布范围主要集中于河湟流域川谷地区和青海湖周围，分布地域包括现在青海的西宁、海东、海南、黄南、海北地区。卡约文化存在的相对时间是齐家文化之后，汉代之前，处于青铜时代，绝对年代距今 3500 年至 2000 年。已经发掘的重要地点有大通县上孙家寨，湟中县卡约和下西河潘家梁，循化县脱龙都和苏志，湟源县大华中庄，共和县合洛寺，贵南县达玉台和加土平台等地。在已发掘的千余座卡约文化墓葬中，墓中人架完整或基本完整的、明确属于仰身直肢葬的（包括个别仰身屈肢葬）墓葬不到墓葬总数的三分之一，占墓葬总数三分之二以上的都是"二次扰乱葬"。

"这种葬俗在同一地点的大通上孙家寨墓地的马家窑类型和齐家文化墓葬中已经出现过。在贵南县尕马台齐家文化的墓葬中同样存在。"[3]宗日遗址是青海地区已发掘的时代最早的新石器时代遗址之一，据 ^{14}C 测定该遗址绝对年代的上限为距今 5800 年左右，它也是青海已发掘的最西端的新石器时代遗址。遗址中既有马家窑文化马家窑类型、半山类型和齐家文化器物的存在，又有大量当地特有的新器物，如乳白色陶上饰紫红彩、变形鸟纹、折线三角纹和多道连续折线纹等等，根据宗日遗址的文化因素，发掘者将该类文化遗存定名为"宗日文化"。"检视宗日墓地，一次葬者约 119 座，约占总数 34.6%；二次扰乱葬约 51 座，约占总数 15%；无人骨的墓约 116 座，占 34%；仅有几段趾骨、指骨者约 22 座，占 6.4%。无人骨及仅存几段小骨者，也许属于迁出葬，或者属于二次扰乱葬。""二次处理的目的在于破坏骨架的原有正常次序，破坏之后的再次埋入便显得简单而随意，因而填土中含有杂乱的碎骨。破坏彻底的表现在全部骨骼散乱，不彻底的则是仅有部分骨骼位置错动。也许头部及腹部是人体最重要的部分的原因，所以这两处被扰乱的比例最大，而相当多的经扰乱墓中肢骨仍保留了原有状况。同时我们发现，二次扰乱行动并不是针对单一墓葬，而是多座墓同时扰乱，因此某些墓中人骨严重缺失，相应地某些墓中便有乱骨增多的现象。"[4]

青海远古文化中，对于尸体的处理方式，总的说来可以分为土葬和火葬两种，土葬又可分为一次性埋葬和"二次扰乱葬"两种。"二次扰乱葬"的比例在新石器时代诸文化类型中，所占比例较少，以地域分布划分，有越往西所占比例越大、越往东所占比例越少的趋势。在宗日墓地中能确认为二次扰乱葬的墓约占墓葬总数的 15%，加上有可能属于二次扰乱葬的无人骨墓和仅有少量骨骼的墓，能占到墓葬总数的 65% 左右。进入青铜时代后，"二次扰乱"之风愈刮愈烈，在绝大多数卡约文化墓地中占到 65% 以上，在部分墓地中可占到 80% 以上，成为在卡约文化中占绝对优势的埋葬习俗。这种习俗在青海青铜时代的发展扩大趋势，与当时农业萎缩、畜牧业发展，经济类型的转变有直接的关系。一般说来，农业比较发达的地区，所占比例较少；而在狩猎业、畜牧业比较发达的地区，所占比例就比较高。

西汉势力进入青海地区后，汉文化对河湟地区产生了重要影响，但是，在一些土著人，甚至是一些汉人中这种习俗仍然顽强地保留着。在大通上孙家寨汉晋墓中，"有一种特殊的二次扰乱葬引人注目，共有五例……如 M127，系单人葬，头北足南，四肢、盆骨呈仰身直肢式，但头骨却放在下肢骨之间，脊椎、颈椎骨、肋骨则凌乱散置，锁骨、肩胛骨保持原位，距离棺木仅 5 毫米。这种现象表明，最初应实行一种割体葬，当死者尸体放入墓室时，已割下死者的头颅将其放在下肢间，而脊椎骨、肋骨的零乱情况，是因二次扰乱造成的。"[5] 人死后，先埋葬一段时间，然后将墓重新挖开，对尸体进行"二次扰乱"后再重新埋葬的习俗，在青海地区从新石器时代的宗日遗址开始到汉代时期，至少延续了 4000 年之久。

我们可以看出，二次扰乱的过程也实际上就是"剖尸"过程，是"抉其脑、剖其五脏、肢解尸体、捣碎尸骨"的过程。"扰乱"尸骨时，尸体还没有完全腐烂，"我们的解释是当二次扰乱发生时，筋骨尚未完全腐烂，尚能承担一定引力牵动，但已腐烂到不足以承受拉力的程度，故发生一定的位移，中途产生脱落而产生的结果。"[6] 扰动和损毁的对象主要是头骨和腹部（五脏），由于尸体没有完全腐烂，扯动头骨及腹腔时，势必牵动周围的肌肉和骨骼，这也就是在这些墓葬中，绝大多数尸体的头骨和骨盆以上部位被扰乱，而下肢保存比较完好，且墓葬中留下被砸碎的头骨和河卵石的原因。现在，将这种葬式称之为"二次扰乱葬"，是因为考古工作者挖开墓葬时，看到的仅仅是被扯乱、扰乱的尸骨，视点主要集中在纷乱的尸骨上，故有尸骨被扰乱的先入印象。而在当时，尸肉还没有完全腐烂时，仪式主持者就要从一堆堆烂肉中将头骨和已腐烂的五脏取出，给人们首先留下深刻印象的肯定不会是骨头，而是模糊稀烂的尸肉，视点自然就在如何处理这些尸肉上，"剖尸"就是需要首先解决的问题。所以，现在所谓的"二次扰乱"在当时叫作"剖尸"可能更为准确，两种不同的说法是在两种不同的视觉环境中形成的对同一事物的看法。

在青海新石器时代、青铜时代文化中，尸体在埋葬之前是否存在从尸体上抉脑、剥皮的习俗，因皮肤容易腐烂，不能保存至今，墓葬经过二次扰乱，现在已无法确认，不过这种可能性也不能完全排除。大通上孙家寨汉墓的编写者就认为"最初应实行一种割体葬，当死者尸体放入墓室时，已割下死者的头颅将其放在下肢间"[7]。在潘家梁墓地上，考古工作者发现有大量体形较大的腹耳罐。这类罐应该不是用作祭祀的祭器，在腹耳罐周围没有发现烟熏火烧的祭祀痕迹，在罐内也没有看到动物骨骼和谷类等祭祀用品和灰烬等祭祀遗物。但它们显然又是被用做盛放东西的盛具，我们虽不能排除里边原来盛放有水和不含有骨骼的动物肉的祭品，但根据女国有"以其皮纳于铁器埋之"的习俗，也不能排除其中盛放尸皮的可能。

敦煌古藏文写卷 P. T. 1042 是一份长达 145 行的记载吐蕃苯教丧葬仪轨的文书，褚俊杰先生翻译了全文，由于全文较长，不宜全文录用，为了说明问题，本文将相关内容按原次序收录于下：

……

5. 们致礼后，在坟场上排列开，此后……

……

39. 其后两个大剖解者把宝马和能犁地的牦牛和香牦牛等，

40. 牵到贵人衣冠代用品前，小供献本波将尸体、尸像和供食搬到

41. 墓室门口。断火巫师和大力巫师（？）选择魂主，

42. 此后魂、尸相结合：将给尸体的供食和给灵魂的供食、尸像和魂像相互碰

43. 三次（表示尸、魂相合），献上一瓢"相合酒"。此后尸主留于此地，

44. 魂主向左转着走来，一共转三圈，在这期间每转一圈都要致礼，并供上一瓢酒。

……

59. 念诵。（次日）上午的仪轨：清晨，吹第一遍螺号时，御用辛、供献本波、赖本

60. 波、处理尸体者及两厨师等人以蒿和艾薰香，对棺材

61. 施礼，此后处理尸体者揭去魂像、尸像和"温洛"上的覆盖物，用手拍打尸体，御用

62. 辛、供献辛祈请（尸体）立起（还阳术）。又供灯盏，供食再次拿过来供上，方剂

63. 配料和主药再次献新后投入酒菜中，供上一瓢。

64. 天边灰蒙蒙时吹奏第二遍螺号。舅臣内侍官、死者亲朋们对死者施礼，

……

81. 要在望日供上药团、肉、骨及精血。大葬要在死后

82. 三年的时候举行，举行的日期要根据月亮和行星相结合的天象而定。上弦月不行，

83. 下弦月不行，元月才行。仲冬月里，石头冻了，举行葬礼

84. 不吉利，仲夏月里，石头上长了草，要拔掉草，也不吉利。季秋

85. 月二十三日以后到孟冬月三日以前的十天里下葬

86. 送灵的话（是吉利的），但在夜幕降落时下葬，对死者也是不利的。再晚则肯定有害

……

93. 要算在总数内。对于所有死者来说，最先挖的小孔穴，最后挖的大孔穴，等等。

94. 朝下抛填土至多只能三次。马、牦牛以下都按大小先后献上，不可错乱。

……

97. 就过分，再少就不够，都不行。举行大葬时，别的仪轨与献大食子（的仪轨）

98. 一样，用作招魂赎品的羊羔一只

99. 香附子十三株、赤小豆（十三粒）等。地方神灵主宰、父祖母祖

100. 及一切的福禄要通过大剖尸者剖解一块块尸肉来增大，而眷属们的福禄要通过（殉葬的）后颈毛竖直的白蹄马

101. 和灰白的牛来增大。葬仪中大王分定权势，厌胜术士

……

137. 祠堂里。将形形色色的供品置于陵墓顶上，献供

138. 的食物置入食袋里，将尸肉、遮庇物、盛朱砂的升也都放到墓穴里。

139. 到墓穴后，三个御用辛指派（人员）施行"墓穴厌胜"法术。此后骑士备上

140. "快跑玉鞍"径直穿越坟场。一个舅臣在多麦主持吊丧仪式。

从这段记载可以清楚地看出该王埋葬时经历了埋葬、挖开墓葬、剖尸、大葬四个过程。尸体先被送入墓穴中埋葬，"小供献本波将尸体、尸像和供食搬到墓室门口"，"此后尸主留于此地"。三年后举行大葬，大葬时要挖开墓葬，"对于所有死者来说，最先挖的小孔穴，最后挖的大孔穴"。大葬时，由大剖尸者剖解一块块尸肉，"地方神灵主宰、父祖母祖及一切的福禄要通过大剖尸者剖解一块块尸肉来增大"，然后"将尸肉、遮庇物、盛朱砂的升也都放回墓穴里"。最后是"朝下抛填土至多只能三次。马、牦牛以下都按大小先后献上，不可错乱。"（该段记载位于挖墓穴之后，大葬之前，应该是为了记述方便的缘故。填土应该是大葬的最后一道工序。）

褚俊杰先生认为吐蕃赞普和王室成员丧仪分为"死"、"停厝"、"剖尸"和"大葬"四个阶段。在古代，青藏高原上普遍流行"停厝"、"剖尸"丧仪。"停厝"是在正式埋葬，即"大葬"前暂时存放尸体的一种方法，应该有两种形式：一种是在地面建筑内暂时停放尸体，《敦煌纪年》28、29和6中提到的"在巴拉木停厝赞普父王之尸"和"在梅卡灵堂停厝父王之尸"，《北史》、《隋书》记载的附国"有死者，无服制，置尸高床上……死后一年（《北史》记载为一年，《隋书》记载为十年）方始大葬"，属于这类停厝方式。第二种是在墓中停厝尸体，就是将尸体直接埋入墓中，虽然已经下葬，但不是最终埋葬，而是将尸体暂时掩埋，等待最终的大葬，这种处理尸体的方式可以称之为"埋厝"，即暂时埋放尸体。《敦煌文书》P. T. 1042记载的就是这种"埋厝"方式，从第40段到第80段完整地记载了尸体被放入墓室、尸魂相合、对死者施礼的全过程。

对于"剖尸"，史书中有两种记载，一种是在人死后立即抉脑剥皮、剖去五脏、肢解尸体、捣碎骨骼。《通典》等记载的大羊同"其酋豪死，抉去其脑，实以珠玉，剖其五脏，易以黄金，假造金鼻，银齿，以人为殉"[8]。《隋书》等记载的女国"贵人死，剥取皮，以金屑和骨肉置于瓶内而埋之，经一年，又以其皮内于铁器埋之"[9]。《敦煌传记》："今后无论何时，赞普夫妇一旦亡故，则结辫子顶髻，涂丹朱于脸庞，剖解尸体，捣碎赞普尸体，不让它滞留人间，令其吃喝（即向尸体献食物）。"[10]《五部遗教·国王遗教》："大王止贡赞普之时，请来达瑟、阿夏的本波，（他们）用两构黑石同（肢解了的）肉体和成一团，将死人皮从灰白色的魂之所依（指尸体）上裁割下来。"……都属这一类。

第二种是在人死了一段时间后才"剖尸"。《敦煌纪年》记载芒松忙赞鼠年（676年），"冬……赤芒伦归天"，虎年（678年），"冬季下半期……为父王施行'剖尸'仪"。《敦煌文书》P. T. 1042记载三年后举行大葬，"举行大葬时……要通过大剖尸者剖解一块块尸肉"。这类"剖尸"实际上和第一类"剖尸"有很大不同，在第一类"剖尸"过程中必须用刀等利器进行手术式肢解，可以从[11]死人尸体上剥下皮来，而第二类"剖尸"过程就可能简单得多。尸体停厝了一两年之后必然腐烂，无须用刀就可以将尸肉与骨骼分解开来，这时人皮肯定也已经腐烂，已无法剥取，不存在将"死人皮从灰白色的魂之所依上再割下来"的可能。当然这个过程中，也存在将头骨及胸腔部位取出，将骨骼捣碎的情况。

吐蕃墓葬发掘不多，而清理过的墓葬大多数都有被后期挖掘过的现象，西藏考古工作者曾在乃东县普努沟清理了六座墓葬，其中竖穴石砌单棺墓四座，二组7号墓北端石块经扰乱破坏。棺内骨架零乱残缺，似为两具。葬于南侧的骨架头向东，骨盆在西，股骨在头骨与骨盆之间，残骨计有头盖骨、下颌骨、股骨、胫骨、指骨等；葬于北侧的骨架头盖骨、下颌骨在西部，正好与南侧骨架相反，其余残骨还有尺骨、肋骨等。石棺中出土了陶罐、小铜钵和陶三联罐各一件，从骨架零乱、器物残破、石棺北端石砌边破坏的情况看，该墓早期曾被盗。其他三座竖穴单棺墓中的人骨架保存现状更差。竖穴石砌多棺墓一座，三个棺室均无完整骨架，仅存少量凌乱的残人骨。竖穴石片墓一座，棺顶原盖有石片，已被揭至旁侧。棺内无随葬品，仅存少量经火化的骨片、骨渣。尸骨系火化后葬入，墓早期曾被盗[12]。乃东县红山墓群、加赛山墓群、切龙则木墓群、扎囊县斯孔村墓群、康佳村墓群等都发现墓葬从顶部被盗的痕迹。

我们不排除这些墓葬在后来被盗掘的情况，但也不能排除有些墓葬是在当时被二次挖开扰动的可能。斯孔村墓群 5 号墓的墓室和耳室都经过盗掘，"墓室内现已被扰得凌乱不堪，人骨架和乱石掺杂在一起。人骨有头盖骨、下颌骨、盆骨、肱骨及臼齿等"。但墓"穴内主要填有大小石块，尤以大石块为多，与较少的土沙相掺杂，所填石块没有一点规律，十分零乱。同时，在石块中还掺杂有少许人指骨、肋骨、肱骨及陶片等"[13]。这些填在墓穴内的人骨少而小，显然不是用来殉葬的人骨，是墓主人骨骼的可能性较大。在切龙则木墓群中有两座殉马坑，两座坑均遭不同程度的扰动。一号坑"南部有一扰坑，面积约 7.5 平方米，最深处约 0.65 米。北部亦有一扰坑，面积约 3.5 平方米，深 0.25～0.88 米。位于此坑范围内的马骨已被翻动，颈椎扭曲，前肢骨朝上伸出原坑壁面 0.2 米，然而骨骼联结，相对位置如初，表明扰动时尸骨尚未完全腐化"[14]。这座殉葬坑被扰动时马骨还没有腐化，是"剖尸"性扰动的可能性极大。

关于"停厝"的时间，即对于死亡与大葬之间的间隔时间，各种书籍说法不一，有一年之说，如《北史》对附国的记载；有三年之说，如《敦煌文书》；也有十年之说，如《隋书》对附国的记载。大葬与死亡的时间，可能因人因地因时而异，也可能要经过巫师的推算，根据具体情况决定。

对比 P. T. 1042 记载的吐蕃"剖尸"、"大葬"与青海地区新石器时代宗日文化、青铜时代卡约文化二次扰乱葬的过程，我们可以看到两者之间非常相似。"停厝"不是在地上，而是在地下；大葬时要挖开坟墓，拿出尸肉，而不仅仅只是移动棺材；剖尸不是严格意义上的剥皮割肉，而是起到分离尸肉的作用。"大葬"的目的不是为了异地迁葬，也不是为了聚尸合葬，而只是要使部分骨肉分离，重点是让头骨、腹腔与尸体其他部位分开，然后将部分骨肉重新埋入原有墓穴。

P. T. 1042 记载大王的大葬仪式完成后，"骑士备上'快跑玉鞍'径直穿越坟场。一个舅臣在多麦主持吊丧仪式。"大王的大葬结束后，骑士要向多麦舅臣报告，并有舅臣在多麦主持吊丧仪式。该写卷还在 13、14、16、17 等多处提到母舅，说明母舅在此次仪式中受到很高礼遇，对仪式仪轨应该有一定影响。多麦是指安多下部地区，地域为今青海境内青海湖西南和黄河流域一带。这一带正是青海远古文化的主要分布区域。可以说 P. T. 1042 记载的丧葬仪轨继承了青海新石器时代、青铜时代、汉代时期"二次扰乱葬"传统，至少是受了"二次扰乱葬"的很大影响。青海新石器时代、青铜时代诸文化是先羌文化及羌文化，藏文化受羌文化影响的程度可以从此窥见一斑。

在青海远古文化中，对尸体的处理方式多种多样，除"二次扰乱葬"外，还有一次性的埋葬、火葬等，各种葬式反映的灵魂观念可能也不尽相同。人类的灵魂观总的说来大体可以分为两种：一种是有灵论，一种是无灵论。有灵论又可以大致分为三类：第一类是灵魂转移说。认为灵魂是永存的，肉体（生物体）是短暂的。一个生物体死亡后，灵魂出窍，可以转移到其他生物体体内。认为灵魂可以在不同物种的个体间转移，生物体只是灵魂暂时的居所。其中又衍生出死者的灵魂会重新出现在晚辈身上，既灵魂可以转世的看法。灵魂转移观念是世界上最为流行的观念，灵魂转世观念在藏传佛教中表现得最为突出。第二类是灵魂升天说，其中又可以分为即世升天和末日升天两种。即世升天说认为，人的灵魂可以在人活着或者在人即将去世时直接进入天堂。末日升天说认为：人死后灵魂暂时停止了活动，等到世界末日到时，接受审判，要么进入天堂，处于不死不灭的境界；要么下到地狱，承受无休无止的折磨。汉族的神仙观是即世升天观的代表，末日升天观则在基督教、伊斯兰教等现代宗教中体现得最为充分。第三类我们可以称之为灵魂永驻说。这种说法认为人死以后，有灵魂存在，但灵魂就是灵魂，既不会复活，也不会转世，更不会成神，只是与祖先的灵魂居住在一起。世界上普遍流行的灵魂救度观念最初只是认为人死后灵魂要通过冥河到达祖先们居住的场所，与祖先一起在冥界长期生活，只是到了后来，冥河观念才被各种现代宗教继承吸收，成为进入天界，尤其是进入地狱的必由之路。汉族的灵魂观可以说是灵魂永驻观念的代表。汉族人普遍认为人死后有灵魂，而且会和先祖的灵魂聚集在一起，但对此后灵魂的去向则不去深究。灵魂转移观念、灵魂即世升天观念和灵魂永驻观念从远古时期就一直困扰着人类，从青海远古文化中的埋葬习俗看，在同一族群中三种观念往往同时存在，不过在某一时段某一地域，其中有一种观念往往处于主导地位。

青海远古文化中一次性的埋葬，并随葬大量陶器的做法，可能与"入土为安"的灵魂观有关；黄河两岸马家窑文化半山类型墓葬中在尸体下随葬陶器的习俗，应该和"灵魂救渡"观念息息相关。火葬则与"登遐"升天、即世升天的理念密不可分。闻一多先生根据汉文古籍中，"秦之西有义渠之国者，其亲戚死，聚柴薪而焚之，薰上，谓之登遐"。"羌氏之民，其虏也，不忧其系累，而忧其死而不焚也"等记载，认为发端于春秋时期齐国的中国神仙观源于西部羌戎[15]。此外，在青海卡约文化墓葬中，还有一种缚尸葬法。这种葬法是将尸体折叠捆绑起来，使下肢曲蜷，紧贴腹部，上肢曲折，双手紧贴在下颚部位，然后埋葬，埋葬后不再扰乱[16]。潘家梁墓地的殉葬者和被祭祀者使用的就是这种葬式，这说明当时使用这种葬式的人身份地位都比较低下，应该是家内奴隶或俘虏。这种葬法在吐蕃墓中也比较常见，西藏乃东县结桑村石棺墓群2号墓，骨架"侧身屈肢，双手举于面部，下肢蹉曲特甚"[17]。在现代藏族中，这种葬式仍然是火葬前最主要的尸体摆放方式。

对于"剖尸"大葬的原因，P. T. 1042记载是为了增大地方神灵主宰、父祖母祖及一切神灵的福禄，有些类似于捐躯献祭、割肉敬神的意味，这是原因之一。原因之二，应该是和尸魂分离、灵魂重生观念密切相关的。"所谓人死，就是灵魂与肉体二者相分离"，尸魂相合仪式是为了灵魂与尸体暂时相会，大葬是为了灵魂与肉体彻底分离。对于这一点，我们也许可以从萨满的再生经过中得到启示。

"在成为一个真正的萨满巫师之前，未来的萨满巫师都要受到'萨满病'的折磨。经历'死亡'和随后的再生。他知道自己要被'砍碎'，然后装入一个大锅里'蒸煮'，最后彻底地脱胎换骨，成为一个'新人'；为了以后他能够胜任萨满的职业，他也必须进行这么一次'改造重铸新人'的过程。这种仪式酷似由艾利德记录的西藏所谓'断身'的仪式。被施使'断身'的巫师要亲眼看见自己的'身体'被切割撕分成血肉和骨头，奉献给各路神魔。有一位藏族人给笔者讲述了他在经受'断身'仪式时的种种感觉：在举行仪式时，主管'断身术'的他将有一种获取'新躯体'的感觉。这位藏族人所说的感觉与来底萨罗记录的雅库特人所说的感觉极为相似。雅库特人认为他们民族的萨满巫师最初都要在一个荒凉孤寂之地静居，并把身体'切'成几块。萨满巫师自己躲在专为'切割'特制的帐篷里，看着自己被'切'成几块，然后那些分散的骨肉又聚合在一处。当另外一个人把他从梦中叫醒的时候，他又重新获得了'生命'。"[18]

萨满的"断身"感觉，是将自己的身体"切割撕分成血肉和骨头，分献给各路神魔"，最后彻底地脱胎换骨。"二次扰乱葬"和"剖尸"的目的无疑也是为了使灵魂彻底从先前所依的肉体中分离出来，达到尸魂分离、灵魂再生的目的。灵魂再生观念可以说在佛教传入西藏之前，就已经在青藏地区的居民中占据主导地位，根深蒂固，传播了四五千年之久。在长期的发展过程中，这种观念与灵魂即世升天观念逐渐构成了青藏高原远古居民灵魂观的主流，这也就是佛教"六道轮回"观念在以后的岁月中能在此地广泛流行、经久不衰的文化、思想根源。

（原载《青海藏族》2015 年第 2 期）

注　释

［1］李国林、卢耀光：《卡约文化的葬式》，《青海考古学会会刊》第 3 期。青海省考古学会、青海省文物考古队编印，1981 年，第 38 ~ 39 页。

［2］青海省文物考古研究所：《青海湟中下西河潘家梁卡约文化墓地》，中国社会科学院考古研究所《考古学集刊》第 8 集，第 37 ~ 38 页。

［3］李国林、卢耀光：《卡约文化的葬式》，《青海考古学会会刊》第 3 期，1981 年，第 38 ~ 39 页。

［4］格桑本、陈洪海：《宗日遗址文物精粹与论述选集》，四川科学技术出版社，1999 年，第 18 页。

［5］青海省文物考古研究所：《上孙家寨汉晋墓》，文物出版社，1993 年，第 218 页。

［6］李国林、卢耀光：《卡约文化的葬式》，《青海考古学会会刊》第 3 期，1981 年，第 40 页。

［7］褚俊杰：《吐蕃苯教丧葬仪轨研究》，《中国藏学》1989 年第 3 期。

［8］《通典》卷 196。

［9］《隋书》列传 48。

［10］王尧、陈践：《敦煌本吐蕃历史文书》，民族出版社，1980 年。

［11］参见褚俊杰：《吐蕃苯教丧葬仪轨研究》，《中国藏学》1989 年第 4 期。

［12］索朗旺堆、张仲立：《乃东县文物志》，西藏自治区文物管理委员会，1986 年，第 89 ~ 91 页。

［13］索朗旺堆、何周德：《扎囊县文物志》，西藏自治区文物管理委员会，1986 年，第 165 页。

［14］索朗旺堆、张仲立：《乃东县文物志》，西藏自治区文物管理委员会，1986 年，第 108 页。

［15］闻一多：《神仙考》，《闻一多全集》第一册，三联书店，1982 年，第 153 ~ 159 页。

［16］青海省文物考古研究所：《青海湟中下西河潘家梁卡约文化墓地》，中国社会科学院考古研究所《考古学集刊》第 8 集，第 37 ~ 38 页。

［17］索朗旺堆、张仲立：《乃东县文物志》，西藏自治区文物管理委员会，1986 年，第 112 页。

［18］［意大利］内贝斯基著、谢继胜译：《关于西藏萨满教的几点注释》，《国外藏学研究译文集》第 4 辑，西藏人民出版社，1988 年。

青海海西都兰等处吐蕃墓与
吐蕃文化之关系再探讨

才让

自20世纪80年代起，在青海都兰等地陆续发现了不少吐蕃时代的墓葬，但因盗墓猖獗，损毁严重，只有部分墓葬在盗墓贼破坏之余得到了专业考古发掘。墓葬出土的文物亦流散、分藏各地，甚至被海外博物馆收藏。虽然难以知道都兰吐蕃墓出土文物之全貌，但已知的文物也提供了众多的历史信息。国内学界曾掀起研究都兰墓的热潮，发表了系列研究文章，解释出土文物，探究吐蕃墓中的文化渊源，取得了不俗的成绩。经过学界的研究证明，目前已发掘的海西都兰等处吐蕃墓的时代均属吐蕃王朝时期，这些墓葬中的发现，对研究吐蕃王朝时代高原文化提供了实物资料，可弥补文献记载之不足。

一 吐蕃时代的文化整合与文化交流

自吐蕃赞普南日伦赞、松赞干布父子逐步统一高原各部起，吐蕃王朝不断崛起，它在政治、军事、经济、交通驿站等方面的各项制度建设也日臻完善。吐蕃的对外军事扩张使其势力走出了青藏高原，与多个国家或地区直接相邻。松赞干布时代吐蕃的势力就进入了中亚、南亚地区，吐蕃中后期甚至统治了陇右、河西及唐属西域部分地区。版图的不断扩大，为吐蕃与其他民族间的文化交流提供了极大的便利，高原地理环境的封闭被彻底打破。当然，吐蕃之前高原上的诸部或政权（包括汉代的西羌时期）与外界一直有交往，丝绸之路的支路"青海道"的存在就是明证。但吐蕃时期对外部文化的吸收及文化交流面之宽广超过了高原上以往的任何一个政权时期，吐蕃时期可谓青藏高原地区文化大发展和大繁荣时期。

由于政治统治的需要，吐蕃统治者一方面主动学习近邻的文化，向唐朝、印度派遣留学生，对此汉藏史书多有记载。《贤者喜宴》中有吐蕃从四邻学习各类制度和文化典籍的记载[1]，唐朝人于休烈曾言："吐蕃之性，剽悍果决，敏情持锐，善学不回。"[2]另一方面，吐蕃也重视文化的整合，在帝国境内广泛推行藏文，将外来文化与吐蕃文化相结合。在其本土呈现出以固有文化为基础，并广为吸纳外来文化的发展模式；在本土以外新的统治地区，吐蕃强力推行吐蕃化政策，要求穿蕃装、说蕃语、用蕃文，从而使吐蕃占领地区的文化面貌呈现吐蕃化倾向，这些在汉文史书所记吐蕃对河陇一带的统治政策中得到证明。而且河西地区的吐蕃统治结束后，各部之间往来还使用藏文。河陇一带源远流长的汉文化虽然得到了保存，唐蕃文化之间相互交流，相互影响，但总体看吐蕃文化占有主导地位。文化的整合对吐蕃是至关重要的事，不从文化层面进行整合，而一味地依靠武力的统治是难以长久的。吐蕃文化政策取得了巨大的成功，各部之间实现了文字的统一，促进了文化的交融。

青海吐谷浑故地于公元663年后彻底纳入了吐蕃的版图，吐蕃对吐谷浑部实行了严格的管理制度。吐谷浑王室中归降吐蕃的一支，其王统仍得以保留，甚至有可汗的名号，并同吐蕃王室间有婚姻关系。但是吐谷浑王只是受到吐蕃的优待，实际上名存实亡，更无独立之地位可言。《贤者喜宴》所载赤松德赞第二道盟誓诏书中云："成为属民的小邦吐谷浑王等。"[3]显然将小邦王视为赞普之下属。用"rje"来称呼小邦王。藏文史书中多有吐谷浑参与政事之记载，有些吐谷浑王受到吐蕃王朝之重视。而对吐谷浑的属部吐蕃同样推行了千户制[4]，使其承担戍边、征调、料集等职责，实行了编户齐民式的管理。青海湖地区是吐蕃的战略要地，吐蕃以此作为向东扩张的跳板，威胁唐朝的河西、陇右之地。一直到"安史之乱"前，河湟、青海一道也是唐朝攻击吐蕃的重要通道，唐朝也在此重点设防（河西节度使和陇右节度使防御的重点是吐蕃），以遏制吐蕃势力东扩。唐蕃双方在这一地区曾有过无数次的交战，互有胜负。对于这样一个重要的地区，吐蕃不仅不能实行松散的管理，而且必须强化对这一地区的控制，噶氏父子、兄弟故常年率重兵驻守于此。由此有大量的吐蕃移民、军队和官员入驻青海地区，随之当地的居民构成和格局，乃至文化发生了重大的变迁，吐蕃文化渐成主流，与其本土并无二致。总之，笔者以为在吐蕃版图中，绝大多数地区很难分清吐蕃本土文化和吐蕃属部文化之区别，其根本原因就在于吐蕃的文化整合政策。

在吐蕃时代对外文化交流及其文化发展历程的背景下，看都兰墓葬出土遗物，更易理解多种文化元素存在之现象。都兰等处吐蕃墓中的遗物之文化源头，除本土外，最为明显的是来自内地的唐朝文化和来自中亚的文化，吐蕃与唐、中亚（唐版图以外之地）之间有多种关系存在，如商贸、使节往来、战争等等，而这些关系均可成为文化传播之桥梁。外来物品之广泛存在，正是吐蕃社会开放发展之特性。

2002年德令哈市郭里木乡发掘的两座吐蕃墓中，三具木棺上均有彩绘，其中棺材当头绘有"四灵"。研究者明确指出"四灵"属于中原文化，自然是文化传播和交流的产物[5]。那么除了棺板画上的"四灵"图像之外，"四灵"在吐蕃的传播有无其他证明呢？实际上从文献记载看，"四灵"之说是与内地的堪舆之术一道传入吐蕃的。《柱间史》载文成公主曾堪舆卧塘 འོ་ཐང་། （vo thang）湖一带的风水，说："此卧塘湖的东面为白虎，南面有青龙，西面有朱雀，北面黑龟。"[6]此处所言白虎、青龙、朱雀、黑龟等代表方位虽不同于"四灵"原本代表的方位，但显然提到的四种动物即为来自中原堪舆术中的"四灵"。文成公主擅长堪舆之术的说法，可能是附会之词，后世史书中往往把文成公主视为中原文化之代表，而在西藏学者看来堪舆之术在中原文化中尤为发达。藏文史书《汉藏史籍》、《莲花遗教》等载，吐蕃曾派数人前往唐朝学习八卦、五行占算、堪舆术等知识，并有相关的藏文著作问世[7]。《柱间史》之说亦有所本，决非空穴来风。

吐蕃时代翻译的汉文佛典中亦有四灵之名，如中土伪经《天地八阳神咒经》杂有众多中国本土神灵，而该经在吐蕃时代也翻译成了藏文。其中"四灵"，在P.T106V中译为：

"འབྲུག་སྔོན་པོ་དང་། སྟག་དཀར་པོ་དང་། བྱ་དམར་པོ་དང་། ཧེན་འབུ་དང་། vbrug snon po dang/stag dkar po dang/bya dmar po dang/hwen vbu dang"（汉文原文为"青龙白虎，朱雀玄武"）。词汇对照：青龙——འབྲུག་སྔོན་པོ། vbrug snon po；白虎——སྟག་དཀར་པོ། stag dkar po；朱雀——བྱ་དམར་པོ། bya dmar po；玄武——ཧེན་འབུ། hwen vbu（P. T744 号作"ཧེན་བུ། hen bu"）。藏译文除"玄武"是音译外，其余皆采用了意译。"四灵"中唯玄武是龟蛇合体，形象最为复杂，而"玄武"二字从字面看又很难与其所指联系起来。如何将"玄武"翻译成藏文，无疑是个难题。对难以用翻译完整表达其内涵的梵文词，汉译佛典中多采用音译，而藏文佛典中除人名、地名外，一般都用意译。P. T106V 译本中对"玄武"采用音译，实在也是不得已为之。而在 P. T746 号中玄武被译成了"黑色念"（གཉན་ནག་པོ། gnyan nag po，玄有黑色之义），也算是对玄武的一种理解以及与本土神灵之间企图实现对接的努力。《柱间史》中玄武被译为"黑乌龟"，有可能这是较为后期的译法，后期有关传自内地而编译成藏文的地理风水类文献内玄武直接译为"龟"。以上的材料证明，"四灵"不仅传入吐蕃，并对其内涵有了吐蕃式的解读。从吐蕃时代传入"四灵"及有关之堪舆术后，相关文化的交流一直没有中断，而"四灵"亦常常用于圣地风水的解说中。如《夏琼寺志》中解说该寺的地理特征时，运用了"四灵"之说[8]。

都兰热水南岸三号墓即吐蕃大臣"བློན་ཤེའི་ཁྲི་ཀ blon shevi khri ka"之墓，出土了道教的符箓，这也是一次重要的发现[9]。过去论述唐蕃之间的文化交流重在文献所载儒家、佛家经典之藏译，而对道教及民间方术等未予重视。如前文所言，从藏文历史记载看，吐蕃对唐朝文化的吸收不遗余力，广泛学习"四灵"堪舆术及八卦、五行占卜等术，而方术之类也可以纳入道教文化范畴。在此背景下，再看道教符的发现，也就不应视为孤立的现象。民族之间的文化交流中，除了正统的上层或精英文化（或称之为"大传统"）外，包括服饰着装、占卜、巫术在内的民间文化（"小传统"）同样是民族文化交流的重要内容之一。文献记载往往重视前者而忽略后者，实际上包括民间信仰在内的文化传播之广度和影响的深度，是不容小视的。

都兰吐蕃墓中出土了一批具有中亚风格的锦缎和金属制品，对此渊源学界已有探讨。吐蕃与中亚的交往关系方面，成果亦多，不必赘言。这些物品首先是作为商品流入吐蕃的，受到吐蕃各阶层之喜爱，甚至可能属于奢侈品之类。当然这些锦缎也好，金属制品也好，它们在具有商品功能的同时，也负载着文化的信息，由此审美观念、美术图案等亦得以流传。但是这种传播往往并不代表某一民族文化之完整传入，而是某一文化系统之部分。值得一提的是，其中的金属制品不见得全是作为商品输入的，也有可能制造于本土。吐蕃的金属制造业亦很发达，甚至吐蕃工匠的高超技艺被研究者称为中世纪的奇迹。吐蕃送与唐朝的礼品多有制作精巧的工艺品，连唐朝帝王都曾叹为观止。吐蕃占领一些重要城市时，习惯将工匠掳掠回吐蕃。如《旧唐书·崔宁传》载，吐蕃攻剑南时，"戎酋诚其众曰：'吾要蜀川为东府；凡伎巧之工，皆送逻莎（即拉萨——引者），平岁赋一缣而已。'"[10]。吐蕃必聚居有一大批来自唐朝、中亚、南亚等地的工匠，造出异域风格的金属制品何足怪哉！

二　棺板画内容相关研究之评介

海西郭里木墓出土的木棺板画被公布后，引起了学界的高度重视，学者纷纷撰文，探究其内涵特征、渊源和族属。从不同的层面予以研究，得出了不同的结论，或称之为"吐谷浑人的社会图景"[11]，或名之为"吐蕃人的生活画卷"，或名之为"苏毗人的风俗图卷"[12]。由于吐蕃时代的陵墓考古资料有限，棺板画本身又无文字说明，出现不同的诠释再自然不过了。研究者都力图寻求这些画面所表达的内涵，揭示历史真相，重构或再现那些已逝的历史场景。时过境迁已达千年之久，今人的探究也许只是探究而已，似乎难以触及那些艳丽画面背后所含的真实意义。但是，对今人而言，这种探讨有助于拓展我们对古代文化的思考。

所探讨的郭里棺板画主要出自三个棺木，其中至少有五块侧板可供研究。其中第 1 号棺的两个侧板，分别标为 A 板和 B 板，最先公布。2 号棺也有两个侧板，霍巍根据他的观察对画面进行了文字描述。目前的研究成果主要集中在 1 号棺的板画上，许新国、林梅村、罗世平、霍巍等人的研究成果最为显著，其中罗世平、许新国对画面的解读是迄今为止最为翔实的。以下对诸家的观点略作评介，并对已有解释中令人疑惑之处提出来加以讨论。

棺板画无论 1 号墓的，还是 2 号墓的，有多个画面组成，根据以往的研究，大致有狩猎图，驱赶、猎杀野牦牛、鹿等野生动物，并有猎狗相随；行旅图，1 号墓 B 板画面中有驮着货物的骆驼在行进；宴会图，有盛大的喝酒场面；葬礼图；合欢图等等。许新国认为 1 号棺板的画面，表现的是狩猎图、商旅图、赞普和王后为中心的帐居迎宾图、职贡图。罗世平认为侧板画反映了吐蕃人的生活习俗，生动地绘出了古代吐蕃民族的一幅幅社会生活画卷[13]。并认为 1 号墓 A 板的主题为会盟图，而B 板各画面描绘的是一次葬礼的几个典型情节，再现了一位吐蕃贵族的葬礼。霍巍的论文中总结了此前学界对吐蕃棺板画的各类认知[14]，并提出了新的解释。霍巍认为"这些棺板画反映的不是一般所谓'社会生活场景'，而是流行于吐蕃本土的苯教丧葬仪轨影响到吐蕃所征服和占领地区的直观反映；墓葬主人的族源应为北方鲜卑系统的吐谷浑人，但其在受到吐蕃文化影响的同时，还受到了来自中原和西域文化的影响，反映了青海吐蕃文化的多元因素"[15]。为了加以证明木板画的题材是苯教的丧葬仪轨之反映，作者引用了 P. T. 1042 号写卷的相关内容，以说明棺板画的主要内容。与罗世平认为画面中有丧礼情景的观点相比，霍巍认为整个画面都与丧礼有关。诸家的研究皆将考古发掘与文献资料相结合，无疑这是历史研究中的不二法门。但是在吐蕃丧葬文献资料稀缺的情况下，有时文献和出土文物间难以构成互证关系。

1. A 板宴饮图

许新国认为："宴饮图位于墓棺侧板的中部，由 13 个男人组成，其中 7 人盘腿坐于左侧的地毯上；4 人或立或跪于大帐房前。……对照青海玉树州勒巴沟石刻'赞普礼佛图'中的吐蕃赞普形象，与郭里木墓棺板画中帐房内男人的帽子相同，故判断该显贵人物的身份应为'赞普'，坐其旁的女人即为'赞蒙'。"[16]作者后来又认为 B 板的画面"描绘的是一位吐蕃赞普葬礼的几个典型情节，吐蕃的民间画家用纪实的手法，再现了吐蕃赞普的葬礼。"[17]霍巍认为："棺板画墓主人如果为一成年武士的话，那么因其战功显赫，死后由当地最高级别的吐蕃首领（赞普及赞蒙）为其主持葬礼和丧葬宴饮，也是完全可能的。"[18]罗世平起名"拂庐宴饮"[19]，并根据敦煌吐蕃历史文献的记述，认为此宴请场景是集会议盟图，行进中的骆驼反映的是"会盟大料集"的情况。

诸家的诠释各有独到之处，也有一定的道理。但是，笔者以为之所以然的问题仍有探讨的空间。

帐中贵人的帽子的确与赞普所戴相似，但帐外的几人似乎也戴的是这种"塔式缠头"。从敦煌159窟壁画"赞普礼佛图"看，站于赞普前的两位侍臣戴的帽子与赞普所戴完全相同。仅仅因帽子相同而断定帐中的贵人为赞普像，其理由仍感不足，也未能说明棺板画中何以要出现吐蕃的最高统治者，其与墓主人之间有何关系？我们尚且不知，吐蕃时代君主的画像能否随意地出现在棺板画这样的场景中，而且画面上也没有表现出君王的气度和应有的盛大场面。有7人盘腿坐在地毯上，几乎与帐内的贵人平起平坐了，在等级森严的吐蕃君臣之间出现这种场面似乎是不可能的。将B板画的主题解释为赞普的葬礼图，也需要进一步阐释赞普葬礼的画面何以绘在了普通人的棺木上，期间的逻辑联系是什么？将帐中的贵人夫妇理解为当地最高级别的首领，而非吐蕃的赞普和赞蒙的话更有合理性。若理解成是赞普夫妇的话，则吐蕃战功显赫者或战死沙场者何其之多，赞普岂有暇一一参与葬礼。

敦煌吐蕃文献《大事纪年》中逐年记载有会盟议事这一重大政治活动，每年大致举行两次，主持人一般是大相或宰相一级的官员（chab srid kyi blon po chen po）。因此，我们也无法解释何以这样重大的政治活动在棺板画上出现，墓主人与此有何关系从郭里木墓的规格看，绝达不到宰相一级，亦即墓主人并非是集会议盟的召集人。而且从场面看，甚至有呕吐者，属于典型的饮酒作乐图，显然与集会议盟这一严肃的场面是不符合的。

2. 狩猎图

许新国将A板第1组画取名为"狩猎图"，并认为这种图像的画法有可能受到中原和西方的影响。罗世平详细描述了狩猎的画面，取名"猎鹿驱牛"，认为这个以狩猎开场的画面是古代青藏高原游牧民族生活的真实写照，"在吐蕃人进入青海之后，吐蕃的生活习俗也随之进入，青海地区棺板上所画猎鹿和射牦牛的情景即是吐蕃时期青海地区民族的生活习俗之一。"[20] 霍巍则认为："如果联系到棺板画所处的具体背景而言，笔者认为这个场面所反映的很可能是死者丧葬仪式中向死者'动物献祭'的某个情节。"[21] 指出一边狩猎、一边驱赶着牲畜朝着毡帐方向行进，可能便是丧仪中这一情节的具体反映。

笔者倾向于许、罗二家的解释，的确从画面看，描绘的就是充满动感和紧张气氛的狩猎场面。难以将其与葬仪联系起来，而且所猎之牦牛，从画面看身强力壮，野性十足，可能就是野牦牛。如此暴烈的动物是很难在旷野中将其驱赶到葬礼现场的，只有猎杀以后，才能被人所占有。而猎取鹿的画面中，鹿奔跑的方向正好与野牦牛相反，更不是往毡帐方向行进。狩猎在古代既是一项生产活动，也是军事训练和娱乐行为。对游牧民族而言，狩猎亦即为世俗生活的象征，故其绘画作品中多有狩猎场景的描绘。第2号墓的棺板画上亦有狩猎图。

3. A板中的"合欢图"

对郭里木棺板画中的"合欢图"，诸家也有不同的解释，许新国认为是密宗的双身图，言："在郭里木墓棺板画中令人尤为注目的是男女双身图像。该组图像位于帐房图的左上方，由两男和一女组成。其中一男一女正在交配，而旁跪一男正手持生殖器似乎在等待，这种赤裸裸的男女交配的图像前所未见。"[22] 作者对双身像的渊源并有系统的考述，但是面对棺板画与密宗双身像之间的巨大差异，作者解释道："值得重视的是，郭里木吐蕃墓棺板画中的双身图并不是以本尊或明妃的形象出现，而均为世俗的男女形象，这种世俗化的表现方法，或许保留了双身图早期的特点。"[23] 作者论证的是密宗传播背景下的双身图，而棺板画中若保留了早期双身图特点的话，则是否也意味着非佛教密宗之双身图。佛教密宗的双身像中至今未见如此之画面，应与密宗无涉，此点无须再辨。从合欢图推断再生愿望，甚至说成是佛国净土之追求，也实在没有任何文献可以佐证，佛教净土追求的表达中也没有此类象征性的美术图案。

罗世平从婚姻的角度予以解释，认为这是吐蕃人一夫多妻婚姻习俗的反映。在笔者看来，合欢图实际上是两男一女之间的性行为，从这样一个场面上推导出婚姻的关系也是困难的。

合欢图的存在，将整个棺板画的场景解释为苯教之丧葬礼仪的想法受到了挑战。霍巍对此也有明确的认识，他指出："在整个棺板画中最令人费解的画面，是几乎在几块棺板画的大帐外面都绘有的'男女合欢图'。……但是人们为何要将这样一些画面绘在以丧葬仪轨为主题的棺板画上却难以找到合理的解释。笔者在此亦不敢强作他解，只是提出一种可能性供大家进一步讨论：将这类男女合欢的图像绘在举行丧葬宴饮大帐之外，是否可能也是苯教丧葬仪轨中某种具有神秘色彩的巫术，在葬礼过程中的某种特定场合施行这种巫术，是否含有祈愿死者在阴阳之间再生、轮回的寓意在内由于在苯教丧葬文献中未见明确的记载，对此还需要作更为深入的探讨才能得出结论。"[24]另外，据介绍第2号墓的棺板画上也有接吻、合欢的画面。将棺板画全部理解成丧葬仪轨的话，则交媾的场面的确难以有合理的解释。反过来讲，棺板画A板的画面并非是以丧葬为主题的话，则合欢图似可得到合理的解释。合欢图如同狩猎图一样，表现的是世俗生活的场景，可能没有包含那么多的深意。

4. B板的宴饮图

B板的宴饮图标为第6图，现能清楚指认参与宴饮的人物达28位，场面较为壮观。罗世平认为："宴饮的气氛较为轻松，是葬礼结束后的一次酒宴。"[25]许新国的结论与罗文大致一致，云："宴饮的气氛较为轻松，这可能是葬礼结束后的答谢宴。"[26]从图版看，画中尚有一人坐在垫子上，手中持有一长棒，不知何物，也许是乐器。B板上有灵帐举哀图，将其临近的宴饮场面释为葬礼结束后的宴请活动，似乎也有道理。

综上所述，笔者以为A板的画面和B板的画面之间形成强烈的对照，即A板的画面充满生活的气息和热闹的场景，应是表达人生"生"的一面。B板的画面充满悲情和丧葬的礼仪，应是表现人"死"的一面。也可以说，A板的画面是死者生前参与或亲历过的生活画卷，B板的画面是其身后之事。那么在亡者的棺材或墓中绘出死前的生活场景，其用意何在，这方面尚未见到文献记载或说明，不便于作各种推测。不过这不是海西郭里木墓特有的现象，内地发现的粟特人石棺上的雕刻图像上亦有狩猎图、饮宴图等生活场面。唐代永泰公主的墓道壁画上有著名的打马球图，诸如此类，不胜枚举。

在棺材上绘制图案习俗的渊源，学界已有深入的考证[27]，共同的结论是源自于青藏高原之外的地区。是否可以这样说，棺板画的形式源自于外部，而表现的内容则是本土的，这也符合文化发展的规律。

三　从海西都兰等处墓葬看吐蕃之习俗

吐蕃时代的社会习俗由于文献记载不足，使今人只能一知半解。都兰吐蕃墓的发现以及出土的文物，对我们了解吐蕃的社会习俗提供了重要的信息和线索。对此研究成果中已经有所总结，在这里就相关问题作进一步的梳理。

1. 服饰

服饰往往是民族文化的标志之一，亦即民族文化之符号，尤其在古代各民族都有各自特色鲜明的服饰。不过在社会相对开放时，服饰也会发生一些变化。一个民族的服饰也不是一成不变的，只是这种变化的发生需要一定的过程。

有关记述吐蕃人服饰的资料，主要见之于历史著作、简牍文献，但这些记述过于简略，通过文献资料我们只知其大概。同时，吐蕃时代的壁画、雕塑等艺术作品中对服饰亦有反映，而且较之文献资料更给人以直观和整体的印象，可以了解服饰的方方面面。以绘画材料来研究吐蕃服饰的方法历来为学界所重，尤其是敦煌壁画中吐蕃赞普礼佛图等，成为研究吐蕃君主、贵族服饰的绝佳资料。

近年来噶尔美·海瑟、杨清凡、谢静、王婧怡等人发表了一系列文章[28]，探讨敦煌壁画及郭里木墓棺板画中的吐蕃人物服饰，使我们对吐蕃服饰的了解有了长足的进步。现有的研究结果证明，敦煌壁画中的吐蕃人服饰与郭里木墓棺板画上的人物服饰十分相近，最为明显的是人物戴的帽子。王婧怡总结目前研究者论及吐蕃的冠帽有朝霞冠、赞夏帽、塔式缠头、红抹额和绳圈帽，共五种，并绘出了图样，而其中前三者的形制近似[29]。许新国认为郭里木棺板画中帐内盘坐者和张弓射牛者头上戴的冠帽为"塔式缠头"[30]，实际 A 板宴饮图帐外的几人亦是头戴塔式缠头。王婧怡认为"西藏拉萨查鲁蒲石窟中松赞干布造像所戴也是这种尖顶的塔式缠头，只是在冠顶有一个小佛头（应该是出于宗教意义，而非塔式缠头的本来形制）。可见，这是吐蕃早期贵族中地位较高者所用的一种冠帽形式"[31]。大昭寺等处的松赞干布造像上也可见到这种造型的帽子，"塔式缠头"是吐蕃冠帽之一种，而且是地位较高者所戴。

吐蕃赞普戴的红色高帽一般认为是较为典型的朝霞冠，敦煌莫高窟 158 窟赞、159 窟 231 窟壁画中所绘赞普及其侍从像上有朝霞帽，而郭里木 1 号墓 A 板狩猎图中射杀牦牛者所戴与敦煌壁画中的朝霞帽相类似，比塔式缠头要低许多。朝霞冠可能是"塔式缠头"的变体。A 板和 B 板上的人物冠帽大都为缠头，或称之为"绳圈冠"，可能与"红抹额"同类，也是将布带之类缠绕头上。

总之，吐蕃从赞普到平民皆有戴缠头之习俗。根敦群培在《白史》中亦曾探讨吐蕃缠头之习俗，猜想源自于波斯。用布或其他织品缠绕头上的习俗，亦见于许多民族，对吐蕃而言，也许就是本土的习俗，不一定非源自外部不可。吐蕃属下的悉立也有缠头之习俗，如《通典》言其地"丈夫以缯彩缠头"[32]。至今藏族地区，还可看到缠头之俗，如宁玛派的咒师以长长的红布带缠头，可能也是古代的遗俗。

相对于敦煌壁画中的吐蕃人物的衣着，郭里木墓棺板画上的人物衣服较为繁杂，但二者之间也有共同之处，如翻领、长袖等。棺板画上描绘的服饰，将丰富我们对吐蕃时代的服饰的认识。

2. 待客习俗

A 板右上角绘有射牦牛图，罗世平起名"客射牦牛"，并引《新唐书·吐蕃传》所载："其宴大宾客，必驱牦牛，使客自射，乃敢馈。"认为"客射牦牛"之习俗包括两个环节，即"驱牦牛"和"客自射"，将 A 板左角的狩猎图理解为"驱牦牛"，这样棺板画完整再现了吐蕃宴请大宾客之习俗。

罗世平准确地解读了这幅图的内容，并使我们对吐蕃的这一习俗有了直观的了解。

不过，我们不能过于拘泥于文献的记载，从《新唐书》的记载看，客人所射牦牛是跑动中的，而"客射牦牛图"中之牛是栓于树上，大宾客者站在方毯上引弓而射，旁边也有助射者，显然大宾客者的安全是极有保障的。如果牦牛是跑动的，则大宾客亦有被冲撞之可能，这岂能是待客之道！因此，棺板画使我们对文献的记载有了更为深切的认识。吐蕃人"客射牦牛"之习俗，是表达对客人的尊重，而非考验客人的胆量和技艺。

3. 赭面习俗

据史书记载，吐蕃统一前及吐蕃时代，青藏高原的许多部落有以彩色绘面之习俗。如女国"男女借以彩色涂面，而一日中或数度变改之"[33]，东女国"以青涂面"[34]，吐蕃以"赭涂面为好"[35]。吐蕃人有丧事时，则在脸上涂青黑色的颜料，如言："居父母丧，截发，青黛涂面，衣服皆黑，即葬即吉。"[36]赭是红色颜料，若悲伤时涂黑颜色，则涂红颜色似意味着喜庆。藏文史书中称藏族为"红脸者"（gdong dmar cad），一般也认为这种称呼的来历与赭面习俗有关。

吐蕃赭面的具体细节史书并未交代清楚，也不知吐蕃人是平日赭面，还是在节庆的时候。郭里木墓棺板画的人物脸上涂有红色颜料，研究者认为即是赭面习俗之反映。"在以上 A 板图的画面中，人物有一个共同的特征，不论男女，面部都用赭色涂画，男子涂画较满，女子有的是对称画出的条纹，带有某种化妆的特点。与文献曾记载的吐蕃人的赭面习俗相符。"[37]关于具体的赭面法，谢静总结道："我们从李贤墓室画、敦煌藏经洞出土的绢画、青海郭里木出土的棺板画中，清楚地看到吐蕃人的赭面习俗，并不是把全部面容涂红，而是在面容的几个部位晕染上红色圆团。其形式有两点、三点、四点、五点式。两点式，只在面颊上晕染两个圆团；三点式，是在额头、面颊上晕染三个圆团；四点式，是在额头、面颊、下颚上晕染四个圆团；五点式，是在额头、面颊、下颚、鼻梁上晕染五个圆团。"[38]郭里木 1 号墓 A 板画帐中宴饮男女、合欢图男女脸上的赭面均是五点式，看起来五点式和全脸涂抹区别并不大。乌兰发现的墓室壁画人物的赭面，形式雷同于郭里木墓棺板画上的。都兰热水河南岸第 3 号墓中"彩绘木箱"上的人物亦是赭面，如：

"（北侧面）第一块木板（99DRNM3：148）：左侧的壶门内一人坐于地上……面颊处有三道红彩，鼻梁与下巴处也涂有红彩。……右侧壶门内绘有一人盘坐……此人面堂处涂以黑彩，双脸颊、鼻梁、下巴处涂有红彩……此二人物皆有'赭面'特征，可推测为吐蕃人形象。……（西侧面）第一块木板（99DRNM3：150）：左侧壶门内一人蹲坐……此人为短发，眉间、双脸颊、下颌处绘涂有红彩……人物形象似为吐蕃人。"[39]

可知，北侧面第一块木板上的赭面法亦有不同，第一人面颊上绘成了三道红彩，而第二人的脸颊上是两个红色的椭圆点，与郭里木墓棺板画上的赭面不同的是其额上没有涂红点。而西侧面人物的眉间也有红点，与郭里木墓棺板画上的大致相同，算是五点式。

作为一种装饰习俗一般随时代之发展而有变化，吐蕃的赭面习俗有无变化呢？笔者以为不同的点法可能有时代特征。研究者早已注意到文成公主厌恶赭面习俗，松赞干布遂下令国中禁止赭面的历史记载。也许松赞干布有过此举，但一种习俗的禁止若不采取严厉的措施，难以一时废除，再加古代交通不便、信息不畅，全面推行禁赭之令也有难度。中唐时期，吐蕃赭面的习俗还传入了唐朝，在唐朝得以流行。白居易诗云："元和妆梳君记取，髻椎面赭非华风。"说明吐蕃赭面之习俗一直未中断，但令研究者困惑的是敦煌壁画中的吐蕃人物形象上均不见有赭面，而敦煌藏经洞出土的绢画中又何以出现吐蕃人赭面的形象。对于壁画中无赭面的现象，谢静作了诸如受汉文化影响等的推断，但这些推断又无法解释绢画中的现象。壁画中的吐蕃宫廷人物没有赭面[40]，是否可以这样理解，即此时的吐蕃宫廷中已不流行赭面的习俗，或者在表达礼佛、举哀等庄重的场面，不适宜赭面呢？亦即赭面是分一定的场合的。对此，霍巍亦曾指出："2 号棺板画中的 B 板与 A 板最大不同之点在于画面中的人物除第 2 组 2 名相拥的男女之外，均未见有人物'赭面'的习俗，由此可见'赭面'可能与一定的场景和人物对象有关。"[41]如上所引罗世平文，1 号棺板画中的 A 板上的人物均赭面，而 B 板上的人物未赭面。按我们前文的推断，A 板画面表现喜庆的气氛，而 B 板表达丧礼上的伤感情调，文献记载吐蕃丧礼以青黛涂面，则 B 板人物未赭面可得到合理的解释。总之，要搞清吐蕃赭面习俗之渊源流变等问题，尚有待于进一步的发现。

4. 丧葬习俗

吐蕃的丧葬习俗既见之于文献记载，又有当代的多次考古发掘资料，使我们了解到吐蕃的葬俗以土葬为主，与今日大多数藏族地区的葬俗之间有天壤之别[42]。海西都兰一带发现的吐蕃王朝时代的墓葬，同样也说明了吐蕃流行土葬的习俗，而且这些发现有助于我们了解吐蕃人的丧葬习俗。

（1）杀生陪葬习俗

汉文史书记载吐蕃有以动物殉葬之习俗，都兰热水血渭 1 号大墓更让我们直观地了解到了这一习俗的具体情况。都兰热水血谓 M1 吐蕃大墓的发掘证明，吐蕃贵族等显赫人物的墓葬实行大量的动物陪葬，该墓有 27 个圆形竖穴陪葬坑和五条陪葬沟组成，规模宏大。陪葬的动物主要是马、狗和牛，而有的陪葬墓埋的是巨石块，有的是空的。有趣的是陪葬的狗和马（共 87 匹）是完整的躯体，而牛则是牛头和牛蹄（在 13 座圆形竖穴陪葬坑中）。何以要陪葬牛头和牛蹄而不用整个牛身呢？对此尚无合理的解释，也许牛的其他部位用于了祭祀。《通典》谓吐蕃"人死杀牛马以殉，取牛马［头］积累于墓上"[43]。可知，吐蕃有将殉葬的牛马头置于墓上的习俗，则牛头、牛蹄之殉葬与此类似。如上所言，风俗既有稳定性的一面，又有变化的一面，而且在不同时代、不同地区，同一风俗往往也有细微的差别。

《旧唐书·吐蕃传》云："其赞普死，以人殉葬，衣服珍玩及尝所乘马弓箭之类，皆悉埋之。"《新唐书·吐蕃传》载吐蕃君主死后，"共命人"自杀殉葬，说明吐蕃有人殉制度，而热水血谓 M1 吐蕃大墓没有发现人殉。从《旧唐书》所载看，马是赞普陵墓的重要陪葬，也可能在墓的周边建陪葬墓，而且可以推测其量不小。藏文文献中也有以马陪葬之记载，如敦煌吐蕃历史文献中载，松赞干布曾对功臣韦·义策言："你死后，我为尔营葬，杀马百匹以行粮。"[44]韦·义策身份显赫，赞普要杀百匹马殉葬，以示恩宠。而热水血谓 M1 吐蕃大墓马的陪葬数近 90 匹，说明其主人与韦·义策身份相当。目前，所发现空的陪葬墓，是否可推测陪葬的是衣服之类，而早已风化了呢？

吐蕃这种杀生祭祀死者，甚至活埋动物的做法显然是属于原始苯教文化的范畴，杀生祭祀神灵（包括祖先）是苯教最为重视的礼仪，对此汉藏史书皆有记述，已众所周知，此不赘述。问题是这一习俗是否一直得到了延续呢？赤松德赞时期大力推行佛教，几成国教，而佛教教义主张不杀生，佛教的教义是否冲击了古老的习俗呢？《贤者喜宴》中言佛苯辩论后，苯教失败，赤德松赞遂下令："决定以后不准信奉苯教，不准为了死者而杀牛马及动物，不准以血肉祭祀。凡为赞普的法事和消除魔障时，需对鬼魔行定期祭祀者，除蔡弥（tshe mi）和象雄外，他者不准举行。"[45] 按此，则吐蕃废除了动物殉葬的习俗，也是否意味着都兰热水血渭吐蕃一号大墓的时代是属于赤松德赞颁布文告之前的，不然这种大张旗鼓杀生陪葬有违赞普的法令。不过，如赭面之俗，一种习俗也难于靠政令短期内予以革除。更何况丧葬礼仪往往与宗教信仰有关，宗教信仰若不发生彻底的改变，则习俗的变革也是困难的。

（2）殉葬品

陪葬物的多寡与身份的高低有关，也说明了吐蕃等级严明的社会制度。除墓周围的殉马坑等外，吐蕃时代的墓中也有大量的殉葬品。目前，从海西都兰等处吐蕃墓中发现的殉葬品，主要有衣物、装饰品（绿松石等）、丝绸锦缎、生活用品（陶器、石器、骨器、木器等）、金属制品、钱币、植物果实（核桃）、木俑等，其中大量的殉葬品不产于吐蕃，而是来自唐朝、中亚等地，如丝绸锦缎、金属制品之类，通过贸易、战争、往来等途径流入吐蕃，受到蕃人的珍爱，也成为重要的随葬品。

都兰热水十号墓出土藏文简牍十一支[46]，上记述有许多衣物的名称，也许这些木简所记即为殉葬品，木简上的文字相当于清单，说明当时对随葬品是非常重视的，用简洁的文字予以记录。当然，这也是藏文产生并推广以后产生的新风尚。据《都兰吐蕃墓》，在热水南岸一号墓出土木简一支，二号墓出土木简一支，三号墓出土木简三支。这些都是盗墓贼劫掠后的残余，原木简数可能不止这些。

（3）石刻墓主人名字

热水南岸三号墓中还出土了石刻，其中已收到学界重视的是有人名字的四块碑，分别刻" བློན། ཤེའི། ཁྲི། ཀ blon shevi khri ka"，文字书写具有古藏文的形态。"བློན། blon"意为"大臣"，吐蕃时期凡在名字前面署有"བློན། blon"者，均是高官，甚至是宰臣一级的。王尧先生称论就是部长一级的长官，总之，"ཤེའི། ཁྲི། ཀ shevi khri ka"地位不凡。我们这里要探讨的是，何以在墓葬中出现了石刻人名，它反映的是何种习俗。对此，我们可以推测：将墓主人的名字刻在石块上，是墓主人身份的标志，相当于内地墓葬中的墓志铭，只是吐蕃墓中的刻石只写了名字，而无生平的记述。其次，这种做法有可能借鉴了内地将墓志铭埋入墓中的习俗，也是一种文化交流的产物。这方面也有一些例证，如吐蕃赞普赤德松赞墓前立有墓碑，仿照了唐朝的习俗，不过碑文的风格、碑的形制又具有吐蕃自身的特点。

都兰墓中还出土有石狮子和石碑（其内容未见有研究成果公布，无从判断碑文性质），而石狮子造型与吐蕃赞普墓前的石狮子大致相仿[47]。这些均是来自域外的风气，为吐蕃人所接受，吐蕃的丧葬文化中融合有外来的文化成分。就此可见，都兰一带的文化与吐蕃发源地的文化间多有共性。

（4）墓室的建造

《旧唐书·吐蕃传》涉及吐蕃赞普的墓葬时，云："仍于墓上起大室，立土堆，插杂木为祠祭之所。"《新唐书·吐蕃传》云："所服玩乘马皆瘞，起大屋，冢巅树众木为祠所。"[48]此处"墓上起大室"、"起大屋"应指墓室之建造，而非在坟墓上建房屋，不然"立土堆"就难以解释了。都兰吐蕃墓的发掘证明，吐蕃的大臣墓也是"起大室"、"立土堆"，完全印证了史书之记载。

据《吐蕃都兰墓》，热水南岸一号墓"墓室位于墓圹中部，由甬道、前室、左右耳室和后室组成，平面呈'亚'字形，方向231°，总面阔7.05、总进深6.67米。各室的顶棚均以直径0.3~0.6、长5~6米的柏木构成，其中甬道、前室和后室顶部的柏木沿进深方向排列，上皮压在前室顶棚的柏木之下"[49]。该书对其余三座墓的墓室亦有详细的描述，墓室的形状虽异，但皆用柏木建造，而且建造的工艺相当，属于同一风格。

而郭里木墓出土的"2座墓葬共同特点是都采用柏木封顶……这些用来封顶的柏木均为直径约10~20厘米的圆木，上面遗留有用金属工具砍剁加工的痕迹，柏木两端有的砍剁出粗糙的卯榫凹槽，用以搭建木椁时便于加强柏木之间的拉力"[50]。说明郭里木墓也是用柏木建造墓室的。

已有的发掘证明，吐蕃时代在海西地区规格较高的墓葬，均要建墓室，而且所用原料为较为坚硬而不易腐化的柏木。平民的墓葬则十分简陋，有的用石块建造墓室。发掘的吐蕃大型墓葬之封土高起，如小山包，其工程必是浩大的。如此工程是亡者的后人建造，还是政府行为呢？上引敦煌文献中松赞干布亲自许诺为义策举办盛大的葬礼，这是一种褒奖行为。《山南摩崖刻石》中言："弟吾群的墓地之丧仪由上峰举办，假若子孙何者之时代墓地若遭毁坏，则由上峰千户予以营建。"[51]说明吐蕃王朝有为大臣举办葬礼、建坟墓之制，则都兰吐蕃大墓必也是吐蕃政府营建的。吐蕃的法律也是明确保护坟墓的，有"不准掘墓法"。

另外，棺板画中也反映了吐蕃帐居的习俗，以及狩猎、饮酒、葬礼等生活习俗，也同样与文献记载相佐证。

结　语

海西都兰墓的形制具有浓郁的吐蕃特色，而且在汉藏文史书的记载中能得到印证。藏文简牍和碑铭的存在，更能说明这些墓葬属于吐蕃王朝时期。而石刻吐蕃的大臣名字，亦明示了其族属。因此，以此来研究吐蕃时期的文化是符合史实的。吐蕃文化遗产之丰富，也许将超过我们的想象。军事扩张仅仅是吐蕃强盛的外在表现之一，其文化的繁荣就高原地区发展史来说也是空前的，是光辉璀璨的历史篇章。

当然，全面认知吐蕃时代这一地区的文化面貌，需要更多的考古发掘。对于吐蕃文化研究而言，也许才揭开冰山之一角，将来的新材料必将带来新问题，而吐蕃文化史的内涵也有可能不断地改写和充实。

注　释

[1] 参见《贤者喜宴》（上册），民族出版社，1986 年，第 184 页，言从东部的汉地和党项取得工艺技术和历算的典籍，从南部的印度翻译佛典，从西部的粟特（sog po）、泥婆罗获得饮食享用之宝库（意指饮食习俗等），从北方的回鹘（hor）和突厥（yu gur）获得法律和管理机构（las）之典籍。

[2]《旧唐书·吐蕃传》卷 196。

[3]《贤者喜宴》第 375 页。原文转写："འབངས་སུ་མངའ་བ་རྒྱལ་ཕྲན་འ་ཞ་རྗེ་ལ་སོགས་དང་། vbangs su mngav ba rgyal phran v zha rje la sogs dang/。"

[4]《贤者喜宴》（上册）言吐谷浑属于吐蕃的下部的"དཔའ་སྡེ། dpav sde"（勇部），有通颊九部和吐谷浑六千户组成（民族出版社，1986 年，第 189 页）。敦煌文献中亦见有吐谷浑千户之记述。

[5] 中国古代将恒星分为二十八群，称为二十八宿，战国时期由分为四组，分别以"四灵"命名，即东方青龙、西方白虎、南方朱雀、北方玄武。之后，四灵之说又用于行兵布阵、堪舆之术，道教兴起后四灵又成护卫神。

[6]《柱间史》（བཀའ་ཆེམས་ཀ་ཁོལ་མ། bkav chems ka khol ma），甘肃民族出版社，1989 年，第 214 页。

[7] 参见拙著：《吐蕃史稿》，人民出版社，2010 年，第 297～298 页。

[8] 才旦夏茸：《夏琼寺志》（བྱ་ཁྱུང་གདན་རབས། bya khyung gdan rabs），青海民族出版社，1984 年，第 11 页。该书中将有关"四灵"的堪舆著作称为"ས་དཔྱད་ཀྱི་སྤོར་ཐང་གཙུག་ལག sa dpyad kyi sport hang gtsug lag"（堪舆易典），说夏琼寺东面的山峰代表白虎，南面的森林象征青龙，西面的红色山崖安琼南宗象征朱雀，北面的宗喀杰日象征黄色乌龟。显然，"四灵"代表的方位与中原的说法有别。因此，藏族地区用"四灵"堪舆时，四灵代表的方位并不固定，是可以变换的，亦可见"四灵"的学说在藏族地区有所发展。

[9] 有关研究参见王育成《都兰三号墓织物墨书道符初释》，载《都兰吐蕃墓》，科学出版社，2005 年，第 135～142 页。

[10]《旧唐书·崔宁传》卷一〇七。

[11] 柳春诚、程起骏：《郭里木棺板画初展吐谷浑生活》，《柴达木开发研究》2005 年第 2 期；程起骏：《棺板彩画：吐谷浑人的社会图景》，《中国国家地理》2006 年第 3 辑《青海专辑·下辑》。

[12] 林梅村：《棺板彩画：苏毗人的风俗图卷》，《中国国家地理》2006 年第 3 辑《青海专辑·下辑》。笔者以为苏毗（སུམ་ཡུལ་གདན་རབས། sum pa）与悉补野同属羌藏系统的族群，其文化、语言也有共性，吐蕃统治时代二者的融合更为紧密，很难从吐蕃的文化中单独划出"苏毗文化"来。

[13] 罗世平：《天堂喜宴——青海海西郭里木棺板画笺证》，《文物》2006 年第 7 期。

[14] 霍巍：《青海出土吐蕃木棺板画的初步观察与研究》，《西藏研究》2007 年第 2 期，第 49～61 页。

[15]《青海出土吐蕃木棺板画的初步观察与研究》，第 49 页。作者在后来的论文《西域风格与唐风染化——中古时期吐蕃与粟特人的棺板装饰传统试析》（《敦煌学辑刊》2007 年第 1 期）中对棺板画的族属又倾向于是吐蕃人的观点。

[16] 许新国：《郭里木乡吐蕃墓葬棺板画研究》，《中国藏学》2005 年第 1 期，第 59 页；《试论夏塔图吐蕃棺板画的源流》，《青海民族学院学报》2007 年第 1 期，第 65 页。

[17]《试论夏塔图吐蕃棺板画的源流》，第 68 页。

[18]《青海出土吐蕃木棺板画的初步观察与研究》，第 58 页。

[19] 郭里木墓棺板画上帐篷是圆顶的，样式类似于蒙古包或哈萨克毡帐，学者以为就是文献记载中的"拂庐"。但也有不同意见，或认为拂庐是黑帐篷（སྲ་ནག sbra nag），而非棺板画上的帐篷。根敦群培的《白史》中将"拂庐"译为"གུར

gur"，大拂庐称为"གུར་ཆེན་པོ། gur chen po"，小拂庐称为"གུར་ཆུང་། gur chung"。藏语中将圆顶的帐篷一般称为"གུར། gur"，蒙古包称为"སོག་གུར། sog gur"。《通典》（卷一百九十）言吐蕃赞普"坐大毡帐，张大拂庐，其下可容数百人"。说明拂庐的质地也是毡，笔者以为藏语中所指的"གུར། gur"就是拂庐。

[20] 罗世平：《天堂喜宴——青海海西郭里木棺板画笺证》，《文物》2006 年第 7 期，第 71 页。

[21] 霍巍：《青海出土吐蕃木棺板画的初步观察与研究》，第 55 页。

[22] 许新国：《郭里木乡吐蕃墓葬棺板画研究》，第 61 页。又见《试论夏塔图吐蕃棺板画的源流》，第 66 页，作者得出了这样的结论："棺板画中爱欲图的发现，使我们联想到，这一时期的吐蕃人一方面对于现在世和未来世具体的物质享受和幸福保持着强烈的吸引和关心，另一方面在来世再生于极乐净土是他们强烈的愿望。可以认为这一类美术，是以通向释迦牟尼佛国净土再生为主题的象征性美术。"

[23] 许新国：《郭里木乡吐蕃墓葬棺板画研究》，第 64 页。

[24] 霍巍：《青海出土吐蕃木棺板画的初步观察与研究》，第 59 页。

[25] 罗世平：《天堂喜宴——青海海西郭里木棺板画笺证》，《文物》2006 年第 7 期，第 81 页。

[26] 许新国：《试论夏塔图吐蕃棺板画的源流》，《青海民族学院学报》2007 年第 1 期，第 68 页。

[27] 参见霍巍：《西域风格与唐风染化——中古时期吐蕃与粟特人的棺板装饰传统试析》，《敦煌学辑刊》2007 年第 1 期，第 82 ~ 94 页；许新国《试论夏塔图吐蕃棺板画的源流》等论文。

[28] 谢静：《敦煌莫高窟〈吐蕃赞普礼佛图〉中吐蕃族服饰初探——以第 159 窟、第 231 窟、第 360 窟为中心》，《敦煌学辑刊》2007 年，第 65 ~ 73 页；《吐蕃大翻领长袍探源》，《装饰》2008 年第 3 期，第 106 ~ 108 页。杨清凡：《藏族服饰史》，青海人民出版社，2003 年；《从服饰图例试析吐蕃与粟特之关系》，《西藏研究》2001 年第 3 期。噶尔美·海瑟著，台建群译《7 ~ 11 世纪吐蕃人的服饰》，《敦煌研究》1994 年第 4 期。王婧怡：《敦煌莫高窟壁画中吐蕃赞普冠帽及辫发考》，《浙江纺织服装职业技术学院学报》2010 年第 1 期；《敦煌莫高窟壁画吐蕃赞普服饰考——翻领与云肩、靴及蹀躞带》，《浙江纺织服装职业技术学院学报》2009 年第 4 期。

[29] 参见王婧怡：《敦煌莫高窟壁画中吐蕃赞普冠帽及辫发考》，《浙江纺织服装职业技术学院学报》2010 年第 1 期，第 50 页。

[30] 许新国：《唐代绘画新标本——吐蕃棺板画》，《考古》2004 年第 3 期，第 19 页。

[31] 王婧怡：《敦煌莫高窟壁画中吐蕃赞普冠帽及辫发考》，第 51 页。

[32] （唐）杜佑《通典》卷一百九十七边防六。

[33]《北史》卷九十七。

[34]《新唐书》卷二百二十一上西域上，中华书局，1975 年，第 6219 页。

[35]《新唐书》卷二百一十六吐蕃上，中华书局，1975 年，第 6072 页。

[36]《旧唐书》卷一百九十六吐蕃上，中华书局，1975 年，第 5220 页。

[37] 罗世平《天堂喜宴——青海海西郭里木棺板画笺证》，《文物》2006 年第 7 期，第 78 页。

[38] 谢静：《敦煌莫高窟〈吐蕃赞普礼佛图〉中吐蕃族服饰初探——以第 159 窟、第 231 窟、第 360 窟为中心》，第 73 页。

[39]《都兰吐蕃墓》，科学出版社，2005 年，第 104 页，图版 34。

[40] 敦煌第 231 窟"5 吐蕃赞普礼佛图"中侍臣、侍从的面上饰有红白小花，研究者认为这可能是受了唐朝面饰风俗影响。也许就用这种红白小花取代了赭面。

[41] 霍巍：《青海出土吐蕃木棺板画的初步观察与研究》，第 49 ~ 61 页。

[42] 青海海东、甘南舟曲一带的部分藏族仍有土葬之习俗。

[43] （唐）杜佑《通典》卷一百九十七边防六。

［44］王尧、陈践译注：《敦煌本吐蕃历史文书》，民族出版社，1980 年，第 137 页。

［45］《贤者喜宴》（上册）第 332 页，原文转写："phyin chad bon bgyid du mi gnang bar chad/gshin gyi phyir gnag rta dang srog chags gsod pa dang sha vdebs su mi gnang/rjevi sku rim dang bar chad sel ba la vdre sing la dun bon re byed na tshe mi dang zhang zhung ma gtogs gzhan bgyid du mi gnang bar bcad ste/"，其中"ཚེ་མི། tshe mi"直译为"寿命人"或"命人"，可能不是地名，其职责似与保护赞普的寿命有关，或是汉文史书中所说之"共命人"亦未可知。这段资料的解读，还须深入。罗世平文中首先从 F. W. 托玛斯之著作转引了这段资料（参见 F. W. 托玛斯著，刘忠、杨铭译注：《敦煌西域古藏文社会历史文献》，民族出版社，2003 年，第 248 页）。

［46］有关研究参见王尧、陈践：《青海吐蕃简牍考释》，《西藏研究》1991 年第 3 期，第 127～135 页。

［47］参见汤惠生：《略说青海都兰出土的吐蕃石狮》，《考古》2003 年第 12 期，第 82～88 页。

［48］此处或断句为："起大屋冢巅，树众木为祠所。"笔者以为不妥，遂断句如上。

［49］《吐蕃都兰墓》，第 5 页。

［50］霍巍：《青海出土吐蕃木棺板画的初步观察与研究》，第 51 页。

［51］巴桑旺堆：《吐蕃碑文与摩崖石刻考证》，西藏人民出版社，2011 年，第 128 页，原文转写："ldevu cung gi mchad kyI rIm bla nas mdzad/nam cIg dbon sras gang gI ring la ral yang/bla nas stong sdes brtsIg phar gnang ngo/"。

吐蕃远古葬俗与中亚的关系

苏德胜

一　吐蕃远古丧葬习俗

藏文史籍中称吐蕃王朝的王室始祖是"天神"所生，名鹘提悉补野，从天而降至雅砻河域，被当地居民以肩舆迎归，尊称为聂赤赞普，意为"肩舆王"，是为悉补野部落的第 1 代首领。从第 1 代首领传到第 7 代首领都是"功高返天"，不留尸骸。悉补野部落的第八代首领直贡赞普，他曾与属部洛昂发生战争，兵败被杀害，其妻被俘，驱使牧牛马，诸子逃往工布、娘布等部落，后来，悉补野部落发动反抗，一举消灭了洛昂部落，遂从工布迎回布德贡杰，是为第九代首领。布德贡杰在今琼结地方营造陵墓安葬了直贡赞普。据《五部遗教》记载："此时因赞普之返，天绳被割断，使赞普陵墓建在地上。"《西藏王臣记》载："直贡赞普被装入大铜棺中，用铁钉严密钉好后，抛入贡波河，在随流而下的时候，为长手摩羯沙鱼精拾得贡献给王妃，王妃暗藏在王库里，后从库中取出，安葬在青裕达圹平原修建的陵墓，这是西藏最初的一座陵墓。"

藏王墓位于山南琼结县宗山的西南方，墓群背靠丕惹山，前临雅砻河，是直贡赞普和从第 29 代赞普至第 40 代（末代）赞普、大臣及王妃的墓葬群，这就是史上有名的从公元 3 世纪到 9 世纪的藏王墓群。在 9 世纪发生的奴隶起义中，赞普陵墓全被捣毁，现在的藏王墓只是衣冠冢而已。靠近河边有一座大墓，据传是松赞干布之墓。墓的大门朝西南开，面向释迦牟尼的故乡，以示对佛祖的虔诚。墓上有座小庙，供有松赞干布和文成公主的塑像，也是守墓人的居所。据史料记载，墓内共设五个神殿，殿内供有松赞干布、释迦牟尼和藏王墓远景观世音的塑像，还有大量的金银、珍珠、玛瑙等随葬品。墓左面埋有其出征时穿的金盔甲，脚部埋有珍珠 2.5 克。墓右面埋有用纯金作的骑士和战马，作为松赞干布死后的侍从。1984 年挖掘出土的赤松德赞碑，高 7.18 米，碑面有云龙、四蛇、飞天、日月等浮雕图案，并刻有 59 行歌颂赤松德赞的古藏文。雕刻手法有明显的唐代吐蕃风格，造型简练生动。因此，藏王墓不仅反映了 1000 余年前西藏的丧葬制度，同时对吐蕃王朝的兴起、衰落，吐蕃文化与唐文化交流的研究具有重要价值。藏王墓是迄今为止发现的规模较大、保存较完整、史书确切记载的吐蕃藏王陵墓群。

根据藏文史书《贤哲盛典》、《西藏王统记》、《西藏王臣记》等记载，吐蕃王朝时期共有 35 代赞普（藏王）陵，即上二陵、六善陵、中八德陵、下五赞陵、吉祥作代陵、吉祥五德陵、底层一陵。

但现在保存下来，尚可辨认的藏王陵墓共有 9 个，占地达方圆 3 公里。每个陵的形状是一个方形的平顶垒石夯土高丘，还保存了中原地区早期封土"方上"的形式。《通典》中所记载的"其墓正方，垒石为之，状若平头屋"的描写相同。现存 9 个陵墓的形制大体相同。由于 1000 多年来长期受到自然风雨的侵蚀，有的陵墓已成了圆形平顶，大小不尽相同，排列也不规则。同时由于长年水土流失及流沙的堆积，位于山坡的几座陵墓已与丘陵相混，不易辨认。

另一块石碑立在离松赞干布墓不远处的桥头边，有人考证，此为赤松德赞（754～797 年在位）之墓碑。赤松德赞为吐蕃王朝第 5 代赞普，他的文治武功仅次于松赞干布，故碑文全是歌功颂德之词："赞普赤松德赞，天神化身，四方诸王，无与伦比……"藏王陵墓群，陵墓修建年代约从公元 7 世纪 30 年代开始，一直延续到公元 9 世纪末，历时 700 多年，是吐蕃第 28 代赞普拉托托日年赞至末代赞普朗达玛及其王子沃松等共 16 位藏王及王子、王妃的墓葬群，位于琼结县城以南的平坝上，墓群分布范围东起顿卡沟口，南靠穆热山脚下，西抵琼果沟口，东西长 2076 米，南北宽 1407 米，总占地面积达 305 万平方米，墓区平均海拔为 3700 米，是 1961 年全国首批公布的全国重点文物保护单位之一。从第 29 代赞普赤年松赞起，修建陵墓的地点方位、墓名都有较详尽的记载。目前能够初步确定的陵墓有 21 座，分东区和西区两块，东区顿卡沟口有 6 座，西区在穆热山北麓和琼果沟口有 15 座。能够确认墓主的有 9 座，分别是松赞干布墓、芒松芒赞墓、赤德松赞墓、赤松德赞墓、赤德祖赞墓、都松芒波结墓、牟尼赞普墓。吐蕃赞普把陵墓建在琼结的原因：一是琼结是块风水宝地、人杰地灵，从吐蕃第 9 代赞普布德贡杰到第 14 代赞普伊肖列在琼结先后修建了达孜、桂孜、杨孜赤孜、孜母琼结、赤则崩都 6 座宫殿，成为自第一座宫殿雍布拉康之后第二座吐蕃王宫，当时吐蕃的都城也在琼结，因此，琼结是吐蕃王朝的大本营，是吐蕃社会的政治、经济、文化的活动中心之一；二是松赞干布统一西藏高原后虽然政治中心从山南迁到拉萨，但旧王族仍然居住在琼结一带，而迁到拉萨的赞普们为缅怀祖先创业的功勋及不忘掉哺育自己祖先的雅砻河谷，他们经常回来居住，为了不忘根本，吐蕃历代赞普去世后到这里来埋葬。

赤德松赞为吐蕃王朝后期的赞普，自公元 793～815 年，在位 20 多年，卒后归葬于琼结县的藏王陵区。赤德松赞墓碑碑顶刻出重珠，碑盖下有承柱，也刻有流云、飞天和云龙纹，碑身露出地面有 3.56 米，碑文已风化脱落，碑顶碑身也残损甚多，根据 1984 年 9 月西藏文物管理委员会对此墓碑的清理发掘证实了这一墓的情况。赤德松赞是藏王中的一位能干的人物。碑文说他："深谋远虑，命令严峻。国势烜赫，遍具福德，盛于往昔是尽人皆知。四方大小诸王，亦被臣服。"（碑文为藏文）

位于木惹山的半山脚下，有一规模甚大的土石高台，据《历史明鉴》等藏文史籍记载，这是都松芒布结的陵墓。这里的地面建筑除了高大封土之外，最有价值的要算是陵前的一对石狮。石狮高 1.55 米，座子为长方形，长 1.2、宽 0.76 米，石狮面向陵丘坐立，挺胸昂首，形象雄健生动。鬃毛成列垂于脑后，头顶平整无鬃。石狮的雕刻技法高强，线条流畅圆润，是早期石狮的风格。这与都兰出土的双狮，从造型到神态，别无二致。除了以上三陵比较可靠认出墓主人之外，这一陵区的其他墓主，据《西藏王统记》等历史文献记载，还有芒松芒赞、姜擦拉木、赤德祖赞、赤松德赞、牟茹、牟尼等。其中牟茹和姜擦拉木因是王子还未正式即位，所以封土的规模较小。根据一些学者调查，陵墓分作东西两行自北而南，基本上按藏王世系排列。西侧的一行是松赞干布、芒松芒赞、都松芒布结、赤松德赞、赤德祖赞，东侧的一行是赤德松赞、牟茹、牟尼和姜擦拉木，各陵封土高台的结构形式基本相同，都是用土石夯筑，夯土层厚度在 10 ~ 20 厘米之间，也有间以薄石板者，有的还露有木骨的痕迹。吐蕃王朝在中国历史上曾经显赫一时，历代藏王曾经聚集了大量的财富，建筑了雄伟的宫殿、寺庙和宏大的陵墓。而今地面建筑大多已不存在，但是根据历史文献记载，每个藏王陵墓中也殉葬了大量的珍贵文物和金银珠宝。尤其值得庆幸的是，这些藏王陵大都未被盗掘过。这些陵墓的格式造型与都兰吐蕃墓十分相似，它们也是研究吐蕃历史文化的珍贵实物。西藏高原所发现的偏室洞穴墓，也与新疆的同类吐蕃墓葬相似。如和静县察吾乎沟口三号墓地的第二类墓葬，地表标志均为较矮的圆丘形石堆，在竖穴的横侧掏一洞室。新疆新源铁木里克古墓群中的竖穴土坑墓，也是在竖穴的一侧向内挖洞形成墓室，顶呈弧形，与拉萨澎波农场偏室洞穴墓十分近似。由此可见藏族应当已经形成并有了比较一致的丧葬风俗。

　　无论是从古墓的形制（多为四方形、梯形等形状），还是内部结构上来看，不仅具有比较稳定的形制，而且和都兰吐蕃古墓基本一致，它代表着吐蕃时期墓葬形制的主流，体现出一种时代的风格。西藏古墓葬出土文物又有地区特点，如"饰花料珠"，"带柄铜镜"、"圆底带流陶罐"通过对封土石室墓中出土的陶器风格观察，其中以圆底陶器占据主流这一点，明显地是从西藏高原早期文化传统发展而来的，体现着西藏文化特征。

二　从都兰吐蕃墓出土丝绸文物看东西方文化交流

　　都兰县境内分布着吐蕃墓葬近 2000 座，20 世纪 80 年代以来，青海省文物考古部门发掘了其中 80 多座。其中最大一座陵墓封土呈金字塔状（热水血渭 1 号墓），墓基长 160、宽 100、高 30 米，周围陪葬遗迹占地面积达 1500 平方米，并有 27 座圆形陪葬坑和 5 条陪葬坑，其内殉葬了 87 匹马以及大批牛、狗等家畜。都兰吐蕃墓葬中出土的文物相当惊人，单丝织品一项就多达 350 余件，其中图案不重复的品种达 130 余种，内 112 种为中原织造，18 种为中亚、西亚地区织造，而在中亚、西亚织品中，以粟特锦居多，此批丝织品几乎囊括了唐代所有的品种，有锦、绫、罗、绢、纱、缂丝等。如果观察现在称之为"赞"、"贾波"、"香伦"等画像，就可以大致勾勒出古时"赞普、贾波"等出征时装束大体状况。在阿里、拉达克一带的据说是法王后代的人们，每逢佳节，穿着古时衣服，头戴红色王冠，冠顶尖而细，上挂一个由红绸包着的无量寿佛像，红绸带系于项前，而且"国王"侍从"四部先行"也一如古时。《国王遗教》中记载牟底赞普北征时说：前面有一百名开路骑士，右面有一百名穿着虎皮的好汉，左面有一百名手持三簇短剑的咒师，后面有一百名身穿盔甲手持长枪的后巡。他们所扮的多杰勒巴和"贾波"有时头戴金盘帽，而金盘帽除吐蕃外，其他任何地区是没有的，地处印度东面的"巴日玛"（缅甸）人，是古代吐蕃人的一支，这一点，在他们本民族的历史中说得很清楚。他们古时的国王，也头戴金盘帽，可以想象，古时的藏王有时也是戴金盘帽的。同样，在红山上的红色宫殿之顶是用箭、长枪作装饰的。以此为例，吐蕃之民众似在国王住地修建了用箭和长枪作装饰的红色王城，赞普之王城、服饰、军旗等等，似乎均崇尚红色。

　　吐蕃从西域获得的物品中，就包括大量精美的西方丝织物。在《步辇图》中吐蕃大相禄东赞身着之长袍所用衣料为团窠立鸟及其他团窠动物纹锦，仅能表明其织锦风格源自波斯式样，却不足以说明其物直接来自西方。都兰各类各型含绶鸟锦的图案都普遍存在一种连珠（也作"联珠"）纹，其表现形式较为多样，如连珠团窠环，以连珠装饰立鸟的底座，或见于立鸟的颈部、尾部和所衍项圈上的连珠装饰，甚至在花瓣边缘也较多见。经分析，出土三类织锦中，后者产自中亚的粟特，属于"赞丹尼奇锦"；前两者当为651年波斯萨珊王朝灭亡后，东迁的波斯人在所客居的中亚地方织造的。在都兰热水第10号墓中，还出土了11支吐蕃时期古藏文木质简牍，记录了当时使用绸缎物品的情况。经王尧、陈践二位先生考释研究，认为与新疆出土的古藏文木简大致属于同一时期，即9世纪藏文改革之前；据木简文字内容分析，应为墓主的随葬衣物疏，即随葬品的登录文献。通过二位先生的辨读、录写和译文，可发现其中三支上的内容尤为引人注目，兹将译文一一照录如下：

M10：4-1 黄河大帐产之普兴缎面，绿绸里夹衣及悉诺涅缎红镶边衣，黑漆长筒靴共三件。

M10：4-8 黄河大帐产之普兴缎面，绿绸里，衣袖镶悉诺涅缎，价值一头母牦牛之缎夹衣一件。

M10：4-10 衣袖为红镶边，衣领为悉诺涅锦缎之羔羊皮衣一件。

上述记载中最能引起兴趣的是作为衣服领、袖、襟镶边的红色锦缎，即此文中译为"悉诺涅"锦者。当两位先生对这些藏文简牍进行考释时，墓中所出的织锦残片尚未整理研究完毕，仅凭借藏汉对音实难从中西织锦的璨然名目内分辨出一种较为贴切的名称。今据上引许文之研究，都兰出土的两类含绶鸟锦多以红色为地，用其他色线显花，配色鲜丽，且亦多用为衣服的领饰、袖缘、襟饰等，并已鉴定系波斯锦和粟特赞丹尼奇锦。关于赞丹尼奇锦的研究始于1959年著名伊朗学家亨宁对一件中古粟特锦题铭的解读，此后随着各地出土物的增多，研究也日益深入。此锦最初因系在中亚粟特布哈拉（安国）附近的赞丹那村织造而得名，后来布哈拉的其他村落织造的这类锦也叫"赞丹尼奇"。都兰古藏文木简记载之锦缎，若按13世纪左右藏文古籍阐释之古藏文发音规则，较确切的对音当为"斯达尼克"，其音与Zandanniji颇相近。

除都兰吐蕃墓出土的粟特、波斯两类含绶鸟织锦外，唐中叶以后敦煌文书中常见的"胡锦"、"番锦"、"毛锦"等，据析也当属西方织锦。胡锦指来自高昌以西各伊斯兰语族，包括于阗、粟特、波斯织锦。番锦一词则在吐蕃统治时期的沙州等地已非常流行，《吐蕃管辖时期（9世纪初）沙州龙兴寺卿赵石老脚下佛像供养具经等目录》中即载有"阿难裙，杂锦绣并杂绢补方，并贴金花庄严，番锦缘及锦绢沥水，长四箭，阔两箭，贰"。番锦地部多为红色，各文书中明确记载的织锦纹饰有团窠对狮、五色鸟、老舌花等，其中如老舌花则明系昭武九姓的粟特花纹，而五色鸟等在波斯锦、粟特锦中皆常见。番锦多用作丝织物制品的缘饰，可以见得其价格之昂贵。毛锦系一种粟特锦，产自康国等地。以上记述与都兰出土的实物相为佐证，真实反映出当时粟特锦、波斯锦等西方织锦输入吐蕃的状况。

吐蕃时期，丝绸之路青海道为吐蕃人所沿用并臻繁荣。青海道从兰州或临州西行，经河州（治枹罕，今甘肃临夏）→鄯州（治湟水，今青海乐都）→鄯城（今青海西宁市），转而西北行，渡大通河，越大雪山（祁连山），经大斗拔谷（今扁都口）至山丹县，与北道合，至甘州→肃州→瓜州→敦煌。都兰吐蕃墓葬中出土的"开元通宝"铜钱、宝花纹铜镜、大量漆器、粟特金银器、玛瑙珠、玻璃珠、红色蚀花珠、粟特锦、波斯锦等充分反映了当年青海道的繁荣情景。

　　粟特艺术风格的织锦实际上包括两种不同性质的织锦，一种为粟特织锦，另一种为粟特风格的吐鲁番锦。林梅村教授指出，吐蕃至少建立过两个丝绸基地，一个在于阗，另一个在敦煌。在于阗生产的织锦史称"胡锦"，而吐蕃统治时期生产的织锦则称"番锦"。青海都兰出土的所谓"粟特织锦"多为中亚伊斯兰化后的产品，其真实产地应在吐蕃本土而非中亚，如绿地联珠对鸟纹锦和红地团窠对狮纹锦。

　　《白史》中说：于阗于赤松德赞之时，曾被吐蕃所征服统属，而且还扩建了"桐桥五万户"这一行政区，变成了吐蕃的"伦康"之一。在吐蕃王朝建立之前的悉补野吐蕃时期，藏北高原的地理环境和交通极有利于与外界的交往。从藏北高原的东北面，经青海湖可直抵汉地、突厥与西域东部；从西面经拉达克，可直通天竺；从北面经突厥地区，即可通往西域诸国，也可通往汉地。当时有四条著名的国际商道，几乎都横穿或靠近藏北高原。这种四通八达的交通状况，使藏北高原诸部落在吸收外来先进文化因素方面有得天独厚的势力。关于吐蕃与西域之间的交通已经有迹可循。藏文史籍《王统世系明鉴》第八章中说：松赞干布之父朗日伦赞"战胜了汉人和突厥，从北方得到了食盐"。其他藏文文献和传说中也常常有朗日伦赞从北方得到食盐的说法。

　　从近年来青海都兰吐蕃墓地出土文物来看，其金银器、织锦有些可能来自粟特。许新国先生认为，都兰吐蕃墓中出土的镀金银器当中，有一些可能属于粟特的工艺。此外，许新国、赵丰等人还分析研究了都兰出土织锦的情况，认为其中也有粟特锦和波斯锦流行。姜伯勤先生进而论述"青海都兰墓中发现的粟特锦，就顺理成章地成为若干祆教图像传入中国西北地区的载体"。那就是说这些粟特锦在青海地区的出现，便意味着粟特人及其所信奉的祆教也随之进入到了这一地区。

　　从地理位置而言，吐蕃人对青海地区的控制与占领有着重要的意义。如同有学者指出的那样，在唐代吐蕃向外扩张发展的过程当中，青海扮演着重要角色。它使吐蕃无论向西域、向黄河中上游地区，或向川康滇边区的发展，都获得居高临下的优越位置及广阔的回旋空间，而且还获得了经济上、国防上的有利地位。而东迁的粟特人也同样不可能忽视这一地区的重要战略与经济地位。因此，这两个民族通过不同的途径与方式在青藏高原发生交往与联系，应当说也是一种历史的必然。

　　从以上历史活动中不难看出，吐蕃与西突厥中的粟特部落弓月有过直接接触；吐蕃与西突厥中其他粟特人之间存在直接的联系。除了有明确记载的敦煌粟特部落外，通过对某些历史事件的分析，有迹象表明，吐蕃与西突厥中的弓月部落粟特人，天山以南、葱岭以东的粟特移民聚落之间都曾存在密切联系，甚至可能已与中亚粟特城邦发生了直接接触；而两者之间的接触和联系远不能以某种单一的性质加以定义，其中的内涵包括政治、宗教、物质文化交流等因素。

（原载《青海藏族》2012 年第 1 期）

都兰热水血渭1号吐蕃大墓殡葬民俗文化考察

三木才　刘树军

2000年4月和8月，借省考古研究所清理被盗损中小古墓之机，我们对海西州都兰县热水境内的血渭（ཤེ3）1号吐蕃古墓（以下简称都兰1号墓）进行了以研究殡葬的民俗文化为目的田野考察。对都兰1号墓进行力所能及的综合研究和分析对比，试图在墓的结构、形制、周边环境、殡葬仪轨、殉葬种类及品位等迹象中，寻找规律，探讨诸多遗迹所蕴含的文化属性和宗教隐喻。我们在对其进行田野考察后，总的感受是，都兰血渭1号墓所含的久远年代的文化信息是多角度、深层次、全方位的。我们初步认为，与松赞干布（ སྲོང་བཙན་སྒམ་པོ）等目前基本考证的西藏九座吐蕃藏王墓相比较，都兰血渭1号墓规模最大，祭坛最宏伟，形制最独特。墓室规格最高，文化信息最集中，仅就其殡葬文化层而言，它显明地体现出当年的殡葬仪轨中，主持者们认真地模拟吐蕃土著宗教苯教《十万龙经》的有关殡葬起源的苯教神话或传说作为现实殡葬的蓝本的某些非常典型的文化范例痕迹。甚至某些殉葬品当年是如何在殡葬仪轨中按照苯教教义的要求，扮演其不可替代的重要的文化角色的实事。从殡葬的民俗文化方面考察，我们认为，都兰血渭1号墓的文化系统属于吐蕃苯教。起码来说，苯教文化品位占绝对优势。作为爱好者，笔者从民俗文化方面着手，搜集相关资料，予以某些论证。其初衷为史学家、考古学家抛砖引玉。此考察记难免有许多缺点和失误，恳请批评指正。

一　古墓状貌扫描

都兰热水血渭山1号吐蕃墓（以下简称"1号墓"）坐落在血渭山脚，墓前濒察汗乌苏河，地理位置东经36°10′67″，北纬98°17′19″，海拔高程3436.62米。

墓址依缓冲的血渭山左山坡流线性山嘴而建，依山面河，坐北朝南，偏西南5°左右，墓占地面积为10240平方米，垂直高度27.8米（其中包括墓顶一座4.5米高的原封土残丘），墓底封土南壁长155米，北壁长100米，东壁宽82米，西壁宽80米，墓顶封土（平台）总面积3580平方米；东沿宽45米，西沿宽40米，南沿长75米，北沿长80米。墓底大顶小，顶、底基本形制为近似梯形，封土堆高大，以土、砂、小石块混合夯打而成。墓顶平台中央偏东处有近似于等腰梯形石砌墙一座，墙中央建有"十"字形石砌墓圹的墓室一座。依次由外向内分述，则石砌围墙墙体高2米，其中，石砌墙的形制，由墙基向墙顶可分为底墙、中层、顶墙三个组成部分，底墙砌高 1 米，中层木椽摆置高 10 厘米，顶墙砌高 90 厘米。等腰梯形石砌墙面积 1730 平方米，可分东西南北四面墙体，东墙长 41 米，西墙长 39 米，南墙长 55 米，北墙长 36 米。位居石砌墙中央的石砌墓圹的形制为"十"字形建筑物，"十"字东西走向"一"长 17.6 米。南北走向"丨"长 20.3 米，"十"字的交叉中央方形石砌主室圹约有 15 平方米，外带回廊。东西南北四个"耳室"宽约 2.8 米，耳室边尚有"副室"。墓室石砌圹墙壁形制为上、中、下三层石砌壁，其中间两层木椽排列，等腰梯形石砌墙与中央石砌"十"字形墓圹之间周边为填充的土砂封土堆，表面平坦。

1 号墓南面前下方的平地有一处大型祭坛，占地面积约 2960 平方米，其中有线形祭祀沟 5 条。沿东西走向，呈南北排列，坑沿排列石块。每条祭祀沟长 47 米，宽 2 米，沟与沟间距平均为 4.5 米。5 条祭祀沟的东西尽头建有南北排列的石砌圆形祭祀坑。祭祀沟西尽头的圆形祭祀坑共 13 座。排列次序为由南朝北；一座母祭祀坑奇居南头，六对子祭祀坑两两并排，起始于母祭祀坑，由南向北；祭祀沟东尽头的圆形祭祀坑共 14 座。排列次序为由北朝南，一座母祭祀坑奇居北头，六对零一个子祭祀坑两两并排，起始于母祭祀坑，由北向南。石砌圆形祭祀坑平均直径为 1.6 米左右，坑与坑间距为 3 米左右，排列长度，东西两边均为 35 米。

1 号墓顶部由于国民党时期盗掘，大量的封堆土沙倾倒墓顶西南及西侧，导致墓西壁在原有的封土基础上向外增宽，封土堆外隆。西南墓角破坏成一个较大弧形凹面。由此，测量数据显示墓南沿长 75 米，北沿长 80 米的"反梯形"形制。同时，由于盲目试掘寻找墓门，墓背与山体相接处挖掘出一条东西走向的深沟。破坏了墓北原有的依山布局，造成墓的形制"后高前低"的人为局面。现今的墓北呈垂直断崖崖壁状，垂直高度约有 30~40 米左右，墓顶的北面石砌墙悬空于绝壁边缘。

1 号墓的顶、底、前后左右的基本形制是梯形。1 号墓平顶梯形石砌墙东面，紧挨东墙与东平台之间，垒筑有另一圈呈南北走向、与东墙并行、但不等长等宽的长方形石砌墙，墙体中无木椽排列。与东墙并行长度占东墙长度的 1/2 强。此墙与平台封土堆平行等高，与梯形石砌墙形成 2~3 米的落差，我们暂且称它为"厢墙"。"厢墙"内又有一条贴地隔墙，将"厢墙"横隔成两格（南北格），北格中又隔一条南北走向的石砌墙。总体格局呈"口"字紧挨"日"字状，它与主体的等腰梯形石砌墙在整个布局中浑然一体，落差中显示紧凑。

1 号墓西南角，在墓底部封土边缘，有数个具有象征意义的点缀性的圆形小石圈，由于封土堆中的石头下落堆积，与圆形石圈混合，除少数石圈外，其余辨认比较困难。有迹象表明，它们是沿墓底边沿排列的。或许，在完整时期，墓的边沿都存在这种石圈，现存石圈直径约为 0.5 米左右。

二　苯教文化信息拾零

吐蕃时期苯教的殡葬仪轨非常复杂，我们无法列举大量的有关程序和规则方面的内容。据有关专业人员介绍，都兰 1 号墓周边大约有 60 余座中小墓群，目前已被清理的墓中多有马、牛、羊等殉葬动物的骨殖。在 1 号墓正前方的祭坛中的 27 座圆形祭祀坑和 5 条线形祭祀沟中，殉葬品为牛头、牛蹄者 13 座，殉完整狗 12 只，线形祭祀沟里殉完整马 87 匹、羊 120 只、牛 80 头等。这些殉葬动物无一例外地印证了都兰1号墓的殡葬文化的原型是吐蕃王国时期的土著宗教——苯教殡葬文化。都兰1号墓的殡葬文化源自苯教《十万龙经》殡葬仪轨。首先是羊（山羊、绵羊），被苯教视为通向死亡之路的圣者和导亡灵者，它作为死者的赎身金。按照仪轨程序，它们在用来祭祀时，通常先屠宰然后切碎，作为烧毁的供品，此外，苯教把绵羊描述成是用多种宝贵材料做成的。他们赞美绵羊，把它提高到神话的地位。另一类重要的动物主要是由马匹代表的。但也有牦牛，混血奶牛（མཛོ་མོ）。苯教供品中，作为法术所需要的动物，除马、黑白绵羊、黑白牦牛外，狗也是重要的动物，特别是母狗。在祭祀过程中，主要用这些动物的骨骼、肉、内脏、蹄爪、血、胆汁、脂肪。又如：现出鹅作为陪葬品的现象，是因为苯教在殡葬时，视鹅为"念鸟"（གཉན་བྱ），称它为念苯唐唐杰凯（གཉན་བོན་ཐང་ཐང་ཁྱེར་བཀས）。它的殉葬与其他鸡、鸽等飞禽陪葬不同。牛、羊、马、狗等被誉为死者的"亲属"、"亲近者"和"心爱的朋友"。之所以殉葬这些动物，是因为它们有"勇气"，或者它们的道德品质是陪同死者前往冥地所必需的。

　　1号墓祭坛中体现了苯教"九"文化和"十三"文化。"九"这个数字在苯教仪轨中与地界、天界及教义有关。地界被认为从里到外共有九层（九重天），天界最初有九层，后来扩展为十三层。"十三"是苯教中的另一个吉祥数字。苯教的教义也被划分为不同的九乘（《九乘经论》）。在苯教，有以"九"个为一组的人，如九位天神，九位色（གསས），九位王子、九位铁匠、九位父亲、九位苯教徒；苯教有《苯教九乘》（བོན་གྱི་ཐེག་པ་དགུ），土地神有"九宫"居地，山神有"世界形成之九神"；吐蕃王国向本命神进献供品也讲究"九驮"什么什么东西。吐蕃第一位国王聂赤赞普（གཉའ་ཁྲི་བཙན་པོ）从天登"九阶天梯"下凡吐蕃疆域等等。"九"不仅表示一种整体概念，也表示藏民族的宇宙观。都兰1号墓的祭坛两边的圆形祭祀坑（一组13、一组14）。体现了"九乘"文化底蕴，即9×3＝27。同时针对1号墓周边的某些特定的山、水，充分提示了祭祀"念（གཉན）"、"鲁（北）"、"拉（冬）"的苯教崇拜自然物体的文化原型。其中，具有典型意义的文化原型之一是祭坛两边的圆形祭祀坑。墓右13座，墓左14座。"13"体现了苯教"十三"信仰，它的主题思想是"念"，对墓周边的山的崇拜。"14"是相对于"13"的差异数来提示对水的崇拜，主题思想是"鲁"，对墓前方的河流的崇拜。同时，"九"又是由"十三"派生的，即苯教的天、地、教义都包含在苯神"十三念神"（གཉན་པོ་མགུར་ལྷ་བཅུ་གསུམ）之中。如苯教山神沃德巩甲（ བོད་དེ་གུང་རྒྱལ）是八位山神的父亲，八位山神和沃德巩甲合起来就是"世界形成之九神"。苯教认为冈底斯山是吐蕃土著十三神的居地。通常称作"十三念神"，他们是由"世界形成之九神"外加（ རྫ་བོ་མཆོངས་ལྷ། རྫ་བོ་ནག་གསུམ། རྫ་བོ་གཡར་སྤུང་། རྫ་བོ་ལྷ་བཅུ）四位神灵组成，他们都与死亡和灵魂有关。所以也叫本命十三尊。实际上他们都是些山脉。"世界形成之九神"也称作吐蕃君主本命神，这是由于它们曾经保护过松赞干布、赤松德赞、热巴津（ རལ་པ་ཅན）三大王家先祖世系。可以把山神们看作是依附于赞普们身体的神。因此，本命神可看作是山神，这些神附于他们的身体上，就能使他们得到保护和确保他们生存。但当本命神"抛弃他们的生命"时，便会导致受保护的人死亡。吐蕃王国的许多藏王与贵族级的墓都依山面河，头山脚河。这种殡葬习俗与中原风水的"青龙"、"朱雀"有着本质上的文化差异。吐蕃的殡葬崇拜"念"、"鲁"，基于这种观念，才产生了王家的殡仪要在山上或靠山依河地方举行的习俗。都兰 1 号墓及其周边的墓都遵循了这一传统定俗。因为在苯教看来，山水是生命本原的所在地。这与中国传统的"堪舆术"、"相地术"、"阴阳术"以及晋郭氏的《葬书》中的道学风水有着本质上的文化差异。

苯教崇尚九层天，认为在九层天之上，死去的人应与绵羊、马匹等牲畜同时在"上部翻越山口"（似指灵魂超度），在"下部涉过渡口"（似指中阴境界）。他们共同吃冬夏常青的草（隐喻生命和永生）。"在喜地和喜山，有死亡之草和死亡之水，'宠马'跟随仪轨绵羊与人共同翻越山口渡口，他们来到了死域坟墓，那里的草冬天如夏天一样嫩绿，水新鲜清洁，人与绵羊婚合，他们在那里共同居住"。苯教举行殡葬仪轨时，还要提示殉葬的马匹和绵羊等牲畜。嘱咐它们：在死人之域坟墓，你将会找到冬天和夏天一样绿的稻草。在死人之乡，大家把酒斟在海螺汤匙中。在死人之墓地，有一眼专为死者品尝的泉水，其水比美酒更为甘美；"不要以你的带丝（ཐིའོར）的耳朵远听，不要以你的猎眼向远方看"。"在无路可通的地方寻一条路（指马匹）"。要求绵羊以犄角挑穿岩石。"在死者之地坟墓，无论是生死的牲畜还是生死的人，二者是主仆"。"仪轨中使用的绵羊，你是无父者之父，无母者之母，愿人由你而获生……愿人由你而赎命"。在殡葬仪轨中，绵羊作为时光的把握者进行殉葬。如灵魂在中阴要渡过的所谓"七个山口"的阶段中，渡过每一个"山口"时，举行仪轨的绵羊的三次哀叫声以及在这"有利的时光"、"人和马便钻了进去"。在殉葬过程中，认为殉葬的马匹运用了"山口的勇气和渡口的宏量"，死者得以享受。在举行死者赎身仪轨的具体墓地，苯教巫师们还会举行肖像仪轨。据传，都兰 1 号墓中曾经发现八个木制人头俑像。这想必是"肖像仪轨"的种类之一，是在当初召回灵魂或生命的仪轨过程中制造的。习俗上这种仪轨是在三个早上、三个白天和三个晚上，负责生命之本质的苯教徒极力恢复生命（招魂），然后把"灵魂之舍"和"肖像之舍"置于死者身体之上，将长青草置于肖像中之后，开始建造灵魂城堡（墓）。风水的选择，自然是依山面水，头山脚水。墓所依偎的大山和河水、平原等必须具备苯教仪轨的某些特定条件。都兰 1 号墓的墓址选择具备这种风水特定条件。其具体体现为：

（一）山沟有满山的长青草，灵魂之山。当为 1 号墓背的山沟及垭豁中央的孤峰。

（二）大平原之长青草，灵魂之平原。当为墓前方的察汗乌苏河岸草原。

（三）山谷中之长青草，灵魂之山谷。当为 1 号墓背的血渭山谷。其次，墓顶象征对着山谷上部，墓门象征对着河流，这是对死亡的中阴境界而言。对此，苯教仪轨认为"有山口的勇气和渡口的宏量"的灵魂，如同游鱼渡河，进入墓门，又像飞鸟一样从墓顶飞出（中阴得度）。"山谷上部的高级灵魂如同飞鸟一样共有十三只，山谷下部的低级灵魂如同游鱼一样共有十二条"。这是隐喻亡灵及其殉葬宠物能或者不能灵魂得度。现实殡葬仪轨中选择的墓址依山面水，头山脚水的丧葬文化风俗，主要预示了灵魂必须经过的"渡口"和"山口"。都兰 1 号墓周边的中小墓葬群，是以"位于天与地的交界处"的"人之子"的大墓为中心，区别开了一种所谓的"高级灵魂"与"低级灵魂"的殡葬形制。按照吐蕃时期的苯教殡葬仪轨，山的阳坡和阴坡的墓葬是以男女之间的对立相联系的。但与道教的"阴阳"不同的是男阴女阳。山的上部与下部、坡的阴面与阳面、山与河等等，都是以双重结构联系的，埋葬者于其中占据一个位置。以飞鸟和游鱼的对立以及 12 和 13 中的差异作为代表，隐喻一种性别或亲属的对立，父与母或男与女的差别。由此，可以认为，都兰1号墓周边的中小墓群的个别墓中出现鱼骨殖，鹅等飞禽骨殖也是遵循一定的仪轨文化原理的，而并非死者生前喜欢吃这些动物，因此而加以陪葬。在墓的形制和分布方面，吐蕃时期的墓的结构有方形、长方形、梯形等。这类墓规模一般都比较大，圆丘形墓一般都比较小。圆形墓一般环绕在方形、梯形、长方形大墓的周围，都兰1号墓及周边的近百座中小型墓群的分布符合这种规律。一般而言，方形墓与圆丘形墓之间的形制差异，揭示墓主等级高低或时代早晚的区别。

三　都兰1号墓的形制特点与风水释义

都兰1号墓的墓址选择在东西走向的血渭（ཤེ་ཟེར་ཁབ་ ཉེ）山下，以血渭山脉为墓依，紧挨血渭山南的山关沟尾偏左缓冲性山坡。整座墓背对山沟的洪积扇，并居高临下，前朝开阔的察汗乌苏河北岸。从大墓坐落的方位看前方，视野非常开阔，具有吐蕃藏王墓的一般特征。它的墓址选择及周边风水与西藏琼结县（འཕྱོངས་རྒྱས）、乃东县（སྣེ་གདོང）境内的众多吐蕃藏王墓的选址特征如出一辙。

都兰1号墓的封土堆以土砂夯打为主，内夹石砌墙，墙中央再砌石砌墓圹，墓圹与围墙之间进行封土。石砌墙体中夹柏木木椽。这些形制与西藏琼结、乃东、扎囊（གྲ་ནང）县境的吐蕃时期的藏王及贵族一类的大型墓极为相似。尤其西藏扎囊县斯孔村（གཟེར་ཁུང）古墓葬群中的大型墓的封土形制完全相同。

都兰1号墓在风水原型方面，具有三大特征：其一，墓的依山（རྒྱབ་རི），墓背对血渭山沟，沟脑极顶处呈垭豁状，垭豁正中有孤峰，它与墓对峙，处在一条水平视线位置上，这座具有“山口”和“独山”双重特征的山，不仅是苯教殡葬仪轨选择的“灵魂之山谷”、“灵魂之山”，而且也是崇拜意义上的“念山”（གཉན་རི）。对入葬的墓主及其殉葬动物而言，它象征着灵魂的“山口”。其二，墓本身，以及墓顶封土平台上的1730平方米的近似等腰梯形的巨大的石砌围墙，尤其是石砌墙中央的曼荼罗（མཎྜལ）坛场模拟墓圹及“墓室”。它们不仅仅是墓主的灵位所在地，更深的宗教教义上，它们隐喻着一种宇宙观。展示了“天与地交界处”这样一种苯教的观念。其三，墓前方的巨型祭坛。祭坛由27座圆形祭祀坑，5条线形祭祀坑竖列横排而组成。它们的布局结构是5条线形祭祀坑东西走向，南北横排。线形祭祀的东西两端，27座圆形祭祀坑分成东头和西头两组，东面14座，西面13座。东面的圆形祭祀坑从北到南两两排列（不对称），母祭祀坑居北端；西面的圆形祭祀坑由南至北两两排列，其中，母祭祀坑居南端，余6对子祭祀坑由南朝北偶排。都兰1号墓的圆形祭祀坑与西藏扎囊县境内都古山（རྡོ་སྐུ་རིའི་མཆོད་ད་གདུང）墓葬的圆形祭祀坑一脉相承。都古山圆形祭祀坑亦位于墓前下方，两座祭祀坑南北并排，两坑口沿间距0.7米，其形制均为圆筒竖穴，口小腹大，底部收缩，兽骨集中子坑底。笔者认为，都兰1号墓祭坛中的5条线形祭祀坑的风水原型是苯教殡葬仪轨中的“五供”，即为“五条路上的地神奉献供品”的祭祀主题思想的象征。而线形祭祀坑左右两边的圆莆祭祀坑的主要祭供对象是：右边（西边）的13座是针对墓北的山，左边（东边）的14座是针对墓前的河（察汗乌苏）而祭供的。总括起来从墓背的山，到墓顶的曼荼罗模拟“墓室”，以及墓前下方的巨型祭坛，在苯教殡葬仪轨的文化底蕴中，三者的象征旨在展示"念山"（གཉན་རི），天神或宇宙（གནམ་ལྷ）"鲁曲"（ཀླུ་ཆུ）河与墓主的和谐。其中充满对天、地、水的敬畏与崇拜意识。具有吐蕃时期苯教《十万龙经》的殡葬仪轨的模拟痕迹。同时，这一典型的风水流变，体现了吐蕃王朝的苯教宇宙精神。其次，墓本身的形制，完全体现了吐蕃时期藏王墓的形制特征。吐蕃藏王墓的一个共同特征之一是，墓的平面呈方形或梯形，底大顶小，前高后低，前宽后窄，后背沟尾或山脚，前朝沟口或朝山。都兰 1 号墓完全具备以上特征。这一类型也是西藏琼结县、扎囊县等境内的吐蕃时期的藏王墓的基本特征。以西藏琼结县境内的数十座已被基本考证了的藏王墓的封土基本结构为例，他们的共同特点是封土结构讲究，封土堆以土沙夯打为主，内夹石砌墙为辅。都兰 1 号墓具备这种特征。都兰 1 号墓封土堆建立在较平缓的山麓的坡脚下，封土堆高大雄壮。墓的规模为到目前为止已被基本考古证实的松赞干布墓等吐蕃时期九座藏王墓之首（比较表 1）。封土顶已被盗掘的墓室形制与松赞干布墓室相似，殡葬规格不逊于松赞干布。都兰 1 号墓和其他藏王墓一样，在一定程度上借助地势的自然高度为雄。其结构特点是，用土砂夯打，内夹石砌墙。同时，石砌墙体中夹柏木木椽，这也是西藏琼结县境内的许多藏王墓的共同特征之一。

其作用是加固封土堆的结构。都兰 1 号墓封土的基本结构是封土—石砌墙—封土—石砌圹墓室—封顶—封土。由外到内可分为（墓的形制）封土，封土顶石砌墙，墙内封土，石砌圹墓室。它们的作用是防止墓室周边的封土被风雨剥蚀和流失，或人为损盗墓室，而内砌石圹则完全是为了保护棺室。两墙之间灌以土砂封闭，使之成为整体墓顶的组成部分。都兰 1 号墓的石砌墙及石砌墓圹的形制非常独特，规模宏大，超过任何其他目前已被考证的藏王墓（比较表 2）。都兰 1 号墓的等腰梯形石砌墓圹墙体中间一个紧挨一个的柏木木椽排列与西藏琼结县境内的著名青瓦大孜（ཕྱིང་བ་སྟག་རྩེ་རི་བོ）山顶的吐蕃古墓（金城公主之墓），以及拉龙沟墓群（ལྷ་ལུང་གྲང་མོ）的结构形制极为相似，这种结构的大型墓，被考古工作者认为是吐蕃时期藏王墓的特点之一。

表 1　藏王墓及都兰 1 号墓规模比较表

人物名称	墓高（米）	边长（米）	宽（米）	总面积（平方米）	形制
松赞干布	13.4	100	10.0		正方平顶
芒松芒赞	15	126		18496	正方平顶
赤都松芒杰	8.9	90		8100	正方平顶
赤德祖赞	13	99			正方平顶
牟尼赞普	12.25	75			正方平顶
赤德松赞	11	81			正方平顶
赤祖德赞	4.7	87	54		梯形平顶
赤松德赞	147	180			正方平顶
朗达玛	4.3	39			
都兰 1 号墓	27.8	155	80	10240	梯形平顶

表 2　藏王墓封土堆夹石砌墙比较表

人物名称	墓高（米）	边长（米）	宽（米）	总面积（平方米）
松赞干布	1		1	
芒松芒赞	1.3			
赤都松芒波杰	1		1.2	
赤德祖赞	1.2			
牟尼赞普	9		22	
赤德松赞	1.2			
赤祖德赞				
赤松德赞				
朗达玛				
都兰 1 号墓	2	55	41	1730

从都兰 1 号墓形制、规格、规模、特征等方面考察，墓主不可能是吐蕃大论一级的贵族，只能是吐蕃藏王一级的人物，某些从墓室中挖掘的藏文石碑提示，1 号墓及察汗乌苏河南面的其他大墓，有可能建造于公元 700～704 年前后藏王赤都松赞及其王后琛氏（མཆིམས་ཟ）统治时期。

四　曼荼罗（མ་ཌལ）模拟"墓室"的文化含义

都兰 1 号墓封土堆顶的近似等腰梯形的石砌墙以及中央的曼荼罗模拟形制的"墓室"，在吐蕃殡葬文化含义中，它具有以下意义：

（一）它的实际作用，即保护和加固主墓周边的封土堆。

（二）它的殡葬定位意义。可以将等腰梯形墙看作影壁，它将墓室的前后左右分开，将墓室围起来，起了将封土冢影遮盖和掩照的作用。

（三）灵位的标志意义。以石砌墙围拢石砌圹墓室，体现了特殊人物的灵位之地的标志。

（四）曼荼罗的特殊意义。曼荼罗坛场中心划分为九格。《国王遗教》中说："藏王墓内九格；中央置赞普尸体，涂以金，墓内装满财宝。"其中所谓"九格"即指曼荼罗坛场形制的墓室的中心。九室墓是吐蕃殡葬中最高的殡葬规格。都兰 1 号墓的石砌室形制是最典型的曼荼罗坛场模拟形制的建筑，但墓室中央破坏严重，无法分辨是否设过"九格"。仅曼荼罗坛场模拟墓室这一迹象，足以证明墓主的身份是藏王级的，这是许多吐蕃奴隶主贵族墓与藏王墓的等级形制所区分了的实事，应该说是没争议的。墓在吐蕃时期的苯教中还称之为"四角八绳"。我们如今的帐篷也属于"四角八绳"。这是古代吐蕃时期苯教的宇宙观。都兰 1 号墓顶已被盗掘，墓室的形制显而易见是根据宇宙完美体现的曼荼罗这一主要概念的兴起及其"四角之洞主"居室理想化有关。在"四角"的墓顶内以建筑矩形石砌墙及曼荼罗坛场的墓室是表示空间的隐喻，是吐蕃人宇宙模式观点的特征。那么，问题就在于"四方宇宙"模式如何以其最早变化了的形态，体现于具有上千年历史的都兰 1 号墓中出自于苯教巫师们之手曼荼罗的文化原型，国外藏学研究专家认为很可能产生于西藏。更确切地说，这是和西藏西部地区的巨石建筑相联系的，认为西藏的巨石文化同"苯"（རྱ）的早期发展有关。7~9 世纪，苯教九乘中的最高乘（大圆满等）已经存在于吐蕃，同时，低级的乘（仪轨和故事）也与苯教巫师们及其诸辛（གཤེན）共同存在。藏学研究专家图齐认为古代近东（以及伊朗）的宇宙模式观念更为古老，它后来传到了印度，并且也许是通过"苯"传到西藏。紧接着又在曼荼罗中加以理想化了。墓穴中隐喻宇宙观的饰物的文化现象，不仅在吐蕃时期常见，而且在东帕米尔伊朗塞种文化中也有类似发现。苏联学者 B. A 列特文斯基研究过东帕米尔属于伊朗（塞种）文化创造者的一个很有意义的墓葬群落。他在一个墓穴中发现了一个年代在公元前 8~6 世纪的纹饰铜牌，可与西藏苯教所用的法器相比较。这个帕米尔的牌子使人联想起"苯"传统的所熟悉的反映北方香巴拉观念的图形，即各角连成对角线的内接方形。

都兰 1 号墓顶的"墓室"的总体布局模拟了曼荼罗坛场的结构。符合藏学研究专家图齐所说的"藏王墓常常属于十字架形的巨石建筑"这一类型。墓室文化形成了对世界结构的一种非常简单的解释，它以相当数量的门普遍包括守护神等同心矩形建筑设计为基础。如陕西法门寺地宫的曼荼罗布局。这是整个宇宙以及人体的象征性形象。如果石砌"墓室"的布局用横竖线或点简化表示，则布局可示意为"十"或"：："，中心一点，四方四点，这部分代表着世界中心，也就是出自空（它与纯洁的心相同）的五倍智力的表象。世间万物相互影响以及大世界小世界的统一标志，墓室的东西南北四个耳室的门中应象征各有一位守护神，坛场的目的是揭示在一切众生与整个世间中发生作用的秘密力的全图。它表达了存在之派生物的性质。墓室东南西北四个耳室的门以及中央的"主室"，应该是五位苯教教法的智力表象象征。他们的名字根据建造"墓室"（坛场）者的教派而定，不同教派者有不同的名字。可以肯定的一点是，中央的"主室"与东耳室的智力表象变换位置或者相互发生变化。南耳室、西耳室、北耳室则不变。根据坛场的传统，四个方位（门）的次序应为南—东—北—西。按照苯教坛场仪轨分析，都兰 1 号墓顶的墓室不应当是殡葬躯体的墓室。据知情者介绍，当年在此墓室中掘出丝绸、牛羊肉、木制人头俑像等。中央的"主室"应是金刚大力（大日如来）的位置。从"法"的角度讲，中央象征"清净法界智"。因此，这一个"墓室"很可能是"灵魂之舍"与"肖像之舍"。

五　周边墓葬群落概况

都兰 1 号墓所在墓群坐落于察汗乌苏河两岸，南北山脚下，大中小型古墓分布很广。在 1 号墓周边也有 60 余座中小型墓葬群。盗扰残损非常普遍。大部分封土外观为圆丘状。圆丘状墓封土结构较为紧密，土质多为沙砾土，有些封土深处有檀木。许多墓室有石砌边圹，有的墓圹为长方形、梯形、方形灰黑色砖。还有以泥球作为墓室外圹的墓。

独具风格的几种墓室是：

（一）"回"字形墓室。主墓室边圹为石砌墙结构，呈方形，有墓门和龛门。门框为柏木。主墓室外边再框以宽厚的碎石砌圹，高约 0.5 米，宽约 1 米余，其上一层一层用 10 厘米左右的泥球垒筑十多层。总体布局呈"回"字，其上为封土堆。

（二）柏木墓框"回"字墓室。主墓室四边为少量石头砌成四壁。墓室底部为黏土层，石砌墓壁口尚置柏木，高约 0.5～0.6 米左右。柏木木框上面是 2 米高的纯黄土层，土层上部是 1 米左右高度的石砌圹墓。主墓圹外围是另一层石砌墙，石砌墙与墓室之间有纯黄土封土堆，总体布局呈"回"字。

（三）台层式"回"字墓。主墓室为长方形，墓口沿砌石 2～3 层。墓室口沿留有土台层，宽约 0.5 米左右。其外围筑以圹壁，高约 1 米左右、土圹壁之上再砌高约 1 米左右的石墙，其上封土。总体布局呈"回"字。

（四）其他。有的墓室的结构为五六层粗细相等的柏木前后左右交叉垒置而成的墓圹。有的无墓底垫置的棺墓，外围石砌墓圹。有的用经过粗加工的柏木交叉垒置成墓圹，无墓底垫置的棺墓。有柏木为棺壁，木板为棺底的棺墓。

我们对都兰 1 号墓周边的 20 余座已被考古研究所清理的中小墓群进行了走马观花式的观察，未能系统考察和分析对比研究。这些墓群中有清理出的马、羊、山羊等家畜的骨殖，同时，也有鱼、鹅等动物的骨殖发现。有些墓的石砌边圹石头上有清晰可辨的血斑遗迹。据说有些墓周围灌有白土。许多墓中陪葬有桃核儿。还有一些墓中发现木炭等等。其中一条木简上写有（རྒྱལ་གྱི་བོ་བྲང་པ་གཉན་སྟྲན་ཅལ་）字样。

根据史料分析，（གཉན་སྟྲན་ཅལ་）年丹赞者有可能是位勇士。吐蕃王朝制订的告身制度中，特别规定的大告身等级中作战勇敢的勇士授阳虎皮肩章，在姓或名之前冠以"虎"字。木简上的人名，不一定是墓主（死者）的名字，有可能是一位签字者的姓名。据有关专家统计，都兰墓群所出丝绸中有残片 350 余件，不重复图案的品种达 130 余种，其中 112 种为中原汉地织造。其间北朝晚期至初唐时期流行的丝绸数量较多。而这一时期的柴达木盆地被认为尚在吐谷浑国的有效控制下。据此有人认为，"丝绸持有者只能是吐谷浑人"。笔者不敢苟同这一观点，商品的流行年代与制造年代是两个不同的概念。隋唐时期流行的商品不一定非要局限于该时期，更不一定非某一区域的民族莫属。照上述逻辑推理，与隋唐丝织品一起出土的吐蕃时期的藏文字就更不好解释了。至于墓周用白土灌注的迹象，证明被殡葬者是位死在疆场上的人。墓室中的木炭，与苯教举行的类似"燎燔"的祭祀活动有关，对祭品进行焚烧所致。至于陪葬鱼和鹅等动物的现象，其民俗文化原型在苯教殡葬仪轨的起源故事及教义中揭示得很清楚。另外，1 号墓顶的石砌墓室靠南处，紧挨墓的南缘与墓室之间，有一座 4.5 米高的尖顶三角形封土堆，我们暂且称它为"封土残丘"。它与曼荼罗形制的模拟石砌墓室相对应，甚至墓室的"十"字结构的一部分尚在它的底部。有的人认为，它是 1949 年前马步芳军队盗墓时挖掘剩下的原来的整个墓顶的残余。它的高度就是墓的原高度。根据我们考察，认为这个残丘并不是马步芳军队盗墓前的整个墓顶的高度。它原来的大小很可能与墓室的面积等同，即它位于现在的梯形墙中央，作为墓室的独立封土堆存在。马步芳军队盗墓时，挖掉了它的大部分。吐蕃时期的大型墓的墓顶往往有形似小山的封土堆。称之为"地"（ རི་བོ་འབུར）。如果不是挖掘所余的封土残丘的话，它很可能是"地"这种类型。

（原载《柴达木开发研究》2001 年第 6 期）

关于都兰县热水乡血渭一号大墓的族属与年代

许新国

在敦煌古藏文书 P. T1042 卷子中，记述了吐蕃的丧葬仪轨，也有反映吐蕃时期赞普陵墓基本面貌的内容。该卷子称呼陵墓建筑各组成部分时，使用了以下几个词语。即墓地和坟场（地面上的，强调的是"范围"），整个陵墓建筑（包括地下的，强调的是"建筑"）；四方墓室，在赞普大葬以前停厝尸体的场所以及建于陵墓之上用于祭祀的建筑等[1]。尤为重要的是该卷子提到了赞普陵上用于祭祀的墓上建筑。褚俊杰在解读 P. T. 1042 卷子时，指出这种墓上的建筑，其作用主要用于祭祀，相当于汉人墓地上的"享堂"。对这种墓上建筑，在汉文史料中也有记载。《旧唐书·吐蕃传》曰："其赞普死……乃于墓上起大室，立土堆，插杂木为祠祭之所。"这是一段极为重要的史料。

关于吐蕃的墓上建筑，在后世藏文史料中也有一些记载。《德乌教法史》说松赞干布陵"四角建为四种殿"[2]；《王统世系明镜》说"墓内五个神殿"[3]，这里所谓的"神殿"，即是指"享堂"一类的墓上建筑。另外，各史料都说囊日松赞陵墓有供祭建筑，即指"供殿"或"享堂"。如果这类记载属实，那么这一类的墓上建筑，可能从囊日松赞时期就已经出现。

根据以上文献记载，我们可以确知，吐蕃赞普陵墓存在着墓上建筑，这种墓上建筑被称为神殿、供殿、享堂和祠祭之所，其具体构造形式为"大室"，这种大室一般分为四室和五室，建于主墓之上封土之中。

20 世纪 80 年代初，青海省文物考古研究所在青海省海西州都兰县热水乡血渭草场发掘了一座吐蕃显贵人物大墓的封堆及其遗迹，对于了解和研究吐蕃墓的墓上建筑有着非常重要的价值和意义。也为判定大墓的族属和年代提供了证据。

这座显贵人物的大墓位于札马日村的血渭草场，坐落在察汗乌苏河的北岸，大墓周围有中小型墓葬分布。我们将大墓编号为 M1，其中小型墓葬按发掘顺序依次编号。M1 大墓为梯形双覆斗形封土。其北部与自然山岩相连，南部凸出山外。南宽北窄，依山面水，墓葬底部南面宽 160 米，北部连接山岩最窄处达 60 米。封堆顶部距南面地平面高达 30～35 米。上部封堆叠压在下部封堆之上，平面呈南宽北窄的梯形，与北部山岩相连接，其上部南北长 58 米，南部最宽处达 65 米，北部最宽处为 55 米，高 11～11.5 米。我们即对此上部封土进行了发掘，另在封土北部与自然山岩的连接处开了一条东西向的大探沟，部分了解了下部封土的结构，并对大墓封堆南部地平上的动物陪葬遗迹进行了大面积的揭露。

封土堆积由黄山、灰沙石、砾石、巨石等组成，遗迹由穿木、混凝夯筑圈墙、石砌圈墙、圈墙外房基、动物陪葬墓、十字形陪葬墓等组成。墓葬南面平地上有由马沟、牛坑、狗坑组成的组合陪葬献祭遗迹。

十字形陪葬墓又叫多室陪葬墓，位于上部封土的正中，动物陪葬墓的下方。这些遗迹均应列入墓上建筑的范围。首先看一看动物陪葬墓，从文献上可以确证。《通典》［卷一九五·四类］条中谈到吐蕃葬俗时记曰："人死杀牛马以殉，取牛马积累于墓上。"从大墓的动物陪葬墓可以看出，其中马骨占主要成分，充分证明吐蕃时期的丧葬中，确实存在墓上殉葬牛、马等动物的习俗。

关于上部封堆其他遗迹的性质，我们认为即所谓赞普陵上用于供祭主墓的"神殿"或"享堂"。符合《旧唐书·吐蕃传》所说"其赞普死……乃于墓上起大室、立土堆、插杂木为祠祭之所"的记载。结合大墓封堆分为上下两部分的实际情况，其下部封堆中的墓葬即应视为墓主人所在，而上部封堆中的十字陪葬墓以及圈墙等遗迹就应该视为墓葬的祠祭之所。这种祠祭之所由于规模较大，故亦称其为"大室"，主墓之上的封堆与"立土堆"相合。这也就为大墓为何采用"双覆斗"的形式，或称"封堆之上有封堆"找到了最合理的解释。至于"插杂木"的问题，大墓封堆从上至下平铺七层柏木、圈墙每层平铺一层柏木的现象，则是对"插杂木"的形象说明。

再从其十字形陪葬墓看，墓葬分为东、西、南、中四室，与藏族文献说的"四神殿"的记载相吻合。如果把长方形竖穴式墓道也算作一室的话，则与所谓"五神殿"或"五方格"相近。从出土物放置的情况看，中室主要出有幡和衣物的残片，东室则主要放置兽肉和漆木具的食具等物，西室主要盛储粮食（小麦），南室则主要陈放各种杂物。由于这座墓葬严重被盗，物品残碎较甚，散见回廊各处，其最早的陈列位置已无法确知。从未发现人骨的情况判断，这座墓葬不是埋葬墓主人的主墓，显然是一处"供祭"场所。从敦煌所出古藏文文书 P. T. 1042 中也可看到"将形形色色的供品置于陵墓顶上"，"将供品列于灵堂"，"献上粮食、羊只及贵人衣冠代用品等物，作为对祖先的酬谢品而献上"等记载。在《新唐书·吐蕃传》中也提到："君死……所服玩乘马皆瘗，起大屋冢颠，树众木为祠所。"在墓葬东回廊的东南角，还出有一件人形木牌，为木板所制，表面包贴有一层薄绢，有八只人手，表面亦贴有薄绢，可能即是作为祖先神来使用。

大墓二号陪葬墓的发掘，印证了吐蕃文献中供祭用的"神殿"或"享堂"的存在，对于考证墓葬的族属，提供了确凿的论据，墓葬属于吐蕃王朝时期是没有问题的。

这一点在对二号陪葬墓中出土的丝绸的研究中也得到了印证。在盛唐时期，丝绸图案中的骨架式排列已经基本绝迹，尤其是那些外来色彩特浓的对波与簇四骨架，仅存的图案连珠环也主要是大型的、加以变化的组合环，环外的十样小花也越来越丰富。另一方面，宝花图案的发展极快，而且还为图案环的变化提供了启示。盛唐时期的图窠环大量使用花卉环，当与宝花图案的兴起有关，在缠枝图案中也渗入了结构的思想，从而又产生了四方展开的缠枝图案。

盛唐是唐代经济文化的顶峰时期，是一个百花齐放的时期，在丝绸图案中也出现了写生式的折枝花鸟、鹊衔瑞花的图案。从织物的组织上看，斜纹经锦虽仍使用，但纬锦迅速兴起，盛极一时，配色有多列到 1:4 的，无明显绫条。绫仍以平纹类暗花织物为主。这一时期锦绫图案总的风格是富丽、雍容[4]。

大墓 2 号陪葬墓出土的锦绫织物分为四期：第一期是北朝晚期，时间约相当于 6 世纪中叶；第二期是隋代前后，约在 6 世纪末到 7 世纪初；第三期为初唐时期，约相当于 7 世纪初到 7 世纪中叶，第四期为盛唐时期，时间约在 7 世纪末到 8 世纪中叶。一般而言，一座墓葬中出有早期和晚期的物品是不为怪的，但其年代的确定一定要依靠晚期物品的年代确定，这是常识问题。2 号陪葬墓中属第四期盛唐时期的织物品种有：

卷草图案对鹿锦，该锦图案与日本正仓院所存的一件织锦类似，参照其年代可确定其为盛唐时期。

大窠宝花锦，这类蔟花团窠的演变序列并不清楚，但从敦煌壁画和彩塑的服饰图案中可以找出一些线索：在隋与初唐时，宝花艺术尚不成熟，大多简单而带有几何特征，简单宝花和中型宝花大多属于这一时期。武周及盛唐时，丝织宝花艺术已经成熟。吐鲁番 TAM64 所出大窠宝花纬锦是其代表，属于 8 世纪初之物，因此，2 号陪葬墓出土的大窠宝花纬锦可列入盛唐时期。

柿蒂绫，在敦煌莫高窟 K130 洞窟中曾出土这一类图案的绫，K130：14 中就有柿蒂绫，K130：25 中有四瓣花的纹样，其丝织物年代属开元时期，证明此种含绶鸟锦，除新疆出土的一件属 7 世纪中叶以外，在苏联中亚地区发现的 7 世纪～8 世纪中叶的粟特壁画中，也有较相似的图案，故其流行期可至盛唐时期[5]。

正是由于出土了众多的流行于盛唐时期的丝绸，我们将大墓的年代确定在 8 世纪中叶，这一时期为吐蕃王朝统治，其族属自然应归入吐蕃。

此外，大墓第 2 号陪葬墓中还发现了写有古藏文的木简。在本文中，我们首次予以发表：

标本 1，出自 M1PM2。长方形，为一木盒盖。底部有一卯，长 21.3、宽 5、厚 0.5～0.8 厘米。木盒盖表面墨书古藏文，但因器表涂有蓝色颜料和附有铁锈残迹而模糊不清（图 1）。

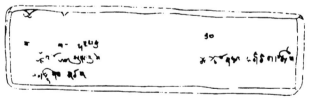

图 1　标本 1

标本 2，出自 M12。长方形木简，一侧开有一菱形缺口，一头削成尖角，一面涂有黑漆，并有三组刻划的斜条，一组二道，一组三道，一组六道，共十一道。另一面不髹漆，亦有刻划的斜线条十条。在这一面墨书古藏文，较清晰。长 22、宽 2.5、厚 1 厘米（图 2）。

图 1　标本 2

标本3，出自M1PM2中。长方形木简，正反两面均涂有红色颜料，一头有一榫槽，一孔。中部有并排的5个小孔，在一面墨书一行古藏文。较清晰，木片全长12.7、宽4.1、厚0.7厘米（图3）。

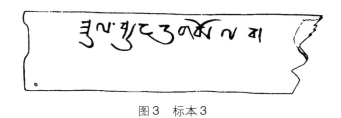

图3　标本3

标本4，出自M1PM2中，正反面均涂有红色颜料的长方形木简。在木片的中心部位穿有一铁钉，在一侧墨书古藏文两行，字迹较为清晰。两头稍向内凹，四角穿有小孔。木片长28.7、宽4.3、厚0.7厘米（图4）。

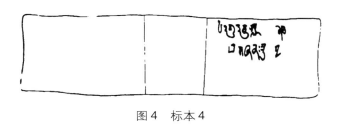

图4　标本4

标本5，出自M1PM2中，长方条形木简，正反两面均涂有红色颜料，一头低，做出榫。另一头向内凹陷。中部穿有六孔，榫处有一铁钉。在一面上方墨书古藏文一行，字迹清晰。全长20.7、宽4.1、厚0.8~1.2厘米（图5）。

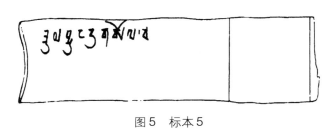

图5　标本5

标本6，出自M1PM2中。长方条形木简，一头残，另一头两角尖，中部向内凹陷。正反两面均涂红颜料。上有铁钉一个。残头上方墨书古藏文一行，中部亦有一藏文字母。全长25.8、宽3.9、厚0.7厘米（图6）。

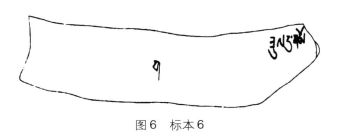

图6　标本6

标本 7，出自 M1PM2 中。长方形木简，一头残断，另一头低于平面，做成榫，中心穿一孔，径 1 厘米；孔前穿有 2 铁钉，靠近榫处亦穿有 4 个铁钉，帽径 1、钉径 0.3 厘米；中间墨书古藏文一行，字迹清晰。木件全长 35.4、宽 5.2、厚 2.8 ~ 3.2 厘米（图 7）。

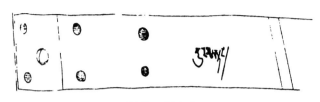

图 7　标本 7

除标本 2 以外，均出自热水血渭一号墓的第 2 号陪葬墓中，这些古藏文木简残件的发现，确证无疑地证明大墓的族属应是吐蕃。关于这些文字的年代，虽然还未经过古藏文专家的研究和考释，有待进一步的科学研究。但大墓附近 M6 出土的一件古藏文木牍，经过东嘎·洛桑赤列先生考释[6]；M10 出的十一支古藏文木简经王尧、陈践两位先生考释[7]，均已发表。王尧、陈践先生认为，比较青海木简与新疆木简之间的异同，从文字上看，在字体、书写风格和文字结构上两者属于同一类型，也可说明是同一时期的产物。即公元 9 世纪藏文改革前的作品。统称为ཁྲམ་ཤིང，口语作ཤིང་གི་བྱང་།。

我们热切地盼望藏族学者和有识之士考证和研究这批古藏文木简。

（原载《青海藏族》2012 年第 1 期）

注　释

［1］褚俊杰：《吐蕃苯教丧葬仪轨研究——敦煌古藏文写卷 P. T. 1042 解读》，《中国藏学》1989 年第 3 ~ 4 期。

［2］恰白·次旦平措整理：《德乌宗教源流》（藏文），西藏人民出版社。

［3］萨迦·索南坚参著：《王统世系明鉴》，民族出版社，1987 年，参见陈庆英、仁庆扎西汉译本，辽宁人民出版社，1985 年。

［4］许新国：《吐蕃墓的墓上祭祀建筑问题》，《青海文物》1995 年第 9 期。

［5］许新国、赵丰：《都兰出土丝织品初探》，《中国历史博物馆馆刊》1991 年第 15、16 期合刊。

［6］许新国、格桑本：《东嘎·洛桑赤列先生与都兰血渭六号墓出土的木牍》，《青海藏族》2011 年第 2 期。

［7］王尧、陈践：《青海吐蕃简牍考释》，《西藏研究》1991 年第 3 期。

论都兰古墓的民族属性

阿顿·华多太

  1982 年，青海省文物考古研究所在都兰县热水血渭（偕微）草原发现了吐蕃墓群，并对"都兰一号大墓"进行了考古发掘。这个重大考古发现，被国家文物局学术委员会以"都兰吐蕃墓群"之名评选为"1996 年全国十大考古新发现"之一。1999 年 7 月至 9 月，北京大学考古文博学院和青海文物考古研究所联合对该地区热水河南岸的 4 座大、中型墓葬开展发掘工作，获得了前所未有的考古研究成果，考古报告《都兰吐蕃墓》于 2005 年 1 月正式出版发行[1]。

  至今，参与都兰吐蕃墓群考古研究的有：北京大学考古文博学院隋唐考古专家齐东方教授、林梅村教授，中央民族大学古藏文专家王尧教授，吉林大学边疆考古研究中心人骨鉴定专家朱泓教授、周慧教授，中国社会科学院古树轮研究专家王树芝研究员，中国科学院邵雪梅研究员，瑞士藏学家阿米·海勒，四川大学藏学研究专家霍巍教授以及青海省文物考古研究所考古专家许新国等一大批国内外颇有威望的考古专家。中国社会科学院、北京大学、中央民族大学和吉林大学参与了研究。他们多管齐下，从历史、人骨 DNA 测定、古藏文、颜料、道符等专题对该墓葬群的相关问题进行了攻关，产生了一系列力作。这些考证成果在国内外考古界引起强烈反响，其中对都兰古代墓葬的民族和文化归属已形成定论。大量史料可以证明，吐蕃自公元 7 世纪进入河陇、中亚到 9 世纪晚期走向衰落，时间刚好两个世纪，唐朝以"汉魏诸戎所无也"[2]形容其强大。吐蕃对河陇、西域等地的统治虽然也有短暂的中断，但大部分时间是持续控制的，特别是在公元 670 年到 780 年，吐蕃比较稳定地控制着丝绸之路。在这个时期，包括都兰在内的柴达木一带自然成为吐蕃王朝的属地，这些地区出土的举世罕见的大量珍贵文物，也验证了当时的历史面貌。

  然而，近些年青海省一些民间文化爱好者，却用以论代证的思维方式，将该地区墓葬文化归拟为吐谷浑文化，其中程起骏以"藏族不吃狗肉"（暗示不会殉葬狗）、"吐蕃的葬俗最早为野葬"、"墓穴土封口朝东"（暗示辽东方向）等简单的推理来引证都兰古墓不是吐蕃的。其《古老神秘的都兰》（2009 年 7 月由青海人民出版社出版）一书，对都兰古墓问题的多处论述有待商榷。因此，为尽早澄清历史事实，还原都兰吐蕃古墓的史实与真相，笔者就《古老神秘的都兰》一书中有关对都兰古墓论说部分的虚实真伪，作逐一解答。

一　对吐谷浑地望的错误定位

1. 从白兰出处分析

程起骏在书中言"4世纪初，即西晋末年，天下大乱，从东北辽东半岛迁徙来的鲜卑族慕容部吐延可汗，在今都兰（指白兰）地区，建立了一个强大、富饶、文明的汗国"。可是，在真实的史料当中，白兰是在当今的都兰吗？

白兰，是藏语记音，源自"པ་གླང"（巴郎）一词，是黄牛的意思，巴郎也可缩写为郎。《魏书·西戎传》记载："敦煌、西域之南山中，从若至葱岭数千里，有月氏余种葱芘羌、白马、黄牛羌，各有酋豪，北与诸国接，不知其道里广狭。"后来在其他史书中，此处所称的黄牛羌不见踪影，取而代之的是白兰或者白狼。可见在汉文史书里，早期把这个名字意译为黄牛羌，随后又将其音译为白兰或者白狼。

按照藏文史料的记载，巴郎和苏毗是相辅相附的部落，苯教史书《ཞེར་མིག》把象雄三部中的郭哇部称之为"སུམ་པ་གླང་གི་ཕྱིར་ཤོད"[3]（苏毗黄牛部之藩篱），苏毗与巴郎的关系可见一斑。其他藏文文献中也有"ཉང་ཡུལ་རྣམ་གསུམ་ན། ཉང་བཙུན་གླང་རྒྱལ"[4]（娘域三部之地，有宁曾黄牛王）和"ཀྱེག་ལེ་ནི་གླང་མར་ནས"[5]（纽列的黄牛下部之地）这样的记载，说明"黄牛（巴郎）国"很早就存在。《朗氏家族史》中多处记载有གླང་རི（黄牛山）、གླང་ཤད（黄牛川）等等与郎有关的地名，如今丹巴县境内还有（བགྲེ་རི）（黄牛山）这样的地名。这些地域大都在甘孜州和果洛州一带，这也是历史上白兰或者白狼曾在此活动的一个印记。

藏族民间传说中，多有"སུམ་པ་བ་གླང"（苏毗黄牛）这样的口传历史，现今藏区的森巴（苏毗）部落家族依然保留着不吃黄牛肉的习俗，在他们的《祭神祝词》中赫然把黄牛敬为神灵，实际上延续了古代苏毗部落对黄牛的图腾崇拜历史。由于苏毗与巴郎（黄牛）部落相属或者相邻的原因，在敦煌吐蕃文献中又称苏毗为"མཛོ་མོ་སུམ་པ"（犏牛苏毗），只要有黄牛才会有犏牛，所以这个可能是苏毗一大特征。如今果洛玛多、环青海湖地区的巴那亥部落还保持着将牦牛鞍称之为གླང་ག（黄牛鞍）的习俗，这种现象与藏区其他各部称其为"གཡག་ག"（牦牛鞍）形成了鲜明的对比。

对于གླང藏文古籍中还有"ཁ་མིག་གླང"（花眼黄牛）的说法，笔者认为这个名称是格萨尔中"ཁ་མོ་གླང"的直接来源，先有"གླང"而后有"གྱང"，后者是从前者演变而来的一个地名。另外，如今被称为格萨尔发祥地的果洛、甘孜等地的歌舞盛行的传统，与汉文史书里白狼国歌曲发达的共同特征也是一个不争的事实。《格萨尔王传》中གླིང（岭）的地域在今青海果洛、玉树及四川阿坝和甘孜一带，这也与近来有专家认为格萨尔的岭国在白兰之地的推理相吻合。

根据《藏族史齐乐明镜》记载："གླིང（朗）的后裔བ་གླང་བོང་བུ（黄牛部和驴子部）在此地（指玛尔曲流域——引者注）"[6]，说明黄牛部源自གླིང（朗）的一个属部，在四川西北一带。另外，在《朗氏家族史》中也有"གླང་གླིང་ལ་ཕྱི"（郎部落抵达朗地）这样的记载，也说明了གླིང（朗）与གླང

（郎）之间的关系。

这个"ধ্রীང"字作为地名，也曾在敦煌藏文文献中出现数次，如"ধ্রীང་རེངས་ཚལ"、"ধ্রীང་ཀར་ཚལ"、"ধ্রীང་གི་ འོལ་བྱག"、"ངང་མོ་ধ্রীང"等等，说明它是个古老的名称。四川省阿坝州松潘境内的"ধ্রীང་བ་ཟང"（朗巴桑家族），若尔盖十姓当中的"ধ্রীང་པ"（朗巴家族）等等与其有关的地名[7]，都可谓是古白兰在此地的历史遗存。

在藏文史书中，ধ্রীང被归为 བེ་རེ（白利）的一个属部，据《汉藏史集》记载：白利部落分"མདོ་དང་ধ্রীང་པ་གཉིས"[8]（朵和朗巴），其中的"朗巴"就是朗地人的意思。嘉绒地区十八部落中的"མདོ་ধ্রীང"（朵朗），据说是白利王的后裔。《娘氏宗教源流》中记载："多麦南部为白利之地"[9]，多麦南部是指青海南部及四川阿坝州一带，与前者相同。

另据《萨迦世系史》记载：萨迦班智达受阔端王之邀，代表藏区各部向蒙古投诚时说道：我领白利去臣服，由其威望，上阿里、卫藏皆也臣服[10]。从此可以看出，吐蕃王朝崩溃之后，白利可谓是青藏高原一个很有影响力的部落。元朝曾封萨迦班智达侄恰那多吉等萨迦嫡系为"白兰王"，笔者认为这个称呼源于白利地区为巴郎（白兰）部落属地的原因。据《德格寺录》记载：之后，一萨迦王室成员到此（白利），与"ধ্রীང"建立了宗主关系，不久，该地上部由格加统治，下部由白利统治[11]。因此，在很多藏文史料中提到的"白利加保"（白利王），其实是这一时期汉文史书中的白兰王。

白利与白狼的姓氏归属，据《原氏族谱》（ རུས་མཛོད་མེ་ཏོག་ধ্রীད་ཚལ）记载："སྟོན་ཁམས་བེ་རེ་རྒྱལ་པོ་ཞེས་པ་ཁམས་ཀྱི་རྒྱལ་པོ་ཆེན་པོ་དེའི་གདུང་རིགས་དེ། ལྭ་སྟོང་དཀར་པོའི་རྒྱལ་པ་དངོས་དེ་ཡིན་ལ"［原康地的白利大王是སྟོང（党项）之嫡传后裔］，与《北史》中白兰"党项羌……皆自称弥猴种"的记载同，这也是白利与白狼同源的一个证据。在甘南等地的藏语方言中，黄牛又被称之为"བ་ལེ"（巴勒），对此毛尔盖·桑木旦大师在《藏族史齐乐明镜》中称：玛尔曲河下部为巴勒属地[12]，玛尔曲河下部是今四川阿坝州西北及果洛州东部一带。

由此，我们可以推出，汉文白兰羌源于藏文史书里的བ་ধ্রীང即那（黄牛部），白兰是一个古老的部落或邦国，广义上属于ধ্রীང的范畴。白兰在当今果洛北部，包括四川阿坝、甘孜两州西部和青海海南州南部等地。

在汉文史书中，白兰最早见于《华阳国志·蜀志》之江山郡条："汶山郡……有六夷、羌胡、羌虏、白兰峒九种之戎。"而白狼一名始见于《后汉书·都夷传》，其文曰："自汶山以西，白狼、第木、唐茨等百余国……"二者中可发现白狼与白兰早期活动地域在汶山以西一带，大致相同。除此之外，如《宋书》《隋书》《通典》当中对白兰地域的记载与白狼基本相同。

关于白狼和白兰的族属，《北史》和《隋书》载："党项羌者，三苗之后也。其种有宕昌、白狼，皆称猕猴种。"《旧唐书·党项传》载："又有雪山党项，姓破丑氏，居于雪山之下，及白狗、春桑、白兰等羌。"《新唐书·党项传》载："又有白兰羌，吐蕃谓之丁零，左属党项，右与多弥接。"笔者认为此处的"丁零"是藏语"ধ্রীང"（朗）的古代读音，即"གི་ལང"，而不是指北方古代民族丁零。宋人郑樵《通志》之《四夷二·党项》中载："党项羌者，三苗之后也。其种有宕昌、白兰，皆自称猕猴种。"这些记载说明白狼、白兰二者不仅属于一个群落，而且是藏族原氏之党项（ཟོང）的一分支。还有在白狼献诗三章中，记录有白狼人知其自称为"偻让"[13]，而"偻让"与" བྱང་རོང"（朗戎）的发音类似，这些都可以引证白兰（巴郎）来源于"བྱང"（朗）的史实。另外，据藏学家格勒博士对比研究，发现藏语和白狼语之间同音同义词有"盐、父、不、见、来、赐、木、人、合、看、我、户、多、肉、飞、长、处、出、心、食、山、家"等22个[14]。

白狼与白兰的不同点在于前者在东，靠近内地而兼务农，后者在西务纯牧业，是一个进行着两种生产方式的同一群落。因此，汉语中的白狼有可能是对白兰的一种蔑称，或者是对同一名称的不同记音。

据汉文史料，西秦、北魏、宋等国多次与吐谷浑战，而吐谷浑每次兵败大都逃回白兰。史书中吐谷浑"犹未敢离白兰之险也"、"退保白兰山"、"（白兰）地既险远，又土俗懦弱，易控御险"、"速保白兰"、"遁保白兰"、"必走保白兰山"、"奔白兰"等等这些记载，足以说明白兰是个地势险要、易守难攻的地方，这与洮水以西及阿坝、甘孜、果洛北部一带的地形非常吻合。与之相比，都兰一带的地形，则恰恰相反。

已故史学家李文实先生曾在其著作中一针见血地指出："近年有人根据吴景敖和日本人佐藤长等人之说，以为今布尔汗布达山下的巴隆，即为当年的白兰国所在，依人作嫁，反自以为是新说。"李先生进而批评此种做法"仰人鼻息，以讹传讹，则既无味，且败坏学风"[15]。然而，程起骏执意将白兰和巴隆嫁接在一起，说什么"巴隆、白兰双声音（b/b），而近似叠音（lan/long），可视为一音之传"。其实巴隆一词是藏语巴戎（བྱ་རོང）的记音，都兰县班禅香日德寺历任堪布中就有རོང་བ་མཁན་པོ（巴隆堪布）这样的人物[16]。藏语中བྱ（巴）是藤木的意思，རོང（戎）与ལུང（隆）同样是沟的意思，藤木沟一名反映该地生长野生构杞、怪柳等植物的环境。

总之，从以上汉藏两种史料的角度分析，白兰正好居于今四川北部及果洛州北部地带之间。由此可见，历史上的白兰，并不在当今的都兰一带。

2. 从吐谷浑封号角度分析

吐谷浑从辽东西迁到青藏高原，在古代那种环境之下，必然是一个循序渐进的过程。他起初在今内蒙古草原定居多年，然后到枹罕（今甘肃临夏地区），逐渐成为一部分羌人部落的首领。之后，其势力逐步扩展到青海南部一带，最后，在隋末唐初迁至青海湖一带活动。在这期间，中原不同朝代为巩固自己的利益对吐谷浑给予了一系列封号。而今看来，这些历朝历代对吐谷浑的封号，可谓是显示每个时段吐谷浑活动范围最直接最客观的证据。

吐谷浑死，吐延立；吐延死，叶延立，以吐谷浑为族名、国号，自号车骑将军；叶延死，碎奚立；碎奚死，视连立，封为白兰王；视连死，视罴立，封镇西大将军、安州牧、白兰王；视罴死，乌纥提立；乌纥提死，树洛干立，自称大都督、赤水都督、车骑大将军、大单于、吐谷浑王；树洛干死，阿豺立，自号膘骑将军、沙州刺史，封陇西王、浇河公；阿豺死，慕璝立，封为陇西公、大将军、西秦王、陇西王；慕（璝）死，慕利延立，封为陇西王、镇西大将军，仪同三司，改封西平王，后封为河南王；慕利延死，拾寅立，封爵号河南王、澠川候、镇西大将军、沙州刺史、西平王；拾寅死，度易侯立，秦、河二州刺史；度易侯死，伏连筹立，为镇西将军，领护西戎中郎将、西海郡开国公、吐谷浑王；伏连筹死，夸吕立，始自号可汗；夸吕卒，世伏立，隋扶伏允为主；伏允死，唐扶顺为主，封西平郡王；顺死，诺曷钵立，封河源郡王，乌地也拔勤豆可汗，后以弘化公主妻，加封青海王；诺曷钵卒，忠嗣；忠卒，宣超嗣，授宣超左豹韬卫员外大将军，袭父乌地也拔勒豆可汗；宣超卒，子曦皓嗣；曦皓卒，子兆嗣；卒，"其封袭遂绝"。

从各朝的封号分析，吐谷浑主要经过了白兰王——陇西王（公）——河南王——西平郡王——青海王这样一个册封过程。白兰的位置如上所述，不再赘述了。陇西是指今六盘山以西一带。而吐谷浑最普遍的称呼"河南国"在《梁书诸夷传》和《南史夷貊传》中明确记载："其地则在张掖之南，陇西之西，在河（黄河）之南，故以为名"。显然，与都兰一带相距甚远。

其余的封号中，"河源"和"沙洲"、"西平"、"安州"等地名较为显眼，但是，河源在今西宁市一带，沙洲今海南州贵南县境，安州在今四川剑阁县普安镇一带，没有一处与当今的都兰临近。另外，唐朝边塞诗人王昌龄的诗歌《从军行》中更有"前军夜战洮河北，已报生擒吐谷浑"这样的诗句，很清楚地表明了吐谷浑的活动区域——洮河北。

从另一角度分析，以上封号也显示了吐谷浑的活动轨迹，即从叶延到树洛干之间在洮水流域及西甘南一带，从树洛干到伏连筹之间在今四川北部和青海果洛州北部一带，夸吕到诺曷钵之间在青海湖地区。这些地区均与都兰以及香日德一带相距甚远。

所以，程起骏"吐谷浑22位国王中，至少有十几位葬在（都兰）热水及其周边的香日德、夏日哈、沟里地区"的断言不知从何而来，依据为何？

3. 从《宋云行记》的分析

据《宋云行记》记载：初发京师，西行四十日，至赤岭，即国之西疆也，皇魏关防正在于此。赤岭者不生草木，因以为名。其山有鸟鼠同穴，异种共类，鸟雄鼠雌，共为阴阳，即所谓鸟鼠同穴。发赤岭西行二十三日，渡流沙，至土（吐）谷浑国。路中甚寒，多饶风雪，飞沙走砾，举目皆满，唯土谷浑城左右暖于处。

针对如此明了的记载，程起骏却无视"赤岭者不生草木"的特点，错将"赤岭"归为日月山，实在太荒唐了。因为日月山当下都显得郁郁葱葱，更不用说古代。

我国树轮专家王树芝研究员提到"从古木粗度可以推测，当时的柴达木盆地尤其是都兰分布着大片的祁连圆柏森林，这些森林起着防风固沙、涵养水源和调节气候的作用，该地是一个水草丰美，适宜生活的地方"[17]。从都兰古墓出土的木材和如今残存的柏木及绿洲分析，至少在唐代之前都兰地区尚未被沙漠戈壁化，必然是一个植被茂盛的地方。况且，风景秀丽的地貌才会成为古人的墓地。青海省考古所所藏的都兰热水北岸一处墓地出土的一块古藏文石碑中以"ཡང་དག་གནས"（圣地）来形容墓葬的地方，毫无疑问，此地当时必定是一个山清水秀的好地方。在吐蕃时期，具有红色岩石特征的"བྲག་དམར"（赤色岩山）是赞普驻扎牙帐选址的一个标准，是举行重大仪式选择风水的一个客观条件。而在都兰热水墓葬之地，恰好还有一座被称为"རི་དམར"（红山）的山，这地方在吐蕃时期，必然是一处风水宝地。

可见，都兰地区的古代环境与当下的荒漠戈壁判若两地，不可同日而语。然而，程起骏避而不谈那个时期都兰一带尚未沙化的自然环境，将"渡流沙"归为如今察罕乌苏与香日德之间的铁奎流沙，将古代"鸟鼠同穴"的生态环境归为当下自己亲历过的一处自然环境。以当下的流沙分布状况来论说千年之前的自然环境，只能说明其思维方式太过简单。

再从"即国之西疆也"这句话分析，当时北魏以今山西省为中心，其西疆为今甘肃等地。据《宋书·鲜卑吐谷浑传》记载，"甘谷岭有鸟鼠同穴，或在岭，或在平地"，因此，当时的甘谷岭才具备宋云所记"赤岭"那样的环境，更不用说离该地相距不远的地方至今还有"鸟鼠山"这样的地名。因此，把"赤岭"归为甘肃境内的甘谷岭，把"流沙"归为青海贵南县境内的木格塘（沙洲），再切合不过。

除此之外，我们假设《宋云行记》中"赤岭"就是日月山，那么宋云西行必然会经过青海湖，自然会提及青海湖，但是却没有，难道说在古人眼里方圆近千里的鲜海（青海湖）比一处"流沙"还不值一提，这一点很难说得过去。

4. 从几个主要地名分析

莫何川、伏罗川及伏俟城三个地名是吐谷浑迁徙定居的三个主要坐标，对研究确定吐谷浑地望至关重要。从树洛干奔莫何川，拾寅始居伏罗川，夸吕居伏俟城分析，莫何川是吐谷浑接近白兰的地方，伏罗川是居住白兰的地方，而伏俟城是离开白兰的地方。

关于莫何川的位置，史书记载：（白兰）其国虽随水草，大抵治莫何川。这说明莫何川在白兰边沿一带，史学专家基本公认为是青海省海南州贵南县木格塘，藏语"སྨུག་གི"（木格）是饥荒的意思，木格是莫何的不同记音。相传此地发生过大饥荒而得名"饥荒川"。《唐书·吐蕃传》也记载：鼠食稼，人饥疫，死者相枕藉。说明青藏高原也曾发生过这样的饥荒。

类似莫何的地名也在敦煌藏文文献中出现两次，分别是在公元678年和680年吐蕃举行议会的地方，即སྦྲགས་ཀྱི་སྨུར་གས་སུ་བཤལ[18]意思是：在扎合之木格（莫何）地方举行（议会），笔者认为"སྨུག་གི"和"སྨུ་ར་གས"是藏文的不同写法，这样的写法在敦煌古藏文文献中屡见不鲜，况且该两条记载中的赞年（བཙན་ཉེ）是吐蕃当时驻守青海的一员将领，而青海湖南的"木格塘"（སྨུག་གི་ཐང）刚好在其中心地域。

关于伏罗川的位置，从"盖与白兰山相近"和"始居伏罗川，犹未敢离白兰之险也"以及"西宁卫西南"这些史料分析，必定在白兰山的天然屏障之内。另据《唐史·吐谷浑传》记载：贞观九年"……达于柏海，北望积石山，观河源所出焉，至破逻贞谷，伏允子顺来降"，破逻贞与伏罗川发音同，而且由"从北望积石山，观河源所出焉"这段话分析，伏罗川指在阿尼玛卿山（大积石山）南麓一带，即今青海果洛州中南部。

根据王力先生所著《汉语语音史》分析，"伏罗"在隋朝时的发音是 biokla，这个地名正好与敦煌藏文文献中出现的两处举行议会的地名"འབྲོ"发音近似，"འབྲོ"在古代的读音"འབྲར"与伏罗如出一辙。该地名一处为川名"འབྲོ་ལྦའི་ཤང"而一处为城名："(ན) སྦོ་ལེན་ཆང་མཁར"，与伏罗川有城郭的记载相符[19]。两处议会于公元725年和728年由大臣སྣོན་ཁྲི་གཟིགས་གནང་ལྟེ（赤希囊康）主持，此人是8世纪初在（多麦）青海一带的议会组织者之一。

关于伏俟城的位置，文献记载比较明确，为青海湖西南 15 里处，即今共和县石乃亥铁卜加（མཐེབ་རྒྱ་）古城。铁卜加在藏语里是"拇指印"的意思，相传该城的轮廓像拇指的印纹一般，因此而得名。

伏俟城这个地名也与敦煌古藏文史书记载的两次举行议会的城名"འཞི་གར"相对应，分别在公元 717 年和 727 年，727 年"མདོ་སྨད་ཀྱི་དགུན་འདུན་འཐམ་（ཁྲམ）འཞི་གར（ལྤར）དུ་བློན་ཁྲི་གཟིགས་གནང་ཁོང་གིས་བསྡུས༎"[20]（多麦之冬季议会由大臣赤希囊康于兰斯城组织召开）。འཞི（ལྤར）与伏俟（城）二字发音很近，而且青海湖一带是当时吐蕃在多麦地区的一个战略要地，在此地举行议会是很自然的事。

从上述三个地名出处可以得出结论，吐谷浑历史主要历经了树洛干率部数千骑奔莫何川，拾寅始居伏罗川以及夸吕居伏俟城这样一个变迁。其活动中心只是在莫何川—伏罗川—伏俟城三者之间，与青海湖以西四百里的都兰及香日德一带相距甚远。

另外，吐谷浑国其他几个重要地名也折射出其活动的重要位置。一是吐谷浑四成之一屈真川的位置。根据《宋书·鲜卑吐谷浑传》记载："屈真川有盐池，甘谷岭北有雀鼠同穴。"屈真川在前而甘谷岭在后，说明了两处的连贯性，所以，屈真川不是指青海茶卡盐湖，而是宁夏银南之盐池，也称盐州，因天然盐湖众多而得名，这与吐谷浑被封为"西秦王"、"陇西王"等位置相符。二是刺杀吐延的羌聪是在昂城，今四川阿坝地区。三是辅佐叶延的功臣羌酋钟恶是在漒川，在今甘肃舟曲县西北地区。四是吐谷浑在益州立九层佛寺，益州在四川汉中盆地一带。五是北魏和宋等国与吐谷浑征战的战场多发生在凉州、洮州、河州、泣勤川和尧杆川以及度周川等地，基本上都是在当今的陇西陇南等地区。

综上所述，吐谷浑的主要活动范围早、中期是在洮水流域至阿尼玛卿山南北麓之间，晚期迁徙至环青海湖一带，但其活动中心一直是在洮水以西一带，确如《新唐书》记载的"甘松山在洮水之西，吐谷浑居山之阳"。

在数百年的时间里，吐谷浑最大的活动范围，莫过于公元 445 年攻打于阗的那次。但是，那次吐谷浑不是以扩张为目的去攻打于阗，而是在受北魏追杀，走投无路时背水一战的结果，其对于阗的占领是暂时的。《魏书·吐谷浑传》记载"七年，遂还旧土"，此地的"七年"指的是太平真君七年（446 年），可见，吐谷浑人攻打于阗加之往返的时间也不过一年左右。

然而，程起骏夸大其词，有意舍去"七年，遂还旧土"的史实，将这一时期吐谷浑最大活动范围，作为其自始至终的版图，提出什么"自从慕利延攻打于阗之后，吐谷浑疆土西进千里"这样有悖于历史实际的论说。

笔者推理所得出的结论，真如李文实先生指出的，吐谷浑"并非真正长期统一的国家。其政治中心早期在洮河流域，中期在河南，后期在青海湖周围。经过近代国内外有关专家的研究与考察，上述情况已明确一致"。

二　对所谓"吐谷浑邦国"的虚构

程起骏在其书中说："663 年吐蕃灭吐谷浑之后，又很快扶持了一个其统治下的吐谷浑邦国。国内外专家都认为，邦国的王城为香日德。"事实上，在汉藏文史料里清楚表明，吐蕃吞并吐谷浑之后，根本没有存在过什么吐谷浑邦国，更不用说什么都城。

汉文史料显示，吐谷浑被吐蕃所灭，"吐谷浑可汗诺曷钵携公主及数千帐走投凉州"。唐史对吐谷浑以国家形式存在的历史记载就此终结。对吐谷浑历史多有记载的中原各朝廷，乃至宋元明清，从未记有吐蕃统治下"吐谷浑邦国"的历史，这是不争的事实。

吐谷浑灭亡之后，如果又存在形成属国的理由的话，这个国主应该是唐朝，而不是吐蕃。可是唐朝向吐谷浑末代王诺曷钵只给了一个刺史官衔，自此，其后裔世袭从之前的"立"变为"嗣"，其部众随着吐蕃攻打到灵州，又往东迁移到朔方一带，其名称也从吐谷浑变为"退浑"，所谓的邦国何从谈起？

在藏文史书里，吐蕃也从未扶持过什么吐谷浑国，没有立过什么吐谷浑王，程起骏人云亦云，以讹传讹，盲目地将别人的错误论述当作自己的理论依据，把藏文史料中的"འ་ཞེ"（阿夏部落首领）引申为吐谷浑王，将阿夏部落归为吐谷浑邦国，将阿夏在吐蕃内部乃至敦煌一带活动的所有史料归为吐谷浑的记载，只不过是开了一个历史性的玩笑。阿夏怎么可能是吐谷浑呢？请看：

其一，大量史料记载，འ་ཞ（阿夏）源自藏族历史初期的六大或四大氏族部落之一，藏文早期史料如《原始六氏族》（མིའི་གདུང་རུས）中有"འ་ཞས་སྐ་བྱུང"（阿夏嘎姓）的记载，在《禳解内经》（གཏོ་ཕུག）中有，"མི་ནི་སེས་སྐ་འ་ཞ"（阿夏为桑嘎氏），《原氏族谱》中有："འ་ཞས་སྐ་བྱུང"（阿夏生嘎姓）和" སྟོང་ལ་རུས་ཆེན་བཅོ་བརྒྱད་གྲོལ། སེང་རྒྱལ་འ་ཞུ་དགུ་གྲོལ"（董氏分解为十八部，桑加阿夏分解为九子）等等这样的记载。在藏文史书中，这个嘎姓的来源又被记为"དགུ་ཚོ་སྒ"（慕氏系嘎）和"སེ་འ་ཞ"（赛氏阿夏），说明了阿夏部落产生于藏族原始四大氏族中的དགུ（慕）氏或者སེ（赛）氏，显然，这些古籍均一致将阿夏归为藏族自己的早期氏族部落之一。

其二，《སྲིད་པ་རྒྱུད་ཀྱི་ཁ་བྱང》《བསྟན་པའི་རྣམ་བཤད་དར་རྒྱས་གསལ་བའི་སྒྲོན་མེ》《མདོ་གཟེར་མིག》《གཤེན་རབ་བཀའ་ཆེན་པོའི་དཀར་ཆག》《གཡང་དུང་བོན་གྱི་བཀའ་འགྱུར་དཀར་ཆག》[21]《ལེགས་བཤད་རིན་པོ་ཆེའི་གཏེར་མཛོད》[22]这些早期史料均记载苯教创始人辛绕米沃切到阿夏等地传法的历史，这说明"阿夏"这个部落或邦国概念那个时期就存在，所以，认为藏语"འ་ཞ"（阿夏）一名源自吐谷浑九代王"阿豺"一名的说法只是个脱了节的推理。那么从辛绕米沃切生卒年代考证，此时最晚也在公元前20世纪左右，这个时期不要说吐谷浑，甚至有没有鲜卑这名称也很难说。

其三，在《སྲིའི་ཆོས་འབྱུང》[23]《མཁས་པ་སྲིའི་རྒྱ་བོད་ཆོས་འབྱུང》《ཆོས་འབྱུང་མེ་ཏོག་སྙིང་པོ་སྦྲང་རྩིའི་བཅུད》《ཟུར་མཁར་བའི་ཤེས་བྱོག་འབག》[24]《མཁས་པའི་དགའ་སྟོན》[25]等史书中记载，吐蕃赞普止贡赞普时期，阿夏地盛行苯教，吐蕃曾邀请阿夏法师举行苯教仪式。根据推断，止贡赞普时期最晚也在公元前1世纪之前，这比吐谷浑在青藏高原的历史真正早了近四个多世纪。

其四，有些藏文史料中，吐蕃早期称阿夏为"འ་ཞ་རྒྱལ་ཕན"（阿夏邦国），据《བསྟན་པའི་རྣམ་བཤད་དར་རྒྱས་གསལ་བའི་མེ་ལུང》中记载："འ་ཞ་རྒྱལ་དགས་ཞེའུ་ཆུང་བདུད་ཀྱི་ཡུལ་ནས་དངས"[26]（邀请阿夏从小尼乌妖魔之地）。而这个"ཞེའུ"（尼乌）与吐蕃之前十二邦国首领之一的名字同，记载如

"ཡུལ་མཆིམས་ཡུལ་གྱི་དགུད་ཡུལ་ན། རྗེ་མཆིམས་རྗེའི་ཉེའུ།"[27]（在钦氏之九地，钦王为尼乌），这说明阿夏早在十二邦国时期就存在。据《贤者喜宴》[28]和《弟吾教法史》记载：早在吐蕃赞普达日聂塞（སྤུག་རི་གཉན་གཟིགས།）时期，吐蕃曾把象雄、阿夏、达布等纳入自己的统治范围[29]，这比吐蕃最初攻占吐谷浑的历史早了二百余年。

其五，《贤者喜宴》和《西藏王臣记》记载，在赞普贡日贡赞时期（633～650年）吐蕃又迎娶过一位阿夏公主，即འ་ཞ་བཟའ་མང་མོ་རྗེ（阿夏王后芒姆杰）。另据敦煌藏文史书记载，及至牛年（公元689年），吐蕃曾将公主墀邦（ཁྲི་པངས）下嫁给阿夏首领，这两个记载和唐史中吐谷浑与吐蕃联姻的时间——唐贞观九年（635年）差别很大[30]。另外，藏文史书明确记载，历代赞普迎娶的吐蕃本部之外的王后王妃中，被认为外族的只有文成公主、赤尊公主和金城公主，阿夏王后显然不在其列。

其六，在《贤者喜宴》《西藏王臣记》《红史》《雅隆法源史》和《汉藏史集》以及《青史》等藏文史料中，吐谷浑被记为"ཐུ་ལུ་ཧུན།"而从未称之为"འ་ཞ"（阿夏）。尤其在《红史》中有"ཐུ་ལུ་ཧུན་ནི་ཧོར་སེར་ཡིན།"[31]（吐谷浑是黄霍尔）如此明了的记载，而黄霍尔正是藏语中对鲜卑等北方游牧民族的称谓。藏族先民不可能将一个从辽东迁来的吐谷浑人称之为自己的始祖，这是最起码的道理。

其七，《贤者喜宴》将阿夏的最初地域归于天竺与波斯之界（རྒྱ་གར་ཡུལ་དང་སྟག་གཟིག་མཚམས）而不是在辽东一带[32]。由于འ་ཞ་སྲོ་རིགས（阿夏嘎姓）中的"སྲོ"的地域在藏文史料中有"སྲོ་ནི་ཤིང་ཁམས་ལུག་ལ་ཟེ།"（嘎是属性木、寄魂为羊在阴阳王行之一中属木运）这样的记载，说明阿夏地最初在青藏高原南部的多森林地区，与四川藏区的"སྲོ་ཁོག"一地名相符。另外，在敦煌藏文文献中，对"འ་ཞ་ཡུལ"（阿夏）和"མདོ་སྨད"（指青海省除玉树之外的地区和甘肃甘南州及四川阿坝州等地）是另当别论的，指两个不同的地区。这说明当时的阿夏也不在今青海境内，而在这之外。

其八，世代居住于青藏高原东部的藏族华瑞（དཔའ་རིས）部落方言被誉为安多方言中的活化石之一，在他们的方言里把"འ"读为"ཝ"从这个角度分析，"འ་ཞ"一名源于"ཝ་ཞྭ"（狐皮帽）的可能性很大。这就让人不得不联想起安多和康区部分地区藏人盛行戴狐皮帽的传统习俗，从中也明白阿夏不是什么外族之称号。

综上所述，藏文史书中的"阿夏"应该是汉文史书里的"大夏"。"大夏"在汉语文献中也出现得很早，先秦时期"大夏"常常与"禺知"（即月氏）通用。当今甘南藏区和四川藏区还有被称作阿夏（འ་ཞ）的藏族村子，这符合月氏从青藏高原西北向东南迁徙的路径，而这个村子未有来自辽东之类的传说。

笔者认为，汉语中的吐谷浑应该是藏文史书中的"ཏྲུ་གུ"[33]（祝古），因为"ཏྲུ་གུ"（祝古）一词中"ད"和"ཐ"互为转用，按照藏语古代读音，也可读为"ཐུ་ར་གུ"与吐谷浑三字谐音，青海藏区口传历史中还有"ཐེ་ར་ག"（特热噶）人的传说。在敦煌藏文文献中还将"ཏྲུ་གུ"称之为"རྒྱ་ཏྲུ་གུ"（汉祝古）这也与吐谷浑在汉文史书中的唐朝属国身份相吻合[34]。另外，敦煌藏文文献大事记记载：公元734年吐蕃曾征服过一个被称为"ཁྱི་ཤ་ཟན"（吃狗肉者）的部落[35]，这个名称可能是吐蕃对吐谷浑的别称，因为吐谷浑盛行吃狗肉的习俗。

三　有意忽略出土古藏文信息

1. 出土古藏文木牍

木牍是吐蕃王朝进行发文或者记录各种信息的公文形式之一。敦煌出土的古藏文木牍多达475余条，分别馆藏于英国、苏联及我国新疆等地[36]。吐蕃王朝的木牍分别用于户籍登记、统计军队、颁发诏令以及征集兵丁等，这些都是吐蕃王朝使用木牍无可争辩的史实。

（1）都兰热水古墓10号墓出土了11支古藏文木牍，古藏文专家王尧与陈践对其进行了白话解读并译为汉文。[37] M10：4－1：རྨ་གྱུར་པོ་ཆེའི་གོས་བུ་ཤི་ང་འོག་དར་ལྗང་ཀུ་ཇ་སྦྱར་མ་།ཡས་གི་སྣ་ཞིག་གྱི་ཁྲུད་ཀོར་ཤལ་དམར་ཁྲག་ཇ་ཐོགས་ངག་ཧི་ནག་པོའི་ཡུ་རིངས་ཇ་སུ译：黄河大帐产之普兴缎面，绿绸里夹衣及悉诺涅缎红镶边衣，黑漆长筒靴共三件。M10：4－2：ཀུ་རིབ་ཅ་ཁྲུ་དགེས་ཀྱིས་གསོལ་པ།གཙོས་ཟ་བོག་ཅ(ཝ)译：古日家客奉赠：羚羊皮，边镶锦缎之衣。M10：4－3：ཤེའུ་རགདུང གཅིག译：秀乌地产黄铜号一把。M10：4－4：ཐར་ཐར་ལེ་བ་དང་རས་ལྗངས་ཀུ་ཇ་སྦྱར་མ་གཆིང译：镶边……绿绒夹衣一件。M10：4－5：ན་རོས་ཀྱི་གདུབ གཅིག译：毛毡铺垫一块。M10：4－6：གདད(ཕྱང་བ་ཅན)གཅིག 译：“纳乳”宝石之钏一件。M10：4－7：ན་རོས་ཀྱི(ཕུར་པ)གཅིག译：“纳乳”宝石之杯（?）一件。M10：4－8：དར་རྨ་གྱུ(ར་པོ་ཆེའི) འོག་དར་ལྗང་ཀུ་དང་སྦྱར(མ་) གོས་་ཤི་ང|(དཔྱང) ལག་ཟ་འོག་སྣ་ཞིག་ཅན་གོས་བུ་འབྲིའ་རྨའི་ (ཤོང་ཨོང་) ཅག་གཅིག译：黄河大帐产之普兴缎面，绿绸里，衣袖镶悉诺涅缎，价值一头母牦牛之缎夹衣一件。M10：4－9：ས་གོ་དར་གྱི……མ་ཅན་དང་(སྦྲུལ)ཨའི་གོས……དྲིག ས་ཅན་ཕྱགས་ཤིག译：萨郭绸之……衣里，吾缎……衣一套。M104－10：ཐར་ཐར་དམར་པོའ་དཔྱང་ལག་ཏང་གོང(མ)་ཟ་འོག་སྣ་ཞིག ཅན་། ལུ་གུ་སླག་ཏང སྦྱར་མ་གཅིག译：衣袖为红镶边，衣领为悉诺涅锦缎之羔皮衣一件。M10：4－11：དར་ལྗ(ང་ཀུ)……སེའུ་ཙེ ཟ་འོ(གུ་བུ་ཀེམ་གྱི)སྨས་པའི ཅན་……བུ་ནག་པོ)དར་གྱི……ཕྱགས་ཤིག译：绿绸……寿字缎，金线……（衣及）黑绸之……衣一套。

笔者认为其中木牍M10：4－1中的“རྨ”（玛）分明是个姓氏，将其译为“黄河”欠妥，因为“རྨ་ཆུ”（玛曲）才是完整的黄河之意。此木牍上的རྨ（玛）是一个古老的姓氏，不是指黄河。《贤者喜宴》记载：藏区最初十二个邦国中就有玛姓大臣，“ཞང་ཞུང་ཡུལ་ན་ནི། རྒྱལ་པོ་ལེགས་སྣ་ཤུར། རྨ་དང་ར་སངས་བློན།”[38]（在象雄之地，王为拉念希，臣为玛和拉桑）；另外，在《佛教发展史明灯》（བསྟན་པའི་རྣམ་བཤད་དར་རྒྱས་གསལ་བའི་སྒྲོན་མེ།）中记载：“འབུམ་སྡེ་ཐམས་ཅད་རྨ་ལོ་དང་གཡུ་ལོའི་བསྡུས།”[39]（万部经由玛氏和玉氏征集）；《西藏本教源流》记载：“ཐུགས་སྲས་རྨ་ལོ་གཡུ་ལོ།”[40]（嫡传弟子玛氏和玉氏）；这些记载说明，早在辛绕大师传法时，就有玛（རྨ）这样的姓氏。

另外，笔者认为木牍M10：4－3中的偕乌（ཤེའུ）也不单是地名，而是吐蕃时期一大姓，见本章第二节第1小节，在此不再赘述。

这 11 支木牍是以吊唁册的形式随葬的，为亡者诵记吊唁册的习俗至今还在青海等地藏族丧葬中延续，目的是为亡者了解亲友给自己吊唁和拜祭的情况。

（2）血渭一号大墓出土木牍数片，现藏于青海省考古研究所。其中 7 个木牍最近公之于众，本文选择容易解读的 4 个木牍（图版 67，1）[41] 做初步分析。标本 1 中分明记有在敦煌古藏文文献中多次出现的 " སུམ་རུ" 二字，意为苏毗部落，这是吐蕃统一青藏高原各部之后对所属苏毗部落的称呼。标本 2 中有 "གོས་ཕྱི" 这样的两行文字，意为鸟缎。其中第一行三字完全可解读为 "གོས་ཕྱི་ཚ" 即是联珠鸟缎。笔者认为该木牍应该是随葬丝织品的便签，这与此墓中出土大量鸟图丝绸服饰相吻合。标本 3 上的文字最为明显："ཟླ་བྱུང་དུ་གསོལ་བ།" "གསོལ་བ" 一词在敦煌古藏文文献中屡见不鲜，是下级对上级的奉奏之意；加之古藏文中 "ལ" 与 "ར" 具有互替性，可以将此句解读为 "ཟླ་བྱུང་དུ་གསོལ་བ།" 汉文意应为 "附录奉奏"。标本 7 上记有 "དུར་སྲུང（སྲིང）" 二字，意为坟头。笔者认为这可能是建造陵墓过程中的一个结构标签或者建筑材料标签，甚至有可能是随葬品和祭祀品的排放标签。建造如此巨大规模的陵墓，一定会有文字性的设计和计划。

（3）南 1 号墓出土古藏文木牍（图版 67，2），标本号 99DRNM1：36，文字为："ང་འཛོང་ཞན་སྐྱེས" 反面 "མཁར་ལན་ནག" 在敦煌藏文文献中 "སྐྱེས་བཟང" 是吐蕃王朝一大臣之姓，在《唐书·吐蕃传》中记载为尚结思（尚绮心）。有这种姓氏的大臣还有 "བློན་སྐྱེས་བཟང་ལྡོང་ཚབ། བློན་སྐྱེས་བཟང་རྒྱལ་ཀོང་། བློན་སྐྱེས་བཟང་སྟག་སྒྲ" 等[42]。王尧教授认为此木牍上的人物为死在任上的一吐蕃大臣 བློན་སྐྱེས་བཟང་རྒྱལ་ཀོང་ 即尚结思甲贡。"མཁར་ལན་ནག" 是一城名，古藏文读音即拉纳噶城。

（4）南 2 号墓出土古藏文木牍（图版 67，3），标本号 99DRNM2：4。《都兰吐蕃墓》中王尧先生将其文字解读为 "ཞོགས་རག" 但笔者认为该文字解读为 "ཞོགས་རང" 比较妥当。"ཞོག་ལ" 是古象雄一部落之名称，在敦煌藏文文献公元 674 年和 677 年大事记中有 ཞོག་ལ་རིང་ཞོག 这样的一位人物，此人是象雄部落反叛赞普统治的首领之一，该木牍上的人名可能是指此人[43]。

（5）南 3 号墓出土两支古藏文木牍（图版 67，4），标本号 99DRNM3：154/155。第一支木牍中有："། ཟམ་ཆན་པ་ན་ནམ་མཁ：གཅ"，可将其解读为 "ཟམ་ཆན་པ་ན་ནམ་མཁག་ཚ"（如果桥断了，何时……）这样较完整的句子，这与都兰香日德地区有古桥遗址相吻合。第二支木牍中整文意思很难辨解，但是个别词如 "བག་ཉོ"（买面）、"ནོ་བར"（购买）、"ཇ་ཉོ"（买茶）、"ཉོ་ཆན"（买者）等非常明显，可能是买卖合同或者清单之类的文本，如此文书在敦煌古藏文中并不少见。

（6）青海省考古研究所 2005 年在北岸挖掘的一墓中出土古藏文木牍，文字为："རྒྱ་ལ་གྱི་ཕོ་བྲང་བ་གཉན་སྟག་ཚབ" 其中的 "ཕོ་བྲང་བ" 和 "གཉན་སྟག་ཚབ" 在敦煌藏文文书中也出现，前者是吐蕃一王室官衔，笔者认为是专门管理王宫的职位；而后者是一大将之名，此人在吐蕃时期曾是修建桑耶寺的三大功臣之一，《西藏王统记》中有 "གཉེར་སྟག་བཙན་འདོང་གཟིགས" 如此记载。གཉན（年）是一个古老的姓氏，藏文早期史籍《དབའ་ནག་མིའུ་འདྲ་ཆགས》记载有 "གཉན་ལྷུམ་དཀར་པོ" 和 "ལཔོ་གཉན" 这样的人物；敦煌出土藏文文献记载 "ཡུལ་སུང་པོའི་ཁམས་ན་རྗེ་འབངས་གཉིས་ཏིང་པོ་རྗེ་བློན་དང་དར་གཉན་བཞིན"[44]

（恩波之察森之地，王为格哲桑布杰，臣为噶尔和年）；在《朗氏家族史》中有
" སྐྱ་མཆེད་གཉན་གྱི་བྱུང་རྡོ།"（嫡传年妥之后裔）的记载，《原氏族谱》中亦有 " སྡོང་ཆེན་གཉན་ཅན " [45]（董氏
大姓为年）这样的记载。

（7）血渭六号墓出土木牍（图版67，5）[46]。该木牍受青海考古研究所委托，经古藏文专家东嘎
·洛桑赤列教授考释，由中央民族大学扎西旺都副教授翻译为汉文。正面第一行：萨萨芒姆吉亲眷
母子……①母子平安否，第二行：近闻安督地方人畜平安无恙……第三行：我正身患疾病……因而未
毕其事，请勿见怪。反面第一行：因若赴官邸又恐受责罚，故未前往，请勿见怪，第二行：若不见
怪，我当赴官邸会晤，子安督献压书礼品，第三行：谨按手印②后奉上……我……（①正一，此处文
字不清，应是书写此木牍人的名字。②反三，手印 " ལག་རྟགས " 似指封缄函牍之火漆印）[47]。

此木牍内容中，仅从"萨萨芒姆吉"（ ཟ་ཟ་མང་མོ་རྗེ ）一名也完全可以证明其吐蕃文化身份，因为
吐蕃王后中多有"芒姆吉"这样的尊称。吐蕃赞普萨南木森帝（ ཟུ་གནམ་ཟིན་ཏེ ）[48]以 ཟ （萨）字起名，
这可能是 ཟ （萨）姓的起源。另外，在囊日伦赞时期，这位赞普曾将 " ཟ་གད་གཞིན་གྱི་ཡུལ " 地方封给有
功将领。萨萨芒姆吉无疑是一位来自萨姓家族或萨地方的王后。

青海考古专家许新国研究员和格桑本研究员撰文认为，此木牍正反两面的文字中先后出现十九
处正写体元音"ↄ"，没有一处反写的，这说明该文属于吐蕃王朝时期趋于成熟的文字，应当是吐蕃
王朝晚期，即公元800年之后的作品[49]。

（8）科肖图墓出土的藏文木牍。阿米·海勒在文中说："在科肖图的墓群中，其他墓室都是空
的，只剩下来历不明的藏文信函的木片残片，它们被单个陈列于博物馆中，都有独立的说明。"[50]而
程起骏将这些主要的考古实物拒之门外，说什么"在今都兰县香加乡科肖图草原上，峻立着一座巨
大的吐谷浑人的祭天台"，这句话不可谓不荒谬。

2. 古墓出土的石碑文字

石刻古藏文共出土了两个，刻文风格无异于西藏、巴基斯坦等地出土的书法。

（1）南三号墓出土的 ཀ་བློན་ཁྲི་ཤེས། （图版68，6），标本号99DRNM3∶157。对于这四个字的先后
排序，目前有如 ཁྲི།་ཀ་བློན་ཤེས།།　བློན་ཁྲི་ཤེས་ཀ།　 ཤེས་ཀ་བློན་ཁྲི། 等多种排法，笔者认为排为 ཤེས་བློན་ཀ་ཁྲི 比较妥当。
因为根据树轮测定，该墓定年为公元784年[51]，那么建筑年代也是在公元784年左右，而这个年
代正好是在吐蕃王朝鼎盛时的赤松德赞（755～797）时期晚期。藏文史料记载，在赤松德赞的继任
者牟尼赞普时期（797～798），大臣中有 དབའ་བློན་མང་རྗེ་ལྷ་ལོད།　ཅུང་བློན་ཁྲི་བཟང་ལ་གས་ན་འདུས།　ཤེས་བློན་སྟག་
བཟང་ཕྱི་ཤི།　རྙ་བློན་བལ་སྐྱེས།　ཐན་ཀ་བློན་བཟམས་པ།　འབྲོམ་བློན་རྒྱལ་བཞེར་ཁང་།　ཅོག་གྲོ་པོ་བློན་ལས་ཀོང་།　རྨ་བ་བློན་མཚོ་སྲིང་།　ཅག
རོ་བློན་གོ་ཀོང་ 等等很多这样的名字[52]，这些称谓均由姓氏＋职位＋名字构成，由此推断，" ཤེས "（偕
乌）作为一个吐蕃姓氏，该墓出土的石碑文字应以 ཤེས་བློན་ཁྲི་ཀ 排列最为合理，即偕乌大臣赤噶。而
" ཁྲི་ཀ "（赤噶）二字正好与青海贵德藏语地名不谋而合，当地藏人将此名的来源归于藏王赤热巴巾
（赤祖德赞）在此驻军的故事。鉴于人名与地名形成所具有的因果性，笔者认为二者互引的可能性
很大。

在吐蕃时期，偕乌（ཤེའུ）是吐蕃国中大姓，早在十二邦国时代，就有该姓氏大臣出现，"ཡུལ་སྐྱི་ར་བེ་ལྷུང་ སྟོན་ན། རྗེ་སྐྱི་རྗེ་བ་ང་པོ། བློན་པོ་ ཤེའུ་དང་སྦྲུག"[53]（吉绕的将俄之地，王为吉杰芒波，大臣为偕乌和布格），另外也有普通人身份的名字，如"ཤེའུ་ལྷ་སྐྱིན་ལ་སྩོགས་པ་བྱི་བཞི་ལ་ཁལ་རེ་རེ་ཁལ་བཞིའི"[54]（偕乌拉金四人等每人一驮……）的记载。

在该地三号墓出土木牍 M10：4-3 上的古藏文为"ཤེའུ་རག་གདུང་གཅིག"（偕乌铜号一把），是指偕乌（ཤེའུ）家族的吊唁品。藏族古老传说སྲིད་པ་ ཆགས་པའི་ལྷ་དགུ（创世九神）之一俄德贡杰（ཨོ་དེ་གུང་རྒྱལ）有八子，其中之一即"ཤེའུ་ཁ་རག"，"ཤེའུ"这个姓氏可能源自这位赞普王族。藏传佛教后弘期，这个家族曾出过（ཤེའུ་ལོ་ཙ་བ་པ་ཚོང་བ和ཤེའུ་ལོ་ཙ་བ་ གྱུ་དགའ་ཆོས་གྲགས）等非常有名的大译师，明末清初藏传佛教噶当派名僧中也有གངས་པ་ ཤེའུ这样的人物[55]。另外，在与都兰毗邻的乌兰县境内还有（ཤེའུ་ལུང་）（希里沟）这样的藏语地名；在今甘肃省甘南自治州碌曲县还有（ཤེའུ་ཚོ）（西仓）这样的姓氏。可见，直至现在，这样的姓氏还在延续。

（2）北岸一处墓地出土六个长方体石碑，其中一块石碑文字为"སྲན་མཚིམས་ཟ་ལྷ་མོ་བཀགས་ རྟེན་གཙོ་ལ་སུ……ཡང་དགནས་དགོངས་པའི་ཕྱིར་མཚོ་ཞེན་དས་པ་མཚེག་བཅིགས"[56]（奉王后钦萨之命在圣地筑建）（图版68，7）。该石碑中仅以"མཚིམས"一名完全可以说明其吐蕃身份。

钦（མཚིམས）最初被归为藏区十三大年神之一，即རྗེ་པོ་མཚིམས་ལྷ（觉吾钦神）。此姓后来成为十二邦国之一，据敦煌藏文文献记载"ཡུལ་མཚིམས་ཡུལ་གྱི་དགུན་ཡུལ། རྗེ་མཚིམས་རྗེའི་ཞེན། བློན་པོ་དང་དིང་དེ་གཉིས"[57]（在钦之九地，钦王为杰尼乌，大臣为当和当德）。

在吐蕃历代赞普中，至少有三位赞普，娶钦氏女为王后，这三位赞普分别是没庐年岱茹娶钦氏鲁甲安姆（འབྲོན་གཉེན་ལྡེ་རུ་དང་མཚིམས་ཟ་ཀླུ་རྒྱལ་དན་མོ），赤都松芒布杰娶钦氏芒姆杰赤嘎（འདུས་སྲོང་མང་པོ་རྗེ་ དང་མཚིམས་ཟ་བཙན་མ）以及赤松德赞娶钦氏萨拉姆赞（ཁྲི་སྲོང་ལྡེ་བཙན་དང་མཚིམས་ཟ་ལྷ་མོ་བཙན）[58]。在吐蕃将相中，也有姓钦的大臣，如ཞང་མཚིམས་རྒྱལ་ཟིགས（尚钦杰秀），此人还是吐蕃攻克唐朝京师的统帅之一。此外，在赤松德赞时期，吐蕃首批出家为僧的七觉士之一也为钦姓，即མཚིམས་ཨ་ནུའི་ ཤཱཀྱ་པྲ་བ（钦氏阿尼释迦扎哇）。

综上所述，该石碑文字中钦（མཚིམས）氏不仅可以断定其吐蕃身份，而且完全可以推断此人为赞普赤松德赞的王后之一，即མཚིམས་ཟ་ལྷ་མོ་བཙན（钦氏萨拉姆赞）。

3. 古藏文苯教经典

截至 2000 年，都兰县公安局文物收缴清单第七组第五条记载："藏文经卷 3675 张，系金银粉手写。"[59]都兰热水墓地出土的这些古藏文经卷（图版68，8）内容大多为苯教。根据该藏文中间有的书写元音反体写法"ༀ"和出现极少次数来分析，无疑是古藏文未厘定之前的作品，即吐蕃王朝中后期的文本。

4. 科肖图出土的骨刻文字

科肖图墓中出土两个书有古藏文的骆驼头盖骨。经瑞士藏学家阿米·海勒博士研究：该文为古藏文墨书写成的咒语。她还在此发现了一块羊的肋骨书有古藏文以及两块羊肩胛骨绘画图案的迹象[60]。

5. 出土的丝织古藏文

南一号墓出土的藏文锦带（图版68，9）。文为：ར་དཟང་ལོ......? 残，待考。

总之，都兰古墓出土了大量的古藏文史料，虽然其中的相当一部分被盗墓分子破坏，但是现存的这些史料内容，也足以证明吐蕃王朝在此地的深深印记。而且这些文字史料与敦煌出土藏文文献遥相对应，是吐蕃文化博大宽广的具体体现。然而，程起骏熟视无睹，在其书中自始至终只字不提以上古藏文信息。

四　对出土图纹的错误解读

1. 墓葬板画

该板画据霍巍教授介绍：板画上，在木棺中部位置上设有一呈须弥座式的台子，台上置有一具黑色棺木，棺由棺盖与棺身构成，棺的一侧有三名守灵人，面呈悲色，棺台左前方在两根立木之间树立有一裸体人像，一骑手正引弓向其射击，另一骑手反身作射箭状也指向裸体人形；在棺之上方，绘出前来奔丧的一队宾客，衣着冠饰各不相同，队中高树一华盖，棺前一人已下马站定，正面向棺木正拱手致哀。霍巍教授对该画分析认为"这些画面描绘的是一次葬礼的几个典型情节，吐蕃画家用纪实的手法，再现了一位吐蕃赞普的葬礼"[61]。

但是，程起骏把这一幅板画，说成是吐谷浑射鬼箭图。他竟然偷取所需，将画中一部分内容截取（图版68，10），将其命名为"鲜卑射鬼箭图"，将画中场面与有关吐谷浑王吐延被羌酋姜聪刺杀后，其子叶延复仇的故事相匹对。他将上方奔丧的宾客归为吐延，将下方的骑射者归为叶延，将靶人归为姜聪，毫不含糊地把画中的信息归于吐谷浑的一个典故，无睹其中的吐蕃文化元素。

程起骏尽管截取了一部分，但该板画中的吐蕃文化元素仍非常突出，与这类似的在布达拉宫壁画里也有所显现。骑射者着长袍，将上衣脱开垂于腰间，长袖坠于马的肚皮底下，这是典型的藏族长袍的穿戴方式，骑马时将上衣脱开是为双臂便于自由活动，尤其像射箭这样的运动。上方宾客穿着披风，而披风是吐蕃人最具特色的服装。再看其帽子，甚至与旧时西藏地方政府官员的冠戴多有相似之处，其身着的翻领长袍，与敦煌壁画里表现的吐蕃贵族服装非常类似，经过对比分析，很容易看到这些服饰形象与吐谷浑其俗"丈夫衣服略同于华夏，着小袖，小口袴，大头长裙帽，多以罗幂为冠，亦以缯为帽"之一说大相径庭。

显而易见，此画展现的是吐蕃时期的一种骑射娱乐活动，西藏地区至今还有这样的习俗。再说唐史记载吐蕃人"赭面"习俗和藏文文献记载的"ངོ་ལ་མཚལ་གྱིས་བྱུགས"[62]（面涂朱色）这个藏民族传统，以及画的色彩颜料的应用，仅从这几点分析，也足以说明这个板画的吐蕃文化属性。

2. 出土丝织品

都兰古墓最显著的一个特点，就是出土了许多举世罕见的丝织品，其种类之繁多，花纹之精美，无不令人叹为观止。吐蕃早在松赞干布时期，由于赞普"袭纨绮，渐慕华风"的行为变化，丝绸很快受到吐蕃贵族的青睐，都兰出土的丝织品是吐蕃贵族广泛穿戴丝织品的具体物证，唐阎立本所画《步辇图》中，禄东赞的服饰图案与都兰出土的纹饰风格如出一辙，均为联珠图案（图版 69，11）。敦煌壁画中吐蕃赞普的穿着服饰也与都兰出土的丝绸纹饰风格非常相像。后来吐蕃人广泛"释毡裘，袭纨绮"的历史现象在藏文史书里也有所反应，据敦煌藏文文献记载："ཁྲི་ལྡེ་གཙུག་བརྩན་གྱི་རིང་ལ། འབངས་དམངས་ནག་པོས་ཀྱང་རྒྱ་དར་བཟང་པོ་ཁྱབ་པར་ཐབ་པོ།"[63]（赞普赤德祖赞时期，吐蕃平民百姓间也普及了质地良好的唐朝丝绸）。

史书记载吐蕃当时还有"དཔྱ་དར་མོ"这样的税务制度。敦煌藏文文献记载："རྒྱའི་དཔྱ་དར་མོའི་ཕྱོག་ས་སུ་སྟོང་དཔོན་ཡན་ཆད་ལ་བྱ་དགའ་སྩལ།"[64]（从唐收缴的丝绸税方面，向千户长之上给予奖励），还有"དཔྱ་དར་མོ་དང་ས་རིས་འབུལ་དུ་མ་ཉུང་ནས་ཆབ་སྲིད་ཞིག[65]（因未贡丝绸税和地图而断交政治协议）等等。

《唐书·吐蕃传》中"（唐朝向吐蕃）赐锦缯别数万"，"尚结赞、莽罗等帛万匹"等等记载都说明吐蕃盛行丝织品的历史。而王建的诗"驱羊亦着锦为衣，为惜毡裘防斗时"是一种吐蕃广泛穿戴丝绸服饰的真实写照。

吐蕃的丝绸，主要来自波斯和唐朝。在西方，吐蕃王朝与波斯之间开展了长期的军事攻伐和商业往来，双方之间的贸易往来和货物流通持续了近两个世纪，其间波斯文明大量传入吐蕃，吐蕃在当时称波斯王为"ནོར་གྱི་རྒྱལ་པོ།"（波斯财富之王）。波斯锦及其服饰与装饰随着双方交流的增加源源不断进入吐蕃社会，这是历史之必然。在东方，吐蕃与唐王朝的文化交流史，以文成公主和金城公主入藏为两个高潮，以八次主要会盟为铺垫而展开，这些交流远不亚于吐蕃与西亚之间的交流，唐的丝绸文化在这样的交流长河中传到吐蕃是很自然的事。《唐会典》还提到川蜀织造的"蕃客锦袍"，说明唐朝还有专门给吐蕃制造丝织品的厂商。

程起骏在其书中说"拾寅为王时，南丝绸之路勃然兴起，其原因是慕利延征服了于阗，为南丝绸道打开了一个广阔的贸易通道"。他有意隐瞒吐谷浑侵占于阗非常短暂（七年，遂返旧土）的史实，硬将出土的所有丝织品归为吐谷浑。

3. 出土的波斯文丝锦

都兰血渭一号大墓出土一条织有古波斯文的丝绸（图版 69，12），标本号为 DRXM1PM2∶S161。其内容经德国波斯文专家解读，是"伟大的王中之王"[66]。

藏汉文史书记载，吐蕃在公元 660 年至 866 年之间，向波斯等西亚诸国进行了扩张，并且使一些国家臣服于吐蕃。写成于公元 812 年或 813 年的一则阿拉伯文史料中，当时喀布尔沙多次被称作 Malik min mulk al—Tubbat，意为"吐蕃王中王"[67]。此记载正好与该丝绸上的文字内容不谋而合。

4. 从出土的"非衣"分析

吐蕃时期，唐蕃之间相互进行吊祭和朝贺是一项重要的政治文化交流活动，是双方礼尚往来的一个具体表现。《唐书·吐蕃传》记载了很多唐朝皇帝派使者吊祭吐蕃赞普的历史，如："天宝十四载，赞普乞黎苏笼猎赞死，大臣立其子婆悉笼猎赞为主，复为赞普；玄宗遣京兆尹崔光远兼御史中丞，持节赍国信册命吊祭之"；"永徽元年，弄赞卒。高宗为之举哀，遣右武侯将军鲜于臣济持节赍玺书吊祭";"仪凤四年，赞普死，子器弩悉弄立，钦陵复擅政，使大臣来告丧，帝遣使者往会葬";"赞普卒，废朝三日，遣工部侍郎张荐吊祭之";"永隆元年，文成公主薨，高宗又遣使吊祭之"。《资治通鉴》也记载："调露元年十月，吐蕃文成公主遣其大臣论塞调傍来告丧，并请和亲；上遣郎将宋令文诣吐蕃会赞普之葬"等等。

非衣是汉民族传统丧葬礼仪中的重要物品，特别是对注重礼仪的唐王朝而言，派遣去蕃的吊唁，其规格和规模可想而知，唐朝方面自然会以自己的方式进行吊祭仪式。吐蕃方面将唐朝的非衣与其他殉葬品一同被随葬，是对亡者最体面的告慰。虽然都兰吐蕃墓群中尚未确定有无赞普陵墓，但即便是唐蕃将相之间，或者是个人关系，举行这种礼仪是很正常的事。所以，吐蕃墓葬出土"非衣"，既合情，又合理。然而，程起骏对出土的"非衣"这样解释道："在 2006 年，一件惊世的文物却显身于诺木洪地区。初步判断，这可能是一幅汉代前期的帛画。"

5. 从巴哈莫里岩画分析

该岩画（图版 69，13）在香加乡巴哈莫里沟而得名。岩画中除大象之外，其他的如狗、野羊、雄鹿、蛇、羊、马、牛、獐、太阳等图案在青藏高原其他地区的岩画里也很常见，不足为怪。但是，对于大象的出现，程起骏说"青海从不产大象，而这头大象是吐谷浑人倾慕中原汉文化的又一物证"，遂以"吐谷浑人盛大的祭祀场景和灵动吉祥的大象"为文，硬将"大象"与吐谷浑嫁接在一起。

然而，在唐史里有"显庆二年十二月，吐蕃赞普遣使献金城，城上有狮子、象、驼、马、羝等，并有人骑。并献金瓮、金颇罗"[68]等记载，这明确表明当时吐蕃具有绘画或者雕刻大象的技艺及其文化。况且在这段时期，盛产大象的天竺与南诏一部分部落还臣服于吐蕃王朝。在佛教图案中，七珍宝和八宝吉祥图同样都是一种宗教象征符号，大象作为七政宝之一，在该处岩画中，与八宝吉祥图之一吉祥结一同出现，反映的是一种信仰观，与当下的广大信教群众创作宗教图案现象没有区别。此岩画的佛教因素还能说明这组岩画不具有太久的历史，因为这些图案在藏区出现较晚。但程起骏在讨论大象时，却根本避而不谈一同出现的"吉祥结"。

6. 从"擦擦"分析

科肖图墓群中，考古人员发现了印有图案的小泥质品，藏语称之为"擦擦"。这种东西在西藏也出土过很多，用红泥塑成，是用来举行宗教仪轨的一种贡品。长期研究藏传佛教擦擦的张建林先生曾把都兰热水墓地出土的擦擦归为吐蕃时期的制品（图版 69，14）[69]。考古学者们从这些擦擦的形制及内容分析，认为这些早期擦擦具有从卫藏传至西北的痕迹，与西藏那曲等地出土的"擦擦"没有很大的差别。如今都兰有个被称为查查香卡（ཚ་ཚ་ཞིང་ཁ）的村子，因该地墓地出土擦擦而得名。

7. 从"薛安"文丝锦分析

对于都兰出土一匹墨书有"薛安"二字的丝织品，程起骏又出口成史，说"都兰热水大墓出土一匹隋代锦缎"，一开口将其归为隋代，仅仅是为了回避与吐蕃同期的唐代。

在吐蕃时期，吐蕃丝织品的主要来源是唐王朝和波斯等地。丝织品从唐朝进入吐蕃，主要渠道有三，一是通过贸易，吐蕃当时在其边境开设八大集市地（ཁྲོམ་ཆེན་པོ་བརྒྱད）况且唐朝有专门生产给吐蕃丝绸的机构；二是通过唐王朝还赐或吊祭，唐蕃来往的历史中多有记载这样的事宜，在此不必赘述；三是战利品，吐蕃在强盛时期，唐蕃之间发生过一系列战争，吐蕃还曾一度攻占过唐朝都城长安一带。对古代战争而言，战利品是个不容忽视的财富来源，吐蕃赞普还曾以唐丝绸嘉奖参战将士。所以，书有"薛安"字的锦缎，无论从以上哪个渠道进入蕃境，都是很正常的，"薛安"二字或是纺织者的姓名，或是原主人的姓名，或是来蕃吊祭者的姓名，皆有可能。

五　对出土金银铜器的曲解

1. 从牛、羊、鹿、鸭等器物分析

据各种藏文史料记载：至上丁二王（止贡赞普、布德贡杰）之时，苯教传入吐蕃，吐蕃人开始烧木为炭，炼皮制胶，发现铜、铁、银三矿石并加以冶炼，农作之事也由此时兴起。

吐蕃王朝，以其卓越的冶金技术名扬西方，西方史料记载吐蕃人用黄金铸造鹅形大口水罐，高两米，能装 60 升酒，复合型装甲、马具以及黄金制造的大型物件，都堪称珍奇、美妙非凡。藏学家班克斯（Backus）甚至提出：从西藏的铁索桥可以看出，吐蕃的冶金技术在当时至少比亚洲其他地区领先 1000 年[70]。

因此，都兰古墓出土珍稀罕见的各种金银铜器，恰恰反映了当时吐蕃善于制造金银器物的历史。这在汉文史料中也有大量的记载，如《旧唐书·吐蕃传》记载：冬十月辛丑，吐蕃贡牦牛，银铸成犀牛羊鹿各一；吐蕃遣使献黄金千金以求婚；吐蕃使论乞缕勃藏来贡，助德宗山陵金银衣服、牛马等；显庆三年（公元 658 年），献金盎、金颇罗等，复请婚；遣使贡金帛，云来迎公主；命使者贡金甲，且言迎公主；弄赞乃遣其相禄东赞致礼，献金五千两，自余宝玩数百事，谨奉金胡瓶一、金盘一、金碗一、玛瑙盅一等；金城公主又别进金鹅盘盏杂器等物；显庆三年，献金盎、金颇罗等，复请婚，献金排十五以荐昭陵，等等。这些记载中把都兰出土的如"金鹅"、"金盅"、"金帛"、"金银牛马鹿"等记载得再具体不过。

从吐蕃大相钦陵一句"吾遣以金饰桎梏待城（浑瑊，唐朝将领）"，也可以看出吐蕃当时还有带金饰的枷锁，其黄金的加工技术以及富裕和应用程度不言而喻。

吐蕃器物情形在唐代的文学作品中也有反映：如杜甫的《送杨六判官使西番》"边酒排金碗，夷歌捧玉盘，草肥蕃马健，雪重坲庐乾"；岑参的诗"琵琶长笛曲相合，羌儿胡雏齐唱歌，深炙犁牛烹野驼，交河美酒金叵罗，三更醉后军中寝，无奈秦山归梦何"。这都是客观的写照。

张晓梅博士在《都兰吐蕃墓》一书中对都兰吐蕃墓葬出土的金属文物这样总结道：（1）都兰金属器物的分析研究表明，吐蕃工匠对当时所用金属及其合金的性能已有相当的认识，并付之于实践；（2）包金层很可能是自然金，这为寻找金的来源提供了可能；（3）广泛使用传统的色金色银技术来制作金银器；（4）腐蚀具有明显的电化学特性[71]。

但是，让人意想不到的是，程起骏对以上史料视而不见，把这一切都归于鲜卑人的嗜好和粟特人的作品，想当然地把都兰出土的银牛、金银羊、银鹿、银鸭、银驹等文物，像是给自己的宠物取名一般，都被命名为粟特银牛、粟特金银羊、粟特银鹿、粟特银鸭、粟特银驹。

2. 从罗马金币分析

都兰县香日德镇以东一古墓当中，出土了一枚拜占庭金币，像这样的金币在离都兰很近的乌兰县铜普大南湾墓葬和新疆吐鲁番、内蒙古毕克齐、河北赞皇县等地方均有发现。这枚金币，青海考古专家许新国认为是罗马帝国狄奥多西斯二世在位（公元 408～450 年）时铸造的货币。

这枚金币，虽然是这一代国王在任时铸造并流通的货币，但它的流通范围必然会超越该国王在世的时空跨度，而会流传很长一段时间，就像唐宋的钱币如今也在古玩市场存在一样，作为财富的象征，必然具有长期的使用价值。但是，程起骏又刻意将该货币与吐谷浑配对在一起，说："狄奥多西斯二世在位年限（408～450 年）与吐谷浑八世国王树洛干、九世阿豺、十世慕璝、十一世慕利延相重合，与十二世拾寅相衔接。这枚金币在柴达木盆地出现，说明了吐谷浑据有白兰之后，在拾寅之父当王时，就与东罗马帝国建立了商贸往来。"

3. 从金鸟分析

都兰热水出土的一只金鸟（图版 70，15），现存于都兰县文物派出所。其造型奇特、工艺精美、非常罕见。对于这个古代作品，程起骏又说"都兰热水吐谷浑古墓中出土鎏金银凤一件"，一开口就把它定格为"凤"，且归为吐谷浑。然后又说"说了凤的历史背景，再看看热水这只金凤，它是典型的中原汉地产物"，"年代大致在隋末唐初"。

其实，都兰古墓出土的这只金鸟的造型与汉文化中的凤大有不同，称其为凤只是程起骏的一面之词。在藏语中，这种鸟被称之为"ཁྱུང"汉语称之为鹏。鹏是藏族原始宗教中物象标志之一，藏语尊其为"夏甲弯青"，即百鸟王。藏民族对宇宙的最初认识和苯教诸神的出世与鹏鸟有着千丝万缕的联系。在古代象雄，苯教大师们的帽子上也有鹏鸟作为装饰，鸟饰材质的不同象征着他们的王权和社会地位的不同，如金质的、银质的、水晶石质的等代表着不同权威。在苯教历史上，就有被称为得到"ཁྱུང་རུ"（鹏饰）的八位苯教大师[72]。而在著名史诗《格萨尔王传》中，鹏鸟则是一位守护格萨尔王的战神。

鹏在藏族原始宗教中通常被崇拜为火神，象征着"火"。古代象雄的城堡称为"鹏沟银城"（ཁྱུང་ལུང་དངུལ་མཁར）[73]具有浓郁的苯教色彩。都兰热水乡血渭一号大墓的背山形象完全是一只展翅的大鹏形状，说明此地完全符合"鹏沟"这样的地名。由于象雄文化在某种意义上以苯教文化为核心内容，鹏在苯教文化中名目繁多，寓意深远，诸如白螺东鹏、红炎西鹏、黄云南鹏、绿玉北鹏、自性诸鹏、药山幻化白色鹏、药树幻化红色鹏、法相虚空金爪鹏等等。在整个苯教仪轨中，鹏的生物形象和文化特征是一个主要的组成部分，都兰出土大量的鹏鸟形象和"血渭"一号大墓依山山体的展翅大鹏形象，都符合苯教这一历史背景。在敦煌藏文文献中，针对赞普的丧葬仪轨有这样一段记载，耐人寻味，说"头发削短之首顶，用白色绸缎包裹，再插百鸟王之羽翎"[74]，再说苯教视鹫为"སྲིན་བྱ"（罗刹鸟）。在苯教经典《十万龙经》中记载，殡葬时将鹅视为"གཤེན་བྱ"（厉鸟），以镇服地魔。因此，都兰古墓出土名目繁多的鸟形图画及器物恰恰反映了这种文化。近年，甘肃宕昌发现的家藏古藏文苯教文献中也多有鸟图腾的描述[75]。另外，从藏区至今还广为盛行的"风马"（隆达）文化看，风马中一个重要内容就是鹏，这无非是苯教鸟图腾在藏族现代社会中的延续。总之，鹏鸟元素在藏文化中无处不在。

另外，在吐蕃时期，"传金乌"曾是一种下达政令的载体，白居易诗记载"金乌飞传赞普闻，建牙传箭集群臣"；唐史记载吐蕃王朝的飞鸟使以胸前系有银鹊作为标志；敦煌出土的藏文文献中还有鸟图案的印章印。再如《唐书·吐蕃传》记载禄东赞的一句话："使禄东赞上书曰：……夫鹅犹雁也，臣谨冶黄金为鹅以献。"唐《步辇图》中禄东赞穿的鸟纹服饰也是其大相身份的一大标志。可见，鸟在吐蕃社会不仅是一种地位的象征，也是一种文化的象征。所以，都兰古墓出土名目繁多的"鸟"现象，是理所当然的事。

4. 从石狮像分析

都兰科肖图古墓出土一对石狮，该石狮据藏学家阿米·海勒亲眼所见分析道：与西藏雅隆河谷发现的吐蕃赞普墓葬中石狮相比，两者卷曲于侧腹后背的尾巴和胡须都相同，但鬃毛有很大的差别（图版 70，16）[76]。

历史在不断的变化中前进，我们在研究历史过程中，要求每个朝代事物千篇一律，自然不合乎历史规律，因此，都兰与西藏出土的石狮之间存在细微的差别是很正常的事，正如《宋史》中对吐蕃风俗所描述的"观风有殊，俗尚不一"，如今三大方言区的藏族服饰都千差万别，我们不可能以这种差异作为依据，分别一个整体的民族。所以，从这个角度思考科肖图与西藏出土的石狮，完全可以归于同一类文化性质。

另外，阿米·海勒博士的文章还描述，石狮像早在 20 世纪 30 年代已经在此地发现，据说德国冒险家 FiIchner 在穿越都兰南部时，在一些洞穴和佛塔中找到一副银马鞍、一只金发饰和一尊重达 25千克的石狮像。

5. 从"谨封"铜印分析

有关这个印的来历，程起骏在书中说"这方'谨封'一印是热水乡扎玛日村民交巴在一塌墓中捡得的"。这枚印为青铜铸造，呈方形，长、宽各 2 厘米，印的背面有一蛇形环纽，正面为篆刻阳文"谨封"两个汉字。这个物件显然没有经考古挖掘而从民间得到，尽管那个时期在都兰地区由内地偷运而来的仿都兰文物相当猖獗，但程起骏对此印何时何地具体出土自哪座墓穴等考古所必需的先决条件都不进行考究，直接将其和吐谷浑嫁接在一起，说什么"我认为此印传入吐谷浑国要早于唐代前期，很可能是在公元 490 年左右，即吐谷浑国第十四代国王伏连筹的可能性很大"。

如果这个"谨封"一印文物来源可靠，与其听信程起骏的判断，不妨认可青海省档案局依据国家档案馆有关专家所做的考古鉴定结果，专家们经过鉴定，将此印归结为"唐代前期'谨封'铜印"[77]这句鉴定结果基本确定了此印属于唐时期。但是，程起骏对专家的研究结果置若罔闻，说"（推断）如果最终成立，那么'谨封'印的年代应推前至南齐武帝或北魏庄帝之间"，随意臆断历史。

6. 从铜质排箫分析

都兰县文物派出所收缴的文物当中有一个铜箫。如果把这个文物与热水 10 号墓出土的一个藏文木牍加以解读，很容易找到答案。木牍 M10：4-3 中记载 "སེའུ་རག་གཅིག་ཆིག"[78]（黄铜号一把），鉴于藏语中吹奏的乐器名称的笼统性，王尧教授将该木牍中的"རག་གཅིང"翻译为"铜号"是正确的，但翻译为"铜箫"也可，这说明吐蕃拥有这种乐器。遗憾的是，程起骏连如此重要的信息都置之不理。

《唐书·吐蕃传》记载，中宗景龙三年，唐朝"以雍王守礼女为金城公主妻之，吐蕃遣尚赞咄名悉腊等迎公主，帝念主幼，赐锦缯别数万，杂伎诸工悉从给龟兹乐"[79]，说明吐蕃当时具有排箫演奏的乐曲。

另外，还记载唐使者在吐蕃赞普牙帐看见当时还流行演奏内地晋时代乐曲。

六　对都兰热水露斯沟岩画的错误解读

该岩画位于都兰县热水乡露斯沟内。石刻题材有三尊坐佛像、三尊立佛像、两个骡子图像以及卍字符和梵文字符。坐佛像位于石崖北侧岩洞内，用阴线刻法刻出图像，图像头戴菩萨冠，袒右臂，着偏衫，两手结定印，结跏趺坐在莲花座上，身后有背光。人物形象左边的最大，其他两尊略小，三佛横向排列，线条简略流畅，头光中绘有卷云纹。三尊佛像顶部均有华盖，三佛框于梯形框内（图版70，17）。

立佛像位于坐像的南侧岩面，为三尊并列的立佛像，从左往右，第一佛略高于其他两佛，头上为肉髻，波状纹饰，头上有光环，身穿袒右肩、"右开左合"的偏衫，偏衫长至脚部。南面佛像右手结转法轮印，左手手持宝物，掌垂至腹部。三佛均跣脚，最小一佛的背光顶部有尖角，系火焰状（图版70，18）。从整个岩画分析，坐立只是三尊佛像的两种形态反映，实际反映的就是三尊佛子。笔者从佛像和骡子图案及字符通盘考虑，认为该岩画表现的是三贤者救佛的故事，以下七个方面可以引证。

其一，佛教传入吐蕃，佛苯之间的斗争从未间断过，当今青海、甘肃、四川等边沿藏区在很久一段时间内，还保持了苯教信仰。《娘氏宗教源流》中记载："三贤者从拉萨为逃避朗达玛灭佛而到多麦时，当地人看见着僧衣的人而感到惊诧，仓皇逃进森林。"[80]这说明此时当地不信佛法。热水古墓出土的古藏文苯教经典以及很多的苯教文化信息恰恰说明这一点。一个苯教盛行的地方产生佛教塑像的可能性不大。所以，这些岩画与旁边的古墓应该没有关系，应该属于古墓时代之后的作品。

其二，青海地区相对于卫藏而言，极少看见佛教前弘期的佛像。该地佛像风格均有犍陀罗印度风格，从佛四周的卍字符和梵文字符，尤其是坐佛像身后火焰形光环，明显带着藏传佛教前弘期的特征。照此推理，该佛像镌刻年代最晚不超过藏传佛教后弘期的起始之年，介于吐蕃王朝崩溃到佛教后弘期开始之间，恰好与三贤者的生平年代吻合。

其三，公元834年，赞普朗达玛开始在卫藏地区全面实施禁佛，玛·释迦牟尼、悦·格苇迥乃、藏·绕赛三比丘为保护佛法，佯装乞丐，骡子驮载律经，逃往异域他乡，转战霍尔地，到多麦南部，路经盐湖，最终抵达黄河河谷多吉札丹斗寺继续弘扬佛法，藏传佛教下路弘法由此点燃。这是藏传佛教史上一大壮举，后人刻画以扬后世是自然的事。

其四，图像选择立式和坐式形象，立式刻于摩崖，而坐式刻于岩洞，究其原因很像三贤者夜晚一路奔波，白昼四处躲藏的场景，符合"昼藏夜行"的记载。另外，三贤者从阿里辗转于阗到青海化隆丹斗寺，路经此地的可能性很大，说在多麦之地经过一盐湖，这与茶卡盐湖又不谋而合。因此，可以认为三贤者在此藏躲修行一段时日，然后继续东行经茶卡盐湖到达化隆丹斗寺。该石刻佛像可能是三贤者在此路过或修行时自己所刻。

其五，该岩画中佛像和骡子图像出现在一起，是特别稀奇之事。两者似乎搭不上界，很难以其他佛教典故加以解释。从藏传佛教史上那个骡子驮经而逃的伟大事件加以解读，方可以理解这个组图的合理性。

其六，依照传统的佛像，排列的佛像个头大小一般是一致的。但该处立姿三尊佛像和坐姿三尊佛像，个头大小各不一样，表现着年龄的差别，这与三贤者中年长者藏·绕赛，较年轻者悦·格苇迥乃和玛·释迦牟尼三比丘当时的实际年龄差别相吻合。

其七，该佛像形象与西藏昌都地区线刻造像和玉树勒巴沟等其他藏区的佛像石刻有诸多共同之处，佛像研究专家温玉成教授将这两地佛像归于同一类石刻作品。

然而，程起骏却说"这一组岩画形成于吐谷浑第十四世国王慕利延（公元 436～452 年）"，还说什么"露斯沟佛教石刻的发现，填补了吐谷浑时期佛教史上某些空白"。其以论代证的论说，实难让人苟同。

七　结　语

众所周知，吐谷浑后裔一直将凉州南山（今武威青嘴喇嘛湾）当作"先茔之地"，仅从这一点，足以证明远在千里之外的都兰古墓与吐谷浑没有任何关系。况且，吐谷浑墓葬也不是没有出土过，像魏故武昌王妃吐谷浑氏墓、故骠骑大将军开府仪同三司征羌县开国侯尧公妻吐谷浑墓、大周故西平公主墓以及大周故青海王墓等九座墓，这些墓葬是吐谷浑不可争辩的历史载体，自然无可厚非，而墓志铭作为这些吐谷浑墓葬中最鲜明的一个共同特征，可以作为一个最具说服力的吐谷浑遗留标准体。至今已发现的九座吐谷浑墓葬中均有汉文书写的墓志铭，而都兰地区古墓出土的不计其数的文物中，从未发现一件墓志铭，这是明摆着的事。所以，仅从这些方面，我们也完全可以判断都兰古墓与吐谷浑墓之间的巨大差别。

我国史学泰斗范文澜先生在其著作《中国通史简编》中说道，慕容部贵族与众多羌部落酋长融合成为一个统治阶级，鲜卑人羌化了，因之，吐谷浑实际上是羌族的国家[81]。

平心而论，从史书中"树洛干率所部数千家奔归莫何川"、"慕利延从弟伏念、长史孚鸠黎、部大崇娥等率众一万三千落归降"、"诺曷钵携公主及数千帐走投凉州"等记载来看，按户 5 人计，当时吐谷浑鲜卑人的规模顶多不过是男女老少几万人，他们寄居羌地，合羌而强，离羌而弱，其国之根基无非是各羌群落。所以，程起骏所谓的"吐谷浑文化"在当时盛行既没有气候，也不具环境，因为吐谷浑来青藏高原为数不多，融入众羌部落，夹于汉羌之间，按照人类历史发展逻辑，它的文化成分完全会被汉羌文化稀释。吐谷浑文化有多少传承于世，在其《墓志铭》中也不见点滴，真可谓皮之不存，毛将焉附。

吐谷浑自来到青藏高原三百余年，被羌化的痕迹也很明显，比如吐谷浑王乌纥提，乌纥提意为大孩，与藏语" བུ་ཆེ"同音。步萨钵（伏允）和诺曷钵，具有安多人三字一名和名尾常用"འབལ"（钵）字的古老特征，诺曷钵与"ནོར་རྒྱས་འབལ"同音，步萨钵与"བོ་གསལ་འབལ"同音，另外，吐谷浑称哥为"阿干"，这与藏语甘南方言中哥哥的称谓"ཨ་ཀོ"（阿嘎）非常相似，所以，有些人单一从鲜卑语角度研究分析吐谷浑语，其结果只是一面之词。以上这些无非是吐谷浑被羌化的痕迹，吐谷浑溃退中原之后，其又被迅速汉化，这从其后裔名字"忠"、"宣超"、"曦皓"、"兆"等人名中显而易见。所以，程起骏所谓的"吐谷浑文化"有夸大之嫌。

在我们这个国度里，历史上不同民族文化都是相互交流、相互吸收、相互融合中发展壮大或者逐渐消亡。吐谷浑吃狗肉的特别嗜好都未能立足于羌人的饮食习俗之中，时至今日，藏人不要说吃狗肉，仍将自家狗视为家庭成员一样爱护，这是外来鲜卑文化与土著羌文化势力难以对称的具体体现。而在唐蕃之间，吐蕃历代赞普曾派一些贵族子弟到长安国子监学习汉文化，《诗经》《礼记》《左传》等等汉文典籍由此传入吐蕃，敦煌出土藏文文献中出现的《尚书》《战国策》等藏文译本是这个历史的有力证据。而吐蕃的一些文化也源源不断地传入汉地，从白居易诗文："元和妆梳君记取，髻椎面赭非华风"，王建的诗："城头山鸡鸣角角，洛阳家家学胡乐"等等中也可以看出吐蕃文化对中原的影响，吐蕃生产的马鞍和铠甲等产品也一直成为唐朝广泛青睐的器物。这些都是藏汉文化交流的产物，而都兰古墓为了解这种交流提供了与敦煌吐蕃文化相媲美的实物资料。

都兰地区吐蕃墓，从其形制、随葬品、所处地域以及出现的大臣姓名等因素分析，笔者认为该地大墓应该为吐蕃王朝将相之墓。史料记载，吐蕃王朝曾出现过一大批建立丰功伟绩，声名显赫的大臣，而这些大臣的墓葬至今未曾发现。敦煌藏文文献记载，松赞干布曾颁布命令："དབུ་ཆོག་ཀུན་ན་མཁན་པུག་དར་ཏེ་བརྩིགས་པར་གནང་། །ཏུ་ཏུ་བཀུར་དགུས་པར་གནང་། །རུ་ཚ་གང་ དུང་གཅིག་གསེར་གྱི་ཡི་གེ་ཙན་པ་ར་རྟུལད་པར་བགྱད། སྩལ་ཏོ། །"[82]（义策大臣若死，须有赞普亲自为其建造陵墓，殉马百匹，其子孙一人世代授予金字告身）。吐蕃时期对有功将相的俸禄有时候甚至超过赞普本身，比如为达扎路恭立功绩碑，而好多赞普还未曾享受过立功绩碑的待遇。所以，都兰有些古墓规模大于西藏藏王墓也是说得过去的。

总之，有些地方对近几年来打造地方文化旅游品牌心切是可以理解的，但是，学术需要严谨，文化需要以真实的历史为基础，万万不可以"打造"之名牵强行事。同样作为中华古老民族文化的一部分，将当今仍在繁衍的吐蕃文化拒之门外，而大力打造所谓"吐谷浑文化"，有悖于历史客观性的做法，不会存在任何可行的理由。换言之，青海藏区与西藏本土相比，更接近中原，该地区出土的藏汉文化信息，更能反映藏族和汉族在唐蕃时期广泛而深刻的历史文化交流，远比所谓的"吐谷浑文化"更有广阔的历史和现实意义，值得大力弘扬和开发。

（原载《中国藏学》2012 年第 4 期）

注　释

[1] 北京大学考古文博学院、青海省文物考古研究所编著：《都兰吐蕃墓》，科学出版社，2005 年，第 153 页。

[2]《新唐书·吐蕃传上》。

[3] 南卡诺布：《藏族远古史》，四川民族出版社，1990 年，第 72 页。

［4］巴卧·祖拉陈瓦（དཔའ་བོ་གཙུག་ལག་ཕྲེང་བ།）：《贤者喜宴》（ཆོས་འབྱུང་མཁས་པའི་དགའ་སྟོན།），民族出版社，2006 年，第 67 页。

［5］王尧辑：《敦煌古藏文历史文书》，青海民族学院印，1979 年，第 6 页。

［6］毛尔盖·桑木旦：《藏族史齐乐明镜》，民族出版社，2010 年，212 页。

［7］毛尔盖·桑木旦：《藏族史齐乐明镜》，民族出版社，2010 年，第 260 页。

［8］达仓·班觉桑布（དཔལ་འབྱོར་བཟང་པོ།）：《汉藏史集》（རྒྱ་བོད་ཡིག་ཚང་ཆེན་མོ།），四川民族出版社，1985 年，第 4 页。

［9］娘·尼玛韦色（ཉང་རལ་ཉི་མ་འོད་ཟེར།）：《娘氏宗教源流》（ཆོས་འབྱུང་མེ་ཏོག་སྙིང་པོ་སྦྲང་རྩིའི་བཅུད།），西藏藏文古籍出版社，1988 年，第 137 页。

［10］阿旺贡嘎索南（ངག་དབང་ཀུན་དགའ་བསོད་ནམས།）：《萨迦世系史》（ས་སྐྱའི་གདུང་རབས་ངོ་མཚར་བང་མཛོད།），民族出版社，1986 年，第 237 页。

［11］楚巨仁钦（ཁྲུས་ཆེན་ཚུལ་ཁྲིམས་རིན་ཆེན།）：《德格寺录》（སྡེ་དགེ་དགོན་ཆེན་གྱི་དཀར་ཆག），第 214 页。

［12］毛尔盖·桑木旦：《藏族史齐乐明镜》，第 203 页。

［13］《白狼歌》，载《后汉书·西南夷列传》（《东观记·筰都夷》）。

［14］格勒：《论藏族文化的起源形成与周围民族的关系》，中山大学出版社，第 354～355 页。

［15］李文实：《西陲古地与羌藏文化》，青海民族出版社，2001 年，第 31 页。

［16］《九世班禅洛桑却吉尼玛文集》（《པཎ་ཆེན་བློ་བཟང་དཔལ་བ་བློ་བཟང་ཆོས་ཀྱི་ཉི་མའི་གསུང་འབུམ།》），第 1 卷，札什伦布寺印，第 135 页。

［17］王树芝、赵秀海：《用树轮年代方法评估吐蕃时期人类对森林的破坏》［J］，《西北林业学院学报》2010 年第 6 期，第 55 页。

［18］王尧：《敦煌古藏文历史文书》，第 5 页。

［19］同上，第 17 页。

［20］同上，第 15 页。

［21］夏吾李加（ཤ་བོ་སྐྱ་རྒྱལ།）：《从文献考辨藏语 “འ་ཞ” 与吐谷浑的族源问题——兼论月氏的关系》（འ་ཞའི་རིགས་རྒྱུད་ལ་དཔྱད་པ།），《中国藏学》（藏文版）2010 年第 3 期，第 70 页。

［22］夏杂·扎西坚赞（ཤར་རྫ་བཀྲ་ཤིས་རྒྱལ་མཚན།）：《西藏本教源流》（《ལེགས་བཤད་རིན་པོ་ཆེའི་གཏེར་མཛོད།》），民族出版社，1985 年，第 61 页。

［23］弟吾贤者（ལྡེའུ་ཇོ་སྲས།）：《弟吾教法史》（《ལྡེའུ་ཆོས་འབྱུང་།》），西藏人民出版社，1987 年，第 103 页。

［24］夏吾李加：《从文献考辨藏语 “འ་ཞ” 与吐谷浑的族源问题——兼论月氏的关系》，第 74 页。

［25］巴卧·祖拉陈瓦：《贤者喜宴》，第 170 页。

［26］夏吾李加：《从文献考辨藏语 “འ་ཞ” 与吐谷浑的族源问题——兼论月氏的关系》，第 72 页。

［27］王尧：《敦煌古藏文历史文书》，第 79 页。

［28］巴卧·祖拉陈瓦：《贤者喜宴》，第 171 页。

［29］弟吾贤者：《弟吾教法史》，第 107 页。

［30］《新唐书·吐蕃传上》。

［31］蔡巴·贡嘎多吉（ཚལ་པ་ཀུན་དགའ་རྡོ་རྗེ།）：《红史》（དེབ་ཐེར་དམར་པོ།），民族出版社，1981 年，第 24 页。

［32］巴卧·祖拉陈瓦：《贤者喜宴》，第 160 页。

[33] 夏吾李加：《从文献考辨藏语"འ་ཞ"与吐谷浑的族源问题——兼论月氏的关系》，第 81 页。

[34] 陈践、王尧；《吐蕃文献选读》，民族出版社，1985 年，第 166 页。

[35] 王尧：《敦煌古藏文历史文书》，第 30 页。

[36] 陈践、王尧：《吐蕃文献选读》，第 166 页。

[37] 王尧、陈践：《青海吐蕃简牍考释》，《西藏研究》1991 年第 3 期。

[38] 巴卧·祖拉陈瓦：《贤者喜宴》，第 84 页。

[39] 夏吾李加：《从文献考辨藏语"འ་ཞ"与吐谷浑的族源问题——兼论月氏的关系》，第 74 页。

[40] 夏杂·扎西坚赞：《西藏本教源流》，第 61 页。

[41] 许新国：《关于都兰热水乡血渭一号大墓的族属及年代》，《青海藏族》2012 年第 1 期，第 5 页。

[42] 王尧：《敦煌古藏文历史文书》，第 21、23、22 页。

[43] 同上，第 4、5 页。

[44] 同上，第 78 页。

[45] 南卡诺布：《藏族远古史》，第 205 页。

[46] 国家文物局主编：《中国文物地图集》（青海分册），第 104 页。

[47] 许新国、格桑本：《东噶·洛桑赤列先生与都兰血渭 6 号墓出土的木牍》，《青海藏族》2011 年第 2 期，第 50 页。

[48] 王尧：《敦煌古藏文历史文书》，第 81 页。

[49] 许新国、格桑本：《东噶·洛桑赤列先生与都兰血渭 6 号墓出土的木牍》，《青海藏族》2011 年第 2 期，第 50 页。

[50] ［瑞士］阿米·海勒（Amg Heller）著，霍川译：《青海都兰的吐蕃时期墓葬》，《青海民族学院学报》2003 年第 3 期。

[51] 王树芝、邵雪梅、许新国、肖永明：《都兰吐蕃三号墓的精确年代——利用树轮年代学研究方法》，《文物科技研究》2008 年第 5 卷，第 59 页。

[52] 巴卧·祖拉陈瓦：《贤者喜宴》，第 216 页。

[53] 王尧：《敦煌古藏文历史文书》，第 78 页。

[54] 王尧、陈践：《敦煌古藏文文献探索集》，上海古籍出版社，2008 年，第 235 页。

[55] 土观·洛桑却吉尼玛（ཐུའུ་བཀྭན་བློ་བཟང་ཆོས་ཀྱི་ཉི་མ）：《土观宗派源流》（ཐུའུ་བཀྭན་གྲུབ་མཐའ），甘肃民族出版社，1991 年。

[56] 青海省考古研究所馆藏。

[57] 王尧：《敦煌古藏文历史文书》，第 79 页。

[58] 同上，第 81、82 页。

[59] 都兰县公安局文物收缴清单，第七组，第五条。

[60] ［瑞士］阿米·海勒著，霍川译：《青海都兰的吐蕃时期墓葬》，《青海民族学院学报》2003 年第 3 期。

[61] 霍巍：《西域风格与唐风染化——中古时期吐蕃与粟特人的棺板装饰传统试析》，《敦煌学辑刊》2007 年第 1 期。

[62] 王尧：《敦煌古藏文历史文书》，第 30 页。

[63] 同上，第 52 页。

[64] 同上，第 25 页。

[65] 同上，第 26 页。

[66] 许新国：《西陲之地与东西方文明》，北京燕山出版社，2006 年，第 218 页。

[67] ［美］白桂思（Christopher I. Beckwith）著，杨富学、安阳译：《吐蕃帝国的西渐》（The Tiberan Empire in the West），原载《安多研究》（第 4 辑），民族出版社，2007 年。

[68] 《新唐书·吐蕃传上》。

［69］张建林：《藏传佛教后弘期擦擦的特征》，《中国藏学》2010 年第 1 期增刊，第 30 页。

［70］［瑞士］阿米·海勒著，霍川译：《青海都兰的吐蕃时期墓葬》，《青海民族学院学报》2003 年第 3 期。

［71］北京大学考古文博学院、青海省文物考古研究所编著：《都兰吐蕃墓》，科学出版社，2005 年，第 153 页。

［72］南卡诺布：《藏族远古史》，第 72 页。

［73］南卡诺布：《藏族远古史》，第 73 页。

［74］王尧：《敦煌古藏文历史文书》，第 39 页。

［75］洲塔、洛桑·灵智多杰主编：《甘肃宕昌藏族家藏古藏文苯教文献》，甘肃文化出版社，2012 年。

［76］［瑞士］阿米·海勒著，霍川译：《青海都兰的吐蕃时期墓葬》，《青海民族学院学报》2003 年第 3 期。

［77］《青海省档案馆部分馆藏》，《档案春秋》2008 年第 11 期，彩页。

［78］王尧、陈践：《青海吐蕃简牍考释》，《西藏研究》1991 年第 3 期。

［79］《新唐书·吐蕃传上》。

［80］娘·尼玛韦色：《娘氏宗教源流》，第 441 页。

［81］范文澜：《中国通史简编》，人民出版社，1965 年，第 446 页。

［82］陈践、王尧：《吐蕃文献选读》，第 122 页。

东嘎·洛桑赤列先生与都兰血渭
6 号墓出土的木牍

许新国　格桑本

　　1982 年，经国家文物局批准并颁发考古发掘资格证书后，我省文物考古研究所对都兰热水吐蕃墓群开始进行考古发掘。年内发掘的第 6 号墓中出土了一枚古藏文木牍[1]。墓向北偏东 10°。封土为圆形，残高 2.5 米，揭开封土后，显露方形墓室，墓室四周围以等腰梯形围墙。棺室以石垒砌，有二层台，二层台上平置柏木 15 根。围墙北部长 12.2、南部长 16.2、等腰部长 13 米。方形墓室边长 3.7、深 1.5 米。棺室亦为方形，边长 2.6、深 0.7 米。在北围墙靠近墓室处的平面上砌有一小龛，内盛有小麦品种的粮食作物。围墙的外壁呈阶梯形，两层之间，平铺一层柏木，起承托上层石墙和封土的作用，可以增强拉力和强度。墓葬东部有盗洞直入棺室，棺内物品盗掘一空，剩下残板与木条等遗物，杂乱无章。见有人头骨三个，余骨均散乱，故其原有葬式不明。在我们失望之际忽然一长方形的木条进入我们的眼帘。用毛刷刷去浮土，见有一排排的书写整齐的古藏文，大家立即高兴起来，这是一件古藏文木牍啊！无论其内容如何，那一行行的古藏文，是我们判定墓主人的族属为吐蕃王朝的重要证据。

　　关于这件重要的古藏文木牍[2]，年内发掘结束回到西宁后我们立即请教了青海社会科学院和青海民院的古藏文专家，但未获得满意的结果。当时有位专家推荐我们去拜访中央民族大学的东嘎·洛桑赤列教授释读。

　　第二年的春天我们有机会出差至北京，携带上木牍，首先请文物出版社的摄影室为这件木牍拍摄照片。因木牍中好些古藏文模糊不清，他们当即联系公安部一一二九研究所邱学信和汪纪民二位摄影师拍了木牍照片，效果比原拍的好多了。

　　当我们到达中央民族学院，经过多次打听，终于见到了东嘎·洛桑赤列教授。这位身着袈裟的活佛教授为便于同我们交流，就请来藏语系扎西旺都副教授当翻译。我们将木牍出土情况及来意作了详细介绍后，两位教授让我们三天后去取释读结果。

　　在约定的时间内，见到了东嘎先生，扎西旺都先生也在座。扎西先生递给我们三页纸，上写着由东嘎·洛桑赤列先生的考释、扎西旺都翻译的木牍内容。

　　古藏文木牍，长方形木片状，长 25.8、宽 2.5~2.7、厚 0.2~0.5 厘米，通体横写古藏文，正反两面书写，在此我们将木牍原文汉译内容引录如下：

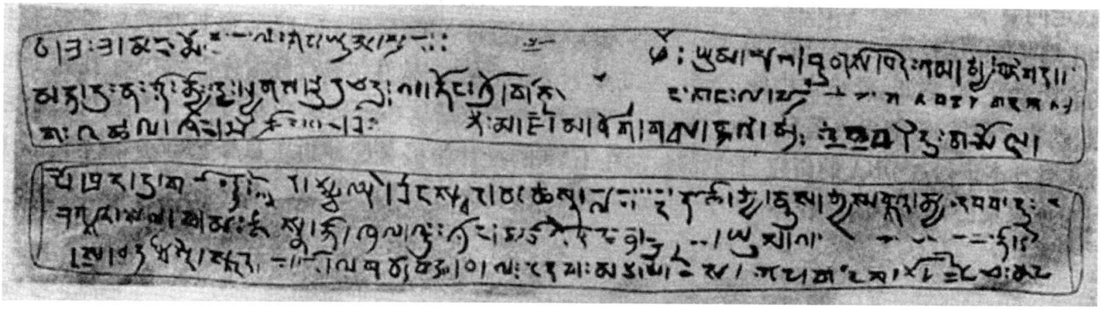

其汉义为：

正一、萨萨芒姆基亲眷母子……①母子平安否。

二、近闻安督地方人畜都很平安无恙…

三、我正身患疾病……因而未毕其事，请勿见怪。

反一、因若赴府邸又恐受责罚，故未前往，请勿见怪。

二、若不见怪，我当赴府邸会晤，于安督呈献压书礼品。

三、谨捺手印②后奉上……我……

注：①正一，此处文字不清，应是书写此木牍人的名字。

②反三，手印"ལག་རྗེ"似指封缄函牍之火漆印。

东嘎先生还通过扎西旺都先生的翻译对我们说："一般而言，墓葬的主人应该是收信者，可是古藏文'芒姆基'是王后的意思，难道大墓是一座藏王陵吗，这太不可思议了。据藏文记载，吐蕃时期的藏王死后一般都要归葬于现西藏山南地区琼结的藏王陵，并在青海据我所知未有文献记载，加之出有木牍的墓葬规模较小，与王后的身份不太符合，会不会有这种可能，墓葬的主人不是收信者，而是写信者，这件木牍是一件未发出的信呢？"

当我们向他说明6号墓只是1号墓的陪葬墓，而1号墓的规模与山南琼结藏王墓的规模不相上下时，东嘎先生说："看来解决问题的关键是1号大墓，希望你们能早日完成血渭1号墓的发掘，它的价值对于研究吐蕃王朝的历史、藏族的历史真是太重要了。"

遗憾的是东嘎先生的这个愿望，在我们见面近20年后还没有实现，东嘎先生已圆寂了。但无论如何东嘎先生的考释和他当时的疑惑以及所提出的问题，对于我们研究吐蕃时期的历史和埋葬制度都具有重要的启示意义，这是我们犹要珍视和怀念的。

血渭6号墓出土的木牍告诉我们，这是一座吐蕃王朝时期的墓，其使用的是吐蕃王朝时期成熟的文字——古藏文（木牍正反两面的文字中先后出现十九处元音"ˆ"都是正写体而无反写的），因而墓主人应是吐蕃族。不管墓主人是否是王后。如果是收信者，那么墓主人是王后，而其作为陪葬的1号大墓就是高于王后的藏王。如果墓主人是发信者，那其身份也应是与王族有关的吐蕃上层显贵人物。

血渭6号墓的墓葬形制，与以封土石室墓为代表的吐蕃王朝时期的主流型墓葬相符合。封土石室墓，是青藏高原古代墓葬中目前发现的数量最多、地域分布最广，墓葬布局最为密集的一类墓葬类型。从迄今为止的发现情况来看，这类墓葬东起西藏东部的昌都，西达后藏日喀则的昂仁，南面沿雅鲁藏布江流域，北抵藏北那曲、索县及安多、比如一带都有所分布，几乎遍及西藏全境。其分布的最北端已到达青海省的都兰县。

这类墓葬早期的形制比较简单，其地面封土形制只有圆丘形封土一种，例如雅鲁藏布江中游昂仁一带的封土墓葬。这类墓葬晚出的形制地表的封土式样趋于复杂，以方形和梯形的墓丘最为常见。根据考古发掘，大体上可以分为两种基本的类型。

一　直穴式石室墓

直穴式石室墓的基本特点，是在封土墓丘的中央向下挖掘出直下式的墓穴，形状大多为长方形或正方形，有的留出二层台，墓壁采用石板拼砌或用石板、石块混合垒砌，墓室的构造已经具有相当的水平。除有一墓单棺和一墓多棺之外，还出现了比较复杂的附属设施，如头箱、耳室、立柱、门槛等。较典型者见于山南乃东普努沟墓地[3]、定日县门道墓地 M56[4]。

二　穹隆顶式洞室墓

穹隆顶式洞室墓在地表标志上与直穴式石室墓无明显的区别，而且大多处于同一墓地中，故其时代亦应大致相同。两者之间的主要区别在于墓葬结构的不同。穹隆顶式洞室墓的结构一般由竖井式的墓道和墓室两部分组成，墓室是在墓坑内沿四壁用石板向上叠砌起拱，形成向上隆起的穹隆顶式墓室，在西藏目前的考古出土材料中，较典型的例子有：山南朗县列山墓地 M27[5]、山南扎囊县斯孔村 M25[6]、山南洛扎县吉堆墓地 M25[7]、日喀则萨迦县给百山墓地 M44[8]。

这种形制的墓葬，是青藏高原进入吐蕃时期后，在以拉萨、山南地区为中心的腹心区域发生、发展起来的一种新型的墓葬形制。

综上所述，我们有充分的理由相信，青藏高原在吐蕃时期尽管一度还同时并存有石棺墓，偏室洞穴墓以及封土石室墓等几种不同的墓葬形制，但在其发展的过程中，逐渐以封土石室墓这种新型的墓葬取代了旧有的墓型而占据首要地位。现有的考古材料能够证明，封土石室墓这种墓型应代表吐蕃时期古代墓葬的主流，不仅分布地域广泛、墓葬密集宏大，而且无论是从墓葬的外标志和内部结构上看，都已经具有比较稳定的形态，体现出一种民族风格和时代特点。吐蕃时期墓葬所具有的地域特点、民族特点，很大程度更是以此种考古遗存为背景而得以反映的。

对墓葬出土物所做的[14]C 年代测定数据也提供了断代的参考依据。从这批墓葬中出有两批[14]C 年代数据：一为朗县列山墓地 M130 出土的木炭标本，其年代为公元 700 年 ±70 年[9]；二为萨迦县给百山墓地 M44 出土的木炭标本，年代为公元 582～767 年[10]，可见其年代的下限均未超过吐蕃王朝时代。

综合上述分析，我们可以比较有把握地将以上这批以封土石室墓为主流的墓葬的绝对年代，大体划定在公元 7~9 世纪，确定为吐蕃王朝建立后国力强盛、经济繁荣时期的考古遗存。

血渭 6 号墓的墓葬形制，与上述所列举的西藏地区吐蕃王朝时期的封土石室墓在墓葬形制上完全一致，尤其是石室周围的呈梯形的石围墙，更是惊人的一致，我们仅从墓葬形制上看，将其定为吐蕃王朝时期也是无懈可击的。而出土的古藏文木牍，更是墓葬属于吐蕃的铁证。

藏文文字的出现，目前学术界虽然对此还有不同的意见，但一般认为是始于吐蕃王朝建立之后的松赞干布时期。《敦煌本吐蕃历史文书》赞普传记中记载："吐蕃古昔并无文字，乃于此王（按：指松赞干布）之时出现也。"藏文史籍《贤者喜宴》、《王统世系明鉴》、《布顿佛教史》等也均言吐蕃文字的创立，是松赞干布时大臣吞米·桑布扎出访天竺时，仿照一种天竺古文字所创造出来的，该文字与印度的梵文有一定的联系。至少我们目前可以认为，西藏文字的定型与普遍使用，是在吐蕃王朝时期。

以上是我们第一次公布，血渭吐蕃墓群中第 6 号墓出土古藏文木牍的内容及东嘎·洛桑赤列先生考释这件重要文物的过程。为了方便读者了解古藏文木牍的出土情况，我们将 6 号墓的墓葬形制一并作了详细介绍。为使读者了解我们将血渭古墓群的族属定为吐蕃的理由，我们简要地介绍了西藏吐蕃墓的形制，并将 6 号墓的形制，与其作了对比，相信大家能从这种对比研究中了解我们将古墓群族属吐蕃定性的理由和根据。

在文章的最后，让我们再一次表示对藏族著名学者东嘎·洛桑赤列先生的尊重之情，并希望此文能够作为对其在吐蕃考古学所做贡献的一种难以忘却的纪念。

（原载《青海藏族》2011 年第 2 期）

注　释

［1］该木牍现存省博物馆。

［2］木牍照片摘自《中国文物地图集·青海分册》见彩页图 4。

［3］西藏文管会文物普查队：《西藏乃东普努沟古墓群清理报告》，《文物》1985 年第 9 期。

［4］西藏文管会文物普查队：《西藏拉孜、定日两县古墓群调查清理简报》，《南方民族考古》第 4 辑。

［5］索朗旺堆、侯石柱：《西藏朗县列山墓地的调查和试掘》，《文物》1985 年第 5 期。

［6］参见西藏自治区文管会编：《扎囊县文物志》。

［7］何强：《西藏吉堆吐蕃墓地的调查与分析》，《文物》1993 年第 2 期。

［8］参见西藏自治区文管会编：《扎囊县文物志》。

［9］同［2］。

［10］同［2］。

"论赤偕微噶"

——都兰热水河南岸吐蕃三号墓葬出土藏文碑刻考释

宗喀·漾正冈布　英加布　刘铁程[1]

绪　言

柴达木盆地的古代墓葬群，据我们的初步调查，分布范围以都兰为中心，北至海西州乌兰、德令哈，南可至盆地以外的果洛州玛多一带，数量众多，绵延数百公里。从 1982 年开始，青海省文物考古研究所开始在都兰县热水乡"偕微"草原[2]暨热水（ཚྭ་ཁོལ cchu khol，曲阔）河流域进行考古发掘工作，1985 年在热水河北岸发掘两座吐蕃时期古墓。都兰吐蕃墓群的发现和发掘在 1996 年被中国国家文物局学术委员会评为当年"全国十大考古新发现"之一。1999 年 7～9 月，北京大学考古文博学院与青海省文物考古研究所合作，在热水河南岸发掘了四座已被盗掘过的吐蕃时期墓葬，发掘者强调"这是都兰地区吐蕃墓葬的第一次科学考古发掘。"[3]这四座墓葬虽已基本被盗空，但仍存留了一些木板画、金银饰件、皮件、木器件以及古藏文木简及碑刻等出土物。2005 年，这四座吐蕃时期墓葬的考古发掘报告以《都兰吐蕃墓》为名由科学出版社出版，文末还对墓葬中出土的部分古藏文、道符等加以专文论述。这个考古发掘报告大概是我们目前所能见到的关于都兰墓葬群的第一次全面系统的介绍。

2010 年 8 月中旬，应青海省都兰县委、县政府的邀请，兰州大学藏缅—阿尔泰民族文化遗产研究所师生一行前往柴达木盆地考察，先后在都兰县热水乡热水河谷两岸、德令哈市蓄集乡考察了数十座古墓，参观了都兰文物派出所、海西州博物馆收藏的都兰古墓出土文物，并对当地的神山信仰、岩画、历史地名沿革和民间传说进行了大量的田野调查工作，积累了一批有价值的资料[4]。后又到青海省文物考古研究所、青海省博物馆、青海藏医药文化博物馆等地看到都兰吐蕃古墓出土的部分实物，并就这些文物与青海省文物考古研究所的许新国研究员、瑞士藏学家和亚洲艺术史专家艾米·海勒博士（Dr. Amy Heller）等有关专家进行了交流。

都兰古墓群的族属、文化归属等问题是学术界关注的热点话题之一[5]。以古墓群的短暂研究史来看，从长期关注都兰古墓群研究的瑞士学者艾米·海勒博士（Dr. Amy Heller）[6]到中国国内的考古学、艺术史学、历史学领域的学者，多持吐蕃说或吐蕃文化系统说[7]，是目前学术界的主流认识。但近年来部分青海地方文史和新闻工作者提出吐谷浑说，并通过新闻媒介做了不少宣传报道。研究讨论上述问题的难点在于目前大量墓葬均属被盗墓，而由考古研究部门发掘的大部分墓葬又尚未发表考古发掘报告。以我们目前掌握的情况来看，也没有学者给出能解释具体墓主人身份的直接证据，因而才为一些文史工作者，尤其是新闻工作者留下了以论代证，发挥想象力大胆演绎的空间。

北京大学方面对其主持发掘的四座墓葬得出如下结论"发掘的四座墓葬等级较高，属于吐蕃贵族墓葬"，"从出土丝织物的技法及纹样，陶器、古藏文的字体等方面来看，这两组墓葬的年代应当相仿，大约在 8 世纪中期。"[8] 王尧先生发表在《都兰吐蕃墓》中的《青海都兰新出吐蕃文汇释》一文成为北大方面断代的重要佐证。

实际上，北大方面主持发掘的吐蕃三号墓葬出土的藏文碑刻，明确写有墓主人的官职和姓氏与名字，这是目前可见的能够了解墓主人直接信息的少数墓葬之一[9]，对于都兰古墓群的研究有重大的参考价值，遗憾的是目前尚没有引起研究者足够的重视。

王尧教授大概是第一位考证都兰古墓古藏文石碑的学者，但他只考证了其中的"论"（blon ཟློན）字，他的论文没有进一步提及含有更重要信息的和"论"一样表示重要身份的"赤"（khri ཁྲི）及墓主人的姓名"微噶"（she'u ka）ཤེའུ་ཀ这三个古藏文刻字，没有注意当地相关地名、口述历史与古墓葬之间的联系。该地区同时代的其他古墓中发掘出的古藏文木牍以及敦煌古藏文文献中的"偕微"氏（she'u）家族史料与古藏文刻字之间存在联系，这在王尧教授的文章中也没有引用参证。日本人 Takata Tokio 仅基于古藏语语音的演变分析，猜测 99DRNM3157－2 藏文石刻字"偕微"（she'u）ཤེའུ可能是南诏（今云南丽江地区）的一部族名 se'u སེའུ的变音[10]。同样对此未作深入的研究。

本文相互参证藏文石碑、藏文木牍、敦煌古藏文文献、地名、民间传说中的信息，并结合我们在热水乡所做的田野调查工作，解读这一重要碑刻所含的重要历史与文化信息。

一　都兰吐蕃三号墓出土藏文石刻简况和研究现状

都兰吐蕃三号墓，编号为 99DRNM3。其封土平面近椭圆形，周长 99 米，最大直径约 33 米，封土上有四个盗洞。墓室平面形状呈凸字形，面积约 60 平方米，墓道朝南，由东室、中室、西室和墓道四部分组成。这座墓葬的出土物包括金器、银器、铜器、铁器、纺织品、皮制品、漆木器、古藏文木简、古藏文石刻、陶器、骨饰、珠石饰品等。

据发掘报告介绍，墓葬中刻有古藏文的石条共有四块，"石条一端或两端有圆穿（有的穿孔不透），孔内残留铜锈。一面或两面凿出浅的平行斜纹，有一面涂抹一层厚约 3 厘米的石灰，另一面不加打磨。有字的一面字均刻在中部，中部打磨光滑，两边是凿出的斜纹。"[11] "此墓石字迹十分清晰，从残留的金箔痕迹看，阴刻文字内原来贴有金箔。"[12]

这四块藏文碑刻，每块长约 90～130 厘米、宽 20～40 厘米、厚约 10～25 厘米，由于盗墓破坏，已不在一处。其中写有藏文"论"（blon）ཟློན的碑刻，编号为 99DRNM3：157－1，在盗洞内发现。写有藏文"赤"（khri）ཁྲི的碑刻，编号为 99DRNM3：157－2；写有藏文"偕微"（She'u）ཤེའུ的碑刻，编号为 99DRNM3：157－3；写有藏文"噶"（ka）ཀ的碑刻，编号为 99DRNM3：157－4；以上三块碑刻均在西室扰土内发现。在发掘报告中均有图版公布，遗憾的是其中的第三块碑刻图版藏文 she'u

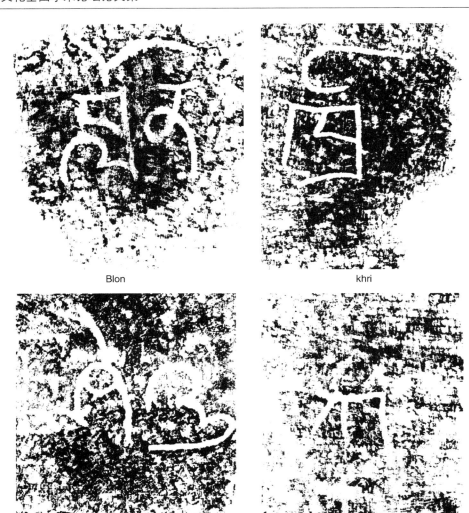

Blon

khri

She'u(原图片藏文被倒置)

ka

字被倒置，乍一看，会给识别造成困难。现将图片公布[13]：

　　目前尚不清楚，北京大学方面是否向王尧先生提供了全部四块藏文碑刻。王尧先生在《青海都兰新出吐蕃文汇释》中只就其中的一块"blon ཟློན"字碑刻给予解释，致使解释墓主人关键信息的后三块碑刻没有纳入整体的考虑当中。王尧先生在文中解释"blon ཟློན"即"相"的意思，相当于部长一级的长官，他说："这方墓石标明墓主人的身份是ཟློན Sblon（论），当属于政府高级官员无疑，否则也不可能有如此豪华的陪葬品，更不可能有此墓石的树立"[14]。

二　敦煌古藏文史料中的"偕微"（she'u）氏族

1. 四块碑刻的排列次序

由于盗墓活动的破坏，这四块石碑已不在墓葬的同一位置，其原有顺序也被打乱，故而在解读每个藏文碑刻意义时，也须对这四块石碑的藏文进行排列。这四块石碑的顺序，我们可以断定至少存在以下三种可能：（1）"论赤偕微噶"（blon khri she'u ka ䷊ཁྲི་ཤེའུ་ཀ）；（2）"赤论偕微噶"（khri lbon she'u ka ཁྲི་ཁློ་ཤེའུ་ཀ）；（3）"论偕微赤噶"（blon she'u khri ka ཁློ་ཤེའུ་ཁྲི་ཀ）。我们认为这三种顺序中"论赤偕微噶"（blon khri she'u ka）最具文献佐证和符合吐蕃官名和姓名合称的习俗[15]。四块石碑的顺序无论怎样排列，其最重要的和唯一的信息均在于以下将要探讨的"偕微"（she'u）和"论"（blon）字之上。

吐蕃时期，官名与人名合称时，官名在前，人名在后。如大论东赞（བློན་ཆེན་སྟོང་བཙན Sblon che stong rtsan，即禄东赞，大相东赞）、论赤章（བློན་ཆེ་ཁྲི་འབྲིང Dblon che khri'bring，即论钦陵）等等。可见，བློན Sblon（论）是这组藏文碑刻的首字。

藏文"khri"ཁྲི，由ཁ Akha、ra ར和i ཨ组成，按现代藏语标准拼音，合音读如"赤"或"墀"字，但古代多将kha ཁ和ri རི酘两个音节分开来读，因此新旧《唐书》、《册府元龟》、《通典》等中记为"乞力"、"乞立"、"乞黎"、"乞梨"、"器弄"、"乞黎"、"弃隶"、"弃弄"或"可梨"等（个别时候也记为"墀"），系吐蕃赞普、高级大臣和贵族世家姓名中的常用词之一[16]。这一称词在《大事纪年》（P. T. 1288）中屡见不鲜。如公元693年前往阿柴国征集粮草的大论钦陵（藏语：钦陵赤章，བློན་ཆེ་ཁྲི་འབྲིང། blon che khri'bring，大臣赤章）、公元705年担任吐蕃大论的韦·乞力徐（དབས་ཁྲི་གཟིགས། dbas khri gzigs）、公元689年嫁与阿柴王的吐蕃公主赤邦（ཁྲི་པངས། khri pangs）等[17]。"赤"的字面意思为"万"和"座位"、"御座"或"宝座"，与"赤"（khri）ཁྲི相对应的藏语姓名构成词是"本"（'bum）འབུམ，即"十万"。

今天，我们仍能在安多地名中找出这样以"赤"（khri）ཁྲི字修饰的古老遗迹，如青海海南藏族自治州的贵德县一带藏语称为"赤噶"（khri ka ཁྲི་ཀ，安多藏语口语又变音为Khyi ka ཁྱི་ཀ），相传吐蕃第42代赞普赤热巴坚（公元815～836年在位）东巡多思玛（mdo smad མདོ་སྨད安多）地区检军时，当地人曾在此地设座迎接而得名。

"赤"（khri）ཁྲི墀在吐蕃传统文化中被视为标识社会地位高低的象征之一，一直延续下来，如原噶厦政府中的首席噶伦被称为"噶伦赤巴"（བཀའ་བློན་ཁྲི་པ། bka'blon khri pa），大寺中的法台被称为"赤巴"（ཁྲི་པ། khri pa），格鲁派中最高法座被称为"赤仁波切"（ཁྲི་རིན་པོ་ཆེ། khri ring po che，即宗喀巴的法统）。

足见"论"和"赤"（墀）均可表示显赫的社会地位。

藏文碑刻中的噶（Ka ཀ）字有作为构成名字的后缀字的用例，噶（Ka ཀ）字本身并没有实意。例如：吐蕃氏族中即有勃阑伽（噶）氏（bran ka བྲན་ཀ）、俄噶氏（'od ka འོད་ཀ）等以噶（ka ཀ）为后缀字的氏族[18]。同样，从吐蕃王朝时期沿用至今的地名也不少，如："赤噶"（khri ka ཁྲི་ཀ，今贵德）、"宗喀"（tsong ka ཙོང་ཀ或tsong kha ཙོང་ཁ，湟水流域）、"奥噶"（ol ka ཨོལ་ཀ，卫藏山南工布）等。在藏语地名中"噶"（ka ཀ）和"喀"（kha ཁ）作为后缀字是可互换的。

因此，我们可以看出这四块藏文碑刻的排列顺序是"论赤偕微噶"（blon khri she'u ka），其中"论赤"（blon khri）揭示了墓主人的官职是"论"，即"相"一级的官员，且是带"赤"头衔的大概与吐蕃王室有密切关系的大贵族，具有显赫的地位。考古发掘报告也指出，吐蕃二号、吐蕃三号以及吐蕃五号组成的第二组墓葬中，吐蕃三号墓是中心墓葬[19]，地位较之本组的其他墓葬为高。

那么，揭示墓主人直接信息的关键就在第三块藏文碑刻偕微（she'u ）上面，这也是本文关注的重点。

2. 敦煌古藏文 PT. 1286 和 PT. 1290 号写卷中的偕微（she'u）氏族

检索敦煌古藏文文献，PT. 1286 和 PT. 1290 写卷中前后四次出现过标识职务和姓名的"论波偕微"，均指吐蕃邦国之一"吉若姜恩"（skyi ro ljang sngon ，吉若指吉曲河，今拉萨河流域）国的大臣"论波偕微"（blon po she'u ）[20]。

PT. 1286 写卷题名为"小邦邦伯家臣及赞普世系"（）记载了吐蕃部分地区的小邦君主和家臣的名字。其中涉及"偕微"（she'u）的内容如下：

[21]

Wylie 藏文转写：Yul skyi ro ljang sngon na/rje skyi rje ai rmang po/blon po she au（she'u）dang spug/.

这段藏文王尧、陈践译为："几若江恩之地，以几杰芒保为王，其家臣为'谢乌'与'布'二氏"[22]。黄布凡、马德译为："吉若地之蒋恩，王为吉王芒布，论布为谢邬、布二氏"[23]。两种翻译基本相同。其中，王尧等所译的"几"、黄不凡等所译的"吉"，均指藏文 skyi ，即拉萨河（吉曲）流域；"谢乌"、"谢邬"均为我们所关注的"偕微"一词，不过在这段古藏文中 she 与 au 之间多一分字符。我们将此段译为"吉若姜恩地的君王为茫巴，大臣为偕微和思博二氏"。

可见，"偕微"（ she'u）氏族居住在拉萨河流域的吐蕃邦国"吉若姜恩"地方，这一家族在这个邦国中享有"论"（blon ）的地位。

PT. 1290 号写卷也是一份吐蕃邦国及家臣名表，"偕微"（ she'u）在写卷中反复出现三处，其内容与 PT. 1286 写卷基本相同，"偕微"（ she'u）氏均与思博（ B spug）氏连署，为"吉若姜恩"邦国的大臣（论，blon ）。

显然，我们可以确定公元 7 世纪之前（吐蕃帝国的政治与军事大扩张约始于于公元 7 世纪初）的"论偕微"（blon she'u ）与都兰古墓出现的"论赤偕微噶"（blon khri she'u ka ）为同一家族之人。"偕微"（she'u ）家族的成员在吐蕃帝国建立前后担任过大臣"论"（blon ）的职务，而且"偕微"（she'u ）家族在吐蕃王朝中已经享有"论"职务的世袭制资格，吐蕃帝国时期还有部分成员享有和王族有关的"赤"（khri ）的特殊称号。许多赞普和赞普家族的人的名字中普遍带有此"赤"字。

"论偕微"（blon she'u ）担任大臣的邦国吉若姜恩（skyi ro ljang sngon ）在吐

蕃王朝中占有重要地位。他们的山神吉拉夏茫（skyi lha pya mangs སྐྱི་ལྷ་པྱ་མངས།）被列为统一后的吐蕃帝国的九大山神之一[24]。这一点我们分别在吐蕃赞普赤松德赞（742～797）所立的石碑[25]和敦煌古藏文文献 PT. 1286 卷中得到引证[26]。另外，藏地"世界形成之九大山神"之一的"西乌卡日"（she'u kha rag ཤེའུ་ཁ་རག）），得名"偕微"（she'u ཤེའུ།），该山神地处西藏山南。这一山神与"论赤偕微噶"（blon khri she'u ka བློན་ཁྲི་ཤེའུ་ཀ）的姓氏有无关系待进一步研究。

3. 敦煌古藏文 PT. 2204c 号写卷中的相关内容

在敦煌出土古藏文文献 PT. 2204c 号写卷《没收叛乱者粮食支出账》（བློ་བ་རེངས་པའི་ནང་མེ་ལ་འབུ་བགོ་རྒྱུའི་ཐོ་ཡིག）中，也记载了一位以"偕微"（she'u ཤེའུ།）为氏族名的人员。这篇写卷是论玛热向收租长官论更卜藏以及粮食观察长官、办事长官的禀告，内容是从上峰没收叛乱者粮食中调拨七十蕃斗支付给一部分人，为一张粮食分配名单和分配数量表。现将相关信息从这篇写卷中截取出来：

ཤེའུ་ལྷ་སྦྱིན་ལ་སྩོགས་པ་མྱི་བཞི་ལ་ཁལ་རེ་རེ་སྟེ་ཁལ་བཞི་……དོ་གཟིག་ལ་སྨད་ལ་ཁལ་གཅིག །

Wylie 藏文转写：

She'u lha sbyin la stsogs pa myi bzhI la khal re re ste khal bzhI'do gzig la smad la khal gcig/.

王尧先生将此段译为：许腊金等四人，每人一蕃斗鉥……刀息拉迈一蕃斗[27]。这段文献中的所译的"许"（she'u ཤེའུ།）即"偕微"，许腊金（偕微腊金）也是一位以"偕微"（she'u ཤེའུ།）为姓氏的人士。

三　偕微（she'u）的地名渊源

1. 热水河墓葬群的地名——偕微（she'u ཤེའུ།）

热水古墓群位于察罕乌苏河上游的热水河谷地两侧，察罕乌苏河为蒙语名，意为白水，其藏语名为曲嘎尔（chu dkar ཆུ་དཀར།），与蒙语名同意。热水河，藏语名"曲阔"（chu khol ཆུ་ཁོལ།）[28]，热水乃是对藏语名的意译。热水河谷地两侧的草原，当地藏人称为"偕微"草原。"偕微"在墓葬研究者中译音有"血渭"、"斜外"等，王尧教授等译音为"谢乌"、"许"、"秀乌"，黄不凡教授等译音为"谢坞"，本文均统一写作"偕微"。在热水河北岸，由青海省文物考古研究所挖掘的一座大型墓葬，即被命名为"血渭一号大墓"。经我们在热水乡的调查，当地藏人认为"偕微"乃是相延已久的称呼，已经忘记这个词汇所指称的具体含义。

"she'u ཤེའུ།"一词的读音，与当地藏语对热水河谷草原的称呼（汉字音译为"血渭"或"斜外"）一致，可以对音。因而我们可以推测当地藏人所称的"偕微"草原，其藏文对应词即"she'u ཤེའུ།"。我们的研究还表明，热水河谷地的"偕微"家族还是一个以"鹿"为标识的古老氏族。

2. 热水河北岸墓葬出土木牍中的"偕微"（she'u ཤེའུ།）地名

1985 年青海省文物考古研究所在都兰热水"斜外"（偕微）草场发掘了两座古墓。王尧教授结合牛津大学教授托玛斯等的吐蕃文书考释及研究，发文考释了第十号墓中的 11 支随葬吐蕃文木牍，认为墓主入葬时代不会早于 8 世纪。在 11 支木牍中，M10：4 – 3 木牍上的一个地名，特别引起我们的注意。这条木牍长 6.3、宽 2.2、厚 0.3 厘米，右有小孔，正面有两行字，背面无字，字体介于楷书（དབུ་ཅན）和草书（དབུ་མེད）之间，简右略残，有一字模糊[29]。

木牍藏文原文：

（1）　、： ཤེའུ་ར་གདུང་།

（2）　གཅིག

转写：she'u rag dung gchig

王尧先生译为："秀乌地产黄铜号一把。"[30]

秀乌即偕微（she'u ཤེའུ）。鉴于同时出土的其他藏文木牍也多处提及物产及其出产地，又依据吐蕃命名习俗和构词法，我们同意王尧教授解"偕微"（she'u ཤེའུ）为地名。遗憾的是王教授对该地名"偕微"（she'u）未做考释。我们惊奇地看到"偕微"（she'u ཤེའུ）一词在热水古墓中前后两次出现，一次为地名，一次为人名。况且，今日热水沟"偕微"（"斜外"或"血渭"）草原又是热水古墓群的所在地。碑刻人名、木牍藏文地名、热水河两岸的草原地名，三者藏文同音，前两者还可找到可靠的古代文献依据，藏文写法完全一致。

故而这三者之间的对应关系就不可能是巧合。由于写有藏文地名的木牍也出土于热水河谷，可以推测木牍藏文地名与今日的"偕微"草原，是指同一地方，即今热水河谷地区。"偕微"实为从吐蕃时期保留至今的古老地名之一，而这一地名源于"偕微"（she'u）氏族。

3. "偕微"（she'u ཤེའུ）与以"鹿"命名的氏族

古现代藏语中"偕微"（she'u ཤེའུ）一词，从字面意思来说，是"小鹿"的意思。指"鹿"的藏文字母"夏"（sha ཤ）与表示"幼小"的后缀字"微"（'u འུ）合体时，"夏"（sha ཤ）字变体为"偕"（she ཤེ）。而"偕"（she ཤེ）的意思同样是"鹿"。微（'u འུ）在藏语中表示"微小"、"幼小"和"幼崽"之意，我们在这里选用"微"这个汉字，即是音译也兼顾了词意。在吐蕃与表示"幼小"和"幼崽"的"微"（'u འུ）合体而构成的地名或姓氏较多[31]。敦煌古藏文 PT. 1047 等卷也有描述"夏吾"（sha bo，鹿）和"偕微"（she'u，小鹿 ཤེའུ）的资料。"偕微"（she'u ཤེའུ）氏族与"鹿"的关系也是一个值得关注的现象。

首先，以动物命名的氏族屡见不鲜。古藏文文献载，阿夏（A zha ཨ་ཞ，学者大多认为藏文文献中的阿夏即汉文文献中的吐谷浑）属悉勃野六氏之一东氏（ldong ལྡོང）后裔。曰：东氏分十八大姓氏，桑杰阿夏有九子（ལྡོང་ལ་རུས་ཆེན་བཅོ་བརྒྱད་གྲོལ། ldong la rus chen bco rgyad grol，སེང་རྒྱལ་ཨ་ཞ་བུ་དགུ་གྲོལ། seng rgyal a zha bu dgu grol）。据苯教仪轨文献载：噶氏的标志性崇魂动物（bla zog བླ་ཟོག）是羊，而东氏的标志性动物为鹿[32]。这一观念和信仰的存在可在吐蕃时期的大家族姓氏中能得到证实。吐蕃有穹氏（kyung ཁྱུང，大鹏鸟）、达氏（stag སྟག）、绛氏（spyang སྤྱང，狼）、珠氏（'bri འབྲི，母牦牛）等以动物命名世家。这种例子在《岭格萨尔》史诗中更是不胜枚举。

在都兰我们发现了很多关于鹿的文化遗存，我们认为这不仅与藏文文献中认为的阿夏人（A zha ཨ་ཞ།）、党项与雅隆悉勃野祖先共同的姓氏东氏（ldong ལྡོང་།）的标志性动物（bla zog བླ་ཟོག）——鹿有密切联系，而且也可能与吐蕃王朝早期主要信仰苯教的《鹿垛仪轨》（sha ba ru rgyas kyi mdos ཤ་བ་རུ་རྒྱས་ཀྱི་མདོས།，以鹿为象征的萨满仪式）[33]有联系。

世居"血渭"（偕微）一号墓所在地热水沟的日安（ru sngan རུ་སྔན།）部族在历史上曾两度迁徙到过热贡、赤噶（即今青海海南藏族自治州贵德一带）以及茫热（即今青海湖南贵南一带）等黄河流域地方[34]。至少从 14 世纪开始他们与今青海黄南热贡和巴颜部族在历史上一同供奉过藏区唯一以鹿命名的山神阿尼夏吾（a myes sha bo ཨ་མྱེས་ཤ་བོ།，圣鹿神山，现循化县境内）。今日阿尼瓦吾（A myes bal bo ཨ་མྱེས་བ་ལ་བོ།）山神是今日热水沟日安（ru sngan རུ་སྔན།）部族最大的土著山神。当地山神祭文（bsang yig བསང་ཡིག，桑益）载，该山神的坐骑也为一只神鹿。山神和氏族祖先之间有密切联系，一个丰功伟绩的祖先被奉为山神而崇拜和祭祀的事实在吐蕃广泛存在[35]。鹿，不仅是在都兰及东临都兰的天峻县境内发现的岩画上出现频率最高的动物，其形象也常见于都兰古墓中发掘出土的物件和棺板画上。史前西藏苯教的鹿神祭祀对欧亚腹地的影响是广泛而显著的，尤其是对中亚、西伯利亚、俄罗斯等地的传统萨满的相互影响，它甚至间接地传播到美洲[36]。今天，我们仍然能在英格兰乡村和西藏古老的苯教仪式中看到有关鹿角的宗教舞蹈[37]。因此，西藏传统苯教信仰和习俗对都兰吐蕃墓葬的深入影响是显而易见的。

4. "偕微"（she'u ཤེའུ།）氏族后裔的一点推测

"偕微"（she'u ཤེའུ།）氏族的姓氏在吐蕃王朝崩溃后，仍散见于史籍。11 世纪初出生在卫藏的一位大学者，名偕微·洛杂哇·瓦杂德哇（she'u lo tsa ba ba dza de ba ཤེའུ་ལོ་ཙ་བ་བ་ཛ་དེ་བ།，即偕微译师·多杰拉），翻译了《勒那多杰修行法》等部分佛教密宗经典，其译著收录在《丹珠尔》卷。16 世纪的萨迦派大译师偕微·更噶曲扎（she'u lo tsa ba kun dga'i chos grags ཤེའུ་ལོ་ཙ་བ་ཀུན་དགའི་ཆོས་གྲགས།）著有《道果宗派史》，出生于卫藏堆龙德庆。这些历史人物与都兰出土的"论赤偕微噶"（blon khri she'u ka བློན་ཁྲི་ཤེའུ་ཀ།）同用一个姓氏"偕微"（she'u ཤེའུ།）。

纵观安多部落史，安多碌曲（洮河上游）有个叫"偕微仓"（she'u tshang ཤེའུ་ཚང་།，小鹿家族）的部落（今日的甘肃甘南州碌曲县西仓十二部落）。据我们所知，这是目前保留古老姓氏"偕微"（she'u ཤེའུ།）的唯一部落。《安多政教史》载：西仓部落的"西"（she'u ཤེའུ།）字，相传因其头人将父亲葬在一母鹿窝而得名。后人为图吉利而将原来的"偕微"（she'u ཤེའུ།）在文字上改写成"西"（shis，吉祥ཤིས།）字。两种藏文写法均见于史籍。八思巴的随从藏巴南拉本的后裔被奉为包括西仓部落在内的碌曲流域各部落的头人。西仓部落的最高首领为历代"偕微仓宏波"（she'u tshang dpon po ཤེའུ་ཚང་དཔོན་པོ།），"宏波"家族至少在 14 世纪曾与热贡囊锁家族有过联姻[38]。并与热贡隆务大寺的夏尔格丹嘉措（1607～1677 年）有供施关系。相传"偕微仓宏波"世袭 18 代[39]。末代"偕微仓宏波"卒于 20 世纪 70 年代，其兄弟也流亡并过世于海外。

5. 小结

热水沟当地地名"偕微"（she'u ཤེའུ，小鹿）、古墓发掘的石刻大臣姓名"论赤偕微噶"（blon khri she'u ka བློན་ཁྲི་ཤེའུ་ཀ，鹿氏大臣）、当地最具民间信仰意义的山神名称、吐蕃邦国大臣"论偕微"（blon she'u，བློན་ཤེའུ"偕微"氏大臣）、地名木牍"偕微"（she'u ཤེའུ，小鹿），不可能是偶然的巧合，它们之间很可能有着历史的渊源关系。这些似乎可以与起源于吉若姜恩邦国的"偕微"（she'u ཤེའུ）家族或氏族联系起来。

结　语

通过以上讨论，我们可以对热水河南岸吐蕃三号墓葬出土的碑刻"偕微"（she'u ཤེའུ）一词得出如下推论：

1. 墓主人"论赤偕微噶"（blon khri she'u ka བློན་ཁྲི་ཤེའུ་ཀ）属于"偕微"（she'u ཤེའུ）氏族，为"论"（blon བློན）一级的官员和有"赤"（khri ཁྲི）身份的吐蕃大贵族。

2. "偕微"（she'u ཤེའུ）氏族的发源地应在作为吐蕃邦国的"吉若姜恩"（skyi ro ljang sngon སྐྱི་རོ་ལྗང་སྔོན）地方。这个氏族很早就有"论"（blon བློན）的显赫地位。后来随着吐蕃帝国不断开疆扩土，"吉若"邦国的"偕微"（she'u ཤེའུ）氏族可能被派往今柴达木盆地的都兰地方担任官职，仍然延续了"论"（blon བློན）的世袭地位。

3. 热水河谷地是"偕微"（she'u ཤེའུ）氏族根据地之一，故而热水河谷两岸的草原在吐蕃时期即由氏族名转为当地的地名，并且延续至今，本地藏人仍习惯以"偕微"称呼热水河两岸草原。

4. 这一氏族以"鹿"为氏族标识。"鹿"的形象在都兰古墓群的木器构建彩绘、棺板画以及岩画中频繁出现。西藏苯教的鹿神崇拜和"鹿垛仪轨"对墓葬群的影响是一个值得关注的现象。

5. 都兰热水河古墓群可能与"偕微"（she'u ཤེའུ）氏族有密切的关系，是否为"偕微"（she'u ཤེའུ）氏族的墓葬群还有待更多出土材料的佐证和缜密研究。热水河南岸吐蕃三号墓是目前可以揭示墓主人的包括官职和姓氏等具体信息的少数墓葬之一，对于整个都兰古墓群的研究有重大参考价值。

（原载《文物》2012 年第 9 期）

注　释

［1］宗喀·漾正冈布（Yongdrol K. Tsongkha），安多贡本人，现任兰州大学历史文化学院暨西北少数民族研究中心教授、博士生导师（2004.8～　），兰州大学藏缅—阿尔泰民族文化遗产研究所所长（2005.10～　），美国印第安纳大学人类学系研究员（2003.3～　）等；英加布（Yumjeap），安多碌曲人，兰州大学民族学研究院博士研究生，西北民族大学藏语言文化学院副教授；刘铁程（Shes rab），辽宁阜新人，兰州大学民族学研究院博士研究生。

［2］关于"偕微"（she'u ཤེའུ）草原的汉字译音，考古工作者曾使用"协外"、"斜外"、"血渭"等译法。一些藏学研究者在注释古藏文文献时也使用了"谢乌"、"谢邬"等多种汉字译音。我们认为"偕微"（she'u ཤེའུ）一词的藏文写法即吐蕃三号墓中的藏文碑刻"She'u ཤེའུ"，该词作为地名一直延续使用到现在。我们这里谨慎选择"偕微"译写 She'u ཤེའུ这一重要部族和地名，兼顾了藏文的音、义。详见本文第三部分关于该地名问题的讨论。

［3］北京大学考古文博学院、青海省文物考古研究所编著：《都兰吐蕃墓》，科学出版社，2005 年，第 1 页。

［4］其中都兰县热水乡的墓葬群，特别是已经发表考古发掘报告的这四座墓葬是我们此行的重点考察对象。在考察期间，都兰县委书记张纪元先生、海西蒙古族藏族自治州州委统战部副部长李科加先生等给我们的考察工作提供关照，在此特别致谢。

［5］例如，2002 年德令哈市尕海镇（原郭里木乡）出土的棺板画就引起了学者们关于墓葬族属的争论。棺板画的临摹图首刊在《中国国家地理》杂志 2006 年第 3 期。忽略藏缅民族（青藏高原土著）和自蒙古高原等地迁入的阿尔泰民族在青藏高原有源远流长的接触和交融的历史，将棺板画中的生活画卷与史书中的片言只语印证，从而试图证明其具体族属的研究往往流于以论代证的任意猜测。

［6］阿米·海勒（Dr. Amy Heller）为瑞士籍藏学家、艺术史学者，1992 年获得巴黎大学西藏历史与哲学博士学位，专著《西藏艺术与智慧》（Art et Sagesse du Tibet）已有英（Tibetan Art：Tracing the Development of Spiritual Ideals）、意、西班牙等版本，曾经参与夏鲁寺和小昭寺的维修计划；阿米·海勒博士长期关注都兰古墓群的考古进展，1997 年以来她先后发表了多篇与都兰古墓群相关的论文，如《都兰出土文物的初步评论》（Preliminary Remarks on the Excavations at Dulan, 1997），《都兰：关于吐蕃帝国建筑风格和工艺品的初步评论》（Dulan, Some Preliminary Remarks on the Architecture and Artifacts of the Tibetan Empire, 1998），《都兰考古调查报告：8 世纪的吐蕃墓群》（The Archeological Investigations of Dulan：8th Century Tibetan Tombs, 2006）、《拉萨大昭寺的银壶》（The Silver Jug of the Lhasa Jokhang）等等。

［7］吐蕃文化系统是指与吐蕃本部悉补野部有种族、语言与文化紧密联系，后来在吐蕃帝国扩张时期被纳入其政治与军事系统的青藏高原诸地方政权与部族文化系统，其中包括苏毗（松巴）、党项、象雄（羊同）、吐谷浑（藏文文献中称 Azha，读若阿夏）等。它们在吐蕃帝国建立前，即与吐蕃有千丝万缕的文化关系，纳入吐蕃帝国后各部文化上的同质性进一步得以加强。其中，对吐谷浑与吐蕃的早期关系的研究尤为薄弱。因汉文文献中记载吐谷浑王室源于鲜卑，未考虑到其立基于青藏高原，处于藏缅民族（诸羌文化）的汪洋大海中的史实，部分学者将公元 4 ~ 7 世纪初，甚至在 7 世纪初、中叶被纳入吐蕃帝国政治与文化系统后的吐谷浑完全想象成了千百年来无任何文化变迁的在羌戎地区（藏缅核心文化地带）保持原生态阿尔泰文化的民族共同体。部分藏学家根据藏文文献则将吐谷浑（阿夏，根据藏文文献她与悉补野的密切联系至迟始于赞普松赞干布祖父达日年斯时）完全视为与悉补野部在文化上同质的一普通吐蕃邦国（rgyal phran），没有考虑到阿夏吐谷浑地处藏缅、阿尔泰与华夏三大文化边界的特殊性。

［8］《都兰吐蕃墓》，第 125 页，第 127 ~ 128 页。北京大学方面主持发掘的墓葬被分为两组，第一组为吐蕃一号墓（99DRNM1）、吐蕃四号墓（99DRNM4）；第二组为吐蕃二号墓（99DRNM2）、吐蕃三号墓（99DRNM3）以及尚未发掘的一座暂编为吐蕃五号墓（99DRNM5）的墓葬。

［9］除都兰吐蕃三号墓外，我们另掌握有"琛氏"（mchams ཆཆམས）等藏文石碑，将另有专文考述。

［10］Tokata Tokio：A Note on the Lijiang Tibetan Inscription. http：//www. ihp. sinica. edu. tw/ ~ asiamajor/pdf/2006ab

［11］《都兰吐蕃墓》，第 106 页。

［12］王尧：《青海都兰新出土吐蕃文汇释》，载《都兰吐蕃墓》，第 132 页。

［13］图片来自《都兰吐蕃墓》，第 109 页。

［14］王尧：《青海都兰新出土吐蕃文汇释》，载《都兰吐蕃墓》，第 133 页。

［15］Drikung Chestang Rinpoche：A History of Tibetan Empire：According to Dunhuang Manuscripts（bod btsan po'I rgyal rabs）. Songtsen Library，2010. p101 – 105，403 – 446.

［16］有人认为"赤"系古象雄语，意为"神、神意"，如吐蕃历史上的第一至七个赞普统称为"天子七赤"（gnam gyi

khri bdun གཞས་ཀྱི་ཁྲི་བདུན།）。详见于南喀诺布：《古代象雄和吐蕃史》（zhang bod lo rgyus ti se o'd ཞང་བོད་ལོ་རྒྱུས་ཏི་སེ་འོད།），民族出版社，1996 年，第 243 页。

［17］有关 khri ཁྲི 类人名，可以参阅《敦煌古藏文文献探索集》之《敦煌本吐蕃历史文书》"人名索引"部分。见王尧、陈践译注：《敦煌本古藏文文献探索集》，上海古籍出版社，2008 年，第 157 页。

［18］参见林冠群：《唐代吐蕃氏族一览表》。林冠群：《唐代吐蕃的社会结构》，附录三，《台湾政治大学民族学报》，第 20 期，1993 年，台北。

［19］《都兰吐蕃墓》，北京大学考古文博学院，青海省文物考古研究所编著，科学出版社，2005 年，第 126 页。

［20］F. W. Thomas：Tibetan Literary Texts and Documents Concerning Chinese Turkestan. London，W. C. 1. p23 – 39

［21］王尧、陈践：《敦煌古藏文文献探索集》，第 60 页。

［22］王尧、陈践：《敦煌古藏文文献探索集》，第 124 页。

［23］黄布凡、马德：《敦煌藏文吐蕃史文献译注》，第 127 页。

［24］巴考、拉露、托玛斯整理研究的敦煌古藏文文集。F. W. Thomas, Ancient Folk – Literature from North – Eastern Tibet，Akademie. Verlag，Berlin，1957. p74 – 75. 第吾贤（12 世纪）：《第吾宗派史》，西藏藏文古籍出版社，1997 年，320 页。欧坚朗巴（发掘于 13 世纪）：《五部遗教》，民族出版社，1986 年，第 38～56 页。

［25］巴吾祖列陈瓦：《贤者喜宴》（mkhas pa'i dga'ston），民族出版社，1986 年，第 109 页。

［26］雅隆王朝在降服诸邦国的同时，将诸国的山神纳入整个王朝山神体系来祭祀。并将今卫藏洛喀（山南）桑日县境内的沃德贡杰山神以雅隆王朝第一代赞普的姓氏沃德贡杰命名。因此，山神与氏族祖先之间有着密切关系。详见于 Samten G. Karmay, The Arrow and Spindle：Studies in History，Myths，Rituals and Beliefs in Tibet. Mandala Book Point，1998. 第吾贤：《第吾宗派史》（lde'u chos'byung）、巴吾祖列陈瓦《贤者喜宴》、谢继胜《西藏风马考》等。

［27］见王尧、陈践：《敦煌古藏文文献探索集》，"社会经济文书"部分，藏文见第 235 页，汉文译文见第 312 页。

［28］五世达赖喇嘛进京时经"曲阔"（chu tsan, chu khol 热水）上游和"曲嘎滩"等地，据其自传所载，当时的都兰地名多为藏语地名，后可能深受蒙古人的影响，都兰地名以意译从藏语转译蒙古语化了。现有都兰地名中虽有蒙藏双语地名，但汉语使用的地名多数音译自蒙古语。《五世达赖喇嘛的自传》第一函汉译文，中国藏学出版社，2006 年，第 300～340 页。

［29］参见王尧：《青海吐蕃简牍考释》，《西藏研究》1991 年第 3 期。

［30］王尧：《青海吐蕃简牍考释》，《西藏研究》1991 年第 3 期。

［31］如《第吾宗派史》的作者第吾贤（mkhas pa lde'u），"尼"（ne'u，鹞鹰崽子）氏、"勒"（gle'u，麝崽）氏等。

［32］吉隆·扎西嘉措，图却多杰：《藏人古代六氏之宗谱·美丽花园》（bod mi'I gdung drug rus mdzod me tog skied tshal），青海民族出版社，1992 年 3 月，第 8 页。

［33］南喀诺布：《南喀诺布选集》，民族出版社，1994 年，第 386～390 页。

［34］阿顿·华多太：《柴达木地区藏族变迁史略》（tshA'dam gzuyg sa'I bod mi'I byung aphel），《中国藏学》（藏文版）2009 年第 2 期。

［35］Samten G. Karmay，The Arrow and Spindle：Studies in History，Myths，Rituals and Beliefs in Tibet. Mandala Book Point，1998. P450 – 60.

［36］Dmity Ermakov，Be & Bon. Vajra Publication，Kathmandu，2008. pp337 – 388.

［37］Dmity Ermakov，Be & Bon. Vajra Publication，Kathmandu，2008. pp337 – 388.

［38］热贡囊所多德奔的女儿远嫁"西仓宏波"家族，"宏波"家族与热贡的关系，见于智观巴·贡却丹巴绕吉：《安多政教史》（mdo smad chos'byung，藏文），甘肃民族出版社，1982 年，第 584～393 页。

［39］玛艾·智华嘉措《洮源部落史明鉴》（mdo smad klu stod lo rgyus me long），甘肃民族出版社，1997 年，第 63～73 页。

青海都兰吐蕃古墓重量级墓主人身份考释

旦却加

一 现状概述

吐蕃陵墓所在地青海省海西州都兰县包括 7 乡 2 镇，位于柴达木盆地东南缘、气候干旱，空气稀薄，海拔 3400 米以上，太阳总辐射能量较高，温差较大、多风，降水量较少，属温凉干旱气候区。植被为草原荒漠植被，比较稀疏。土壤层溶钙土，有盐化现象、碱性反应，钙积层位高。

都兰吐蕃古墓群分布从夏日哈乡到诺木洪乡，东西长 200 公里，南北宽 20 公里的范围内，墓葬大多依山面河，连绵数百里，总数达千座以上，而尤以热水乡最为集中。古墓群体宏大，葬制独特，内涵极为丰富，引起了国内外史学界、考古界的高度关注。

但是，长期以来，都兰地区吐蕃古墓葬群频繁遭遇被盗且还被焚烧，墓葬残留的遗物杂乱无章，破坏极其严重。都兰县墓葬被盗历史很长，大体可分成四个阶段。第一阶段是在清朝时期，存在盗墓现象，但量小且出现过一两次。第二阶段是民国马步芳统治时期、即 20 世纪 40 年代，具体时间是1944 年。马步芳派一个工兵营驻扎在智尕日，将在热水沟—察罕乌苏河北岸的血渭 1 号大墓进行盗掘，征用民工 400 多人，为时一个月的盗墓，只取墓中的整件金银玉器，对金银镶嵌的器物，刮金剥银，炼成金条银锭，其余铜、铁、木器、大量丝绸品一概弃之不顾。挖出的物品种类很多，且数量巨大，无从一一计算。据说，物品中有铜锅一套，口内边有文字，当时无人认得也无法考证，外边所锚金多处剥离；两头包有黄金的楠木杆数梱，仅此两项炼得黄金两千余两；被盗之后还遭焚烧。第三阶段是在 1949 年后，也一直有人盗墓，到了 20 世纪 60 年代，森林砍伐严重，政府采取了封山措施，这样导致了当地牧民缺柴现象，牧民就挖墓里的柏木来烧饭取暖，破坏严重。只是拿走金银器其他东西一概不拿，当时也没有人去保护，谁也不管。第四阶段是改革开放之后，80 年代到 90 年代及 20世纪末期盗墓极为严重。盗墓分子甚至动用推土机等大型机械推开封土，疯狂盗取珍贵文物。根据上级指示，经过多次专项打击行动后，盗墓分子虽有所收敛，但受到经济利益驱动，盗墓活动始终没有停止过。由于人力和资金等众多因素，这里的两千座吐蕃古墓正惨遭盗墓分子洗劫，面临着灭顶之灾。具有关部门粗略统计，都兰县境内已有一半以上的古墓遭盗掘。

都兰吐蕃古墓文物保护工作从 1980 年起受到重视，1982 年，青海省文物考古队进行了抢救性考古挖掘工作。曾在热水沟察汉乌苏北岸挖掘了 2 座古墓，其中一座是血渭 1 号大墓。挖掘中出土的有皮鞋、核桃、织机构件、金饰品、陶罐、木碗、木鸟兽、古藏文木简、彩绘木板，还有一批绚丽多彩的丝绸织品。特别是出土了藏文木简牍，为研究吐蕃历史以及唐朝与吐蕃之间的经济文化交流提供了极有价值的资料。中国著名古藏文专家、中央民族学院教授东嘎·洛桑赤列，在识译了出土的古藏文木简后，认定墓主人是吐蕃贵族。青海省文物研究所考古队于 1985 年又对血渭 1 号大墓及其周边几座中、小型墓进行挖掘。血渭 1 号大墓被国家文物局学术委员被选为"1996 年全国十大考古发现"之一。

1999 年 7 月至 9 月间，在美国企业家罗杰伟先生（RogerLovey）创办的唐研究基金会的资助下，北京大学考古文博学院、青海省文物考古研究所联合在血渭草场察苏河南岸发掘了 4 座唐代大、中型吐蕃墓葬。对出土文物进行全面分析研究，形成综合性的科学研究报告，这是我省考古研究工作的一大可喜成果。因为受资金时间等的限制，此次一共仅发掘了 4 座墓葬。这些墓葬均被盗且被焚，破坏严重，令人痛惜。然而，通过规范地进行挖掘清理，出土了不少有价值的东西，而且成果非凡。

近 30 年来，通过广大考古工作者和学者的不断探索和努力，都兰吐蕃古墓的考古发掘工作上取得了一定的成就，尤其有了第一部由北大牵头的权威性报告，那就是北京大学文博学院和青海省文物考古研究所联合编著，于 2005 年 1 月由科学出版社出版的《都兰吐蕃墓》一书。这是一部基于科学发掘的工作报告，以严格的学术规范、严肃的研究风格，对墓葬的形制、结构及随葬品的情况进行了详细描绘，通过艺术品、古文字和人骨进行了详尽研究，获得了科学的结论。该书以大量的历史、考古、艺术、藏文木简资料，明确断定这个墓葬群属于唐代中晚期的吐蕃古墓群。然而，近几年来，省内个别民间文史爱好者置大量实物证据和权威专家的论证于不顾，对吐蕃时期实物证据和出土的藏文木简视而不见，似乎绕开发掘出土的丰富吐蕃文化信息，借助某些媒体进行炒作，在论而无证，缺乏实物证据的情况下，极力渲染所谓"吐谷浑"文化，导致有些人信以为真，混淆是非，误导读者，在学术界造成不良影响。

我们认为，上述问题的产生主要有两方面的原因：一是有些人为土族寻根追源，刻意将都兰古墓与吐谷浑搅和在一起，而又把吐谷浑和土族嫁接一起。二是省州文史爱好者缺乏掌握丰富的历史资料，特别是对藏族文化历史了解甚少，从而导致产生了不切实际的论调，走入歧途。为此，本文通过对吐蕃时期的丧葬制度、墓葬形制特点，发掘出土的藏文木简、碑文等进行分析研究，进一步探讨都兰古墓特点，力求反映真实历史、文化内涵、族属等问题，为考古工作及开发旅游资源，为研究和反映历史真实原貌，提供比较可靠的证据。

二 吐蕃墓葬形制

据文献记载，第一代至七代（称天赤七王）是从天而降，死后没有留下尸体，而是（通过一条光绳）升天了。然而到了第八代止贡赞普的死隔断了与天界的直接联系，他在与其大臣的决斗过程中受骗，赶走了他肩上的保护神，于是他死后尸体留在人间。从象雄召来了"苯波"，让他们建造陵墓并第一次举行葬礼。通典 190 谓"其墓正方，累石为之，状若平头屋"。在吐蕃时期，主要实行土葬制。《敦煌吐蕃历史文书》载及松赞干布与臣韦义策盟誓时云："你死后，吾为尔营建坟陵。"墓葬制始于止贡赞普时期。从此之后，吐蕃赞普去世后普遍进行安葬。松赞干布至朗达磨赞普的陵墓遗迹至今犹存，在西藏山南雅砻河谷可以看到。这种葬法一直延续到公元 9 世纪中叶吐蕃王朝崩溃。换言之，延续到佛教传入后 100 年，而不论该赞普是否支持佛教，这种丧葬方法始终没有改变。

近几十年来，西藏发现墓葬群 20 余处近 2000 多座，分别是贡党县香贝区石棺墓葬、朗县列山墓地、西日卡西山墓地、浪县泽当至米林公路 317 公里处墓地、红光三队墓地、乃东县泽当区赞塘村墓地、泽当区下东嘎大墓、昌珠区普努沟古墓群、拉萨彭波石棺墓等。大部分分布在山南吐蕃发祥地。这些墓大部分为梯形和方形，也有圆形、亚字形、封土形。仅朗县列山墓地一处有 180 座墓，经 ^{14}C 测定为公元 700 ± 70 年，正属吐蕃时期。以上文献记载考古情况无可辩驳地证明吐蕃时期主要实行土葬制。

据《西藏王统记》载，"松赞（干布）墓建在穷波地方，四方墓冢分成格，丝和纸拌于泥土中，以此塑成英主像，载上木车踏歌舞，安放圣像于墓中，奇珍异宝充于格，墓中还有五座神殿"，在大论嘎尔写的《目录》中说，"松赞墓在穷波达，其大小有一箭之遥，其占地约掷石之远。内有五座神殿。此墓装饰华丽而闻名，它的秘称是'木日米波'。它的珍宝是分三次从全世界各地奉献的，五种神圣的供品、五种林木中的珍奇、五种人间的瑰宝；在它的内室，陈列着五种供物；在中央鬼域被金刚顶镇伏着；顶部是由 18 腕尺（20 多尺）长的柱子搭成的柱廊，它是由叫作白旃檀的檀香木料做成的。正中央是国王御衣，各种不同的珍宝和宝石的王冠，还有印度的铠甲，中原的珊瑚树，霍儿的金人金马、珍珠等"。这些记载虽然比较笼统，还可以看出大致轮廓，《西藏王统记》、《五部遗教》、《贤者喜宴》等有关藏文史料中表明，赞普陵墓为长方形，总长为一箭之遥，占地为掷石之远，墓室分为若干分室。多数为四室、五室等形制，且各室充满奇珍异宝，还有圣像或英主像（墓主人画像）放置于墓中。国王遗体经防腐处理，用金水涂抹之后放入银棺里，放置在中央墓室。意大利著名藏学家杜齐认为，实际上，陵墓内部分成大小一致的九个方格，这些格子代表着宇宙，围绕它的中心，九是苯波教的吉祥数字，国王被埋在墓中央，表示极为理想地进入了宇宙并且和宇宙的终极混为一体，而这个墓本身是则被认为是一个神奇的投影。珍贵的财物放在其他格子里，并不仅仅意味着它们将成为国王后世的财富，而且还将给国家带来新的财富和更加远大前程的种子。

都兰热水血渭 1 号大墓，依缓冲的血渭山左山坡流线型山嘴而建，依山向河，坐北朝南，墓地封土南壁长 155 米，北壁长 100 米，垂直高度 27.8 米，墓地底大顶小，顶、底基本形制为近似梯形，封土堆高大，以土、砂、小石块混合夯打而成。墓上部有近似等腰梯形石砌墙一座，墙中央建有"十"字形石砌墓圹的墓室一座，依次自外向内分述，则石砌墙墙体高 2 米，其中，石砌墙分为底墙、中层、顶墙三个部分，面积为 1730 平方米，东墙长 41 米，西墙长 39 米，南墙长 55 米，北墙长 36 米，位居石墙中央的石砌墓圹形制为"十"字形建筑物，东西长 17.6 米，南北长 20.3 米。"十"字交叉中央方形石砌主室圹约有 15 平方米，外带回廊。墓圹为中室、东室、西室、南室、北室五个分室。这与吐蕃赞普"五种神殿"记载如出一辙。在墓葬的规模上，整体面积"一箭之遥"和墓圹外围石砌墙占地面积"掷石之远"基本一致，相差不远。特别值得注意的是在 1 号大墓十字形墓圹东回廊的东南角还出有人形木牌，为木板制成，表面贴有一层薄绢，其附近出有木制的 8 只人手，表面亦贴有绢帛，这很可能是藏文史料记载中所述的圣像或者是英主像（墓主人画像）。再者，血渭 1

号大墓除中央主墓室之外，有东、南、西、北四个"耳室"，且部分"耳室"尚有"副室"，由于盗掘破坏严重，其他"耳室"有无"副室"无法考察，假如四个"耳室"都有"副室"的话，那么和杜齐先生所谓"九方格"墓不谋而合。

根据上述种种现象表明，都兰热水血渭1号大墓与藏文史料记载相比较，从规模上、形制特点、内室结构等方面与吐蕃时期藏王墓相符合。血渭1号大墓属吐蕃赞普陵墓基本上可以定论，但还需进一步研究和确证。

经过三十年以来的考古发掘工作中发现，墓葬群最为集中的都兰县热水以及遍及都兰县全境的古墓形制，与以封土石室为代表的吐蕃王朝时期的主流墓葬相符合。我省考古专家许新国、格桑本的《东嘎·洛桑赤列先生与都兰血渭6号墓出土的木牍》一文中说，"封土石室墓，是青藏高原古代墓葬中目前发现的数量最多、地域分布最广、墓葬布局最为密集一类墓葬类型。从迄今为止的发现情况来看，这些墓葬东起西藏东部的昌都，西达后藏日喀则的昂仁，南面沿雅鲁藏布江流域，北抵藏北那曲、索县及安多、比如一代都多有分布，几乎遍及西藏全境，其分布的最北端已达到青海的都兰县"。

由此看来，在都兰地区几乎所有的古墓都属于封土石室形制，我们把都兰热水乡为中心的遍及全县古墓葬群确定为唐代吐蕃古墓群的论断，证据充分，论点无懈可击。

三 殉葬习俗

都兰血渭1号大墓被认为是考古界最惊人的发现，它也是墓群中最壮观的一座墓，从正面看像一个"金"字，因此有"东方金字塔"之称。大墓背后的大山如同一只大鹏展翅之势，雄伟壮观。大鹏是苯教崇拜的神鸟，有世界是从大鹏蛋中形成之说。

这座墓坐北向南。大墓南面平地上，共由27个陪葬坑和5条陪葬沟形成的动物殉祭区，整个区域东西长80多米，南北宽50多米，在陪葬沟中发掘出殉马87匹、牛头13具、狗8条，是迄今为止发掘中规模最大的吐蕃时期动物殉葬遗址。

随葬（殉葬）动物的习俗是财富的一种象征意义，数量的多少，表明财富上的富裕与贫困的程度，这种随葬动物习俗在吐蕃时期墓葬中有大量的发现，从目前所掌握的材料来看，藏区古代墓葬最早发现随葬动物的习俗，大约开始于吐蕃王朝兴起之前的吐蕃部落及部落联盟时代，如在昌都香贝石棺墓和阿里发现的石丘墓中，曾经出现过一些零星的马、鸡等动物骨骸。在苯教文献中也有关于动物殉葬习俗的记载，说明这个时期已经有这种习俗。霍巍先生认为："这种习俗的出现是源于两种基本观点，一是象征财富的观念，二是出于一种宗教意识，或者是宗教信仰的观念。"它主要的目的不在于财富的观念，很大程度上是祭神灵，围绕着死者的灵魂在阴间的需要为目的，为将来的生活需要为目的，也可能是为活着的人带来某种幸运为目的的一种宗教观念。

因而在吐蕃时期的大规模杀殉动物献祭动物之风十分盛行，已故著名藏学家东嘎·洛桑赤列先生在描述苯教杀牲祭祀时说："这种宗教每年秋天要将一千只大鹿一起杀死，取鹿血献祭，冬天要将牦牛、绵羊、山羊等公畜三千头杀死，献祭苯教神祇，春天要举行名叫'肢解无角马鹿'的祭祀；

夏天举行苯教祖师祭；以各种树木和粮食煨桑祭祀。在人生病时要施舍赎命，视每个人的经济条件，最多杀公母畜各三千头（只）到最少公母畜各一头献祭神祗，人死后制服鬼魂也要像上述那样杀牲祭祀。"

在丧葬仪式中的杀牲祭祀，是这名目繁多的杀牲祭祀中的一种。吐蕃时期较多地反映着一种宗教意识，在这种丧葬文化就是苯教的丧葬仪轨。这种仪轨在最早的汉文资料也能体现出来，如在《隋书·附国》部分中有这样的记载："（吐蕃时期）其葬必集亲密，杀马至数百匹。"

吐蕃时期殉葬及祭祀多有叙述。《旧唐书·吐蕃传》记载："其国人号其王为赞普，相为大论、小论，以统理国事。……与其臣一年一小盟，刑羊狗猕猴，先折其足而杀之，继断其肠而屠之。……三年一大盟，夜于坛墠之上与众设肴馔，杀犬马牛驴为牲。"《新唐书·吐蕃传》中曰："其君臣自为友，五六人曰共命。君死，皆自杀为殉，所服玩乘马皆葬，起大屋冢颠，树众木为祀所。赞普与其臣岁一小盟，用羊、犬、猴为牲，三岁一大盟，夜肴诸坛，用人、马、牛、驴为牲。"

在祭祀中或殉葬中除仅有马、牛、羊、犬等动物外，还用人殉。在《册府元龟·吐蕃史料》也有类似的记载："人死，杀牛马以殉，取牛马头，同垒于墓上。其墓正方，累石为之，状若平头屋焉。其臣与君自为友，号曰共命人，其数不过五人。君死之日，共命人皆日夜纵酒。葬日，于脚下针，血尽而死，便以殉葬。"

在《敦煌历史文书》中说，在藏王松赞干布时，松赞干布与他的忠臣韦·义策等父兄子侄等七人均参与盟誓。赞普誓词云"义策忠贞不二，你死后，我为尔营葬，杀马百匹以行粮，子孙后代无论何人，均赐以金字告身，不会断绝"。可以看出，殉牲多为马匹，是吐蕃时期殉牲的最大特征。

一个赞普去世后举行的丧葬仪式非常复杂，从敦煌出土的文献记载中葬礼程序繁多，且规模非常巨大。根据藏文史籍《后妃三园》的记载，在一次为赤松德赞的动物献祭活动中，各种专业苯教师做了以下工作：献供助手（mchod—g. yog）举着小刀，'浴苯'（khrus—bon）用金质长柄勺给献祭动物浇淋洗浴，'祈祷苯'（zhu—bon）以一问一答的形式吟诵愿文，'辛苯'（gshen—bon）抓住动物的角并割断它的喉管，'剖割苯'（bshin—bon）将献祭动物割成小块，然后'坟场苯'（sbur—bon）安排动物肉块的分配（将动物肉块剁成十三块加以分配），'计数苯'（grang—bon）数四块，并把血盛入铜罐，然后将这铜罐和肉块置于皮张上。苯教九乘中的第四乘'世间辛乘'（srid—gshen—thag—pa）就是专门讲丧葬的，意大利著名藏学教授南喀诺布说："所有世间辛之本，归结起来就是'死法'（shi—thul）和'葬法'（dur—thul），除此之外，别无其他。"他还说有 81 种死法，360 种葬法。丧葬仪式程序见于敦煌文献，这里不作赘述。

在吐蕃时期的丧葬仪轨中，以动物作为献祭而杀殉的习俗通过众多的考古发掘所出土的材料和调查被证实。当时，祭杀动物的习俗占有十分重要的位置。不仅文献资料中有大量记载，而且也有考古材料与之互为印证。从已知的考古材料来看，吐蕃墓葬中动物殉葬习俗已经具有比较固定的形式，大中型墓前都有祭祀坑和殉马坑，如：西藏乃东县的切龙则木墓地、普努沟墓地和青海都兰热水的吐蕃墓地等。霍巍先生在其《西藏古代墓葬制度史》一书中认为西藏的动物殉葬的习俗，早在史前时期就十分流行，到吐蕃时期这种习俗已经成为比较固定的形式。

从目前我们所掌握的考古资料来看，初步可以确定，吐蕃时期动物殉葬坑中出土的动物主要是以马为主,还有牛、羊、狗、驴、鸡等。如:西藏乃东县切龙则木墓群共有八组墓群。在其中 G 组第一号墓前有两处已被断崖破坏的殉马坑,其中一处坑内发掘出五具马骨架;山南地区洛扎县吉堆吐蕃墓群共有 4 座墓,都以其中最大的 1 号墓为中心依次排列,动物祭祀坑集中在 1 号墓前,共建有七层祭祀平台,在西藏昂仁县卡嘎公布马村墓地中,从第 1、2 号墓中都出土了大量的动物骨殖,除了较大动物马、牛、羊、狗外,还有鸡、鸽等小动物。还有日喀则拉孜县的查邬岗墓地殉祭坑和山南扎束县都古山墓地祭祀坑中也有出现。

古代藏族丧葬习俗文化中认为,人死后有两个地界:一个是继续过着安乐富足的生活的地界;另一个是黑暗苦难的地界。而曾在"安乐地界"生活的人便要复活,重新在这个世界上生活。然而通往安乐地界的路又是充满险阻而且漫长的,为此死者要靠活人通过葬礼,特别是献祭各种动物来帮助他们,这些动物的任务正是除去所有艰难险阻,一是为死者引路,给他做死后险途中的坐骑,二是通过他们的献祭,这些动物还用作给害人精灵的赎品,否则这些精灵就会伤害死者,换言之,它们的作用是为死者替身的。三是将为死者来世时提供一切今世所用的一切物品。因此动物祭也可理解成是给死者提供来世的牛马群。献祭食物、衣服和珍宝也可以作如是解释。人祭也可能是为了给死者"赎身",或者为死者提供奴仆或者伴侣。

苯教的这种祭法,不仅大量屠杀牲口,与佛教的道德观相违背,而且个人长生不老地在"安乐地界"生存,最后又继之以新的人世生活这一观念与佛教关于人生无常、最终达涅槃境界,从在世间生、死和再投胎的轮回界中解脱出来的教义是水火不相容的。为此,到最后在吐蕃王国的消亡,而这种墓葬制度也随之消失。

四　藏文木简牍

都兰吐蕃古墓群发掘中出土了一批藏文木简,这对一个考古工作者来说无疑是莫大的成果,也对研究吐蕃历史、判定墓主人起着至关重要的不可替代的作用,是确定墓主人身份和族属的实物证据。这些木简是确定都兰古墓族属问题不容置疑的铁证。

1. 王后信件木牍(见图一)

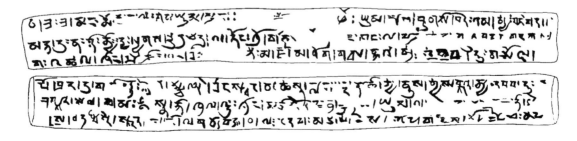

图一　摹写木牍

1982 年,省文物研究所考古队在都兰热水乡察汗乌苏北岸古墓发掘时,从血渭 6 号墓中出土一枚古藏文木牍,经我国著名藏学教授东嘎·洛桑赤列先生分析研究后认为,血渭 6 号只是 1 号墓的陪葬墓。从藏文内容来看，墓主人应该是个王妃，血渭 1 号大墓很可能是吐蕃时期某个藏王陵墓。

扎西旺都副教授把原文进行汉译，其译文为：

> 正一、萨萨芒姆基亲眷母子……（此处文字不清，应是书写此木牍人的名字）母子平安否。
>
> 二、近闻安督地方人畜都很平安无恙……
>
> 三、我正身患疾病……因而未毕其事，请勿见怪。
>
> 反一、因若赴府邸又恐受责罚，故未前往，请勿见怪。
>
> 二、若不见怪，我当赴府邸会晤，于安督呈献压书礼品。
>
> 三、谨捺手印（手印似指封缄函牍之火漆印）后奉上……我……

这里将"芒姆基""安督""府邸"几个关键词分布作以下分析：

（1）芒姆基是吐蕃时期对赞普王妃的尊称。从藏文历史资料中记载有很多王妃有此称谓，如贡日贡赞妃芒萨赤坚尊称芒姆基赤嘎，赤都松妃琛萨梅朵尊称琛萨芒姆基，赤德祖丹妃那囊萨许丁尊称芒姆基许丁，赤德松赞妃没庐氏芒姆拉杰尊称拉杰芒姆基。

还有根据出土的碑文（以后叙述）我们可以初步分析判断，这里所说的"萨萨芒姆基"很可能是赤松德赞之王妃琛萨拉姆赞之称谓。

（2）安督就是指现在整个藏区三大方言区之一的"安多"地区，"安多"一词就是阿尼玛卿冈日（昆仑山脉）和多拉让姆（祁连山脉）之间的广大区域统称"安多"，包括现在的青海、四川阿坝、甘肃甘南等地区。

（3）府邸（皇宫）在吐蕃时期，赞普居住的地方叫"颇章"。当时，吐蕃赞普有固定皇宫，也有经常随赞普出行游动的"颇章"帐房城，一般称之为"牙帐"。显而易见，王后在"安督"府邸收到信件，是收信者也是墓主人。说明当时赞普牙帐就在今都兰一带安营扎寨。

2. 随葬物品清单木简

1985 年，青海省文物局考古工作队在都兰热水血渭 10 号墓中发掘出十一支写有藏文的木简牍。我国著名藏学权威专家王尧、陈践二人进行摹写、翻译、考释后，研究报告发表在《西藏研究》1991 年第 3 期刊物上。经考证：这是 9 世纪藏文改革前的古藏文，为随葬品的登录文献。墓主人似为一吐蕃贵族，衣着绸缎，生活豪华。墓形为梯形石砌，墓内有马、牛、狗等殉葬品骨骸。墓主尸身附近有大量的绸缎、织锦、羊皮、牛皮、鹿皮靴衣物，还有粟特文字的织锦、铜镜、方孔大元通宝等。从捐赠的随葬品清单中可以看出，主要是绸缎、织锦、玉镯等物品，墓主人的地位显赫，且富有程度可见一斑。

通过我们的分析，部分原文（见图二）译文中有一些出入，rma—gur—bo—chi（黄河大帐）里的 rma（玛）、shiu（秀乌）na—roi（纳乳）等名词本应是人名，而在译文中误认为是地名。墓主人的姓名尚待今后考证。

3. 名片木简

2000 年青海省文物考古研究所在都兰热水沟北岸发掘清理被盗古墓时出土一支藏文木简。上有清晰可读的藏文，汉译为"皇家宫殿（牙帐）官长年·达则"（见图三）据目击者叙述：此木简长约五厘米，宽约 1 厘米。藏文史料中这种木简称之为"降布"。"降布"本身的最基本的意思是"片

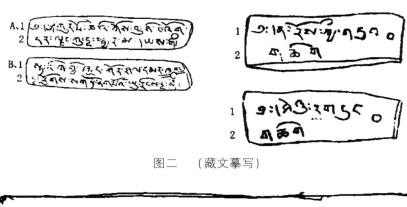

图二 　（藏文摹写）

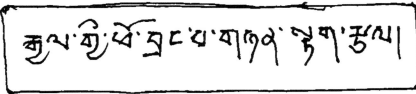

图三

儿"，随着文化和历史的发展，以及现实生活中广泛应用后被赋予很多的内容，如："命令卡"、"军函"或者"稞税简"、"供粮简"、"账目简"还有"墓牌"、"门牌"、"名片"。在墓葬中出现的这类"降布"，就是死者的名片。据史料记载，这种小木条形状的写有死者新姓名的"降布"镶嵌在男性死者画像的右肩，或女性死者画像的左肩。

王尧先生把（颇章）一词翻译为"牙帐"，特意指流动的帐房皇家宫殿。"颇章巴"意为牙帐主管，是负责管理赞普牙帐一切事物的长官。据《新唐书·吐蕃传》记载："其赞普居跋布川，或逻娑川，有城郭庐舍不肯处，联毛帐以居，号大拂庐，容数百人。其卫候严，而牙甚隘。"赞普平时喜欢居住在大拂庐（牙帐）。随着赞普的出行，牙帐也随之搬迁，有时在牙帐中集会议盟。

都兰古墓发掘出的这个"名片"木简，说明了赞普牙帐在就地驻扎过，而且牙帐之长官墓葬也在血渭1号大墓附近。据说，这只木简出土于离1号大墓东部约600米处，现建有保护设施的血渭QM1号墓，若此，这个墓主人就是赞普牙帐之长官年·达则。

五　碑　文

2000年青海省文物考古研究所在都兰热水沟南岸路丝沟岩画附近清理被盗古墓时，发现了几块石碑，原州档案局副局长三木才同志和都兰县人大主任李公加（已故）同志到营地查访，并拍了照片，后来，承蒙三木才先生雅意，几年后我得到了这些照片，通过反复观察分析后发现，由于年代久远，长期在地下受盐碱分化、腐蚀严重，有的碑文只有几个字，有的只有只言片语，不知具体内容。其中只有一长方形石块，碑文虽有腐蚀，除个别字模糊之外，整体碑文字迹依稀可辨，易于解读。字体稍带潦草，具有明显的吐蕃时期普遍行文特点。通篇句子结构严谨，文字内容通俗易懂，文字之间分句号运用贴切，文首有藏文起头符号，是一份完整的碑文。原文（见图四）。译文为：

1. 藏文原文

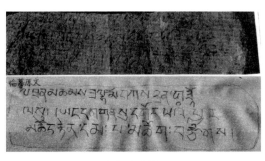

2. 藏文译文

3. 汉文译文

鄙人为答谢琛萨拉姆之恩典，视此乃绝佳风水宝地，故建其上上乘（灵）塔矣。

图四（1）　　　　　　　　　　　图四（2）

"鄙人为答谢琛萨拉姆之恩典，视此乃绝佳风水宝地，故建其上上乘（灵）塔矣。"

据藏文史料记载，"琛"氏是吐蕃未建立之前的十二邦国之一，琛氏邦国国王为"呢吾"，大相为党氏和顶德二人。在吐蕃王朝时期，琛氏家族与吐蕃王室联姻，关系密切。吐蕃赞普中有很多琛氏王妃，如：仲年德吾赞普迎娶琛氏鲁甲安吾措，赤都松赞普娶琛氏赞姆朵盖。赤松德赞赞普王妃琛氏拉姆赞等。

"琛"氏家族采邑在西藏山南桑耶寺附近，这个家族通过吐蕃王室联姻，逐渐成为吐蕃贵族，势力很大，成为吐蕃五大家族之一。五大家族分别为没庐氏、琛氏、那囊氏、蒙氏、蔡帮氏。据我们所掌握的资料来看，吐蕃王朝大臣中有不少"琛"氏家族成员。

从 7 世纪后期开始，随着吐蕃势力的加强，对外进行扩张，芒松芒赞年幼时，噶尔东赞父子执掌国政，使吐蕃的军事力量空前得到发展。《旧唐书·吐蕃传》称："时吐蕃尽收羊同、党项及诸羌之地，东与凉、松、茂、嶲等州相接，南至婆罗门，西又攻陷龟兹、疏勒等四镇，北抵突厥，地方万余里，自汉魏以来，西戎之盛，未之有也。"

瑞士藏学家阿米·海勒也在《青海都兰的吐蕃时期墓葬》中说："从都兰地区所发现的数以千计的古代墓葬来看，这里在吐蕃时期曾一度是一个统治区域中心。"从地理位置而言，吐蕃人对都兰一带的控制与占领有着极其重要的意义，吐蕃开始向外扩张的发展过程中，这一区域扮演着重要角色。它使吐蕃向西域（河西走廊）、向黄河上游地区，或向川康滇地区发展，都有居高临下的优越位置和广阔的回旋空间，具有主要的战略地位和经济地位。吐蕃大臣钦陵大破唐军于大非川后，整个青海草原已为吐蕃占据。唐军只限于河湟谷地筑垒戍守，农牧交界地带为唐蕃互相劫掠，拉锯作战的地区。湟水河谷，土沃田肥，农耕利厚，从来即为吐蕃与唐朝互争之地。唐以鄯州（西宁）为战略重镇，吐蕃以多麦"则南沃"（都兰一带）为军事中心，绕青海湖东南与西北两面进行侵袭。

松赞干布引进外来文化，制定各种典章制度，为吐蕃王朝奠定宏基，代表着吐蕃在 7 世纪的蓬勃发展。

但从另一方面讲，松赞干布之后吐蕃王室内部矛盾的日益激化，佛苯两教斗争日趋激烈，达到了白热化的程度。大力扶持佛教的吐蕃赞普难免引来杀身之祸，频频遭到谋害。

根据吐蕃墓葬的形制特点，出土木简、碑文内容，及其以上所述墓主人的认定，这些实物证据足以证明，青海都兰热水血渭 1 号大墓为吐蕃赞普或赞姆或大论之类重量级人物的陵墓。

（原载《青海藏族》2012 年第 2 期）

参考文献

一　汉文

[1]《册府元龟吐蕃史料校证》，四川民族出版社，1981 年。

[2]《通鉴吐蕃史料》，西藏人民出版社，1982 年。

[3][奥地利] 勒内·德·内贝斯基·沃科维茨著、谢继胜译：《西藏的神灵和鬼怪》，西藏人民出版社，1993 年。

[4]《旧唐书·吐蕃传》。

[5]《新唐书·吐蕃传》。

[6]《国外藏学研究译文集》（第五集），西藏人民出版社，1989 年。

[7]《藏族研究译文集》（第一集），中央民族学院藏族研究所，1993 年。

[8]《藏族研究论文集》，中央民族学院藏族研究所，1982 年。

[9]《西藏研究》2008 年第 1 期至 2012 年第 2 期。

[10]《青海藏族》2012 年第 2 期。

二　藏文

[1] 陈践、王尧编注：《吐蕃文献选读》（藏文），民族出版社，1983 年。

[2] 陈践、王尧编译：《敦煌本吐蕃史料文集》（藏汉对照）民族出版社，1982 年。

[3] 彭措才让编著：《西藏历史年表》（藏文），民族出版社，1987 年。

[4] 萨迦·索南坚赞著：《西藏王统记》（藏文），民族出版社，1982 年。

[5] 瑞智嘉、陈庄英译：《新旧唐书·吐蕃传》（藏文），青海民族出版社。

[6] 五世达赖喇嘛著：《西藏王臣记》，民族出版社，1981 年。

[7]《五部遗教》（藏文），民族出版社，1986 年。

[8] 巴俄·祖拉陈瓦著：《贤者喜宴》（藏文），民族出版社，2005 年。

[9] 根敦群培著：《白史》（藏文），民族出版社，2002 年。

《青海都兰热水南岸吐蕃三号墓碑刻探析》提要

恰嘎·旦正

据有关部门的初步调查，以青海省海西州都兰县为中心的地区发现 2000 多座古代墓葬群，在都兰县热水河南北两岸发掘了许多吐蕃时期墓葬，通过考古发掘和不法盗墓出土了大量的木板画、金银饰件、皮件、木器件、古藏文简牍文献等随葬品。其中最引人注目的是出土了许多吐蕃时期古藏文木简、碑刻、桦树皮和织物文献，这些是青海境内第一次出土的吐蕃时期古藏文文献，是对古墓群的族属、文化归属等问题的研究，是确认墓主人姓名、身份的直接证据，是研究吐蕃王朝的扩张历史和吐蕃丧葬文化的原始资料，对青藏高原的古文化和民族关系的研究具有很高的史料价值，对古藏文的发展过程、演变规律和吐蕃文献的研究有很高的文献价值和实物价值。但由于多种原因，收集、整理和研究的成果为数不多，不同程度地影响着都兰古墓群的研究论证，笔者针对这一缺憾对都兰热水河南岸三号墓碑文进行深入探讨，具体内容如下。

一 碑刻内容评析

都兰县热水河南岸三号墓出土的四块藏文碑刻，每块长约 90～130 厘米、宽 20～40 厘米，厚约 10～25 厘米，每块各刻一个古藏文，分别是："论"（ཝློན）"赤"（ཁྲི）"偕"（ཤེས）"嘎"（ཀ），由于盗墓破坏，这四块石碑已不在墓葬的同一位置，其原有顺序也被打乱，要解读每个藏文碑刻的意义，首先要明确这四个字的前后次序，因此本章主要通过对这四个字的意义分析，参照敦煌古藏文写卷《小邦邦伯家臣》的记载和四块碑刻的目击者仁曾吉美的叙述，认为这四块刻有藏文的石条是停放墓主人遗体的石座支腿，它们的排列次序应为"论偕赤嘎"（ཝློན་ཤེས་ཁྲི་ཀ），其意义为偕大臣的宝座。

二 为偕大臣建墓立碑的原因评析

以敦煌古藏文文献《吐蕃赞普传记》，西藏《洛扎摩崖石刻》、《谐拉康碑文》、《雪碑文》，云南《格子碑文》和吐蕃时期六种褒奖法等原始文献为依据，着重论述论功行赏、论功建墓、论功刻碑、酬劳勋臣是吐蕃王朝时期的政治制度、法律规定和社会风尚的观点，并由此确认都兰热水河南岸三号墓主人是为吐蕃王朝扩张疆域、忠于赞普或制定法律、巩固边防、征收赋税等方面具有突出功勋的大臣，为他建墓刻碑是吐蕃王朝对他的一种酬报和纪念。

三　碑文字体特点评析

通过对"论偕赤嘎"四个藏文字与敦煌古藏文写卷《吐蕃赞普传记》、甘肃边都口石刻字体、西藏《洛扎摩崖石刻》等字体的比较研究，认为都兰热水河南岸三号墓出土的藏文第一个元音符号"ᇫ"、第四个元音符号"ᇰ"和辅音字母的写法具有吐蕃中晚期的藏文特征，由此确认这一陵墓应属赞普赤松德赞父子时期所建。

都兰热水南岸的三号吐蕃墓四方藏文
石刻排序的研究

德吉措

都兰热水南岸的三号吐蕃墓发掘报告的第九部分是"石刻"类，参见《都兰吐蕃墓》[1] p109 的图形，石刻 3 在成组拍照时被颠倒了，上刻藏文为 ཤེའུ 即"鹿羔"或"幼鹿"。以藏文音节为单位的石刻共有四块，出土时的情景是盗洞内发现的标本，即 99DBNM3：157-1，也就是刻有 ཤེའུ 字的那一块，其余三块均于西室扰土内出土，没有确凿迹象表明原有石刻多于发掘出土的块数。发掘报告中的排列顺序是：石刻 1（99DBNM3：157-1）是" བློན"字（音"论"，意为相或臣相）；石刻 2（99DBNM3：157-2）是"ཁྲི"字（音"赤"，意为"宝座"）；石刻 3（99DBNM3：157-3）是"ཤེའུ"字（音"血渭"，意为"鹿羔"）；石刻 4（99DBNM3：157-4）是"ཀ"字，（音"嘎"，是其他某个音节的词缀），应有某个音节与之合成一个词。

还有一个值得关注的信息是，在发掘报告的绪论中把陵墓所在地的地名改用"血渭草场"，并加以注释"以前曾译作'斜外草场'，音近而译法不同"。用"血渭"替换"斜外"，是更接近本音的拟音。

时至今日，在实行土葬的藏族地区，选择墓地仍然讲究这样的地形，即正面远望似大鹏展翅（ཁྱུང་ཆེན་གཤོག་པ་བརྐྱངས་པ་འདྲ），正面近仰则似宏伟的宝座（མདུན་གྱི་ཁྲི་ལ་བཟ ལ་བ་འདྲ），侧面远眺则似健鹿腾空（ཤ བོ་གྱེན་ལ་མཆོངས་བ་འདྲ），侧面近看则似卧鹿回首（སྒྲོ ག་ནས་གཤོབས་ཕྱིར་བལྟས་འདྲ），可以说这是吐蕃式巫术观念在墓地选择方面的反映。凡去过西藏琼结县和乃东县，观察过吐蕃王陵遗址特点的人都会感慨，与血渭吐蕃陵墓区的地形是何其相似。据说甘南西仓部落的"西"字，相传因其首领将父亲葬于一母鹿窝而得名。其实这可能是一种变异形态，按传统应该是地形象母鹿窝的地方。

由于盗墓者的介入，出土四方石刻的位置和顺序已被扰动，欲要解读其意义，必排序和复原本意的问题。

检索敦煌古藏文文献，P·T. 1286 和 P·T. 1290 写卷中前后四次出现过标识职务和姓名的'论波偕微'[2]，均指吐蕃邦国之一'吉若姜恩'（skyi ro ljang sngon，吉若指吉曲河，今拉萨河流域。）国的大臣'论波偕微（blon po she'u）"P·T. 1286 写卷题名为'小邦邦伯家臣及赞普世系'，记载了吐蕃部分地区的小邦君主和家臣的名字。其涉及'偕微'（she'u）的内容如下：

法Pel.tib.1286　1. རྒྱལ་ཕྲན་རྗེ་བ་ཞུང་གི་ཞིང་།
　　　　　　　　2. 小邦邦伯與家臣　（3-1）

ཡུལ་སྐྱི་རོའི་ལྗང་སྔོན་ན། རྗེ་སྐྱི་རྗེ་རི་ཁ……པོ། བློན་པོ་ཤེ་ཨུ་དང་སྤུག[3]王尧、陈践两位先生对这段文字的译法是：
"几若江恩之地以几杰芒保为王，其家臣为'谢乌'与'布'二氏。"黄布凡、马德则译为："吉若地之蒋恩，王为吉王芒布，论布为谢邬、布二氏。"

宗喀·漾正冈布教授及其合作者认为：血渭氏担任家臣的吉若姜恩（skyi ro ljang sngon）在吐蕃王朝中占有重要地位。他们的山神吉拉夏茫（skyi lha pya mangs）被列为统一后的吐蕃帝国的九大山神之一。这在赤松德赞（742~797年）所立的石碑和敦煌古藏文文献 P·T.1286 卷中得到旁证。吐蕃"世界形成之九大山神"之一的"西乌卡日"（she'u kha rag），也有可能最初是血渭氏族的守护山神。11 世纪初出生在卫藏的一位大译师，名血渭·洛杂哇·瓦杂德哇，即后世称之为血渭译师·多杰拉（晨安糙安冬）的人物，其译著收录在《丹珠尔》卷。16 世纪的萨迦派译师血渭·更噶曲扎（ཤེའི་ལོ་ཙ་བ་ཀུན་དགའ་ཆོས་གྲགས），著有《道果宗派史》。这些历史人物均属血渭氏。原被称作甘肃甘南州碌曲县西仓十二部落的西仓（ཤེའི་ཚང），《安多政教史》载：西仓部落的"西"字，相传因其头人将父亲葬在一母鹿窝而得名。后人为图吉利而将原来的"血渭"（ཤེའི），在文字上改写成"西"（ཤེས），即吉祥的字符，两种藏文写法均见于史籍。总之，"血渭"是一个古老的吐蕃姓氏，对此已经没有什么疑问。

在考古研究中，发掘报告是最重要的参照，我们应当充分尊重。但是在考古发掘尚属薄弱的青藏地区，因为参照少，且需要跨民族的文化把握，出现差错也是难免的。发掘报告的起草和审定者，想必咨询过藏学方面的专家，想必宗喀·漾正冈布教授等人也与知情者有过交流，他们认为的排序主要受到似可类推的文献的影响。吐蕃赞普、重臣中，的确在名称中常用"赤"（ཁྲི）字的现象；官称与人名合称时，官称在前，人名在后的例子也是有的；古代多将ཁྲི的ཁ、ར两个音素分读成类似两个音节的现象也是存在的，但是这些都不能成为"论赤血渭嘎"（བློན་ཁྲི་ཞི་ག）排序的可靠证据。笔者有以下理由对这种排序质疑：

其一，一般认为敦煌吐蕃古藏文所有写卷的年代在 8～10 世纪之间，而三号吐蕃墓的建墓年代（不是下葬）经树轮测定为公元 784 年，写卷中出现的文字是"论谢邬"或"论谢乌"（བློན་ཞིག），而不是"论赤谢邬"（བློན་ཁྲི་ཞིག），在写卷与建墓年代时间相距不是很久远的情况下，为何轻视写卷中的写法这是说不过去的文献反证。

其二，无论是用于地名，还是用于人名，恐怕我们在文献中找不出一个词缀"嘎"（ག）音用于"血渭"（ཞི）之后的组词形式，这是文献和语言学、文字学的反证。

其三，见著于西汉的浇河、东晋时设立为浇河郡的现海南藏族自治州贵德县县城一带藏语地名称"赤嘎"，在敦煌古藏文写卷中数次出现。关于这个地名来源，相传吐蕃第 42 代赞普赤热巴坚（公元 815～836 年在位）东巡多思麻或多麦（མདོ་སྨད）地区检军时，当地人曾在此地设座迎接而得名是一说；因赞普赤热巴坚将其宝剑赠予后称乜纳塔的佛塔而得名是一说；贵德县城段的黄河是由西南向东北方向流的，由河西岸望去，东山似靠背，相传明代官员认为这里的风水是帝王之地而斩断龙脉的山梁（藏语称苯波东纳བོན་པོ་གཏིང་ང）为北扶手，坡下建文昌宫的山梁为南扶手，整个地形似一宝座而得名又是一说。笔者倾向于后一说，即地形说。无论怎样，"赤嘎"这个藏语地名大致出现在吐蕃控制这一地区以后，是藏学界认同的看法。到目前为止，墓地有无高等级的墓葬尚不得而知。但是地形确与血渭相似，只是"血渭"的面积更小，因而更像宝座。"赤"在血渭这个地方绝不是数字"万"的含义，那么只能是"宝座"的意思。因此，"赤嘎"在"血渭"之后的排序在文献、语言学和文字学上才能讲得通。

其四，在仍然实行土葬的藏族地区，现今藏传佛教宁玛派的俗家长者们还在说：贵人的墓地应选在卧鹿回首眷顾似的山湾里。硪曲县西仓部落首领的父亲"葬在一母鹿窝"的说法应该都是巫术观念的残留，不会是偶然的或想当然的说法。既然是贵人，他们在世时位居众首，去世后也理应寻求宝座似的安葬地，这是人情，也是巫理。

其五，藏语文是特别讲究形态的，而形态主要靠虚词和虚词粘连入音节的形式起作用，现在我们为这四方石刻的排序如此犯难，就是只有三个实词，一个词缀，而没有虚词。造成这种情形，可能是同其他赞普时期藏文碑刻一样求精炼，也可能是为了应合苯教所谓"三百六十种送葬法"、"四丧门法"的仪轨，或者应合"四角八棱"的仪轨，即坛城的"四方宇宙"。那么，我们可以依照上述看法，设想添入虚词会是怎样的呢？"论"（བློན）排首位，不存在疑义。如果依照上述分析，"血渭"（ཞི）就只能排第二。只有"赤"（ཁྲི）带"嘎"（ག）这一词缀才合理。

如此便形成了前段是"论血渭"，后段是"赤嘎"的情形，在两段中间添入 འ或ཡ的属格虚词，那么就是ཚོན་གྱིའི, (དའི) ཁྲི་ཀ译过来便是"臣相血渭之宝座",这应该是最近情理的排序。

1985 年在血渭草场发掘了 2 座吐蕃古墓,其中十号墓出土了 11 支藏文木牍,经王尧教授结合牛津大学教授托玛斯等的研究成果发表考释文章,认为入葬时代不会早于 8 世纪,在 11 支藏文木牍中,M10：4－3 号木牍上出现了一个值得重视的词,因为右端略残,有一个字符是模糊的。

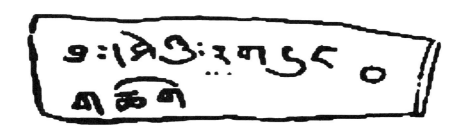

木牍藏文原文：上行：ལ་： ཞུག་རགྱུད་ར།

下行：གཆིག

王教授译为："秀乌地产黄铜号一把。"[4] 从译文可知王教授把"秀乌"按地名对等待了。如果不加思索,墓中出土的血渭氏、木牍中出现的"秀乌"（ཞུག）地名、现在的地名"血渭"三者相同,这种巧合是正常的。其实血渭氏人口较多的地方,自然其地名也由姓氏而来,就像王氏多的村庄名叫王家庄一样。同理,因为墓主人是该氏族中的位高权重者,用于其丧葬仪轨的石刻上出现姓氏,是再自然不过的。当地大多数人对该地名的含义一片茫然,有些人说到"鹿羔",又不是很确定,除了历史本身的尘封,还有可能出现过氏族性迁徙。除去古代军旅性迁徙,对于以牧业为主的氏族而言迁徙是很常见的现象。有迁出,也自然有迁入,有迁入就不会毫无痕迹。现居吐蕃一号墓所在地热水沟的日安（ཉི་འ）部落,在历史上曾两度迁徙到热贡（同仁县）、赤噶（贵德县）、茫拉（贵南县）一带黄河流域。在黄河流域居住时还供奉过阿尼夏吾（ཨ་ཉེ་ཤ་བུ）山神,其语义是"雄鹿爷爷",此山现属循化县境内,山神祭文（བསང་ཡིག）中描述了骑鹿老翁或幻化成武士的形象,这对研究地方文史的学者来讲并不陌生。那么,居民每年祭祀敖包,其实就是祭祀山神,也可以被看作氏族仪式的变迁形态。现存山神祭祀辞中,对山神的形象都进行了拟人化改造,早期的图腾动物崇拜都演变成了人格化神的坐骑,阿尼夏吾——"雄鹿爷爷"也应该经历了这样的演变。

根据敦煌文献《诸小邦国君臣名录》提到的几吉芒保的"血渭氏"臣佐;《亲近内属分粮账册》中提到的"血渭拉金等四人各一克……"的记载;11 世纪翻译《丹珠尔》中《手持金刚杵蓝衣夜叉部之首领巨轮修持法》、《鲁神类修持法》、《夜叉之部首领修炼法》等七部精典的大译师血渭德瓦,以及上文提到的 16 世纪的大译师血渭多杰拉等史料,认为该墓葬的主人是吐蕃时期"血渭氏"论波之一。

根据敦煌文献中《兄长嘱弟训言》（又译兄弟对话）所云,应当奖赏有杵者为楷模的训导,认为赞普时代具有奖赏功者的风尚。如达日念思赞普时期,对论波念孜松诛杀本小邦国王将疆域属民献祭赞普,而得到分封土地和奴户奖赏的法律的记载以及朗日弄赞在位时对娘藏国、瓦依擦布和弄仲波三人诛杀叛臣杰赤邦松有功，分别赐以封地和众多奴户的记载。在松赞干布之前，就有赞普视臣属功绩大小予于以晋爵和分封土地奴户的制度。提示了松赞干布时期，就有对贤者以诰身，勇者以虎皮，优者以奖赏的法律条文的记载；提示了松赞干布时期曾为忠实辅佐三代赞普的论波叶擦卜死后，赞普降旨为其营造陵墓，殉葬百匹马，予继承爵位之子金诰身并允许世袭的记载；提示了赤松德赞即位时，因第曼第均忠君奉国，去世后由国库出资奉养其老父及子翩，建陵墓并责令东代郡承担维修等内容的洛扎崖刻记载，说明那个朝代就有对功臣修建陵墓为其寄灵之所的制度。傍安拜扳（今丽江市）出土吐蕃时期藏文碑记可知，当时被称作措仁木龙拉的那个地方，前为唐属地，在赤德祖赞和赤松德赞父子为赞普时降于大论杰桑，当地首领泼蔡达桑玛龙被两世赞普赐予金诰身，并在他寿及九十而终时，为其建陵立碑，也说明吐蕃时代为功臣修陵以示褒奖的传统。联系上述史实，论波血渭也是一位吐蕃控制这一区域后，对外扩张和对内治理中功勋显著、忠于赞普的功臣，因而才会为其建造如此规模的陵墓。

引述《垛普》的记载，说明阿夏地区是以"嘎氏（波）"为主的属区，而"嘎氏"是前吐蕃时最古老的四大姓氏之一，从第二十九世赞普念仲第伍患皮肤病准备退位时，从阿夏聘请医师治疗王子的眼疾等记载来看，吐蕃与阿夏地区的交往发生得很早。从敦煌后藏文文献中，《历代赞普年谱》的记载来看，在松赞干布时就已经控制了阿夏地区。松赞干布过世后的公元659～666年期间，镇守阿夏地区的大论是东赞。公元669年阿夏部众之首领思吉德纳（ཟེར་ཀྱི་ལྷ་བདག）正式向赞普致礼归附。到赤松德赞在位时被称作"甥阿夏主"的记载来看，已与吐蕃结成甥舅关系，为吐蕃属下小邦国。在这一过程，原居吐蕃腹地吉雪的血渭在军旅曾在现都兰境镇守，血渭氏论波的功勋也应在这一时期建树，于是才会把陵墓建于此地。

总之，"血渭"地名因曾经生活于这一带的氏族名称而来，这是一个十分古老的氏族，是由早期小邦兼并于吐蕃治下的重要氏族，在吐蕃强盛时，其氏族成员中有位及论相者，三号墓主人就是这样的人物。墓葬选址、墓中石刻和墓主人的氏族及其特殊身份之间有着巫术文化的深刻联系。就目前所行各有关墓葬文化信息而言，石刻的排序应是"论血渭赤嘎"（བློན་ཤེའུ་ཁ་ག）。

（原载《青海藏族》2012 年第 1 期）

注　释

［1］北京大学考古文博学院、青海省文物考古研究所编著：《都兰吐蕃墓》，科学出版社，2005 年。

［2］宗喀·漾正冈布、英加布、刘铁程：《"论赤偕微噶"（Blon Khri She'u Ka）——都兰热水河南岸吐蕃三号墓葬出土藏文碑刻考释》，参照时尚未公开发表。

［3］王尧：《青海吐蕃简牍考释》，《西藏研究》1991 年第 3 期。

［4］同［3］。

德令哈吐蕃墓出土丝绸与棺板画研究

许新国

2008 年 7 月，海西州德令哈市检察院，因一件盗掘古墓的案件，通过省文物局送我所鉴定有关文物。其中有一部分丝绸文物和一具柏木棺的两面侧板。现将这部分材料予以公布以利研究。这部分文物据说出自海西州德令哈市某地，具体地点不详，但文物较为重要，以下分别叙述。

一　丝绸

1. 红地团窠含绶鸟锦

由三条连缀缝合而成。该织物基本组织为 1：3 斜纹纬二重，双夹经，经线加 Z 拈。用红色丝线作地，绿色、青色丝线起花，背面有抛梭。团窠图案连珠作环、窠内略见底坐花盘、翅膀、鸟尾等，窠外有宾花。因织物残缺，无法测得窠径大小并描述整个图案（图版 64，A1）。

2. 红地中窠连珠含绶鸟锦

该织物基本组织为 1：2 斜纹纬二重，双夹经，经线 Z 拈，底部颜色为红色，花部为绿色和青色，图案为团窠，连珠作环，直径约 10 厘米，窠内为单独的含绶鸟形，鸟头部一圈头光，脑后有节状飘带，上各有 3 颗连珠纹，因为下部残缺，仅存头部与鸟身，故下部花盘形状不详（图版 64，A2）。

3. 黄地中窠宝花对狮纹锦

织锦为 1：3 斜纹纬重组织，经丝本色，S 拈，单根，密度 36 根/1 厘米，纬丝有红、白、黄、绿四色，密度 30×4 根/厘米，图案经向循环约 14 厘米，纬向循环大于 13 厘米，团窠直径约为 10.5 厘米。图案以宝花作环，对狮作主题，对狮口中含有带状物，宾花为小宝花图形（图版 64，A3）。

4. 黄地中窠连珠对鸭纹饰

该织物基本组织为 1：2 斜纹纬二重，双夹经，经线 Z 向强拈，由黄色丝线作底，蓝色和本色纬线显花。以圆环形组成团窠，蓝色和本色的连珠为环。然后一圈桃形忍东纹，共 12 个。圈内为对鸭纹，脚底无花盘，脑后无飘带，装饰味道较浓厚（图版 64，A4）。

5. 黄地团窠连珠骑士纹锦

织锦为 1：3 斜纹纬重组织，经丝本色，S 拈，单根，密度 36 根/厘米，纬丝有红、白、黄、绿四色，密度 30×40 根/厘米。图案以连珠为环，内相对有二位骑士、马带翼，骑士为深目高鼻的西域人士。二骑士之间，为一棵高大的生命树，二马前蹄腾空，作奔跑状。宾花为十样花形式（图版64，A5）。

这批织锦中，红地团窠连珠含绶鸟锦配色较为强烈，夹经加强拈，为Z拈。应属中亚一带的西方织锦。黄地中窠连珠对鸭纹锦，团窠之间的间隔极小，几乎靠在了一起，亦应归入中亚系统。而黄地中窠宝花对狮纹锦，采用中国传统的纹样做成宝花团窠，夹经加S拈，亦是中国的传统。应归属于中国丝绸系统。黄地小窠宝花狮鹿纹锦，黄地中窠连珠骑士纹绵也具有以上特点，因此我们将其归入中国系统。

唐代的著名锦样，多出于益州行台窦师纶所创的"陵阳公样"。唐人张彦远于《历代名画记》卷十中写道："窦师纶字希言，纳言陈国公窦抗之子，初唐人，性巧绝。初为太宗秦王府谘议，相国录事参军，后官至太府卿及银、方、邛三州刺使，敕兼益州大行台，检校修造。凡创瑞锦、宫绫、章彩奇丽，蜀人至今谓之'陵阳公样'。……高祖、太宗时，内库瑞锦对雉、斗羊、翔凤、游麟之状，创自师纶，至今传之。"所谓瑞锦，从所举名目上看，是以祥禽瑞兽为主题的织锦。龙凤自不必说，雉（俗称野鸡）、羊谐喻吉祥，也是明显的。我们所举标本，也都可以"瑞锦"概括，这种两两相对或交错相间的动物、人物纹样，所谓横立于轴线两侧的均齐纹样，可以说是例正相对，均属蜀锦。

二　棺板画

棺板画系一副棺材的两件侧板，未见棺盖板。每面侧板由两块窄木板组成，均为柏木质，从侧板上观察，木板为前高宽、后窄低形制，木板上方可见凿有槽，用于固定盖板。前后挡、盖板均缺失。侧板表面均施彩绘。以下分别叙述：

A面（图一）

1. 牧马图

在板的左面绘有一骑马者，头发侧梳下垂头侧，头缠橙色巾，身穿窄袖、交领、左衽，绿、白相间，不过膝盖的短上衣，下身穿裤，腰系带，骑青色马。下身为土黄色，足穿灰色裤、黑色鞋。腰间挂有胡禄。鞍鞯下垂马背一侧，呈红色，人物按辔徐行，悠闲自得。其身后有一马，鞍鞯为绿色，亦抬起前左腿作缓缓行走状。前方有一马，作站立静止状。其上绘出远方的山林，一只野鹿在狂奔。（图版64，B1）

2. 帐居图

与牧马图相接，最里绘一顶帐篷，顶部开有喇叭形圆孔。帐门口一侧坐有2人，一男一女。男人头戴尖虚缠巾高帽，黑色交领长袍，足穿黑靴，发披于头后，帽为橙色，腰系带，双手拢于胸前，腰间下垂一橙色丝带。女人坐姿低于男性。亦发披于头后侧，头上扎有红色丝巾，中间扎紧，像两个花瓣似的分于头顶两方，巾摆长长地垂于脑后，这种扎巾装饰的形式前所未见，较为奇特。身穿橙色窄袖交领长袍，足穿黑鞋。腰系白色丝带，自腰垂于脚踝。双手拢于胸前。这对坐于帐前的男女像是夫妇，地位显贵，应是帐篷的主人（图版64，B2）。

面向主人的是一女一男人物。后面女人取站立姿。头扎橙色丝巾，扎巾样式与女主人完全相同。

亦有一带垂于脑后。身穿红色交领窄袖长袍，脚穿黑靴。腰系绿色绸带，并下垂于身体两侧。双手亦拢于胸前。女人侧下方为一男童形象，头上缠圆盘形橙色巾，身穿绿色窄袖短上衣，下身似穿裤，亦双手拢于胸前，面向帐前夫妇。中间放置一件直口鼓腹的壶类器物（图版64，B2）。

图案表现的似乎是主人迎客的情形。画上的帐篷很有特点，吐蕃称之为"拂庐"，又称为"氂帐"。大凡会盟料集，婚丧节庆奖励功臣等宴饮活动，吐蕃常以拂庐为中心。这种帐篷不仅能遮风挡雨，而且形制大小还有贵贱等级的差别。该帐篷画的夫妇不是墓主人的形象，似乎是身份显贵的赞普和赞蒙的形象。因其与《新唐书·吐蕃传》中收录有唐穆宗长庆二年唐蕃会盟使者刘元鼎所见的吐蕃赞普大帐的情形大致相吻合。在此图绘赞普和赞蒙的图形可能具有祈求祖灵保佑的意味，反映了一种祖灵崇拜的宗教现象。所谓祖灵，相当于琐罗亚斯德教的"守护力"（fravashi）。据文献记载，波斯人有每年"各祭其先死者"的风俗[1]。在这种活动中，祖先的灵魂得到奥马兹德的许可而降临人间，以保佑当年的丰收。图像象征父母的灵魂，这类图像不仅象征着帝王的伟大、光荣、幸运和胜利，对于一般庶民来讲，自然也具有吉祥、幸运、繁荣昌盛等极为广泛的寓意。

将帝王的图像描绘在棺板上，其意义一般认为象征着帝王的神格化、王权神授避邪或帝国君临人间的现实感。总之，反映了萨珊朝帝王的观念形态，尤其是帝王系神的子孙，或者说帝王死后作为神再生的观念[2]。

以上我们将 A 面图像分为牧马和帐居两部分，但亦可用迎客图来进行叙述。我们注意到图像上的两匹未有人骑乘的马，其马背上均有鞍鞯，有可能系面向赞普与赞蒙的女人和儿童的乘骑（图版64，B–A）。

3. 爱欲图

从左向右叙述。起始处，先绘一顶帐篷，顶部亦开有喇叭形圆孔，似为通气通烟的气孔和烟道。在帐房的一侧上方，一对男女正在做爱，男在上，女在下。男性头缠圆形红色平顶绸巾，一件橙色长袍置于身旁，另有一双高腰皮靴，放置于脚后，全身赤裸。女性亦全身赤裸，一件绿色的长袍铺在身下，唯足上穿有高腰黑色皮靴。值得注意的是，女性脸部赭面，眉心和下巴各一点，脸颊两面各涂一点红彩。

据《唐书》等史籍记载，吐蕃王朝时期，藏族曾流行一种称为"赭面"的习俗，但其具体样式却未见记载。近年来，青海都兰、德令哈、乌兰县泉沟等地，吐蕃墓葬中的棺板画、墓室壁画，都出现了赭面人物。再现了吐蕃时期赭面习俗的具体样式，而德令哈的棺板画人物中，使我们通过考古资料对赭面习俗有了进一步直观的认识和了解。

所谓赭面，是指用赭色涂面。即指在人面部涂抹赭红彩色块的化妆形式。《旧唐书·吐蕃传》云："贞观十五年，帝以文成公主妻之……公主恶其人赭面，弄赞令国中权且罢之。"由于赭面是当时吐蕃普遍流行的习俗，故而才有"令国中权且罢之"之说。历来学者称吐蕃人有赭面习俗，大都引此为据。

近年来，有关吐蕃赭面的实物例证，见于1999年发掘的都兰热水乡血渭草场察汗乌苏河南岸的吐蕃3号墓[3]，2002年发掘的德令哈市郭里木乡夏塔图草场的两座吐蕃墓[4]及乌兰县泉沟吐蕃壁画墓[5]。墓葬中皆发现有赭面人物的棺板画，木板彩画和壁画。

《旧唐书》所载"公主恶其赭面，弄赞令国中权且罢之"。说的是贞观十五年（641 年）的事，可见至少在公元 7 世纪中叶，赭面风俗已在吐蕃本土十分流行，才会使初到拉萨的公主第一次目睹这种奇异之俗感到难以接受。所以吐蕃本土流行赭面，显然要比我们所列举的墓葬年代要早，可以认为它是古代吐蕃长期形成的特有的风俗。可以推测的是，《旧唐书》所说的 7 世纪中期松赞干布对国中流行赭面之俗的禁令，并未得到执行，甚至在某些地区可能从未被禁止过。因此，作为吐蕃传统文化的一个标志，在吐蕃攻灭了吐谷浑，占领西域、河陇广大地区之后，将其特有的赭面习俗，进行了有效的传播。

如果说青海墓葬中赭面的实证，可以视为吐蕃本土习俗在"大蕃"邦国的传播和延伸，那么"安史之乱"后吐蕃对河陇地区所推行的"风俗同化"，则是一种带有强制性质的统治手段。吐蕃占领敦煌时期，尚乞心儿让沙州人民改易穿着，学说藏语，赭面纹身。说明赭面之俗在河陇地区的出现，是伴随着吐蕃对这一地区推行"蕃化"统治的一种族别文化标志。

吐蕃的赭面作为一种习俗在河陇地区的出现，无论是一种主动的模仿或是被动地接受，对于吐蕃文化而言，都是一种异种文化的移植。而且这种习俗的影响之远，甚至已达数千里之外的唐长安城。在白居易诗《时世妆》中，诗人对此有十分形象的描写："圆鬟无鬓堆（椎）髻样，斜红不晕赭面状。……元和妆梳君记取，髻椎面赭非华风。"[6] 诗人不仅指出流行于长安城内外的这种"椎髻赭面"妆式非汉地之俗而是一种异域文化的传播，而且还在诗中详细地描绘了"斜红不晕"的样式，这恰与吐蕃赭面中面颊两侧涂抹对称的红色色块几乎完全相同。吐蕃的赭面习俗此时也已传入汉地，作为异域文化的一个重要标志被中原人民所接受。

关于吐蕃"赭面"习俗的起源，李永宪先生认为与文献记载中的女国有关[7]。《隋书·西域传》"女国"条下记载："女国，在葱岭之南……王姓苏毗，字英羯，在位二十年……男女皆以彩色涂面，一日之中，数度变改之……气候每寒，以射猎为业。出输石、朱砂、麝香、牦牛、骏马、蜀马。尤多盐，恒将盐向天竺兴贩……开皇六年，遣使朝贡其后遂绝"[8]。上述记载表明，至唐文成公主进藏时的 641 年前后所见吐蕃国中流行的赭面，并非最早，而应是百年前就已在"女国"流行的彩面习俗在吐蕃地区的延续和发展。

另一种意见认为，这种赭面习俗可能来自于鲜卑族。仝涛举例[9]：山西大同智家堡北魏墓棺板画，在其中一些人物的面部涂有红色色块。如左侧板出行图中，黑牛侧有二驭手的额、两颊和下巴都涂朱色，其他较明显的还有牛车右后方的数名女随从，右侧板的奉食图中酒樽旁的一侍者等[10]。

由于智家堡板画北魏鲜卑人脸上出现赭面，所以使我们不得不考虑吐蕃赭面习俗中的鲜卑影响问题。因为青海板画和壁画墓中发现赭面人物的地点均为吐谷浑国的原居地。吐谷浑原属辽东慕容鲜卑，慕容部又可追溯到东汉漠北的檀石槐，属东胡中的一支。后迁至今辽宁，被称为辽东鲜卑，晋太康四年（283 年），从辽东迁出，西附阴山，大概在 4 世纪的初期，西渡洮水，建国于群羌故地。于公元 663 年被强大的吐蕃所攻灭。王廷迁走，余部归属吐蕃。吐谷浑既为鲜卑一支，自然保留了鲜卑的生活习俗。因此，在拓跋鲜卑的居地和青海吐谷浑的原领地内发现绘有赭面人物的壁画和棺板画，而前者时代又远早于后者可能说明，这一习俗有可能来源于鲜卑族。

从 316 年西晋灭亡至 439 年北魏统一北方的百余年间，五凉政权先后在河西走廊称雄割据，在中原战乱的情况下，河西地区相对安定，大量鲜卑族和中原地区移民进入这一地区，促进了当地经济文化的发展。20 世纪 60 年代以来，在甘肃省河西走廊发掘了一批十六国时期的墓葬。这些墓葬中有的木板画和砖画、壁画上的人物与鲜卑人相似。例如酒泉丁家闸砖画，有学者已进行了对比研究[11]。在高台县地埂坡第四号墓葬的前室西晋"击鼓"壁画中，其中穿红衣手握鼓槌的人，嘴唇涂朱色[12]。

1998 年 7 月，高台县骆驼城南西干渠汉晋墓群出土的彩绘木俑：其中彩绘女俑，高 22 厘米，头上结山字形发髻，细眉细眼，鼻梁中部、口唇和脸颊涂红；彩绘男俑，高 21.5 厘米，大头胖体，头发、眉眼、胡须绘黑彩，口唇部位涂红彩；彩绘女俑，高 22.5 厘米，圆雕立姿，大头、短颈、体胖，通体施一层白底色，白色上绘黑红彩，脸部赭面，口唇部涂朱[13]。

曹魏甘露二年（275 年）"进食图"壁画砖，长 34.5、宽 17、厚 5 厘米，嘉峪关新城 1 号墓出土，绘 4 侍女各托餐具，前 3 女奉食奁，后 1 人托盘，盘上署箸，应是为宾客奉送食物和用具的场面，四位侍女的脸上均有赭面。涂红的部位是在额头、脸颊和嘴唇，明丽而又醒目[14]。

河西地区早期人物赭面的发现，对探索吐蕃赭面习俗的来源有着重要的意义和价值。郭里木、泉沟、德令哈的壁画和棺板画中的人物均着吐蕃服饰，证明其应归属于吐蕃墓葬，吐蕃文化因素是占主流的。这就决定了其文化性质应同属一个文化系统，即吐蕃文化系统。而不是吐谷浑和鲜卑文化系统。某些吐谷浑和鲜卑民族的文化因素如赭面等被吐蕃吸收，成为吐蕃文化的重要组成部分。除赭面外，吐蕃服饰中的翻领左衽、腰带、黑皮靴等，可能也有鲜卑服饰的影响。吐谷浑、吐蕃对于丝绸之路河南道的保障和控制，及其在东西方贸易上的重要地位，也为带有中亚特征的服饰（如连珠纹、对鸟、对兽），在青藏高原的盛行提供了合理的解释。这些不得不让我们重新审视吐蕃文明形成过程中的复杂性，以及河陇地区鲜卑文化在吐蕃文化中的影响以及所占的重要地位。

关于男女性交的图像，并不是只在德令哈这付棺板画中出现，实际上在 2002 年的德令哈市郭里木乡夏塔图草场的吐蕃墓棺板画中就有发现。在一幅私人收藏的棺板上也绘有同类的图像。郭里木的图像位于帐房的左上方，由两男和一女构成，其中一男一女正在做爱，而旁跪一男子正手持生殖器在焦急地等待。这种赤裸裸的交配图像前所未见。另一幅私人收藏的出土于花土沟的交配图为 2 人，与德令哈检察院的这幅性质相同，姿势有别（中石集团马文忠收藏）。

男女交配的图像，在柴达木盆地的卢山岩画中就有发现。这一类关于生殖和交配的图案是自旧石器时代晚期以来一直到铁器时代，乃至今天，在整个世界范围内都经久不息的艺术主题。人类之所以对此津津乐道的原因并不是像孟子所云：食色，性也。而是源于与人类自身以及世界万物的繁衍密切相关的生殖巫术。20 世纪初，西方人类学家弗雷泽、布日耶等认为，在原始人的眼中，巫术仪式对于客观世界具有刺激和诱发的作用。换言之，在田野里进行交配，将促进庄稼生长，在牧场进行交配，将促使牧草和牛羊繁殖与生长。

久远的卢山岩画交媾图中的男女形象已经风蚀不清了，但男女形象下面交融在一起的代表男性的曲线和代表女性的圆点，则依然清楚地表明古代人的生殖思想。而由于吐蕃人棺板画所处的时代，将这种交媾图像与赞普、赞蒙的迎宾和帐居的场面绘于一处，显然不能简单地以这种交感巫术来进行解释，极大的可能是一种与佛教有关的宗教现象。

以性标志为象征的神灵崇拜传统在印度源远流长，在雅利安人进入印度之前就已经存在。印度最早的土著居民和其他的初民部落一样，其原始信仰中就有对大地母亲及其生殖能力的崇拜，并以此构成了早期印度教湿婆信仰的核心。其后，这种信仰逐渐发展出完备的神灵体系和图像系统。自婆罗门教和印度教一脉相承，大乘佛教的瑜伽行派其中就已经接受了这方面的内容，金刚乘的教义就是从大乘的瑜伽行派发展而来的，属于大乘佛教的一支。金刚乘又称为密乘或怛特罗乘，其修法特征是以怛特罗——一种集各种仪式和瑜伽修习方法而且仪轨化的经典为基准进行的。

古代佛教曾经极力排斥性行为，甚至在某种程度上是坚持如同驱魔一样地摒弃性行为，完全将此从其僧侣们的生活中排除出去。僧侣们习惯于将身体视为由鲜血、各种体液、粪便和骷髅的一整套令人厌恶的整体，将来必定会解体；或者最多也是将此视为一种令人失望的色戒虚妄。至于怛特罗，它们却非常注重身体，最大可能地利用它从事救度。他们将性行为置于首要地位，性行为的特征被认为具有神圣的意义。

金刚乘的这种革新，与性力派于公元最初几个世纪在印度宗教和文化生活中的发展，有着直接的关系。女性本源的重要地位以及男女之合的神性，最终在佛教中占有了稳定的地位。印度边境地区的外来影响，吐蕃传统的信仰、西域的萨满教等，也可能在这方面起过重要作用。公元3世纪的一种经文《论世》，讲到了两种男人和女人性交的愿望。因为他们感到了男女之间相互的爱情。至少是在公元8世纪，一种色情化奥义的重要地位，已经得到了确立。在有关色情奥义的问题上，佛教密宗认为男性本原扮演一种积极（善）的角色，女性本原扮演一种消极（恶）的角色，而它们在印度教中的角色恰恰相反。

印度左道密教的"大乐"思想，来自《金刚顶经》，例如《金刚顶一切如来真实摄大乘观证大教五经》卷上说："奇哉自性净，随染欲自然，离欲清静故，以染而调伏。"又说："此是一切佛，能转善哉权，作诸喜金刚，妙喜令增长。"

金刚是天神的通名，均为侍卫本善佛的眷属，而以金刚萨埵为其上首。在密教中说，金刚即是佛的显现，所以也就是本尊。在经卷中叙述毗卢遮那人各种供养三昧时说道："其中一切如来适悦供养三昧，宝鬘灌顶三昧，歌咏供养三昧，舞供养三昧等等，各个三昧，均有大天女从自心出。"并说："由贪染供养，能转诸供养。"这是欲界天人生活的秘密化。既有天女作诸供养，淫乐的行为已经跃然欲出了。

大乐思想的根源来自印度教的性力派，音译为铄乞底派，系印度教湿婆派的分支。它由对于湿婆神威力的崇拜而引申出生殖力崇拜和女神崇拜。湿婆的威力中，有男女的生殖之力，生殖则由其妻担任，故而生起崇拜湿婆之妻的一派，这便是女神的性力崇拜。对于湿婆崇拜的一派称右道派，而对于女神性力崇拜的一派则称为左道派。此女神有善恶两方面的性格，她的威力破坏之时，即是死亡女神，称为迦利，她的容貌是散发、张口、执剑、杀人，以血润其喉，用骨环其颈。她的另一名字叫杜尔加，原系频陀耶山的处女神，从史诗时代之后，始成为湿婆之妻，她的形貌是全身金色，骑虎、十手执兵器、杀恶魔。此女神性格难捉摸，她约有一千个名字，例如：爱欲女神加弥息美丽、清静女神维摩拉、大智女神摩诃般若、生育女神与大母神摩诃摩底、恋爱肉欲女神那逸迦、行法修验女神瑜伽。总之，宇宙的任何一部分，不论破坏与温和，均为此一女神的属性。万物均由女神的性力而生，故此引起肉欲的放逸，实际上，中晚唐壁画中已经有了双身图像的内容，如金维诺教授公布的《金统二年（881 年）壁画表录》其明妃称为"是（侍）奉"[15]。唐代密教文献中也已经有了双修内容。如善无畏就翻译了一部讲授象鼻天双修内容的经典而受到当局的警告，不能把双修像放在佛堂；宋代也禁止象鼻天的崇拜，所以汉地没有发现象鼻天图像。唐代流行的志怪故事也已经含有密教色情的意味。故事见于唐李复言《续玄怪记》《太平广记》有收录。文曰："昔延州有妇女，白晳颇有姿貌，年可二十四五。孤行城市，年少之子，悉与之游。狎昵荐枕，一无所却。数年而殁，州人莫不悲惜，共醵丧具为之葬焉。以其无家，瘗于道左。大历中，忽有胡僧自西域来，见墓，遂蹲坐具，敬礼焚香，围绕赞叹。数日，人见唶曰：此一淫纵女子，人尽夫也，以其无属，故瘗于此，和尚何敬焉？僧曰：非檀越所知，斯乃大圣，慈悲喜舍，世俗之欲，无不循焉，此即锁骨菩萨，顺缘已尽，圣者云耳。不信即启以验之。众人即开墓，视编身之骨，钩节皆如锁状，果如僧言，州人异之，为设大斋，起塔焉。"于 1269 年成书的《佛祖统计》对此作了新的解释。

　　汉地最早的带有双身图像性质的作品，绘于吐蕃统治敦煌时期。现藏大英博物馆的绢画《千手千眼观音图》，其间出现了日光菩萨和月光菩萨、如意轮菩萨、帝释天、白梵天、金翅鸟王、功德天火头金刚、大黑天神摩诃迦罗、摩醯首罗天身侧左腿上坐着明妃，与印度早期的双身像类似。这种女尊坐在男尊左腿之上的构图是波罗时期的典型样式，而尼泊尔画派一般是将女尊置于男尊的一侧而不是坐在腿上。说明吐蕃统治敦煌时期佛教密教无上瑜伽密在当地开始流传。在藏传佛教前弘期出现双身图像是可能的。吐蕃时期建造的许多卫藏寺院中都遗有十一面观音像，如大昭寺、查拉鲁普石窟松赞干布观音修行窟、帕邦喀宫十一面观音自生像和昌珠寺等等。吐蕃也将以观音为代表的吐蕃密教传入南诏，如《南诏图卷》文字卷第七段记载："保和二年乙巳岁（825 年）有西域和尚菩立拖诃来我京师云：吾西域莲花生部尊阿嵯耶观音，从蕃国中行化至汝大封民国。"可见，南诏之观音信仰出自吐蕃。南诏至大理时期的密教艺术中就有吐蕃密教图像的影响。

　　从以上史实分析，吐蕃松赞干布尊奉十一面观音与敦煌出现十一面观音图像几乎是在同一个时期。吐蕃占领敦煌后，将吐蕃流行的十一面观音信仰引入敦煌壁画，从而丰富了十一面观音像的表现形式。一些吐蕃密教的第一部汉译《佛说十一面观音神咒经》译于北周保定四年（564 年），但十一面观音像出现在入唐以后。观察敦煌石窟所出十一面观音图像，初唐的作品或没有眷属，或有眷属者多为菩萨。只是到了盛唐、中唐以后，观音眷属逐渐增多，这种现象与吐蕃统治敦煌有直接关系。以往是将只要是描绘观音的作品更多地看作是汉地作品，这无疑受到观音信仰在后代中原盛行的影响，然而忽略了观音信仰尤其是十一面观音信仰在吐蕃的兴盛。当十一面观音图像在汉地敦煌出现以后。吐蕃的这种信仰已经进入了政治社会生活。藏族史书几乎都记载法王松赞干布是十一面观音的化身，松赞干布修建于红山之上的宫殿稍后即被称作"布达拉"宫，为观音居地。这与 8 世纪前后包括敦煌于阗在内的地区流行金刚乘的史实是完全符合的。证明吐蕃时期金刚乘就已经在吐蕃本土及其势力范围大为流行。榆林窟第 25 窟波罗样式的大日如来与八大菩萨和壁画中吐蕃藏文榜题明白地诏示着吐蕃佛教的印记。然而众多学者往往将它们认为是汉地唐代的作品。其次，敦煌壁画中出现大量的十一面观音图和千手千眼观音图，对这一现象，以前学者总是从汉地密教发展的线索对汉文经咒的翻译和观音图的演变进行分析，没有考虑吐蕃金刚乘佛教的决定性影响。

　　文献的证明，表明包括上乐金刚法在内的金刚乘无上瑜伽密智慧母续部教法与仪轨在吐蕃前弘期就已存在，并在一定范围内传播。然而，有关无上瑜伽密仪轨的图像，是否在前弘期即已存在？虽然密教仪轨与密教图像的关系决定了前弘期此类图像存在的可能性，但以前我们一直没有找到前弘期存在无上瑜伽密仪轨图像的例证。出现这种局面的原因是我们以前囿于这样一种思维定式，认为双身图像不可能出现在前弘期。这种先入为主的认识阻止了我们进一步的探索。我们甚至忽视了这样一个重要事实：敦煌出土的古藏文写卷中已经出现了有关金刚密乘法修习的记载，这与密乘教法实际上都是自 7 世纪以来传入的旧密，旧密经典的翻译跨越了前弘期与后宏期的界限。由此看来，金刚乘在波罗王朝成立以前实际上就已经传入吐蕃，只不过是在较小的范围内流传。当时人们就有这样的疑问，流行的教法，特别是无上瑜伽密，是否可以将其纳入典籍而奉行。最后决定，此类教法只有通过王室的允许之后，才能将它们译成藏文。可见吐蕃时期翻译的一些旧密经典的本身就包括了无上瑜伽密智慧母续部的内容，说明这些大论师在译经的同时，传播着他们新译的教法，双修内容的上乐金刚法是其中重要的方面[16]。

释迦牟尼涅槃以后，印度原处于衰微状态的婆罗门教陡然兴起，传统的佛教因辩论和法力的比试未能折服外道，以致经常发生道场被毁，信徒改宗的情况。佛教需要一种新的重新修习实践的教法以适应这种变化，才能和印度教瑜伽行者一论短长，因而金刚乘佛教兴盛，成为印度佛教最后一个辉煌的时期，从 8～13 世纪持续了几百年，直至伊斯兰势力控制印度后才完全消亡。因为佛教形成在古代印度这样一个民族、宗教和语言杂糅纠葛的复杂的"金刚"意味着如同金刚那样永不变化的法的本性，因而金刚乘也被认为是大乘佛教的空性，故而又称空性乘，在修习中将瑜伽与性联系在一起。金刚乘真言乘主旨的智慧和方便与瑜伽性力观结合，将智慧比作女性，因为智慧具有静的特征；把方便比作男性，因为方便具有动的特征。金刚乘把智慧和方便所达到的终极境地看成是涅槃，在此境地已经没有智慧和方便的区别，而这融合在一起，故此称为"般若方便"或"大乐"。无论印度教怛特罗还是佛教金刚乘，其中心要旨就是证悟书面经典的理论并不是使人产生信仰的理想路径，最好的方式是由能够施行神秘法术的上师导引获取亲身体验，直接与自己皈依的信仰相碰触，通过自己的身体力行来把握真实。这就是这种性交图或双身图出现的缘由。

德令哈棺板画中男女性交图像的发现，使我们联想到，这一时期的吐蕃人对于现在世和未来世具体的物质享受和幸福，保持着强烈的吸引和关心。在来世再生于极乐净土是他们强烈的愿望。可以认为这一类美术，是以通向释迦牟尼佛国净土再生为主题的象征性美术。值得重视的是，德令哈吐蕃墓棺板画中的双身图并不是以本尊和明妃的形象出现，而均为世俗的男女形象，这种世俗化的表现形式，具有浓厚的中亚特点，或许是双身图像世俗的表现形式，以及双身图像的早期特点。

早在公元 1 世纪以后，在帕提亚统治下的犍陀罗佛教美术，就是以通向释迦牟尼佛国净土再生为主题的象征性美术。这种佛教美术，在以后的贵霜王朝时期得到了全面发展。尤为多见的是，以贵霜王朝为中心的伊朗佛教徒，制作了大量的极其世俗化的饮酒图、奏乐舞蹈图、狩猎图和爱欲图……这些图像据日本学者田边胜美研究认为，依然是佛教极乐往生的象征。这些传统图像以后也为萨珊人、突厥人、粟特人所继承。吐蕃墓葬棺板画图像中的爱欲图，显然继承了以往中亚地区的佛教传统。

4. 祈福图

在棺板的上方，紧接爱欲图的是一支由 3 骑组成的马队，领头者为男性，头戴橘红色圆形平顶缠巾，身穿窄袖交领白色短袍，下身着裤穿靴，马为青色，鞍鞯为橘红色。骑者左手握缰绳，右手举竿，竿头为一长条形丝幡，幡头黄色，幡身为红色。其身后为一高台形三阶形建筑物，在建筑物的一侧有红色立柱四根，立柱紧接第二位骑者。

第二位骑者，头缠双高髻黑色头巾，身穿橘黄色交领长袖长袍，足穿靴，可见右袖较长，垂于身侧。马为赭色，鞍鞯为绿色。第三位骑者紧接其后，头部模糊不清。身穿绿色翻领长袖长袍，足穿靴，袍袖较长，垂于身侧。黄马红鞍鞯（图版 64，B3）。

这举幡飞驰的马队，是专为送鬼祈福而派出的，属于葬仪的一段内容。吐蕃苯教旧俗既信天神，又信鬼怪精灵，人死即送鬼魂离家。这一禁忌在古藏文简牍上有记载。米兰 iv·35 木简记的是卜问家中有无鬼魂事："右肩胛骨，可卜问死者鬼魂是否强留家中？是否离去？有无鬼魂留下的迹象？"[17]因此有此禁忌，所以打彩幡送鬼神离家并祈福也是吐蕃葬俗中必不可少的环节。见 M.1.00[18]藏文简牍："派出为祭降生时命宫守护神和祈求保佑的男女值日福德正神之本教巫觋师徒，助手悉若登、苯波雅堆、引神人期同温巴、小苯波赞粗慕阻、厨子梅贡、供养人卓赞，并带上祭降生男女命宫守护神，祈求福佑之各色经幡，大虫皮勇士桑矫让，大虫皮勇士乞力，以及筑腊钵热。"

简牍中详细记录了派出祭神祈福的苯教师徒、助手、虎皮勇士的名字和求神保佑的各色经幡，人数比棺上画出的还要多，图中所绘打幡的马队与简牍所说派出祈福祭神的人众性质相符合。

5. 射人图

祈福图的下方即为射人图。在帐房一侧的山前草原上，有两个骑射的人物。前面一人骑马转身向后射箭，后面一人骑马向前射箭，两骑者之间是两根柱子，两柱之间缚有一裸体男性，裸体人物头部模糊不清，这位被捆绑的裸体男是二骑者的射击对象。在艺术表现方面，画面都抓住了射箭时最为精彩的瞬间。射猎者都是两臂极度张开，弓弦拉满，箭即将射出。而被射者的两腿分开，躯体下蹲，似作挣扎状态。画面着重强调了人的运动，而人剧烈的动作和静止的山和花草作对比，出现了有张有弛的效果。前面的骑者头戴橙红色平顶圆形头巾，身穿灰白色长袍，枣红马，鞍鞯亦为灰白色，骑者所拉之弓为黄色。后面一位骑者头戴浅红色平顶圆形头巾，黄色上衣，黄色裤，脚穿靴，弓与鞍鞯呈灰色，马为浅红色，引人注目的是，骑者的白色长袍褪于腰际，如同现代藏族一样，热了先将一只胳膊的袍服脱掉露出胳膊，再热一些就将整个上衣脱掉缠于腰际，露出整个上身。腰上挎有胡禄（箭囊）。

柱子涂浅红色，两柱之间的裸体人物，体呈灰色。

在中国古代，射猎历来被看成是重大事件。狩猎题材也曾在我国战国时的青铜器、汉代壁画和画像石、魏晋时期的砖画中出现。古代狩猎图的意义不仅是单纯表现猎获动物，而主要用于反映帝王贵族生活，带有练兵习武、举事检阅的性质。各代常常围出专供帝王皇室游猎的场所，猎场被视为军事禁区。皇室贵族的狩猎活动不为一般人所熟悉，故唐以前艺术题材中狩猎图像出现的并不多。唐代贵族的墓葬壁画，热衷于出行仪仗的描绘，反映了等级制度社会对人物身份的高度重视，狩猎图见于章怀太子李贤等少数墓葬壁画中。尽管唐代以前也出现过狩猎图像，但场面小，内容简单，构图和人物处理也不同。而西方古代世界的狩猎图像比中国更为流行，与中国相比，他们不注重场面的渲染，而强调人物的烘托。波斯萨珊银器较早地传入中国，已在考古中得到证实。山西大同小站村，花圪塔台北魏封和突墓出土萨珊银盘，其上即为狩猎图像。狩猎图像在萨珊银器乃至萨珊艺术中是压倒多数的题材，中亚粟特人继承了这一传统。

汉唐之间中西文化交流的一项重要内容，就是粟特人的东迁问题。粟特人从本土迁徙到中亚（西域）和中国，一方面带来了伊朗系统的宗教文化，另一方面也又反过来受中亚、中国佛教文化和汉文化的影响。因此，东迁粟特人的文化，表现得比粟特本地的粟特文化更加丰富多彩。而且，东迁粟特人分布广泛，他们和多种民族交往而产生的不同文明间的交融现象，其宗教文化在传播中的转化情形，为我们研究多种宗教文化、艺术形式的演变提供了丰富的认识空间。粟特人是一个商业民族，他们以商队的形式，由商队首领率领，一批又一批地向东方移动，他们在所经行的主要城镇，往往建立自己的殖民聚落。在从索格底亚那到中国的这条粟特人所走过的丝绸之路上，我们可以找到许多粟特人或粟特聚落遗迹。这条道路从西域北道的据史德、龟兹、焉耆、高昌、伊州，或是从南道的于阗、且末、石城镇，进入河西走廊，经敦煌、酒泉、张掖、武威，再东南经原州，入长安、洛阳，或东北向灵州、并州、云州乃至幽州、营州，或者从洛阳，经卫、相、魏、邢、恒、定等州，而达幽州、营州。

粟特人的人种和文化是属于伊朗系统的，虽然以波斯为基地的摩尼教、基督教聂斯托利派（中国称祆教），此即慧超《往五天竺国传》所说的"安国、曹国、史国、石国、米国、康国……总事火祆，不识佛法。"粟特人的祆教信仰，源远流长，影响所及，包括历法、礼仪、建筑、习俗乃至日常生活的许多方面。

1999 年 7 月，在山西太原市晋源区王郭村，发现隋虞弘墓。虞弘在北周时任职"检校萨保府"，曾出使波斯，游历安西和月氏故地，逝世于并州晋阳府第，安葬于隋开皇十二年（592 年）。在该墓出土的石椁上，就雕刻有骑驼射猎的图像[19]。在中西文化交流空前繁荣的唐代，狩猎图像的突然增多，似乎不是偶然的，鉴于吐蕃与西域以及唐朝的关系，吐蕃棺板画中的骑马狩猎图像，不能排除受到西方影响的可能，这种西方的因素，极大可能是通过粟特人传播的。

当然，不能简单地把狩猎图像的传播完全追溯为西方艺术，这里仅仅是指出其外来影响，或许把唐代金银器上的狩猎图像看作是中国传统题材的延继和外来因素的影响两者结合更为恰当，根据图形观察，吐蕃的狩猎图像，受中原和西方的影响均有可能，吐蕃墓的狩猎图，甚至有可能充当了西方文化的文化媒介对唐朝施加了影响。

但以往的狩猎图均是射杀动物，而吐蕃的这幅图像却是猎杀裸体的人，这样的图像目前还是第一次发现。它究竟象征何意义，还有待考证。有关资料提供了这方面的蛛丝马迹。

吐蕃王族的葬礼采用苯教旧仪，丧事由苯教师主持。藏文抄本《巴协》曾经详细记载了赤松德赞的葬礼：

"马年孟春月（藏历正月），赤松德赞王薨逝，琛·赞协勒索等崇信本教的大臣……在札马措姆古支起牛毛大帐，从马群中选出多匹体格强壮，善跑的马匹，修建了马场，缝制宽敞的帐篷，并召来彭城地区的阿辛、齐布、蔡波、雅额等一百二十七位苯教师，决定由他们为赞普赤松德赞超度。"[20]

这是自悉补野聂赤赞普立国以来一直沿用的国王丧葬超度仪式，规模盛大。《新唐书·吐蕃传》引刘元鼎说："巫祝鸟冠虎带击鼓，凡人者搜索而进。"他们在做超度法事时，分别要承办制作死者亡灵替身的假人、假物和祭神用的供品等事宜，这些供品称作"多玛供"。如米兰 vi，za 藏文木简："……按习俗做一对替身物——多玛供，然后献降神酒。午饭，连续献上迎宾青稞酒三瓢，置一盛酒大碗，顺序饮酒……"[21]

英国藏学家托玛斯转写翻译这处文字时，将"替身物"译成假人假物，并识有苯教师念诵超度咒语的内容。他的译文为："……黄昏时上供，所备一份饮料，放入供神灵的假人假物，予以浸泡，接着就安排（或给予）使用有灵气的勺子，行进到有灌木丛的庭院处，在繁密的灌木丛中把它吊起，很快地发出咒骂的语言。"[22]

无论多玛供如何摆设，其中有两个关键的内容，其一是制作假人假物作为替身，其二是仪式过程中有苯教师念诵咒语。德令哈吐蕃棺板画中被二骑士所射的裸体人物是真人还是假人替身，我们现在尚无法判定，但这种行为是为了超度亡灵倒可以理解（图版 65，B4 和图版 65，B5 中石集团马文忠藏花土沟骑射图）。

6. 哀悼图

棺板的最后，画的是一组哀悼的人物。左面两人，采用下跪的姿势，第一人为男子，头戴圆形平顶橙红色缠巾。身穿绿色袍服。其下另一下跪男子，头戴圆形平顶橙红色缠巾，身穿黄色袍服，其左手似捧一盆，盆中有熊熊火焰在燃烧。其下方有一侈口鼓腹小罐。

后方站立两人，为女子，前一人个子稍矮，头带分为两瓣花形，并有后披的红色缠巾，身穿白色长袍，两手拢于胸前，后一人个子稍高，头戴黄色缠巾，身穿红色长袍，两手亦拢于胸前，似作哀悼沉思状。这两男两女，可能是死者的亲属，他们为亡者守灵和哀悼，接待前来的吊唁者。紧靠这组人物，有羊或狗类动物各一只（图版 65，B6）。

关于德令哈棺板画的年代，由于棺板所出的吐蕃墓葬已经遭到盗掘和破坏，丧失了大部分可资断年的文物，给我们判断年代造成一定的困难。但在郭里木乡夏塔图二号墓，亦出有完整的棺板画，其绘画风格与这付残墓的棺板画完全相同，可以作为德令哈检察院对这付残墓棺板画年代断定的参考[23]。

夏塔图 M2 是 2002 年 8 月发掘的，为洞室墓形制，长方形斜坡式墓道，然后向一侧开长方形墓室，墓室与墓道之间，以砾石块封门。墓室为单室，长 4 米，宽 2.5 米，底部距封堆下深 3.5 米左右，墓内有一棺。这座墓葬的主人为迁葬，较为特别，是将零散的骨架盛装于一小棺内，然后将这种长木箱式的小棺放置于大棺中。根据墓内出土的箭囊判断，墓主人应是一成年男性武士。墓葬中出土有大量的丝绸残片，木马鞍等物。其中木马鞍鞒桥上装饰有银质镀金饰片，有兽面、鹿等形象。与中唐时期丝织品的同类形象相似，因此，我们将这座墓葬的年代确定在中唐时期，即 8 世纪末期，大体上相当于吐蕃占领敦煌以后的数十年。德令哈检察院的这付棺板画的年代，应比照夏塔图 M2 的年代来确定，大体上相当于 8 世纪末期至 9 世纪初期。这样的断年可能较为适宜。

（原载《青海藏族》2015 年第 2 期）

注 释

［1］《魏书·西域列传》波斯国条："又每年正月二十日，各祭其先死者"；又《周书·西域列传》波斯国条："以六月为岁首，尤重七月七日，十二月一日。其日民庶以上，各相命召，设会作乐，以极欢娱。又以每年正月二十日，各祭其先死者。"

［2］田边胜美：《安国的金驼座与有翼双峰骆驼》，《オリエント》25－1（1982），第 50～70 页。

［3］北京大学考古文博学院、青海省文物考古研究所：《都兰吐蕃墓》，科学出版社，2005 年。

［4］许新国：《唐代吐蕃绘画新标本——吐蕃棺板画》，载《文物天地》2004 年第 3 期。许新国：《郭里木乡吐蕃墓葬棺板画研究》，载《西陲之地与东西方文明》，北京燕山出版社，2006 年。

［5］许新国：《乌兰县泉沟吐蕃时期的壁画墓》，《青海藏族》2012 年第 1 期。

［6］范学宗等编：《金唐文全唐诗吐蕃史料》，第 454～455 页，西藏人民出版社，1988 年。

［7］李永宪：《略论吐蕃的"赭面"习俗》，载《藏学学刊》第 3 辑，四川大学出版社，第 157 页。

［8］《隋书》卷八十三，列传第四十八：女国。中华书局，1973 年，第六册，第 1850～1851 页。

［9］仝涛：《木棺装饰传统——中世纪早期鲜卑文化的一个要素》，载《藏学学刊》第 3 辑，四川大学出版社，第 165 页。

［10］刘俊喜、高峰：《大同智家堡北魏墓棺板画》，《文物》2004 年第 12 期。

［11］孙机：《固原北魏漆棺画》，载《中国圣火》第 122 页，辽宁教育出版社，1996 年。

［12］国家文物局主编《中国考古 60 年》，第 551 页，文物出版社，2009 年。

［13］甘肃文物局：《甘肃文物精华》，第 181 页，文物出版社，2006 年。

［14］甘肃文物局：《甘肃文物精华》，第 197 页，文物出版社，2006 年。

［15］金维诺：《吐蕃佛教图像与敦煌藏传绘画遗存》，载《艺术史研究》第 2 辑，1～26 页。

［16］谢继盛：《西夏藏传绘画》转引其第 167、314 页，河北教育出版社，2002 年。

［17］王尧、陈践：《吐蕃简牍综录》，第 440 条。

［18］王尧、陈践：《吐蕃简牍综录》，第 442 条。

［19］张庆捷：《太原隋代虞弘墓石椁浮雕的初步考察》，载巫鸿主编：《汉唐之间文化艺术的互动与交融》，文物出版社，2001 年。

［20］恰白·次旦平措等，陈庆英等译：《西藏通史·松石宝串》，第 108、163 页，西藏古籍出版社，1996 年。

［21］王尧、陈践：《吐蕃简牍综录》，第 421 条。

［22］〔英〕F. W. 托玛斯著，刘忠、杨铭译注：《敦煌西域古藏文社会历史文献》。

［23］许新国：《郭里木吐蕃墓棺板画研究》，载许新国：《西陲之地与东西方文明》，北京燕山出版社，2006 年。

郭里木吐蕃墓葬棺板画研究

许新国

2002 年 8 月，青海省文物考古研究所与海西州民族博物馆工作人员，对德令哈市郭里木乡的两座古墓进行了清理和发掘。从古墓的形制到土层和墓葬中出土的器物，以及对墓葬棺板画的分析与研究，断定这两座墓属于吐蕃时期墓葬。

墓葬位于东距德令哈市 30 公里处的巴音河南岸，属郭里木乡夏塔图草场山根。墓葬上方存有高约 1.5 米的封土，两座墓葬均为竖穴土坑形制，墓室均为长方形单室，长 4 米、宽 2.5 米左右，均有长方形斜坡式墓道。其中一座为木椁墓，另一座系竖穴土坑墓，但用柏木封顶。两座墓葬的木板均较完整。木椁墓为男女合葬，土坑墓为迁葬墓。迁葬墓形制较为特别。是先将零散的骨架装于一小棺内，然后将小棺整个放置在大棺中。根据出土的漆矢箙（箭囊）判断，该墓主人应系成年男性武士。两座墓葬中均见有殉牲习俗。合葬墓在木椁的两侧殉有完整的马和骆驼各一匹。迁葬墓在封顶的柏木上放有零散羊骨。关于吐蕃的丧葬殉牲习俗，在汉藏史料中均有明确记载。如"人死杀牛马以殉，取牛马积累于墓上"，"其葬必集亲宾，杀马动至数十匹"，"吾为尔行葬，杀马百匹以行粮……"这种丧葬殉牲习俗反映了古代藏族苯教的仪轨和信仰。动物殉葬在苯教信仰中具有特殊意义，按照苯教的世界观，人死后只有通过这种献祭动物的仪式，才能帮助和佑护逝者通过阴间世界的艰难险阻，到达九重天国中去享乐。在敦煌古藏文写卷涉及苯教丧葬仪轨的卷子中，这种观念有明确记载。关于随葬品，在合葬墓中出土有大量的丝织品，种类有锦、绫、罗、印花绢等，另有木碗、木鸟、木马鞍等。迁葬墓中出土有丝绸残片、木鸟、木马鞍和漆矢箙等，其中木马鞍上装饰有银质镀金饰片以及兽面、鹿等动物形象，较为少见。

尤为引人注目的是，两座墓具木棺的四面均有彩绘。其中棺档头绘有四神、花鸟，棺侧板绘有狩猎图、商旅图，以及赞普、赞蒙（王、王后）为中心的帐居迎宾图和职贡图。以下分别叙述之。

一　四神图

四神是指青龙、白虎、朱雀、玄武。四神的观念最早产生于中国，用于表现方位和避邪免灾，作为图像，早在战国时期的器物上已经出现，如曾侯乙墓出土的漆木衣箱，上面绘有青龙、白虎。壁画上表现四神最早见于山西平陆枣园东汉初的墓葬中。此外，云南昭通东晋霍承嗣墓，河南洛阳北魏元又墓、山东嘉祥英山隋墓也有表现，是中国传统的墓葬装饰内容。

唐代四神更加流行，唐朝初年的李寿墓，将四神刻在石椁上。稍晚一些的阿史那忠、苏定方、李重润、李贤、李仙蕙、薛莫墓将青龙、白虎绘在墓道两壁上。应该指出的是，四神图虽流行，但有的墓常常省略朱雀和玄武。

吐蕃墓棺板画中的四神一般绘于棺两头的挡板上，青龙图像与唐代墓葬壁画中的形式较为接近；白虎采用虎头正视的形式，与唐画差别较大；朱雀的形式具有浓厚的中亚、西亚的特征，与中亚、西亚的凤鸟纹图形较为接近（见图一、二）；玄武的蛇与龟，头尾相勾或不相勾或相缠，构成了复杂的图像变化，这从南北朝时期就已经基本定型。郭里木吐蕃墓棺板画中的玄武形象，蛇身缠龟身，头与尾不相勾，与太原金村六号墓中的玄武图形较为接近（见图三）。吐蕃墓棺板画中的四神，是唐墓壁画中最具代表性的题材。中国四神图像出现后，得以广泛的传播，吐蕃绘画受到影响，也不足为怪。但吐蕃四神图像中白虎和朱雀体态的曲折多变，玄武被蛇反复缠绕，整体复杂的装饰和纤细的线条等，均表现出吐蕃绘画本身的风格和地域特色。四神陪衬的云气、莲花和繁杂的忍冬纹等更未见于中原唐墓壁画。但唐代的四神，与北魏和南朝的风格一脉相承，总体上和吐蕃的内容一致。因此，笔者认为，郭里木吐蕃棺板画所绘四神，应直接取法自中原，即唐代墓葬壁画的做法，同时又接受了西方文化的影响，从而形成自己的风格。

图一

图二　　　　　　　　　　　　　　　　　图三

二　狩猎图

中国古代，狩猎历来被看成是重大事件。狩猎题材也曾在战国铜器、汉代壁画和画像石、魏晋砖画中出现。古代狩猎图的意义不仅是单纯表现猎获动物，而是主要用于反映帝王贵族生活，带有练兵习武、军事检阅的性质。各代常常围出专供帝王皇室游猎的场所，猎场被视为军事禁区。皇室贵族的狩猎活动不为一般人所熟习，故唐以前艺术题材中狩猎图出现的并不多。唐代贵族的墓葬壁画，热衷于出行仪仗的描绘，反映了等级制度社会对人物身份的高度重视，狩猎图仅见于章怀太子李贤等少数墓葬壁画中。

吐蕃墓中的狩猎图见于棺侧板左侧，由 5 个骑马射箭者、动物及陪衬的植物组成。狩猎图中的人物分两组，上面一组前面 1 人骑马转身向后射箭，后面 2 人骑马向前射箭。两者之间是一对奔跑的野牛，其中一头野牛的背部已经中箭流血。下面一组为 1 人骑马射箭，其前方为 3 头奔跑的鹿，其中 2 头已中箭淌血（见图四）。在艺术表现方面，两个画面均抓住了狩猎时最为精彩的瞬间。前者突出了狩猎时扣人心弦的紧张气氛，猎者都是两臂极度张开，弓弦拉满，箭即将射出，野牦牛正拼命逃窜，猎者的坐骑和野牦牛的四肢几乎呈 180°张开，是动物奔驰时的最大极限，尽量表现出人和动物的运动。而人物和动物的剧烈动作又与花草的静止相对应，出现了有张有弛的艺术效果。

尽管唐代以前也曾出现过狩猎图像，但场面小，内容简单，构图和人物形象处理也不同。吐蕃墓棺板画中有两处出现树纹，这在中国传统狩猎图中是没有的，因此，很容易令人想起西亚、中亚艺术中的"生命树"。"生命树"在西方古代艺术中非常重要，它和当地的宗教信仰有关，因此也屡屡出现在金银器雕刻等各种艺术形式中。而西方古代世界的狩猎图比中国更为流行，与中国相比，它们不注重场面的渲染，而强调人物的烘托。波斯萨珊银器较早地传入中国，已在考古发掘中得到证实。山西大同小站村花屹塔台北魏封和突墓出土的萨珊银盘，其上即为狩猎图像。狩猎图像在萨

图四

珊银器乃至萨珊艺术中是主要的题材。中亚粟特壁画也是如此，其中表现最多的是帝王骑马射猎的情景，而骑马射猎在中亚、西亚乃至罗马也很常见。在中西文化交流空前繁荣的唐代，狩猎图像的突然增多，似乎不是偶然的。吐蕃墓棺板画中的狩猎图像里的树纹以及骑马狩猎的姿势，不能排除受到西方风格影响的可能。当然，不能简单地把狩猎图像的渊源追溯为西方艺术，这里仅仅是指出其外来影响，但不是唯一来源。或许把唐代银器上的狩猎图像，看作是中国传统题材的延续与外来风格的影响相结合更为恰当。根据图形观察，吐蕃的狩猎图像受中原和西方的影响均有可能，甚至有可能充当了西方文化的媒介，对唐朝产生了影响。

三　商　旅　图

　　这是为吐蕃所独有的绘画内容，而在唐代的墓室壁画中未见到同类题材的作品。商旅图位于墓棺板画的左侧中部。其中，行进在前面的是 4 个头戴帽、身穿圆领或翻领窄袖长袍骑在马上的武士，人均带胡禄（箭囊）；走在后面的 2 人除 1 人不清楚外，另 1 人头缠巾，身穿圆领窄袖长袍，腰系带，腿侧亦带胡禄，为武士形象；行走在中间的是一满载货物的骆驼，从显露处可见有平放着的一层层成匹的丝绸。看来丝绸之路上商贾们贩运货物都是以武力来护送的。

　　根据中原和吐蕃的资料可以肯定，中原地区和柴达木盆地的吐蕃地区流行的胡禄乃是受到西域的影响，其传播的途径主要是从新疆经河西或柴达木盆地而达中原。从这些地区有关的年代序列能够说明这一点。而且从唐的情况来看，凡是冠以"胡"字的名物，几乎都是传自西域，胡禄也如此。但就中亚（包括中国新疆）和南西伯利亚这一广大范围而言，胡禄究竟源于何处，抑或是否还有更为遥远的始源，限于所见，还难以速下判断。在中古时代，中原和吐蕃所流行的胡禄，与中古社会生活有密切的联系，是一个时代时尚风貌的标志物之一，是当时社会生活中追求外来物品和异域风情的"胡风"渐盛的表现。

四 宴饮图、帐居图

宴饮图位于墓棺侧板的中部，由13个男人组成，其中7人盘腿坐于左侧的地毯上；4人或立或跪于大帐房前。其中右侧第一人手举酒杯，向帐房内的男女二显贵人物敬酒，而帐房内的男女二人亦手举酒杯答礼。左侧1人手举角形杯，正抬头饮酒；另1人跪于地毯上呕吐，其醉酒的形态描绘得异常生动；帐房前门两旁各有1人，帐房后还有帐房，其门前亦站立有2人，手笼于袖中，向武士们弯腰施礼，似乎是在招呼客人。对照青海玉树州勒巴沟石刻"赞普礼佛图"中的吐蕃赞普形象，与郭里木墓棺画中帐房内男人的帽子相同，故判断该显贵人物的身份应为"赞普"，坐其旁的女人即为"赞蒙"。（见图五）

图五

关于大毡帐内赞普和赞蒙身份的确定，主要是根据青海玉树州勒巴沟石刻图像人物的对比而作出判断的。勒巴沟石刻位于贝纳沟石刻约8公里处的勒巴沟沟口。勒巴沟坐落在通天河畔，沟深约10公里。勒巴沟两边山坡的崖壁上凿有许多唐代以来的佛教造像。镌刻在勒巴沟沟口的《文成公主礼佛图》其时代为唐，是一幅吐蕃早期石刻。画面的左边是释迦牟尼立像。释迦牟尼上身立于仰莲座上，双脚外撇呈一字形，左手置胸前持莲花，右手施与愿印。项饰蚕节纹，大耳垂肩，广额丰颐，头束高发髻，身后有圆形火焰项光和拱形火焰纹龛门，其上镌以华盖。释迦的右侧刻有4个朝佛的人物形象：第一个人物是侍童，头顶梳螺髻，做跪状，双手捧香炉；第二个人物头戴吐蕃时期的塔式缠头，身穿双襟小翻领胡服，双手捧大钵，身体前倾做献礼状；第三个人物为一女性，头梳顶髻前倾的双抱面髻，身披交领大擎，双手合十持莲花；第四个人物亦为侍童形象，身披对襟翻领胡服，手持莲花[1]。

很显然，这是一幅礼佛图。释迦右侧第一和第四个人物为侍女或侍童，这两个人物无须多加讨论。第二个人物，应是吐蕃王松赞干布。他头上的塔式缠头和对襟翻领胡服是吐蕃早期的典型服饰。松赞干布的形象和造型与其在布达拉宫法王洞中的造像在风格上几乎相同。既然明确了第二个形象，那么第三个人物当为文成公主无疑。释迦牟尼和松赞干布的造像均为藏式风格，而其他形象则为汉式造像风格。这种区别的本身不仅说明该石刻所表现的是唐蕃联姻，而且还说明其时代较后来那些将文成公主"藏化"的造像要早。此外，还能证明这幅作品时代较早的两点是：第一，传统藏传佛教艺术中松赞干布的塔式缠头上都有一个佛头，而此处没有；其次，松赞干布作为法王，在后来的造像艺术中均作为佛和菩萨一样处于主供位置，而此处却在朝佛位置。而且这种朝佛构图和安排的本身，便是汉式佛教造像的传统。

郭里木墓棺板画中，帐房中的两人物，其男性人物身穿翻领胡服，腰系带，头上戴有高高立起的塔式缠头与勒巴沟石刻人物中松赞干布的较为一致，因而判定其身份为赞普。旁坐的女性人物亦身穿对襟翻领胡服，头梳双抱面髻，与文成公主形象不同的是，头顶上盖有一奇特的缠头布，故而判断其身份为赞蒙。

帐房系用牛、羊毛混合或者专用羊毛织出，这种料子又叫氍氀，一匹氍氀大约宽30～40厘米左右，这种纺织品代表了当时吐蕃人的纺织技术水平。将整匹的氍氀连接起来，做成毡帐，唐人称之为"拂庐"，实际上还是氍氀的音译。这种高质量的帐房有的做得很大，甚至可以容纳几百人。公元654年吐蕃赞普向唐高宗皇帝献礼，其中礼品中有一顶"大拂庐"，高5尺，宽37步，堪称庞然大物。

关于吐蕃的酒宴生活，唐人多有描述。杜甫《送杨六判官使西蕃》一诗中写道："绝域遥怀怒，和亲愿结欢，敕书怜赞普，兵甲望长安……边酒排金碗，夷歌捧玉盘，草肥蕃马健，雪重拂庐干。"此诗作于公元757年，杨六判官是杨济。他作为诗人，想必对于吐蕃的酒、拂庐也是有所了解的。唐代的边塞诗人岑参（716～770年），把蕃中酒宴生活如此动人地描写道："琵琶长笛曲相合，羌儿胡雏齐唱歌，深炙犁牛烹野驼，交河美酒金叵罗，三更醉后军中寝，无奈秦山归梦何。"

酒，在吐蕃文献中早有记载。松赞干布的老臣韦·邦多日义策因为年事已高，每天只能曝日闲住。他担心自己死后王室不再照顾他的后代，于是邀请松赞干布"往其家中，再申前盟"，以半克青稞煮酒，敬献饮宴。早期，酒称为 stsang ᰳᰳᰳ或 rtsang ᰳᰳᰳ，后来又称之为 chang ᰳᰳᰳ，敬语里称为 skyems ᰳᰳᰳ。这种酒是吐蕃人经常饮用的带有甜味而酒精含度不高（大致在10度左右）的酒浆。这种饮料构成吐蕃人饮食中的重要组成部分（应该说明，这不是双蒸法，即二次蒸馏获得的酒精纯度很高的白酒。那种酒，藏族称为 arag ᰳᰳᰳ，是后起的。从名称上看也可知道是由阿拉伯传入酿造法而得的，可能到12、13世纪才见于藏文文献记载）。这里我们读到的 rtsang ᰳᰳᰳ或 chang ᰳᰳᰳ，散见于早期的吐蕃文献，如《敦煌本吐蕃历史文书》"大事记年"记载"及至马年（唐高宗永淳元年，壬午，公元682年），赞普驻于辗噶尔，大论赞聂于局然木集会议盟。冬，芒辗细赞与芒相达乍布二人于道孚城堡会议盟。驻守总管（仲巴）洛·没陵波、野松色至辗噶尔贡奉酒浆，是为一年。"

文中所说的赞普是赤都松（唐代史书记为弃弩悉弄），大论赞聂即禄东赞的长子赞悉若。芒辗细赞是后来与赞普赤都松密谋剿灭噶尔家族，酿成一场血腥政变的那一位"论岩"。看来，当时以上好的佳酿供奉王室是一种恭敬的行为，而且为史官记录在案并使用敬语来称呼。上面提到的邦多日义策邀请松赞干布至其家中再申前盟时，"以半克青稞煮酒，敬献饮宴。"看来，举行会盟这类重大的仪式时必须要以酒献神，同时参与会盟者也要喝酒相庆。公元822年大理寺卿刘元鼎作为唐廷代表团的首席代表，前往逻些参加历史上著名的唐蕃会盟典礼时，就提到在会盟仪式的"翼日，于衙帐西南具馔，馔味酒器，略与汉同。"

接着再谈吐蕃人的酒 rtsang ᠌或 chang ᠌的来源。汉地远在商代就出现了一种高级饮料叫做"鬯"，或称鬯酒，见于甲骨文。到了周代，文献中称为"秬鬯"。《礼记·表记》说"粢盛秬鬯，以事上帝"，说的就是这种美酒，用于祭礼的目的。大概周王也曾把这种酒赏赐臣下去饮用。西周大盂鼎的铭文中有"赐汝一卣"的句子，"鬯"的读音 zang 与藏语 rtang ᠌或 chang ᠌非常相似，这不由得让我们联想到其中的渊源。做酒时，用"曲子"是酿酒技术上的一大发明。因为用了曲子，可以使淀粉的糖化和酒化两个步骤得以结合进行，后世称为"复式发酵法"。藏酒酿造时投放的曲子称为"phabD. ᠌᠌，这与汉语的"粕"似有关系。粕是"糟粕"，是酒的原料加工后废弃部分，又被拿来培育作为发酵的酵母使用，从这个意义上看，可能是藏语里把曲子称为 phab 的原因[2]。

吐蕃时期文献中还出现了葡萄酒。葡萄这种果品来自西域，汉代传入中原，很快就有了用葡萄做酒的记载。魏文帝曹丕（187～226年）在给臣下的一份诏书中有这样的话："中国珍果甚多，且复为说葡萄……酿以为酒，甘于曲蘗，善醉而易醒。"到了唐代，"葡萄美酒夜光杯"已是诗人流连、觥筹交错的常用品了。但制作葡萄酒技术的提高，还是得力于西域人民。《南部新苑》丙卷云："太宗破高昌（事在贞观十四年八月，公元640年）收马乳蒲桃，种于苑，并得酒法，仍自损益，造酒成绿色，芳香酷烈，味兼醍醐，长安始识其味也。"这是说，用高昌国马奶子葡萄品种和他们的制酒法，改进了原来果子酒的品味。吐蕃人与西域的接触较唐人更方便些。吐蕃人在唐初较长一段时期中驰骋西域，争夺安西四镇，奴役勃律、羊同诸小邦，占领龟兹、于阗、高昌达百余年之久。因而，我们见到藏文文献所载，可黎可足赞普（即热巴巾，唐史作彝泰赞普）正是因为饮用了过量的葡萄美酒，酣卧于香玛行宫时，被其臣下韦·达那金扭断颈项而弑杀。可见，当时葡萄酒已从西域传到吐蕃，而且饮宴于宫廷之中。

新疆若羌米兰故城（即"楼兰地区"）出土的吐蕃时期的木简中，有几段专门记载关于酒的事情：

Ⅱ·423："苯教师七人，苯教主二人，共九人，分坐两排，食物供奉相同。晚餐毕，每人每日供头遍十瓢，合计三吐（吐，为半克青稞所酿酒浆的总量）。"

Ⅱ·292："按照习俗做替身俑一对，做多玛供品。后，献降神酒。午列，边续献迎宾青稞酒三瓢，置一盛酒大碗之中，顺序饮之。苯教教主讲述往昔古史。"[3]

在《贤者喜宴》中记录了一则禄东赞智取安邦之策的故事，其中就提到"酒是话的开头"和酒醉失言的情节。另外，在《新唐书·吐蕃传》里看到"君死之日，共命人皆日夜纵酒"的记载。大概是因为与赞普共命之人，必须随同死者入葬墓穴，这是古代杀殉制度的转移。

五　男女双身图

在郭里木墓棺板画中令人尤为注目的是男女双身图像。该组图像位于帐房图的左上方，由两男和一女组成。其中一男一女正在交配，而旁跪一男正手持生殖器似乎在等待，这种赤裸裸的男女交配的图像前所未见。

关于生殖和交配图案，此前在卢山岩画中有所发现。这类图案是自旧石器时代晚期以来一直到铁器时代，乃至今天，在整个世界范围内经久不衰的艺术主题。人类之所以对此津津乐道的原因并不是像孟子所云食色，性也，而是缘于与人类自身以及世界万物的繁衍密切相关的生殖巫术。20世纪初，西方人类学家费雷泽、布日耶等认为，在原始人的眼中，巫术仪式对于客观世界具有刺激和诱发作用。换言之，在田地里进行交配，将促使庄稼生长，在牧场进行交配，将促使牧草与牛羊繁殖与生长。

卢山岩画交媾图中的男女形象已经风蚀不清了，但男女形象下面交融在一起的代表男性的曲线和代表女性的圆点，则依然清楚地表明古代人的生殖观念。由于吐蕃棺板画所处的时代，将这种交媾图像与赞普迎宾或会盟的庞大场面绘于一处，显然不能简单地以生殖巫术来进行解释。因此，这可能是一种宗教现象。

以性标志为象征的神灵崇拜传统在印度源远流长，在雅利安人进入印度之前就已经存在。印度最早的土著居民和其他的初民部落一样，其原始信仰中就有对大地母亲及其生殖能力的崇拜，并以此构成了早期印度教湿婆信仰的核心。其后，这种信仰逐渐发展出完备的神灵体系和图像系统，自婆罗门教至印度教一脉相承，大乘佛教的瑜伽行派就已经接受了这方面的内容，金刚乘的教义就是从大乘的瑜伽行派发展而来的，属于大乘佛教的一支。金刚乘又称为密乘或怛特罗乘，其修法特征是以怛特罗——一种集各种仪式和瑜伽修习方法而且仪轨化的经典为基准进行的。

古代佛教曾经极力排斥性行为，甚至在某种程度上如同驱魔般地摈弃性行为，完全将此从僧侣们的生活中排除出去。僧侣们习惯于将身体视为由鲜血、体液、粪便和骸髅组成的令人厌恶的整体，将来必定会解体；或者最多也是将此视为一种令人失望的色界虚妄。至于怛特罗，他们却非常注重身体，最大可能地利用它以从事救度。他们将性行为置于首要地位，性行为的特征被认为具有神圣的意义。金刚乘的这种革新，与性力派于公元最初几个世纪在印度宗教和文化生活中的发展，有着直接的关系。女性本原的重要地位以及男女之合的神性，最终在佛教中占有了稳定的地位。印度边境地区的外来影响，吐蕃传统的信仰，西域的萨满教等，也可能在这方面起过重要作用。

公元3世纪的一种经文《论世》，讲到了两种男人和女人性交的愿望，因为他们感到了相互之间的爱情。至少是在公元8世纪，一种色情化奥义的重要地位，已经得到了确立。在有关色情奥义问题上，佛教密宗认为男性本原扮演一种积极（善）的角色，女性本原扮演一种消极（恶）的角色，而它们在印度教中的角色却恰恰相反。印度左道密教的"大乐"思想，来自《金刚顶经》，例如，《金刚顶一切如来真实摄大乘现证大教王经》卷上说："奇哉自性净，随染欲自然，离欲清净故，以染而调伏。"又说："此是一切佛，能转善哉相，作诸喜金刚，妙喜令增长。"

金刚是天神的通名，均为侍卫本尊佛的眷属，而以金刚萨埵为其上首。在密教中说，金刚即是佛的显现，所以也就是本尊。在同经卷中，叙述毗卢遮那人各种供养三昧时说道："其有一切如来适悦供养三昧、宝鬘灌顶三昧、歌咏供养三昧、舞供养三昧等等，各个三昧，均有大天女从自心出。"并说"由贪染供养，能转诸供养"。这是欲界天人生活的秘密化。即有天女作诸供养，淫乐的行为已经跃然欲出了。

大乐思想的根源来自印度教的性力派，或者音译为铄乞底派，系印度教湿婆派的分支，它是由对湿婆神威力的崇拜而引申出生殖力崇拜及女神崇拜。湿婆的威力中，有男女的生殖之力，生殖则由其妻担任，故而生起崇拜湿婆之妻的一派，这便是女神的性力崇拜。对于湿婆崇拜的一派称右道派，而对于女神性力崇拜的一派则称为左道派。

此女神有善恶两方面的性格，她的威力用于破坏之时，即是死亡女神，称为迦利，她的容貌是散发、张口、执剑、杀人，以血润其喉，用骨环其颈。她的另一名字叫杜尔加，原系频陀耶山的处女神，从史诗时代之后，始成为湿婆之妻，她的形貌是全身金色、骑虎、十手执兵器，杀恶魔。此女神性格难捉摸，她约有一千个名字，例如，爱欲女神加弥息美丽，清净女神维摩拉、大智女神摩诃般若、生育女神与大母神摩诃摩底、恋爱肉欲女神那逸迦、行法修炼女神瑜伽……总之，宇宙的任何一部分，不论破坏与温和，均为此女神的属性。万物均由女神的性力而生，故此引起肉欲的放逸。实际上，中晚唐壁画中已经有了双身图像的内容，如，金维诺教授近期公布的《金统二年（881年）壁画表录》，其明妃称为"是（侍）奉"[4]。唐代密教文献中也已经有了双修内容，如，善无畏就翻译了一部讲授象鼻天双修内容的经典而受到当局的警告，不许把双修像放在佛堂里；宋代也禁止象鼻天的崇拜，所以汉地没有发现象鼻天图像。唐代流行的志怪故事也已经含有密教色情的意味。故事见于唐李复言《续玄怪记》，《太平广记》中有收录，文曰："昔延州有妇女，白皙颇有姿貌，年可二十四五。孤行城市，年少之子，悉与之游。狎昵荐枕，一无所却。数年而殁，州人莫不悲惜，共醵丧具为之葬焉。以其无家，瘗于道左。大历中，忽有胡僧自西城来，见墓，遂跌坐具，敬礼焚香，围绕赞叹。数日，人见谓曰：此一淫纵女子，人尽夫也，以其无属，故瘗于此，和尚何敬耶？僧曰：非檀越所知，斯乃大圣，慈悲喜舍，世俗之欲，无不循焉，此即锁骨菩萨，顺缘已尽，圣者云耳。不信即启以验之。众人即开墓，视遍身之骨，钩节皆如锁状，果如僧言，州人异之，为设大斋，起塔焉。"至1269年成书的《佛祖统记》对此作了新的解释。

汉地最早的带有双身图像性质的作品，绘于吐蕃统治敦煌时期、现藏大英博物馆的绢画《千手千眼观音图》，其间出现了日光菩萨和月光菩萨、如意轮菩萨、帝释天、白梵天、金翅鸟王、功德天火头金刚、大黑天神摩诃迎罗，摩醯首罗天等神灵图像，绢画中的大黑天像是现今见到的最早的大黑天像，而最引人注目的是此图中出现的摩醯首罗天身侧左腿之上坐有明妃，与印度早期的双身像风格类似。这种女尊坐在男尊左腿之上的构图是波罗时代的典型样式，而尼泊尔画派一般是将女尊置于男尊的身体一侧而不是坐于腿上。说明吐蕃统治敦煌时期吐蕃密教无上瑜伽密在当地开始流传，在藏传佛教前弘期出现双身图像是可能的。吐蕃时期建造的许多卫藏寺院都遗有十一面观音像，如大昭寺、查拉鲁普石窟松赞干布观音修行窟、帕邦喀宫十一面观音自生像和昌珠寺等等。最能说明问题的是吐蕃也将以观音为代表的吐蕃密教传入南诏，如《南诏图卷》文字卷第七段记载："宝历二年乙巳岁（825年）有西域和尚菩立拖诃来到我京师云：吾西域莲花生部尊阿磋耶观音，从番国中行化至汝大封民国。"可见，南诏之观音信仰出自吐蕃。南诏至大理同时期的密教艺术中就有吐蕃密教图像的影响。

从以上史实分析，吐蕃松赞干布尊奉十一面观音与敦煌出现十一面观音图像几乎是在同一个时期。吐蕃占领敦煌以后，将吐蕃流行的十一面观音信仰引入敦煌壁画，从而丰富了十一面观音像的表现形式，一些吐蕃密教的《佛说十一面观世音神咒经》汉译于北周保定四年（564 年），但十一面观音图像出现在入唐以后。观察敦煌石窟所出十一面观音图像，初唐的作品或没有眷属，或有眷属者皆为菩萨。只是到了盛唐、中唐以后，观音眷属逐渐增多，这种现象与吐蕃统治敦煌有直接关系。定式思维之二是将只要是描绘观音的作品更多地看做是汉地作品，这无疑受到观音信仰在后代中原盛行的影响，然而忽略了观音信仰尤其是十一面观音的信仰在吐蕃的兴盛。当十一面观音图像在汉地敦煌出现以后，吐蕃的这种信仰已经进入了政治社会生活。藏文史书几乎都记载法王松赞干布是十一面观音的化身，松赞干布时修建于红山之上的宫殿稍后即被称作"布达拉"，为观音居地。8 世纪前后包括敦煌、于阗在内的地区流行金刚乘的史实是完全符合的，证明吐蕃后期金刚乘就已经在吐蕃本土及其势力范围大为流行。榆林窟第 25 窟波罗样式的大日如来与八大菩萨和壁画中吐蕃藏文榜题明明白白地昭示着吐蕃佛教的印记。然而，从作品风格中往往将它们认为是汉地唐时的作品。其次，敦煌壁画中出现大量的十一面观音图或千手千眼观音图，对于这一现象，以前学者总是从汉地密教发展的线索对汉文观音经咒的翻译和观音图像的演变进行分析，没有考虑吐蕃金刚乘佛教的决定性影响。

　　文献表明，包括上乐金刚法在内的金刚乘无上瑜伽密智慧母续部教法与仪轨，在吐蕃地方佛教前弘期就已存在，并在一定范围内流传，这一点毋庸置疑。然而，有关无上瑜伽密仪轨的图像，是否在前弘期也已经见诸作品？虽然密教仪轨与密教图像的关系决定了前弘期此类图像存在的可能性，但以前我们一直没有找到前弘期存在无上瑜伽密仪轨图像的例证。出现这种局面的原因是，我们以前囿于这样一种定式思维，认为双身图像不可能出现在前弘期，这种认识阻止我们进一步的探索。我们甚至忽视了这样一个重要事实：敦煌出土的古藏文写卷中已经出现了有关金刚乘密法修习的记载，这些密乘教法实际上是自 7 世纪以来传入的旧密，旧密经典的翻译跨越了前弘期与后弘期的界限。由此看来，金刚乘在波罗王朝建立以前实际上就已经传入吐蕃，只不过是在较小的范围内流传。当时人们就有这样的疑问，流行的密乘教法，特别是无上瑜伽密，是否可以将其纳入典籍而奉行。最后决定，此类教法只有通过王室的允许之后才能将它们译成藏文。可见，吐蕃时期翻译的一些旧密经典的本身就包括了无上瑜伽密智慧母续部的内容，说明这些大译师在译经的同时传授着他们所译的教法，双修内容是其中重要的方面[5]。

　　释迦牟尼涅槃以后，印度原处于衰微状态的婆罗门教陡然兴起，传统的佛教因辩论和法力的比试不能折服外教，以致经常发生道场被毁、信徒改宗的情景，佛教需要一种新的重新修习实践的教法以适应这种变化，这样才能和印度教瑜伽行者一论短长，因而金刚乘佛教兴盛，成为印度佛教最后一个辉煌的时期，从 8～13 世纪持续了几百年，直至伊斯兰势力控制印度后才完全消亡。因为佛教的"金刚"在古代的印度意味着如同金刚那样永不变化的法的本性，因而金刚乘也被认为是大乘佛教的空性，故而又称空性乘，在修习中将瑜伽与性联系在一起。金刚乘将真言乘主旨的智慧和方便与瑜伽性力观相结合，将智慧比作女性，因为智慧具有静的特征；把方便比作男性，因为方便具有动的特征。金刚乘把智慧和方便所达到的终极的境地看做是涅槃，在此境地已经没有智慧和方便的区别，二者融合在一起，故此称为"般若方便"或"大乐"。无论印度教怛特罗还是佛教金刚乘，其中心要旨就是：证悟书面经典的理论并不是使人产生信仰的理想路径，最好的方式是由能够施行神秘法术的上师导引，获取亲身体验，直接与自己皈依的信仰相碰触，通过自己的身体力行来把握真实。这就是这种双身图或性交图像出现的缘由。

郭里木墓棺板画中男女性交图像的发现，使我们联想到，这一时期的吐蕃人对于现在世和未来世具体的物质享受和幸福保持着强烈的吸引和关心，在来世再生于极乐净土是他们强烈的愿望。可以认为这一类美术，是以通向释迦牟尼佛国净土再生为主题的象征性美术。值得重视的是，郭里木吐蕃墓棺板画中的双身图并不是以本尊或明妃的形象出现，而均为世俗的男女形象，这种世俗化的表现方法，或许保留了双身图早期的特点。

六　射牛图

射牛图位于帐房图像的左侧方。图中一头黑色的牦牛跪卧于木桩旁，木桩上有绳索，显然是将牦牛拴于木桩，牦牛已失去自由。牦牛左侧方，一位头戴高高立起的塔式缠头的人，身穿交领长袍，腰系带，长袍为两件，其中外面一件上身部分脱去，吊于腰际，与现代藏族的服饰习惯相同。该人脚底下铺有一块方形地毯，显得地位显尊，与众不同。他上身微倾，双手张弓搭箭，射向跪卧的牦牛。其右侧方站有1人，左手持弓，右手拿箭，侍立于旁侧。其身后的牦牛前方还站有4人，1人执壶，1人手捧盘子，盘中置有银杯3只，只有1人袖手旁观，1人站立垂手，面向执壶端盘者。此5人的身份应为侍者。其中执壶者手拿之壶的器身平面呈扁圆形，口部有流、束颈、鼓腹、圈足呈喇叭形，带把。同类器物在中亚、西亚经常可以见到，罗马到伊斯兰时代都有发现，传至东方以后，被称为"胡瓶"。20世纪初，中国和日本的学者一般把胡瓶的渊源追溯到波斯萨珊朝（公元200～640年），但没有可靠的出土资料为证据。后来人们发现有出土地点的胡瓶器物在南俄罗斯的草原地带发现较多。流传到日本的1件带把银壶据说确实出土于伊朗高原吉兰州，日本学者深井晋司对其进行了研究，发现伊朗的胡瓶在萨珊时代，注口后半部加盖，颈部增长，把的上端提高到颈部而萨珊时代末期，壶把上端安在口部。目前所知的萨珊胡瓶，绝大多数带有较细高的圈足。

萨珊器物中的这种金银胡瓶，其实包括了一些中亚粟特的制品。20世纪70年代，苏联学者马尔萨克把过去归为萨珊银品中的一部分区分出来，考定为粟特地区的产品，其中就包括了这种胡瓶，时代均在7世纪以后。这些器物多为粗矮圈足，甚至无圈足，显然细高圈足和粗矮圈足的金银胡瓶应当是两个不同的系统。

在仔细观察对比了深井晋司和马尔萨克所列举的萨珊壶和粟特壶之后，考察郭里木吐蕃墓棺板画中侍者所执之壶，不难看出，该壶的特征是，把的上端直接交在口上，颈部短粗，圈足粗矮，而且没有节状装饰，形制更接近粟特的产品，时代也相吻合，因此应是粟特银器。

图中端盘者双手捧1盘，盘中放置有3只高足小杯，也非常值得探究。隋和唐代前期，金银高足杯数量较多。山西大同北魏平城遗址中曾出土了3件鎏金铜高足杯，形制各不相同。大同北魏封和突墓出土1件银高足杯，虽已残，但可以看出杯体较斜，喇叭形高足的中间无节。呼和浩特毕克齐镇出土的2件银高足杯，杯体为直口，腹部有一周突棱，圆底，下接喇叭形高足。隋代"李静训"金高足杯和"李静训"银高足杯与呼和浩特出土的银高足杯很相似。

高足杯不见于中国传统器物的造型之中。夏鼐先生认为，大同出土的鎏金铜高足杯是输入的西亚或中亚的产品，带有强烈的希腊风格；李静训墓出土的金银高足杯，是萨珊帝国的输入品。何家村出土的银高足杯，器形是萨珊式的，纹样为唐代中国式的，可能是中国匠人的仿制品。孙培良先生认为，大同的高足杯很可能来自伊朗东北部。上述意见表明，人们倾向将高足杯的来源定在萨珊伊朗。萨珊伊朗确有这种高足杯的传世品，但这是否为当地的传统风格，需要进行探讨。

在研究了吐蕃使用的胡瓶和高足杯后，我们再回过头来探讨射牛图。人类早期思维建立在二元逻辑之上，吐蕃人亦然。苯教是一种原始萨满教，这种二元对立的思维形式在苯教中便表现为把所有的崇拜对象，都用"好"的神灵和"坏"的鬼怪这种两分法给区别开来。牛作为苯教中最重要的崇拜对象之一，亦用这种两分法给区分开来。出现在青海岩画中的牛可分为野牛、牦牛和黄牛三类，这三类牛均作为崇拜对象而加以表现。汤惠生曾罗列了作为神灵和鬼怪的牛的文献材料。

作为神祇的牛：

①《旧唐书·吐蕃传》记载，吐蕃最初起源于牦牛羌；敦煌石窟藏文资料也称吐蕃聂墀赞普从天降至地上，做了"六牦牛部"的首领。

②止贡赞普之妃曾为马牧，一日，妃于牧马处假寐，得梦，见雅拉香波山神化一白人与之缱绻。即醒，则枕藉处有一白牦牛，倏起而逝。迨满8月，产一血团，有如拳大，微能动摇……遂以衣缠裹之，置于热牦牛角中，数月往视，出一幼婴，遂名为"降格布·茹列吉"，藏文茹列吉意即"从角中出生的人"，在藏史文献中，茹列吉是耕稼和冶炼的发明者。

③雅拉香波山神是西藏众土著神灵之一，后来被收为佛教的护法神，他常常以一个大白牦牛的身形现身为莲花生。

④亚东河谷地区的达唐聂日山有一地方保护神，名牛头罗刹，"有紫红色的罗刹身，长一个黑牦牛头"。

⑤《斯巴宰牛歌》斯巴宰杀小牛时，砍下牛头放高处，所以山峰高高耸；斯巴宰杀小牛时，割下牛尾置山阴，所以森林浓郁郁；斯巴宰杀小牛时，剁下蹄子撒天上，所以星星亮晶晶；斯巴宰杀小牛时，剥下牛皮辅地上，所以大地平坦坦……藏文斯巴，意即"宇宙"和"世界"。

⑥英人托玛斯辑录的古藏文卜辞，其中有一段卦相云：在冰雪山峰上，野牦牛站立着，永远是雪山之王。卜辞为：此卦为福泽少女之卦。若卜家室和寿考，尊崇此神和母系神灵，将受到保佑若有可供养者，当供养；遇见佳人，可成婚，当益子嗣。

作为鬼怪恶魔的牛：

⑦藏王达玛即位后灭佛，佛教徒说他是牛魔王下界，所以在他的名字前加了一个牛字，以为谥号，故史称朗达玛。

⑧敦煌古藏文写卷记载一则神话云：3匹马在外碰到了野牦牛，马敌不过野牦牛，马大哥被牦牛用角挑死。马弟弟后来找野马帮忙，但野马不肯，马弟弟只好找人帮忙，并答应永远供人骑乘，最后人用弓箭射死了牛，替马报了仇。

⑨《大臣遗教》载，聂墀赞普对于当时的6个问题忧虑不已：偷盗、怒气、敌人、牦牛、毒和

诅咒。

⑩ "……一头 4 岁的黄牛冲进了大海。这头黄牛东碰西闯，所到之处立即疫病流行，没有谁能治得了……这正是莲花生大叔为了得到龙女，所以把疫病毒菌塞进了黄牛的角里，又对黄牛施以咒语，才使得整个龙界陷入混乱。"

从上面的材料中我们可以发现，一般说来，牦牛（尤其是白色的）象征着"好"的神灵；野牛（大抵是黑色的）象征着"坏"的鬼怪和恶魔。在早期藏传佛教仪轨书中所记载的关于不停地处于斗争状态的天神和恶魔，便是分别以黑白两种不同颜色的牦牛或鹰的形象出现。事实上，在藏族古代传说中，最原始的神都与牛有关。白牦牛一般代表着山神和大地之神。作为驯养动物，牦牛所代表的山神或大地之神实际是一种与文明社会息息相关之物；而野牛作为对立物，代表着与文明相对立的自然界。黑白牦牛在这里作为隐喻来指自然与文明、原始与进化。从《斯巴宰牛歌》中可以看出，牦牛是神话创世纪中的主要角色。这里的世纪应该是指那种更多与文明相关的东西，即文明与秩序，这在材料②、③中表现得尤为明确，即牦牛从天上降到人间，给人类带来了耕作、冶炼和宗教。材料⑥告诉我们牛（这里虽然说的是野牛，但作为观念上的牛，种类上的区分已经没有什么意义了）还可以宜人家室，牛与文明社会的联系更为密切和具体。作为观念上对立的牛，材料⑦所反映的是佛教与苯教之间的斗争，是一个进化与原始之间斗争的隐喻。佛教进入藏区后，显然以一种更加文明的面貌而出现，从而去改造和替代原来的苯教。牦牛作为苯教神祇臣服于莲花生后，成为佛教的护法神，其中最重要的形象便是大威德布畏金刚，造型为 9 头，正面为牛头，34 臂，16 足，怀拥一女性，身着蓝色，足下踩一鹿或牛。密宗教法说他是大自在天之子，经常犯恶，故观音菩萨化为一女性去感化他；同时他又有护法之善，善恶集于一身。由原来对立思维的两极分别由不同形象来表现，到后来由一个形象来兼替，可以看到佛教对早期藏族思维形式的影响，以及佛教兼并融合苯教的过程和痕迹[6]。

无论是作为神灵的牛，抑或作为恶魔的牛，都是观念化了的牛，即牛不再是实际生活中普通的牛，而是被神化了的，特别是被人格化了的牛。换句话说，是二元对立思维中肯定因素与否定因素中的形象象征。既然是神，无论其好坏，都必须供奉和祭献。吐蕃的神灵鬼怪大多有嫉妒和怨恨的本性，这只能通过被膜拜和祭祀的仪轨加以缓解，或用法术的力量加以归顺和控制。

在宗教中，用牛的宗教仪轨也是多种多样的。在日常的宗教仪式中虽然要用牛，如丧葬招魂仪式、治病仪式、占卜等，但由于牛较之其他动物更为神圣，故一般多用于诸如狩猎、祭山或祭奠吐蕃赞普、会盟等重大的宗教仪式。唐朝与吐蕃的两次会盟，都用大量的牛来进行献血仪式。现在西藏的某些地区，仍然保存了对山神的血祭仪式。他们每年举行的山神供养仪式上，都要杀一些牛羊向山神献祭，而且每年都要放生上百头的牦牛给山神作为供献。不过用于仪轨的牛和作为崇拜对象的牛，二者同为牛，但它们之间却有着天壤之别：被崇拜的牛不再是普通的牲畜，而是被神话了的，高于人的神牛；而用于仪轨的牛则是作为普通牲畜用来给人们去通达神灵，正如在物质生活中扮演主要角色的其他牛一样。

在吐蕃早期，举行仪式时刑牲血祭的记载很多。青海境内出土的考古材料亦证明了这一点：青海卡约文化墓葬中往往殉以大量的牛头和牛蹄。青海都兰热水血渭一号吐蕃大墓前方的祭祀坑中，就有大量的牛殉葬。但是到后来由于佛教的反对，到了赤松德赞时期，这种杀牲的血祭形式被明文禁止。随着佛教的广为传播，尽管有些地方仍然保存着这一形式，但基本上逐渐弃之不用了。后来改由纸糊的、木制的或糌粑塑制的牛羊在仪式中代替活牛羊进行血祭。

我们姑且不论用象征物替代血祭这种仪式变化的宗教和经济等方面的意义，就人类认识论的角度来看，这无疑是一个进步，因为这反映出人们使用符号系统去考虑和认识世界了。特别是在仪式中有意识地使用符号或象征物去替代原来的真实物品，这只有在文明宗教中才存在。从认识论的角度来看，符号的世界就是真实的世界，象征物就是被象征物。然而从本体论的角度来看，情况亦然，墓棺板画中的牛也就是真实的牛，符号和真实均为"存在"。这也是原始思维和文明思维的分野之一。吐蕃墓棺板画中的牛只有无论从哪个角度来看，都被视为与真实中的牛毫无二致时，才能产生仪轨的功能和意义，否则板画中牛的仪轨在以具体真实物来表达抽象概念的原始思维中，便失去了所有的意义，甚至可能被认为是对神灵的欺骗和亵渎。

七　妇女图

妇女图位于射牛图的下方，共有 5 位女性，均为站立姿势。身穿灰、绿、红、黄色的袍服，对襟或翻领，左衽，除外面的袍服外，可见里面的衬衣。衣襟和长袖口以及翻领的领口，均饰以文锦。发式均束发披肩，看不出是否辫发。头部正中带有金花，两鬓均缀以珠贝饰。左起第一和第四位妇女头顶盖有丝巾。其中第四位妇女的袖子与头上盖丝巾装束的式样和大帐房内赞蒙的相同，据此判定此 5 位妇女的身份不会是侍女，而是具有显贵身份的王室妇女。

人物画在中国起源甚早，如果不算新石器时代陶器上的图案和战国时代青铜器上的线刻，稍具规模、表现较为复杂的人物，在战国时期著名的夔凤人物帛画上已经出现，而两汉时期的墓葬壁画、画像石、画像砖上的人物表现较为成熟。唐代墓壁画，人物图像是必备的内容。其中绘有妇女形象的主要见于：隋至唐初（581～649 年）李寿墓，绘有内侍和女伎；唐高宗至武则天时期（650～704年）阿史那忠墓和李凤墓、房陵大长公主墓均绘有侍女；唐中宗至玄宗天宝时期（705～742 年）李重润墓和李贤墓等也有此类绘画。与唐墓壁画中的妇女形象相比，吐蕃妇女的发型独具特色，服饰也大不相同。唐代妇女多穿襦裙，以红、绿、白、蓝彩条相间。妇女手中所执物品如团扇、拂尘、如意等在唐墓壁画中大量出现。而上述这些特点在吐蕃墓棺板画中均未见。

吐蕃的画家，运用多种富于变化的线描，刻画妇女的面部和服饰。用笔稳重准确，圆润匀称，画衣纹用长线描，一贯到底，随势落笔，既有轻重之分，又有顿挫之别，如果没有精湛的技艺和概括的能力，是不能达到如此绝妙的艺术效果的。

八　人物服饰与赭面

唐人在《册府元龟》中对吐蕃各方国部落服饰的描写（东女、附国、白兰、悉立等均系吐蕃抚服的部落）较为简略：

东女：其王服青毛绫裙，下领衫，上披青袍，其袖委地。冬则羊裘，饰以文锦。为小鬟吉，饰之以金，耳垂珰，足履索。

附国：其俗以皮为帽，形圆如钵。或戴幂䍦。衣多重䍦皮裘，全剥牛脚皮为靴。

白兰：其男子通服长裙、帽或戴幂䍦，妇人以金花为首饰，辫发萦后，缀以珠贝。

悉立：男人以缯彩缠头，衣毡褐。妇人辫发，着短褐，丧则以黑为发。

而吐蕃本身的情况如何呢？公元 641 年，松赞干布迎娶文成公主，赞普亲自来到河源主持盛大仪式欢迎。当时，唐人送亲队伍的服饰仪仗，对这位高原君主震动极大。他"叹大国服饰礼仪之美，俯仰有愧沮之色"。然而，却非常自豪地对左右亲属们说"我祖、父未有通婚上国者，今我得尚大唐公主，为幸实多。为公主筑一城以夸后世"。并且带头倡导向唐人学习。"自被褴毡。骊，袭纨绮，为华风"。就是说，由他本人倡导实行了服装改革，从唐朝引进了丝绸服装，大大丰富了吐蕃服装的花色品种，引起了"唐风"流行。这时，唐人的丝织品大量向吐蕃涌进。诗人张藉的一首《凉州词》对河西走廊上这条通往吐蕃的古道运载丝绸的骆驼队作过生动的描写："边城暮雨雁飞低，芦笋初生渐欲齐，无数铃声遥过碛，应驮白练到安西。"说明此时吐蕃人的衣着服饰物料已经丰富了许多，包括裘皮、氆氇和丝绸三大门类。

吐蕃人占领敦煌后，把当地汉户集中起来，编成一个专门从事丝绵生产的部落，叫作"丝棉部落"。从历史上看，吐蕃人始终没有学会种桑、养蚕和缫丝织绸技术，一直依靠唐朝馈赠、边境贸易或通过战争手段去掠夺丝织品。在《敦煌本历史文书》中有这样的记载："墀德祖赞赞普之时……攻陷唐之瓜州等城堡。彼时，唐朝国威远振，北境突厥等亦归聚于唐。（西）直至大食国以下，均为唐廷辖土。唐地财富丰饶，于西部（上）各地聚集之财宝贮之瓜州者，均在吐蕃攻陷之后截获。是故，赞普得以获得大量财物，民庶黔首普遍均能穿着唐人上好绢帛矣！"（传记篇第六节）"及至虎年（代宗宝应元年、壬寅、公元 762 年）……以唐人岁输之绢分赐各地千户长以上官员……"（大事纪年）。

总之，当时尽管有了大量丝织品运来，也有人穿着丝绸引为阔绰，但适应当地气候和生活条件的还是以裘皮和氆氇作为主要的制衣原料。上衣外加大衣即外衣是那时最流行的服装款式，靴子也已普遍使用，赤足倒是特殊现象了。至于什么时候开始穿裤子，可能时间较晚，开始可能是护膝的腿套一类的套裤，两足未连在一起，可以保护腿部皮肉在骑马时不被磨伤。而长袍、长裙本身可以荫蔽下体不致外露，一时看不出裤子的需要。所以"内不着裤"的习惯一直遗留到晚近，妇女和出家人还是不喜欢穿着内裤。

吐蕃人服装材料的改变，亦引起了服装款式的改变，诗人陈陶在《陇西行》一诗中指出："自从贵主和亲后，一半胡风似汉家。"可见吐蕃人的服饰在和亲后改变不小，这两句诗基本上是符合事实的。

以往所知吐蕃时期的人物服饰资料有：敦煌 159 窟赞普礼佛图；敦煌 240 窟男女吐蕃舞会；敦煌 220 窟吐蕃男女供养人；敦煌 238 窟供养人。青海玉树勒巴沟石刻赞普礼佛图等，均被公认是吐蕃时期。

敦煌壁画中的《赞普礼佛图》是在 159 窟东南面墙上的《维摩辨》部分中发现的，在作品边缘的涡卷纹上写有"吐蕃赞普"的古藏文题记。吐蕃赞普身着长袖宽领的白色大袍，这种衣着在吐蕃时期广为流行。他的头发用丝绸扎成辫子，是一种在西藏中部地区至今流行的发式。同时，在耳朵附近，把辫子扎成花结。赞普头披 1 条白布，王冠上缠绕着 1 条管褶形笔直的红色头巾，腰间挂佩着 1 把短剑。拉萨发现的吐蕃赞普肖像绘画作品中，也缠戴着这种式样的头巾。赞普服饰的特点是长袖、宽腰与阔摆，款式是交领左衽，看来西戎与东夷都一致采用左衽款式。

敦煌莫高窟 158、220、238、240、359 诸窟中都画有吐蕃男装供养人的形象。尤其在 359 窟中有 13 人之多，其服装与君长官服又有不同。均为明显的交领左衽、长袖，但腰与下摆都略紧窄，也一律是长袍。另有女装供养人出现在 61、114 和 146 诸窟中，都是歌舞乐会形象。最为著名的是唐代阎立本所绘《步辇图》，传世的是吴道子摹本。作为吐蕃求婚使者禄东赞的形象在画上居于重要地位，格外引人注目。他的装束打扮，穿的是紧身窄袖，直领，紫红底连珠鸟纹团花长袍，袍长在小腿之上。脚蹬鞋尖反翘的黑色皮靴。腰间束一窄腰带，上缀以两件瓶带之类的装饰品。头上免冠，束以布幞。这些与郭里木墓棺板画中的人物形象较一致。

现代藏族杰出的学者根敦群培（1904～1951 年），在其著作《白史》一书中，探讨了早期吐蕃赞普的装束。他认为，吐蕃赞普及其朝臣的装束受大食（即阿拉伯）的影响，这些服饰都源于大食国服饰。当时，吐蕃同大食有着较为密切的交往。但笔者以为吐蕃的服饰在中亚见的更多，例如，见于片治肯特人物绘画中，亦见于新疆地区出土舍利盒中的人物绘画中，所以其服饰的直接渊源，似应在中亚地区，但其人物佩戴的各式各样的缠头，却可见到西亚阿拉伯的影响。

历史文献中记载，吐蕃的装饰打扮中存在着一种"赭面"的风俗。文献中虽有此记述，但真正的赭面人物形象我们却从未见过，从字面上理解，似乎是将脸涂成赭色。此次在郭里木墓棺板画里的数十个人物中，我们却见到了"赭面"的真面目，原来是用赭色颜料，在人物脸上涂成各式的圆团，且有各种不同的形式，有 3 点、4 点、5 点等不同的式样，这样的装饰的确有些特别，是吐蕃特有的一种化妆形式。这种特有的化妆形式，对后来的西夏也产生了一定影响。一幅创作于 10～11 世纪，与武元直《朝元仙仗图》相近的《星宿神》卷轴画中出现的女神，双颊即涂有与吐蕃墓棺板画中人物一样的红色圆点。该画出土于黑水城，现藏艾尔米塔什博物馆[7]。

总之，根据对墓葬中出土的丝织品和金银器（例如马鞍上的金属饰片）等文物的分析，发现这个文物图形与我们在都兰发掘的吐蕃墓葬中的文物较为接近，属于中唐时期，大体上相当于吐蕃占领敦煌时期。因此我们将这两座墓葬的年代断定在 8 世纪末叶，可能不致有大误。

目前，关于吐蕃时期吐蕃人的绘画资料，存世较少，除了敦煌石窟中吐蕃人的绘画资料外，尚有断代在 9 世纪前后的吐蕃风格的绢画，以及遗留在中亚、青海、西藏的部分岩刻画。有鉴于此，都兰以及海西地区吐蕃墓葬中的棺板上的绘画即是吐蕃时期珍贵的绘画资料。从德令哈市郭里木墓棺板画的内容及技法上看，这一时期吐蕃绘画风格深受中原地区与中亚、西亚的影响，并在此基础上形成了自己独特的民族风格。在整个藏传绘画史上占有重要的地位。郭里木吐蕃墓棺板画以其丰富的形象遗存充实了吐蕃时期绘画的例证，为早期藏传绘画的研究提供了重要资料，在我国古代绘画史上占有重要的地位。

（原载《西陲之地与东西方文明》，北京燕山出版社，2006 年）

注　释

［1］汤惠生：《青藏高原古代文明》，《青海玉树地区唐代佛像摩崖考述》，三秦出版社，2003 年，第 261 页。

［2］王尧：《西藏文史考信集》，《吐蕃饮馔服饰考》，中国藏学出版社，1995 年，第 281 页。

［3］王尧：《吐蕃金石录》，文物出版社，1982 年。

［4］金维诺：《吐蕃佛教图像与敦煌藏传绘画遗存》，载《艺术史研究》第 2 辑，第 1～26 页。

［5］谢继胜：《西夏藏传绘画》，河北教育出版社，2002 年，第 167 页、图版 72。

［6］汤惠生：《青藏高原古代文明》，《青海岩画原形分析》，三秦出版社，2003 年，第 156 页。

［7］谢继胜：《西夏藏传绘画》，河北教育出版社，2002 年，第 167 页。

乌兰县泉沟吐蕃时期的壁画墓

许新国

一 发现过程与基本情况

2008 年 3 月 18 日，我接到青海省文物局张元的电话，称乌兰县教科文体局有一情况反映，报告该县希里沟镇有一座墓葬被盗，要求我所迅速派人前往现场了解情况。我向其索要了乌兰县教科文体局的情况反映。全文如下：

关于乌兰县希里沟镇河东村文物调查情况反映

2008 年 3 月 10 日，乌兰县公安局向我局反映，位于希里沟镇河东村泉沟地区的古墓被盗掘。根据这一情况，乌兰县教科文体局迅速组织力量，在刚巴图副局长的带领下会同乌兰县森林公安分局局长马沛等干警赶往现场，工作人员在河东村泉沟山坡沙窝地区发现一座规模较大的古代墓葬，墓葬已遭到盗墓分子盗掘，盗洞极大，直径 9 米，深 6 米。根据县公安局刑警大队前期现场勘查情况表明：此墓葬为地下青砖主体结构，为套间式布局，内壁绘有彩色壁画，形象生动。发现残留陶片、瓦片、铁片、古人齿骨及大量风化破烂布片（彩绘）。另外，在盗洞附近发现部分被砸毁的砖石残块。由于墓葬地处沙土层，加之盗墓分子破坏严重，整个洞窟有塌方危险，县公安局刑警大队在勘察、拍照完毕后将洞窟用沙土掩埋。

据有关人员分析推测，此墓葬主人身份地位较高，夫妻合葬的可能性较大，具有较高文物考古价值，为我县重要文化遗产。另据推断，发现墓葬地区地下尚有大量其他尚未发现墓葬之可能性，应尽快采取措施加以保护或抢救性发掘。

二○○八年三月十一日

根据省文物局的要求，我所由许新国（所长）、贾鸿键（副所长）、刘国宁、孙鸣生组成的调查组，于 3 月 19 日中午到达乌兰县。会同先期到达的海西州文体局局长杨淑琴、海西州民族博物馆馆长李特、乌兰县文体局副局长刚巴图、乌兰县公安局的同志一道，勘察了被盗古墓。

被盗古墓位于乌兰县所在地希里沟镇河东村泉沟的一座山包上，根据地面观察，似无封土痕迹。该地海拔为 3030 ± 7 米，北纬 36°55′12.8″，东经 98°32′1.4″。墓葬被盗是在 3 月 10 日，当地村民发现报告了县公安局，公安局派员，对被盗古墓进行了勘察、绘图、摄影后对盗洞口进行了回填。据公安人员回忆，他们到达时，墓上有一盗洞，深6米。随即进入墓室，进行了测绘和摄影（图版71，1）。

1. 墓葬形制

根据乌兰县公安局测绘的墓室平面图和拍摄的照片观察，墓葬为土坑竖穴形制，长方形前后室带耳室墓。盗洞自上而下贯穿前室，前室东向，后室位于前室的西面。前室为长方形，长3.76、宽3.26、高2.3米；墓门朝东。以砖砌壁。后室亦为长方形，长3.8、宽3.3、高2.26米。前后室之间靠北侧有门道可以出入。后室东侧北壁亦开有门道，进入门道，其北开有两间方形的耳室，两室之间为一墙相隔。两耳室亦为东西向排列，长宽均为1.7、高2.3米。地面均铺砾石。

前室东壁和北壁以青砖垒砌，其余墙壁均以长方形木板砌壁。在墓室的四壁均有壁画，大部分已脱落。后室南侧有一长方形木棺残痕，两个人头及其散骨丢弃于旁。前后室、耳室均空空如也，大部分文物被盗空，地面残留有大量的碎陶片、铁片，丝织品残片等遗物。前室中部偏西有一柏木立柱。

2. 随葬品

（1）陶片若干，夹砂灰陶质，有素面和带有彩绘的两种，彩绘的系用白颜色在陶片上绘以弦纹。除采集到的具有口沿的残陶片看，能辨认出系侈口罐类器物（图版71，2），但件数不详。

（2）丝织物若干，大部分系单色无纹织物，有锦、绢、绫等种类，而颜色较好的织锦均荡然无存。目前这些散乱的丝织物保存在乌兰县，尚未进行保护性处理，故还没有进行考古学分类研究（图版71，2）。

（3）残存壁画除两间耳室外，前后两室四壁、门框上方、两边立木，前室立柱上均绘有图画，墓室的顶部亦有绘画。墙壁和顶部是先涂一层厚约0.3~0.5厘米的白灰面，然后在白灰面上涂绘，门框上方横木、两侧的立木，以及前室的立柱上，不涂白灰，直接在柏木上彩绘，但打一层暗红的底色，将图案绘在暗红底色上。

残存棺板和木棺档头上均有彩绘，以下分别叙述：

前室：其东壁立柱上绘有竖行的3窠宝相花，典型的盛唐样式，立柱左面为人物出行图，其右边第一人为执旗人物，头戴圆形礼帽，身穿圆领长袍，脚穿靴，腰系带，窄袖，袖口为红色，整个袍服为白色，右手置于腰际，手伸出执旗，左手握拳置于胸前。腰部挂有腰刀、弓袋。部分虽然脱落，残留刀把和袋头。旗杆上方的旗为长方形，边缘饰红色，旗为蓝色，旗左缘外似饰有黑色花纹的流苏。人物体态肥硕，脸庞较大，束发后垂，脸上涂有紫红色色块，应属赭面。

其左上方一人上身已剥落残损，残留红色袍服和脚穿靴的形象；其左有一牵马人物形象较完整。头缠巾，为红色。身穿白色窄袖交领长袍，腰系腰带，两手合拳置于胸前，成揖拜状。袖口为红色。手中有马缰绳，左后方牵有一马，枣红色，配鞍鞯。为丝织物，上有小团花图案，色彩为青灰色。牵马人物脸上亦赭面。

执旗人物的左方另有两牵马人物图像。其一头带白色高缠巾，身穿交领窄袖白色长袍，脚穿黑皮短腰靴，腰系带，两手合拳置于胸前，成揖拜状，左侧牵有一枣红色马，鞍鞯俱全，鞯为丝织品，其上绣有小花。其左后方亦有牵马人物，人与马均残，可见白色加黑宽边的长袍和青色马的残痕，鞯为红色。牵马人物脸上赭面与其他人物同（图版72，3、4）。

整个东壁以青砖砌成。其南壁已大面积脱落，但从残留的画面上观察，应为舞乐图。右侧方有上下两个人物，上方人物上身已残，仅留下青色袍服的下摆，可见脚穿红色高腰靴。其下人物似带圆形帽，脸部残，似穿窄袖翻领袍服，胸部以下残损，但见两臂左右平展，似作舞蹈状。舞人袖口为红色。

中部残留画面为3个跪坐的乐人形象，右边一人脸、头部残，身穿翻领袍服，双手置于胸前，手捧某种乐器。中间一人头带圆形小帽，身穿翻领窄袖袍服，右腿跪收，左腿前伸，着黑色靴，胸前环抱着乐器琵琶，似为曲项。左边一人高巾带在头上，白色，穿翻领袍服，手中捧有一乐器，不清，似为笙。左边侧立一人穿红色袍服，其余残损。手持琵琶与捧笙者，脸部均赭面。

3个奏乐人物的上方还有围观的人物7人，其上身均已残损。均穿袍服，脚穿高腰靴，其中1人腰上可见系带，2人红色袍服，1人花色袍服，余均白色袍服。

整个南壁亦为青砖垒砌，可见画面巨大，大部残损，甚为可惜，但仍可判断残留人物13个（图版72，5）。

连接前后室的墓门的上方横木与侧方立木均系柏木，直接在木头平面上涂有一层紫红底色，然后在上画有宝相花图案，用红、白、蓝三色，其横木上绘四朵，立木上绘五朵。

前室中心立柱，下有方形垫木，涂蓝色，表面涂以白色，然后在其上直接用红色涂绘唐草花纹、宝相花花纹（图版72，6）。

后室仅拍摄了西壁和北壁的照片，而东壁和南壁的照片未见，故东壁和南壁的绘画无从谈起，空缺。

西壁均以柏木板横砌作墙，在木板壁上涂抹一层白灰面后作画，其图形上方为山石，其下有一中国式木结构建筑、帐篷、人物等。山石位于西壁的最上方。其下偏南为中原式木结构建筑。其下角可以看出，最下层为石砌状的台基，台基上为立柱，以红色线条表示，前后柱上置梁，柱梁之间设斗栱。其上为屋顶，四注顶，也叫四面坡、尾殿顶。图像是正面图，面阔三间，进深几间不详，中心间距离宽。其二重阑额和柱头用一斗三升和补间用叉手，叉手的形式横长。屋顶用墨线勾勒，顶部有一对鸱吻，顶部还摆有上尖下圆像果类的物品（图版72，7）。

在这座建筑的北面绘有一圆顶大帐篷，部分用墨线勾勒，部分用红彩直接涂绘。帐篷与中原式建筑之间还绘有上下两层有三条枝竿的树，其上长满树叶。树旁站立一人，头戴高卷丝巾，身穿尖领短衣，红色，腰系带，下身穿短裤（短裙），人物双手相揖于胸前。下身残损。其左边坐于帐篷中的一人，头戴尖顶，周缘翘起的圆帽，身穿翻领窄袖长袍，袍服色泽青灰，人物脸上涂紫红色赭面，双手相揖于胸前，帐篷北侧以外亦有一站立人物，头戴圆顶翘沿的圆帽，青色翻领窄袖长袍，双手相揖于胸前，脸部涂有红色赭面。此人左侧站立一人，未戴巾和帽，身穿红色长袍，脚穿短腰靴，面向帐篷，赭面。其左站立一人，身穿白色长袍，双手相揖于胸，头部和脚部残损。该人物左边有一儿童，形体较小，未戴帽，头顶有发，发辫垂后，身穿交领窄袖白色短衣，腰系一带，下着红色短裙（裤）双手亦相揖于胸前，裙以下残损，赭面（图版73，8、9）。

在这一组人物的上方还有6个人物。帐篷左上方站立一人，头部残损。身穿红色交领窄袖长袍，腰系带，脚穿靴，双手抱拳相揖于胸前，面朝帐篷。

其左下方有一人物，头顶以上残损，身穿白色圆领短袍，脚穿高腰皮靴，靴筒高至膝部，双手置于身侧，赭面。

其左侧方有一人物，身穿红色窄袖交领长袍，双手相揖于胸前，头部以上残。其左侧方一人上身和头部均残，但其下身穿长裤，着短靴较有特色，值得注意，其膝盖以下裤筒上还系有宽丝带，这种装饰较为少见。

以上4人下方还有2人，均未戴帽，头部均有发，头以下均残损。根据上下方图案分析，此2人系采用坐姿态，面部均赭面。

除了帐篷内的人物以外，其余帐房以外的11人都取面向帐篷双手相揖、行礼的形象，似乎具有某种特殊的寓意。

后室顶部壁画均已残损，但可以观察到，一只展翅欲飞雄鹰形，用墨线勾绘（图版73，10）。

后室北壁用6块长条形木板叠砌而成，虽然脱落严重。但仍可见到右侧方绘有一帐篷，用红色和墨线勾绘，帐篷顶部右侧上方有一马图像。帐篷左侧有一站立的人物，该人物头戴圆形帽，面部赭面，身体部位残损。南壁左侧方绘有一站立的人物，较高大，头戴圆形帽，身穿袍服，脚穿短腰靴。上下身均残损，此二人系似牧人。二人之间绘有黄牛、山羊、花斑牦牛以及群羊等动物，称作放牧图较为合适（图版73，11）。

（4）残存棺板画

仅剩余木棺前挡板1具，系用3块长方形木板拼合而成，在木板上用白灰上底色后，再在其上彩绘，柏木为之。上部损毁，但仍可看出系一怪兽形象，头上长角分向头部两侧，圆眼，猪鼻两孔，张嘴，嘴内巨齿毕现，颌下有毛一周向上翻卷，耳部两侧向下伸出两巨爪，爪部指甲尖利。利爪上方的肘部上有羽毛，下有圆圈纹，更加进一步衬托出怪兽头像的恐怖感。如此形象前所未见，不妨称作怪兽图。怪兽色彩较丰富：肘部和利爪用蓝色，毛与面部用红与白、肘部上方的鬃毛用红、白、绿、蓝等色。这种所谓的鬃色与鸟的羽翼非常相似。虽然脱落不清，但这种兽可能反映了一定的宗教意，我们将加以研究（图版73，12）。

二　相关问题研究

1. 壁画人物反映的"赭面"习俗

据《唐书》等史籍记载，吐蕃时期的藏族曾流行一种称为"赫面"的习俗，但其具体样式却未见记载。近年来，青海都兰、德令哈两处吐蕃墓葬材料的刊布，墓中出土的木棺板彩画上绘有数十名"赭面"人物，再现了吐蕃时期这种面饰习俗的具体样式，而乌兰泉沟壁画墓的发现，又使我们通过考古材料对这一面饰习俗有了进一步直观的认识和了解。

所谓"赭面"，是指"用赭色涂面"，即指在面部涂抹赭红彩的化妆形式。《旧唐书·吐蕃传》云："贞观十五年，帝以文成公主妻之……公主恶其人赭面，弄赞令国中权且罢之。"这里出现的"赭面"，就是面部涂赭红色的妆式，而且这是当时吐蕃普遍流行的习俗，故才有"令国中权且罢之"

之说。历来学者称吐蕃人有"赭面"习俗，大都引此为据。

有关吐蕃"赭面"的实物例证，见于 1999 年发掘的都兰热水血渭察苏河南岸吐 3 号墓[1]，2002 年发掘的德令哈市郭里木乡夏塔图的两座吐蕃墓[2]。两座墓葬中皆出土有"赭面"人物的木棺板或木板彩画。

都兰血渭南岸吐蕃 3 号墓：该墓位于青海省海西州都兰县热水乡血渭草场察苏河南岸，地处海拔 3400 多米，1999 年由北京大学考古文博学院、青海省文物考古研究所共同发掘清理，编号为 99DAM3，是一座椭圆形封土的石砌多室墓，其时代约为 8 世纪中期[3]。该墓墓道中出有一件"彩绘木箱"，木箱的东、北、西三面侧板上绘有四位人物，其中两人着窄袖左衽紧身服、短发，手执弓箭；另两人亦着窄袖紧身衣，手执笙、琵琶等乐器，四人均"赭面"[4]。

观察这件木箱彩绘人物的"赭面"样式，都是在额、鼻、下巴、两颊等面部高凸的部位涂以红彩，但涂彩的形状和部位又有所区别，具体说来可分为三种样式：一是将双眼以下的面颊与鼻梁联为一片通涂红彩，如东侧箱板与西侧箱板的两名射手；二是在两颊、鼻、下巴等处分别涂以圆点状红彩，如北侧箱板所绘怀抱琵琶的人物；三是将两颊部位的红彩涂成三道弧形条状，如北侧箱板所绘执笙人物。观察人物发现，虽然人物形象部分已很模糊，但"赭面"涂彩的痕迹却很清楚，说明绘画所用的红彩应系朱砂等矿物质颜料。

德令哈郭里木吐蕃墓位于德令哈市区以东 30 公里巴音河南岸的夏塔图草场。2002 年 8 月青海省文物考古研究所与海西州民族博物馆共同清理了两座墓葬，其中一座为单人武士墓，有绘画棺板两块，另一座为异性合葬墓。另在此地一座被盗墓葬中采集棺板 1 具，该板绘有以赞普、赞蒙（王、王后）为中心的狩猎、行商、宴乐、迎宾、祭祀、合欢等多组画面，整块木板构成一幅大画面，其多位人物有"赭面"。墓葬时代为 8 世纪末[5]。

从发表的该棺板的彩绘摹本中，共有可统计人物 42 人，从画面上看，其身份包括有王及王后（赞普、赞蒙）、侍者、商人、射手、平民等身份不同的各类人物，其服饰姿态亦各不相同。画面上可观察到面部涂有红彩的"赭面"人物共 34 人（背面人物和头部缺失人物除外），其"赭面"形式也都在额、鼻、下巴、两颊等面部高凸部位涂以点状、条状、块状的红彩，依其涂点的数量可分为"十三点"、"九点"、"七点"、"五点"等。除额、鼻、下巴三点外，两面颊的涂点均在数量、部位上呈对称状。其中比较特别的有两种形式：一是将两颊与鼻梁涂点连为一片，通涂红彩，如画面中王后（赞蒙）、一位骑马商人、赞普身后的一位侍者、一位站立的射手；另一种样式是在对称的两颊或眼尾、眉梢、腮部等处涂斜向的条形红彩，各类人物中均有此种样式。郭里木墓中棺板彩绘中的"赭面"样式，从人物到身份、性别上看不出特定的区别或标志性的规律，说明当时在面部涂彩可能是一种普遍的社会习俗。与都兰热水南岸三号墓彩绘木箱的"赭面"样式相比较，其特点和涂点部位也是相同的，反映出公元 8 世纪左右，这种赭面习俗在吐蕃文化中的一致性。

在乌兰泉沟吐蕃壁画墓中，在残留下来的 30 个人物个体中，面、头部完整可辨认出赭面者，亦有 8 人。较为普遍的是将红色块涂于人物的眉心以上，眼眉以下，鼻梁中心、眼睛下方、胡子部位，共有 8 点，例如前室东壁的人均为此种涂法。也有的增加一点，在下巴上涂彩，例如帐篷中的一位即是这种涂法。无论棺板画还是壁画中有关赭面的习俗均具有较强的一致性，这种赭面习俗只能属于吐蕃。

《旧唐书》所载"公主恶其人赭面，弄赞令国中权且罢之"。说是的是贞观十五年（641 年）的事，可见至少在公元 7 世纪中叶，"赭面"风俗已在吐蕃本土十分流行，才会使初到拉萨的公主第一次目睹这种奇异之俗感到难以接受。所以吐蕃本土流行赭面，虽然要比我们所列举的墓葬为早，可以认为这是古代吐蕃民族长期形成的特有的风俗。可以推测的是，《旧唐书》所说的 7 世纪中期松赞干布对国中流行赭面之俗的禁令，并未真正得到执行，甚至在某些地区可能从未被禁止过。因此，作为吐蕃传统文化的一个标志，在吐蕃攻灭了吐谷浑，占领西域、河陇广大地区之后，将其特有的赭面习俗，进行了有效的传播。

如果说青海墓葬中的赭面的实证，可以视为吐蕃本土习俗在"大蕃"邦国的传播和延伸，那么"安史之乱"后吐蕃对河陇地区所推行的"风俗同化"，则是一种带有强制性质的统治手段。吐蕃占领敦煌时期，沙州人民改易穿着、学说蕃语、赭面纹身，说明赭面之俗在河陇地区的出现，是伴随着吐蕃对这一地区推行"蕃化"统治的一种族别文化标志[6]。

吐蕃的赭面作为一种习俗在河陇地区的出现，无论是一种主动的模仿或是被动地接受，对非吐蕃文化而言，都是一种异文化的移植。而且这种习俗的影响之远，甚至已达数千里之外的唐长安城。在白居易诗《时世妆》中，诗人对此有十分形象的描写："……圆鬟无鬓堆（椎）髻样，斜红不晕赭面状。……元和妆梳君记取，髻椎面赭非华风。"[7]诗人不仅指出流行于长安城内外的这种"椎髻赭面"妆式并非汉地之俗而是一种异域文化的传播，而且还在诗中详细地描绘了"斜红不晕"的样式，这恰与吐蕃地"赭面"中面颊两侧涂抹对称的红色色块几乎完全相同。吐蕃的"赭面"习俗此时也已传入汉地，作为异域文化的一个重要标志被中原地区所接受。

关于吐蕃"赭面"习俗的起源问题，李永宪先生认为与文献记载中的女国有关[8]。《隋书·西域传》之"女国"条下记载："女国，在葱岭之南……王姓苏毗，字末羯，在位二十年……男女皆以彩色涂面，一日之中，或数度变改之……气候多寒，以射猎为业。出鍮石、朱砂、麝香、牦牛、骏马、蜀马。尤多盐，恒将盐向天竺兴贩……开皇六年，遣使朝贡，其后遂绝。"[9]上述记载表明，至唐文成公主进藏时的 641 年前后所见吐蕃国中流行的"赭面"，并非最早，而应是百年前就已在"女国"流行的"彩面"习俗在吐蕃地区的延续和发展。

可以肯定，"赭面"来源于"彩面"，而"赭面"作为吐蕃文化的一个标志，随着吐蕃的势力扩张，而传播到河陇地区乃至波及中原地区的长安。

2. 壁画中的殿堂建筑与殉牲

这种木结构的建筑与隋唐时期的殿堂较为相似。在敦煌莫高窟隋唐窟壁画有较多佛殿图像，其二重阑额和柱头用一斗三升和补间用弯角叉手的情况与北朝晚期相同。中心间宽、补间用一斗三升和叉手的情况下也与北朝同。

唐高宗和武则天执政的时期，一般指初唐晚期。这个时期有一幅很重要的佛殿的线雕，即西安慈恩寺大雁塔门楣石刻（石刻的年代约在 652～704 年）。佛殿在公墓前设左右阶，面阔五间、四柱顶的殿堂，图像是正面图，进深几间不详，中心间距离宽，檐柱下设莲瓣覆盆柱础，柱头有卷刹，柱上部设重楣，即有额、由额各一道，重楣间设蜀柱，柱顶置斗栱，其斗栱组织为有柱头铺作、补间铺作和转角铺作等。宿白先生对此作了分析和研究[10]。

乌兰泉沟墓中壁画上的中国式建筑与上述建筑有惊人的相似之处。这类唐代的殿堂，不仅见于唐代的壁画，还见于北朝时期的石葬具。例如美国波士顿博物馆所藏北魏孝昌三年（527 年）宁懋石室的外形就呈殿堂状[11]。其顶部有屋脊与瓦垄，四面立石为墙，正面辟门，墙上部刻出人字栱，山墙上刻出插手与悬鱼，形象十分写实。宁懋石室为代表的一类棺椁外形上模仿了木构殿堂的形式。这种北朝时期殿堂式棺椁时有所见，除了宁懋石室与虞弘石棺外，大同雁北师院北魏太和元年（477 年）宋绍祖墓和大同智家堡北魏墓均出土仿木构殿堂的石椁，装饰有浮雕的图案和彩绘壁画[12]。1973 年发掘的山西寿阳贾家庄河清元年（562 年）车狄迴洛墓中曾出过一座木构房屋，其中有一匣状的木棺，可知房屋的性质亦是椁[13]。这类木棺的图像还出现在傅家画像石第 9 石中。西安地区隋唐墓出土的殿堂式石棺椁是在此基础上发展演化的产物，如李静训、李寿、懿德太子、章怀太子、永泰公主、韦泂、韦顼、杨思勗等人的墓都有殿堂式石棺或石椁出土，并且装饰着华美的线刻图像[14]。

有的学者认为，唐代殿堂式石椁（或棺）象征墓主人生前的寝殿[15]。就其形制和装饰而言，这种解释是合理的。如李寿墓石椁外壁雕出侍臣和拱卫的甲士，内壁为侍女和伎乐人，图像的设计与建筑的象征意义十分吻合。

然而，我们在理解石棺椁和石棺床象征意义时，还必须注意到一个比较微妙的问题，即它们形式虽然取自地上生者所用的建筑和家具，但是就其含义来说，应是死者在地下的起居之所，即"事死如事生"，它只是现实生活中的一个"镜像"，而一切的装饰是为其死后的"生活"准备的。

魏晋南北朝的丧葬观念一直处于变化之中。汉代的厚葬将墓葬营造成一个"永恒家园"或"理想家园"[16]。巫鸿指出："理想家园是对现实家园的模拟和美化，现实家园属于人间，理想家园属于冥界，二者人鬼殊途，呈现出一种对称式的非连接关系。"

曹魏时实行薄葬，则认为"骨无痛痒之知，冢非栖神之宅"，"为棺椁足以朽骨，衣食足以朽肉而已"[17]。北魏在汉化的过程中，尊奉儒家孝道，对墓葬的传统认识似乎重新抬头。文明太皇太后冯氏死后，孝文帝的诏书称："梓宫之里，玄堂之内，圣灵所凭。"[18]这种观念在迁洛之后，无疑又得以加强，洛阳北魏晚期殿堂和床榻形式的葬具都是被浓缩到最低限度同时又保留着具体视觉形式的"家"。在这个微缩的"家"中，还往往有帷帐、屏风等环绕着死者的棺椁，屏风中绘有各种画像，这种建筑所构成的空间，成了当时塑造一个人物"标准像"不可或缺的元素。

洛阳北魏王温墓东壁绘一房屋，屋内帷帐下绘墓主夫妇正面坐于屏风前[19]，壁画以彩绘的房屋代替了殿堂式棺椁，房屋中的死者不再是一具"欲语口无音，欲视眼无光"的枯骨，而是色彩鲜艳的生人形象；但这幅画像并不是墓主生前的形象，它不具备肖像画写实的特征，而只是代表死者灵魂的符号，是墓葬这一特殊空间的所有者[20]。也许是受到这些壁画的影响，洛阳出土的几具石板床的围屏上也出现过墓主夫妇的正面画像[21]，而立体的榻与围屏又以平面的形式出现在画面中，这种叠床架屋的做法，似乎着意强调这些葬具的意义和墓主灵魂的存在[22]。

北齐时期，京畿地区的大墓后壁都堂堂皇皇地画上墓主端坐在帷帐中的正面像，形成了一定的规制，并影响到太原和山东等地。如河北磁县东槐树村武平四年（573 年）高润墓[23]、太原王郭村北齐武平元年（570 年）娄叡墓、太原南部第一热电厂北齐墓[24]和济南马家庄武平二年（571 年）

□道贵墓[25]等都有这样的墓主画像发现。山东嘉祥英山隋开皇四年（584 年）徐敏行墓仍延续邺城的传统，在后壁绘有墓主坐在榻上的像[26]。壁画中的房屋、帷帐、榻与殿堂式的石棺和榻式的石棺床一般不复出现[27]。同样富有意味的是，在流行殿堂式石板椁的唐代壁画墓中，那些正面的墓主画像又销声匿迹了。

无论是立体的，还是平面的，这些殿堂、床榻、屏风和墓主画像都是静止的、隐秘的形象，而其他的图像却往往拥有更广阔的视野。葬具上的画像题材也相当丰富，不仅有对丧葬场面的复制，而且有对墓主饮食、出行、会客情景的描绘，已死的墓主在艺术家的想象中延续着各种有生命的活动，而这一切内容虽然打破了葬具空间的局限，却仍与葬具形制上的象征意义密切相关，即都是对于另一个世界的想象与设计。

泉沟墓壁画后室西壁中与中国式建筑相连的还有一顶大帐篷，帐内一人、门口一人迎客，门外有人若干，均面向帐篷、双手作行礼状。北壁亦绘有一顶大帐篷，有人将一群动物如牛、羊赶在帐前，均面朝帐篷。画上的帐篷较有特点，顶部开有喇叭形的圆孔，吐蕃称作"拂庐"。画上两顶拂庐，前后相连，即可与《吐蕃传》中"连毳帐以居"的说法相对应。大凡会盟料集、婚丧节庆、奖励功臣等宴饮活动，吐蕃常以拂庐为中心。这种帐篷不仅能遮风挡雨，而且形制大小还有贵贱等级的差别。帐篷中人物的身份为赞普是可信的。因其与《新唐书·吐蕃传》中收录有唐穆宗长庆二年唐蕃会盟使者刘元鼎所见吐蕃赞普大帐及宴饮的情形大致相吻合。

这群被集中在帐房一侧的牛羊，一般可以认为是应葬礼献祭之需，作为祭典和殉葬的牺牲。关于动物殉葬，汉藏文史料中均有不少例证。

《通志》提到吐蕃葬俗时记："人死杀牛马以殉，取牛、马积累于墓上。"[28]《隋书》卷83 "附国"条曰："其葬必集亲宾，杀马动至数十匹。"《敦煌传记》第五篇记载赞普赤松赞与韦·义策等七人盟誓，赞普的誓词为："义策忠贞不二，你死后，我为尔营葬，杀马百匹以行粮……"[29]敦煌吐蕃文书 P. T. 1040 第 24～27 行："现在死了要为穆汤设陵隆重葬在高处，杀许多马驹和牛。"在 P. T. 1042 整个卷子中献祭动物牛、马、羊的段落也很多。仪式达到高潮时，要刺杀乘骑并剖刺放血，还要剖解绵羊，列于坟场上[30]。殉牲的实例以都兰热水乡血渭一号墓的情况最为典型。以其组合殉葬遗迹坑以及 5 条陪葬沟组成，距封堆顶部约 30 米，整个布列范围东西长 80 余米，南北宽 50 余米，遗迹地面列石排列于地表层中，部分显露地表。大部分遗迹均在地表层和封堆覆盖土之下，说明这些牲畜是与墓葬主人同时埋葬的。

在组合陪葬遗迹的沟东部共有陪葬坑 14 个，分二排南北向排列。沟西部有陪葬坑 13 个，亦分两排南北向排列。陪葬坑中只见石头未见兽骨的以外，陪葬牛头和牛蹄的 13 座，殉完整狗的 8 座。陪葬沟位于遗迹中部，呈长条形，东西方向横开，共有 5 条沟，其中 1 号沟殉马 16 匹，2 号沟殉马 17 匹，3 号沟殉马 19 匹，其余两条沟殉马 35 匹，5 条沟总共殉马 87 匹。规模巨大，实属罕见。

在封堆顶部下深 4.5 米处，出有一座动物陪葬墓，编号为 PM1，平面呈长方形，四壁用石块垒砌，东西向横列，长 5.8、宽 4.8、深 2.25、厚 1 米。墓上覆盖有柏木 13 根，墓内有羊、马、牛、马鹿等大量动物骨骼。另在下部封堆底部，出有一座圆形动物陪葬墓，径 1.2、深 0.4 米左右，葬有牛、羊头骨 27 个，编号为 PM3。从目前揭露的遗迹看，一号大墓所殉动物达 200 多头。尤其是殉马的骨骼均完整，其在沟内的姿态各异，有侧卧、俯卧、仰卧等多种姿态，有的身上还压有石块。由此推知，当时埋葬这些马时，是将活马捆缚腿脚，推至沟中，然后用石块击打至死而埋葬的[31]。

西藏文物管理委员会在山南地区乃东县切龙则木山脚，清理了两座吐蕃时期墓葬的殉马坑。离殉马坑不远有一座墓葬，被认为是座中型墓。有两座长条形的殉马沟，一座殉有马5具，另一沟殉马4具。但"清理中未见马挣扎的现象，应是先处死后埋葬的[32]"。

殉牲不仅用于丧葬，还用于盟誓活动。《新唐书·吐蕃传》："赞普与臣岁一小盟，用羊、犬、猴为牲，三岁一大盟，夜肴诸坛，用人、马、牛间、（驴）为牲，凡牲必折足裂肠陈于前，使巫告神曰：'逾盟者有如牲'"。《旧唐书·吐蕃传》："与臣下一年一小盟，用羊狗弥猴，先折其足而杀之，继裂其肠而屠之，令巫告之于天地山川日月星辰之神云：'若心迁变，怀奸反复，神明鉴之，同于羊狗'。三年一大盟，夜于坛禅上与久陈设肴馔，杀犬马牛驴以为牲，咒曰：'尔等咸须同心戮力，共保我家，惟天神地祇，共知尔志。有负此盟，使尔身体屠裂，同于此牲。'"

3. 泉沟壁画中的西方因素

泉沟壁画墓中前室东壁的人物画像中，有一执旗人物左侧挂有一刀和两头弯曲呈扁形的物品，这种物品名叫"弓韬"，即弓袋之意。但未见"胡禄"，但在郭里木棺板画上曾出现过，即指一种独特的箭囊，呈口窄底宽的筒形，唐人称之为"胡禄"，有必要加以研究。

弓韬和胡禄在中国的出现，可以追溯到5世纪，最初见于新疆地区的石窟寺壁画，如：克孜尔石窟第114窟壁画《智马本生》（4～5世纪作品）中的骑士像，克孜尔尕哈石窟第14壁画《八王争舍利》（5～6世纪作品）中的骑士像。1906年发现于新疆库车，现藏俄罗斯艾米尔塔什博物馆的1件5～6世纪的武士像，身上也佩带有这类物件。6世纪时，敦煌壁画中也有这种形象，例见敦煌285窟西魏壁画《五百强盗成佛图》中的铠马骑士。

至唐代（7世纪后）弓韬和胡禄广泛流行，从新疆地区的石窟寺壁画、敦煌壁画和内地唐墓壁画以及各地出土的唐代俑和石刻像，能够看到大量的弓韬和胡禄图形。典型者如克孜尔第14窟壁画《菱格本生故事》，克孜尔第224窟壁画《八王分舍利》（6～7世纪作品），唐昭陵六骏《飒露紫》之邱行恭雕像、章怀太子和懿德太子墓壁画、敦煌156窟壁画《张仪潮统军出行图》，以及新疆吐鲁番阿斯塔那出土的彩绘执旗骑兵俑。《新唐书·兵志》则记载，弓韬和胡禄是每个唐兵必备的武器。

约在同一时期，弓韬和胡禄的形象也出现于中亚和南西伯利亚。中亚片治肯特（含塔吉克斯坦片治肯特城东南）遗址大壁画区V1区41室壁画是7世纪的作品，其中描绘的英雄鲁斯塔姆的形象即有这类物品。

南西伯利亚叶尼塞河上游米努辛斯克附近有一幅岩画，其上有一位手持长矛的骑士，腰间亦挎有弓韬和胡禄。一般认为这是约5～7世纪时突厥人的作品，表现的是突厥骑士的形象。在阿尔泰山以北的修利克发现的6～7世纪突厥书画中有追赶猎物引弓欲射的猎人形象，也有同类物品的形象，岩画上方刻有突厥文字。

综上所述，在6～7世纪，弓韬和胡禄在东亚有着广泛的分布和使用。根据中原和吐蕃王朝时期的资料可以肯定，中原地区和柴达木盆地的吐蕃王朝统治地区流行的弓韬和胡禄乃是受到了西域的影响。其传播的途径主要是从新疆经河西走廊或柴达木盆地达中原。这些地区有关文物的年代序列能够说明这一点。而且从唐的情况来看，凡是冠以"胡"字的名物，几乎都是传自西域。弓韬和胡禄自也如此。但就中亚（包括中国新疆）和南西伯利亚这一广大范围而言，胡禄寓意源于何处，抑或是否还有更为遥远的始源，限于所见，目前还难以遽下判断。在中古时代，中原和吐蕃所流行的弓袋和箭囊，与中古社会生活有密切的联系，是一个时代时尚风貌的标志物之一，是当时社会生活中追求外来物品和异域风情的"胡风"渐盛的表现。

关于人物的服饰，唐人对吐蕃各方国部落服饰的描写（东女、附国、白兰、悉立等均系吐蕃抚服的部落）较为简略：

东女：其王服青毛绫裙，下领衫，上披青袍，其袖委地。冬则羊裘。饰以文锦。为小鬟吉，饰之以金，耳垂珰，足履索。

附国：其俗以皮为帽，形圆为钵。或戴幂䍦。衣多重毦皮裘，全剥牛脚皮为靴。

白兰：其男人通服长裙、帽或戴幂䍦，妇人以金花为首饰，辫发萦后，缀以珠贝。

悉立：男人以缯彩缠头，衣毡褐。妇人辫发，着短褐，丧则以黑为发[33]。

而吐蕃的情况如何呢？公元641年，松赞干布迎娶文成公主，赞普亲自来到河源主持盛大仪式欢迎。当时，唐人送亲队伍的服饰仪仗，对这位高原君主震动极大，他"叹大国服饰礼仪之美，俯愧沮之色"。然而，却非常自豪地对左右亲属们说："我祖、父未有通婚上国者，今我得尚大唐公主，为幸实多，为公主筑一城以夸后世。"并且带头倡导向唐人学习。"自裼毡，釁袭纨绮，为华风"。说是说，由他本人倡导实行了服装改革，从唐朝引进了丝绸服饰，大大丰富了吐蕃服饰的花色品种。引起了"唐风"流行。这时，唐人的丝织品大量向高原吐蕃涌进。诗人张籍的一首《凉州词》对河西走廊上这条通往吐蕃的古道运载丝绸的骆驼队作过生动的描写。"边城暮雨雁飞低，芦笋初生渐欲齐，无数铃声遥过碛，应驮白练到安西"。说明此时吐蕃人的衣着服饰物料已经丰富多了，包括了皮裘、氆氇和丝绸三大类了。

吐蕃人占领敦煌后，把当地汉户集中起来，编成一个专门从事丝棉加工生产的部落，叫"丝绵部落"。从历史上看，吐蕃人始终没有学会种桑、养蚕和织丝织绸技术。一直依靠唐朝馈赠、边境贸易或通过战争手段去掠夺这种丝织品。在《敦煌本历史文书》中有这样的记载："赤德祖赞赞普时……攻陷唐之瓜州等城堡。彼时，唐朝国威远振，北境突厥等亦归于唐。（西）直至大食国以下，均为唐朝辖土。唐地财富丰饶。于西部（上）各地聚集之财宝贮之瓜州者，均在吐蕃攻陷之后截获。是故，赞普得以获得大量财物，民庶黔首普遍均能穿着唐人上好绢帛矣！"[34]

"及至虎年（肃宗宝应元年，公元762年）……以唐人岁输之绢分赐各地千户长以上官员……"[35]

总之，尽管有了大量丝织品到来，也有人穿着丝绸引以为阔绰，但适应当地气候和生活条件，主要的还是以皮裘和氆氇作为制作衣物的原料，上衣外加大衣应是最流行的服装款式，而穿着丝绸服装只能是夏季比较适宜。靴子也已普遍使用，长裤和短裤均以开始流行，裤子可以保护腿部皮肉在骑马时不被磨伤，而着长袍和长裙时可以遮蔽下体则不需要裤子。所以，"内不穿裤"的习惯一直流行到晚近。

吐蕃人服装材料的改变，亦引起了服装款式的改变，诗人陈陶在《陇西行》一诗中指出："自从贵主和亲后，一半胡风似汉家。"可见，吐蕃人的服饰在和亲后变化不小，这两句诗基本上是符合事实的。

以往所知吐蕃王朝时期的服饰资料有：敦煌 159 窟吐蕃赞普礼佛图，敦煌 240 窟吐蕃男女舞乐图，敦煌 220 窟吐蕃男女供养人，敦煌 238 窟吐蕃供养人，青海玉树州勒巴沟石刻赞普礼佛图等，均被公认为是吐蕃王朝时期的作品。

敦煌壁画中的《赞普礼佛图》是在 159 窟东南面墙上的《维摩辩》部分中发现的。在作品边缘的涡纹上写有"吐蕃赞普"的古藏文题记。吐蕃赞普身穿长袖宽领的白色大袍，这种服饰在吐蕃王朝时期广为流行。他的头发用丝绸扎成辫子，是一种在西藏中部地区至今流行的时髦发式。同时在耳朵附近将辫子扎成花结。赞普头披一条白布，王冠上缠绕着一条管褶形笔直的红色头巾。腰间挂佩着一把短剑。拉萨发现的吐蕃赞普肖像绘画作品中，也缠带着这种式样的头巾。赞普服饰的特点是长袖、宽腰与阔摆，交领左衽，看来西戎与东夷都一致采用左衽款式。这一点与泉沟吐蕃墓葬壁画中人物服饰一致。

莫高窟第 158、220、238、240、359 诸窟中都画有吐蕃男装供养人的形象。尤其在 359 窟中有 13 人之多，其服装与君长官服又有所不同，均为明显的交领左衽、长袖，但官服与下摆都略紧窄，也一律是长袍。另有女装供养人出现在 61、144 和 146 诸窟中，都是歌舞乐会形象。

最为著名的还有唐阎立本所绘《步辇图》，传世的是吴道子摹本。作为吐蕃的求婚使者禄东赞的形象在画上居于重要地位，格外引人注目。他的装束打扮，穿的是紧身窄袖、直领，紫红地连珠鸟纹团花长袍，袍长在小腿之上。脚穿鞋尖上翘的黑色皮靴，腰间束一窄腰带，上缀以两件装饰品，头上免冠，束以布袱。

藏族学者根敦群培（1904～1951 年），在其著作《白史》一书中，探讨了早期吐蕃王朝的装束，他认为，吐蕃赞普及其朝臣的服装受大食（即阿拉伯）的影响。这些服饰都源于大食国服饰。当时，吐蕃同大食有着较为密切的交往。但笔者以为吐蕃的服饰亦应受到中亚的影响，例如在中亚片治肯特人物绘画中，亦见于新疆克孜尔石窟和出土舍利盒中的人物绘画中，所以其服饰的直接渊源，似应在中亚地区和中原地区。但其人物使用的佩带的各式各样的缠头，却可见到西亚阿拉伯人的影响。

关于泉沟壁画墓木板挡板中的兽面图形，有必要加以研究。这种正面的畏兽图形，除泉沟外，还见于郭里木吐蕃棺板画，一种畏兽图形亦采用了正面的表现形式[36]。与泉沟的这幅相近。这种带角，有兽形的巨大前肢，似带羽翅的怪兽正面图形，未见于其他地点，而仅见于柴达木盆地的吐蕃墓葬。与此较为接近的兽面还见于中原地区的唐三彩骆驼俑。姜伯勤认为是一种"盛于皮袋"的祆神神像。

唐段成式《酉阳杂俎》卷四有云："突厥事祆神，无祠庙，刻氈为形，盛于皮袋，行动之处，以脂苏涂之。或系之竿上，四时祀之。"按，"盛于皮袋"，当与驼马鞍具上之褡裢有关。

1981 年出土于洛阳龙门东山小麓唐景龙三年（709 年）"唐定李将军"安菩墓，有墓志一方，略云："君津菩，字萨。其先安国大首领，破匈奴（突厥）衙帐，百姓归中国，首领同京官五品，封定远将军，首领如故。曾祖讳钵达干。祖讳系利。君时逢北狄南下，奉刺远征，一以当千。"

安菩及其夫人何氏原系"昭武九姓"，即粟特人，安国当今乌兹别克斯坦布哈拉。其先为安国大首领。即领有部众的贵族首领，后依附于东突厥，其祖远获得"达干"这样的突厥式职官。粟特人大量进入东突厥，也促进了袄教在东突厥中的流行。

安菩墓出土文物 129 件，其中，三彩器约 50 件。除胡人俑，尤有身负囊橐、肉食、水壶和丝绸的骆驼俑[37]。其中一件三彩双峰驼，引颈强口作嘶鸣状，驼鞍鞍鞯有连珠纹服饰，中央为一神像，神像左右有波斯风格高耳壶和扁壶各一，两侧又有星宿式纹饰[38]。

中央之神像，两巨眼，一鼻颇有骆驼鼻意象，眼上眉毛形成纹饰，鼻下有牙，咧咀，下有须髯。此神像占有驼鞍之大部，与《酉阳杂俎》所云"刻毡为正形，盛于皮袋"的记载相符。皮袋骆即驼鞍上的驮或褡裢。从神像纹样看，用笔粗犷而富有装饰趣味，其质地当属毡。此神像当即所谓"刻毡为形"。同类骆驼上的神像，大量见于洛阳所出唐三彩。如：

三彩载人骆驼，盛唐，高 38 厘米，1965 年关林出土[39]。双峰驼，驼鞍中间刻毡为袄神，神像右侧（读者左手方向）刻有一长颈壶，神像左侧刻有一鹰鹫，鞍上有葡萄纹，上下边饰为连珠纹。

三彩骆驼，盛唐，高 82 厘米，洛阳关林出土[40]。双峰驼，驼鞍中央为袄神，左右有丝练，丝练左右刻有雨翼。在琐罗亚斯德教美术中，常以装饰化的鹰鹫之翼象征袄神。以往报告中有时将此中央袄神图像称为"虎面纹"，但从本件可见，完全不是所谓虎面纹，在神牙下，伸出一长舌。

此类图像，姜伯勤先生认为应系琐罗亚斯德教的驼神。他指出，在袄教经典中，骆驼是功利之神和正义之神韦雷特拉格纳，自粟特语汉译作"云汉"，不空译《宿曜经》（杨景风 764 年作注）。火曜，荧惑，胡名"云汉"。龚方震、晏可佳先生《袄教史》云："云汉的粟特语 Wrvn，即古代伊朗语的战神 Veerthraghna。"[41]

除此之外，犬的作用亦应引起重视。据袄教经典《阿维什陀》第一部分《维提呋达特》记载，犬"从午夜走动到凌晨，擒杀恶神创造的成百上千的恶生物"。人死以后，寄生在恶神脖子上的尸毒就会从北方的地狱，以苍蝇的形式飞来，分解尸体，从鼻子、眼、舌头一直到指甲……它不仅使死去的人永远肮脏，也污染接触尸体的人。唯有通过特殊犬进行犬视或撕噬才能驱除这种尸毒。选择生有四只眼睛的黄犬或长有黄耳朵的白犬，把它带到死者身边三次、六次或九次，尸毒就会飞离死尸。同样，搬运死尸者也需要在一条犬的凝视下用水、砂、牛尿等全身沐浴，以此涤除心身污秽和驱除恶灵[42]。

在袄教日常生活中，犬与人是平等的，在袄教艺术中，神圣的犬供教徒顶礼膜拜，犬神的形象因此多见于波斯和中亚艺术中。

袄教的犬神形象主要有三种，即普通犬神、带翼犬神和森穆夫或犬首鸟。

普通犬神，即普通犬的样子。中国典籍和西方文献所记载的塞克人是与琐罗亚斯德教有关的民族，在吉尔吉斯斯坦的阿拉木图城郊和伊塞克湖岸塞种人村落遗址中的青铜祭祀台上，就有犬和羊的形象[43]。

除塞人外，突厥人也信奉琐罗亚斯德教，在他们使用的陶灯盏上，就有狗与鸡的组合，狗与鸡、羊被认为是袄教中守护系灭之火的神兽[44]。带翼犬神，即犬身长有双翅。如昭武九姓（粟特）米国的都城片治肯特壁画中，就画着一只带翼的犬（或狼）。它驮着宝座，宝座上坐着一位女神，手拿一面旗子和一顶王冠，身上带有一装饰了许多铃铛的乐器[45]。

森穆夫是犬、鸟和麝香动物的结合体。在袄教艺术中，其主要的形态是犬首、鸟身，狮足，另外还掺杂有麝、猪等动物的某些特征。森穆夫住在湖中的岛上，栖息在 Hom 圣树上，催云化雨，减少人类的病苦。据说它代表三种天或者代表一种友善的力量，通过撒播宇宙树的种子使人们获得丰收。因为它与人们最喜爱的神 Verethraghna 联系在一起，所以成为信奉琐罗亚斯德教各民族艺术中的常见动物。伊朗的塔克伊布斯坦大石窟后壁下段的库斯老二世，身着锦袍，上面就饰以森穆夫纹。布鲁塞尔、纽约、巴黎、伦敦等城市的一些美术博物馆至今收藏有饰森穆夫纹的古纺织品残片。撒马尔罕一号房址西壁有一幅反映 7 世纪康国国王接见各国使臣的壁画，其中一位使臣也穿着森穆夫图案的锦衣，足见森穆夫纹在当时的流行程度。除织锦外，森穆夫还经常用作建筑和金银器皿上的装饰图案。

近年来，尽管祆教考古新发现不断，然而，在中国与萨珊波斯和粟特地区完全相同的森穆夫形象仍难窥其貌。也许，作为犬、鸟和麝香动物结合体的森穆夫形象很难被中国传统的审美观念所接受，而传播到中国的祆教图像也学会了入乡随俗，产生了其他的替代符号。从这个意义上说，郭里木和泉沟的板画怪兽面具有重要的研究价值，是否有这种可能，西方的祆教神祇进入中国后，与吐蕃信奉的天神符号——兽面相结合，产生了中国式的祆教神祇符号，这将是我们今后研究的重要课题。

结　语

据乌兰县同志们反映，该墓在 2009 年又被盗掘份子进行了第二次盗掘。目前全部剩余壁画均遭损毁，为此，将这座古墓的部分资料，公之于世，并加以研究就显得极为重要。毕竟这是中国吐蕃王朝时代的第一次发现的唐代的壁画墓，也是我省第一次发现的壁画墓。

根据墓葬中残留的丝织品以及壁画人物服饰等分析，以及与郭里木棺板画人物服饰对比，与中唐时代的文物相接近，其立柱上的宝花图案是中唐时期类型纹饰，大体上相当于吐蕃占领敦煌时期。因此，我们将泉沟壁画墓的年代断在 8 世纪末叶，可能比较适宜。

目前，关于吐蕃王朝时期吐蕃人的绘画资料，存在较少，除敦煌石窟中吐蕃王朝时期的少数绘画资料外，尚有断代在 9 世纪前后的吐蕃风格的绢画，以及遗留在中亚，青海、西藏的部分岩刻画。有鉴于此，都兰以及德令哈吐蕃墓葬中的棺板绘画，还有泉沟壁画均是吐蕃王朝时期珍贵的绘画资料。从泉沟壁画的内容和技法上看，这一时期吐蕃的绘画风格深受中原地区以及中亚、西亚等西域地区的影响，并在此基础上创立了自己独特的民族风格，在藏族绘画史上占有重要地位。泉沟壁画以及丰富的形象遗存充实了吐蕃王朝时期的内容，为早期藏传绘画的研究提供了重要资料。

（原载《青海藏族》2012 年第 1 期）

注　释

[1] 北京大学考古文博学院、青海省文物考古研究所：《都兰吐蕃墓》，科学出版社，2005 年。

［2］许新国：《唐代绘画新标本——吐蕃棺板画》，载《文物天地》2004 年第 3 期；《郭里木乡吐蕃墓葬棺板画研究》，载许新国：《西陲之地与东西方文明》，北京燕山出版社，2006 年。

［3］同注［1］，第 127 ~ 128 页。

［4］同注［1］，第 100 ~ 104 页，图六四、六五、图版三三、三四。

［5］许新国：《唐代绘画新标本——吐蕃棺板画》，载《文物天地》2004 年第 3 期，第 21 页。

［6］参见陈国灿：《唐朝吐蕃陷落沙州城的时间问题》，《敦煌学辑刊》1985 年第 1 期。

［7］范学宗等编：《全唐文全唐诗吐蕃史料》，西藏人民出版社，1988 年，第 454 ~ 455 页。

［8］李永宪：《略论吐蕃的"赭面"习俗》，载《藏学学刊》第 3 辑，四川大学出版社，第 157 页。

［9］《隋书》卷八十三，列传第四十八：女国。中华书局，1973 年，第六册，1850 ~ 1851 页。

［10］宿白：《中国古建筑考古》，文物出版社，2009 年，第 48 页。

［11］黄明兰：《洛阳北魏世俗石刻线画集》，图版，第 95 ~ 105 页。

［12］大同市考古研究所、山西省考古研究所：《大同市北魏宋绍祖墓发掘简报》，载《文物》2001 年第 7 期，第 38 ~ 58 页；王银田、刘俊喜：《大同智家堡北魏石椁壁画墓》载《文物》2001 年第 7 期，第 59 ~ 70 页。

［13］王克林：《北齐库狄廻洛墓》，载《考古学报》1979 年第 3 期，第 381 ~ 384 页。

［14］这些资料分别见于《唐长安城郊隋唐墓》（文物出版社，1980 年）、《文物》1974 年第 9 期、《文物》1972 年第 7 期、《文物》1960 年第 7 期、《文物》1959 年第 8 期、王子云《中国古代石刻画选集》（中国古典艺术出版社，1957 年）。

［15］孙机：《唐·李寿石椁线刻（侍女图）、（乐舞图）散记》，载孙机《中国圣火——中国古文物与东西文化交流中的若干问题》，第 198 页。

［16］巫鸿：《汉代艺术中的"天堂"图像和"天堂"观念》，载《历史文物》第 6 卷第 4 期（1996 年 8 月），第 9 页。

［17］《三国志·魏书·文帝纪》中华书局，1983 年，第 81 页。

［18］《魏书·皇后列传》第 330 页。

［19］洛阳市文物工作队：《洛阳画津北陈村北魏壁画墓》，《文物》1995 年第 8 期，第 26 ~ 35 页。

［20］相关讨论见郑岩：《墓主画像研究》，载山东大学考古学系编《刘敦愿先生纪念文集》，山东大学出版社，1997 年，第 450 ~ 468 页。

［21］周列主编：《中国美术分类全集·中国画像石全集石刻线画》，图版 72、73，郑州，河南美术出版社，2000 年。

［22］这些画像可以看作后来"重屏"绘画年代较早的先例。

［23］磁县文化馆：《河北磁县北齐高润墓》，图版柒，载《考古》1979 年第 3 期。

［24］山西省考古研究所、太原市文管会：《太原南郊北齐壁画墓》，《文物》1990 年第 12 期，第 1 ~ 10 页。

［25］济南市博物馆：《济南市马家庄北齐墓》，《文物》1985 年第 10 期，第 45、46 页。

［26］山东省博物馆：《山东嘉祥英山一号隋墓清理简报》，《文物》1981 年第 4 期，第 28 ~ 33 页。

［27］出土木椁墓的库狄迴落墓同时绘有壁画，但其后壁画未保存下来，内容不详。

［28］《通志·四夷二》卷 195。

［29］王尧、陈践译注：《敦煌本吐蕃历史文书》，第 164 页。

［30］褚俊杰：《吐蕃苯教丧葬仪轨研究——敦煌古藏文写卷 P. T1042 解读》，《中国藏学》1989 年第 3、4 期。

［31］许新国：《吐蕃丧葬殉牲习俗研究》，《青海文物》1991 年第 6 期。

［32］西藏文管会文物普查队：《乃东县切龙则木墓群 G 组 M1 殉马坑清理简报》，《文物》1985 年第 9 期。

［33］《册府元龟》外臣部土风各节。

［34］王尧、陈践译注：《敦煌本历史文书》传记篇。

［35］王尧、陈践译注：《敦煌本历史文书》大事纪年篇。

［36］许新国：《郭里木乡吐蕃墓葬棺板画研究》，载许新国：《西陲之地与东西方文明》，第 300 页、图版十三，北京燕山出版社，2006 年。

［37］洛阳市文物工作队：《洛阳龙门唐安菩夫妇墓》，载《中原文物》1982 年第 3 期。

［38］杨育彬、袁广阔主编：《20 世纪河南考古学发现与研究》，中州古籍出版社，1997 年，第 649 页。

［39］洛阳博物馆编：《洛阳唐三彩》53 图，1985 年。

［40］同上第 55 图。

［41］姜伯勤：《中国佛教艺术史研究》，三联书店，2004 年，229 页。

［42］滕磊：《中国佛袄艺术中的犬神形象》，载《故宫博物院院刊》2007 年第 1 期，第 97 页。

［43］A. X. 马尔古兰（王传译，陈万仪校）：《原始社会解体时期的建筑艺术》，《新疆中亚考古译文集》，新疆博物馆 1985 年。

［44］蔡鸿生：《论突厥事火》，《中亚学刊》第 1 辑，中华书局，1983 年，第 147 页。

［45］普加琴科娃·列穆佩（陈继周、李琪译）：《中亚古代艺术》，新疆美术摄影出版社，1994 年，第 63 页。

吐蕃飞天纹玉带板小考

许新国

2008 年 2 月，笔者在西宁市东关大街西宁古玩城马姓商人的店铺中，见到一副十件的玉带板（图版 66），经其同意，进行了照相和测绘，据该古玩商说，这幅带板是海西人卖给他的，出自海西州德令哈市蓄集乡北面山里吐蕃墓群中，属被盗的出土文物，现予以发表。

1949 年以来，隋唐带銙（又俗称带板）具屡有发现，尤以唐代为多。其中玉銙最多，金、铜、铁质的亦有少量出土。由于零星出土，遗物不全，对其形制不甚了解。这次吐蕃墓葬出土的十件带板，具有相对的完整性，为我们研究唐代革带制度，尤其是吐蕃的革带制度和样式，提供了珍贵资料。

革带起源甚古。《墨子》（卷四）上说："（晋）文公之臣，皆之裳，韦以为带。"郭沫若先生根据《周易》记载，也指出先秦时代已有制作革带的工艺[1]。但这种韦带的形制，可能与我们所说的装饰有銙具的革带不同。因此，许多人都认为革带始于赵武灵王效胡服之时。《淮南子·主术训》（卷九）说："赵武灵王贝带鹍鹃而朝"，有人就考定贝带为革带[2]。然而，直到东汉时代，似乎佩服革带尚无尊卑之分。《后汉书·舆服志》中未见有关革带等级的记述。当时，又有每逢端午，皇帝"赐百寮鸟犀腰带"[3]的习俗，都反映了这个事实。

从唐代许多石椁线雕画中可以看出，凡着窄袖胡服者，必系革带。所以，沈括说过："窄袖绯绿短衣，长靿靴，有蹀躞带。"[4]蹀躞带即为革带，厚为马身装饰，为取骑射战阵之便，后渐为骑者所服，只是到了后代，才有了美化服饰、表示尊卑等作用。

唐代使用革带的制度，是在隋代基础上形成的。从文献记载看，曾有多次变化，定型大约是在唐高宗统治时期。

武德年间两次颁布了革带制度。第一次规定一、二品用金銙，六品以上用犀銙，九品以上用银銙，庶人用铁銙。后又规定天子、亲王、三品等用玉銙，五品以上用金銙，六、七品用银銙，八、九品用鍮石銙，流外官、庶人、部曲、奴婢用铁、铜銙[5]。

高宗时，由于章服紊乱，百官士庶每每不依令式服用，因此，在上元元年对服用革带的质地及銙数重新申明。"文武三品以上服紫，金玉带十三銙；四品服深绯，金带十一銙；五品服浅绯，金带十銙；六品服深绿，七品服浅绿，并银带九銙；八品服深青，九品服浅青，并鍮石带，八銙；庶人服黄，铜、铁带，七銙。"[6]景云二年睿宗李旦重申了上元元年的规定，但却允许一至五品文武官员可着金带[7]，玄宗在开元初年发布过禁断珠玉锦绣的勒令，规定"带依官品，余悉禁除"，虽然在带制上未做很大变动，甚至至终唐之世百官服用均依上元元年令式，但如沈从文《中国古代服饰研究》所指出的，"鞢韄七事"一类佩件即由开元二年禁令一律取消了。

综观唐代各期带制，可看出统治阶级的章服等级界限愈来愈严，质地与銙数是反映这些等级的标志。后期的服用制度也反映出封建朝代章服方面上可以通下，下不得僭上的特点。按品级尊卑，其带銙的用料有别，数量递减。如位于三品以上的显官方有资格用金玉带銙，并将其数量限定为十三銙。然而，现代出土的许多完整的玉带銙，却与制度不尽相符。

例如，1970年陕西何家村出土唐代窖藏玉人物带板为十六块（铊尾二块，正方形銙四块，半圆形銙十块）；玉兽带板为十五块（铊尾二块，方形銙十三块）；其他青玉带板六件也都是由十五或十六銙组成，唯未见一副为十三銙者。暂且不论史籍记载与出土实物的出入，重要的是，二者均向人们证实了一个问题：唐代已经出现玉带。物证、史证俱在，不容置疑，这就为传世唐代玉带板的研究理清了头绪。

本文介绍的这一副吐蕃墓中出土的"飞天纹"玉带与上述人物带板有相似之处，却又有着显著差别，即吐蕃墓出土腰带显示出浓郁的独特风格和西域色彩，这也正是值得我们进行深入研究的重点。以下分别叙述。这副玉带板土浸较重，但可以观察到为青白玉，质地温润，系用和田子玉琢成。图案均为"飞天"。

1. 铊尾2件，为一头方一头圆形，其一长7.5、宽4.9、厚0.5厘米；另一件长7.6、宽4.9、厚0.6厘米，均为飞天形象。飞天形象为浅浮雕。均为双高髻，身穿窄袖交领短上衣，领部为右面盖左面，下身着裤，腰部系有腰带，身体前倾，双腿向右方抬起，身上披帛飘动，另一件衣领为左盖右领，身姿为反方向。背部有四角对穿小孔，用以穿绳系于腰带（图1）。

图1

2. 桃形銙2件，长5.2、宽4.9、厚0.6厘米，为陆兽形象，两件图案一致。浅浮雕出一展翼的陆兽，有头像鸟，大尾，展双翼。不知何名。背部三穿（图2）。

图2

3. 方形銙6件，边长4.8～4.9厘米，均为浅浮雕飞天纹，其间略有差别，分为3组。

第一组，2件，发型为单高髻。身穿窄袖交领上衣，一件右领压左领，下身着长裤，腰部系有腰带，左手高举，右手置于腰际，双腿向左后方翘起，脚以下露出，身披帛带。另一件左领压右领，双腿向右后方翘起，右手高举，左手置于腰际，其余与第一件相同（图3）。

图3

第二组，2件，均为双高髻，身穿窄袖交领上衣，一件右领压左领，左手上举，右手置于腹前；另一件左领盖右领，右手上举，左手置于腹前，其余与第一组相同（图4）。

图4

第三组，2件，均为双高髻，一件衣领左压右，双手向右方抬起作迎客状，双腿向左上方抬起，与头发髻平。另一件，亦左领压右领，右手抚带，左手向左方伸出，双腿亦向左上方翘起（图5）。

图5

以上銙饰玉板，均纹饰高起，作浅浮雕状，轮廓线稍粗，而内部如披帛的中线，衣折线，发丝和裤褶等均使用细线，是这组玉板雕刻的特点。

飞天是印度佛教传说中的护法神，是乾闼婆与紧那罗的复合体。《妙法莲花经玄赞》第二本解释说："梵各健闼缚，此云寻香行，即依乐神，乾闼婆讹也。"西域由此呼散乐为健闼缚，专寻香气，作乐乞求故。慧琳的《一切经音义》（卷二十七）乾闼婆条的解释与《法华经玄赞》相同。《注维摩法经》又说是"天乐神也"。《妙法莲花经文句》卷二下又解释："乾闼婆，此云嗅香……此是天帝俗乐之神也，乐者幢倒伎也。乐音者，鼓节弦管也。"《维摩经略疏》卷第五中也记："乾闼婆，此云香阳，此一凌空之神……又云是天主幢倒乐神，居十宝山身黑相视，即上天奏乐。"乾闼婆这一名称，不仅是称呼鼓节弦管的乐神，而且也把这名词用在了倒立伎的身上。

　　紧那罗，也译作紧捺罗、甄陀罗，汉译是歌神。慧琳《一切经音义》卷二十五中解释："紧那罗或云真陀罗，此云歌神。"又在卷一中解释："紧捺罗，梵语亦乐天名也。正梵音云：紧娜啰歌神也。其音清美，人身马首，女则姝丽，天女相比，善能歌舞，多与乾闼婆天以为妻室。"又《起世经》卷一中说："雪山南面，不远有城，各毗舍离，毗舍离北，有七黑山，七黑山北有香山，于香山中，有无量无边紧那罗住，常有歌舞音乐之声……有一乾闼婆王，名无比喻，与五百紧那罗女……具受五欲，娱乐游戏。"这两种神是经常在一起的，他们都属于天伎，轮流为诸天作乐。《大智度论·十天菩萨来译论》记："犍闼婆是诸天伎人，随逐诸天……甄陀罗亦是天伎，皆属天，与天同住，共坐饮食，伎乐皆与天同……是犍闼婆、甄陀罗恒在二处住，常所居止，在十宝山间，有时天上为诸天作乐。此二种常番休上下。"

　　因为这两种神众，是为天部作乐。天部又是佛的护法，所以佛在耆阇崛山大法会时，四紧那罗王与四乾闼婆王都来参加。在石窟造像上，凡是佛的左右、龛楣的上部或窟顶的平棋上，所刻画出的伎乐，歌舞天人，全部应是乾闼婆与紧那罗的形象。

　　这两种形象与虚空夜叉，都雕造（或绘画）在石窟的窟顶或龛楣上，作飞行状。一般人都错误地把他们叫做"飞天"或"飞仙"，其实他们并不是天。天都是真正佛的护法。乾闼婆和紧那罗，虽然也列入护法之中，实际是供养佛护卫佛而已。

　　总之，乾闼婆和紧那罗当初在天龙八部众神中的职能是有区分的。乾闼婆的任务是在净土极乐世界中为佛散花，散发香气，供养和作礼赞，栖身于花丛，飞翔于天宫。紧那罗的任务是在净土极乐世界中，为佛陀、菩萨、众神天人等奏乐歌舞，居住于天宫，但不能飞翔于云霄。后来乾闼婆与紧那罗的职能混为一体，从而转化为飞天。

　　敦煌莫高窟飞天数量之多令人叹为观止。据统计，仅在莫高窟492个洞窟中就有270多个洞窟绘有飞天图像，共达4500身之多，加上榆林窟、西千佛洞、东千佛洞等处飞天的数目可达6000多身，在这个佛教艺术王国中，真可谓无处不飞天。莫高窟中最大的飞天每身2米多长（130窟大佛殿内），最小的只有5~6厘米长。绘飞天数目最多的洞窟是209窟，共画飞天156身。飞天的艺术种类有壁画、砖雕、泥塑和石刻，前三种多见于河西一带，石刻飞天则多见于云岗、龙门、大足等石窟中，这种现象由特殊的地理环境因素决定。飞天的形象从莫高窟建窟伊始就出现于壁画中，从公元366年到1368年一直延续了千年之久从未间断。第329窟是初唐时期开凿的，这个洞窟的藻井用淡蓝色作底色，象征着天空，中心是一朵盛开的莲花，莲花四周是四身飞天，他们围绕着莲花右旋飞翔，身上的披帛随风飘舞，姿态各异。藻井外围是12身伎乐飞天，他们手持各种乐器边飞边奏。飞天也叫香音神，佛在说法时他们就在天上边飞边散手中的鲜花，身上带有很多的香味，飞过后香气散发在天上……第320窟南壁净土变上方的四身飞天，是莫高窟最美丽的飞天了，可以说是飞天的代表作。这四身飞天，两人一组，呈对称状，在对称中又有变化。在右边这一组里，前面的那一身飞天在向前飞行中身体向后，手里掰着花朵，似在散花，又似在戏弄后面的飞天；而后面的飞天则张开双臂聚精会神向前飞舞，似乎要追上前面的飞天。前面的飞天双手平举，显得舒缓柔慢；后面的飞天右腿作蹬腿状，似在使劲，显得急促有力。敦煌的飞天与西方油画中的天使有所不同，那些可爱的小天使身上长着翅膀，像鸟一样飞；而敦煌的飞天只凭着几根薄薄的丝绸飘带，却飞得那么轻盈自在，使人感到她充满着内在的力量，比起长着翅膀的天使来，更富有想象力，给出人们以更丰富的美的感觉，给人以更大的鼓舞。

敦煌壁画中的飞天，与洞窟创建同时出现，从十六国开始，跨越了十几个朝代，历时千余年。直到元代末期。随着莫高窟的停建而消逝。在这十几个朝代里，由于政权的更替，经济的发展繁荣，中西文化的频繁交流等历史情况的变化，飞天的形态以及情趣、意境和形式风格，都在不断地变化。一千年间敦煌飞天形成了自己具有特色的演变发展历史。其演变史同整个敦煌艺术发展史大体一致，分为四个时期。一、兴起时期。从十六国北凉到北魏（336～535年）大约170余年。此时期的敦煌飞天深受印度和西域飞天的影响，是西域式飞天。二、创新时期。从西魏到隋代（535～618年）大约80余年，此时期的敦煌飞天，处在佛教天人与道教羽人，西域飞天与中原飞仙相交流，相融合，创新变化的阶段，是中西合璧的飞天。三、鼎盛时期，从初唐到晚唐（618～970年）。贯穿整个唐代大约300年。此时期的飞天进入成熟鼎盛时期，艺术形象达到了最完美的阶段。这时期的飞天已少有印度西域飞天的风貌，是完全中国化的飞天。四、衰落时期。从五代到元代（907～1368年）大约460余年。这一时期的敦煌飞天继承唐代余韵，造型动态上天然创新，逐步走向公式化，已无隋代的创新多变、唐代的进取奋发精神，飞天的艺术水平和风格特点虽不同，但一代不如一代，逐渐失去了原有的艺术生命。

从飞天的艺术形象说它不仅仅是一种单纯的文化艺术形象，而且它是一种多种文化的糅合体。飞天的故乡在印度，但是飞天却是在印度文化、丝绸之路文化、西方文化和中原文化共同孕育中成长发展的。飞天可以说是中国艺术家最具天才的创作，翩翩起舞的形象与静止僵化的佛像形成对比，使洞窟增添了活力，使佛说法的场面更加隆重，使听法与护法的诸神更加多元化，使整个道场更具人性化，不能不说是佛教艺术史上的一个奇迹。

关于吐蕃墓葬新出土的飞天纹玉带板的年代问题，与敦煌飞天相比，其上身穿窄袖交领衣，下身着裤的现象与敦煌飞天有异，显然属自身特点，其雕刻技法中采用浅浮雕和阴线刻与吐蕃时期金银器的捶揲效果亦有相近之处，加之出土于吐蕃墓葬，因此，我们将其归属于吐蕃文化。当然，飞天的发髻单高髻和双高髻等显然来自中原影响。根据发髻和脸形等与中原和敦煌的飞天相比，大体上相当于初唐与盛唐之交，即相当于7世纪末至8世纪初，以上断代可能不致有大误。

关于桃形带板中的陉兽图像，前所未见，但绘画方法较为相近的，见于宁夏固原唐代史索岩墓，在墓志四边刻有兽图形，与带板上的陉兽有一定相似之处，该墓年代为显庆三年（658年），与我们断定的飞天纹带板的年代相去不远[8]。

这一类兽图形，姜伯勤先生称之为畏兽，他认为是与祆教有关的图形，是畏兽天神图像进入中国祆教美术的例证，见于安阳北齐粟特人的石棺床。畏兽图也被称为鬼神图，类似这种有翼的兽身图像，很早就见于伊朗的图像之中，他认为，中国汉代以来动物形式出现的神陉异兽，被波斯一系的入华祆教采用作为天神中的一种图像[9]。即使是飞天图像，也与祆教有关。在佛教艺术中，飞天被称为"乾闼婆"与"紧那罗"，是乐舞之神。而在祆教中，飞天图像及伎乐天神图像，则属于小天使。考隋李和墓在装饰上多有连珠纹，颇受到祆教艺术影响，棺盖中有二女人首凤身手执太阳的飞天，后部又有二人形飞天，则北周时中国祆教美术中的飞天形象表现伎乐天神，其来有自。《西安发现的北周安伽墓》云"火坛左右上方分别刻对称的伎乐飞天"，当可与李和墓棺盖上的隋代飞天图像相比较[10]。这一类图像在祆教中象征着福运和财富，蕴涵"福运"的灵体。

7 世纪以来，上述多种文化因素与吐蕃文化持续不断的剧烈碰撞，由此很早就形成了一种融合各派、自成一体的审美风格与样式。事实上，融合多种区域风格，已成为吐蕃艺术的主要特征，有时甚至同时包含有数种不同地区的艺术风格，在吐蕃金属工艺品、绘画、佛教雕塑、丝织品中得到了充分体现，在吐蕃玉带板中也得到了充分反映。

众所周知，我国玉器史上始终存在着一个非常矛盾的现象，即：真玉产于西部的和田，而治玉中心一般认为集中在我国的东部地区，进而造成人们的一个错觉。认为以于阗为中心的广大西部地区的居民不会碾玉；或者即使有人能治玉，但技法亦不会高明。乾隆癸丑御制诗"和田产良玉，追琢乏工为……"便代表了这种看法。可是历史记载并不如此。

《旧唐书》云："于阗国出美玉，俗多机巧。贞观六年（632 年）遣使献玉带。"《新唐书》亦载："于阗有玉河，国人夜视月光盛处，必得美玉"，"以木为笔，玉为印"，"初，德宗即位（781～805年）遣内给事朱如玉之安西求玉于于阗得圭一、珂佩五、枕一、带銙（即绔）三百、簪四十、奁三十、钏十、瑟瑟百斤并它宝"等。

以上的记载简明扼要，足以说明西域地区的制玉行业不仅存在过，而且还曾达到了相当大的规模和相当高的水平，否则，唐朝廷是不会遣官求玉到于阗的。到了北宋，于阗人甚至以"大朝大于阗金玉国"自诩，这亦从一个侧面说明了于阗确定有过采玉、治玉的黄金时代。

在《新唐书·车服志》的记载中，有一个应该引起我们特别注意的问题，即：在唐高祖时腰带銙的质地有金、犀、银、铁等，唯独无玉，至显庆元年（656 年）之后，才出现了"以紫为三品服，金玉带胯十三"的记述，这比于阗王于贞观六年进献玉带晚了二十四年。这个事实使我们有理由推测，唐代服制增设玉带可能是受到于阗国所进玉带的影响，逐步恢复了崇玉的古老传统，到高宗时，才进一步形成定制的。

对于吐蕃来说，更有理由从于阗获得和田玉。吐蕃对吐谷浑的征战是很早的。唐贞观十一年（637 年），吐蕃借向唐求婚不遂之事为由进攻吐谷浑。后经高宗显庆五年（660 年），龙朔三年（663年）的战争，吐蕃大破吐谷浑之众，"遂有其地"[11]。至此，吐蕃占领了青海湖周围及其以西的吐谷浑故地，控制了经柴达木盆地去鄯善的"吐谷浑道"，关于吐蕃经吐谷浑道出入西域之事，见于唐开元以前修成的《沙州图经》："萨毗城，右西北去石城镇四百八十里。其城，康艳典造。近萨毗泽日六十里，山险，恒有吐蕃、吐谷浑来往不绝。"[12]但根据文献记载，在吐蕃控制"吐谷浑道"之前，其军队已开始出现在西域。如龙朔二年（662 年），吐蕃曾在疏勒一带配合西突厥弓月部与唐军作战，所取路线或出于阗之南山。之后，吐蕃加强了对西域的进攻。麟德二年（665 年），吐蕃率疏勒弓月之兵共攻于阗；咸亨元年（670 年）攻陷西域十八州，迫使唐朝罢安西四镇；仪凤二年（677 年），攻疏勒、龟兹等[13]。在这一系列事件中，吐蕃军队所取的路线，或由"吐谷浑道"，或出于阗之南山，均有可能。如果分析上述事件，从 662 年吐蕃军队首先出现在疏勒一带，665 年又引疏勒、弓月等东向攻于阗看，我们还倾向于认定吐蕃军队是出于阗南山进入西域的。

武则天，唐朝武威道大总管王孝杰"大破吐蕃，复龟兹、于阗、疏勒、碎叶镇"，"自此复于龟兹置安西都护尉,用汉兵三万以镇之"[14]。唐朝既复四镇,又以重兵镇守,《新唐书·地理志》安西大都护府条曰:"于阗东界有兰城,坎城二守捉城。西有葱岭守捉城,有胡弩、固城、吉良三镇。东有且末镇,西南有皮山镇。"这样吐蕃欲寻旧道进入西域已属不易,势必寻求新的路径,这样从吐蕃经勃律向安西四镇,西往吐火罗、波斯的中西通道势必摆上日程。

我们尚可从史籍中看出吐蕃经略"吐蕃—勃律道"的端倪。《通典·边防》吐蕃条载:万岁通天二年(697年),吐蕃大论钦陵请和,武则天遣郭元振至野狐河与之议事。钦陵请唐拔去西域镇守,使四镇诸国,西突厥十姓各建王侯人自为守,既不款汉,又不属蕃。其理由是"十姓中,五咄六部诸落,僻近安西,是与吐蕃颇为辽远。俟斤诸部,密近蕃境,其所限者,唯界一绩,骑士腾突,旬日即可以蹂践蕃庭,为吐蕃之巨蠹者,唯斯一隅"。上述记载,可以理解为唐朝在7世纪末收复四镇以后,吐蕃已着手经略能够从西面进入四镇的勃律道,其军事指挥中心一度进入今帕米尔以南地区。

这种情况在藏文文献中也有所反映。写成于公元9世纪的《金刚瑜伽成就授记》,题有"勃律节度衙"这样的军政机构名称。所谓"节度衙",是公元7世纪至9世纪吐蕃设于本土之外的一级军事机构,它管辖的范围相当于唐朝的几个州[15]。由此可见,从公元8世纪起,勃律在吐蕃诸辖地中成为重要的军政单位之一,这自然与吐蕃对该地区的经略有关。

总之,公元7世纪以后,随着吐蕃王朝的建立和强大,吐蕃势力逐渐开始进入西域,于阗由于其在地缘上与吐蕃本土,紧相毗邻,具有重要的战略地位,自然也成为吐蕃争夺的要地。王小甫先生也推测,吐蕃最早进入西域是通过越"于阗南山"的道路,于阗成为当时吐蕃统治西域的中心[16]。吐蕃占领西域之后,吐蕃统治下的于阗也成为当时丝路文化与宗教交相融会的一个重镇。

西域有自己的治玉业并生产了大批玉器已为史籍所证实,下面再看看吐蕃飞天纹玉带板与于阗绘画的关系。据《历代名画记》载,于阗国名画家尉迟跋质那及其子乙僧二人,分别是为大小尉迟,以丹青供奉初唐内廷。乙僧,国初授宿卫官,袭封郡公,善画外国人及佛像,"用笔紧劲,如屈铁盘丝"。若以此特点来比附飞天纹玉带板的形象,确是相当吻合的。玉带板的技术处理及其艺术风格与于阗绘画的特色也是非常相近的。所以这几件飞天纹玉带板,很可能是吐蕃治下的和田玉工所琢,有着独特的西域风格,它是吐蕃时期制作玉器的有力物证,有着重要的研究价值。

(原载《青海藏族》2016年第1期)

注　释

[1]　参见郭沫若著:《中国古代社会研究》一书中的周易时代的社会生活。

[2]　王同维:《观堂集林》卷二二,《胡服考》。

[3]　马缟:《中华古今注》卷上,文武品阶带条。

[4]　沈括:《梦溪笔谈》卷一。

[5]　《新唐书·舆服志》卷二四。

[6][7]　《唐会要》卷三一,章服品条。

[8]　罗丰:《固原南郊隋唐墓地》,文物出版社。

［9］姜伯勤：《中国祆教艺术史研究》，三联书店。

［10］隋李和墓石刻所见飞天，见《文物》1966 年第 1 期。

［11］《新唐书·吐蕃传》《新唐书·吐谷浑传》。

［12］引自池田温：《沙州图经略考》，《木夏博士还历纪念东洋史论丛》，明和印刷株式会社，1975 年，第 93 页。

［13］《册府元龟·将帅部》《册府元龟·外臣部》《旧唐书·高宗纪》《新唐书·突厥传》。

［14］《旧唐书·则天皇后纪》《旧唐书·龟兹传》。

［15］巴俄·祖拉陈瓦：《贤者喜宴》，第 372 页。

［16］斯坦因著，段晴等译：《沙埋和阗废墟记》，第 182 页，新疆美术摄影出版社，1994 年。

天堂喜宴

——青海海西州郭里木吐蕃棺板画笺证

罗世平

吐蕃绘画的庐山真面目，在尘封了千年之后于 20 世纪逐渐有所发覆，最先进入学界视野的是敦煌莫高窟的部分壁画和绢纸画，一些作品即画于吐蕃占领敦煌时期。20 世纪 80 年代以来，文物考古部门在青海省都兰县血渭草场又发现了吐蕃墓葬群，出土了一批吐蕃时期的重要文物，其中的丝织品图案和木板画残片为观察吐蕃绘画增加了新内容[1]。2002 年，青海省海西州郭里木乡再次发现吐蕃时期的墓葬，从中出土的彩绘棺板虽已难作组合拼对，但部分彩绘画面保存较好，内容有画在棺头挡上的朱雀、玄武和花鸟，画在棺侧板上的会盟图和葬礼图[2]。特别是其中两块侧板上的多情节画面，人物形象、题材内容和风格技法均具有鲜明的民族特色，一些情节可以与历史文献相互印证。本文拟题"天堂喜宴"，是因为两块棺板上画的拂庐宴饮不仅是画面的中心，而且还带有生活实录的特点。显然，它是这个民族社会生活和表达天国观念的特有方式。以下即是关于这两块棺板画主题内容的考识，与棺板画相关的其他问题另文讨论。

A 板画的图像与主题

郭里木棺板画 A 板是由多个叙事情节组成的主题画面，以拂庐宴饮为叙事的中心，相关的人物活动分别安排在两侧，现按画面的叙事顺序和情节标出 5 个图号，为每图配上题目，再参用文献逐图给予说明（图一）。

1. A 板图①　猎鹿驱牛

猎鹿驱牛图可以视作 A 板画的起首。在棺板左下画一人骑马引弓，马前画有三头奔鹿，其中一鹿中箭将仆，另二鹿急急逃窜。人马和奔鹿向左冲向板外。转上是追射牦牛的场面，画三位骑猎者追杀二头健壮的牦牛，其中一牛中箭仍负痛奔突。在牦牛的下方，一条猎犬追堵牦牛的逃路。在牦牛的头前另有两骑，近牛者的坐骑撒开四蹄，仍是追猎的动势，最前的一骑贴近中心的大帐，画的是勒缰控马的姿势。从 A 板左下的猎鹿开始，到左上控马者为止，猎鹿射牛告一段落，画面开始由动转静。

图一　青海海西州郭里木棺板画 A 板

图二　青海海西州郭里木棺板画 B 板

这个以狩猎开场的画面是古代青藏高原游牧民族生活的真实写照。据史籍记载，在吐蕃领有这个地区之前的民族是吐谷浑，《隋书·吐谷浑传》记其地的物产和生活方式：

地数千里，有城郭而不居，随逐水草，庐帐为室，肉酪为粮……气候多寒，土宜大麦，蔓青，颇有菽粟。出良马、牦牛、铜铁、朱砂之类。

7 世纪以后吐蕃逐渐强盛，成为这块土地的统领者。吐蕃人仍是以游牧为主。《旧唐书·吐蕃传》：

"其地气候大寒……畜多牦牛猪犬羊马……其人或随畜牧而不常厥居，然颇有城郭……贵人处于大毡帐，名为拂庐。"

《敦煌本吐蕃历史文书·赞普传记》曾收录有墀都松（器弩悉弄）赞普唱出的一段歌词，是对吐蕃游牧生活的描述：

"青天上出了太阳，和煦阳光使大地温暖，羽翎安装得很精细，箭镞头非常锋利，一箭就能射死麇鹿，射死了麋鹿养活了人。"[3]

无论是吐谷浑人还是吐蕃人，他们的生产生活方式仍处在骑猎游牧的阶段。在吐蕃人进入青海之后，吐蕃的生活习俗也随之进入青海地区。棺板上所画猎鹿和射牦牛的情景即是吐蕃时期青海地区民族的生活习俗之一。

2. A 板图② 驼运赴盟

棺板左侧的中部画一支驼队，左起猎鹿的追骑，右至庐帐。中间一驼，满载货物，驼前三骑，驼后一骑，前后相继。人物缠头，着圆领或翻领长袍，束腰佩带箭囊。面向驼队有二位袖手躬腰的人物，他们立于帐前迎候这支驼队的到来。

帐前迎候者起着叙事情节的转换作用，一方面将画面引入拂庐宴饮，一方面示意这支驼队是为会盟而来，驼运的货物也是专为会集而征调。

吐蕃是一个军事部落联盟的邦国，会盟是维系各部落联盟的重要手段，王室与小邦之间，部落与部落之间，勋臣与贵族之间，乃至于吐蕃与邻国之间，常以盟誓的方式结成盟友。《新唐书·吐蕃传》称：

"赞普与其臣一岁一小盟，用羊、犬、猴为牲；三岁一大盟，夜肴诸坛，用人、马、牛、间为牲。"

这是定期的会盟。吐蕃集会议盟形成制度，是在芒松芒赞五年（木虎年，654 年），时由大相禄东赞召集盟会，将松赞干布时期实行的"桂"、"庸"等级及财产义务，征发户丁，粮草劳役，召集部族首领商决军政事务等一系列做法以法律条文的形式规定了下来。从芒松芒赞晚年起，每三年举行集会议盟形成制度，此即《吐蕃传》所说的"三年一大盟"。如遇有战事或突发事件，盟会则改为每年的冬夏各召集一次或随事举行。比如吐蕃与唐朝在唐穆宗长庆二年（822 年）的会盟，即是历史上著名的一次因事而盟，其事详见《新唐书·吐蕃传》，《唐蕃会盟碑》至今仍立在拉萨大昭寺门前的公主柳下。《敦煌本吐蕃历史文书·大事记年》中对这类临时性的会盟另有多条记载。如 29 条：

"及至虎年（高宗仪凤三年，戊寅，678 年）"

赞普父王遗骸隐匿不报，厝于"巴拉木"。初冬，于"洛"之"玉阶"集会议盟。隆冬于"邓"

集会议盟……是为一年。又 33 条：

"及至狗年（武则天垂拱二年，丙戌，686 年）"

赞普驻于辗噶尔。大论钦陵声言领兵赴突厥，实延缓未行，夏，于"雄那"集会议盟。冬，于查玛塘集会议盟。定襄·蒙恰德田地之贡赋。是为一年。

会盟中有一项重要内容是征调赋税粮草和劳役兵丁，吐蕃称作"大料集"。《敦煌本吐蕃历史文书·大事记年》47 条：

"及至猴年（武则天万岁通天元年，丙申，696 年）"

赞普驻于"悉立"河谷。大论钦陵于吐谷浑（阿夏）之西古井之倭高儿征吐谷浑（阿夏）大料集。冬，于"倭巴尔园"由芒辗细赞集会议盟。赞蒙芒末支调集青壮兵丁多人。是为一年。

类似的记载在汉藏文史料中还有多处，不一一引录，会盟和大料集反映了吐蕃军事部落联盟的基本特点。棺板上画出的驼运会盟虽不能完全反映吐蕃王室会盟料集的规模，但可从图中知悉吐蕃会盟料集的基本方式。

3. A 板图③ 拂庐宴饮

这是 A 板的主题画面，中心绘二顶帐篷，一前一后相连。前面的大帐门口，左右各立一人迎接客人。门帘卷起，可见帐内举杯对饮的夫妇。男子头戴虚帽，着翻领长袍，女子戴巾佩珠饰，穿翻领衣。帐外是摆开的酒席，饮酒者有坐有立，姿态各不相同。靠棺板的底边，见一醉酒者转身吐酒，一人仰面吹角。宴席中的男子着翻领长袍，头上的帽子有两种，一种包头缠巾，一种为高起的虚帽。宴席的右边站立一组长袍女子。画面因漫漶人物有残缺，但仍可看出是一次人物众多的大型集会，坐帐对饮的夫妇应是本次盟会的召集人。

画上的帐篷很有特点，顶部开有喇叭形的圆孔，吐蕃称作"拂庐"。按《新唐书·吐蕃传》：

吐蕃本西羌属，盖百有五十种，散处河、湟、江、岷间……有城郭而不肯处，联毳帐以居，号大拂庐，容数百人，其卫甚严，而牙甚隘。部人处小拂庐。

看来"拂庐"这种吐蕃人所用的帐篷不仅能遮风挡雨，而且形制大小还有贵贱等级的区别。画上的二座拂庐，前后相连，即可与《吐蕃传》"联毳帐以居"的说法相照应。举凡会盟料集，婚葬节庆等宴饮活动通常也以拂庐为中心。《新唐书·吐蕃传》中收录唐穆宗长庆二年唐蕃会盟使者刘元鼎所见吐蕃赞普大帐及宴饮的情状：

"藏河之北川，赞普之夏牙也。周以枪累，率十步植百长槊，中剟大帜为三门，相距皆百余步。甲士持门……中有高台，环以宝楯，赞普坐帐中，以黄金饰以蛟螭虎豹，身披素褐，结朝霞冒首，佩金镂剑……唐使者始至，给事中论悉答热来议盟，大享于牙右，饭举酒行，与华制略等。"

吐蕃赞普为唐蕃会盟而建牙帐，设宴会，礼客方式是吐蕃式的。拂庐宴饮的情节常见用于吐蕃的集会议盟、奖励功臣的活动中。如《敦煌本吐蕃历史文书·赞普传记》中讲述墀松赞赞普与韦·邦多日义策父兄子侄七人的盟会：

"（韦氏）乃于拉木、恰拉山中间之冲木地方，以半克青稞煮酒，敬献饮宴，并献上犀皮铠甲一套，自战场缴获之带鞘之长剑两把，作为赞见之礼，赞普乃与之盟誓。"

墀松赞与韦氏部族盟会，以酒盟誓，内容是保证在韦·义策死后，韦氏子孙永受金字告身，不会断绝。另有一例为表彰功臣的特殊设宴，是赤德松赞对创制吐蕃新体字的轨范师珠·云丹的奖赏。按《娘氏教法源流》的说法，在云丹书写范本时，要设开头宴；进行到中间时，设工间宴；书写完成后，设结束宴。月亮升起时，设月宴；洗发时，设水宴。还有举食宴、褒奖宴等名目繁多的宴会[4]。可见，吐蕃人在集会议盟，军政料集、论功行赏、婚丧嫁娶、降神祭祖的活动都有宴饮的安排，蕃人喜宴，这几乎成了维系吐蕃社会正常运转的基本方式。

　　4. A 板图④　客射牦牛

　　在大帐的右边，棺板高帮的右上角绘有客射牦牛的情节，中心人物是一位张弓搭箭的男子，弓箭所对的牦牛被拴系于树干，伏卧于地。射牛者头戴虚帽，足踏一方小垫毯。其余 5 人半围着射牛者。他身后的人物一手持弓，一手取箭待射。上方有二人袖手观看，一人手捧杯盘，一人执酒壶侍奉。

　　客射牦牛是吐蕃接待宾客的一种特殊礼节，《新唐书·吐蕃传》称：

　　"其宴大宾客，必驱牦牛，使客自射，乃敢馈。"

　　《吐蕃传》所描述的吐蕃人待客的这个习俗，包括了驱赶牦牛和客人自射的内容。前述图①骑射驱赶牦牛的情节和这幅客射牦牛的画面可以前后相续，文字记载并不如图画来得真实生动，一目了然。驱赶牦牛，使客自射在画上明确地表现为一种仪式，射牛者足下的方毯表明了他大宾客的身份。

　　5. A 板图⑤　男女合欢

　　画面情节由 3 人组成，画在大帐的上方。一对青年男女正在做爱，其旁另画一缠头大须的男子双膝跪踞，手抚阳物。在青年男女的头边画出图案化的花草，表明是在野外。如此真实的描绘男女合欢的情节，在墓葬壁画和葬具图像中从未见到过，从两名男子一长一少的特征来看，或与吐蕃部落一妻多夫的婚姻习俗有关。

　　在以上 A 板图的画面中，人物有一个共同的特征，不论男女，面部都用赭色涂画，男子涂画较满，女子有的是对称画出的条纹，带有某种化妆的特点。与文献曾记载的吐蕃人的赭面习俗相符。所谓"赭面"，即是用赭红的颜色涂在脸上，有的涂成满面，有的画成对称的条纹，带有原始禁忌的遗痕。郭里木棺板画上的人物赭面，应是由吐蕃民族自远古传下来的特有习俗。据《旧唐书·吐蕃传》的记载，吐蕃赭面的习俗曾因文成公主进藏之初，"公主恶其人赭面，弄赞令其国中权且罢之"。这个习俗自此并没有消除，大概在文成公主安居其地后，赭面的禁令就被解除。到松赞干布的孙子赤松德赞主政时，吐蕃旧有的本教习俗禁咒，包括赭面在内，仍是吐蕃推行佛教的主要障碍。如赤松德赞发布的《兴佛盟书》（即第二盟书）中斥责的那样：

　　"夫吐蕃之旧有宗教实为不善，敬奉神灵之方法与仪轨不符，故众人沉溺于不善，有人身涂红颜，有人存心有碍国政，有人癖好使人畜生病，有人醉心于招致灾荒饥馑。"[5]

　　兴佛盟书中的"身涂红颜"指的即是赭面。当时四处征战的吐蕃军队因其赭面而被称作"红脸军"。那当版《甘珠尔》（Bkav - vgyur, fol. 14a. 7, sqq. ）目录卷引录的莲花生（Padmabyung - gnas）文告中就曾提及，现予摘录：

　　"突厥（Gru - gu）格萨尔，居住于北方一隅，后来因对命令不满，敌对的吐蕃护法神红脸军开始行动。在远至突厥国的温弩地方，吐蕃军队撑起了黑帐篷，护卫人民，那些人的国家被推翻，迁入'门（Mon）'的领土内。"[6]

文中的"吐蕃红脸军"即是专指赭面的吐蕃军队。吐蕃的赭面习俗，在后来藏族的历史上还保存了很长一段时间。

A板画虽是由多个情节组合成的画面，但各情节间有着密切的内在关联。从棺板左起，狩猎、驼运及人马行进均向宴饮汇集，客射牦牛亦属盟会宴饮不可分离的内容。根据以上对各情节画面的观察，棺板A除野合的情节稍显特殊外，其余的内容均与文献记载的吐蕃会盟这一主题相扣合。为便于今后的讨论，权将A板画定名为《会盟图》。

B 板 画 的 图 像 与 主 题

郭里木棺板画B板的叙事结构与A板完全相同，画面以棺板的矮帮（右）为起首，渐向棺板的高帮（左）推进，到拂庐宴饮形成高潮。现按B板的叙事结构，将情节分出6个图号，分别拟题给予说明（图二）。

1. B板图①　灵帐举哀

画在棺板的右下，人群分成两组。紧靠棺板的右边，画三人四马。马匹站成一排，头身皆披红黑图案的彩衣，类似虎皮。马前并排站立的人物，有二人戴黑地红纹的大沿礼帽，一人缠头，腰间佩刀，人物表情肃穆。与他们相对，画一躬身长袖的接待者。这组人物的前方，可见三位免冠的人物，跪在小帐门前。小帐略与人高，特用红黑基调的对圆连珠纹织品制成，与马衣的装饰相似。门帘开处，依稀可见类似棺木的彩画线条（因画面过于模糊，不能确认其形），这应是专为死者而设的灵帐。灵帐的上方画四位女子，领前的一位脸上有用墨线画出的泪痕，其余的女子表情悲苦。灵帐下方画三位背向的人物，从缠头戴帽的装束来看，应为男子。这两组夹侍灵帐的男女人物，是死者的亲属，他们为死者守灵，接受前来的吊唁者。隔灵帐稍远，还画有女侍、骆驼和盛酒的大罐。

关于吐蕃的葬俗，《旧唐书·吐蕃传》的记载仅限于父母和赞普的丧事：

"居父母丧，截发，青黛涂面，衣服皆黑，既葬即吉。其赞普死，以人殉葬，衣服珍玩及尝所乘马弓箭之类，皆悉埋之，仍于墓上起大室，立土堆，插杂木为祠祭之所。"

现据新疆米兰古藏文简牍补充与灵帐举哀画面相关的记录。米兰 vii，3 木简：

"哀悼开始，直到被埋葬男方的所有妻子们悲痛到了极点（为疾患致死），由水酒供者带来，主人和仆人们开怀畅。"[7]

按米兰木简，吐蕃葬俗有举哀哭灵的仪式是清楚的。在这个吊唁举哀的画面中，还有两个细节关系到吐蕃人的葬俗。其一，停灵的小帐用特别的图案来制作，与吐蕃墓上起屋彩画的做法相同。吐蕃彩画灵堂的葬俗见《新唐书·吐蕃传》：

"其死，葬为冢，墼涂之。"

所谓"墼涂之"，说的是彩画屋顶。赞普的陵墓和常人的墓所都有建筑，并要加彩绘的。真实的情景另有曾参加过公元822年唐蕃会盟的使臣刘元鼎的亲见实录，《新唐书·吐蕃传》下：

"河之西南，地如砥，原野秀沃，夹河多桱柳，山多柏，坡皆丘墓，旁作屋，赭涂之，绘白虎，皆虏贵人有战功者生衣其皮，死以旌勇，徇死者瘗其旁。"

刘元鼎的实录不仅证实了吐蕃人的墓上有灵堂，有彩绘，而且还说出了所画为白虎的细节。这也正是在 B 板图①中要留意的第二个细节，即彩马和灵帐的纹饰。这种红黑基调的半圆条纹虽不是写实的虎纹，但用来装饰彩马却有虎纹的效果。吐蕃习俗"重兵死，恶病终，累代战没，以为甲门"（《新唐书·吐蕃传》），对战场立功者的奖励是按战功大小分为六种，称"六种勇饰"，即虎皮褂、虎皮裙、缎鞍垫、马镫缎垫、虎皮袍和豹皮袍[8]，虎皮勇饰的规格最高，其制与刘元鼎的说法吻合。《柱间遗训》曾记松赞干布死，大相噶尔·东赞域松负责办理丧事，以檀香水洗净遗体，穿上吊绢绫衣，扶坐在虎皮座上，安葬在有五佛殿的陵墓中[9]。据此似可推断，图中灵帐和彩马的装饰表明死者应是有战功的吐蕃贵族。

2. B 板图②　多玛超荐

图像画于棺板右上角，画三人，板边彩马的上方画一扬头举袖作呼号状的人物，着蓝色衣，人物仅画出半身，头上戴有小冠，身后画一位红袍红帽的人物，与这二人相对，也有一位头戴小冠的男子，作跨步伸手的姿势，手上持有类似画笔的物件，手的前方是一件挂起的红衣，衣有长带垂下。在这个情节中，举袖呼号的蓝衣人和画衣人头上都戴有小冠，与棺板上其他人物缠头或戴虚帽均不相同，画衣者和呼号者应是在进行葬礼的一种仪式。

吐蕃的葬礼用苯教旧仪，丧事由苯教师主持。藏文抄本《巴协》曾详细记载了赤松德赞的葬礼：

"马年孟春月（藏历正月），赤松德赞王薨逝，琛·赞协勒索（mchims – btsanbzher – legs – gzigs）等崇信苯教的大臣……在札玛措姆古（brag – dmar – mtsho – movgur）支起牛毛大帐，从马群中选出多匹体格强壮，善跑的马匹，修建了马场，缝制宽敞的帐篷，并召来彭域地区的阿辛（ashen）、齐布（byi – spu）、蔡波（mtshe – pog）、雅额（ya – ngal）等一百二十七位苯教师，决定由他们为赞普赤松德赞超度。"[10]

这是自悉补野聂赤赞普立国以来一直沿用的国王超荐仪式，规模盛大。苯教师的穿戴最明显的标志是头戴鸟冠，前引唐朝会盟使臣刘元鼎在吐蕃牙帐见到的苯教师就是"鸟冠虎带"的打扮，《新唐书·吐蕃传》引刘元鼎说："巫祝鸟冠虎带击鼓，凡入者搜索而进。"他们在做超荐法事时，分别要承办制作死者亡灵替身的假人假物和祭神的供品等事宜，这些供品称作"多玛供"。如米兰 vi，2a 藏文木简：

"……按习俗做一对替身物——多玛供，然后，献降神酒。午饭，连续献上迎宾青稞酒三瓢，置一盛酒大碗，顺序饮酒，苯教主讲往昔历史。"[11]

英国藏学家托玛斯转写翻译这段简牍文字，将"替身物"翻译成假人假物，并识有苯教师念诵超度咒语的内容。他的译文为：

"……黄昏时上供，所备一份饮料，放入供神灵的假人假物，予以浸泡，接着就安排（或给予）使用有灵气的勺子，行进到有灌木丛的庭院处，在繁密的灌木丛中把它吊起，很快地发出咒骂的语言。"[12]

米兰木简所记的超荐仪式是为普通人所设，用作替身的多玛供可能还有别的做法，如米兰 xx-iv.0017 藏文简牍：

三份（三堆）多玛供（中祭三宝，左祭神，左祭鬼），各堆前置圆饼、发面饼、煨桑树枝、旗杆、新麦……[13]

无论多玛供如何供设，其中有两个关键的内容，其一是制作假人假物作为替身，其二是仪式过程中有苯教师念诵咒语。这两个情节都画在了棺板上，执笔画衣的人物表示是在制作假人，举袖向天的蓝衣人应是念诵咒语的动作。他们头额上的小冠，标明了他们苯教师的身份。

3. B 板图③　送鬼祈福

在棺板的上方有五骑组成的马队，前导三骑，领头者手擎红色长幡催马奔驰，长幡飘卷，在他身后二骑紧随。拖后二骑马疾如飞，一人侧身拉弓，一人俯身下射，箭指方向有一双角小兽奔窜跳起。这行举幡飞驰的马队，是专为送鬼祭神而派出的，属于葬礼的另一段内容，由图②接续而来。

吐蕃苯教旧俗既信天神，又信鬼怪精灵，人死即送鬼魂离家。这一禁忌在古藏文简牍上有记载。米兰 iv，35 木简记的是卜问家中有无鬼魂事：

"右肩胛骨，可卜问死者鬼魂是否仍强留家中是否离去有无鬼魂留下的迹象。"[14]

因为有此禁忌，所以打彩幡送鬼魂离家也是吐蕃葬俗中必不可少的环节。情形又见 M. I. 0018 藏文简牍：

"派出为祭降生时命宫守护神和祈求保佑的男女值日福德正神之苯教巫觋师徒，助手悉若登、苯波雅堆，引神人期同温巴，小苯波赞粗慕阻，厨子梅贡，供养人卓赞，并带上祭降生男女命宫守护神、祈求福佑之各色彩幡，大虫皮勇士桑矫让，大虫皮勇士乞力，以及筑腊钵热。"[15]

简牍中详细记录了派出祭神祈福的苯教师徒、助手、着虎皮勇士的名字和求神佑的各色彩幡，人数比棺板上画出的还要多，图中所绘打幡的马队与简牍所说派出祈福祭神的人众性质相符。

4. B 板图④　牛马献祭

画在擎幡骑队的下方，右接灵帐举哀图，画上生动地画出四位持棍棒赶牛马的人物，其中三人骑马正将牛马拢集起来，另有一位红衣人站在灵帐后，扶棍躬身合手，正向守灵者禀告事宜。

这群被拢集的牛马紧接着灵帐，并画出拢集者禀告的情节，因此可以认为被拢集的牛马一定是葬礼之需。按吐蕃苯教的葬俗，人死超荐需用牛马牲灵，亲朋会集，杀马动辄数十匹，多至百匹。通过献祭动物这种方式，死者的灵魂得享天国的喜宴。以下移录二则藏文资料：

《敦煌本吐蕃历史文书·赞普传记》录伦赞赞普与韦·义策盟誓誓词：

义策忠贞不贰，你死后，我为尔营葬，杀马百匹以行粮，子孙后代无论何人，均赐以金字告身，不令断绝！

伦赞赞普誓词的两个承诺之一就是为义策死后营葬，杀马百匹献祭超荐。又，《贤者喜宴》转引赤松德赞赞普在素浦江俄园宫主持完佛苯二教辩论后宣布决定：

以后不准信奉苯教，不准为了超荐亡灵而宰杀牛马及牲灵，不得以血肉供祭，凡为赞普王室消祸禳灾之法事，如果需以苯教法事祭祀妖魔者，除蔡弥（tshe－mi）和象雄两处外，不准在他处举行此等法事[16]。

赤松德赞在位时，极力推行佛教，但苯教势力很强大，宰杀牛马，用血牲祭神有违于佛教的主张，赞普欲借佛教僧人寂护与本教师的辩论来推行佛教，他首先要破除的就是宰杀牛马的苯教超荐陋习。

以上文献可证，B 板图④所画牛马群即是专为超荐死者而准备的血牲祭品。

5. B 板图⑤　跽地拜谒

画主客二人拜见，情节相对简单。主人着蓝衣坐地，双手前伸还礼。与之相对，有一大须男子双手据地，匍身抬头面向蓝衣人，口半张。这样的谒见方式为吐蕃人拜见时的特有礼节。《旧唐书·吐蕃传》专记其事：

"拜必两手据地，作狗吠之声，以身再揖而起。"

对照画中据地的人物，即是伏地作狗叫的姿势，图中所画为吐蕃人的拜见礼。

6. B 板图⑥　葬吉宴饮

这是 B 板上人物最多的画面，位于棺板的左侧高帮，占了几近棺板的一半。画面有一大帐，宴饮的酒席设在大帐之外，帐门外画一跪坐男子与人对酒，卷帘处有一女子手捧碗盏，他们可能是宴会的主人。画的前景处绘有坐地宴饮者、起立敬酒者以及侍宴者。宴饮场地的中央，画一躬身长袖面向帐门的人物，远处画席地围坐的女宾。大帐的左侧贴板边另画有人物，但因画面漫漶，不能清楚辨识。现能清楚指认的宴饮人物共有 28 位，宴饮的气氛较为轻松，是葬礼结束后的一次酒宴。

吐蕃人的葬俗相对简省，正是《吐蕃传》所说的"既葬即吉"。除吉即行酒宴，是参加葬礼的苯教师、亲朋好友的聚会。棺板画上的这一习俗在古藏文简牍资料上也有反映，前节引录的米兰 vii，3 木简译文中清楚地记着在葬礼结束后"主人和仆人们开怀畅饮"。以下再录二则以供参考：

> 米兰，vii，55 木简：
>
> 再次关照之事：苯教徒（bon‐po）七人，苯教教长（bon‐rej）二人，共计九人，伙食相同，一旦开始为夫人祭奠时，每天（晚上）每人要求喝饮料十勺子，上等酒的六个皮囊中，喝完三个皮囊[17]。
>
> 又，米兰 vii，2 木简：
>
> ……二十七位，款待相同，给每位酒五勺，头遍酒计六个酒皮囊，二遍酒四个半酒皮囊。仆人一百零二……每人（饭食外加）酒三勺，所喝为三遍酒，共喝十一个半皮囊[18]。

这两则木简的内容是讲招待苯教师和雇工的用酒数量，所记之事或是超荐法事或是祭祀活动。

以上 B 板各画面描绘的是一次葬礼的几个典型情节，吐蕃画家用纪实的手法，再现了一位吐蕃贵族的葬礼。

郭里木棺板画出土之后，围绕 A、B 两板画中人物的族属已有"吐谷浑说"，"吐蕃说"和"苏毗说"几种意见。引起不同看法的主要原因是因这两块棺板画有多处漫漶不清，需仔细加以辨认，因此，弄清楚画面的图像和画的主题，是首要的任务。感谢《中国国家地理》杂志发表了高质量的棺板画图片，笔者遂能在此图片的基础上逐一辨认棺板的图像，勾描出参考线图，然后对照汉藏文献，作此笺证，以就教于识者。

（原载《文物》2006 年第 1 期）

注　释

[1] 1982 年，青海省文物考古研究所在都兰县热水乡血渭草场发现了大型的吐蕃墓葬群。1985 年，青海省考古队曾在热水沟北岸发掘了 2 座吐蕃墓，其中都兰一号大墓被评为 1996 年全国十大考古新发现。1999 年北京大学考古文博院与青海省文物考古研究所联合在血渭草场热水沟南岸发掘了 4 座大、中型吐蕃墓。详情参见北京大学考古文博学院、青海省文物考古研究所编著：《都兰吐蕃墓》，科学出版社，2005 年。

[2] 《中国国家地理》2006 年第 3 期"青海专辑"刊载了这批墓葬的棺板画照片和相关内容的介绍，本文即以此刊发表的图片为依据写成。

[3] 王尧、陈践译注：《敦煌本吐蕃历史文书》，民族出版社，1980 年。以下征引该书不再出注。

[4] 娘·尼玛俄色：《娘氏教法源流》："此王之时，有位文字规范师名叫珠·云丹（vbri－yon－tan），他向赞普呈献新创的字体，形如露水的白鱼腹，贡伦们都说好。珠·云丹因此得到赞普的重赏和尊敬，赐开头宴、朝廷宴、塔顿宴、护食宴、月宴、洗发水宴、举食宴、褒奖宴。"

[5] 巴俄·祖拉陈瓦：《贤者喜宴》，第 373～374 页。本译文转引自恰白·次旦平措、诺章·吴坚、平措次仁著，陈庆英等译：《西藏通史·松石宝串》（上），第 148 页，西藏社会科学院、中国西藏杂志社、西藏古籍出版社，1996 年。

[6] 此处译文引自英国藏学家 F. W. 托玛斯著，刘忠、杨铭译注：《敦煌西域古藏文社会历史文献》，第 248 页，民族出版社，2003 年。

[7] 此处译文引自英国藏学家 F. W. 托玛斯著，刘忠、杨铭译注：《敦煌西域古藏文社会历史文献》，第 337 页，民族出版社，2003 年。

[8][9][10] 本译文转引自恰白·次旦平措、诺章·吴坚、平措次仁著，陈庆英等译：《西藏通史·松石宝串》（上），第 77、108、163 页，西藏社会科学院、中国西藏杂志社、西藏古籍出版社，1996 年。

[11] 王尧、陈践：《吐蕃简牍综录》，第 248 页，译文编号为 421。

[12] 此处译文引自英国藏学家 F. W. 托玛斯著，刘忠、杨铭译注：《敦煌西域古藏文社会历史文献》，第 338 页，民族出版社，2003 年。

[13][14][15] 王尧、陈践：《吐蕃简牍综录》，译文编号为 420、440、422。

[16] 本译文转引自恰白·次旦平措、诺章·吴坚、平措次仁著，陈庆英等译：《西藏通史·松石宝串》（上），第 148 页，西藏社会科学院、中国西藏杂志社、西藏古籍出版社，1996 年。

[17][18] 此处译文引自英国藏学家 F. W. 托玛斯著，刘忠、杨铭译注：《敦煌西域古藏文社会历史文献》，第 337～338 页，民族出版社，2003 年。

西域风格与唐风染化

——中古时期吐蕃与粟特人的棺板装饰传统试析

霍 巍

近年来，在我国西北及北方地区连续出土了一系列入华粟特人的墓葬，它们分别是：宁夏固原南郊隋唐墓[1]、甘肃天水石马坪墓[2]、山西太原隋虞弘墓[3]、西安坑底寨北周安伽墓[4]、井上村北周史君墓[5]等。这批粟特人的墓葬当中，大多保存有较为完好的石棺椁、石屏风、石床等石质葬具，在部分石板上雕刻有内容丰富的画像，从而引起学术界强烈的关注。无独有偶，在近年来青藏高原吐蕃考古发现的一批墓葬资料中，也发现了一批彩绘在木棺板或木质随葬器物上的图像[6]。这两批考古材料的出土十分珍贵难得，为我们提供了观察中古时期活跃在我国西北"丝绸之路"沿线的粟特人和生活在青藏高原东部的吐蕃人社会生活的若干断面。由于两者都是在作为葬具的棺椁板材上绘制或雕刻画像，我们在广义上或可以将其统称之为"棺板装饰传统"，通过比较分析不难发现，这两者之间存在着若干共同因素。

一　棺板装饰传统中的中亚西域风格

上述入华粟特人的石椁浮雕与吐蕃棺板画除了材质的不同之外（前者使用石材，后者使用木材），都是由数块石板或木板组成，主要作用一方面可作为葬具上的装饰图案，但更重要的目的是要彰显死者在生前与死后所能享受到的若干殊荣优待。从画面的表现形式而论，粟特人石棺浮雕主要画面有骑射狩猎、商队出行、帐外乐舞宴饮、帐中主人宴饮、丧葬仪式等，虽然各个画面具有各自的独立性，同时彼此之间又有着紧密的联系，实际上都围绕着一个中心展开：即祈求死者亡灵顺利升入天国，并在天国享受到与生前同样的荣华富贵生活。青海出土的吐蕃棺板画的情况与之极为相似，在表现形式上也是由骑射狩猎、驼队出行、帐外宴饮乐舞、帐中主人宴饮和丧葬仪式等不同画面组成，笔者认为虽然其画面是取材于日常生活的若干场景，但其中心意义同样是反映出吐蕃具有浓厚苯教色彩的丧葬礼仪[7]。尽管两者在画面中出现的人物服饰、器皿、牲畜种类、舞蹈以及乐器等还有不尽相同之处，具有各自的民族与地域特点，但在图像中所反映出的某些共同的文化传统却是一致的，而这些传统在我国北方草原民族中流行甚广，源头许多应当是来自中亚与西域文明。

1. 骑射狩猎

安伽、虞弘、史君等入华粟特人的石刻画像中都出现了大量骑射狩猎的场面，动物被骑马的人物追杀射击，正在惊恐逃窜。同样的画面在青海发现的吐蕃棺板画上也有形象生动的描绘。只是前者图像中被射杀的主要是北方草原常见的羚羊、野鹿、野猪、兔子等动物，而在青海吐蕃棺板画被追杀的动物中还出现了野牦牛、长角鹿、藏羚羊等青藏高原常见的动物。

狩猎题材的画像在世界古代各民族中都有流行，我国战国、汉代陶器与青铜器上也出现过此类题材，有的还绘在墓葬的墙壁上。早年徐中舒先生曾撰有《古代狩猎图像考》一文[8]，对我国先秦时期铜器纹饰中的狩猎图像作过精深考订，并从东西交通的角度提出不少有价值的见解。但中古时期粟特人的狩猎图像应另有其来源，不属于传统的中国文化系统。从中亚伊朗考古学资料来看，这类图像题材在年代为5～7世纪的波斯萨珊银盘上十分常见，银盘上的人物往往头戴王冠、腰悬箭囊和短剑，正在执弓射杀动物，被狩猎的动物有山羊、鹿、猪、狮子、豹子[9]等。画面上骑马人物与被追杀动物的构图方式、骑射者手执弓箭猎杀动物的姿态与中土发现的粟特、吐蕃棺板画上的图像均有相似之处。如史君墓石堂西壁编号为W3的浮雕图像中，画面的上部正中为一骑马手执弯弓射箭的男子，头戴帽，身穿交领紧身窄袖衣，腰束带，腰间悬挂有箭囊，右手持弓、右臂抬起做射箭状，马前有5只动物，其中一只已中箭倒地，其余4只正在惊惶奔跑，种类依次是雄羊、羚羊、野猪和兔子。另有两只猎犬在奔逃的动物两侧，协助主人射杀[10]。这与波斯萨珊银盘上的"帝王骑射图像"意匠完全相同。尤其是在虞弘墓中还刻有人物骑骆驼与野兽搏斗的场面，齐东方先生认为"人物骑骆驼与野兽搏斗显然不属于中国的图像系统，中亚西亚却有许多实例"[11]。青海吐蕃棺板画上往往也在起首位置绘有类似的骑射狩猎图。如郭里木一号棺板画A板的起首在棺板左下画一人骑马引弓，马前有三头奔鹿，其中一鹿已中箭流血即将倒地，另二鹿惊惶逃跑。其上为一射杀牦牛的场面，画中有三位骑手正在追杀两头牦牛，其中一头牦牛已中箭，但仍负痛奔走逃避，牦牛的下方，一条猎犬追堵着牦牛的逃路，表现出与粟特与波斯狩猎图像中相同的艺术意趣与图像风格[12]。

2. 商队出行

饶有兴味的是，在入华粟特人墓葬石刻中，常常与骑射狩猎图像并行的还有商队出行图。如上举史君墓石堂西壁W3号石刻图像的下部，是一个由马、骆驼和驴组成的商队，商队的最前面是两个骑马的男子，其中一位腰上挂着箭囊，两匹马的后面是两头驮载着货物的骆驼，骆驼后面跟着一位头戴船形帽的男子，骑马行进，右臂弯曲上举，右手握望筒正在向远处张望，两头骆驼的右上方，有两匹马和一头驴驮带货物并行，其后面为一男子正持鞭驱赶其前行。与这幅图像相邻的石堂北面编号为N1的画像上部中心位置绘有一帐篷，帐内外有人相对而饮，而画面的下部出现了一个正在休息的商队，中间有两位男子正在交谈，一人肩上还背着货囊，有一人牵着载货的马匹，一人照料着两匹驮载着货物的骆驼卧地休息，后面还跟着两头驮着包裹的驴子[13]。与这类画面相似的场景，也出现在其他入华粟特人系统的墓葬石刻画像中，如日本Miho博物馆内的一幅石椁石刻。

青海郭里木一号棺板画A板的情形与上述粟特人的商队十分相似，在狩猎图像的前方，画有一支骆队，中间为一驼，满载着货物，驼前三骑，驼后一骑，前后相继，驼后一人头上缠巾，腰束箭囊，似在武装押运着商队前行。此外，青海郭里木现已流失于民间的一具棺板画的起首也绘有射猎场面，身穿吐蕃服饰的骑手手持弓箭、腰系箭囊，从两个方向射杀牦牛，而在这个画面的上方绘着一匹驮载货物的骆驼，货物上覆盖着带有条纹的织物，骆驼后面跟随一骑马人，头上戴着似"山"字形的船形帽，似为押运货物的人员[14]。荣新江先生曾根据史君墓及其他粟特人系统石刻画像中的这类图像加以研究考证，认为这就是一个中古时期行进在丝绸之路上的粟特商队的写照（尽管这个商队中种族的构成除了粟特人之外可能还有其他民族）[15]。青海郭里木吐蕃墓葬墓主人的族属目前有吐蕃、苏毗、吐谷浑等不同意见[16]，我们暂且将这一争论搁置一边，因为如同有学者早已指出的那样，实际上在不断扩张与征服基础上形成的吐蕃王国，也是由许多民族共同体组成的，其中就包括了苏毗、吐谷浑人、党项等民族[17]。在吐谷浑当中，即有类似粟特人的商队。《周书·吐谷浑传》记载魏废帝二年（553 年）"是岁，夸吕又通使于齐氏，凉州刺史史宁觇知其还，率轻骑袭之于州西赤泉，获其仆射乞伏触扳、将军翟潘密、商胡二百四十人，骆骡六百头，杂彩丝绢以万计"。因此，一方面在吐蕃征服占领吐谷浑之后，吐蕃属下的吐谷浑人仍然有可能继续可以组成这样的商队进行丝路贸易活动；另一方面，以往的研究中，我们往往较多的注意到吐蕃人出入中亚地区的军事征服与领土扩张，而忽略其在丝路贸易中扮演的角色。联系到青海所出棺板上的画像内容来看，吐蕃人很可能也继承了中亚民族丝绸贸易的传统，同样有规模不等的商队活动在"高原丝绸之路"上。过去有学者曾经指出，吐蕃的军事扩张也具有鲜明的商业目的，其在西域和河西一带的军事扩张大多与控制国际商贸通道有关，同时也将丝绸等重要国际贸易物品作为自己掠夺的主要对象[18]，这与"善商贾"的粟特人虽然采取的方式各异，但却能收到同样的功效。

3. 帐外宴饮乐舞

入华粟特人的棺板装饰传统中还甚为流行帐外宴饮乐舞场面。如安伽墓后屏六幅图像中自左向右第 1 幅即为乐舞图，上半部为奏乐合唱图，下半部为舞蹈图，奏乐者演奏的乐器有琵琶、箜篌等，舞蹈者双手相握举过头顶，扭腰摆臀向后抬右脚，正在跳着"胡旋舞"[19]。与之相邻的第 2 幅图上方出现了主人形象，头戴虚帽，身穿圆领紧身袍，腰系带，足蹬靴，右手持角杯屈右腿而坐，其左前方方形的地毯上坐有三位乐人，分别演奏箜篌、竖笛和火不思。后屏的第 6 幅图也是一幅宴饮乐舞图，主人坐于一座汉式亭子当中，下方正中一人身着红色翻领紧身长袍正在跳着"胡旋舞"，左右各有数人为其击掌叫好[20]。类似的画面也见于此墓右侧石屏。青海吐蕃木棺板画中也有不少帐外宴饮乐舞场面，如上面所列举的一具现已流散于民间的吐蕃棺板画上，在大帐外设有一四足胡床，主人身穿翻领长袍、头上缠高头巾，坐于胡床之上，其左侧有人侍立，面前一人正屈身弯腰向其敬礼。主人右后方站立有一排五位乐人，手中各执乐器正在演奏，面对主人的空地上一舞者头戴高冠，一只长袖高举过头正在起舞，左后方一排四人席地而坐，正在观看表演。在大帐后方绘有一树，树下拴有两匹虽然带有马鞍却已无人乘骑的马，神态安然悠闲。这种在野外设帐歌舞宴饮的习俗，主要流行于北方游牧民族当中，而乐舞中的"胡旋舞"是中古时期流行于西域胡族继而传播到汉地的一种民族舞蹈。安伽墓中反映的多为中亚人的生活情景，而吐蕃棺板画中出现的乐舞场面从构图方式与表现手法上都体现出了与粟特人相同的特点，现存于西藏拉萨市大昭寺内的一个吐蕃时期银瓶上曾出现有身穿吐蕃胡装、正跳着"胡旋舞"的人物和饮酒大醉的场面[21]，和青海吐蕃棺板画上的画面十分近似。所以，我们认为这一传统主要也是受到中亚和西域文化的影响。

4. 帐中主人宴饮

与帐外歌舞宴饮图紧密联系在一起的，是帐中主人的宴饮图。这类图像在入华粟特人墓葬石刻中表达得非常充分，在青海吐蕃棺板画中也多处出现主人帐内宴饮的场面。这里，可以从不同的方面来观察分析两者的特点。首先，是这种帐篷的形制。如在安伽墓左屏刻绘的三幅图像中，第 3 幅为"野宴图"，帐篷的形制为圆形虎皮帐篷，圆顶，门楣一周及左右竖框上涂有红彩加以装饰，帐中铺地毯，主人在帐内席地而坐。此墓后屏的六幅图像中，第 4 幅和第 5 幅图像中都有帐篷设立在会盟、宴饮等不同场合，但形制却各有差别。如其中第 5 幅"野宴商旅图"中出现的帐篷与左屏所刻第 3 幅画像相同，特点都是虎皮圆形帐篷，门两侧及顶部涂有红彩，门内及顶部设有帷幔，地面上铺设地毯。而在后屏的第 4 幅石刻中，下方设有一帐，帐顶正视为方形，帐顶似为织物，正中央镶嵌有日月形图案，带有檐、柱，形制显然不同于圆形的虎皮帐篷。由此看来，在入华粟特人的生活习俗中，只有设在郊外用于"野宴"的帐篷大概才是圆形。青海吐蕃墓葬棺板画的最后也是最高潮部分往往都是围绕着中心大帐展开的宴饮场面，帐篷的形制均为圆形，前方设门，门帘可以收卷在帐门上方，门帘和门框的两侧有色彩艳丽的镶边，顶部开设有圆形的气孔，呈喇叭形向上翻卷。据《新唐书·吐蕃传》记载，这种圆形的帐篷也称为"拂庐"："吐蕃本西羌属，盖百有五十种，散处河、湟、江、岷间……有城郭而不肯处，联毳帐以居，号大拂庐，容数百人，其卫甚严，而牙甚隘。部人处小拂庐"。既然是与"城郭"相对应的一种居住形式，看来这种"拂庐"大概也都是设在野外，与粟特人"野宴"所使用的帐篷形制大致相仿。其次，是对出现在帐中主人形象的设计。仍以安伽墓为例，安伽墓左侧屏第 3 幅"野宴图"帐内坐有三人，门外有四人侍立于侧，可见帐内三人当系地位较高的首领人物。另在此墓后屏的第 1~6 块石板上，也都刻划出不同场合下出现的主人形象，在人物的布局设计上，居于帐中的主人一般都面朝帐门席地而坐，除了会见宾客之外，还有主人夫妻对坐或对饮的场景，主人的服饰特点往往也最能体现出本民族的特色。在虞弘墓后壁居中部位的石板雕绘中也可见到类似的画面，画面中在大帐中间设有亭台，帐内坐着墓主人夫妇，作相对而饮状，在他们的身后，各有两名男女侍从两两相对，主人和侍者前面的场地上，有六名男子组成的乐队，中间有一男子正在跳"胡腾舞"[22]。日本 Miho 博物馆藏石棺床画像石后屏 E 图当中，描绘了一幅在穹顶大帐之下的主人夫妇宴乐图，主人前面乐队正在奏乐，舞者正在起舞。郑岩对此评论说："此画像石之此部分对于揭示与中亚的连接点非常重要。乐队与飞动的舞人，是 6~9 世纪从北齐到隋唐陶制扁壶上反复出现的图像。扁壶及此棺床浮雕舞人的舞蹈称胡旋舞。"[23] 荣新江在分析对比了这些男女人物形象之后认为，他们的身份应是粟特部落中的"萨保"："从以上这些图像资料，我们可以看出，萨保居于中心位置，他所居住的建筑物，有中国式的歇山顶厅堂，也有游牧民族的毡帐，这是东来粟特人分别生活在汉地和游牧汗国当中的反映……这些图像表现了萨保在聚落中生活的场景和他作为首领的核心地位。"[24] 青海吐蕃棺板画上也绘有地位突出的人物出现在宴饮场面或帐篷当中，画面上人物的安排方式与粟特人也十分相似。如郭里木一号棺板画 A 板所绘的宴饮图上，大帐门前左右各立一人正在迎接客人，帐篷的门帘卷起，可见帐内有对坐的举杯对饮的一对男女，男子头上缠有高头巾，身着翻领长袍，女子头戴巾，也身穿同样的翻领长袍。帐外是有众多男女参加的盛大的酒宴场面，围绕这座大帐展开。很显然，居于大帐之中的这对男女地位显赫，许新国将其比定为吐蕃的

"赞普"与"赞蒙"（即王与王后）[25]，笔者认为至少他们也应当是当地部落中的权贵人物[26]。分析比较粟特人与吐蕃人的宴饮场面，它们均是以大帐作为画面的中心，在大帐之内常常绘有主人夫妇对坐而饮的画面，大帐之外都有侍从服侍于左右，帐前均出现歌舞宴饮的人群，类似这样的画面，在粟特人故乡撒马尔罕一带发现的考古遗存中屡有发现。姜伯勤先生曾指出，在巴拉雷克切佩北墙和片治肯特等地所绘粟特人的壁画上，便有这样的宴饮图出现；另在粟特出土的银酒器上，也有类似这样的男女对饮图[27]。此外，中亚一带突厥部落中也多流行帐中宴饮习俗，如《大慈恩寺三藏法师传》卷二记载："可汗居一大帐，帐以金华装之，烂眩人目。……令使者坐，命陈酒设乐，可汗共诸臣，使人饮。"[28]因此，我们通过从不同的角度比较可以得出一个结论：粟特人与吐蕃人的帐中主人（常常是以男女夫妇对坐的形式出现）宴饮的题材，曾经主要流行于中亚粟特人当中，随着突厥部落的祆教化，在突厥人当中也有流行。但与之同时，这一习俗在青藏高原的吐蕃人当中也曾经同样流行，所以在棺板画中也采用了这些在意境上相似的画面。

　　5. 丧葬仪式

　　在粟特人的石板雕绘中，多有丧葬场面，并且出现了祆教师主持拜火祭祀，反映了祆教流行的葬礼仪节，对此前贤论之甚详，本文从略。可以相互比较的是，在青海吐蕃棺板画上，也绘有反映丧葬礼仪的若干场面。在郭里木一号棺板画的 B 棺板画面上，棺板的右下一个画面中设有一座灵帐，灵帐的式样与宴饮场面中的大帐篷别无二致，上面覆盖有连珠纹样的织物，顶部也留有气孔。帐前设门，门前有跪地奠拜的三人，与之相对位置上一人正屈身面向灵帐，双手似捧有供品向死者献祭（惜手部画面已残损而无法看清）。背对灵帐站立着头上缠有头巾的三人，正垂首默哀；而灵帐上方并列站有一排四位女子，领前一位脸上挂着下垂的巨大泪痕，表情极其悲伤，与之并列的其他三位女子也都面呈哀痛神情。罗世平先生认为"这两组夹侍灵帐的男女人物，是死者的亲属，他们为死者守灵，接受前来的吊唁者"。从画面上还可以观察到，灵帐的下摆随风飘动，露出帐内陈有长方形的物体，是否为盛殓死者遗体的棺具不得而知。罗世平还描述说："门帘开处，依稀可见类似棺木的彩画线条（因画面过于模糊，不能确认其形）。"[29]如果这一观察无误，灵帐内陈有死者棺具的可能性很大。另一具流散于民间的吐蕃棺板画上，在木棺中部位置上设有一呈须弥座式的台子，台上置有一具黑色棺木，棺由棺盖与棺身构成，棺的一侧有三名守灵人，面呈悲色，棺台左前方在两根立木之间树立有一裸体人像，一骑手正引弓向其射击，另一骑手反身作射箭状也指向裸体人形；在棺之上方，绘出前来奔丧的一队宾客，衣着冠饰各不相同，队中高树一华盖。棺前一人已下马站定，正面向棺木正拱手致哀。有学者曾经以史君墓石椁为例分析过此墓石刻各画面之间的相互关联，认为"从石椁东壁的浮雕内容来看，画面即有各自的独立性，同时彼此之间又有紧密的联系。E1、E2、E3 的底本实际上是一幅完整的画面，因石椁模仿木构的殿堂，而被立柱人为地分成 3 部分，但画面的内容从北到南紧密相连，展示了粟特人去世后亡灵升入天国的整个过程"[30]。青海吐蕃棺板画的各个画面虽然从表面上看也模仿了人间社会生活的若干场景，但笔者认为其核心内容也是围绕死者的丧葬仪式展开[31]。罗世平先生指出，郭里木一号棺板画上的 B 板"各画面描绘的是一次葬礼的几个典型情节，吐蕃画家用纪实的手法，再现了一位吐蕃赞普的葬礼"[32]。两者之间的不同之处只是在于，粟特人是依照祆教的丧葬仪轨举行死者的葬礼，而吐蕃人则是依照苯教的丧葬仪轨举行死者的葬礼，这在画面上显示出明显的区别，但两者希望表达死者亡灵在死后入升天国的祈愿则是相同的。综上所述，近年来在中国本土出土的这批入华粟特人的棺椁装饰从形式上看已经改变了他们过去的某些丧葬习俗，逐渐开始接受中国汉文化的一些内容，但就其棺椁装饰图像所反映出的宗教信仰与文化传统而言，却仍然保留了浓厚的中亚文化色彩。而青海吐蕃出土的木棺板画，无论从表现形式还是从题材内容上看，都与粟特人的棺板装饰传统之间具有若干共同之点，体现出吐蕃作为当时雄踞亚洲腹地的强大高原帝国受到西域和中亚文化影响而打下的深刻历史烙印。

二　胡汉杂糅的丧葬习俗

如上所述，虽然入华粟特人在其棺板画中还保留着大量中亚文化传统，尤其是通过石刻浮雕画面上反映出其丧葬仪式还保留着明显的祆教信仰。但随着粟特部落不断的东迁，他们也逐渐接受中原汉文化丧葬习俗的影响，不再使用其中亚故地一带所流行的粟特式盛骨瓮（Ossuary），而开始采用石棺床、石棺椁等具有中原文化色彩的葬具。有学者注意到，入华粟特人从其传统的盛骨瓮到石棺床之间，可能还存在着某些过渡的痕迹，如安伽墓的尸骨是放置在甬道中而不在石棺床上，墓葬在封闭之前还曾点火焚烧，墓室四壁和尸骨也均发现了用火薰过的痕迹，认为"这些现象既不是中国传统的做法，也不是粟特本土的形式，应当是入华粟特人糅和中原土洞墓、汉式石棺椁以及粟特浮雕盛骨瓮的结果"[33]。还有学者从北朝至隋唐从西域来华人士的墓葬形制、葬具、墓志或墓铭等各方面材料得出结论认为，其主流显示出他们力图融入中华大家庭的势头，"在墓葬形制、葬具规制、墓志设置等主体方面，都与中华文明保持一致。这也就是后来这些西域来华人士的后裔，迅速地完全融入多元一体的中华民族大家庭中的原因"[34]。

出土吐蕃棺板画的青海吐蕃墓葬在棺椁制度方面也与入华粟特人的情况存在着相似之处，体现出一方面具有独特的民族风格，但另一方面又深受华风影响点染的若干特点。首先，从墓葬形制和丧葬风格上看，这批墓葬无疑具有我国北方草原民族的若干特点。据发现者许新国先生介绍，出土吐蕃棺板画之一的青海郭里木地点墓葬上方存有高约1.5米的封土，两座墓葬均为竖穴土坑形制，墓室均为长方形单室，长4米、宽2.5米左右，均有长方形斜坡式墓道。其中一座为木椁墓，另一座系竖穴土坑墓，但用柏木封顶。两座墓葬木棺均较完整。木椁墓为男女合葬，土坑墓为迁葬墓。迁葬墓形制较为特别，是先将零散的骨架装于一小棺内，然后将小棺整个放在大棺中。在两座墓葬中均见有殉牲习俗。合葬墓在木椁的两侧殉有完整的马和骆驼各1匹，迁葬墓在封顶的柏木上放有零散羊骨[35]。这种用柏木封顶、动物殉葬以及采用特殊的迁葬方式等埋藏习俗，都保留着浓厚的地域和民族特点。其次，从绘有彩绘图案的木棺形制上看，它们均呈大头小尾状，棺体前档高阔，足档低窄，棺板之间用榫卯加以连接，在木棺板的外侧四个挡板上彩绘图案纹饰，有学者注意到在北魏鲜卑拓拔氏的木棺装饰传统中有类似的做法[36]，也有学者认为这一习俗很可能是来自塔里木盆地的绿洲文明[37]，但无论何者，我们都可以肯定这种风格与中原汉文化的木棺装饰传统具有不同的来源。其三，如上所述，吐蕃木棺板画所绘的主要题材，仍然是取材于本民族所特有的社会生活内容，反映出青藏高原游牧文化的独特的气质和风格。

另一方面，与入华粟特人丧葬习俗变迁的情况相似之处在于，我们可以清楚地看到，青海吐蕃墓葬当中也保留有受到中原汉文化强烈影响的浓重痕迹。

第一，在青海郭里木出土的吐蕃棺板画当中，其棺板档头绘有四神、花鸟等图案。有学者分析比较后提出："吐蕃棺板所绘四神，应直接取法自中原，即唐代壁画的做法，但又接受了西方文化的影响而有自己的风格。"[38]

第二，在青海都兰热水吐蕃墓地中也曾发现在墓内的随葬器物上绘彩的做法，上面也有与郭里木同样的在人物面孔上"涂朱赭面"的习俗[39]，因此可以认为这两处墓地的民族属性是一致的。在都兰热水的随葬品当中，可以观察到几种宗教成分的糅合，其中主要是来自当地苯教的影响，其次还能看到来自中原道教的影响。如在热水南岸三号吐蕃墓葬当中，发现了三片书写在织物上的道教符策，丝织品中绝大多数也为中原输入品[40]。尤其是这三片道教符箓，分别由汉字和各种符号组成，研究者推测其很可能为死者随身佩带的佩符，主要用于辟祸求吉[41]。这些习俗，显然都是受到唐代中原道教习俗影响的反映。

第三，青海都兰科肖图吐蕃墓地中还曾出土有一对石狮，据青海省文物考古工作者披露过去与这对石狮共存的还有一些石柱，可能系墓前建筑如门阙之类的遗物。而这些墓前建筑石刻在吐蕃墓葬中的出现更是深受唐代墓葬制度的影响[42]。所以，通过上文的分析中我们可以得出，由于北朝隋唐以来丝绸之路的再开与拓展，活跃在丝绸之路沿线的粟特人和青藏高原的吐蕃人一方面保持着西域中亚文化的某些特点，但与之同时，他们越是向东发展，便越是被打上了越来越深的中原文化烙印，在其墓葬制度与丧葬习俗方面形成一种"胡汉杂糅"的多元文化面貌。

三　粟特与吐蕃之间的文化交往

在比较考古发现的入华粟特人和青海吐蕃人在棺板装饰传统上的这些共同特点之后，自然会引发我们更为深入的思考，从而提出一些值得进一步研讨的问题：入华粟特人与青藏高原的吐蕃人之间是否有过直接的接触与交往隐藏；在两者棺板装饰传统背后是否还有更为深刻的历史背景可以帮助我们认识中古时期这两个民族之间的文化交流。原本生活在中亚阿姆河和锡尔河之间的粟特人是一个独具特色的商业民族，中古时期，在中国和中亚、中国和印度、中国和北方草原民族之间，粟特人往往充当着中间贸易的主要承担者[43]。由于经商和战争等原因，粟特人在汉唐之间沿着丝绸之路开始东迁入华，荣新江先生曾经从文献和考古两个方面详尽勾勒出其入华的路线与活动的主要区域，从塔里木盆地、蒙古高原直到中国北方都留下了粟特部落迁移流行的足迹[44]。在吐蕃占领西域期间，有证据表明西域一带的粟特人曾经与一度作为统治者的吐蕃人之间有过密切联系。如敦煌本吐蕃历史文书《大事记年》记载："及至马年（694），赞普驻于墨竹潜塘，论芒辗细赞于苏浦之寻巴集会议盟。噶尔·达古为粟特人所擒。"[45]荣新江认为这里所提到的粟特人，很可能即为唐朝的势力被吐蕃取代之后，仍然居住在若羌（石城镇）一带的粟特人[46]。从入华粟特部落东迁的情况来看，曾经沿着丝绸之路抵达与青海最为接近的甘肃河西走廊东头的凉州武威一带，进而再向东通向北朝隋唐首都长安、洛阳[47]。那么，粟特人是否也在东迁和丝路贸易的过程中踏上过青藏高原呢？一些考古迹象表明，这种可能性是存在的。林梅村先生曾经提到，在吐鲁番曾经发现过一件粟特语文书，记载了公元 9~10 世纪粟特人在欧亚大陆的经商路线，自西而东为拂林、波斯、安国、吐火罗、石国、粟特、石汗那、汉盘陀、怯沙、于阗、龟兹、焉耆、喀拉沙尔、高昌、萨毗、吐蕃、吐浑、弥药和薄骨律等地[48]。这当中提到的吐蕃、吐浑（吐谷浑）、弭药等都是地处青藏高原的古代民族。从近年来青海都兰吐蕃墓地出土文物来看，其金银器、织锦有些可能来自粟特。许新国先生认为，都兰吐蕃墓中出土的镀金银器当中，有一些可能属于粟特系统[49]。此外，许新国、赵丰等人还分析研究了都兰出土织锦的情况，认为其中也有粟特锦和波斯锦流行[50]。姜伯勤先生进而论述"青海都兰墓中发现的粟特锦，就顺理成章地成为若干祆教图像传入中国西北地区的载体"[51]。换言之，如果笔者的理解无误，那就是说这些粟特锦在青海地区的出现，便意味着粟特人及其所信奉的祆教也随之进入到了这一地区。张云先生在论述吐蕃与粟特关系时也曾经列举过数条证据：如他指出康国（即粟特）人曾参加过吐蕃在南诏地区与唐朝的武力争锋，可见粟特人与吐蕃也有过战争接触；《汉藏史集》中记载刀剑在吐蕃的传播时提到了"索波剑"，所谓"索波"，是藏语对粟特的称呼"sog－po"，可见这种刀剑也是产自粟特地区，后传入到吐蕃[52]。1959 年，当时的中央文化部西藏文物调查工作组在藏调查期间，曾经调查到一件大型的银瓶，这件银瓶放置在拉萨大昭寺中心佛殿第二层西侧正中的松赞干布殿内，该件器物通高约 70 厘米，瓶口细长，瓶口上端开圆口，口缘部饰八曲，口外壁饰山岳状花瓣，其下饰一空心立体羊首，瓶口下接一圆形的瓶体，瓶身上饰有鎏金浮雕人物图案：其中一组是两名独舞者；另一组是三个醉态可掬的男子形象。这件器物分别引起了中外考古与艺术史研究者的注意，著名考古学家宿白先生认为，"多曲圆形口缘和其下作立体禽兽首状的细颈壶，为 7~10 世纪波斯和粟特地区流行的器物，颈上饰羊首的带柄细颈壶曾见于新疆吐鲁番回鹘时期的壁画中。西亚传统纹饰中四瓣球纹，尤为萨珊金银器所喜用。人物形象、服饰更具中亚、西亚一带特色。故可估计此银壶约为 7~9 世纪阿姆河流域南迄呼罗珊以西地区所制作。其传入拉萨，或经今新疆、青海区域；或由克什米尔、阿里一线"[53]。瑞士学者阿米·海勒在她近年来讨论这件银瓶的论文中，一方面引证瑞士藏学家冯·施罗德先生的意见，认为这件银瓶有可能是在中亚塔吉克斯坦制作，年代可能为公元 8 世纪；另一方面她也举出了其他几件可与大昭寺这件银瓶相比较的从西藏采集到的银器，认为它们都带有着明显的 7~8 世纪粟特工艺的因素，只是拉萨大昭寺的这件吐蕃时期银瓶是一件"粟特式和中国汉地图案的变异类型"[54]。虽然对这件银瓶的产地、制造者，以及传入拉萨大昭寺的具体路线等若干问题的认识迄今为止并未形成一致意见，但中外研究者们都注意到了这件银器中所包含的粟特文化因素，并且也都提到其有从青海一线传入西藏的可能性。

从地理位置而言，吐蕃人对青海地区的控制与占领有着重要的意义。如同有学者指出的那样，在唐代吐蕃向外扩张发展的过程当中，青海扮演着重要角色。它使吐蕃无论向西域、向黄河中上游地区，或向川康滇边区的发展，都获得居高临下的优越位置及广阔的回旋空间，而且还获得了经济上、国防上的有利地位[55]。东迁的粟特人也同样不可能忽视这一地区的重要战略与经济地位。

因此，这两个民族通过不同的途径与方式在青藏高原发生交往与联系，应当说也是一种历史的必然。不过，在此笔者需要强调的一点是，入华粟特人与青海吐蕃人反映在棺板装饰传统上的诸多共性，不排除其间有过相互影响、彼此借鉴的可能性，但这种共性的产生主要还是从广阔的西域与中亚历史文化背景中获取而来，不一定意味着两者之间存在着一种直线或单线的传承关系。虽然我们通过若干迹象可以观察到吐蕃与粟特人之间可能存在着千丝万缕的联系，但存在于两者棺板装饰传统当中的诸多文化因素，则并非仅仅只限于吐蕃和粟特，实际上在中古时期的突厥、鲜卑等民族当中同样也可见到，通过广阔的北方草原和丝绸之路传播广泛流传于欧亚民族之间（对此笔者将另文论及）。况且我们从两者图像造型来看，似乎也并没有形成彼此共遵的某种规范，而是各有其特点，由此可以说明两者并不一定是遵循某种共同的粉本来加以创作的。更大的可能性则是粟特和吐蕃的匠师们在共同的文化背景之下，各自独立完成了自己的艺术创造，从而留给后世一幅幅富有民族特色的多姿多彩的图卷。

总结本文的要旨，笔者希望通过这一事例表明：处在丝绸之路沿线、河西走廊要冲之地的入华粟特人和吐蕃民族，基于其特有的地理区位关系和民族特点，不仅沟通了东西方之间物质文化的交流，同时也沟通了东西方精神文化的交流[56]。它们一方面承载着来自西域、中亚一带的文化习俗与传统，另一方面又承担着西域北方民族与中原汉文化之间过渡融合的角色，从而推动了北朝隋唐以来的民族大融合与文化交流互动新格局的形成。正是从这个意义上而言，入华粟特人和青海吐蕃人留给后世的这些考古图像，不但是文化传播史，也是民族融合史和迁移史上的生动图卷，值得我们作进一步深入的研究探讨。

（原载《敦煌学辑刊》2007 年第 1 期）

注 释

［1］罗丰：《固原南郊隋唐墓地》，文物出版社，1996 年。

［2］天水市博物馆：《天水市发现隋唐屏风石棺床墓》，《考古》1992 年第 1 期，第 46 ~ 54 页。

［3］山西省考古研究所等：《太原隋代虞弘墓清理简报》，《文物》2001 年第 1 期，第 27 ~ 52 页。

［4］陕西省考古研究所：《西安北郊北周安伽墓发掘简报》，《考古与文物》2000 年第 6 期，第 28 ~ 35 页；《西安发现的北周安伽墓》，《文物》2001 年第 1 期，第 4 ~ 26 页。

［5］西安市文物考古研究所：《西安北周凉州萨保史君墓发掘简报》，《文物》2005 年第 3 期，第 4 ~ 33 页。

［6］有关这批青海吐蕃墓葬的情况，可参见许新国：《郭里木乡吐蕃墓葬棺板画研究》，《中国藏学》2005 年第 1 期，第 56 ~ 69 页；《中国国家地理》2006 年第 3 辑《青海专辑·下辑》收录的一组文章介绍了青海吐蕃棺板画，即：程起骏：《棺板彩画：吐谷浑人的社会图景》；罗世平：《棺板彩画：吐蕃人的生活画卷》；林梅村：《棺板彩画：苏毗人的风俗图卷》，参见该刊第 84 ~ 98 页；林梅村：《青藏高原考古新发现与吐蕃权臣噶尔家族》，亚洲新人文联网 "中外文化与历史记忆学术研究会" 论文提要集，香港，2006 年 6 月；罗世平：《天堂喜宴——青海海西州郭里木吐蕃棺板画笺证》，《文物》2006 年第 7 期，第 68 ~ 82 页；北京大学考古文博学院、青海省文物考古研究所编著：《都兰吐蕃墓》，科学出版社，2005 年。

［7］霍巍：《青海出土吐蕃木棺板画的初步观察与研究》，待刊稿。

［8］徐中舒：《古代狩猎图像考》，初刊于 "中央" 研究院历史语言研究所集刊外编《蔡元培先生六十五岁纪念论文集·下册》，后收入《徐中舒历史论文选集》，中华书局，1998 年，第 225 ~ 293 页。

［9］［日］深井晋司：《帝王狩猎圖鍍金银制皿——帝王狮子狩文の源流問題について》，《ペルシア古美術研究》第二

卷，吉川弘文馆，1980 年，第 168 ~ 189 页。

［10］西安市文物考古研究所：《西安北周凉州萨保史君墓发掘简报》，《文物》2005 年第 3 期，第 24 页，图三十五。

［11］齐东方：《虞弘墓人兽博斗图像及其文化属性》，《文物》2006 年第 8 期，第 78 ~ 84 页。

［12］罗世平：《天堂喜宴——青海海西州郭里木吐蕃棺板画笺证》，《文物》2006 年第 7 期，第 69 页，图一。

［13］西安市文物考古研究所：《西安北周凉州萨保史君墓发掘简报》，《文物》2005 年第 3 期，第 25 页，图三十七。

［14］此具木棺板画现流散民间，蒙青海省文物考古研究所所长许新国先生见示，谨表谢意。

［15］荣新江：《北周史君墓石椁所见之粟特商队》，《文物》2005 年第 3 期，第 47 ~ 56 页。

［16］程起骏：《棺板彩画：吐谷浑人的社会图景》；罗世平：《棺板彩画：吐蕃人的生活画卷》；林梅村：《棺板彩画：苏毗人的风俗图卷》，《中国国家地理》2006 年第 3 辑，第 84 ~ 98 页。

［17］张云：《吐蕃的起源及其与中原的文化联系》，《唐代吐蕃史与西北民族史研究》，中国藏学出版社，2004 年，第 147 页。

［18］张云：《吐蕃丝路的贸易问题》，《唐代吐蕃史与西北民族史研究》，中国藏学出版社，2004 年，第 160 页。

［19］陕西省考古研究所：《西安发现的北周安伽墓》，《文物》2001 年第 1 期，第 10 ~ 11 页，图一九。

［20］同上，图二八。

［21］宿白：《西藏发现的两件有关古代中外文化交流的重要文物》，《10 世纪之前的陆上丝绸之路与东西方文化交流》，新世纪出版社，1996 年，第 405 ~ 409 页。

［22］山西省考古研究所等：《太原隋代虞弘墓清理简报》，《文物》2001 年第 1 期，第 37 ~ 38 页，图一九、二五。

［23］郑岩：《墓主画像研究》，《刘敦愿先生纪念文集》，山东大学出版社，1988 年，第 455、459、465 页。

［24］荣新江：《北朝隋唐粟特聚落的内部形态》，《中古中国与外来文明》，三联书店，2001 年，第 124 页。

［25］许新国：《郭里木乡吐蕃墓葬棺板画研究》，《中国藏学》2005 年第 1 期，第 56 ~ 69 页。

［26］笔者认为从各方面情况分析，出现在这里的男女主人像并非墓主人像，结合整个棺板画的情况来看，很有可能应为出席丧葬仪式的当地吐蕃部落首领，参见拙作：《青海出土吐蕃木棺板画的初步观察与研究》，待刊稿。

［27］姜伯勤：《安阳北齐石棺床画像与入华粟特人的祆教美术——兼论北齐画风的巨变与粟特画派的关联》，《中国祆教艺术史研究》，三联书店，2004 年，第 48 ~ 51 页。

［28］岑仲勉：《西突厥史料补阙及考证》，中华书局，1958 年，第 7 页。

［29］罗世平：《天堂喜宴——青海海西州郭里木吐蕃棺板画笺证》，《文物》2006 年第 7 期，第 79 页。

［30］杨军凯：《入华粟特聚落首领墓葬的新发现——北周凉州萨保史君墓石椁图像初释》，《从撒马尔干到长安——粟特人在中国的文化遗迹》，北京图书馆出版社，2004 年，第 23 页。

［31］霍巍：《青海出土吐蕃木棺板画的初步观察与研究》，待刊稿。

［32］罗世平：《天堂喜宴——青海海西州郭里木吐蕃棺板画笺证》，《文物》2006 年第 7 期，第 82 页。

［33］杨军凯：《入华粟特聚落首领墓葬的新发现——北周凉州萨保史君墓石椁图像初释》，《从撒马尔干到长安——粟特人在中国的文化遗迹》，北京图书馆出版社，2004 年，第 23 页。

［34］杨泓：《北朝至隋唐从西域来华民族人士墓葬概说》，《华学》第 8 辑，紫禁城出版社，2006 年，第 218 ~ 232 页。

［35］许新国：《郭里木吐蕃墓葬棺板画研究》，《中国藏学》2005 年第 1 期，第 56 页。

［36］仝涛：《木棺装饰传统——中世纪早期鲜卑文化的一个要素》，即刊稿。

［37］林梅村：《丝绸之路考古十五讲》，北京大学出版社，2006 年，第 274 页。

［38］许新国：《郭里木吐蕃墓葬棺板画研究》，《中国藏学》2005 年第 1 期，第 51 页。

［39］北京大学考古文博学院、青海省文物考古研究所编著：《都兰吐蕃墓》，科学出版社，2005 年，第 103 页，图六四：2；图版三三：2；图六六：1；图版三四：1。

［40］北京大学考古文博学院、青海省文物考古研究所编著：《都兰吐蕃墓》，科学出版社，2005 年，第 129～130 页。

［41］王育成：《都兰三号墓织物墨书道符初释》，《都兰吐蕃墓》附录二，第 137 页。

［42］汤惠生：《略说青海都兰出土的吐蕃石狮》，《考古》2003 年第 12 期，第 82～88 页。

［43］荣新江：《北朝隋唐粟特聚落的内部形态》，收入《中古中国与外来文明》，三联书店，2001 年，第 149 页。

［44］荣新江：《西域粟特移民聚落考》，收入《中古中国与外来文明》，三联书店，2001 年，第 19～36 页；同氏：《北朝隋唐粟特人之迁徙及其聚落》，收入《中古中国与外来文明》，第 37～110 页。

［45］王尧、陈践：《敦煌本吐蕃历史文书·大事纪年》，民族出版社，第 143 页。

［46］荣新江：《西域粟特移民聚落考》，收入《中古中国与外来文明》，三联书店，2001 年，第 27～28 页。

［47］荣新江：《北朝隋唐粟特人之迁徙及其聚落》，收入《中古中国与外来文明》，三联书店，2001 年，第 68～74 页。

［48］林梅村：《粟特文买婢契与丝绸之路上的女奴贸易》，《文物》1992 年第 9 期，第 49～54 页。

［49］许新国：《都兰吐蕃墓中镀金银器属粟特系统的推定》，《中国藏学》1994 年第 4 期，第 31～45 页。

［50］许新国、赵丰：《都兰出土丝织物初探》，《中国历史博物馆馆刊》1991 年，第 15～16 期；许新国：《都兰吐蕃墓出土含绶鸟织锦研究》，《中国藏学》1996 年第 1 期。

［51］姜伯勤：《河西陇右祆教与祆教图像的流传》，《中国祆教艺术史研究》，三联书店，2004 年，第 177～178 页。

［52］张云：《丝路文化·吐蕃卷》，第 264～265 页，浙江人民出版社，1995 年。

［53］宿白：《西藏发现的两件有关古代中外文化交流的重要文物》，《10 世纪之前的陆上丝绸之路与东西方文化交流》，新世纪出版社，1996 年，第 405～409 页。

［54］Amy Heller The Silver Jug of the Lhasa Jokhang：Some Observations on silver objects and costumes from the Tibetan Empire（7th－9th century），Asianart. com.

［55］林冠群：《唐代前期唐蕃竞逐青海地区之研究》，《唐代吐蕃史论集》，中国藏学出版社，2006 年，第 265 页。

［56］陈海涛：《唐代入华粟特人商业活动的历史意义》，《敦煌学辑刊》2002 年第 1 期，第 118～124 页。

略论吐蕃的"赭面"习俗

李永宪

据《唐书》等史籍记载，西藏吐蕃时期曾流行一种称为"赭面"的面饰习俗，但其具体样式却未见有记述。近年来，青海都兰、德令哈两处吐蕃墓葬材料的刊布，使我们首次通过考古材料对这一面饰习俗有了最直观的认识与了解，墓中出土的木板彩画上绘有数十名"赭面"人物，再现了吐蕃时期这种面饰习俗的具体样式。本文拟以两处墓葬的考古材料为实物依据，结合相关文献资料，针对吐蕃时期"赭面"的形式、特征、源流等问题，试作一点研究分析。

一 历史文献中"赭面"一词的分析

事实上，在有关西藏历史的汉、藏文文献中，均有"赭面"一词，但关于史籍中该词的含义以及研究者对该词的理解与使用，却有着不同的两种指向。一种认为"赭面"一词，应指西藏古代人种之特征，即所谓西藏远古"食肉赤面者"之"赤面"。"例如，《五部遗教》记载，'此后由神与岩魔女统治，西藏遂称神魔之域（原附藏文略，下同——笔者注），并出现了'食肉赤面者'（见《王者遗教》18 页上）。其间'食肉赤面者'一词，在后来的藏籍中即视为是藏人的代称，继而用'红面域'或'赤面域'代称西藏……在《唐书·吐蕃传》中所谓吐蕃人喜'描面'，当即藏文所指（赤面或精面），所谓'赤面域'或'赤面国'盖源于此。"[1]又如，在吐蕃，有三大处地面……最初被称为有雪吐蕃之国。中间一段时间期被神魔统治，被称为精面之区，后来被称为悉补野吐蕃之国[2]……而"赤面"的源称，苯教史《法源》则解释为因最初"直接吞食侵众人类，饮食人畜血肉面变赤"所致[3]。显而易见，这里出现的"赭面"一词，其字面含义应是指肤色等人种特征，所以研究者对它的理解与使用，都是与"赤面"、"红面"等词相等同，是对远古西藏先民人种特征的描述或指代，并且还认为《唐书》所指"赭面"也是这个意思。此外，《拔协》、《五部遗教·王者噶塘》、《释迦牟尼如来像法灭尽之记》、《尊胜佛母续》中均有类此用法，此不罗列。在汉文文献中，有近人《荒野尘梦》谓"……沿途所见，皆蜡面左桂之藏民"，则是近代对上述词义的沿用[4]。

对"赭面"一词的另一种理解与使用，是指"用赭色涂面"，即指在面部涂抹红彩的化妆形式。关于这一指义，最具代表性者当举《旧唐书·吐蕃传》中一段"贞观十五年，帝以文成公主妻之……公主恶其人精面，弄赞令国中权且罢之。"这里出现的"赭面"，就是指面部涂红色的妆式，而且从前言后语间的关联性可以读出，这是当时吐蕃地方普遍流行的习俗，故才有"令国中权且罢之"之说。历来学者称吐蕃人有"赭面"习俗，大都引此为据，故对此处"赭面"一词的理解和使用，学界没有歧义。

细察藏、汉文献中有关"赭面"一词的含义与用法，明显有所不同，凡称"赭面"等类似词语为面部妆饰者，皆出自汉文文献；而在藏文中出现"赭面"或相类词语者，皆指西藏"赤面"人种特征，未见有指"赭面"为面部妆式。

二　墓葬材料所见吐蕃"赭面"的例证

有关吐蕃"赭面"的实物例证，见于近年来公布的两处墓葬材料。两处墓葬均发现于青海省境内，一是 1999 年发掘的都兰吐蕃三号墓[5]，二是 2002 年清理的德令哈市郭里木的两座吐蕃墓[6]。两处基葬中皆出土绘有"赭面"人物的木板彩画，兹举要如下：

都兰吐蕃三号墓位于都兰县热水乡血渭草场的热水沟南岸，地处海拔 3400 多米，1999 年由北京大学考古文博院、青海省文物考古研究所共同发掘清理，编号为 99DRNM3，是一座椭圆形封土的石砌多室墓，其时代约为公元 8 世纪中期[7]。该墓墓道中出有一件"彩绘木箱"，木箱的东、北、西三面侧板上绘有四位人物，其中两人着窄袖左衽紧身服、短发，手执弓箭；另两人亦着窄袖紧身衣，手执笙、琵琶等乐器，四人均为"赭面"。

观察都兰三号墓木箱彩绘人物的"赭面"样式，均是在额、鼻、下巴、两颊等面部高凸的部位涂以红彩，但涂彩的形状和部位又有所区别，具体说来可分为三种样式：一是将双眼以下的面颊与鼻梁联为一片通涂红彩，如东侧箱板与西侧箱板的两名射手；二是在两颊、鼻、下巴等处分别涂以圆点状红彩，如北侧木板所绘怀抱琵琶的人物；三是将两颊部位的红彩涂成三道弧形条状，如北侧箱板所绘执笙人物。观察实物发现，虽然人物形象部分已很模糊，但"赭面"涂彩的印痕却很清楚，说明绘画所用的红彩应是朱砂等矿物质颜料（图1）。

德令哈郭里木吐蕃墓群地处市区以东 30 公里巴音河南岸的夏塔图草场，2002 年 8 月由青海省文物考古研究所与海西州民族博物馆共同清理了两座已被盗掘的基葬，其中一座为单人"武士"墓，另一座为异性合葬墓，墓葬时代为公元 8 世纪末[8]。两座墓中共有三具木棺，木棺四面棺板均有彩绘，三具木棺共有档头棺板（端板）六块，绘"四神"、花鸟等内容；侧板多块，所绘内容丰富多样，其中一具木棺的侧板绘有以赞普、赞蒙（王、王后）为中心人物的狩猎、行商、宴乐、迎宾、祭祀、合欢等六组画面，整块木板构成一幅大画面，其多位人物有"赭面"红妆。

从发表的该棺板的彩画摹本中，共有可统计的人物 42 人，从画面上看，其身份包括有王及王后（赞普、赞蒙）、侍者、商人、射手、平民等身份不同的各类人物，其服装姿态亦各不相同。画面上可观察到面部涂有红彩的"赭面"人物共 34 人（背面人物和头部缺失人物除外），其"赭面"形式也都是在额、鼻、下巴、两颊等面部高凸部位涂以点状、条状、块状的红彩，依其涂点的数量可分为"十三点"、"九点""七点""五点"等。除额、鼻、下巴三点外，两面颊的涂点均在数量、部位上呈对称状。其中比较特别的有两种样式：一是将两颊与鼻梁涂点联为一片，通涂红彩，如画面中王

图1　都兰吐蕃三号墓彩绘木箱的"赭面"人物

后（赞蒙）、一位骑马商人、赞普身后的一位侍者、一位站立的射手共四人；另一种样式是在对称的两颊或眼尾、眉梢、腮部等处涂斜向的条形红彩，各类人物中均有此种样式（图2）。郭里木墓中棺板彩画中的"赭面"样式，从人物身份、性别上看不出特定的区别或标志性规律，说明当时面涂红彩可能是一种普遍的社会习俗。与都兰热水三号墓彩绘木箱的"赭面"样式相比较，其形式和涂点部位也是相同的，反映出公元8世纪左右，这种面饰习俗在吐蕃文化中的一致性。

图2　德令哈郭里木吐蕃墓棺板彩画"赭面"人物

三　"赭面"是吐蕃文化的标志

上举两处墓木板彩画中"赭面"人物的实例，第一次形象而直接地证实了《唐书》等汉文史籍所载吐蕃"国中"通行"赭面"是毋庸置疑的史实。而该两处墓地均地处祁连山南侧柴达木盆地的东缘及北缘草原地带，历史上曾是吐谷浑部的疆域，因此两处墓地的文化特征也很引人关注。就墓葬材料本身而言，其丰富的文化信息尚需深入分析研究，不少学者亦观察到其中具有的吐蕃、汉地（唐朝）乃至中亚等不同文化的因子。仅就德令哈郭里木墓葬墓主族属及身份而论，就有不尽相同的几种观点，如程起骏先生认为郭里木墓中的"棺板彩画是草原王国吐谷浑的遗物……描绘的是吐谷浑一位王者绚丽多彩的生活画卷，也是那个民族那个时代的社会图景"[9]。林梅村先生则认为郭里木"两墓既不是'吐蕃赞普墓'，亦非某些学者认为的'吐谷浑王墓'，它极可能是苏毗贵族墓"。而且其中的合葬墓更可能是吐蕃大臣禄东赞之子噶尔钦陵与其苏毗王妃之墓[10]。其实，无论郭里木两墓墓主身份如何，棺板彩画中所表现的"赭面"习俗都应是源自吐蕃。《旧唐书》所载"公主恶其人精面，弄赞令国中权且罢之"。一段说的是贞观十五年（641 年）的事，可见至少在公元 7 世纪中叶，"赭面"之俗已在吐蕃本土十分流行，才会使初来拉萨的文成公主第一次目睹这样的奇异之俗感到难以接受。所以吐蕃本土流行"赭面"的这个时期，显然早于青海郭里木墓葬和都兰热水三号墓的年代。可以推测的是，《旧唐书》所说的 7 世纪中期松赞干布对国中流行"赭面"之俗的禁令，并未真正得到执行，甚至在某些地区可能从未被禁止过，因此，作为吐蕃传统文化的一个标志，在吐蕃兼并了吐谷浑、占领河西走廊等广大地区之后，"赭面"之俗流传的地区更大。故有研究者指出，郭里木墓棺板彩画内容中"明显可以指为吐蕃民族习俗的是赭面……它是古代吐蕃民族长期形成的特有风俗"。

如果说青海两处墓葬中的"赭面"实证可视为吐蕃本土习俗在"大蕃"邦国的传播和延伸，那么"安史之乱"后吐蕃对河西地区所推行的"风俗同化"，则是一种带有强制性质的统治手段。吐蕃占领敦煌初期，尚乞心儿让沙州人民改易穿着、学说蕃语、精面文身。《张淮深碑》载"河洛沸腾……并南蕃之化……由是行遵辫发，体美织皮，左衽束身，垂脏跪膝"，及《阴处士修功德记》载"熊黑爱子，拆褪椒以文身；鸳鸯夫妻，解髻锢而辫发"等之语，皆可说明"赭面"之俗在敦煌等河西地区的出现，是伴随吐蕃对该地区推行"蕃化"统治的一种族别文化标志[11]。

吐蕃的"赭面"作为一种习俗在青海、河西地区的出现，无论是一种主动的模仿或是被动地接受，对非吐蕃文化而言，都是一种异文化的移植。而且这种习俗的影响之远，其时已达数千里之外唐长安城，在白居易诗《时世妆》中，作者对此有十分形象的描写："——圆鬟无鬓堆（椎）髻样，斜红不晕赭面状。昔闻被发伊川中，辛有见之知有戎。元和妆梳君记取，髻椎面赭非华风。"[12]诗人不仅指出流行于长安城内外的这种"椎髻靖面"妆式并非汉地之俗而是一种异文化的传播，而且还在诗中详细地描绘了"斜红不晕"的样式，这恰与吐蕃"赭面"中面颊两侧涂抹对称的斜条形红彩几乎完全相同。由此可见，正是在唐蕃争战交好之间，"赭面"妆式在无形之中得以传入汉地，作为一种异文化的标志在其他地区被接受。

四 "赭面"习俗的起源与延续

"赭面"何以能在吐蕃时期成为西藏本土文化的一个标志或特征，其源起或早期形态如何，藏文历史文献中从未见有记述，但在汉文史籍中却可找到一些相关的记载。例如，《隋书·西域传》之"女国"条下记载"女国，在葱岭之南……王姓苏毗，字末揭，在位二十年……男女皆以彩色涂面，一日之中，或数度变改之……气候多寒，以射猎为业。出愉石、朱砂、膺香、艳牛、骏马、蜀马。尤多盐，恒将盐向天堂兴贩……开皇六年，遣使朝贡，其后遂绝。"[13]此处所载"女国"的有关内容，对于考察吐蕃"赭面"习俗的由来，应是有些帮助的。

首先，《隋书》所载"女国"与《唐书》之"东女国"是完全不同的，其地在"葱岭之南"，生态环境具有"气候多寒，以射猎为业……尤多盐"等特征，其所处应是猎牧经济为主、盐业经济为辅，泊湖密布、气候严寒的藏西、藏北的广袤高原区。因此，多数学者认为《隋书》之"女国"应是指吐蕃王朝建立之前就已活动于藏西北地区的"羊同"（象雄）或"苏毗"等部落联盟区。其次，"女国"存在的"男女皆以彩色涂面，一日之中，或数度变改之"的情形，不仅说明当时当地的面部涂彩是不分性别、身份的一种普遍习俗，而且表明流行这种习俗的地区，应具有彩色颜料充足易得的自然资源条件，这与其地出产"朱砂"应是密不可分的。朱砂是从"赤铁矿"（橘石）中提取的矿物质红色颜料，而赤铁矿红色颜料在西藏出现较早，距今三四千年前拉萨曲贡遗址曾出土有研磨和盛装红色颜料的石磨盘和小陶瓶，经鉴定颜料性质为赤铁矿粉末[14]。只是当时用量不大。赤铁矿颜料较大量的使用，是出现在阿里、那曲地区的古代岩画中，且岩画的时代早于吐蕃时期[15]，因此，藏西北地区所具有的矿物质红色颜料（赤铁矿/精石）资源不仅是当地岩画的主要原料，而且也可能成为"女国"时期"以彩色涂面"的颜料来源。再次，《隋书》所载的"女国"曾于隋文帝开皇六年（586年）遣使赴汉地朝贡，只是"其后遂绝"，可见早在吐蕃王朝建立之前，当时的"女国"已具有相当的实力，能代表西域高原一方与汉地交好，而其时当地已是"男女皆以彩色涂面"。因此，至文成公主进藏时的641年前后所见吐蕃国中流行的"赭面"，并非西藏最早的面饰形式，而应是百年前就已在"女国"猎牧部落中流行的"彩面"在吐蕃腹心地区延续发展的一种形式。可以推测，吐蕃"赭面"习俗之先河，当为藏西北猎牧部落所开创，其起源应是西藏高寒地区部落的一种习俗。

关于"女国"曾流行的"彩面"习俗，考古材料中亦有一些线索或可佐证。例如在噶尔县门士乡境内的"琼隆银城"遗址，曾发现大量研磨红色颜料的耐石、磨棒、磨盘、石臼等遗物，其上多遗有红色痕迹，根据这些工具的形制与数量分析，其研磨颜料的量应不是很大，但使用者人数却不少，其用途极有可能是研磨涂饰面部的红颜料。该遗址的年代为公元5~7世纪，碳十四测定，与《隋书》所载"女国"的所处时代十分接近。

我们可以做一种推测，"以彩涂面"的习俗是在"女国"、"象雄"、"苏毗"等高原猎牧部落文化区起源的，至吐蕃时期已成为古代西藏的一种普遍习俗即"赭面"，其中可能隐含着一个文化与政治势力的兼并融合的背景，那就是吐蕃王朝建立后形成的高原政治法权的统一以及佛教的逐渐兴盛，包括苯教、"彩面"等源于藏西北地区的一系列文化因素在吐蕃本土腹心地区迅速融入"吐蕃文化"

这个整体，而"赭面"作为"吐蕃文化"的一个标志，随着吐蕃的势力扩张而出现在吐谷浑部以及河西地区乃至波及长安。

然而，又是什么原因使这一可以远传长安的妆式习俗并未在吐蕃本土的腹心地区延续下来呢？除了"赭面"的功利性因素（如护肤、防晒等）可能具有的环境差异以外，"彩面"习俗的衰落可能与当时吐蕃王室兴佛运动背景有关。如在《贤者喜宴》中有一段记述颇有意味：吐蕃赞普赤松德赞兴佛盟书（第二盟书）指责"夫吐蕃之旧有宗教实为不善，敬奉神灵之方法与仪轨不符，故众人沉溺于不善，有人身涂红颜，有人存心有碍国政，有人癖好使人畜生病，有人醉心于招致灾荒饥馑"[16]。此处所言吐蕃旧有之"不善"宗教，显然是当时赞普极力反对的非佛教因素，而在身体或面部"涂红颜"被视为"沉溺于不善"的另类表现。正是因为它们代表的是旧有宗教，而与当时王室兴佛意识是相悖的。要发展佛教，必须革除吐蕃旧有之不善宗教，正是在这样的背景下，此前松赞干布"令国中权且罢之"都未能实现的禁令，却在9世纪以匡正佛教教义的名义，置"赭面"于不善之例，使其不再是流行于吐蕃"国中"。这个推测虽只是一种假说，但细察西藏历代各类藏文史籍，似乎皆未见有记载"彩面"或"赭面"这个曾在吐蕃国中流行的习俗传统，恐怕不应只是一种巧合。

然而，即使在吐蕃王朝灭亡之后，西藏的"赭面"习俗并未真正消失，而是回到了它的原生环境和原生功能状态。在藏西、藏北及其他以游牧为生的部落中，作为一种面部化妆、护肤的形式保留下来并沿袭至今。如清抄本《西藏见闻录》载"阿里噶尔妥之妇女……少艾每以糖脂或儿茶[17]涂脸，以作□□之态，与优人中所涂焦赞之面相似，犹传面以粉口意也。"[18]或如清《西藏新志》称"妇女见喇嘛时，必以红糖或乳茶涂于腮，否恐呈如露媚，迷惑僧人而致罚。然现今此俗，不独见喇嘛为然，家居时亦为之。"[19]此外，"男子亦有以兽脂涂其面者，大概极寒之地，此等习惯最多云"[20]。至近现代，西藏古时的"赭面"已演化为一种妇女的面饰习俗，虽男子亦有涂面者，但在真正保留有"彩面"习俗的乃是游牧民中妇女的专利[21]。

综观"赭面"习俗在西藏的源起、流行、衰落与延续，其中有两个富有意味的现象或许还可深入分析研究，一是它最早产生于猎牧部落并最后留存于游牧部落之中，这是一个文化回归的现象，还是一种与宗教相关的结果；二是藏文史籍中始终不见对吐蕃之"赭面"习俗的记述，而所有关于西藏"赭面"、"涂面"等风俗的记述，均出自汉文史籍，两者间的这个区别究竟有何意义，亦是值得关注的一点。

（原载《藏学学刊》，四川大学出版社，2007年）

注 释

［1］本文系教育部人文社科重点研究基地重大项目"西藏史前史"的阶段性成果，项目批准号为02JAZJD840011。

［2］参见黄颜译注：《〈贤者喜宴〉摘译》注［5］，载《西藏民族学院学报》1980年第4期，第40～41页。

［3］见达仓宗巴·班觉桑布：《汉藏史集》，陈庆英译本，第14页，西藏人民出版社，1986年。

［4］转引自恰白·次旦平措、诺章·吴坚、平措次仁《西藏通史——松石宝串》，陈庆英、格桑益西、何宗英、许德存译本，第11页，西藏古籍出版社，1996年。

［5］见陈渠珍：《荒野尘梦》，任乃强校注本，第12页，西藏人民出版社，1999年。

［6］北京大学考古文博学院、青海省文物考古研究所编著：《都兰吐蕃墓》，科学出版社，2005年。

［7］许新国等：《唐代绘画新标本——吐蕃棺板画》，载《文物天地》2004年第3期。

［8］北京大学考古文博学院、青海省文物考古研究所编著：《都兰吐蕃墓》，第127、128页。

［9］见北京大学考古文博学院、青海省文物考古研究所编著：《都兰吐蕃墓》，第100~104页，图六四、六五，图版三三、三四。

［10］许新国等：《唐代绘画新标本——吐蕃棺板画》，载《文物天地》2004年第3期，第21页。

［11］程起骏：《棺板彩画——吐谷浑人的社会图景》，载《中国国家地理》2006年第3期（青海专辑：下），第92~93页。

［12］林梅村：《棺板彩画——苏毗人的风俗图卷》，载《中国国家地理》2006年第3期（青海专辑：下），第96~98页。

［13］罗世平：《棺板彩画——吐蕃人的生活画卷》，载《中国国家地理》2006年第3期（青海专辑：下），第94~95页。

［14］有关吐蕃对河西地区的"蕃化"统治，可参见陈国灿：《唐朝吐蕃陷落沙州城的时间问题》，载《敦煌学辑刊》1985年第1期。

［15］引自范学宗、吴逢箴、王纯洁编：《全唐文全唐诗吐蕃史料》，西藏人民出版社，1988年，第454~455页。

［16］《隋书》卷八十三·列传第四十八：女国，中华书局，1973年，第六册，第1850~1851页。

［17］黄素英：《曲贡遗址研色盘表面红颜色鉴定报告》，载中国社会科学院考古研究所、西藏自治区文物局编著：《拉萨曲贡》，中国大百科全书出版社，1999年，第255页。

［18］参见李永宪、霍巍：《西藏岩画艺术》，四川人民出版社，1994年。

［19］参见李永宪、霍巍：《西藏阿里噶尔县"琼隆银城"遗址》，《中国重要考古发现》（2004），文物出版社，2005年。

［20］关于《贤者喜宴》中此段的汉译转达引自罗世平：《棺板彩画吐蕃人的生活画卷》，《中国国家地理》2006年第3期（青海专辑：下），第94页；查黄颜译者注本《贤者喜宴》汉译则为"吐蕃之古老佛法不完善，祭神与仪规不相符合，因此，众人疑（佛法）不佳，有人疑虑不利于身，有人担忧政权衰落，有人顾虑发生人疫畜病，有人怀疑会降下天灾"，引自《贤者喜宴》摘译（九），载《西藏民族学院学报》1982年第4期，第37页。

［21］"儿茶：一种落叶小乔木，产于云南和印度等地，木质坚硬呈红色，熬出的汁干后呈棕色块……有止血镇痛效果，古代西藏用来擦脸。……"见赵宗福选注：《历代咏藏诗选》第177页注，西藏人民出版社，1987年。

七（bdun）、九（dgu）与十三（bcu gsum）

——神秘的都兰吐蕃墓数字文化[1]

宗喀·漾正冈布　拉毛吉　端　智[2]

一　墓葬分布概况

都兰吐蕃墓葬群位于青藏高原柴达木盆地东南隅的都兰县热水乡（ཆུ་འཁོལ། chu khol，曲廓），距离察汗乌苏镇[3]东南方向约10公里。属高原干旱大陆性气候，年平均温度约3摄氏度，年降水量只有179.1毫米，早晚温差大，多风，现在这里似乎并不是人类理想的居住地。

1982年，青海省文物局考古工作队（青海省文物考古研究所的前身）在都兰县热水乡偕微草场[4]发现了一个庞大的吐蕃[5]陵墓群。此发现被中国国家文物局学术委员会评选为"1996年全国十大考古新发现"之一。

1999年7~9月间，在美国企业家罗杰伟（Roger E·Covey）创办的唐研究基金会的资助下，北京大学考古文博院、青海省文物考古研究所联合在偕微草场热水沟南岸发掘了四座被盗过的大、中型吐蕃墓葬[6]。墓葬集中分布在一山谷两侧的山脚下，自西向东依次编号为都兰吐蕃四号墓（99DRN M4）、吐蕃一号墓（99DRNM1）、吐蕃三号墓（99DRNM3）、吐蕃二号墓（99DRNM2）[7]。这篇论文是在我们2010年8月在都兰及其周围地区为期20天实地考察的基础上参考有关文献写成的。

二　墓葬中的数字文化

1. 数字文化——"七"

位于偕微（She' u ཤེའུ།）[8]的偕微"M1号墓"高约12米，都兰古墓均依山面水，建在热水背部山脉延伸出的山岩尾部，与自然的山脉完美地融成一体。呈底宽顶窄的双覆斗式梯形状，从下到上依次由下部封土、石砌圈墙、混凝夯土圈墙和上部封土组成。据曾主持此墓发掘的许新国先生的描述，在上部封土堆从上至下环绕封土分层平铺柏木穿木，自上而下共七层[9]。

位于偕微"M1号墓"对面，即"曲廓"（chu' khol ཆུ་འཁོལ།即热水河）南岸的出土有四块古藏文碑刻"伦赤偕微噶"（blon khri she'u ka བློན་ཁྲི་ཤེའུ་ཀ） 的"吐蕃三号墓"（99DRNM3）[10]，自下而上共分别为高 18、8、10、16、14、24、8 厘米不等的共七级台阶[11]。

偕微"M1 号墓"在封土堆上部，分层平铺了七层柏木穿木。而 99DRNM3 号墓的墓道筑成七级。我们认为这明显是筑墓时有意而为[12]。

《敦煌本藏文历史文献》（Documents de Touen - houang relatifs a l'histoire du Tibet）古藏文写卷"赞普传记部分"记述，当被吐蕃赞普封为"钟"（gcung གཅུང་弟）的南诏国王（'jang gi rgyal po འཇང་གི་རྒྱལ་པོ）前来向赞普赤德祖赞（khri lde gtsug brtsan, ཁྲི་ལྡེ་གི་ཁང་མོ་ཆེ 704 ~ 754 年）致礼时，在磅宕大殿（phang dang gi khang mo che ཕི་ཪི་གཏུག་བཙན）中赞普君臣唱道："从七重苍天的天界，天子（指赞普）降为人主"（dgong sngo nib dun rim gyi/lha yul ni gung dang nas/lha sras ni myi'i mgon དགོང་སྔོ་ནི་བདུན་རིམ་གྱི། ལྷ་ཡུལ་ནི་གུང་དང་ནས། ལྷ་སྲས་ནི་མྱིའི་མགོན）。

一般藏文史籍记述，在吐蕃第一代赞普聂赤赞普和首位将遗体留在人间墓葬的止贡赞普（gri gum btsan po གྲི་གུམ་ཚན་པོ）之前有"南拉赤敦"（gnam la khri bdun གནམ་ལ་ཁྲི་བདུན），即"天赤七王"。他们逝世后要"返回"到七重天界。

由此可以推测，都兰偕微"M1 号墓"中封土上部的七级构筑层和 99DRNM3 号墓中的七级墓道大概与当时吐蕃人"七重天"的信仰有关。两座大墓，特别是偕微"M1 号墓"封土上部的七层柏木的构筑层很可能是为墓主人逝后生活在"七重苍天"天界或从墓中升往七重苍天而特意修筑的。

七在古藏人（或古代藏缅民族）中似乎普遍被视为是一特殊而神秘的数字。在被英国已故著名藏学家牛津大学教授 F. W. Thomas 称为"东北藏古代民间文学"（Ancient Folk - Literature from North - Eastern Tibet）的编号为 India Office Library Ms. Stein Ch. 82. IV 等的六种敦煌出土古藏文写卷，内容和文字风格相当古朴，F. W. Thomas 教授认为它们反映的是约公元 3 ~ 7 世纪被他称之为东北藏（North - Eastern Tibet，包括青海湖和柴达木地区）地区的先民的生产生活。这六份写卷中"bdun བདུན"，即七出现的频率相当高。如编号为 India Office Library Ms. Stein Ch.（Vol. 55 fol. 6）内容为"mo"（divination，即卜辞）的写卷中多次出现"bdun"（七），其中曰：

kye byang ka ni ya byi na ཀྱེ་བྱང་ཀ་ནི་ཡ་བྱི་ན——啊！北面的高处：

dgo bdun nip has kyang'tshal དགོ་བདུན་ནེ་ཧས་ཀྱང་འཚལ——住着七只黄羊，

rkun pos ni re mye'tshal རྐུན་པོས་ནི་རེ་མྱེ་འཚལ——贼人不要奢望，

mu sman ni nyid gi dkor མུ་སྨན་ནི་ཉིད་གི་དཀོར——那是穆曼药神的财宝。

mo'di sman rgod spangs shele'i la babsde མོ་འདི་སྨན་རྒོད་སྤངས་ཤེ་ལེའི་ལ་བབས་དེ——此卦为野药草原谢列之卦

Nad pa la btab na sos ནད་པ་ལ་བཏབ་ན་སོས——[13]病人，能康复[14]。

kye byang ka ni ya byi na ཀྱེ་བྱང་ཀ་ནི་ཡ་བྱི་ན——啊！上边的草原上，

sha pho ni khyus chags pa ཤ་ཕོ་ནི་ཁྱུས་ཆགས་པ——公鹿成群

ri khyi ni bdun gyis bskor བརི་ཁྱི་ནི་བདུན་གྱིས་བསྐོར།——被七只猎犬包围，

mye shor ni da dam ltar མྱེ་ཤོར་ནི་ད་དམ་ལྟར།——如被捆住逃不脱。

sman dag ni dngos cig ma སྨན་དག་ནི་དངོས་ཅིག་མ།——纯药物实在没，

mrngon pa ni bdun gis bskor མརྔོན་པ་ནི་བདུན་གྱིས་བསྐོར།——七猎人要围拢，

bskor cin ni cir u mchi བསྐོར་ཅིན་ནི་ཅི་ར་ཨུ་མཆི།——围拢了咋突围？

mo 'di ni sman rgod shele 'i mo la dub ste མོ་འདི་ནི་སྨན་རྒོད་ཤེ་ལེའི་མོ་ལ་དུབ་སྟེ།——[15]此卦为野生药物之卦[16]。

kye. [skar]. zan. ni. smyin. drug. la ‖ ཀྱེ་(སྐར) ཟན་ནི་སྨྱིན་དྲུག་ལ།啊！在星光微弱的昴宿星上，

skar. phran. ni. bza. bdun. hdus ‖ སྐར་ཕྲན་ནི་བཟའ་བདུན་འདུས།有小星与七星聚集，

rgya. skar. ni. khyu. na. mdzes ‖ རྒྱ་སྐར་ནི་ཁྱུ་ན་མཛེས།是星群中最美丽的，

bzan. bdun. ni. yar. ru. blan ‖ བཟན་བདུན་ནི་ཡར་རུ་བླན།七星向天顶升去，

smyin. drug. ni. ldeb. su. sor ‖ སྨྱིན་དྲུག་ནི་ལྡེབ་སུ་སོར།[17]昴宿在一旁逸去[18]。

第一段中属穆曼药神的"七只黄羊"中的"七"在这里可以被看作是个吉祥数。在《敦煌吐蕃文献选辑——文化卷》中就此段所卜卦相做了释译："此乃美女'邦协来'之卦：卜问家宅占与寿元占，人之财运不衰，畜之福泽不败。幸福、长寿、神佑。谋事，能成。病人，能愈。求王事，许准。卜问子息占，有。娶亲，如意。行商，赢利。卜问出行人，即归。此卦问何事皆大吉。"[19]从这个卜卦释译更能看出七代表了吉祥、好的意思。第二段中的"七只猎犬"和"七猎人"中的"七"似乎表众多的意思。第三段中的"七星"是指昴宿星团，但是昴宿星团肉眼能观察到的是六颗，所以藏文一般称昴宿星为"斯蒙六星"（smin drug），眼力好的人才能看到七颗。此处昴宿星的名字使用了斯蒙六星，但是又用七颗来代替，显然是有意使用七颗，似乎反映了"七"表示吉祥、美丽的意思。

2. 数字文化——"九"

当地藏人把热水北岸的偕微"M1号墓"称为"谷突"（dgu thog དགུ་ཐོག），"九层"的意思，但现在也有人把它曲解成"九层妖楼"、"九层妖魔洞"等。此墓与自然山脉延伸出的基岩相连，依山面水，呈南宽北窄、底宽顶窄的双覆斗梯形状，自下而上依次为下部封土[20]、石砌圈墙、混凝夯土圈墙和上部封土组成。上部封土堆自上而下共七层，混凝夯土圈厚约3米（3米至3.5米不等），石砌圈墙共三层，每层约1米，下层封土厚度未知。由此可见，此墓不是我们想象的正好九层。当地人为什么不称其为"敦突"（bdun thog, བདུན་ཐོག "七层"），"届突"（brgyad thog, བརྒྱད་ཐོག "八层"）、"居突"（bcu thog, བཅུ་ཐོག "十层"）或其他，却称其为"谷突"（dgu thog དགུ）即"九层"呢？原因显然是缘于吐蕃文化（藏文化），吐蕃文化中数字9蕴含着"极、最、全、多、神圣"之意。

数字3、7、9、13等在吐蕃数字文化中有特殊的地位[21]。一般推测认为人类最早认识的数字是非常有限的，在有限的数字中9是一个最大值[22]。还有一种思考，认为对九的重视很有可能缘于对三的崇敬和喜爱，因为九是由三扩展而得，三个"3"被视为更加吉祥。

在吐蕃苯教的宇宙起源之"卵生说"中就体现出了对"九"文化的理解。《斯巴卓浦》（srid p'i grol phug སྲིད་པའི་གྲོལ་ཕུག）中记述：斯巴桑波奔赤（sangs po' bum khri སངས་པོ་འབུམ་ཁྲི）与曲吉嘉嫫（chu lcags rgyal mo ཆུ་ལྕགས་རྒྱལ་མོ）生下了九个兄弟和九个姐妹，被称为世界九男神和世界九女神。九兄弟分身而出九女伴；九姐妹分身而出九男伴。九兄弟中的斯杰章噶（srid rje' brang dkar སྲིད་རྗེ་འབྲང་དཀར）有九个儿子，被称作九界天神，他的九个女儿被称为九界女神。天界九神被看作是穆（dmu）部落最早的祖先，也称为"天界九梵神"[23]。学术界普遍认为数字9与苯教的天界、地界、教义有关。地界从内到外有九重地，天界有九重天（但吐蕃赞普时期古藏文中有七重天之说）。

苯教传说世界起源于一个叫作魏摩隆仁（'ol mo lung ring འོལ་མོ་ལུང་རིང）的地方，此地是现实世界的一部分，呈八瓣莲花状，与之对应的天呈八辐金轮状，九迭雍中山[24]俯瞰大地。据说，九迭雍中山的九层各代表了苯教教义的九乘（即《九乘经论》theg pa rim dgu ཐེག་པ་རིམ་དགུ）之一。《九乘经论》又有苯教《九乘经论》与佛教宁玛派《九乘经论》，苯教九乘包括恰幸（pya gshen བྱ་གཤེན）、朗幸（snang gshen སྣང་གཤེན）、楚幸（' phral gshen）、什幸（sred gshen）、居士（dge bsnyen）、阿噶（a dkar）、仙人（drang song）、依幸（ye gshen）、无上乘（khyad par chen po），前四乘被称为"因四乘"，后五乘中除了"无上乘"以外的四乘为"果四乘"；宁玛派九乘包括声闻乘（nyan thos）、独觉乘（rang rgyal）、菩萨乘（theg chen，大乘佛法）因三乘（sprul sku sh' kya thub pa），事部（bya rgyud）、行部（spyod rgyud）、瑜伽部（rnal' byor rgyud）外三乘（long sku rdo rje 'chang）和嘛哈瑜伽（rgyud h' a yo ga）、阿努瑜伽（lung a nu yo ga）、阿底瑜伽（man ngag a ti yo ga）内三乘（chos sku kun tu bzang po）[25]。在苯教中还经常使用九宫、九曜（神）、九阶天梯、九天神、九山神、九色、九王子、九位苯教师、九位父亲、九驮等等，象征着整体、神圣之意。民间有九头魔精（srin mo mgo dgu སྲིན་མོ་མགོ་དགུ）的说法，这里的"九头"是表示"多头"的意思。

敦煌出土的大约与都兰吐蕃墓同一时期的被称为《敦煌本藏文历史文献》（Documents de Touen-houang relatifs a l'histoire du Tibet）古藏文写卷"赞普传记部分"中提到的"九父部"（yab 'bangs pha dgu'）、"九层铠甲"（dbu' skas sten dgu'）、"九仇敌"（dgu gri）等中的"九"（dgu' 或 dgu）均系表示"多"与"全"的形容词。也可依次翻译为"众父部"、"坚厚铠甲"、"所有敌人"等。

《东北藏古代民间文学》（Ancient Folk-Literature from North-Eastern Tibet）中记述有九首领（phyi g-yal cho dgu）、九星（skar ma g-yen dgu）、九部（chad dgu）、九座摇摆的城堡（byan. rdzon. yob. cin. dgu）、九座山（la dgu）、九渡口（hdas. rab. dgu）、九位杰（rje dgu）、九位噶尔（ga dgu）、九位神（dan lha dgu）、九位赛（gsas dgu）、九位帕（dan pha dgu）、九位本（bon dgu）、九个妖（srin dgu）、九扎厚的雪（kha ba mtho dgu）、九个九十天的昨天（gan. khar. rga. gze. dgu. ga. d[gu].ga. dgu. gsan. ga. gsan. pyo. ga）[26]等，充当"多，极"的程度副词或表示长度、时间等的数量单位名词。

《贤者喜宴》（mkhas p'i dga' ston མཁས་པའི་དགའ་སྟོན）等藏文史籍所记述的远在古代"零星十

二小邦"（rgyal phran sil ma bcu gnyis）和第一代赞普聂赤赞普时代的漫长历史时期中有："魔域卡若九绒"（bdud yul kha rag rong dgu，此时出现斧头、战钺等）、"恶鬼黑九域"（srin po nag po dgu yul，出现矛和叉武器）、"玛桑九族"（ma sang ris dgu）、"九章哇章玛"（drang ba drangs ma dgu）、"蕃特境域九洲"（bod khams gling dgu）等。这些"九"均应系表示"多"、"众"的概数词。

《岭格萨尔》（gling ge sar rgyal po'i sgrung གླིང་གེ་སར་རྒྱལ་པོའི་སྒྲུང་）中多有与"九"相关的描述，如："格萨尔向敌人射箭要用九箭神"、"格萨尔大王骑着赤红色的马来到一个大草场上，牧羊人为他备了九只绵羊、九只山羊、九层铠甲、九个铜锅、九个鞍木、四十五个靶子……格萨尔从九万锐箭中抽出一支，搭上箭，拉开弓，一箭射出，闪电般的红黄火焰遮天盖地，如同燃烧的鸟毛一般，射到沙滩，击中靶子，又复光辉灿烂，声震天地，回到箭袋。"[27] 这里很明显能看出 9 这个数字既代表了极大、极多、极其威猛、迅捷等极限程度，蕴含着神奇、神圣的意思。

藏文的词汇中也处处体现着数字 9 的文化特征，如：银河为"谷凑"dgu tshigs（直译为"九节、九站"），众生为"继谷"skye dgu（直译为"九生"），万恶为"暗谷"ngan dgu（直译为"九恶"），众善为"桑谷"bzang dgu（直译为"九善"），一切有为"有谷"yod dgu，一切欲为"都谷"dod dgu，凡所需为"库谷"mkho dgu，世世代代为"谷迹"dgu rgyud，有失必有得为"基胡尔谷妥布"gcig shor dgu tob，竭尽全力为"有谷载珠"yod dgu rtsal sprug，随心所欲为"几都谷确"ci dod dgu spyod，无所不知为"玛习谷习"ma shes dgu shes，等等[28]。还有藏文辞藻中九代表脉（"杂"rtsa，即人体的三大脉络"杂苏木"rtsa gsum 和六大脉轮"库尔谷"khor dgu 共九脉）。显然在这些词汇中九并不是表示客观存在的实际数字，而是一种泛指，作为形容词使用，表示"多、一切、都"之意。

爱屋及乌，因为崇尚数字 9，所以与 9 相关的数字，如 27、999 等有时也成了藏人心中的吉祥数字。

偕微"M1 号墓"的南面正下方距封土堆顶部三十多米的平地是组合动物献祭陪葬遗迹。正中有 5 条陪葬沟，依南北顺序东西向横列。两边是陪葬圆形坑共 27 个[29]（3×9＝27）。在编号为 PM3 的圆形动物陪葬墓内葬有牛羊头骨 27 个[30]。这些都应该是此墓葬中体现的九文化符号。当然我们也不能排除对 27 的其他解释，如，27 也可能与二十七星宿相关联，人们崇敬星宿，因而也崇敬星宿数。

3. 数字文化——"十三"

偕微"M1 号墓"距离封土堆顶部下深 4.5 米处有一动物陪葬墓（编号 PM1），四壁为石砌墙，东西向横列，墓上覆盖有柏木 13 根。M1 号墓南面平地组合动物陪葬遗迹处的 27 个圆坑和 5 条陪葬沟中，有牛头、牛蹄的葬坑共 13 座，陪葬沟中共陪葬有 87 匹马[31]（100－87＝13）[32]。

吉祥数字 13 的象征意义源自何时真是一个谜，对它的说法也是众说纷纭，无一定论。最为普遍的说法就是源于苯教对宇宙的观点，认为世界由上、中、下组成，上最初认为是九重天，后来扩充为十三层[33]，中（即地上）为九重，下（即地下）为十一重。

大约与都兰吐蕃墓同一时代的编号为 S. T. 756 的被称为"古藏医残卷"的敦煌出土古藏文写卷（现藏英国伦敦大英博物馆印度事务部）中 13 显然被作为特殊吉祥数字和剂量单位而反复使用："肺疾多年不愈者……将 X 肉切成方块与十三粒小麦（gro'brum bu bcu gsum）、甜酥油十三两（mar dngar pos rang bchu gsum），红花黄精三两，甘蔗汁等十三瓦罐（chu tsha gu bcu gsum）中熬，熬到三成时……"[34]另一敦煌出土的大约与 S. T. 756 同时代的编号为 P. T. 1057 的古藏医写卷（藏法国巴黎国家图书馆）也将 13 作为一神秘的吉祥数字使用："患肺病者……可将各种肺用麦酒调好，分十三次与饭同用（za ma bcu gsum du sbyor de stsol cig）……如胸口烧，用蒜汁、煅寒水石……研磨汁，加上十三刀尖（gri rtse bcu gsum）研磨过的，拌入酥油块内，天亮之前服用，可见效。"[35]

在《东北藏古代民间文学》（Ancient Folk – Literature from North – Eastern Tibet）中也能体现出 13 被认为是吉祥数字而使用："上边多保佑，恶运关在外。十二小国再加上孜塘就成为十三个；上边多保佑，恶运关在外。十二个陈镇加上本达额就成了十三个……"[36]

gyi. byi（n）. che. ni. yarun. dgaro ｜ rgya. sdig. pa. ni. phyir. ｜ gnchado ｜ yul. bchu. gis. na. lhab. ma. ［Rtsi－］ dan. dan. bchu. gsum. gyi. byin. chen. ni. yaru. dgaro. rgyan. sdig. ni. pyi. ru. gchado ‖ mkhar. bchu. gin ［s］. na. Hbum－da－na. dan. bchu. gsum. gyi. byin. chen. ni. yar. ru. dgaro ｜ rgyan. sdig. ni. pyi. ru. gchado ｜ g－thod. thod. gyi. byin. sam. pad. pad. gyi. phyin. che. ni. yaru. dgaro. rgyan. sdig. ni. pyi. ru. gchado. ｜ g－la. hbri. hi. byin. che. ba. yaru. dgaro. rgyan. sdig. pa. byi. ru. gchado ‖ [37]

《西藏考古》中图 6 是一副中间带有 13 个圆圈的中心图案，被认为是苯教中把"十三"视为一个神圣数字的特征[38]。

另外，与格萨尔王相关的数字中尤为凸显的是 13，并且清晰地体现了 13 作为"吉祥、成熟、尊贵"的象征及特点。如：格萨尔传唱艺人一般满十三岁才开始他的说唱生涯。格萨尔王满十三岁时于十三日登基为王。史诗中多处描写到十三，尤其是在《格萨尔·岭国之战》、《格萨尔·天界篇》和《格萨尔·门岭之战》中描写到十三的地方真是不胜枚举："……筑起十三座煨桑坛……吉祥的旗树十三面……十三种招福要建全……一共要围绕十三圈……一共要唱十三章……素食要摆十三盘……"（shing bzang bsang khang bcu gsum phub……bkra shis dar chen bcu gsum sgreng……gyang'bod sgrub khag bcu gsum tshugs……rten'brel bro ra bcu gsum skor……smon lam glu sna bcu gsum longs……）[39]"如若要把卦酬来奉送，需要胸穗骏马十三匹，需要带缰骡子十三匹，需要有乳牦牛十三头，需要栓鼻犏牛十三头，需要长毛绵羊十三只，需要有胡山羊十三只，需要金线纹绸十三匹，需要有里缎子十三匹，需要加拉帽子十三顶，需要带环宝刀十三口，需要彩虹纹靴十三双，需要绸帏伞盖十三顶，需要带绳大帐十三顶，需要有缨头盔十三顶，需要狮头铠甲十三副。"（gal te mo yon'bul'dod na/rta thong sdom can la bcu gsum dgos/drel ske thag can labcu gsum dgos//'bri nu ma can la bcu gsum dgos/ra aag tshom can la bcu gsum dgos/dar gser ris can la bcu gsum dgos/gos nagn sha can la bcu gsum dgos/lham'ja'ris can la bcu gsum dgos/gdugs dar sham can la bcu gsum dgos/gur chon thag can la bcu gsum dgos/rmog dar'phru can la bcu gsum dgos/khrab seng thod can la bcu gsum dgos）[40]

早在吐蕃帝国时期，就有王室十三大神（rja'i mgul lha bcu gsum རྗེའི་མགུལ་ལྷ་བཅུ་གསུམ）和十三战神（dgra lha wer ma bcu gsum དགྲ་ལྷ་ཝེར་མ་བཅུ་གསུམ）之说。在诸多吐蕃史籍中也记载有：松赞干布十三岁登基为赞普，后世其他赞普，如孙芒松芒赞（mang srong mang btsang）、赤松德赞（khri srong lde btsan）等都是在十三岁登基[41]。

古老的藏区的插箭祭祀的山神拉孜是一般由十三个小拉孜共同组成，常叫"拉孜母子十三"

(lab tse ma bu bcu gsum ལབ་ཙེ་མ་བུ་བཅུ་གསུམ)，拉孜一般有"母拉孜"即核心拉孜和"子拉孜"即次拉孜共同构成。藏人习惯于在"母拉孜"即核心拉孜处煨桑。《桑益仪轨书》载：吐蕃拉孜有一和十三之分。后因受藏传佛教的影响，蒙古鄂博也有了祭祀"鄂博母子十三"的习俗[42]。拉孜中的十三与古藏人（汉文历史文献中的羌、戎、氐、附国人、吐蕃等）世界观有联系。即使现在藏区游牧区在赛马煨桑时，也要煨十三座桑。它大概源自[43]世间十三战神的观念。

在青海湖南面的宗日文化遗址（距今有 4000～5000 年的历史）出土的陶器上，有十三人连手舞蹈的场面[44]。可见，十三的历史文化积淀非常深厚久远。许多人认为十三与苯教信仰中对十三的观念有联系。基于远古青藏高原苯教的天之十三层[45]，世间十三大战神的观念，从吐蕃帝国成立前后（吐蕃帝国建于公元 7 世纪初）的十三大神之始，吐蕃人（藏人）建构了以"十三"为一组的山神体系。如："居拉通普居三木"（'ju lag mthon po bcu gsum འཇུ་ལག་མཐོན་པོ་བཅུ་གསུམ大通河流域十三山神：今大通、互助、甘肃天祝县等境内）、"巴益通普居散木"（ba'i yi mthon po bcu gsum，འབའ་ཡི་མཐོན་པོ་བཅུ་གསུམ今贵南、同德县等境内）、"玛多通普居散木"（rma stod mthon po bcu gsum，ར་སྟོད་མཐོན་པོ་བཅུ་གསུམ黄河上游十三山神，今果洛州境内）、"建塘宗拉居三木"（rgyal thang rdzong lha bcu gsum，རྒྱལ་ཐང་རྫོང་ལྷ་བཅུ་གསུམ今云南香格里拉县境内）等。

藏地随处可见的大小佛塔一般均为十三层，布达拉宫包括红宫和白宫共十三层。藏人喜用 13 还表现在他们送礼少则一件、多则九件，但最多为十三件。藏民歌中也经常提到十三。此外，藏人普遍认为孩子十三岁是成人的标志。

数字 13 在藏人心中几乎成了神圣、吉祥的代名词。《西藏和蒙古的宗教》中说："……13 这一数字表示尽善尽美和纯洁……"都兰 M1 号墓陪葬沟西侧有 13 个圆形动物陪葬坑[46]，由南朝北东西向横列，一座母祭祀坑位居南端，余六对两两排列；东侧有圆形动物祭祀坑 14 座[47]，自北向南东西向横列，母祭祀坑位居北端。这些祭祀坑中牛头、牛蹄祭品共 13 座。有人认为，这里的 13 座祭祀坑是对山神的纪念，也是对"念"的祭祀；而 14 座祭祀坑是对神水（热水河）的纪念，也是对水神"鲁"（klu ཀླུ）的祭祀，体现了苯教祭祀"念"（gnyan གཉན）、"拉"（lha ལྷ）、"鲁"三神的崇拜的原型再现[48]。

如果延伸一下，这里似乎也蕴涵着阴性（mo）与阳性（pho）相配的自然观念，奇数 13 为阳性或男性，与山相应；偶数 14 为阴性或女性，与水相应。

三　小结

数是思维和符号结合的产物[49]，它源于计，是应数量计算的需求而产生，它很可能是连接事物之间最基本的纽带。数的历史有多久，是我们无法获知的，但没有数的概念、没有计算数的能力，那简直无法想象历史将会以怎样的方式叙述、世界万物会以怎样的方式概括总结。数字这个抽象的概念给予了人类最为简洁的表达方式。随着人类历史的演进，数不仅仅具有计算的功能，它也被我们赋予了计算之外更多的意义。如：它可以被视为崇拜物或禁忌物，也可以被作为一种象征的语言符号和艺术符号。总之，从古至今，无论是美洲、非洲、还是欧亚大陆的人们都与数结下了深厚的感情，根据各自不同的文化赋予了数特殊的意义。然而，令人惊讶的是与天文数字相关的 3（宇宙结构的上中下、内外中等认识）、5（金星、木星、水星、火星、土星）、7（金、木、水、火、土五星再加太阳和月亮共七曜，一星期有七日）、9（七曜再加罗睺 sgra gcan 和长尾 mjug ring 共九大天体）、12（十二行宫，一年 12 个月）、27（二十七星宿）、108（九大天体乘以十二宫等于 108，二十七星宿乘以四大月等于 108）、360（一年有 360 日或 365 日）等数字，常常被视为特殊和吉祥数字，在许多文化中是重要的数字。

藏文化中多喜欢奇数，除了 6（3×2）、108（3×36，6×18，9×12）、360（3×120，6×60，9×40），因是 3、6、9 的倍数而略显特殊。对 108 的重视，大概也受到印度佛教文化的影响。3、7、9、13 可以说是藏人最为喜爱并崇敬的数字，他们集会、祭祀、出行等重大的活动，都选用上半月[50]的单日，给朋友、亲戚等送礼时也多赠送单数数目的礼物，至多十三件。藏历新年，寺院的僧人向活佛、经师呈献干果礼包，其中的干果数都是奇数，最多为十三颗。

本文中我们简要讨论了 9、7 与 13 这三个在吐蕃文化（藏文化）中非常重要，在都兰吐蕃墓中有所体现的数字，或许我们留给读者的疑问和问题比我们解决的还要多。相信随着都兰吐蕃墓发掘和研究工作的进展，我们还有机会进一步讨论这些问题。

（原载《青海藏族》2012 年第 1 期）

注　释

［1］本文系教育部社会科学基金项目（10YJC850011）阶段性成果。

［2］宗喀·漾正冈布（Yongdrol K. Tsongkha，1965～），现任兰州大学历史文化学院教授、博士生导师（2004.8～）兼兰州大学藏缅—阿尔泰研究所所长（2005.10～）和美国印第安纳大学人类学系研究员（Reserch Associate，2003.3～）等，主要研究方向为藏学和历史语言学。拉毛吉（Lhamoskyi，1982～），兰州大学民族学研究院 2009 级博士生，主要研究方向为印藏汉天文历算。

端智 Dongrub Grotshang，（1973～　），兰州大学民族学研究院暨西北少数民族研究中心 2007 级博士研究生、青海大学藏医学院讲师。主要从事藏蒙医学研究。

［3］"察汗"乌苏是当地的蒙古语名字，"察汗"又译作"查干"或"察干"，是白的意思，"乌苏"是水的意思，当地藏语名字为"曲噶尔"（chukar）也是白水的意思。

［4］"偕微"是 she'u 的音译。这个词也有"斜位"、"斜外"、"血渭"、"谢坞"、"谢邬"等写法，这是热水河两岸草场的藏语名字，见宗喀·漾正冈布、英嘉布、刘铁程专文《论赤偕微噶（Blon Khri She'u Ka）——都兰热水河南岸吐蕃三号墓葬出土藏文碑刻考释》，见《文物》2012 年第 9 期。

［5］在《都兰吐蕃墓》中，将年代确定为唐代，而根据 M1 号墓出土的藏文石碑可以确定年代在 700～704 年前后藏王都松赞及其王后琼氏统治时期。北京大学考古文博学院、青海省文物考古研究所《都兰吐蕃墓》，科学出版社，2005 年，第 1 页。

［6］北京大学考古文博学院、青海省文物考古研究所：《都兰吐蕃墓》，科学出版社，2005 年，第 1 页。

［7］北京大学考古文博学院、青海省文物考古研究所：《都兰吐蕃墓》，科学出版社，2005 年，第 1 页。

［8］宗喀·漾正冈布等专文：《"论赤偕微噶"（Blon Khri She'u Ka）——都兰热水河南岸吐蕃三号墓葬出土藏文碑刻考释》。

［9］"都兰吐蕃墓群的发现、发掘与研究"及"考古所见吐蕃的墓上建筑"，见许新国《西陲之地与东西方文明》，北京燕山出版社，2006 年。

［10］宗喀·漾正冈布等专文《"论赤偕微噶"（Blon Khri She'u Ka）——都兰热水河南岸吐蕃三号墓葬出土藏文碑刻考释》。

［11］要说明的是《都兰吐蕃墓》中将此描述为八台阶。但"墓道向外数第一台阶基本上和墓地平"，我们认为不能算是一级。北京大学考古文博学院、青海省文物考古研究所《都兰吐蕃墓》，科学出版社，2005 年，第 65 页。

［12］由于在 1982 和 1985 年间，主要对偕微"M1 号墓"的上层封土及其墓前的陪葬遗迹、陪葬的小墓进行了发掘，这座超级大墓的秘密远未解开。

［13］F. W. Thomas, Ancient Folk - literature from North - eastern Tibet, Akademie verlag, Berlin, 1957, pp131.

［14］作者译，漾正冈布（宗喀·漾正冈布）：《公元 10 世纪以前的吐蕃（西藏）医学史研究》，博士论文，中国中医研究院，1995。馆藏号：BSLW 1998 R291. 4 1。

［15］F. W. Thomas, Ancient Folk - literature from North - eastern Tibet, Akademie verlag, Berlin, 1957, pp135.

［16］作者译，漾正冈布（宗喀·漾正冈布）：《公元 10 世纪以前的吐蕃（西藏）医学史研究》，博士论文，中国中医研究院，1995。馆藏号：BSLW 1998 R291. 4 1。

［17］F. W. Thomas, Ancient Folk - literature from North - eastern Tibet, Akademie verlag, Berlin, 1957, pp132.

［18］［英］F. W. 托玛斯著，李有义，王青山译：《东北藏古代民间文学》，四川民族出版社，1986 年，第 128 ~ 129 页。

［19］P. T. 1047 羊胛骨卜，见陈践编：《敦煌吐蕃文献选辑——文化卷》（郑炳林，黄维忠主编《敦煌吐蕃文献丛书》），民族出版社，2011 年，第 59 页。

［20］许新国认为是装尸骨的墓穴。

［21］康缠·卓美泽仁（宗喀·漾正冈布）：《"本""巫"同源考》，《青海民族学院学报》1987 年第 3 期："三和九在本教中是两个极其重要的数字……藏文中把许多不相关联者相互联系，叫三联。九是一切和多数之代名词……"数字 3 和 9 在汉、突厥、蒙古等文化中也属重要文化词。汉文化中 3 和 9 泛表多数和多次的词。如"三思而后行"（见《论语》），"三令五申"（出自《史记·孙子吴起列传》），"三番五次"（出自元·郑德辉《王粲登楼》），"再三"（见唐·李白《南阳送客》诗："挥手再三别，临歧空断肠"）。突厥语（维吾尔语）名典《福乐智慧》（Kutadgu Bilig，约成书于 11 世纪）中说"三者属春天，三者属夏天，三者属秋天，三者为冬天所有。三者为火，三者为水，三者为气，三者为土，因此形成了宇宙"。（见郝关中等译《福乐智慧》，新疆科学技术出版社，2006 年，第 22 页）三和九在蒙古文化中也很重要，尤其是九。如《蒙古秘史》中说"操九种语言的不同百姓（也孙，客列田，赤儿坚，蒙古文转写 yesun keleten rgen），聚集在帖卜·腾格理处"。这里表极多之义。（见阿尔达扎布译注《新译集注〈蒙古秘史〉》，内蒙古大学出版社，2005 年，第 449 ~ 451 页）

［22］十进制数字中，0 到 9 是基本的十个数字，到 10 就开始进位循环，所以 9 成了最大数。

［23］图齐著，向红茄译：《喜马拉雅的人与神》，中国藏学出版社，2005 年，第 119 ~ 139 页。（此处参考了该书第三篇，由卡梅尔·桑木旦所写《概述苯教的历史和教义》）。文中提到《斯巴卓浦》是一部苯教经文，被称为"噶"，即先绕米沃的话，被划归为本教大藏经。据说，它是公元 8 世纪由占巴南喀所著，由玛顿·觉坚在公元 12 世纪重新发现的。它与其注疏本《一切苯教真实门库要义注释神匙》一起由丹增南喀于 1966 年在印度汇集成册，书名为《卓浦》。

［24］雍中（卐），一般表"永恒、永生"。

［25］东噶·洛桑赤列：《东噶藏学大辞典》，中国藏学出版社，2002 年 4 月，第 1061 ~ 1062 页。

［26］［英］F. W. 托玛斯著，李有义译：《东北藏古代民间文学》，四川民族出版社，1986 年，第 18 ~ 19 页、20 页、22 页、

35 页、39 页、45 页、72 页、77 页、83 页、100 页。F. W. Thomas. Ancient Folk – Literature from North – Eastern Tibet. Erschienen im Akademie – Veriag GmbH, Berlin W 8, Mohrenstra Be 39. 1817, p9, p10, p11, p16, p19, p 62, p64, p67, p76.

［27］甘肃省《格萨尔》工作领导小组办公室，西北民族学院《格萨尔》研究所：《格萨尔文库》，甘肃民族出版社，1996 年，第 612～936 页。

［28］胡书津、王诗文：《藏语文化语言学发凡》，四川民族出版社，2008 年，第 386～387 页。

［29］［30］［31］许新国：《西陲之地与东西方文明》之"考古所见吐蕃的墓上建筑"，北京燕山出版社，2006 年，第 150 页。

［32］100 - 87 = 13 是于 2010 年在都兰调研与当地藏人的交谈时，他们问我们 100 - 87 是多少，我们才豁然大悟。

［33］有人认为由九大神山衍生出的斯巴九神，后来又加入阿尼玛卿山等安多、康区的四大神山，共十三座神山，故九扩充为了十三。但这种说法似乎也存在问题。在《东噶藏学大辞典》第 2098 页载：当陆地形成之时，与它共同出现的有九大保护神，分别为 yab lha chen'o de gung rgyal/de'I sras yar lha sham po/byang gi gnyan chen thang lha/sga stodjjojbojsgyogs chen/shar gyi rma chen spom ra/jo bo gyul rgyal/skyid shod zhogs lha phyug po/shel dkar jo bo rta rgod/gshar gig shod sbyin gang ba bzang po. 此处之九神已经包括了阿尼玛卿神山，所以前面的说法显然有误。

［34］罗秉芬《敦煌本吐蕃医学文献精要：译注及研究文集》，民族出版社，2002 年，第 145 页。

［35］罗秉芬《敦煌本吐蕃医学文献精要：译注及研究文集》，民族出版社，2002 年，第 179 页。

［36］［英］F. W. 托玛斯著，李有义译：《东北藏古代民间文学》，四川民族出版社，1986，第 17 页。

［37］F. W. Thomas, Ancient Folk – Literature from North – Eastern Tibet, Erschienen im Akademie – Veriag GmbH, Berlin W 8, Mohrenstra Be 39, 1817, pp9.

［38］［意］G·杜齐著，向红笳译：《西藏考古》，西藏人民出版社，1987 年，第 7 页。

［39］甘肃省《格萨尔》工作领导小组办公室，西北民族学院《格萨尔》研究所：《格萨尔文库》，甘肃民族出版社，1996 年，第 13 页、389 页。

［40］甘肃省《格萨尔》工作领导小组办公室，西北民族学院《格萨尔》研究所：《格萨尔文库》，甘肃民族出版社，1996 年，第 425 页、1317 页。

［41］《贤者喜宴》（chos byung mkhas pa'i dg'a ston），mi ring dpe skrun kha, 1986。

［42］旦正加 rta mgrin rgyal：《蒙藏十三敖包溯源》（bod sog lab tse las ma bu bcu gsum gyi skor la dpyad pa），《青海师范大学学报》（藏文版）2010 年 1 期。

［43］第吾贤 lde'u jo zas：《第吾宗派史》（lde'u chos'byung），西藏人民出版社，1987 年。

［44］贡保才让：《论青海宗日文化中的陶器》，《西北民族大学学报》（藏文版）2008 年第 1 期。

［45］第吾贤 lde'u jo zas：《第吾宗派史》（lde'u chos'byung），西藏人民出版社，1987 年。

［46］许新国：《西陲之地与东西方文明》之《考古所见吐蕃的墓上建筑》，北京燕山出版社，2006 年，第 150 页。

［47］许新国：《西陲之地与东西方文明》之《考古所见吐蕃的墓上建筑》，北京燕山出版社，2006 年，第 150 页。

［48］三木才、刘树军：《都兰古墓一号——殡葬民俗文化考察》，《柴达木开发研究》2001 年第 6 期，第 53 页。这里对 14 的解释看似有理，但不一定是非常确切的。因为藏人多喜奇数，除了 6、12、30、108、360 等是奇数 3、9 等的倍数之外，再或者与天文数字有关，所以不讨厌，或也视为奇数之外，多避讳偶数。而这里为什么是 14 座有待继续考证。

［49］胡书津、王诗文：《藏语文化语言学发凡》，四川民族出版社，2008 年，第 386 页。

［50］这里很有意思的是一定有人会产生疑问，为什么一定是上半月呢？这里蕴涵着吐蕃天文历算中的纪月方法。在藏历的制定中，月不是三十天，而是两个十五日组成，前十五日叫作"白分"，即代表了月亮从朔到圆的十五日；而后十五日叫作"黑分"，即月亮从圆到朔的十五日。自然地依据人的心理因素，会认为有光亮的白分是比较吉祥的。如果清楚了这一点，那么藏人在重大活动时选择在上半月就很好理解了。

参考文献

［1］北京大学考古文博学院、青海省文物考古研究所：《都兰吐蕃墓》，科学出版社，2005 年。

［2］J. Bacot，F. W. Thomas and Ch. Toussaint. Documents de Touen – houang rel atifs a l'histoire du Tibet. Librairie Orienaliste Paul Geunther. Paris，1940.

［3］Amy Heller. The Silver Jug of the Lhasa Jokhang：Some Observations on s ilver objects and costumes from the Tibetan Empire（7th – 9th centuries）. Asianart. com. Paris，2002.

［4］Beckwith，Christopher，The Tibetan Empire in Central Asia，Princeton，1987. pp110.

［5］Chos byung mkhas pa'i dga ston. Mi rigs dpe skrun khang，1986.

［6］Rorbert B. Ekvall. Significance of Thirteen as a Symbolic Number in Tibetan and Mongolian Cultures. Journal of the American Oriental Society，Vol. 79，No. 3（Jul. – Sep.，1959），pp. 188 – 192.

［7］宗喀·漾正冈布、英加布、刘铁程：《论赤偕微噶（Blon Khri She'u Ka）——都兰热水河南岸吐蕃三号墓葬出土藏文碑刻考释》，《文物》2012 年第 9 期。

［8］许新国：《西陲之地与东西方文明》，北京燕山出版社，2006 年。

［9］罗秉芬：《敦煌本吐蕃医学文献精要》，民族出版社，2002 年。

［10］王尧、陈践译注：《敦煌古藏文文献探索集》，上海古籍出版社，2008 年。

［11］图齐著、向红茄译：《喜马拉雅的人与神》，中国藏学出版社，2005 年。

［12］陈践编：《敦煌吐蕃文献选辑：文化卷》（郑炳林，黄维忠主编，敦煌吐蕃文献丛书），民族出版社，2011 年。

［13］阿尔达扎布译注：《蒙古秘史》，内蒙古大学出版社，2005 年。

［14］麻赫默德·喀什噶里著，校仲彝等译：《突厥语大词典》，民族出版社，2002 年。

［15］宗喀·漾正冈布（Yongdrol K. Tsongkha）：《公元 10 世纪以前的吐蕃（西藏）医学史研究》，未刊博士论文，中国中医研究院，1995 年。藏中国国家图书馆，馆藏号 BSLW/1998/R291.4/1。

［16］胡书津、王诗文：《藏语文化语言学发凡》，四川民族出版社，2008 年。

［17］康缠·卓美泽仁（宗喀·漾正冈布）：《"本""巫"同源考》，《青海民族学院学报》1987 年第 3 期。

［18］阿米·海勒著，霍川译：《青海都兰的吐蕃时期墓葬》，《青海民族学院学报》2003 年第 29 卷第 3 期。

［19］第吾贤 lde'u jo zas：《第吾宗派史》（lde'u chos'byung），西藏人民出版社，1987 年。

［20］肖永明：《树木年轮在青海西部地区吐谷浑与吐蕃墓葬研究中的应用》，《青海民族研究》2008 年第 3 期。

［21］三木才、刘树军：《都兰古墓一号——殡葬民俗文化考察》，《柴达木开发研究》2001 年第 6 期。

［22］王琼：《藏族传统生活中的数字文化》，《西藏大学学报》2007 年第 2 期。

［23］郭淑云：《萨满教天穹层次构想与神秘数字》，《西域研究》2004 年第 3 期。

［24］旦正加（rta mgrin rgyal）：《蒙藏十三敖包溯源》（bod sog lab tse las ma bu bcu gsum gyi skor la dpyad pa），《青海师范大学学报》（藏文版）2010 年第 1 期。

［25］贡保才让：《论青海宗日文化中的陶器》，《西北民族大学学报》（藏文版）2008 年第 1 期。

略说青海都兰出土的吐蕃石狮

汤惠生

一

青海都兰县的科孝图吐蕃墓地原有一对石狮,"文化大革命"中被移出运往香日德乡。1996 年,都兰县文物管理所从香日德乡的农民家购回一只。另一只曾被埋藏在乡政府附近的道路下面,1998 年由青海省文物考古研究所与都兰县文物管理所共同发掘出来。这两尊石狮现存于青海省文物考古研究所,保存状况基本完好。

两尊石狮大小不一,应有雌雄之别,大者高 83 厘米,小者高 76 厘米(图一)。1996 年青海省文物考古研究所在科孝图进行发掘时,在遗址中与石狮相同的地层内发现"开元通宝"一枚。据判断可能铸于唐开元十七年(公元 729 年),由此推测石狮应属吐蕃早期的作品。两尊石狮均以花岗岩雕镌。造型及风格基本相同。为典型的吐蕃或藏式风格。螺蛳卷状的鬣毛从头顶披至肩部,额头塌陷。胸部前凸超过吻部,背部中央和前面胸部勒有一条纵贯上下的脊线和胸线;其造型为蹲踞式,尾巴由一侧通过腹部,并从另一侧的腰际处反卷上来;直立的前腿上部用两条横线表示关节或折皱。下部则刻以两三条竖线表示筋肌,或刻三角形纹象征鬣毛;肩胛处隐约可见一星状印记,吻部或下颌镌以胡须。

一般来讲,吐蕃石狮的制作不太考究,技法也比较粗糙。都兰所出的这两尊石狮,与西藏琼结藏王墓前的石狮及拉孜查木钦墓地的石狮相比,无论造型和技法均大同小异,只是在面部特征上略有区别。西藏的查木钦和藏王墓所见的石狮有耳,青海的无耳;西藏石狮的嘴微张而露齿。青海石狮的嘴则仅为一条线。我们将这种风格的狮子暂称为"吐蕃狮子"。

除石狮外,在摩崖石刻和砖雕上发现的吐蕃狮子形象也具有相同特征。如 1987 年青海省文物考古研究所在海南州兴海县河卡镇确什村采集到一块吐蕃时代的画像砖,其上有一狮子形象,为蹲踞式,胸部和背部都有一条竖线,腰部有羽翅状纹饰[1]。青海玉树大日如来佛堂(也称文成公主庙)中的泥塑狮子形象亦然,其额头塌陷,颌下有须,尾巴从一侧反卷上来,鬣毛呈螺蛳卷状(图二)、在距此不远的勒巴沟口,有一幅三转法轮图的摩崖石刻,崖面损泐严重,须弥座上的两个狮子仅存其中一个的前半身(图三)。不过就残存的狮子形象看,与大日如来佛堂的泥塑狮子在风格上非常相似,而且两者的时代也大体一致,为 8 世纪至 9 世纪初的作品[2]。西藏昌都地区的邓马岩也发现一幅

9世纪初的大日如来摩崖造像，据瑞士藏学家阿米·海勒士（Amy Heller）的描述来看，其须弥座上的狮子在风格上与我们上面讨论的相同，亦为蹲踞式，胸部前凸超过吻部，尾巴从一侧反卷上来，前腿肩胛处勒以翅膀[3]。

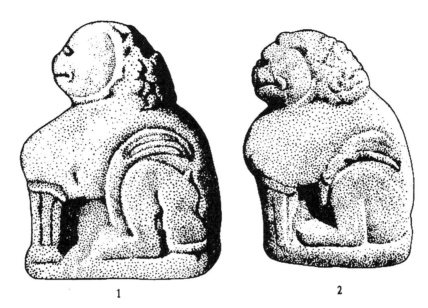

图一　青海都兰县科孝图吐蕃墓地出土石狮
1. 雄狮　2. 雌狮

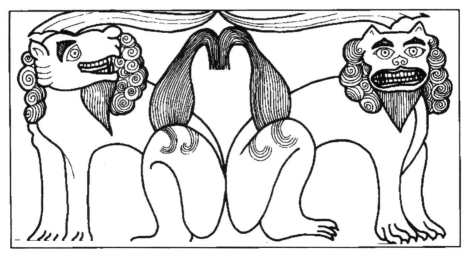

图二　青海玉树大日如来佛堂唐代泥塑狮子

　　吐蕃石狮和大多数唐代石狮在造型及风格上有着一定区别，当时中亚及西亚地区的石狮这种独特的艺术风格是从哪里继承来的呢？对此学者们几乎都认为应是来自西来或印度[4]。不过，就吐蕃石狮的几个主要特征，即额头塌陷、嘴上有胡须、背脊有线、尾巴从一侧反卷上来，蹲踞式、波浪形（或螺蛳卷状）的鬣毛等来看，这种吐蕃风格应直接来自中原。为了证明这一点。我们应该从六朝和唐代中原文化的石狮开始讨论。

图三　青海玉树勒巴沟口唐代摩崖中的狮子形象

二

中国古代典籍中，狮子被称作"狻猊"。《穆天子传》云："狻麑，师（狮）子，亦食虎豹。"《尔雅》亦云："狻麑……食虎豹"，其注曰："即师（狮）子也，出西域。""狮子"和"狻猊"之名据研究均为外来语。美国汉学家谢弗指出，"狻猊"词在中古汉语中发音为"sugn – ngiei"，上古发音为"suân – ngieg"，"是在公元前由印度传到中国的一个词"，而"狮子"的读音相当于"šišäk"。"这个词是在'狻猊'传入若干世纪以后从伊朗传入中国的"[5]。而刘正琰等先生认为"狻猊"一词也可能来自其他语言。并指出："狻麑，狮子，又作'狻猊、踆、尊耳、组'。源自梵文simha. 一说粟特 sryw，sarys. 一说巴比伦 UR"[6]。林梅村先生则根据英国语言学家贝利的观点，认为该词来自塞人语言。他说："于阗塞人称狮子为 sarau。该词的形容词形式作 sarvanai；抽象名词作 sarauna。所以我们认为汉语'狻猊'大概来自塞语表示狮子的词 sarvanai（形容词）或 sarauna（抽象名词）"[7]。

不过对我们来说，"狻猊"和"舞予"这两个词源自何处并不重要．重要的是中国考古资料中见到的狮子是什么样子。东汉时期，明确的狮子形象便出现在相关考古资料中，如新疆尼雅东汉墓曾出土带有辫子图案的棉布残片，四川新都王稚子二阙的画像石上亦有狮子形象。不唯如此。与我们讨论之物相关的石狮，也大量见诸东汉的考古资料。如陕西咸阳市许沈家村[8]、四川雅安[9]、河南涧西[10]等地都出土有汉代石狮。这些狮形遗像在史料中多被称为"石兽"、"麒麟"、"天檬"、"辟邪"、"神兽"等。之所以如此，正如有些学者所说的，是将狮子的名称和功用相互指代的结果[11]。

与都兰所见的石狮相比较，更直接的材料应该是南朝的石狮。二者之间存在着明显的艺术渊源关系。南朝齐宣帝萧承之的永安陵、宋武帝刘裕的初宁陵、齐武帝萧赜的景安陵及齐景帝萧道生的修安陵等均设有石麒麟，亦即我们所讨论的石狮。这些石狮的造型、风格以及主要特征都大同小异。从这些石狮身上可以找到藏式石狮许多特征的原型。诸如在造型上胸部前凸超过吻部，胸前勒有一条纵贯上下的线（典型者为南梁临川靖惠王萧宏慕莉的石狮），颌下有胡须，腿上勒以翅膀等。

到了唐代，中原石狮的艺术风格与吐蕃石狮更为接近。如现存于陕西蒲城唐英宗桥陵的石狮、乾县唐高宗乾陵石狮、永泰公主墓前的石狮等，造型均为蹲踞式，尾巴也从另一侧反卷上来，鬣毛为波浪状或螺蛳卷状。胸前和背脊都有一条线，胸部前凸超过吻部，腿上雕以翅膀。不过唐代石狮的翅膀较之南朝已变得小多了。从这些材料我们可以看到。吐蕃石狮的主要特征均来自中原，只是在制作上远不如唐代中原的石狮精致，而且某些细部变得象征化。如腿上的翅膀已成为一个象征性的三角形鬣毛状了。

在琼结藏王陵与石狮一同出土的尚有石碑一通。霍巍先生对此进行过详尽的考证。认为无论从石碑的定制、制作风格以及纹饰等方面看，均为汉制。他指出："从整个藏王墓地陵区的陵墓制度而言，吐蕃王陵明显的是深受中原唐代文化的影响，在陵区的陵墓布局、陵墓坟丘封土形制以及设立石碑、石狮等仪卫礼制，甚至包括墓碑雕刻纹饰的题材内容等方面，都与唐朝的陵墓制度有着十分密切的联系；但就局部因素而言（如其墓前的石狮雕刻艺术风格），也受到来自与之相邻的周边区和国家的某些文化因素的影响"[12]。对此学者们颇有共识，杜齐也认为琼结藏王墓的石柱等许多因素都是来自中原的影响[13]。他认为这种墓葬建制和石碑艺术风格都是来自中原，但石狮的造型与艺术风格却来自其他周边国家，这似乎于理不合[14]。

西方的石狮造型有两种倾向，或写实，或与神话相结合。后者便是所谓的"希美辣"（Chimaera）艺术风格，或称"嵌合"艺术，即将几种不同的动物形象糅合为一体。曾有西方学者将南朝石狮称为"有翼的希美辣"（Winged Chimaera），这已被学者们驳斥[15]。尽管石狮的原型最早有可能来自西亚，但就南朝石狮的艺术风格而言，已与西亚石狮相去甚远，吐蕃石狮亦然。

中原和西藏石狮的造型风格既非写实，也不是所谓的"希美辣"艺术风格，而是一种地方性和模式化的造型风格，或曰中国式的艺术风格。尽管这种风格在时空方面有所变化，但通过上面的比较我们可以看到，其主要特征和基本造型都是一脉相承的。换言之，藏区的墓葬制度和墓前的石雕艺术均来自中原地区。都兰科孝图除出土一对石狮外，其墓葬的封土堆前也有石柱。据说在20世纪50年代时，墓前还残存一些石柱。后来和石狮一起被运往香日德。这些石柱乃是墓前建筑如门阙之类的遗物，藏语称之为"rdo – ling"。1997年9月，笔者与阿米·海勒博士根据当地群众提供的线索，赴香日德调查石狮和石柱，经仔细访寻，发现有门阙石柱已被用于修建房屋。石柱为方形，素面，约20厘米见方；因被截断，其高度不详，现在能够找到的有四截，长度在3～4米之间。尽管这些石柱既无文字，亦无纹饰，更无法复原，但由此仍可证实，科孝图墓葬的建制正如琼结藏王墓，均是在中原墓葬建制影响下形成的。石狮雕镌手法及其艺术风格也是如此。

在敦煌唐代石窟壁画和泥塑中有不少狮子形象可与吐蕃石狮相比较。例如，按伯希和的编号为第64号窟中须弥座煞腰上的蹲狮浮雕，其腿上有鬣毛。颌下有须，尾巴从一侧反卷上来，额头塌陷[16]；第66号、82号、84号窟中文殊骑乘的狮子以及120F号窟中的立狮，均颌下有须，腿上有鬣毛[17]。

辽宁昭乌达盟哈达沟出土唐代六曲银盘中的刻花狮子。其造型也是尾巴从一侧反卷上来，额头塌陷，腿上勒以鬣毛和象征性的翅膀（图四）。据考证，该银盘为中国南方制造[18]。

图四　辽宁昭乌达盟哈达沟出土唐代六曲银盘上的刻花狮子形象

　　与吐蕃石狮的艺术风格最为相似的是敦煌出土而现存于法国基美博物馆的绘制在麻布上的唐代吐火狮子[19]。这幅麻布织品的上方是一对凤鸟图案，下方则是两狮对香炉。狮子颔下有须，腿上有鬣毛，前腿肩部绘有翅膀，尾巴从一侧反卷上来，额头塌陷（图五）。

图五　法国基美博物馆所藏敦煌出土唐代麻布织品上的狮子形象

三

　　据藏族文献记载，西藏的狮子雕像最早出现在松赞干布时期。《西藏王统记》云："王（松赞干布）乃变化一百零八化身……雕刻一百零八座狮王之鼻。"[20]《贤者喜宴》亦云："松赞干布变化五千化身，因之砌筑墙壁，制作木件……上下天窗的所有的椽头处，如悬一百零八个白狮子和绿狮子一般。"[21]

不过，吐蕃初期一些寺院建筑上的木雕狮子很可能具有通过印度或尼泊尔接受来的西亚风格，如以赤尊公主的名义而修建的大昭寺，其檐下柱头的木雕狮子便是印度或西亚风格的[22]。对此，石泰安说："当我们在一幅照片中发现了檐下柱头上的一系列圆雕刻品的时候，简直是惊呆了。这些图案中都是卧狮，长有人类或动物的头，人们认为这是由于受到了古代伊朗的影响。我们在尼泊尔、加满都河流域的古老城市中和在不丹也发现过类似的艺术。我们还记得，'人间宗教'的传说是与一头狮子身体的各部分密切相联系的，而有关狮子的宗教民歌肯定是来自伊朗。"[23]

对这一点不难理解。因为正如《五部遗教·王者遗教》所说，"大昭寺是以天竺嘎摩罗寺为模式"，嘎摩罗寺即包括那烂陀寺在内的毗讫罗摩尸罗寺（Vikramaéilā）[24]。宿白先生认为，大昭寺檐下柱头"雕饰之木制框、柱等之形制与风格，俱为西藏所罕见，而流行于印度6世纪开凿的石窟。其中与大昭寺雕饰最接近的是阿旃陀第1、27号两僧房窟和第19号塔庙窟"[25]。而杜齐认为那些带有柱头的柱子出自尼泊尔工匠之手，这些柱子比寺庙的其他部分更为古老[26]。

藏文文献中首次提到的与吐蕃早期石狮相关的是文成公主。文成公主进藏时，不仅带入石刻工匠及其"工巧技艺制造术"等，而且还有"八狮子鸟织锦垫"上具体的中原狮子纹样[27]。此外，为镇魔避邪，文成公主在拉萨修建了许多寺院。而且也"在其余的一些恶劣风水的地面上，分别建筑了佛塔、石狮、大自在天象、大鹏、白螺等来改变风水"[28]。

由此看来。吐蕃时期存在着两种风格的狮子雕像，一种是早期如大昭寺等建筑上的印度风格的木雕狮子，另一种是早期墓葬或摩崖中的中原风格石雕或石刻狮子[29]。不过，根据上面宿白先生的分析，大昭寺印度风格的木雕狮子可以视为一种例外。桑耶寺乌孜大殿底层经堂门楣上的木狮亦然，也属于这种具有印度风格的例外，因为"桑耶寺的修建，是仿照印度阿丹达布日寺的式样"[30]。

关于中原文化对吐蕃佛教（包括石狮造型风格）方面的影响，尽管汉藏之间的政治联姻起到直接和开创的作用，但后来更多和更具体的接触则可能是通过河西走廊和于阗等其他地区的民间形式。河西走廊、于阗等接壤地区在汉藏交往史上有着非常重要的地位，为兵家必争之地，有时归藏所辖，有时归汉所辖。在客观上起到了文化传播和交融的作用。到永隆元年（公元680年）。吐蕃的势力和版图都达到了顶峰。此时吐蕃"（南降）西洱诸蛮……尽据羊同、党项及诸羌之地，东接凉、松、茂、熙等州，南临天竺，西陷龟兹、疏勒等四镇，北抵突厥，地方万余里，诸胡之盛莫与为比"[31]。所以，法国汉学家戴密微认为中原对吐蕃的影响更多的是通过敦煌地区来进行。他指出："如果说唐朝确实对吐蕃的佛教寺院和教义的形成起过作用的话……需要特别注意的一点是盛行佛教的西域和部分唐土归降吐蕃这一事实，另外还要充分注意到吐蕃统治者和被吐蕃征服地区土著人之间的交往，尤其是和唐朝寺院之间建立起来的密切联系。"[32]言下之意，敦煌对吐蕃佛教艺术的影响似更为直接，这一点我们从图五中敦煌画布上的狮子形象也可以看到。就狮子而言，史料中也记载了一些粟特人和中原人常在安西为唐军表演狮子舞，"在凉州陷落之前，安西的都护献出一只和他们舞蹈中一模一样的狮子。吐蕃突如其来的入侵使这位官员和他的狮子没有来得及返回安西"[33]。

吐蕃绘画中有一种非常特殊的风格，即以一种俯视的方法来表示城墙环绕的宫殿。石泰安认为这也是敦煌的影响所致，并称之为"敦煌模式"[34]。阿米·海勒博士把吐蕃石狮的风格与榆林窟唐代壁画中同样风格的狮子加以比较之后，认为吐蕃石狮的造型当是受敦煌佛教艺术风格的影响所致[35]。

来自于阗的影响同样是很直接的。对此，国外藏学家称之为"于阗派"，诸如藏地发现的一些碑刻题记方式，松赞干布和莲花生等肖像中绘以胡须的做法等等，被认为是来自于阗的影响[36]。

从现有的资料来看，这种带有中原风格的狮子形象从松赞干布时期开始，一直持续到14世纪。

桑耶寺乌孜大殿东门的左、右两旁各有一尊石狮，其形制、大小完全一致，带长方形基座，通高123、长76厘米[37]。亦具有典型的吐蕃艺术特征，颌下有须，腿上有鬣毛，前腿肩部绘有翅膀，尾巴从一侧反卷上来，额头塌陷。对于这两尊狮子，藏文史料《贤者喜宴》有明确记载，云为赤德松赞（公元798～815年）时期所建，"乌孜大殿下殿的护法神则交给空行母、狮子座之狮子担任"[38]，不过，宿白先生根据外匝礼拜廊道的托本和础石的类型分析，认为"乌孜大殿的外围墙、四门和门内的外匝礼拜廊道皆为以后增建"。其时代约在14世纪左右。

西藏山南扎囊县扎塘寺的壁画中也有这种卷尾的狮子形象（图六），与辽宁昭乌达盟哈达沟出土六曲银盘上的狮子风格很相似。据《青史》记载，扎塘寺建成于11世纪末[39]。宿白先生把扎塘寺壁画与夏鲁寺壁画进行比较后，认为"应是13世纪中期改造萨迦派后的遗迹"[40]。

图六　西藏扎囊扎塘寺11世纪壁画中的狮子形象

由此看来，最晚到14世纪左右，上面我们所讨论的吐蕃风格的石狮便逐渐消失，最终绝迹于藏传佛教艺术。

（原载《考古》2003年第12期）

注　释

[1] 许新国：《兴海县出土唐狮纹画像砖图像考》，《青海文物》1996年第10期。

［2］汤惠生：《青海玉树地区吐蕃早期佛教摩崖考述》，《中国藏学》1999 年第 1 期。

［3］Amy Heller. 1994. Early Ninth Century lm, ages of Varirochana from Its Eastern Tibet. ORIENTATION（25）6，pp. 74 － 80.

［4］a. 霍巍：《西藏古代墓葬制度史》，四川人民出版社，1995 年，第 154 ~ 155 页。

b. 童恩正：《西藏考古综述》，《文物》1985 年第 9 期。

c. R. A. 石泰安著，耿升译：《西藏的文明》，西藏社会科学院西藏学汉文文献编辑室编印，1985 年，第 308 页。

［5］谢弗著、吴玉贵译：《唐代的外来文明》，注［63］，中国社会科学出版社，1995 年，第 207 页。

［6］刘正琰等：《汉语外来词典》，中国社会科学出版社，1994 年，第 329 页。

［7］林梅村：《汉唐西域与中国文明》，文物出版社，1998 年，第 89 页。

［8］何正璜：《石刻双狮和犀牛》，《文物》1961 年第 12 期。

［9］耿继斌：《高颐阙》，《文物》1981 年第 10 期。

［10］周到、吕品：《略谈河南发现的汉代石雕》，《中原文物》1981 年第 2 期。

［11］刘凤君：《东汉南朝陵墓前石兽造型初探》，《考古与文物》1986 年第 3 期。

［12］霍巍：《西藏古代墓葬制度史》，西藏人民出版社，1995 年，第 156 页。

［13］图齐、海西希著，耿升译：《西藏和蒙古的宗教》，天津古籍出版社，1989 年，第 307 页。

［14］石泰安认为琼结石狮旁的王陵很可能就是热巴巾的，“热巴巾”相当于梵文 Kesarin，即狮子。他还从格萨尔名字的语义学角度来说明西藏的狮子来自伊朗。详见 R. A. 石泰安著，耿升译：《西藏史诗与说唱艺人的研究》，西藏人民出版社，1994 年，第 446 ~ 839 页。

［15］林树中：《南朝陵墓雕刻》第 55 页，人民美术出版社，1984 年。

［16］甘肃五凉古籍整理研究中心：（“伯希和中亚之行”）《敦煌石窟——北魏、唐、宋时期的佛教壁画和雕塑（第 1 号 ~ 182 号窟及其他）》，甘肃文化出版社，1997 年，第 11 页。

［17］甘肃五凉古籍整理研究中心：（“伯希和中亚之行”）《敦煌石窟——北魏、唐、宋时期的佛教壁画和雕塑（第 1 号 ~ 182 号窟及其他）》，甘肃文化出版社，1997 年，第 115、172、245 页。

［18］陆九皋、韩伟编：《唐代金银器》“唐代金银器概述”，文物出版社，1985 年，第 1 ~ 19 页。

［19］Jeanine，Auboyer et al，1976. La Route de la Soie，pp. 302.

［20］索南坚赞著，刘立千译：《西藏王统记》，西藏人民出版社，1987 年，第 84 ~ 85 页。

［21］转引自《贤者喜宴摘译》（三），《西藏民族学院学报》1981 年第 2 期。

［22］对于这些木雕狮子，《西藏王统记》有明确的记载：“上下天窗木椽首，白狮玉鼍作严饰。”参见《西藏王统记》，第 88 页。

［23］R. A. 石泰安著，耿升译：《西藏的文明》，西藏社会学院西藏学汉文文献编辑室编印，1985 年，第 308 页。

［24］宿白：《藏传佛教寺院考古》，文物出版社，1996 年，第 7 页。

［25］宿白：《藏传佛教寺院考古》，文物出版社，1996 年，第 6 页。

［26］R. A. 石泰安著，耿升译：《西藏的文明》，西藏社会学院西藏学汉文文献编辑室编印，1985 年，第 307 页。

［27］索南坚赞著，刘立千译：《西藏王统记》，西藏人民出版社，1987 年，第 68 页。

［28］五世达赖喇嘛著，郭和卿译：《西藏王臣记》，民族出版社，1983 年，第 38 页。

［29］中世纪在藏北地区的托林寺和古格古城壁画中出现了带有更为明显的西亚风格的狮子，即非常写实的，有时两只脖子绞在一起的狮子或双狮子对树（舞）形象。参见张建林等：《古格故城》图 9、178、185，文物出版社，1991 年。

［30］达仓宗巴·班觉桑布著，陈庆英译：《汉藏史集》，西藏人民出版社，1986 年，第 109 页。

［31］苏晋仁编：《通鉴吐蕃史料》，西藏人民出版社，1982 年，第 29 页。

［32］戴密微著，耿升译：《吐蕃僧净记》，甘肃人民出版社，1984 年，第 253 页。

［33］戴密微著，耿升译：《吐蕃僧诤记》，甘肃人民出版社，1984 年，第 276 页。

［34］R. A. 石泰安著，耿升译：《西藏的文明》，西藏社会学院西藏学汉文文献编辑室编印，1985 年，第 305 页。

［35］Amy Heller，1997. Eighth and Ninth Century Temples and Rock Carvings of Eastern Tibet，TIBETAN ART 6，pp. 86 – 89.

［36］G. Tucci，1932 – 1941. Indo – Tibetic，Vol. 4. pp. 33.

［37］何周德、索朗旺堆编著：《桑耶寺简志》，西藏人民出版社，1987 年，第 52 页图 23。

［38］转引自《桑耶寺简志》，第 52 页。

［39］廓诺·讯鲁伯著，郭和卿译：《青史》，西藏人民出版社，1985 年，第 64 ~ 65 页。

［40］转引自《桑耶寺简志》，第 53 页。

都兰热水南岸吐蕃三号墓鹿与鹰文化内涵的解读

德吉措

1982 年，青海省考古队在青海都兰县热水血渭草场发现了一处庞大的吐蕃墓群。这一发现在 20 世纪 90 年代中期曾被列入"1996 年全国十大考古新发现"之一，同时被列为全国重点文物保护单位。1999 年 7 月至 9 月，北京大学考古文博学院、青海省文物考古研究所联合在血渭草场热水沟南岸发掘了四座被盗过的吐蕃大、中型墓葬，四座墓的发掘报告以《都兰吐蕃墓》为书名于 2005 年正式出版[1]，其中收录了四座墓的发掘报告（下称《发掘报告》）。《发掘报告》中把四座墓葬自西向东依次编号四号墓（99DBNM4）、一号墓（99DBNM1）、三号墓（99DBNM3）、二号墓（99DBNM2）。本文拟就其中三号墓所附有的鹿与鹰文化符号所展示的内涵进行进一步的解读，以求专家学者的宝贵指点。

一 与鹿和鹰相关的墓葬信息

都兰吐蕃南岸一号、二号、三号、四号墓发掘报告中所揭示的考古发掘成果，至少为读者提供了了解这四座墓葬的几点重要信息，其中与鹿和鹰文化符号相关的信息尤具研究价值。

（一）所发掘的四座墓葬是"庞大的唐代吐蕃陵墓群"的重要组成部分，"等级较高，属于吐蕃贵族墓葬"，既非普通坟墓，亦非吐谷浑墓葬。

（二）陵墓所在地的藏文地名（ཞི）音译原先混用"斜外"、"偕微"、"血渭"等情况得到了统一，以"血渭"正名，"血渭草场吐蕃墓葬群"一名已被学界广泛接纳。

（三）南岸三号墓《发掘报告》的第九部分是"石刻"类，介绍了该墓出土的四块碑刻（参见《都兰吐蕃墓》P109 的图片），每块分别刻有藏文ཞི、ཟོན、ཐ、ཀ四个字。其中除刻有ཟོན字的石块发现于盗洞内，其余三块均出土于墓葬西室内。《发掘报告》的四块碑刻的排序编号是：编号"ཟོན"字为石刻 1（99DBNM3：157 – 1）；编号"ཐ"字为石刻 2（99DBNM3：157 – 2）；编号"ཞི"字为石刻 3（99DBNM3：157 – 3）；编号"ཀ"字为石刻 4（99DBNM3：157 – 4）。需要指出的是，虽然这种排序未曾顾及藏文组词规律，但碑刻所透露的历史信息对研究都兰吐蕃墓葬具有重大的研究价值。

（四）南岸三号墓《发掘报告》的第七部分是"漆木器"。其中第 15 条所介绍的"彩绘木箱状木器"上的图纹是了解吐蕃文化及鹿文化符号的一个重要参照点。木箱状木器东面由上至下的第一块木板上，"其左侧壶门内绘有一头雌鹿，作卧状，头朝左，神态安详。而右侧壶门内绘有一人，作蹲状，身体前倾，头侧面朝左，左手前伸持弓，右手往后拉弦扣箭，箭头为钝面，欲射左侧之鹿。此人身穿紧身服装，窄袖，短发。人物用墨线勾勒再添以青蓝色彩，其他部分再涂上一层蓝彩，面颊处绘有红彩"。西侧面的第一块木板上"其左侧壶门内绘有一人蹲坐，左手持弓，右手拉弦扣箭，作欲射状。此人短发，面部在眉间、双脸颊、下颌处也绘涂有红彩，上身穿紧身服，窄袖，双襟下垂，右襟压左襟，为'左衽'，人物形象似为吐蕃人。而右侧壶门内绘一雄鹿，作卧状。身体朝右，脸侧转向左。双角高大，角上各有四个分叉。鹿用黑线勾勒，鹿身添以蓝彩，鹿脸和鹿角所漆颜色已不清楚。"[2]上文提到的面颊处绘有红彩的现象即为《唐书》中记载的吐蕃"赫面"文化现象，对此，众多学者取得了共识。

（五）血渭草场吐蕃墓葬群所处墓区的山势地形在多种视角上呈大鹏展翅形状。如正面远望似大鹏展翅，近仰则似宏伟的宝座，侧面远眺则像健鹿腾空，近看则似卧鹿回首。笔者以为，当年墓葬修筑者以大鹏展翅形状的山作为墓区的靠背显然传达了某种鹰文化现象。凡在西藏琼结县观察过吐蕃列王墓遗址特点的人都会感慨与其何等相似。

（六）南岸三号墓的《发掘报告》中提到出土了鸡头木俑和贴金箔彩绘木鸡（这是《发掘报告》的用词），而没有人提到鸟形图案。笔者认为，所谓鸡头木俑其实应该是鹰头或幻想化的鸟头，与都兰其他吐蕃墓葬出土的许多鸟形木俑、鸟形图案无本质区别。这似乎体现了苯教葬俗中的文化现象，也折射出古代青藏高原萨满巫术所重视的苍鹰和天鹅之变体现象。

二　青藏高原鹿与鹰文化的考古学旁证

青藏高原古代文化符号中鹿所蕴含的文化内涵十分丰富。苯教神祇以鹿作为其坐骑，骑在鹿皮鼓上飞奔的画面在早期壁画和唐卡中随处可见。例如，西藏著名神祇十二丹玛女神（བསྟན་མ་བཅུ་གཉིས།）中的第二女神多吉雅玛迥（རྡོ་རྗེ་གཡག་མ་སྐྱོང）、第五女神夏梅多吉（ཤ་མེད་རྡོ་རྗེ།）、第九女神工尊德木（ཀོང་བཙུན་དེ་མོ།）[3]以及苯教中的赞神（བཙན）多以鹿为坐骑。那么鹿为何成为苯教神祇的坐骑在考古学研究上学者们进行了探索。汤惠生教授在《青海岩画原型分析》一文中认为："鹿可以带着他们（苯教神祇）升向天空。""苯教巫师……用这种方式升入空中以便与神沟通。在西藏东部八宿县的岩画中，就有一幅巫师骑鹿的画像，这幅岩画生动地再现了这一宗教信念。"事实上，鹿作为苯教文化中重要的符号多见于西藏西部、北部发现的早期岩画中。如藏西日土县康巴垫久和扎龙诸玛，藏北夏仓、藏北纳木错扎西岛等地岩画中出现了各种形态的鹿，而令人回味的是这些鹿往往与苯教祭坛、雍仲符号勾画在一起，昭示了其宗教文化符号意义。正如张亚莎教授指出："藏西日土县康巴垫久岩画中的那幅大型而独处的鹿与扎龙诸玛岩画里的鹿，似乎带有某种特殊的含义。不过值得注意的是那些与雍仲符号或祭坛等具有明确宗教象征意义的符号一同出现的鹿，这些鹿本身就是这组象征性组合系列中的一个符号，承载着相应的宗教内容。"[4]根据著名苯教学者南喀诺布先生的观点，在吐蕃王朝的早期，王室成员信奉与鹿有关的苯教仪轨典籍《鹿角茁壮之祀》（ᠠᠠᠠᠠᠠᠠᠠᠠᠠᠠ），此典籍以鹿作为主要宗教象征符号[5]。

同样，鹰作为青藏高原古代文化符号在考古和野外考察中亦多有发现，李永宪教授所著《西藏原始艺术》一书谈及西藏境内岩画中的鹰时认为："对鹰的刻画在早期的图像中一般多表现其侧视形象，但也有比较程式化的正面造型，即双翅平展，尾部呈三角形。这种具有图案化效果的造型在其后很长一段时间一直是西藏艺术中鹰的标准化、模式形象。"[6]汤惠生教授在《青海岩画原型分析》一文中论及青海岩画中勾勒或雕凿鹰时通常有两种表现手法：一种是单独出现的独鹰；第二种是从3个到7个不等数量的鹰，排成一列形式出现。这两种表现形式的鹰，均以敲凿而成。汤惠生教授进一步认为，青海岩画鹰与萨满教的仪轨有关联，因为鹰在萨满教仪轨中扮演重要角色，尤其是其飞翔能力被视做帮助巫师与天沟通的途径。在萨满教中"赋予巫师以新生命能力的动物主要有三种：鹰（在西伯利亚的明纽辛斯克等地是猫头鹰）、鹿和熊（在北方草原、青藏高原和中原地区是虎）。除了能帮助巫师通天以外，鹰在早期萨满教中认为是第一萨满巫师的父亲和太阳的象征，而住在世界树在内的另一神秘世界的中心，这种神秘世界正是萨满巫师作法要去的地方"[7]。萨满教中这种鹰文化符号的象征意义还体现在藏族苯教仪轨中。苯教徒认为鹰是翱翔天际的神鹰。一些神祇（后来逐渐演变为佛教护法神）以鹰为坐骑，或以鹰翅为其围裙。如前所述的十二丹玛女神中的第六女神"喀热琼尊"（ᠠᠠᠠᠠᠠᠠᠠ）之坐骑为喷射火焰的苍鹰；而第四女神"卓钦廓堆"（ᠠᠠᠠᠠᠠᠠᠠᠠᠠ）和第八女神"多吉扎杰玛"（ᠠᠠᠠᠠᠠᠠᠠ）的围裙则由千片鹰翅构成[8]。同样，藏族文化对鹰的尊崇乃至信仰被学者解读为鹰具有将人的灵魂引入天界的功能。这种观点体现在谢继胜教授所撰的《战神杂考》一文中。"既然鹰能帮助巫师通天或通神，那么死后希望灵魂能升入天堂的人们同样希望得到鹰的帮助。所以稍后作为道德律令的宗教信仰中，鹰便成了世俗化的崇拜对象，如格萨尔王头盔上有只大鹏，其主要职能就是引导格萨尔的灵魂（ᠠ）进入天界。"[9]需要指出的是，以鹰骨做法器或祭司用品是苯教和萨满教共有的文化特征。上引汤惠生教授的《青海岩画原型分析》一文中曾经提到了青海卡约文化符号中的一件鹰的腿骨，其上刻有三只竖列的鹰。汤惠生教授认为这显然是萨满巫师作法的法器。在距今不远的年代，藏族牧区有一些牧户收藏有鹰翅骨制成的鹰笛，而有趣的是收藏鹰笛的牧户大多具有祖上为苯教传承者的身份。由此看来，鹰笛作为一种法器或乐器，其起源年代可追溯到早期苯教的传统。

在苯教文化中鹰与苯教的起源、发展关系十分密切。西藏阿里作为苯教的重要发祥地，以苯教图腾为主要信仰的古象雄文明中鹰占有重要地位。首先鹰是古象雄王国的标志性动物，是苯教的重要图腾。其次古象雄王国的都城以"穹隆"（ᠠᠠᠠᠠ）著称，意称"鹰城"或"鹏鸟城"。再次，根据苯教文献《穹布王统史白水晶明镜》之记载，被称为"穹"（即鹏鸟或苍鹰）的神鸟是苯教中最高贵的族姓穆（ᠠᠠ）族之化身。"在人寿百年时，适逢在象雄和吐蕃传播苯教之机来临，王化身为大神鸟'穹'腾空而起，盘旋良久后终于降临在象雄卡佑，当他确认教化众生之机果真来临时，便飞到甲日祖丹（ᠠᠠᠠᠠᠠᠠᠠ）之巅，变成了一个身具光环、发髻高耸、福相俱全的男童。他后来与一女神结合延生白、黄、蓝、花四卵，四卵孵化出四位贤人，白卵生出穹郭托拉巴尔，黄卵生出拉穹坚巴，蓝卵生出穆穿坚巴，花卵生出拉穿贫沃。他们长大成人后，其父召集臣民说，他们来自圣神的穆氏家族，为传播苯教而变成神鸟来到象雄卡佑，现四子已成人，将被分派到象雄各部传播苯教"[10]。如此说来，苯教徒把称之为"琼"的鹏鸟视做苯教一些古贤祖先的观念，再次印证了"琼"在苯教文化中的重要地位。此处所谓的古贤当为早期苯教的巫师或祭司。

根据上述史证，鹰及其幻化的神鸟，在苯教文化中具有悠久的历史和深远的信仰内涵。都兰热水南岸吐蕃三号墓葬中的"鸡头木俑"、"贴金箔彩绘木鸡"和邻近其他墓葬中出土的各种鸟形图，以及墓葬选址的地形特点，应该就是鹰的神圣化"穿"的变化状态。

三　青藏高原的鹿与鹰文化有着同周边地区发生交流的迹象

考古发现表明，青藏高原的鹿与鹰文化有着同周边地区发生交流的轨迹。以鹿石为例，在近一个世纪以来的考古研究中，于欧亚大陆，包括我国内蒙古、新疆的阿勒泰、西藏西部以及欧亚大陆广袤的草原地带发现有一种碑状石刻，其中有相当一部分刻有鹿的图案而称之为鹿石。典型的鹿石如蒙古高原及外贝加尔地区发现的鹿石，其凿刻的鹿造型呈鹿体为曲腾飞状，头上的角向后异常夸张地弯曲，似乎紧贴后背，造型生动。研究者认为，鹿石的历史可以追溯至3000年以上。

值得注意的是，鹿石通常发现在墓葬附近，或者说，鹿石的附近常常有墓葬。故有学者认为，鹿石最初应该是石堆组成的祭祀性建筑（俄国学者赫列克苏尔之语），或者祭坛和墓葬地表建筑的组成部分。新疆富蕴县恰尔格尔地区发现的鹿石，是我国境内至今发现的最高大、图案保存最好的一通典型鹿石，现被收藏在阿勒泰地区博物馆。通高3.17米，最宽处约0.4米，为刀形，截面呈五边形。石刻正面和两侧共雕刻有十几只排列整齐的图案化鹿纹。根据王志炜先生在《新疆鹿石的造型特征及文化解释》一文的介绍，此鹿石就立于墓前。王志炜认为"在鹿石广泛流行的年代，社会已经出现了阶级差别，当部落成员中有名望、担当重要职责的统治者或英雄去世时，便为其竖立鹿石以期永志，构成墓葬的一部分，成为墓葬的标志之一。由于萨满教坚信万物有灵，人死之后，躯体留在人间，而灵魂是要升天的，于是灵魂就附着在鹿石碑面上那些精美的鸟首鹿身动物身上，由它们充当灵魂升天的载体，萨满则是一个送魂者，在祭奠仪式中以巫术操作手段达到保证死者灵魂升天的目的"[11]。显然，此处王志炜先生所论述的鹿石是与萨满教丧葬仪式中或祭司有关。那么吐蕃苯教中鹿与鹰文化与之有何联系众所周知，吐蕃人是以青藏高原土著先民为基础，与古羌人和北方游牧民族的融合而成的。苯教文献中关于苍天和光明天神（འོད་གསལ་ལྷ། འབྲེན་འབྱུང）诸观念同北方萨满教的观念有着明显的联系。远古以来，苯教与周边地区宗教发生文化现象互相吸纳、影响，至8世纪下半叶，吐蕃苯教已成为远比萨满教类型中的任何宗教观念更加系统、精致、博大的一种宗教形态。

自7世纪中叶起，吐蕃不断经营青海广阔的土地，今都兰境内成为吐蕃在多麦（即安多）地区的重要政治、军事活动地区。都兰县热水乡血渭吐蕃墓葬所在地的大鹏山势和出土的鹿纹文化形态，应视作西藏羌塘、阿里、山南等地区早期苯教岩画中所体现的文化形态的演变之物，尽管这种文化形态的演变经历了漫长的历史过程。

四　藏族民间信仰中残留的鹿与鹰文化现象

直到今日，藏区尤其是安多地区的民间信仰中鹿与鹰文化现象的影响处处有迹可循。以鹿文化而言，现居热水血渭吐蕃一号墓所在地热水沟的日安（ར་ཕོན）部落，在历史上曾两度迁徙到热贡（同仁县）、赤噶（贵德县）、茫拉（贵南县）一带黄河流域。他们自古以来信仰和供奉阿尼夏吾（ཨ་མྱེས་ག་བོ）山神（位于循化县境内）。从"阿尼夏吾"的语义中我们得知日安部落向来把神鹿视做其图腾或远祖。根据相关山神祭文（བསང་ཡིག），此山神被描述成一名以鹿为坐骑的文化现象一脉相随。信奉阿尼夏吾山神的各部落每年在神山脚下举行祭祀仪式，通过祭司活动把氏族崇拜祖先神鹿的信念变成了一种重要的文化形态。现今藏区各地每年重大宗教节日表演的宗教舞蹈"羌姆"（ཆམ）的表演中，鹿形守护神作为护法神的随从，成为法舞不可缺少的成员。

同样，鹰文化现象在藏区的影响亦广泛存在。如，意大利藏学家图齐在《西藏的苯教》中记载，在苯教中，"可以遇到金翅大鹏，这是苯教神话中的一只神奇的鸟，是鹏之天地，大家一般都把善行归功于它"。在藏区，像"阿尼琼贡""夏琼寺"、"琼太加"、"琼周"等以天鹏命名的地名（或寺名）、人名较多，说明天鹏在藏文化中成为开天辟地、创造世界的图腾而受到人们的崇拜和祭祀。今青海省黄南藏族自治州州府所在的同仁县地区的地方守护神是"阿尼夏琼"（ཨ་མྱེས་བྱ་ཁྱུང），意即神鸟大鹏某些部落氏族视做祖辈。又如，现青海海东地区化隆县的著名藏传佛教寺院"夏琼寺"（བྱ་ཁྱུང་དགོན་པ），不仅以"鹏鸟"为寺名，而且寺院所以地的守护神，即当地群众信仰的神山也被称做"鹏鸟山"（ཁྱུང་རི）。另外，今青海省果洛藏族自治州玛沁县境内拉军镇所在地的守护神也以带有"琼"（ཁྱུང་即鹏鸟）字的"阿尼琼公"（ཨ་མྱེས་ཁྱུང་དགོན）著称。此种文化现象在西藏自治区境内也有清晰的表现。今昌都地区丁青县是藏区闻名遐迩的苯教圣地，其地"孜珠寺"为著名苯教寺院，至今香火鼎盛。丁青一地在传统上向来以"琼波"丁青（ཁྱུང་པོ་སྟེང་ཆེན）闻名，其他以"琼波"（大鹏）二字命名，再次说明了鹰在苯教文化符号中崇高的地位。

结　语

都兰县热水南岸吐蕃三号墓所出土的体现鹿与鹰文化以及藏文石刻的文物至少为我们澄清了以下几点：一是血渭草场墓葬作为贵族或大臣一级的墓葬，其墓制、规模与西藏本土墓葬极其相似，加之出土有藏文石刻、藏文木牍，学术界界定为吐蕃墓葬，而非吐谷浑墓葬，符合史实。二是依据墓葬所在地势和出土文物图纹的文化意义，表明了苯教文化中鹿与鹰文化在吐蕃政权经营安多时期充分体现在丧葬仪式中。鉴于热水南岸吐蕃三号墓的墓主是一名"论"（བློན།大臣），在尚武和有浓郁英雄主义情结吐蕃强盛的时代对长期镇守疆土，功勋卓著的"论"，以具有鹿与鹰文化为特征的隆重和规范的苯教仪轨来送葬，与墓主显赫的身份十分吻合。

（原载《青海藏族》2013 年第 1 期）

注　释

［1］北京大学考古文博学院、青海省文物考古研究所：《都兰吐蕃墓》，科学出版社，2005 年。

［2］汤惠生：《青藏高原古代文明》，三秦出版社，2003 年。

［3］《藏族神祇名录（藏文版）》，民族出版社，2003 年。

［4］张亚莎：《西藏的岩画》，青海人民出版社，2006 年。

［5］南喀诺布：《南喀诺布选集》，民族出版社，1994 年。

［6］李永宪：《西藏原始艺术》，河北教育出版社，2000 年。

［7］汤惠生：《青藏高原古代文明》，三秦出版社，2003 年。

［8］《藏族神祇名录（藏文版）》，民族出版社，2003 年。

［9］谢继胜：《战神杂考》，《中国藏学》1991 年第 5 期。

［10］张亚莎：《西藏的岩画》，青海人民出版社，2006 年。

［11］王志炜：《新疆鹿石的造型特征及文化解释》，《作家杂志》2011 年第 4 期。

青海都兰的吐蕃时期墓葬

阿米·海勒著　霍　川译

青海都兰与吐蕃王国

最近，在青海省都兰县挖掘出土的 8 世纪的古墓为研究古代西藏吐蕃王国时期民众的日常生活和习俗提供了具体的信息。都兰地区是构成连接吐蕃到河西走廊、唐都长安以及最西部的要塞敦煌（那时还不属于吐蕃占领时期）这三个重要路线接合处的主要通道之一。在 18 世纪时，"湄公河谷之路"，经过吐蕃的忠实盟友南诏王国连接青海，一直可到缅甸和印度。近来青海湖（Kokonor）一成都一线为中国西部的农业中心，同时也是丝绸的主要生产地区之一，特别是借助植物染料生产色彩斑斓、工艺复杂的织锦，到兰州南部的铁路枢纽为其提供了快捷的联系。古代西藏在 19 世纪中期的没落，打破了古代贸易的模式，和气候开始改变的最初迹象同时发生，直到公元 1000 年，使得青海湖的西部更加荒凉、动乱，地表盖满了硼砂和盐类。这表示那时的都兰已开始很少有人居住。也许正是由于这些人类及动物的迁徙变化，使得残存在那里的古墓和工艺品在某种程度上不可能再出现在西藏的其他地方。都兰的发现为了解古代西藏在这个时期的文明与世界观、中庸的美学观念以及政治、宗教、经济的历史提供了唯一的机会。

从 7 世纪到 9 世纪中叶，吐蕃王国将其统治范围扩大到远远超过拉萨河谷的地方，其势力所及向西包括丝绸之路在塔里木河流域的地方，还延伸至喀喇昆仑山脉、吉尔吉特和喜马拉雅；向南则到达位于今天雅玛的湄公河流域；东部差不多到达了唐代的益州（今成都），最北部直至长江的发源地（总的来说，从河西走廊到帕米尔高原均曾为其所占据）。吐蕃的军队让西藏能够成功地进入和控制大多数亚洲的主要贸易通道。当时，吐蕃王国以其卓越的冶金技术名传西方。吐蕃人用黄金铸造的鹅形大口水罐，高 2 米，能装 60 升酒，复合型装甲、马具以及黄金制造的大型物件，都堪称珍奇、美妙非凡，都在当时的史料中有所描述。史料中也有吐蕃王国向境外输出麝香、土耳其玉和马匹等的记录（班可斯 Backus 在 1981 年提到从西藏的铁索桥可以看出他们的冶金术在当时至少比亚洲的其他地区领先 1000 年，Cf, backus, 1981, 172 - 173, and AH 撰写了一篇着重于确认吐蕃王国强盛的文章）。尽管西藏的贸易进口情况还难以了解，但在礼尚往来方面，到 8 世纪中期，史料记载中原曾赠予西藏的礼物是 50000 匹丝绸（Richardson, zhoi rdo ring, 在西藏丝绸 v. Reyrolds 中提到），古代西藏的史书则详细描述了当时统治者使用的巨大帐篷以及他众多的仆从，无论是在青海湖畔举行的年度会议，还是军队战役，或季节性的迁居（都兰在蒙古语中的意思是"7"，古藏文对此名的意义还不能确定，但大致地点和耶莫塘 dbyarmo thang（དབྱར་མོ་ཐང་།）所描述的基本符合。吐蕃最高统治者和他的参事的多次夏季会议的位置，是在青海湖的东南或西南，和 Petech、Uebich 的记载相符合。若有可能，这还有待被查证）。唐朝史料中也曾描述了吐蕃统治者那巨大奢侈、有柱子及兵器环绕着的、有着金银铸造的动物塑像以及精美的动物图饰的帐篷（Demieville Con – 2cilede Lhasa203）。从吐蕃占领统治河西地区时期开凿的一些敦煌石窟中，可见到描写吐蕃上层社会生活的壁画和塑像，由此也可以归纳出一种基于吐蕃古代习俗的审美观点。而从安西榆林石窟的壁画中则可以瞥见当时世俗生活的点滴。另外，在敦煌发现的一些吐蕃历史文书中也记载了吐蕃社会习俗和每年的生活、司法报告。

吐蕃实行一夫多妻制，而与遥远的国度联姻则是吐蕃王国威望远播的见证。吐蕃王朝时期，有许多吐蕃的使者远行异国向别国君主提亲，从而使那些国家接受吐蕃的统治。吐蕃公主有的嫁到千里之外的土耳其斯坦的 Qaghan 或撒马尔罕，公元 740 年，吐蕃还与吉尔吉特（Gilgit）首领联姻。而外国新娘——中原的、尼泊尔的、土耳其的，当然也有吐蕃的妇女，则成为吐蕃的女王或皇后。到公元 689 年以后，一位吐蕃公主被嫁给青海湖附近的吐谷浑首领，以巩固因与吐谷浑的联盟以及由此而给吐蕃王国带来的领土。当然，与此相伴的总会有贸易往来。佛教传入西藏也是古西藏领土不断扩张的一个结果，在与吐蕃王国相毗邻的地区，除云南外，佛教及其体系已充分被接受并健全起来。如果说那时佛教的中心思想——仁义、智慧及命运对古代西藏人来说有一定程度的陌生感，但对佛祖的尊崇则与他们对赞普（Tsanpo，藏语意即君主）的尊崇相似。

吐蕃王朝的丧葬礼仪

吐蕃人普遍尊崇某座被尊为神灵后裔的圣山，相信在神的统治下能得到保佑，无论今生还是来世。他们希望人间变成想象中的天堂：有茂盛多汁的牧草地供其放牧，食物充裕，人人健康。为了追求这个梦想，吐蕃赞普以及吐蕃贵族首领们死后连同大量用来转世的祭品——衣物、珠宝、饰物、家臣、仆从、牲畜，盔甲和徽章等——一起被埋葬在帐篷状的墓穴中。史书中对下葬仪式有着详细生动的描写，让我们能够从等级排列、社会地位、性别、祭品、干尸程序以及墓碑上的记录等了解到有关的仪制（契约规定的，约定的丧葬礼仪）（参见杜齐 Tucci，1950，吐蕃王陵；Macdonald，ariane1971）。虽然官方文件称吐蕃王朝从 8 世纪末开始崇尚佛教，但我们已经知道吐蕃赞普一直到 842 年吐蕃王朝瓦解之前，都还保留着他们传统的下葬仪式和随葬制度。

卓越人物那梯形状的坟堆位于拉萨南部雅鲁藏布江流域的琼结（Chongye），墓地的面积超过 1 平方公里。这里从 7 世纪起就成为著名的皇家墓地。随着吐蕃王国的没落，正如古老的历史所记载的一样，这里发生了许多盗墓事件，但直到今天，纵使那里已野草丛生，它们那象征赞普力量的石雕狮相以及布满字迹的石碑，依然栩栩如生。的确，这些受到尊崇的坟墓的神奇之处在于它们不仅广泛分布在西藏的心脏地带，而且在经历了接连不断的灾难后依然保存较为完好。考古学家们也对除此之外的一些遗存努力地进行了一些研究。追述起来，西藏的西部、中部和东部有近 3000 多座坟穴被考古学者调查与试掘过，这些墓葬在其外观形制、制造技术、基本形状方面都比较一致。但是和这些已被挖掘出土的石狮及墓碑相比，位于青海都兰地方附近的一些被新近发掘出土的贵族大墓则显得更为重要。

青海都兰吐蕃时期古墓的发现

几个世纪以来，青海省的都兰县几乎被除了游牧民族以外的人们所遗忘。进入 20 世纪 30 年代，德国冒险家 Filchner 穿越了都兰的南部，据说他在一些洞穴和佛塔中找到一个银马鞍，一只金发饰，以及一尊重达 25 千克的石狮像，此外还有一些衣饰的残片。这些洞穴和佛塔有的保存完好，有的则已被破坏。Filchner 似乎不认为这是一片重要的地区，所以他没有将他的探险和研究深入下去（Filchner，Bismil2lah，Leipzig 莱比锡，1938：102 - 103）。但是现在，从都兰地区所发现的数以千计的古代墓葬来看，这里在吐蕃时期也曾一度是一个统治区域的中心。公元 638 年，吐蕃军队征服了这里，然后和吐谷浑（Tuyuhun）民族杂居，逐渐融合。公元 663 年，吐蕃通过占领吐谷浑的首府伏俟城（Fusu 城据最近的考古调查报告，它大概位于青海湖的西北部），在这里巩固了其统治。670 年，他们又在青海湖西南建成了堡垒等，而吐蕃公主则开始被送到吐谷浑，与其首领联姻。吐蕃人还逐渐建立起有行政和军队体系的地方政府，僧院和寺庙也被修建起来，它们中的一些甚至可以得到当地人民的支持和资助（参见 RichardsonRoma 1990：bale blon article）。

据唐代史书记载，这一地区的吐蕃军队大约有 50000 人左右的规模，作为军队的随从，还有厨师、打造盔甲的工匠、处理内务的仆从和士兵家属等。当吐蕃王国在 9 世纪中期衰落之后，位于河西走廊的"丝绸之路"和通往西藏腹心的贸易通道交汇处的通道，以及通向湄公河流域和成都、都兰等地区的通道，都还依然保持着它们的繁荣。都兰曾深深受到吐蕃文化的影响，以至于在吐蕃王朝已经衰落了很长一段时间之后，留居在凉州（今天的甘肃武威一带）和控制了青海湖南部、位于河套地区这一重要区域的寺庙中的藏人僧侣，还仍然致力于对佛教思想的传授和研究。

这些寺庙周围的地区是佛教法师们的聚集之地，有些僧人为了躲避来自于卫藏中部的佛教迫害而逃亡到这里，还有些人则因为公元 840～847 年唐代武宗在中原实行"灭佛"而流亡至此。青海湖及其周边地区远离两座都城，从而使得佛教和贸易活动都能够不受阻碍地得到发展。最后，这个地区的佛教大师们大多成为 10 世纪时西藏佛教后宏期复兴运动的先锋人物（Heller，1994，1997）。

热水古墓是迄今为止在都兰县最重要的发现，这座墓大概有 80 米高（参见许新国，21 July 1996：3：都兰吐蕃墓地；1997，vol. 17 - 12 等）。事实上，这座古墓显示了迄今为止墓穴结构的两种不同的类型。在古墓顶部下大约 4.5 米的地方，考古人员发现了一个放置祭祀动物的长方形土坑，有 5.8 米长、4.8 米宽、2.25 米深，坑壁的厚度大约有 1 米，这里埋藏有羊、马、犁牛和鹿的骨骸。土坑用柏树枝作横梁封了起来。墓顶下方 10 米处，他们又发现了一个长方形大坑，坑壁用石头、泥土和木条分层构成，也许还使用了土砖。这种构造使墓穴相当坚固，这使我们联想到西藏中部雅鲁藏布江流域的那些墓穴，它们的建筑方法、材料和外观与都兰热水古墓有许多相似之处，也是用横木、石块和泥砖筑成。在都兰热水古墓的北边，考古学家们还发现了许多十字形的小"房间"，同样也是用石块和横木分层构成的。它们大小一致，都是从东到西长 21 米，从南到北长 18.5 米。要进入必须通过北边的一道有着长方形门柱的门，门已被砾石封住。从构造上看，这里似乎是出口在北边的中心墓室，更小的墓室通向中心墓室的门道是被关闭着的。这里很明显遭受过火灾。从屋顶的横木的情况可以推断出，盗墓者曾经从墓顶进入了墓室。这个情况很可能就发生在墓穴刚刚被封闭之后不久，因为有证据表明，墓穴在火灾之后仍然继续闭合。墓中的木乃伊、干尸和人骨都未见其踪影，也未从中发现比较完整的衣物。在墓葬的中央墓室内有一些丝织品和衣袍、旗子等的残片，东边的墓室里则发现有用牛、羊、马等动物的骨骸制成的餐具，西边的墓室里堆满了木材和古物。墓中还发现有不少要穿成一串的、刻满藏文的木片（尺寸约 5 厘米 × 1.5 厘米，3 厘米厚）。这些木片上有些文字已难以辨认，但我们已经足以考辨出这是一份有关墓室里随葬物品的清单（木片上有的字迹还十分清楚），木片的形状和已经发现的 8 ~ 10 世纪吐蕃与中亚的契约文书类相似，每片大概有 5 厘米长，3 厘米宽，写有 3 ~ 4 横草书（行书）字体。在墓穴发现的物品当中，考古人员还发现了一类有金银粉的双面饰物，约 3 厘米长，中空，头顶处和颈项处都可以打开，也许这是一种珠饰。此外还发现有一只银杯，应当是从粟特（即索格底亚那 Sog – dian）传入的（或系吐蕃所仿制的粟特式制品）。另外，考古队员们还在墓中发现了一只皮靴和一面丝质的佛教旗帜，上面有水滴状的珍珠和黄金饰品。

　　都兰热水墓的前方有 27 个石圈，直径大概为 1.5 米，它们就好像墓葬的前室。5 条 165 米长、90 厘米宽的沟渠，一直延伸到墓前最显著的位置。在这里考古队员发现了共计埋藏在殉马坑内的 87 具马的骨骸。在第一条沟渠正中央下方，有一块砾石，一只银质珠宝箱被埋藏在那里，它看上去是准备用来装 sarira（一种纪念品）的。虽然有一部已被压碎，就像是用剩余的建筑材料再造的，但考古学家们相信这是来自粟特的工艺品（参见许新国：《中国藏学》1994 年第 4 期）。这只遗骨匣的形状和尺寸都使我们想到已经被挖掘出土的粟特银制遗骨匣盒及唐朝的金银遗骨匣。在墓前发现的 27 个埋藏坑中，有 13 个埋有牛的头盖骨，8 个埋有狗的骨骸。主墓室的周围有 7 个小一些的墓室，有的近期才被盗墓者闯入过，墓的顶端被打开了一个大开口。这里只有一些砖块、石块和墓室的木质结构，没有留下什么具有象征意义和很有价值的东西。

　　这种墓葬及周围的环境和史书记载的吐蕃墓葬十分相似。它们可能位于山谷或山脊的顶部，从而使得那些高山仿佛变成了统治者显示他们非凡血统的标志。陵墓就是"高山"上"宫殿"的象征。

　　这些象征意义也有文献上的线索（"宫殿"在藏语中作"phobrang"ཕོ་བྲང，在热水发现的木片上有所记载）。根据吐蕃时期的文献史料，马可以作为葬礼的祭品，应该埋放在主墓中。事实上，西藏西部挖掘出的墓旁也找到了大量的马骨（参见四川大学教授霍巍在《西藏研究》发表上的文章）。唐代史书也告诉我们，吐蕃人会在墓中埋下用来祭祀的狗（Haaru：341）。实际上，根据曾对西藏墓葬制度做出过最彻底研究的 Erik Haarh 在 1969 年的假说，在吐蕃赞普的梯形的墓穴中，十字形的墓室最初是准备用来作 Yum bu bla mkhar ཡུམ་བུ་བླ་མཁར（雅鲁藏布江河谷处的第一个具历史意义的塔状关卡）的珠宝储存室的。

　　都兰热水墓地的考古工作展开后，考古学家又发现不远处还有一座墓穴。虽然它还没来得及被调查研究，但据推测，这座墓葬有可能是其他的吐蕃时期坟墓。虽然还不能作为对西藏中部的皇家墓地研究的证据，但都兰墓群的发现却为 Haarch 的十字墓假说提供了部分依据。当然，要完全证实这些还是一件遥远的事情。

都兰科肖图的吐蕃墓地

在都兰县一个今天被叫作科肖图（Kexiaotu）的地方，考古学家还认识了另一种墓葬的构造形式。墓葬名字的来源是有争论的，在蒙古语中，它的意思是"石头小屋"，但是从语音上讲，它又和藏语的"出入口，东方"等意义相近，而墓葬正好面向东方。它位于 Filchner 曾到访过的城镇的北边仅 15 公里的地方。

在科肖图墓地中，大的墓葬足有 8 米多高，直径达到 40 米长。大型墓葬与中等墓葬相对称，代表了墓葬的不同形式。墓地的南侧和北侧仍然长满杂草，从两侧看去，可看到一些曾经环绕整片墓地的小墓。这里曾有过一堵长 160 米的斜纹砖墙，墙的周边厚达 1 米。有一条河流从旁边流过砖墙还曾有两尊石狮像和一根石柱，但并不是竖立在墓旁。1950 年，它们被运到城镇中去加以保存。其中的一只石狮现保存在青海都兰的考古研究所内。但很不幸的是，石柱却被破坏并用作其他建筑材料。在墓室内一堵墓墙的内侧，有一只边缘被镶进墙里的广口瓶；一只有太阳图案的、大概有 60 平方米的柱子根基也在这个地区被发现。在 8 米高的墓葬里，有 3 个水平建筑，还有一个通往大墓室拱门的天井。压紧的土砖和带有材梁的石头构成了这种墓葬的顶部。地面上有两个额外的墓穴，低于墓顶。另外还有一个小洞。在最小的洞里考古人员找到了两块写有古藏文书信的骆驼头盖骨，但却没有找到干尸。人形塑像和圆形符咒通常用来驱邪（藏语称其为 "srimnan crush the sri demons"），这让人想起一直沿用至今的用于驱邪的藏语符咒。在与此类似的敦煌最早的符咒中，显然是佛教坛场形式的表现（即源于佛教和印度教的曼荼罗坛城）。

在科肖图的墓群中，其他墓室都是空的，只剩下来历不明的刻有藏文信函的木片残片。木片的大小和在热水古墓中发现的那些相近。它们被单个陈列于博物馆中，都有独立的说明。整体大意大概是说，它们记录了对抗邪恶势力时的某种仪式，就像那两块头盖骨的记录一样。另外，一块羊的肋骨上也书写有古藏文，两块羊肩骨（可能是剑骨）上还绘有图画。在一块白石英石上也发现了古藏文。考古人员还发现了少许唐代（725～759 年）的钱币。但很遗憾，这些钱币我没有被允许拍照记录。总之，在这个地区仍有许多有待于发掘的地下之谜。

在上述砖墙的后面，有一个长 10 米、宽 10 米、深 4 米的方形土坑，考古人员在坑底发现有古代西藏的"擦擦（tsha－tsha）"。这些小的泥像采用印有图案的黏土制成，其中含有源于 7 世纪的吉尔吉特样式的佛教圣骨箱（西宁的青海省考古研究所内保存有佛塔的"擦擦"图画的照片，但我未得到允许拍照）。这种样式的圣骨盒在西藏频繁出现的时间较晚，虽然传统说法认为它在 11 世纪从印度重新被引入西藏（参见杜齐 Tucci，Nagel：考古 Mundi，plates89－108）。另一件"擦擦"只有信函，我初步推测它是给 Sanskrit 的 Yedharma hetuprabaha "佛教信条"的天城书手稿。原则上，这种建筑结构的水平应与同时期的类似建筑相当。在那里发现了刻有 8 世纪至 9 世纪文字的木片，记载了吐蕃君主在统治期间（640～842 年）的作为。上文提到的织物、中国钱币和佛教的工艺品也都是这个时期的。

织 物 和 银 器

　　1982 年至 1986 年的考古发掘中，许多织物的碎片被重新拼合起来。共有 350 小片，质地可分为丝绸、棉纱、麻布和缎带等。古人们显然已经掌握了某种技术能将它们混纺起来，制成有斑纹的织物，如丝绸表面的斜纹布，表面有皱折的斜纹布等等，如同最早在敦煌发现的早期丝织品一样。都兰的考古发现中还出土有至今为止最早的（早于 871 年）金线织物（这些物品的象征意义和纹样可参见许新国和赵丰发表在《中国历史博物馆馆刊》1991 年总第 15～16 期的文章，以及许新国发表在《中国藏学》1996 年第 3 期中的论文）。中国的考古学家研究了几种丝绸和锦缎，130 件不同的织物被归于起源于中亚和西亚的 18 个种类。他们认为 80% 的织物样式源自中国。一种源于波斯的织物是已知最早的绣有巴列维金币的刺绣织品。也许，最独特的一种要数有着纬纹表面的、织有头顶有鸟冠的大鸟图案的丝缎混合织物，那些鸟类模样奇特，站立在用花瓣和叶片圈成的花环中的珠状石上。这种类型的织物被认为是来源于波斯萨珊（Sasanian）的有单个塑像的珍珠徽章，但在粟特织物的设计中，把单个图案换成了成双的动物、飞鸟或人像。根据北魏、晚隋至初唐的材料，atelers 源于 Saplian 模式并成功地仿制了"波斯织品"，它们可能都是圆形的样式，而唐朝及后来的四川纺织革新，把质地从斜纹变成了顺纹，这样就利于在圆形徽章中间织上一对动物或人物的图案（Lubo – lesnitchenco 1993，Zhao Feng HaLi 1997）。成都贵族凌洋（音译）公爵使徽章图案大众化，主色调用红色。受此影响，7 世纪到 8 世纪萨珊和粟特的圆形图饰变成唐朝皇帝的头像和唐朝社会的历史记录。但 8 世纪中期，皇帝下诏，不允许在中国使用这种图案。中国北部的扬州仍然是手工业的中心，生产了许多多彩的丝绸并输往国外（XinruLiu，丝绸与宗教，牛津，1996 LinMa 译 18）。在中国的其他地方，徽章图案的周围，用花叶代替珍珠的画法开始出现。在粟特，根据阿拉伯地理文献记载，其 Bukhara 地区的 Zan – daniji 五彩丝绸按伊斯兰教的规定，采用进口的染料和丝线，但这些染料和丝线的原产地还未被查明。在欧洲教堂 7～8 世纪圣骨箱中发现有 Zandaniji 丝织品，这样看来，东西方的丝绸贸易在这个时期仍然非常活跃的（Xinru Lin124，citing D. She – pheard 1960）。后来，苏联的考古学家们在 Caucasus 也挖掘出许多这样的货样。公元 10 世纪，粟特 Zan – danij 的丝绸已美名远扬叙利亚、埃及和拜占庭（XinruLiu，175 – 177）。而一些敦煌的佛经包装织物也被确认是 Zan – daniji 丝织品（参见巴黎 Brit. Mu – seum/Bib Nationale 收藏 cf. S. Vainker，1990：118，in Whitfield 以及 Farre 关于敦煌千佛洞的佛经饰物）。

　　从唐代画家阎立本于 7 世纪绘制的有关吐蕃贵族的绘画来看，画上的吐蕃大臣穿着印有鸟纹图案的长袍站在红色的地毯上，它和 8 世纪到 10 世纪在敦煌的壁画上的吐蕃赞普肖像是一致的。这样的衣裙，其质地在吐蕃那样的贵族统治的国家里仍然是非常受欢迎的（cf. Ribord and Vial 1970，cf. karmay，1977）。特别是在吐蕃 8～9 世纪时期所完成的第 158 号、359 号石窟壁画反映出具有西藏风格的外国哀悼者衣物也许来源于许多地方，可以从某些偶然发现但确凿无误的文物中来加以考证，如克什米尔的神像，它也许是 8 世纪时西藏公主外嫁吉尔吉特时的嫁妆。在这尊雕像中，佛坐在一圆形布垫上，下面有正在嬉戏玩耍的狮子。这在何种程度上可以反映古代西藏的审美观念，我们还不能够加以说明。但人们曾在敦煌发现一件有佛立在突兀的山顶上的特别的装饰，上面也有狮子玩耍的图案，而它也是吐蕃王国统治时期的文物。

现在，再让我们回到圆形的图案上来，现存的那个时期的文物是一件特别的儿童外套，它用粟特的彩丝织成圆形图案，与当中的鸭子形成对比；当然其中也混合了中国的单色调丝线。童鞋是红色锦缎制成的，所有碳十四测年均可上溯到 8 世纪。童衣的领子是上翻的"V"型领，这与在中亚阿伏拉西拉勃型（Afrasiab）和片治肯特（penjikant）的壁画中所画的粟特式样的衣饰不同，其形制如同来自中原地区的带有圆形翻领的长袍。大部分吐蕃的衣饰都显得雍容华贵，这些来自世界各地的丝织品都是吐蕃王国时期对外贸易频繁的见证，虽然这些衣物大多是为贵族们缝制的，但它们并不是都从都兰发现的。

吐蕃贵族们的混合衣料的织品在其尊贵华丽方面多具有相似性，就像前文提到的顺纹布片、鸟纹图案等。鸟纹图案中有类似波斯萨珊地区的绶带标志，鸟冠被做成这种缎带的延长部分。上衣的周围有鸟和郁金香图案（这在当时是中亚地区的国花）。粟特质地的织品也都在都兰的织物碎片中被找到，这再一次说明了这里一度是新兴的纺织工业地区（可参见照片 Zhao Feng, Hali avril 1997article）。而童鞋上那个刻有龙的图案的珍珠徽章，也许就是中国人按照比例放大了的波斯萨珊式样的圆形图案的变形，只是将主色调改成了红色。据中国唐朝的历史记载，这种再创意很可能出自成都（源自 J. Simcox forthis ref. cf. Abegg 的文章）。

还有一件红色底料，有大虎图案的类似织品，也是用郁金香代替绶带作为修饰。而另外的一些混合纺织物上，有一个图案是对狮子站立在一只特别大的圆环中，其中的一只狮子做跳跃状，另一只静静地站立着。倘若其题铭文字用 8～9 世纪的古藏文的文法标点所书写而成，那么这些来自过渡时期的织物作为文物的意义就在于它们也许真的和都兰热水墓群那些十字形墓室中的发现相类似。

吐蕃人对这种织物的喜爱有可能是因为受到了要在帐篷中悬挂动物图腾这种习俗的影响。这种狮子图案象征着吐蕃王朝至高无上的统治权力。在这里，象征着王权的狮子图案让我们想起了上文曾提到的在敦煌的发现和科肖图发现的与一根石柱一起的那尊石狮像，它们都应是西藏腹心地带和西藏西部的传统风格。

这种印记还提供了某些可能是地名的文字。它显示出此地或有可能是墓地中发现石狮像的地方。如果比较一下都兰石狮像和雅隆河谷藏王陵墓前的石狮像，可以很明显地看出它们的不同之处。两者卷曲于侧腹后背的尾巴和胡须都相同，但鬃毛却有很大的区别。如我们所知，在 6～9 世纪的织物上经常出现的图案也反复出现在银器上。如英国博物馆 1982 年不定期展出的"中国唐代银器装饰"这一专题中就有这样的展品。从中可见这种装饰模式的确也出现在吐蕃的石狮像上。leveland 博物馆收藏的狮像杯，银杯上的小狮像上，其古藏文题铭表示出其与吐蕃皇族有关。这尊银杯小狮像的鬃毛和身体的比例与都兰狮像相似。这只杯的镀金技术是十分特别的，像是黄金直接滴铸在银上，其结果只有一面被镀上了黄金。比较唐代批量银器的镀金方式（这些银器被 Uldry 和 Rietberg 博物馆收集）和粟特批量镀金的物件可以发现，在都兰发现的容器上有像狮杯镀金技术那样相同的技术。而金银花形杯和 sarira 其实在设计和比例上是相同的。

就像狮杯一样，在都兰发现的容器都表现出同样的镀金方面的冶金技巧，而且金银花造型的杯子和舍利子的容器事实上在设计和比例方面来看也是完全一样的。另外一个事实是，盛装骸骨的容器的表面花纹是开阔的网状点阵，而且杯子是金属铸成的。另外一个关于丝织品和银质相似品的例子也是来自于克利夫兰的一个银瓶，单从审美意趣上来说，这个杯子上面有着狮子和凤凰的造型，这种凤凰就像画在都兰的圣骨箱的侧面的凤凰一样。另一方面，现在收藏在西宁青海省考古研究所内的一块发掘出土的丝织品中，有一截袖筒的残片，上面有着一个与前者十分相似的凤凰造型。这些丝织品中还有着多彩的、有灰色浮纹的混合式的斜纹丝绸。圣骨箱是不同形式的结合，它延承了粟特的风格，就像粟特的舍利子容器一样，上面的图样形状与在中国唐朝时期很流行的凤凰和金银花设计图样类似。

石　刻

从热水墓葬群发源的一条河流所穿过的山谷里，由于地势向东倾斜，而在气候上造成了一个令人惊奇的变化：针叶树叶和牧草牧场出现在接近 2000 米的地方。在这样一种几乎可以说是高山植物天堂的景色里，有着数块已经被确认的石刻作品。卢斯山谷也许拥有一个藏语名字，就像费罗勒（音译）一样。这是一个很凉爽的山谷，至少现在是很舒适的。石刻的精髓是三幅相连的佛教图画，其中两幅在石板上，而另一幅在红砂岩上。由于岩石的纹路擦痕，对图画的鉴别工作并不容易展开。即便如此，图画上面的皇冠、长袍和珠宝仍然和已知的在东部藏区发现的 9 世纪早期石刻上的物品十分相似。带有翻领的衣领和印章直接就让人回想起那些从青海玉树大日如来佛堂中已知的遗存。

在青海玉树的大日如来佛堂，八大菩萨被用泥塑了像。离此处不远的 Leb khog 山谷的另外一组石刻则象征了大日如来佛以及贵族对此的崇拜。在塑像上又一次出现这种特殊的长袍和翻领的式样，它们具有和吐蕃皇冠一样的重要意义。

西藏最高统治者赋予了对大日如来佛的崇拜，以增强他们在西藏所具有的枢纽性的统治地位，即便这种地位已经得到了完全的承认。而且这种崇拜事实上是从敦煌和西藏东北的寺庙中将大日如来崇拜介绍到整个西藏地区（参见理查德森1990，海勒，挪威1994，韦娜1997）。就相似性方面来讨论，将这些寺庙群所处的时间、新宗教（佛教）的兴起，与远古的吐蕃王朝在西藏文明中的共存以及官方对某些佛教思想的支持等因素联系起来加以考虑，很有可能它们都是三位一体的。大日如来像和其他两尊菩萨像以及更多一些有关菩萨像的石刻资料，曾被中国学者分析并加以报道（参见《中国美术与考古鉴赏》以及许新国所著述的有关都兰的考古文章）。

综上所述，这些艺术品和都兰地区的寺庙建筑也证明了有关早期吐蕃王国多方面的传统描述。最后需要介绍的是，上述这些考古发掘工作从 1982 年一直持续到 1985 年，最后由于缺乏资金而停止。1998 年，得益于美国人托马斯·兹瑞茨克尔个人的无私捐资，这一地区又继续开始了小规模的考古发掘，但在 1999 年时第二次停了下来。目前，都兰地区的考古发掘工作需要的是中外学者们的更多关注，以及更多的考古调查与发掘经费的投入。这也就是今天我写这篇论文的原因所在。

[原载《青海民族学院学报》（社会科学版）2003 年第 3 期]

论阿夏系吐谷浑乎？

——藏文化语境下的阿夏与吐谷浑之族源考释[1]

夏吾李加

当前学术界一提起藏语阿夏（Va – zha）部族，立刻将其与吐谷浑联系起来，并不加甄别地把二者看作同一族属的不同称谓。这种观点虽基于汉藏史料，但相对来说，对藏文文献的挖掘程度仍不够深入，仅有的一些资料也以非常少量的敦煌藏文残卷或近期汉译文献为主，这对准确解读"阿夏"这一古老部族带来了一定的局限和困难。这几年笔者在整理藏文文献过程中，屡次翻阅到了记载阿夏方面的不同时期的古籍，并与周伟洲先生的《吐谷浑史》为代表的相关论著详加比较，不料惊奇地发现有不少值得商榷的问题。故此，通过梳理藏文文献中有关阿夏的史料，拟辨析阿夏与吐谷浑的族源关系，以求抛砖引玉。

一 阿夏早于吐谷浑的历史叙述

近年来的民族关系史研究认为，公元 290 年左右，慕容鲜卑内部发生冲突之后，吐谷浑率部众七百户，从辽东迁徙到今内蒙古河套阴山。在阴山山脉游牧二十余年后，经陕西陇山西南，于 313 年左右到达现今的甘青地区。这一迁徙过程，除了具体的人口以外，学术界基本上没有大的分歧[2]。但吐谷浑为何又称为"阿柴"、"阿柴虏"、"阿赀虏"、"赀虏"、"野虏"等问题上，众说纷纭，莫衷一是。

对吐谷浑的别称"阿柴"的界定，在学术界分歧较大，归纳起来主要有以下几点。第一，《宋书·吐谷浑》所云"西北杂种谓之为阿柴虏"[3]的他称之说；第二，丁谦先生所云"吐谷浑开创事详晋、魏诸书，其国至阿豺始强，故人称为阿柴虏，阿柴即阿豺也"[4]的阿豺始强之说。同时，也有吐谷浑兼并匈奴赀虏部之说[5]，这一观点被学术界提出诸多质疑。还有认为吐谷浑被称"阿柴虏"是西北土著羌人对该族群的一种蔑称，这与吐谷浑吃狗肉有关，青海藏族中"吃狗肉的人"称为"Khyi – Xa – S（Z）a – No"，音急或者不懂藏语的人说出来发生音转就有"阿柴（赀）虏"或"赀虏"之音意[6]。对此，笔者身为青海藏族，在青海藏语中如何急读"Khyi – Xa – S（Z）a – No"一句，都无法找到略似以上发生音转的"阿柴虏"之音意，因此不能苟同。诸如此类的观点虽还有之，但非主流，故不予赘述。

在第一种"他称之说"的基础上，周伟洲先生根据《晋书》等汉文史料中记载的"阿柴虏"或"野虏"加以分析，得出了西北诸族对吐谷浑的贱称之说[7]，进而藏文文献中的阿夏一词，亦被揣测为后来主宰中亚的吐蕃人依然沿用该称谓。这样假设求证的结果，系汉文史书中的吐谷浑与藏文文献中阿夏同属一族，源于鲜卑吐谷浑。同样，汉语"阿柴"、"阿柴虏"、"阿赀虏"、"赀虏"、"野虏"和藏语"阿夏"为同一称谓的不同书写方式，是吐谷浑从辽东慕容鲜卑部迁徙到甘青一带之后，寻求游牧居住区域，并与当地诸族发生冲突而形成的别称。故此，这一称谓的形成时间，最早也无法推前到公元4世纪。然而，在不同时期的藏文古籍中屡次出现阿夏一词，其中有不少内容属于4世纪以前的历史，甚至有些记载还可以推前到公元之前。

在《世续题解详传》中云：

> 敦巴辛饶莅临松巴地区，对松巴本波德年雀讲授……依次莅临塞·阿夏地区，对塞本朗杰琶巴传授《塞举伽那》等共通法门，即外义；以塞·阿夏语传授不共殊胜法门《不失果位本性之抉择》，即内义；尔后，前往巴廓地区，对巴廓陀德杰瓦传授……[8]

在《苯教源流宏扬明灯》中亦云：

> 辛饶圆寂后，邀请阿夏前来，乃琼亦从魔域请至，在沿途……所有经部又阿夏桑瓦多堆结集，十万部由玛罗和玉罗结集，律部由祖辛杰瓦结集，论部由龙詹结集，明咒部由举詹结集，禳解两部由多卜协贝结集。在《分辨》中也如此记载……[9]

在《赛米》中又云：

> 辛饶弥沃圆寂之后，在雄狮靠背的山谷中，曾有不少辛饶的门徒，但只有高足阿夏桑瓦多堆，及时察觉了辛饶导师圆寂之事。并离开此地，火速前去寻求导师。到圣地沃莫隆仁，也没发现导师的踪迹，到香波拉则也没找到……在雍仲九层山涧也未见导师……届时阿夏确定辛饶导师已示圆寂，变得极度无助而悲痛……[10]

以上引用的苯教文献，大都属于早期的苯教伏藏文献，所谓"伏藏"文献，系藏族历史上遭遇自然灾害或人为破坏时，对珍贵古物遗书进行抢救保护和传承延续的特殊方法，其埋藏流程和发掘程序，略似现代考古发掘，详见于多智丹贝尼玛的《续业伏藏概论》[11]，不作详述。

这些苯教古籍中明确记载了雍仲苯教的创始人辛饶弥沃切时期就有阿夏人，阿夏桑瓦多堆以辛饶弥沃的高足身份出现，仅在辛饶弥沃切传《赛米》的第十七涅槃品中，阿夏一名出现了四十余次[12]，足见阿夏在辛饶弥沃圆寂后扮演着举足轻重的角色。同样，较晚期形成的苯教文献中，不仅频繁出现阿夏一名，而且对阿夏桑瓦多堆的历史地位和贡献有详细论述[13]。这样一来，藏文文献中阿夏一词，至少在雍仲苯教的创始人辛饶弥沃切时期已经存在。那么，辛饶弥沃在世于哪个时期呢？对此藏族历史上虽有不同的观点，主要有以下几种观点。第一，传统苯教史学家认为辛饶诞生于一万年之前[14]，由于种种原因，至今阿里地区没有一次大规模的考古挖掘，因此还欠实物佐证，可备一说；第二，《西藏王统记》为代表的史家则认为出现于布德贡杰之前[15]，对此屡遭传统苯教史家的批评与质疑；第三，《西藏历史文化辞典》中记载道：辛饶米保系藏族本土宗教苯教的鼻祖，是约公元前5世纪古象雄的王子[16]；第四，《宿喀·藏医史》认为，佛陀释迦牟尼与辛饶弥沃切同一时期人[17]；第五，当代西藏考古专家霍巍先生把辛饶在世的年代上溯到约公元前4世纪[18]，有待深化；第六，根据P. T. 1068, 2；1134；1136；1194；1289等敦煌藏文文献中记载的辛饶或辛饶弥沃一词，法国藏学家卡尔梅·桑丹先生推测辛饶至少诞生于公元7世纪以前[19]，不过，还无法考证敦煌文献和雍仲苯教创始人之间是否有必然的联系。对以上不同的断代综合考察后，辛饶在世于聂赤赞普之前或早于佛陀释迦牟尼之说，在佛、苯各流派的古籍中具有一定的普遍性[20]，故而目前藏学界比较认可的一个观点为三千年以前[21]。虽然我们无法确定辛饶在世的具体生卒年月，但这一时限至少提供了辛饶大致生活的历史时期，即公元前11世纪左右。也就是说藏文文献中的阿夏，至今三千年之前已经繁衍于青藏高原，这一时期不说吐谷浑的迁徙，就连吐谷浑的祖先慕容鲜卑部，也很难考证此时是否真实成为一个氏族。

在《三世诸佛智悲力三者幻化之身·坛城大海之主·遍主金刚萨埵本性怙主·索朗确丹丹贝坚赞白桑布之传记》中：

> 聂赤赞普兼并诸侯各国，首次建立统一的吐蕃王朝以后，曾作为诸侯王的阿夏与吐蕃王朝内部结下联姻关系。随后他们成为舅甥双方，因而在吐蕃石碑上亦明确记载为甥阿夏[22]。

这是藏族历史上称为伟大的第五世达赖喇嘛给自己的导师所作传记中记载的内容，主要依据索朗确丹大师侄子提供的相关原始史料作为基础。况且，他们这一家族自称是阿夏王后裔，特别在蒋杨钦哲旺秋自传中有此一说。同时五世达赖喇嘛拥有最丰富的早期藏文史籍，于2004年公布的西藏哲蚌寺十六尊者殿的五世达赖喇嘛御用书房目录[23]，便知究竟。故此，聂赤赞普时期与阿夏结下联姻关系，由此成为舅甥是比较可信的。但是，周伟洲和全涛等人的近作中把吐蕃王庭与阿夏之间结下联姻的历史事件假定在吐蕃末期[24]，这主要是因为他们只能利用非常有限的藏文史籍汉译版，无法直接解读藏文史籍原典而造成的失误。

在《智者喜宴》中：

> 直贡赞普时期，从天竺及大食之交界处，有处地名为格若哇达的区域，来了一位外道，名曰本波阿夏。其身翱翔于天，口中预言未来，割木成条，裂石为砾，常以酒肉敬鬼怪。此人被赞普敬奉为国师，并把玉制雍仲和英勇之虎皮等珍宝上品作为赏赐，深得重用，势力大增[25]。

这样明确记载了辅佐直贡赞普进行改革的一位阿夏人。当然，这一改革没有取得实质性的成果，最终以弑君亡国的悲惨结局收场。但在这次历史事件中不仅出现了阿夏人，而且占据着重要地位。同时在《第吾史记》[26]、《第吾印藏宗派源流》[27]、《娘氏宗教源流》[28]等12世纪以前形成的藏文史书中对该历史事件，也有一定篇幅的阐述。在《柱间史》中有直贡赞普率军攻打迦涅弥罗国大获全胜。归途中赞普与部将一同比射箭法时，引发冲突而赞普被罗俄大臣射箭刺杀[29]的记载，在《宿喀·藏医史》中记载直贡赞普攻打迦涅弥罗国，凯旋返师时，又补充性地阐述了本波阿夏及其思想特点[30]。对此五世达赖喇嘛进一步作了考证[31]，这也进一步说明了直贡赞普时期就有阿夏人。此外，藏文文献中一致认为，直贡赞普主要活动于现今西藏日喀则地区，与直贡赞普引发冲突的罗俄大臣的封地也在此，并且君臣之间发生矛盾，射箭刺杀事件也发生在当地。

藏族历史上的区域划分，有江河流域的方位区分地域的传统，今天的日喀则地区曾被划分为娘河上、中、下游三区。因此在《后藏志》中写道：

> 在娘河上游区……遗留于后弘期的国王宫殿最早者，乃吐蕃法王同一族源者直贡赞普的五峰宫[32]。

时至 11 世纪还有直贡赞普遗留的建筑物，说明直贡赞普曾经在日喀则地区活动频繁。对此，第五世达赖喇嘛亦有同样的论断[33]。该书上还写道：

> 不同历史时期娘域地区的土著居民：远古时代，上游被哲、琼氏族统治并繁衍；中游被赞普阿夏氏族统治并繁衍；下游杰、恰氏族统治并繁衍[34]。

由此可见，直贡赞普时期不仅确有阿夏人，甚至远古时代在娘河流域中游最早的原著居民亦是阿夏。据现代藏族史家研究考证，吐蕃第八代直贡赞普，约在世于公元前 1 世纪左右[35]，比吐谷浑从辽东迁徙至河湟流域早三百余年，仅此亦无法论证为同一族源的不同称谓。

在《第吾印藏宗派源流》中云：

> 仲年德日迎娶达波曲妃·李加措姆为后，英年无子，故往松巴地区与当地本波妻子嘉毛恰姜共处，生有一子，名称松日仁波。父子未相认之时，达波妃食蛙之事，被赞普发现后，心结疑虑，日臻生疾。晚年所生一子，亦先天盲人。仲年德日赞普放弃王位，自行陵墓时，对盲子贡巴扎遗言："体察人道治世，消减无为猜忌；善谏犹如甘露，务必虚心收听；恶者又像火般，谨慎养而敬之。汝有断子绝孙之险，若有断绝之可能，松巴地区有吾子松日仁波，该为汝兄。尔巧妙邀请并将大位传之。"……事后，依照父王的遗嘱，邀请阿夏医生，成功治疗而复明后，目睹了山上行走盘羊，故称达日宁塞[36]。

这一历史事件在《第吾史记》、《雅隆觉沃史》、《王统记》、《智者喜宴》、《汉藏史籍》、《王臣记》、《第悉藏医史》等藏文史籍中有不同篇幅的阐述[37]，亦被学界早有关注。例如在《贤者喜宴》摘译本中，邀请阿夏医生治疗赞普复明时，译者推算出吐谷浑早已迁徙至甘青河湟流域，故直接翻译成吐谷浑。但在上述直贡赞普时期离吐谷浑的迁徙还差三百余年，故音译为阿夏[38]。在原文中皆是藏文（Va–zha）一词，但在译文中译者主观臆断地将吐谷浑的迁徙之事纳入之外，没做任何注释说明，进而出现了内容截然不同的译文，这正是曲解误释阿夏与吐谷浑为同一族源的症结所在。在该书中还讲道：

> 遗弃祖宗的本尊和王后食蛙之故，使父王因心结猜忌而成疾，王子失明尚未开启之间，赞普大位空缺二十一年，故称"中间空位两代"。借此，这期间脱离国王的阿夏王、森波王等小邦，被达日宁塞赞普重新统一[39]。

这样兼并诸邦的隐约事迹，在敦煌藏文文献 P. T. 1287 之达日宁塞传中略有体现。如果阿夏和吐谷浑正是同一族源，那么，上述历史事件对"阿豺始强之说"，又会构成种种质疑。

首先，需要知道"阿豺"与吐蕃处在哪个历史阶段。藏族著名学者多识和夏珠二位破解松赞干布生卒的种种疑惑，最终界定为 569～650 年间[40]。此说在藏语学术圈广为肯定和接受。依据吐蕃时期遗留的珍贵文书，《王统记》中把松赞干布的父王南日松赞的在位时间界定为 60 年[41]，《藏史明镜》考证松赞干布的祖父达日宁塞在位 40 年[42]，当然这仅仅是在位时间，绝非寿命。同时，在上述《第吾印藏宗派源流》中还讲了达日宁塞的目盲尚未开启之前赞普大位还空缺了二十一年，这样松赞干布于公元 569 年诞生之时间上加其父亲与祖父的在位、大位空缺与未亲政前的时间，可以推知，达日宁塞的在位时间约 440 年左右，正值吐谷浑第九代阿柴在位末期。如此看来，第一，丁谦先生所云的"阿豺始强之说"，也就成了吐谷浑的别称阿豺由来的一家之言，与藏语阿夏部族无法产生任何关系。因为在这以前的藏文古籍中不但屡见阿夏一词，而且吐谷浑阿豺在位末期达日宁塞赞普至少兼并了部分阿夏氏族。第二，阿豺嗣位后，乘西秦与北凉不断战争之机，又夺回了沙洲、糯川旧地，并向西北扩展到弱水南，向南拓土至龙涸、平康。这正如《通鉴》卷一一八所记："阿柴稍用兵侵并其傍小种，地方数千里，遂为强国"[43]，占据了大部分甘、青、川藏区和沙洲为中心的鄯善、且末等西域东部一带，然而在藏文古籍中记载到阿夏被达日宁塞赞普兼并统一了。聂赤赞普首次统一后，由于王朝更替的变迁，吐蕃处于时统时分的状态。继直贡赞普之后，达日宁塞时期吐蕃又一次进入了全新的历史纪元，诸邦重新兼并统一，经南日松赞的续业，到松赞干布时期才基本完成，为祖国的统一大业做出了贡献。绝非松赞干布一人之力完成如此宏业，这些历史在吐蕃碑铭、敦煌文献 P. T. 1286/1287/1288 等史料中得到充分的印证。基于这些原因，藏文古籍中记载的达日宁塞时期兼并阿夏氏族的历史是可信的，因此吐谷浑第九代阿豺始强说，除非与藏文阿夏没有族源关系，否则无法梳理同一时期吐蕃兼并阿夏与吐谷浑阿豺始强的关系。

再者，无论是吐蕃碑铭和敦煌遗书，还是新疆出土的简牍和历代史书，都异口同声地记载了甥阿夏（dbon - Va - zha），自始至终成为阿夏的专用词。目前我们可以目睹的所有历史文书中，吐蕃王庭与阿夏之间也出现过联姻，松赞干布之后贡松贡赞迎娶阿夏妃·蒙卜杰，并生芒松芒赞。依照这个关系，阿夏应该为吐蕃之舅（zhng）或叔（khu），如同 821～822 年在《唐蕃会盟碑》上所表述的汉藏舅甥关系一样，藏文 dbon 一词，只有甥、侄两层含义。所有藏文史料一致记载为"甥阿夏"，这只能说明在松赞干布之时或之前，必有吐蕃王朝之女嫁予阿夏，否则无法诠释阿夏成为吐蕃之甥或叔的问题。故此，敦煌藏文写本 Vol. 69. Fol. 84《阿夏纪年》残卷[44]中的阿夏母后吐蕃公主墀邦，便是一个实证，至少说明松赞干布之前婚嫁予阿夏，并生有子女。另外，被邀的阿夏医生治疗达日宁塞复明后，返回阿夏故里咨询吐蕃实情，确认阿夏已沦为吐蕃管辖，并表示无法挽回的"母亲"[45]，如此从藏文史书描述的字里行间来看恰似吐蕃公主，同时亦不能排除与《阿夏纪年》残卷中的阿夏母后墀邦没有关系。然而，在此我们值得注意的是第五世达赖喇嘛明确认为：这一称谓始于聂赤赞普时期[46]，此话正可谓是点睛之笔。据《第吾史记》等早期史书明确记载，达日宁塞时期阿夏和森波等不少小邦兼并统一，这主要基于共通的宗教信仰和文化认同，通过政治联姻等手段，逐渐实现了青藏高原的再次统一。正如丹珠昂奔教授所云：

以前在讨论藏民族的形成问题时，有两大误区：只将眼睛盯着雅砻河谷，而将达日宁塞时开始的高原兼并战争当作吐蕃民族对另外"民族"的吞并，而没有将它当作同一文化系统的不同部落的统一。如此，以后的许多事情便疑窦丛生[47]。

所以，达日宁塞时期派遣吐蕃王庭某女嫁到阿夏氏族，通过内外呼应实现了阿夏重新归入吐蕃的文献记载，具有一定的历史依据和社会文化背景。

综上所论，我们可以得出这样的结论：

第一，通过考察和梳理早期藏文古籍史书，阿夏人在藏文文献中至少出现于公元之前，相比吐谷浑从辽东迁徙至甘青一带早三百年以上，从这一点看阿夏与吐谷浑无法构成同一族源。甚至，从藏族公认的祖先猕猴和罗刹女之后分离的四姓之一塞氏，便是塞·阿夏，其时代更为久远。在此恐于篇幅，此类论据后一节详述。

第二，在藏文古籍中出现的阿夏，公元前以娘河流域中游为主的后藏和阿里周围繁衍生息，没有从辽东地区迁徙而至的迹象。公元 1 世纪之后，阿夏氏族的迁徙频繁而复杂，随之其地域文化亦有种种变迁。但是，由于该问题涉足面甚广，容当另文论之。

第三，丁谦先生所云"吐谷浑开创事详晋、魏诸书，其国至阿豺始强，故人称为阿柴虏，阿柴即阿豺也"，进而被史学界论证汉语阿柴、阿豺与藏语阿夏为同一称谓的不同书写方式之说。如果比对了在位于 5 世纪中期的达日宁塞赞普把阿夏等小邦再次归入吐蕃王朝之历史后，这种假设则成为无本之木、无源之水，难以成立。

二　藏文史籍中所载的吐谷浑

随着 20 世纪中期全国民族识别工作的全面推进，国内吐谷浑的研究也有了新的进展和突破，由最初的汉文史书的单一研究，逐步拓展到少数民族和外文文献领域。其中敦煌藏文写卷成为重要的参考史料之一，王尧、周伟洲教授的研究成果具有代表性。而周教授则在吐谷浑研究领域影响较大，不但引用敦煌藏文遗书进行考证，还从藏文史书中发现了"虽然有一些西藏书籍，如 1327 年的西藏史（即 Rgyalrabs）称吐谷浑为 Thu－lu－hun[48]"的问题，实属难得。但是，由于藏文文献的浩繁和阿夏与吐谷浑问题的复杂性，周教授在藏文史书中将吐谷浑书写为 Thu－lu－hun 的分析缺乏系统性，因而所得出的结论也就显得过于简单。故此，我们有必要进一步探讨和补充该余题。

对目前已整理出版的藏文古籍史料，进行全面系统的梳理和解读后，我们不难发现吐谷浑书写为藏文 Thu－lu－hun 者，最早的记载应当首推《红史》。该书于 1346 年起由蔡巴·贡嘎多吉撰写完成，还第一次引用了《唐书吐蕃传》中的珍贵史料，成为该史书的一大特色。因其故，后来的《王统记》、《雅隆史》、《青史》、《智者喜宴》、《汉藏史籍》、《竹巴教史》[49] 等藏文史书都从《红史》中撷取源自《唐书吐蕃传》的史料进行补缺，在各书中用藏文书写的吐谷浑 Thu－lu－hun 一词，均出现了三至四次。据历代藏族史家考证，这一《唐书吐蕃传》藏译本系唐代宋祁编著，后来由范祖禹整理成册。1225 年在临洮寺由汉族译师胡将祖初译成藏文，经喇嘛·仁青扎国师校勘编审后，

1265 年付之枣梨，广为流布。

在《红史》中记载道：

> 于阳木马年，唐太宗与吐蕃国王互赠礼品，结为盟友。霍尔、吐谷浑各派使节到唐朝，请求迎娶唐朝公主，各得一公主而返。吐蕃国王亦派遣使节，要求取唐朝公主，唐朝不允。吐蕃赞普龙颜大怒，领兵二十万击破吐谷浑，兵至松州[50]。

在《红史》中以藏文书写的 Thu－lu－hun 一词，先后共出现了三次，以上为前两次，还有一次注释性地出现于最后。从该词出现的前后历史事件来分析，可以确定是吐谷浑的藏文译音。对此，如果有人认为，上述吐谷浑的藏文书写 Thu－lu－hun，实际所指的就是阿夏，只是《唐书吐蕃传》的译者或《红史》的作者未能领会其所指而直接音译为吐谷浑。那么，这种解析与《红史》作者在文末跋语中的注释是背道而驰的，《红史》作者在文末跋语的注释中写道：

> 该书中的纪年有几处错误。吐谷浑乃黄霍尔，俄田乃和田[51]。

从这个简短的注释可知，《红史》作者很明确地认为此处的吐谷浑是黄霍尔，而非阿夏。此外，在其他藏文文献中，也没有发现将阿夏称作黄霍尔的，或认为黄霍尔是阿夏的观点。特别在《王统记》、《雅隆史》、《青史》、《智者喜宴》、《汉藏史籍》等[52]为主的每一本藏文史籍中，都并行出现了阿夏 Va－zha 一词和吐谷浑的藏文书写 Thu－lu－hun 一词，也没有注释说明二者是同一族属，但对 Thu－lu－hun 却明确地诠释为黄霍尔。仅从这一点看，周教授所讲的以下：

> 藏人（吐蕃）对吐谷浑的称呼，是沿袭了十六国时西北各族对他的称呼'阿柴'。唐代以后，虽然有一些西藏书籍，如 1327 年的西藏史（即 Rgyalrabs）称吐谷浑为 Thu－lu－hun。这显然是因袭汉文史籍对吐谷浑的称呼[53]。

这一句中没有发觉问题，因此其结论也就难以成立。

在此值得一提的是，在《红史》汉译本中，却出现了与原文大相径庭的译文。即"其中纪年中有几处错误，将吐谷浑误为突厥，将和田误为沃田等"[54]，进而在同一译者的《汉藏史籍》汉译本中也翻译为：

> 其中，个别年代干支上的错误和译名不当，如将吐谷浑译为黄霍尔，将和田译为沃田等[55]。

该内容《汉藏史籍》直接摘录于《红史》，对勘二者原文没有任何区别，可以说一字不差，亦未增一句。这样翻译的结果，使《红史》原文中认为吐谷浑是黄霍尔的观点，在汉译中曲解其意，以为吐谷浑不是黄霍尔，将原文的肯定句式理解成否定句式。只要对原文中的引文和文末注释稍加对比，其内容自然会一目了然，没有什么不易解读的字句。当然，汉译本这样翻译的结果，自然消除了吐谷浑与阿夏之间不能连为同一族源的关键论据。从以下几个方面一一分析《红史》原文与汉译本中对相关吐谷浑的差异问题。

在《红史》中藏文记载道：

"vdivi－lovi－dbng－thng－nor－ba－vgv－re－snng，thu－lu－hun－hor－ser－yin，vu－then－ao－thon－yin"[56]，准确译成汉文"该书中的纪年有几处错误。吐谷浑乃黄霍尔，俄田乃和田"，无法翻译成以上陈先生汉译的结果。

第一，按照藏文语法结构，如果《红史》的引文中有"吐谷浑乃黄霍尔，俄田乃和田"或者"黄霍尔吐谷浑，和田俄田"这样的句子，文末的注释我们可以解读为对引文的修改错误的说明，可引文中从来没有出现此类词句。笔者上面已经引用了出现吐谷浑一词的原文，俄田仅出现两次，第一次中记载道：

> 此时，吐蕃王朝的四周边境，东至松、茂、巂三州；南至婆罗门境域；西至俄田；北至霍尔，以此环绕而成的疆域，幅员万余里。吐蕃这样强盛的王朝，在汉地的汉、魏、周等朝代未曾有之[57]。

从中的西至俄田，后一次则为注释说明。

第二，陈先生汉译的两种版本，把"其中记年中有几处错误，如将吐谷浑误为黄霍尔，将和田误为沃田等"连为一个整句翻译，未能准确断句。在原文中这是两个独立句子，在阐明不同的内容，没有任何关联。如果连为一个独立句子，则出现前后不连贯的逻辑问题。按照陈先生的译文，句子前后应该是解说关系，句子的后部分应该是前部分的解释说明。原文前部分说有纪年错误，如果把前后两句连成一个复句，后部分则应该用具体的时间问题来举例说明。但后面为何不列举有关纪年的错误，而注释说明了族名和族属，以及地名呢？显然，译者是把原文中两个完全不相关的内容混为一谈，在原文中根本不存在举例的任何词语，也无法引申为他义。

第三，《红史》的汉译本依据东嘎教授的校注版翻译而成，这在汉译本中有明确标示。在《红史》校注版中对"该书中的纪年有几处错误。吐谷浑乃黄霍尔，俄田乃和田"一段，在注释132、148、182 条下有详尽的注解说明，按理讲译者翻译的内容不可能出现如此截然相反的结果。尤其在注释132 条下记载道：

> Thu－lu－hun，应该揣测为汉语的吐谷浑，但在《红史》引用的《唐朝（吐蕃）传》末尾，明确阐述为吐谷浑乃黄霍尔。由此，可以推断吐谷浑属于早期的民族之一……[58]

但是，在《红史》汉译本注释132 条下却没有翻译该内容，并且直接删减了，亦未作任何注释性的说明。所以，无论是《红史》还是《汉藏史籍》的汉译本，作为同一译者翻译，出现与原文内容相差甚远的译文，不易理解。

第四，在《红史》"吐谷浑乃黄霍尔，俄田乃和田"一句中的"吐谷浑乃黄霍尔"，是对引文《唐书吐蕃传》的注释说明。随着时代的变迁，霍尔一词在藏文文献中的指向也在发生着不同的变化，有时泛指北方游牧民族，略同汉语胡人；有时专指蒙古族及其后裔；在新中国民族识别和确定之后的今天又作为土族的藏语名称。此外，霍尔又可分为白、黄、黑等多种族群，在藏文格萨尔王传和诸史籍中的所指亦不同。其中的黄霍尔，有时指回纥，有时指今天的裕固族，有时与金帐汗国联系，非常复杂。在《蕃人六种姓氏之族谱·鲜花林苑》中记载道："黄色，乃蒙古种的满族"[59]，元朝前后蒙古种在藏语中称之为霍尔，满族又兴起于东北地区。同样，吐谷浑源于慕容鲜卑，鲜卑属于北方五胡之一，由此《红史》把吐谷浑注释为黄霍尔，是有一定的依据。至于藏文文献中对霍尔以及黄霍尔的不同解读，是历史文化等多方面的因素造成的，只有系统调查研究，方可准确界定。在此，需要明确说明的是在藏文文献中没有黄霍尔与阿夏之间有关联的记载，因此没必要在此深究。

第五，在《红史》中的"俄田乃和田"一句，更能明确说明《红史》作者对引文《唐书吐蕃传》所进行的注释。在藏文史学界对和田的界定一直模糊不清，藏语有时称为李域（Li – yul），也有称其玉格尔（Yu – gur）的时候，又有称为俄田（Vu – then），还有称瞿萨旦那国（gu – sa – da – nvi – yul）和杂丹吉域（rtsa – dn – gyi – yul）等。由于不同朝代势力范围的消长，甚至有时也难以界定尼泊尔与李域的关系，故《汉藏史籍》中的尼泊尔品被藏族史学界当作该名混淆的实例。因此，《红史》作者有必要在文末作注释说明，而非修正错误。以上对和田的诸名中出现混淆频率最高的，乃是李域 Li – yul 与于阗 Vu – then 二者，因至今未见让人信服的考释和界定。由于二者关系模糊，使得其他诸地名等也依此产生了混淆。在《丹珠尔·阿罗汉更敦培授记和李域授记》为主的藏文文献中俄田均书写为 Vu – then[60]；在敦煌遗书 P. T. 960 中以 Vu – ten 的书写方式出现了十五次；在敦煌遗书 P. T. 1256 中以 Yu – then 的书写方式出现了四次。特别需要说明的是：在藏文尚未经历最后厘定前的文献中，时常出现很多字母可以互换使用的现象，从以上 Vu – then、Vu – ten、Yu – then 的不同书写方法中，字母 Ta 和 Tha 属于可以转换的一类，这样可以确定该名词的词尾为 Then，其音与汉语拼音 tian 相同。第一音节有词根 Va 和 Ya 之区别，这也属于可以转换的一类，如 Vu – bu – cg 和 Yu – bu – cg；Vob – chen 和 Yob – chen；Vong 和 Yong；Vog 和 Yog[61]等等。如果按照词根 Yu 来拼读，其发音接近汉语拼音 yu，二者结合就成了汉语"于阗"的对音，这在上述敦煌遗书 P. T. 1256 中得到明确的佐证。因此，在藏文文献中出现频率较高的俄田 Vu – then，专指于阗，而李域 Li – yul，正如更敦群培大师在《白史》[62]中考证的一样，相当于中国历史上的西域，而非于阗。藏语李域和俄田二者的关系为包含和被包含的关系。所以，《红史》作者注释俄田 Vu – then 为和田，其用意就是为了避免后人将其误解为李域 Li – yul 而作的特别说明。

通过以上五点分析可知，仅从藏文文献审视，我们可以推断出吐谷浑与阿夏并非同一族源的不同称谓。然而，在敦煌遗书 P. T. 1263《蕃汉对译词表》中，阿夏 Va – zha 对照退浑、阿夏王 Va – zha – rje 对照退浑王。对于这个问题，黄盛璋先生在《汉于阗吐蕃文献所见"龙家"考》中：

> 将"汉"，与"汉天子"分别居于国名与王号之首，必为归义军取代吐蕃统治河西时代；在"汉天子"后为回鹘王，且在"吐蕃天子"之前，必在甘州回鹘强盛；btsanpo 系用汉"赞普"拼音，但又不译为"赞普"，而译为"天子"，"龙"也是不用吐蕃文 Klu，而用汉字音 Lung，所译必为汉人，不是吐蕃人，而将伯希和提出的疑难与 Lu 是否为"龙"问题一扫而光……但具体年代究为张氏或为曹氏归义军，至少还要考证落实[63]。

这样，黄先生对 P. T. 1263《蕃汉对译词表》中藏汉对照的可信度和准确性提出了种种质疑。同时，我们在敦煌藏文写卷中发现有不少吐蕃以后的文献，被法国藏学家乌瑞在《吐蕃统治结束后在甘肃和于阗官府中使用藏语的历史》[64]中阐明。并且，正如敦煌藏文写卷 P. T. 1283 所云突厥九族中多处阐述了与阿夏有明确关系的族系，因而 P. T. 1263 中退浑和吐谷浑之间存在多大程度的必然联系呢？我想暂时无法给出肯定的答复。当然，目前我们所掌握的论据，亦不能一口否定阿夏与吐谷浑在公元 5 世纪之后从来没有相互交融的历史现象。鉴于这样的思考，F. W. 托玛斯教授在深入考究新疆出土的藏文简牍和敦煌藏文遗书为主的史书后，作出了以下论断：

> 从佉卢文书的时间考虑，阿柴（夏 Va - zha）似不包括吐谷浑在内。……说阿柴（夏 Va - zha）等于吐谷浑，可能是对两族人的一种混淆，因为他们在一个时期内共同占据着山区。即受注视的鄯善王国、罗布淖尔地区、沙洲及甘肃西部山区。……关于汉文 A. Chai（阿柴或阿豺）= Va - zha，应该注意的同样情况：如 417 ~ 430 年，一位吐谷浑的名字就是这样叫的，而他就是第一位在沙洲奠基者（BiChurin, IstoriyaTibetaiKhukhunora, i, 78 ~ 80 页），似可认为，他接受了阿柴（夏 Va - zha）族人的名字作为己名[65]。

综观藏文古籍史书，F. W. 托玛斯教授的推断是客观而中肯的，有关阿夏在西域活跃的问题，囿于篇幅，容立另文探究[66]。

基于综上所论，我们可以总结以下两个问题：

第一，在藏文史书汉译中，除了《青史》和《雅隆尊者教法史》为代表的少量汉译本在尊重原文的前提下，把藏语阿夏 Va - zha 一词，音译为"阿夏[67]"或"阿霞[68]"之外，大多数汉译本翻译成"阿柴"，这虽有音译的假象，其实误导读者与吐谷浑产生种种联想[69]，甚至有些汉译本直接翻译成吐谷浑，对此没有作任何注释说明。这样翻译的后果，不但有失译本的第一手资料的价值，还对只能借助汉译藏文史书比较研究的学者们所得成果的学术质量，产生直接影响。当然，也不利于汉藏文化的深入交流。

第二，在藏文古籍史料中，同一史书分别记载了 Va - zha 和 Thu - lu - hun，而且对二者的族属有不同的阐述。从这一点来看，我们可以推断吐谷浑与阿夏并非同一族源的不同称谓。然而针对敦煌遗书 P. T. 1263《蕃汉对译词表》上的 Va - zha 与退浑、Va - zha - rje 与退浑王等词语藏汉互译对照的问题，我们不能排除公元 5 世纪之后阿夏与吐谷浑互相交融，走向构成多元民族共同体的可能性，因此有待进一步研究。

三　阿夏的族源归属

近百年来，由于缺乏藏文文献的系统研究，史学界把阿夏的族属等同于吐谷浑，源自辽东慕容鲜卑部。通过上述藏文史料的梳理和考究，我们得知阿夏至少不是吐谷浑的不同称谓，更不可能源于慕容鲜卑部。那么，藏语阿夏到底源自何处，具体属于哪个族群，现今是否存在其后裔等问题，我们再次借助藏文历史文献，试图揭开其神秘的面纱。

在早期苯教文献《人之四族姓净神盛供》中记载道：

人有四族，通过穆·象雄的神语，获得南拉噶波、夏迥噶波、穆萨外乾诸神；按照童·松巴的神语，获得那隋噶波和噶波切举等神；依照党·木雅的神语，获得塞拉乔和门神达雅诸神；按照塞·阿夏的神语，获得陀妥绛木斋神。人有四族姓，禽有三雀类：穆与象雄；党与木雅；童与松巴；塞与阿夏……[70]

在《论藏如意珍宝》中亦写道：

南瞻部洲太阳升起的东北地区，外道阿夏等十一个边地……塞·阿夏语、扎·象雄语、童·松巴语、党·木雅语、琼·吉莱语、珞·门巴语和蕃唐吉贝语共有七种语言[71]。

在《拉达克史》中又写道：

所谓（藏族的）内部四族姓：穆·象雄、童·松巴、党·木雅、塞·阿夏[72]。

在《吐蕃王统金鬘·阿里上部芒域传》中还写道：

所谓内部四族姓，乃扎·象雄、童·松巴、党·木雅、塞·阿夏四种[73]。

在上面第一节的《世续题解详传》中亦引用了敦巴辛饶莅临塞·阿夏地区，并给塞本朗杰琶巴传授《塞举伽那》等不同法门的文献记载。通过上述不同史书的引文，给我们明确提供了阿夏的族属为塞氏。所谓塞氏，乃藏族远古四种族姓之一。

在《拉达克史》中进一步写到四族姓的祖先：

弟岩间罗刹生有二子，兄塔杰吞巴和弟猕猴斯当……兄章弥井巴生有四子，即：老大穆·象雄的祖先为隽巴唐杰；老二塞·阿夏的祖先为朗夏尔唐杰；老三童·松巴的祖先为让吉俄饶；老四党·木雅的祖先为格杰绸巴，从这四族姓开始繁衍了蕃民众族[74]。

这一段引文中不但明确了四族姓的各祖先之名，而且在列举他们祖先名单中，隐约透露了"罗刹"和"猕猴"这样非常重要的信息。这让我们想起藏族的人类起源之说，即猕猴与罗刹女结合而形成藏人的历史传说。正如在《柱间史》中所云：

党与童、塞与穆，为内族之四大土著部族，乃雪域吐蕃最早的先民……祖父猕猴的四百子嗣因争斗失和而分化为党、童、塞、穆四大姓氏。祖父猕猴坐中为他们划分领地，四分为"卫藏四如"，党氏部族统辖卫玉如、童氏部族统辖藏叶如、塞氏部族统辖藏云如、穆氏部族统辖卫郚如。至于其他分法，乃后世赞普所为。除此之外，吐蕃境内还有无所归属的七氏康布部族，等等[75]。

正如陈寅恪在《吐蕃彝泰赞普名号年代考》前言中所云：

西藏志乘，虽间杂以宗教神话，但历代赞普之名号世系，亦必有相传之旧说，决不尽为臆造[76]。

特别是石泰安在《川甘青藏走廊古部族》的结语中明确讲道：

> 无论是在西藏东部的深山老林，还是在汉藏边界诸族杂居地区，西藏的传说（原始六部族）同样都是确有其事的。……我们也认为已经再一次证明了西藏传说的连续性，从敦煌写本一直到今天是始终如一的……[77]

因此，我们有理由相信阿夏源于藏族本土公认的祖先猕猴与罗刹女结合而生的四种族姓之一塞氏，这一点在祖父猕猴把后藏云如划分给塞氏部族，与上述《后藏志》中所云的远古时代娘河中游最早的土著居民为阿夏部族的文献记载，完全可以互为印证。

藏族远古氏族的分类，有四分法和六分法。所谓六分法，在上述四种族姓的基础上，将《柱间史》中的"吐蕃境内还有无所归属的七氏康布部族"，分类为贝和达两种，加以补遗而成。因此在《蕃人六种姓氏之族谱·鲜花林苑》中详细阐述了祖父猕猴按照子嗣的长相和性格划分不同的姓氏，进而如何繁衍生息和演变的源流，有关阿夏的祖先谱系略同上述引文，直至猕猴与罗刹女，对此第五世达赖喇嘛有更为明确的交代[78]，不再赘述。在该书中值得关注的是引用早期苯教文献《攘解文书（Gto – phug）》曰：

> 聂赤赞普之前的十二诸侯国，由木雅地区的党氏、松巴地区产生的直氏、象雄地区产生的扎氏、阿夏地区产生的噶氏，纵横更替入主吐蕃国王宝座，亦由此衍生了众多不同姓氏的直系旁支[79]。

据《藏汉大辞典》的考证，聂赤赞普在世于公元前2世纪中期[80]。按照早期苯教文献《攘解文书》的记载，公元前2世纪之前的吐蕃十二诸侯争霸时期，源自远古猕猴与罗刹女结合而形成的塞·阿夏内部，亦已经分化了若干族系姓氏。其中，曾主持吐蕃十二诸侯国的霸主噶氏，就是从中衍生出来的一个望族，亦被历史记录下来的一个事例，当然还会有很多直系旁支早已尘封在历史的长河中，现难以考释。随着人类的交流频繁，从塞·阿夏中的望族之一噶氏，又分化为九大族系，如《蕃人六种姓氏之族谱·鲜花林苑》转载的藏文古籍文献中说：

> 党氏衍生十八大族姓，塞氏之王阿夏衍生九子族姓……所谓噶九子族姓，乃噶·阿卓、噶·阿柔、噶·阿周、噶·阿绰木、阿香等。早期他们在卫藏地区，中期在后藏当吉堡城诞生过赫赫有名的人王·索朗坚赞之子，第六世噶玛红帽系·曲吉旺秀之高足，被称为第五国师噶玛巴摄政王曲央，也是属于噶氏。噶氏九子族姓后裔也有从多麦宗喀地区分化到康区各地的，康区宁玛派古刹噶陀金刚寺的创建者，丹巴德协·喜饶僧格亦是噶氏……[81]

虽然在《古代象雄与吐蕃史》中对藏族四大族姓塞氏与噶氏的关系问题有不同的解读和诠释[82]，但从以上引文我们可以获得阿夏的祖先是藏民族的共同祖先，猕猴与罗刹女这一事实；阿夏的后裔从未间断地繁衍生息至今的历史脉络。

藏族四大族姓的繁衍生息，并不是独立于一隅之地，而在青藏高原的各处都可以寻觅到不同族姓的后裔，由此塞·阿夏也不例外，分布在藏区各地，绝非目前所谓的甘青一域。据上述引文分析，公元前主要分布在后藏及其周围；公元前后，在西域地区有活动的迹象。阿夏在西域的活动，在《甘珠尔·无垢天女卷》中出现四次[83]，虽然其具体年代还存异议，但"第一次来李域 Li-yul 的外人，乃松巴人，来者甚多。尔后，汉人、阿夏、松巴等人，像印度四大天王之一增长天王的大军一样来犯李域"[84]。以此可以推算，汉族大规模进入西域时间，公认为汉武帝时期；7 世纪前后，阿夏在今新疆东部地区生活的历史，在敦煌藏文遗书和新疆出土的简牍中得到充分的体现。特别在《第二世达赖喇嘛·根敦嘉措自传》中记载，赤松德赞时期阿夏在卫藏四茹之右翼叶茹的香曲河流域，也就是今日喀则南木林县地区，他们最初源自多康岗[85]。

10 世纪之后，随着藏族社会步入重建文化工程的黄金时代，塞氏·阿夏部的诸多后裔也纷纷加入了百花齐放、百家争鸣的行列，为共同构筑藏传佛教为核心的藏文化大厦，添瓦加砖，做出了不朽的贡献。其中最著名的有藏传佛教后弘期下路律承的发起者喇钦·贡巴饶色的主要门徒阿夏·益喜雍仲[86]，其父亲为阿夏·郭沃切，10 世纪人；藏传佛教时轮金刚的主要传承者大译师·阿夏·嘉噶泽[87]，他的两部译著编纂于《丹珠尔》校勘本第 24 卷和 33 卷，11 世纪人；藏传佛教后弘期上路律承的传播者克什米尔班钦·释迦师利莅临后藏时，阿夏·嘉沃提供了经济上的赞助[88]，13 世纪人；雍仲苯教的十八位玉日伟大导师（gys-ruvi-ston-pa-bco-brgyd）之一阿夏·卓贡罗珠坚赞[89]，通过"无宗派思想"（phyogs-med-ri-pa），为提升和深化苯教哲学理论体系与文化整合方面，颇具建树。因明、俱舍论、续藏等领域的著作达 32 部，均编纂于《雍仲苯教·典珠尔》，生卒于1198～1263 年；西夏被成吉思汗攻克之际，西夏帝师日巴[90]经阿夏地区返回玉树避难，13 世纪初期；萨迦派不共道果法脉蔡钦一系的主要传承人阿夏氏·蒋杨钦哲旺秋，36 岁时荣登夏鲁寺金席座主，并且成为五世达赖喇嘛听受《甘珠尔》和萨迦派学统的根本导师[91]，生卒于 1524～1567 年[92]，其家族还有旺秋饶丹和强巴阿旺林周以及南喀索朗旺嘉[93]为例的许多著名萨迦派蔡钦一脉学者；等等。为藏族社会发展和文化建设方面，付出心血的塞·阿夏的后裔不只以上这些人，亦不限于这一历史阶段。每个历史阶段，都有众多塞·阿夏的后裔繁衍生活在青藏高原及其周围地区。

当今生活在甘肃迭部县阿夏乡和四川若尔盖求吉乡的阿夏村的塞氏·阿夏人，以及四川松潘县境内分散的阿夏仓家族，正是阿夏人后裔繁衍生活在青藏高原上的有力佐证。同时，阿夏与苯教的渊源关系正如上述，甘肃阿夏乡为主的迭部县及其周围，乃是多麦地区苯教文化昌盛的区域。曾有"迭部区，乃天苯波，地苯波、人苯波"的谚语，阿夏乡的那贡寺，则是该地区最早的苯教寺院[94]。此外，仅"阿夏"一词，作为族姓一直沿用至今，在历史语言学层面亦是最明确的佐证。但由于缺乏藏文文献的系统研究，目前不少学者仍把这两地的阿夏人界定为吐谷浑的后裔。正如青海热贡地区多德（dor-sde-bod-mi）藏族，当地的年幼老少都认定自己原本族属为藏族，而且多德藏族五屯之一郭玛尔村的苍王·耿登丹巴先生，在 2002、2003、2006 年的《西藏研究》（藏文）第 4、1、3期上，从语言、丧葬、服饰等方面撰写学术论文，全面而系统地辨析和界定他们的真实族属为藏族，可近年来的科研成果上仍然把他们归为土族，并且上溯到慕容鲜卑吐谷浑部，很少有学者予以关注。阿夏的现状以及相关问题，由于涉及面广，在此无法详述。

综合上述所论，我们试图可以这样结束该研究课题：

第一，通过调查和梳理藏文文献记载的藏区不同族系可知，阿夏的族属可以追溯到远古猕猴与罗刹女结合而形成的藏族四族姓时代，这一远古族群的后裔，现如今在藏地腹心仍可找其遗裔。因此，阿夏与吐谷浑并非同一族源，毋庸置疑。

第二，阿夏，从藏族远古四大族姓中分离为塞氏族系以后，在不同的历史阶段有无数次分化整合现象，亦有与邻近民族和族系交融分离的过程，这也符合多元民族和文化流变的进程。因此之故，藏族阿夏繁衍生息的地域不是一成不变，而是处在一个动态的变迁过程。

第三，当今时代，虽然大多数藏族很少使用姓氏，但其族谱文化非常丰富，以多康地区为例[95]，自成体系，在浩如繁星的藏文文献中有大量的记述。如果要准确梳理和深入诠释藏羌各族系的族际互动与历史关系，就务必要借助藏文文献和藏语文化资源，否则其研究流于表面，难以做出全面而客观的论断。

注　释

[1] 本文系 2015 年四川省社会科学高水平研究团队"四川民族文献研究团队"和西南民族大学研究生学位点建设项目（编号 2015XWD－S0304）阶段性成果。

[2] 始迁人口依据《宋书·九十六卷鲜卑吐谷浑》的记载。

[3]（梁）沈约《宋书》第八册，第 2370 页，中华书局，1983 年。

[4] 丁谦：《浙江图书馆丛书第一集·宋书夷貊传地理考证》，第 1 页后 7～8 行间，民国四年浙江图书馆校刊。

[5] 李志敏：《吐谷浑史质疑二则》，《青海社会科学》1995 年第 4 期。

[6] 薛生海：《吐谷浑谓"阿柴虏"质疑》，《青海社会科学》2008 年第 3 期。

[7] 周伟洲：《吐谷浑史》，第 2～8 页，广西师范大学出版社，2006 年。

[8] 廓布·罗珠同美：《世续题解详传》（藏文，收藏于 1302 年）第 311 页上，收藏于丹贝坚赞编纂的本波《典珠尔》旧编号 328 函，新编号 142 函之第 295～533 页之间《srid－pa－rgyud－kyi－kha－byng－bzhugs－pa－dge－legs－vphel－bvo》。

[9] 芭·丹杰桑布：《苯教源流宏扬明灯》（藏文，撰写于 1345 年），第 93、103 页，中国藏学出版社，1991 年。

[10] 章杰增巴：《赛米》（藏文，辛饶弥沃三大传记之中编，掘藏于 11 世纪），第 761～762 页，中国藏学出版社，1991 年。

[11] 果洛古籍丛书：《多智丹尼文集》（藏文）第 2 册，第 475～539 页，四川民族出版社，2003 年。

[12] 章杰增巴：《赛米》（藏文），第 746～789 页，中国藏学出版社，1991 年。

[13] 如：丹贝坚赞编纂的本波《典珠尔》旧编号 248 函，新编号 147 函《辛饶弥沃全集编纂史·世间明炬·童子宝藤庄严》（gshen－rb－bkv－vbum－chen－povi－dkr－chgs－srid－pvi－sgron－ma－gzhon－nu－vkhril－shing－phyogs－ls－rnm＝pr－rgyl－bvi－rgyl－mtshn－zhes－by－ba－bzhugs）（藏文），第 39～40 页之间；仁增更珠扎巴《苯教大藏经目录》（藏文），第 292～295 页，中国藏学出版社 1993 年；夏察·扎西坚赞《西藏苯教源流》（藏文），第 61 页，民族出版社，1985 年；等等。

[14] 白崔：《苯教源流》（藏文），第 51 页，西藏人民出版社，2006 年；夏察·扎西坚赞《西藏苯教源流》（藏文），第 57 页，民族出版社，1985 年；等等。

[15] 萨迦·索南坚赞：《西藏王统记》（藏文，成书时间 1388 年），第 57 页，民族出版社，2008 年；等等。

[16] 王尧、陈庆英主编：《西藏历史文化辞典》，第 293 页，西藏人民出版社　浙江人民出版社，1998 年。

[17] 青海省藏医院研究所：《宿喀·藏医史》（藏文），第 230 页，民族出版社，2006 年。

[18] 霍巍：《论古代象雄与象雄文明》，《西藏研究》1997 年第 3 期。

[19] 德康·索朗曲杰：《卡尔梅·桑丹坚参选集》（藏文，上册），第 244 ~ 245 页，中国藏学出版社，2007 年。

[20] 青海省藏医院研究所：《宿喀·藏医史》（藏文），第 194、230 页，民族出版社，2006 年。

[21] 南喀诺布：《古代象雄与吐蕃史》（藏文），第 69 ~ 78 页，中国藏学出版社，1996 年；阿旺嘉措《象雄时期的藏族文明》（藏文），第 29 ~ 36 页，甘肃民族出版社，1998 年；才让太：《苯教在吐蕃的初传及其佛教的关系》，《中国藏学》2006 年第 2 期。

[22] 色拉和大昭寺藏传佛教古籍经典收藏整理室编：《五世达赖喇嘛阿旺洛桑嘉措文》（藏文），第 11 册第 251 ~ 253 页，第 12 册第 438 页，中国藏学出版社，2009 年。

[23] 百慈藏文古籍研究室：《哲蚌寺藏古籍目录》（藏文上、下册），民族出版社，2004 年。

[24] 周伟洲：《青海都兰暨柴达木盆地东南沿墓葬主民系属研究》，《史学集刊》2013 年第 6 期；仝涛：《青海都兰热水一号大墓的形制、年代及墓主人身份探讨》，《考古学报》2012 年第 4 期。

[25] 巴俄·祖拉陈瓦：《智者喜宴》（藏文，撰写于 1545 ~ 1564 年间），第 160 ~ 161 页，民族出版社，1986 年。

[26] 底吾·璨赛：《底吾史记》（藏文，撰写时间早于 1109 年之前），第 103、160 页，西藏人民出版社，1987 年。

[27] 弟吾贤者：《弟吾宗教源流》（藏文，撰写时间约 12 世纪中期），第 244 ~ 245 页，西藏人民出版社，1987 年。

[28] 娘·尼玛韦色：《娘氏宗教源流》（藏文，撰写时间不详，作者生卒于 1124 ~ 1192 年），第 160 ~ 161 页，西藏人民出版社，1988 年。

[29] 觉沃阿底峡：《柱间史》（藏文，发掘于 11 世纪中期），第 85 ~ 89 页，甘肃民族出版社，1991 年。

[30] 青海省藏医院研究所：《宿喀·藏医史》（藏文），第 194 页，民族出版社，2006 年。

[31] 色拉和大昭寺藏传佛教古籍经典收藏整理室编：《五世达赖喇嘛阿旺洛桑嘉措文集》（藏文），第 11 册第 251 页，中国藏学出版社，2009 年。

[32] 觉囊达热那特：《后藏志》（藏文，撰写时间不详，作者生卒年代 1557 ~ 1634 年），第 5 页，西藏人民出版社，2002 年。

[33] 色拉和大昭寺藏传佛教古籍经典收藏整理室编：《五世达赖喇嘛阿旺洛桑嘉措文集》（藏文），第 11 册第 252 页，中国藏学出版社，2009 年。

[34] 同上，第 7 页。

[35] 土登彭措：《藏史纲要》（藏文），第 155 页，四川民族出版社，1996 年；平措次仁：《藏史明镜》（藏文）第 442 页，西藏人民出版社，2006 年；周华《藏族简史》（藏文），第 39 页，民族出版社，1995 年；王尧、陈庆英主编：《西藏历史文化辞典》第 367 页，西藏人民出版社 浙江人民出版社，1998 年等等。

[36] 弟吾贤者：《弟吾宗教源流》（藏文），第 250 ~ 251 页，西藏人民出版社，1987 年。

[37] 底吾·璨赛：《底吾史记》（藏文），第 107 页，西藏人民出版社，1987 年；释迦仁青岱《雅隆觉沃教史》（藏文，成书时间 1376 年），第 49 ~ 50 页，四川民族出版社，1988 年；萨迦·索南坚赞《西藏王统记》（藏文），第 60 ~ 61 页，民族出版社，2008 年；巴俄·祖拉陈瓦《智者喜宴》（藏文），第 169 ~ 171 页，民族出版社，1986 年；达仓宗巴·巴觉桑波《汉藏史籍》（藏文，成书时间 1434 年），第 138 页，四川民族出版社，1985 年；第五世达赖喇嘛《西藏王臣记》（藏文，成书于 1643 年），第 16 ~ 17 页，民族出版社，1981 年；第司·桑吉嘉措《藏医史》（藏文，成书于 1703 年），第 149 页，甘肃民族出版社，1982 年；等等。

[38] 黄颢：《〈贤者喜宴〉摘译》，《西藏民族学院学报》1980 年第 4 期。

[39] 弟吾贤者：《弟吾宗教源流》（藏文），第 251 ~ 252 页，西藏人民出版社，1987 年。

［40］多识:《后期藏文史书中历代赞普及松赞干布的生卒断代问题考辨》,《西北民族学院学报》(藏文) 1988、1989 年第 1、2 期,选于《多识论文集》,第 132~202 页,民族出版社,1996 年;夏珠《松赞干布在世三十四岁的考辨》,《中国藏学》(藏文) 1990 年第 1 期,选于《夏珠嘉措集》第 815~840 页,青海省海南民师印刷厂,2000 年。

［41］萨迦·索南坚赞:《西藏王统记》(藏文),第 61~62 页,民族出版社,2008 年。

［42］平措次仁:《藏史明镜》(藏文),第 30 页,西藏人民出版社,2006 年。

［43］周伟洲:《吐谷浑史》,第 25~26 页,广西师范大学出版社,2006 年。

［44］《阿夏纪年》残卷的编号 Vol. 69. Fol. 84 为 F. W. 托玛斯最初的编目,现在"国际敦煌项目"中的编号为 ITJ - 1368,国内外对该残卷的研究成果颇为丰富,其中托玛斯和胡小鹏教授的结论比较接近藏文史料。

［45］巴俄·祖拉陈瓦:《智者喜宴》(藏文),第 170~171 页,民族出版社,1986 年。

［46］色拉和大昭寺藏传佛教古籍经典收藏整理室编:《五世达赖喇嘛阿旺洛桑嘉措文集》(藏文) 第 11 册,第 251 - 253 页,第 12 册,第 438 页,中国藏学出版社,2009 年。

［47］丹珠昂奔:《藏族文化发展史》(上册),第 423~424 页,甘肃教育出版社,2001 年。

［48］周伟洲:《吐谷浑史》,第 14 页,广西师范大学出版社,2006 年。

［49］竹巴白玛噶波:《竹巴教史》(藏文,成书于 1581 年),第 92~93 页,西藏藏文古籍出版社,1992 年。

［50］蔡巴·贡嘎多吉:《红史》(藏文校注本),第 17 页,民族出版社,1993 年。

［51］同上,第 24 页。

［52］萨迦·索南坚赞:《西藏王统记》(藏文),第 61、229~232 页,民族出版社,2008 年;释迦仁青岱《雅隆觉沃教史》(藏文),第 19~37、49~50、56 页,四川民族出版社,1988 年;郭·循努白《青史》(藏文,成书于 1476 年),第 73~83、892、978 页,四川民族出版社,1986 年;巴俄·祖拉陈瓦《智者喜宴》(藏文),第 160、170、1389~1407 页,民族出版社,1986 年;达仓宗巴·巴觉桑波《汉藏史籍》(藏文),第 99~117、138 页,四川民族出版社,1985 年。

［53］周伟洲:《吐谷浑史》,第 14 页,广西师范大学出版社,2006 年。

［54］陈庆英等:《红史》(汉译本),第 20 页,西藏人民出版社,2002 年。

［55］陈庆英:《汉藏史籍》(汉译本),第 63 页,西藏人民出版社,1999 年。

［56］蔡巴·贡嘎多吉:《红史》(藏文校注本),第 24 页,民族出版社,1993 年。

［57］同上,第 19 页。

［58］同上,第 276~276 页;陈庆英等:《红史》(汉译本),第 170 页,西藏人民出版社,2002 年。

［59］扎西加措等"青海少数民族古籍丛书"《果洛宗谱》(藏文) 第 8 页,青海民族出版社,1994 年。

［60］中国藏学研究中心:《中华大藏经·丹珠尔》(藏文对勘本) 第九十六卷,第 1030~1049、1050~1106 页,中国藏学出版社,2002 年;巴俄·祖拉陈瓦:《智者喜宴》(藏文),第 1383~1388 页,民族出版社,1986 年;达仓宗巴·巴觉桑波《汉藏史籍》(藏文),第 84~98 页,四川民族出版社,1985 年;等等。

［61］藏文字母可以转换使用的详情,参见扎西才让等《藏族文献研究》(藏文),第 444、665~673 页,民族出版社,2003 年。

［62］奔嘉等:《更敦群培文集》(藏文下卷),第 321 页,四川民族出版社,2009 年。

［63］郑炳林等:《丝绸之路民族古文字与文化学术讨论会文集》,三秦出版社,2007 年。

［64］郑炳林主编:《法国藏学精粹》(第 1 册),第 181~188 页,甘肃人民出版社,2011 年。

［65］［英］F. W. 托玛斯:《敦煌西域古藏文社会历史文献》(刘忠等汉译本),第 27~30 页,民族出版社,2003 年。本书中的大部分藏语阿夏 Va-zha,写成阿柴,引文中的(夏 Va-zha)为笔者所注。

［66］拙文:《从文献考辨藏语"va-zha"与吐谷浑的族源问题——兼论月氏的关系》,《中国藏学》(藏文) 2010 年第 3 期。

［67］廓诺·迅鲁伯:《青史》(郭和卿汉译本),第 456、497 页,西藏人民出版社,2003 年;布顿大师《佛教史大宝

藏论》（郭和卿汉译本），第 187、205 页，民族出版社，1986 年。

　　［68］释迦仁钦德：《雅隆尊者教法史》（汤池安汉译本），第 30、33 页，西藏人民出版社，2002 年。

　　［69］五世达赖喇嘛·阿旺洛桑嘉措著：《一世—四世达赖喇嘛传》（陈庆英、马连龙等译），第 90 页，中国藏学出版社，2006 年。

　　［70］Samten G. Karmay 等：《The Call of the Blue Cuckoo – An Anthology of Nine Bonpo Texts on Myths and Rituals Bon Studies 6》（藏文，据法国藏学家卡尔梅·桑丹考证，约成书于 13 世纪前后），第 1 页，National Museum of Ethnology Osaka2002。

　　［71］端旦玛维僧格：《论藏如意珍宝》（藏文）第 99 页下 4 至 5 行、106 页上 4 行至下 1 行间，TBRC 手抄本，成书年代不详，约为 14～15 世纪。

　　［72］群宗：《拉达克史》（藏文，成书年代不详，以手抄本世代相传），第 7 页，西藏人民出版社，1987 年。

　　［73］恰贝·次旦平措等：《西藏史籍五部》（藏文，约成书于 17 世纪），第 155 页，西藏藏文古籍出版社，1990 年。

　　［74］群宗：《拉达克史》（藏文），西藏人民出版社，1987 年，第 4～5 页。

　　［75］觉沃阿底峡：《柱间史》（藏文），第 56、58 页，甘肃民族出版社，1991 年。

　　［76］《陈寅恪集·金明馆丛稿二编》，第 109 页，三联书店，2012 年。

　　［77］耿升、王尧译：《川、甘、青、藏走廊古部族》，第 147～148 页，四川民族出版社，1992 年。

　　［78］色拉和大昭寺藏传佛教古籍经典收藏整理室编：《五世达赖喇嘛阿旺洛桑嘉措文集》（藏文）第 11 册，第 252～253 页，第 12 册，第 438 页，中国藏学出版社，2009 年。

　　［79］扎西加措等：《果洛宗谱》（藏文），第 8 页，青海民族出版社，1994 年。

　　［80］张怡孙：《藏汉大辞典》第 3197 页，民族出版社，2006 年。

　　［81］扎西加措等：《果洛宗谱》（藏文），第 7、112～113 页，青海民族出版社，1994 年。

　　［82］南喀诺布：《古代象雄与吐蕃史》（藏文），第 172 页，中国藏学出版社，1996 年。对此问题在拙文《从文献考辨藏语“va－zha”与吐谷浑的族源问题——兼论月氏的关系》中有详尽的考辨。

　　［83］中国藏学研究中心：《中华大藏经·甘珠尔》（藏文对勘本）第五十九卷，第 599、600、642 页，中国藏学出版社，2008 年。

　　［84］同上，第 599 页。

　　［85］西藏色昭佛教古籍编委会：《第二世达赖喇嘛·根敦嘉措文集》（藏文第 1 卷），第 1～2 页，中国藏学出版社，2010 年。

　　［86］布敦·仁钦竹：《布敦佛教史》（藏文，成书于 1321 年），第 198～199 页，中国藏学出版社，1991 年。

　　［87］同上，第 210、278 页；郭·循努白《青史》（藏文），第 892、978 页，四川民族出版社，1986 年；

　　［88］嘉当·白玛多吉：《结大喇嘛谱系与谱系恒河之流合集明镜》（藏文，成书于 1426 年或 1486 年）第 54 页，西藏人民出版社，2008 年。

　　［89］雍仲桑木丹：《雍仲本学讲修学院书系》（藏文），第 6～15 页，第二十二届雍仲本波讲修学院常务图书馆 2002 年刊印。

　　［90］还格吉：《巴隆噶举派在玉树地区的历史演变》，《民族学刊》2012 年第 5 期。

　　［91］五世达赖喇嘛·阿旺洛桑嘉措：《五世达赖喇嘛书信集》（藏文），第 209～211 页，青海民族出版社 2012 年；色拉和大昭寺藏传佛教古籍经典收藏整理室编：《五世达赖喇嘛阿旺洛桑嘉措文集·深广正法传承录恒河之流》（藏文），第 1 册，第 70～77、81～97、103～112、119～157、159、164～165、181、186、189～190、197、214、287～288、303、306～308、312、316、321～322、324、339、342、344～358、360～364、368～370、372、374、378、380～385、387、389～390、394～402、410～413、420～425、428～430、438、464、478、493、496～497、502～503、509、516～518、520、522～523、528～531、536～537、563、571～583、591、598 等页，中国藏学出版社，2009 年。

［92］百慈藏文古籍研究室：《萨迦道果汇编》，第 3 页，西藏藏文古籍出版社，2012 年；色拉和大昭寺藏传佛教古籍经典收藏整理室编：《五世达赖喇嘛阿旺洛桑嘉措文集》（藏文）第 11 册，第 246～387 页，中国藏学出版社，2009 年。

［93］色拉和大昭寺藏传佛教古籍经典收藏整理室编：《五世达赖喇嘛阿旺洛桑嘉措文集》（藏文）第 12 册，第 435～512 页，中国藏学出版社，2009 年。

［94］关于甘肃迭部县阿夏乡和四川若尔盖县求吉乡阿夏村的情况，2009 年 11 月在四川大学采访阿夏那贡寺的三十一世绛帕活佛·仁青坚赞、甘肃迭部籍的甘肃民族学院阿旺嘉措博士的基础上，参阅相关史料撰写而成。

［95］还格吉：《玉树地震灾区口传文献遗产整理研究述略》，《民族学刊》2011 年第 4 期。

千年炳耀吐蕃墓，莫论有坟吐谷浑

——评周伟洲、仝涛两篇文章及其他

雨　佳　华桑扎西

弁　言

史学界人所共知，青海都兰古墓葬经三代考古工作者、近六十年的发掘研究，一直认定为吐蕃墓葬，并由国家文物局、青海省政府、国务院多次发文公布。这本已经是定论，但自 20 世纪 90 年代以来，却被陕西师范大学教授周伟洲罔顾事实，以论代证，欲将青海都兰暨柴达木盆地东南沿所有吐蕃墓葬论定为吐谷浑墓葬。因他误导，极少数青海本地文史爱好者，凭借他的论证，怀着不同的目的，有的先认后否，有的借此认族，有的招摇起哄，至今不闲。为正本清源，还原历史，青海藏族研究会会刊《青海藏族》2011 年第 2 期和 2012 年第 1 期，组织专刊，据理反驳，并于 2012 年 10 月底举办《首届都兰吐蕃文化全国学术论坛》，进行研讨，取得巨大成功。事后不久，中国社会科学院考古所副研究员仝涛和周伟洲先后撰文，以臆断为根据，把推导当事实，继续以论代证，全面将都兰等处吐蕃墓葬妄论为吐谷浑墓葬。既如此，我们只有直面二人之论，据理予以评驳。

近年来，我们也在深思和探讨这些问题：吐谷浑到底有没有墓葬？若有，到底是个什么情状；若无，那又是怎么回事。探讨和研究的结果是肯定的，即：吐谷浑只有火葬而无墓葬。

周伟洲早就看准了都兰有那样多的墓葬，遂预设好将文献没有明确记载的吐谷浑城定位于都兰，都兰墓葬就应属于吐谷浑，且整个都兰暨柴达木盆地东南沿所有墓葬全都是吐谷浑墓葬。为达到此目的，多年来周伟洲和其他一些人是花了不少心血，费了不少心机。他们背离事实，甚至将考古工作者和专家学者们辛勤研究的成果和结论，一笔勾销，或作为反证的论据，为己所用，将都兰吐蕃墓葬乃至整个都兰暨柴达木盆地东南沿所有墓葬演绎成吐谷浑墓葬，肯定所有墓主人族属为吐谷浑人，其最终目标是要否定青海省政府和国务院确认的文件。对这些问题，过去不少人并不在意，没有引起过重视，更不知吐谷浑进入甘川青后的居地变迁、周边关系和活动状况。如果不弄清这些问题，就会给正本清源、恢复历史真实面貌、彻底消除多年来周伟洲们的歪理谬说所造成的负面影响带来困难。

本文针对周、仝两位论文的主要观点，进行研讨和评驳，并介绍与吐谷浑相关的历史资料和国家认定都兰古墓为吐蕃墓等诸种事实，让读者进行对比，区别真伪，辨识吐谷浑之墓在何处，周、全之理在何处?!

周伟洲为了将吐蕃墓移植到吐谷浑头上，多年来他暂次将《洛阳伽蓝记》中的吐谷浑城定位于都兰，将白兰定位于巴隆，并从地理方位、居地位置、行动路线、时间划分等方面，做了不少文章，本文拟对周伟洲所著《吐谷浑资料辑录》、《吐谷浑史》以及仝涛论文中涉及吐蕃的其他问题，一并予以评驳。

一　周伟洲、仝涛论文的主要观点、论证方法及评驳意见

1. 两人论文的主要观点。

仝涛论文名为《青海都兰热水一号大墓的形制、年代及墓主人身份探讨》，周伟洲论文名为《青海都兰暨柴达木盆地东南沿墓葬主民族系属研究》，两篇论文都认为柴达木东南沿所有墓葬主人是吐谷浑人，而非吐蕃，只不过仝涛是从一号大墓说起罢了。

仝涛论文首先承认大墓的形制结构、规格和空间分布、附属遗迹等与西藏吐蕃墓葬"有许多共同之处"，具有"明显的吐蕃文化特征"[1]。然后从两方面进行论证：一是从丧葬品分析确定其墓葬所处时代；二是从有资格进入大墓的人物中，逐一排除吐蕃禄东赞等五人之后，最后剩下的大墓主人非吐谷浑王坌达延墀松一人莫属。文章提到另外两点：一是承认"白兰"在今果洛、玉树之间，而不是在都兰巴隆；二是认为，从南北朝到隋唐初期（5世纪到7世纪上半叶），'柴达木盆地的东南边缘'成为西迁吐谷浑的统治范围，其政权存在了350余年，"为青藏高原丝绸之路的开拓和经营，以及古代中西方的文化交流做出过突出的贡献。也正因为如此，汉文文献首次提到都兰即临近地区"。这个临近地区指的是《洛阳伽蓝记》中的"唯吐谷浑城左右暖于余处"，"此'吐谷浑城'可能即指都兰附近"[2]。

周伟洲的论文对出土文物较多的热水一号大墓、热水南岸四座墓葬和德令哈郭里木乡夏塔图两座彩绘木棺墓进行分析，全面否定都兰墓葬随葬品和棺板画属于吐蕃，而是属于吐谷浑，同时，逐一反驳几乎所有对随葬品和棺板画经过多年研究后认为是属于吐蕃的观点。他们两人在论及古墓随葬品和棺板画时花了许多笔墨，周伟洲还在这些随葬品和棺板画应属于所谓"吐谷浑本源文化"方面大做文章。周的文章也提到两点：一是对仝涛一号大墓墓主人为吐谷浑王坌达延墀松（འབོན་རྒྱལ་ཁྲི་ཟུང་）之论提出异议；二是在涉及"白兰"之地理位置时说"学术界有争议，姑且不论"了[3]。

2. 对其背离事实论证的评驳。

（1）有意缩小西藏吐蕃墓葬规模。

仝涛列表比较热水血渭一号大墓与西藏的几个大墓之大小时，没有说明西藏吐蕃墓葬的整个情况，让人觉得吐蕃时期并没有多少大墓的感觉。今统计霍巍《西藏古代墓葬制度史》所列墓葬及其数字：西藏有吐蕃墓葬上万座，墓葬群分布在9个地区，大型墓葬就有34座，其中藏王墓的数字就有8~11座之说。霍巍书中还提到青海都兰和化隆的吐蕃墓[4][5]。就笔者所知，在青海，除热水一号大墓之外，至少还有二座大墓，即1944年马步芳盗掘过的热水的另一座大墓和茶卡莫河的一座，莫

河的规模比热水一号还要大得多。

（2）推断一号大墓墓主人为坌达延墀松是毫无根据的臆断。

——全涛列举的几个有资格进入大墓的人，都没能进得去，剩下的只有坌达延墀松了。不了解情况的人，真以为如此似的。殊不知，在《敦煌古藏文文献探索记·大事纪年》中，自公元650年始至764年止的114年中，共举行议盟119次，一般一年两次，即冬会和夏会，多在不同地区召集，议盟都列有召集人名单。其中坌达延墀松（འབོན་ད་རྒྱལ་: བཙན་རྗུང）和坌达延赞松（འབོན་ད་རྒྱལ་: ཁྲི་རྗུང）从687年到714年的27年中，只参加过11次议盟。在议盟之年还参加过一次征费，一次出征，以后就不见坌氏的记载了。其余都是吐蕃大尚、论级别的军政官员召集，名为议盟。列出的名单中，大尚、论级别的有44人之多，还不算差不多每年召开一次（个别年份两次）多不具名的朵思麻会议，名为会盟（注：朵思麻古亦称税思麻，在青海湖西南和青海境黄河流域一带），会盟像是吐蕃内部的"家务会议"一样，从无坌氏参加。这么多的尚、论及其家属不可能死后都归葬故里，更不用说在战争中死亡的大尚论级别的官员[6]。

——关于坌氏列名在前的问题。全涛在文中几处说到，在共同参与的政治和军事活动中，吐蕃大论·尚结息和达扎路恭，钦陵和乞力徐一直排位于吐谷浑小王之后。坌达延墀松和钦陵，乞力徐和坌达延赞松召集议盟时，他们之名是列于吐蕃人之前[7]。这不能说明他们有什么实权，而只是从礼仪上给予尊重而已，有些议盟的议题是与吐谷浑有关，如大料集的征集兵马、粮草、清查户口和出兵打仗等。实权一直掌握在吐蕃大论手中，这也是其他史料所证实了的，何况诺曷钵统治主体东逃，留下沾亲带故、役属于吐蕃的子女们，还能做得了大事吗？这一时期，赐予一个大论职务，给一定的实权，有时参与吐蕃重要会议，并不奇怪，因为实际上是一家人。这里还有摆平吐谷浑旧部、安抚原属民的作用，为吐蕃所用。

违背事实，过分夸大其吐谷浑的地位和作用，难以令人信服，所以王尧说："如此（即吐谷浑被灭和大非川之战后），吐谷浑成为吐蕃统治下的一个部落，编入吐蕃军旅，但吐谷浑部落始终还是一个重要的军事力量，与吐蕃联婚，参加军事部落联盟。例如：噶尔家族似乎就有吐谷浑部落的指挥权。公元699年，噶尔家族与赞普王室之间的权力斗争爆发后，吐谷浑人七千帐即随噶尔钦陵之子、莽布支一道投唐"[8]，这就是灭亡后的吐谷浑所处的地位和作用。

——为了确定墓主人，全涛毫无根据地对接母与子、父与子关系。

对吐蕃与吐谷浑联姻的问题，西南民族大学副研究员夏吾李加从古藏文文献方面作了详尽介绍（后述）。在此，拟从另一角度，即从全涛所谓赞蒙墀邦（བཙན་མོ་ཁྲི་བངས）嫁的是吐谷浑王坌达延墀松这一点讲，也是站不住脚的。根据《大事纪年》的相关记载：公元675年春，赞普（指芒松芒赞，系松赞干布之孙）至"谐辛"，"赞蒙（吐蕃公主）墀玛伦（བཙན་མོ་ཁྲི་མ་ལན）举行盛大宴请。坌达延墀松献金鼎。"688年冬，"坌达延墀松于'晓'之'粗垅'集会议盟。赞蒙墀姆顿（བཙན་མོ་ཁྲི་མ་སྟེང）去做达布王妃"；689年，"赞蒙墀邦嫁吐谷浑王为妻"；694年，"达延（墀松）逝"[9]。这里没有指明"赞蒙（吐蕃公主）墀玛伦和坌达延墀松是什么关系，没有说明688年冬，赞蒙墀姆顿去做王妃的达布是什么人"，689年，"赞蒙墀邦嫁吐谷浑王为妻"，这个吐谷浑王是谁？也没有指明。从《大事纪年》分析，仝涛将吐蕃公主赞蒙墀邦设定为坌达延墀松之夫人，继而又把坌达延赞松当作坌达延墀松之子。这种无据无凭、人为地强行对接的做法于理不通，与事不属。

对仝涛的推断，连周伟洲也感到不好接受。周在其《关于敦煌藏文写本"吐谷浑（阿柴）纪年"残卷的研究》一文中说："坌达延墀松很可能是自称'外甥'的吐谷浑王族。他是否即吐蕃所立之吐谷浑可汗（王）呢？目前还没有确切资料证明此点。而《大事纪年》公元 689 年记载：赞蒙墀邦嫁吐谷浑王为妻，此吐谷浑王是否就是坌达延墀松，亦不得而知"[10][11]。周在本次的论文中，又重申了这个意见。

（3）出土随葬品、棺板画不能证明属于吐谷浑。

都兰古墓葬中出土有极为丰富的随葬品，虽多数已遭破坏，但面目可辨，还有多种物体上的古藏文，大都完整可读，这些都具有重要的史料和研究价值。问题在于这些随葬品和棺板画是出自吐蕃墓葬还是吐谷浑墓葬。罗世平、许新国、霍巍等专家、学者和瑞士藏学家阿米·海勒等从吐蕃人的居住环境、生活习俗、宗教信仰对外交派、周边关系等不同方面、以大量的实物资料研究证明它们是出自吐蕃墓葬而非吐谷浑墓葬[12][13]。

而几处墓葬板画、壁画都出现赭面形象，这是不可妄加解释和否认的吐蕃特点，更不用说在都兰、新疆、甘肃等地多处出土的各种物体上的古藏文了。至于白居易诗《时世妆》中唐长安城妇女喜欢"赭面"，那无疑是受吐蕃文化的影响所致，与都兰古墓中出现的"赭面"是两回事。所有这一切均证明墓葬是属于吐蕃而非吐谷浑[14]。

仝涛论文中所标第二十一、二十二、二十三的金带饰图案[15]，其式样、纹饰，至今可在青海牧区青年妇女的腰带上，特别是在玉树，几种不同式样的带饰上随处可见，与出土文物难分两样，只不过质地多为铁铜制品罢了，也有银质和少数镀金的（老百姓哪能做得起纯金的），一千四百多年过去，还能保留下来这种饰物形式，真令人叹为观止。

——民族之间的文化、商贸交流自从古有之。在不同国家、不同民族生产商品、文化习俗相互影响，你中有我，我中有你，古今中外莫不如此，实属正常，不足为奇，在边境犬牙交错之地尤其如此。在此，笔者可举例说明这种情况：我省东部农业区不少藏族，百多年来由火葬转而实行土葬，也请汉族画匠画寿材（棺），前档头画有死者牌位（汉文），两侧是汉族的童男童女，条件好的人家，在寿材两侧还要彩绘龙凤，让其腾飞。在互助北山，藏族和土族的丧葬习俗基本相同，均实行火葬。有人曾应泰国寺院之请，介绍我省化隆、贵德藏族画匠和湟中汉族画匠去泰国寺院作画 3~4 年。汉族画道教的赵公元帅，藏族画藏传佛教的文殊菩萨等故事。泰国的寺院里画有中国汉人和藏人的宗教画，难道千百年后泰国寺院就成了中国的不成！吐蕃灭吐谷浑后周边的情况是，河西走廊、敦煌（沙洲）、湟河流域多有汉人，西域四镇有吐蕃人和汉人。退一步讲，如果吐蕃人请汉人作画，出现内地汉族北魏之绘画形式也是情理之中的事，不因藏人的棺椁中出现其他民族之形象，藏人就成了其他民族。因为还有其他资料，如居住环境、墓葬形制、服饰、时间等可证。

一般情况下，民族间文化习俗的相互影响和吸收，并不能说明这个民族被同化。但在另一种情况下，即人口极少的民族在人口众多的民族的环境里往往会被同化，如一个人口极少的吐谷浑在350多年里一直处在众羌的环境里，自然会被同化，况且自有其被同化的内在因素。而北魏则是鲜卑族处在汉族的汪洋大海中，是由其灭族统治者强制本族同化，在长达 150 年的时间里被汉化了。仝涛和周伟洲拿当时已被汉化了的北魏彩棺来说郭里木棺板画，还有什么意义[16]，更何况棺板画所反映的内容都是吐蕃人的生活环境和习俗、宗教信仰和与外族的往来，仝涛拿几件外来面料、物品来说明，能有多少说服力？

（4）周伟洲所谓"吐谷浑本源文化"并不存在。

周在论文中多次提到所谓"吐谷浑本源文化"，并通过两个方面进行论述。一方面，将吐谷浑在青海的活动分为三个阶段，阐述每个阶段的吐谷浑本源文化：第一阶段为 663 年前，是吐谷浑本源文化。说吐谷浑进入青海等地，与羌融合，文化形态以鲜卑和羌族文化为主；第二阶段是在 663 年被吐蕃灭亡后，吐谷浑成了吐蕃统治下的一个邦国。本源文化被"吐蕃化了"，包括语言文字、政治制度、习惯服饰、丧葬仪轨等。认为多种文化影响下的吐谷浑本源文化仍然占主要地位。第三阶段是在 842 年吐蕃瓦解后，吐谷浑独立，部分人融入藏族中，内部的"吐蕃化"继续进行。除了保持着东北游牧民族吐谷浑鲜卑文化和当地羌文化融合后形成的初期吐谷浑本源文化之外，还受到内地汉族即隋唐南北朝的影响、政治风俗和道教文化、中西亚粟特、波斯、印度佛教文化因素等多元文化的影响[17]。

论文在列述所谓吐谷浑本源文化时，逐一指名点姓，反驳在随葬品和彩画上所有持吐蕃观点的人，尽管他们经过多年细心研究，成果累累，如许新国、罗世平、林梅村、霍巍、马冬和藏族学者宗喀·漾正岗布、阿顿·华多太等。

周伟洲认为"他们在阐释木棺彩画及出土时，几乎都是从'吐蕃文化'的视角进行阐释"[18]。

研读周伟洲的论文，给人的深刻印象恰恰是他们在从吐谷浑文化的视角进行阐释的。周一见到有"吐蕃论"（包括对这些随葬品的理解上），第一反应就是一概从"吐谷浑文化"的视角予以反驳和否定。这也难怪，由于立场不同，视角当然迥异。华裔考古人类学家张光直讲过考古方法论中的几个重要概念："资料"、"技术"、"方法"和"理论"。他说："理论则不同，不同的考古工作者因不同的社会环境，不同的看法或不同的民族而常有不同的立场。同时，技术和方法与理论之间的关系也有所不同。技术不受理论支配，而方法则常常与理论相配合。虽然从客观上来说，方法是可以无限发展的，用同样的方法可以证明，也可以反驳不同的理论，但实际上，方法的选择和运用不同方法的目的，是常常受到理论立场的左右的"[19]。周提出别人的"视角"问题，正是在他身上存在的问题，正如张光直说的，是"理论立场"有问题。自从周提出"吐谷浑城"在都兰后，用"无限发展"的方法，反驳所有不同意见的人，不论他们研究得多么深刻、多么广泛，就一概而论地用几句简单之话否定之，这是典型的以论代证，且是世间少有的极为简单的论证方法，他已经是脱离正确的"理论立场"轨道越走越远。

另一方面，周从棺板画所体现的时代上去强调吐谷浑本源文化的。但他总是肯定不了，时而说这是融合氐羌文化而形成的，时而说是受了吐蕃文化的影响，时而又说这是吸收了内地文化的例证以及中西交往的产物等等，当他看到仝涛认为北魏板画与郭里木棺板画相似之文章后，好似得到了什么重要依据似的，急切地说这才是吐谷浑本源文化因素。实际上，周伟洲无一条理由能说清吐谷浑本源文化是什么。所谓"吐谷浑本源文化"只是成了一个虚拟的名词而已。

　　周应该知道所谓"文化"的含义。国际著名考古专家、英国的戈登·柴尔维说："考古学者把一些不同的遗址里出现的同类型的组合，称为文化"，"人类学者和考古学者采取文化这一术语，意味着一群人或一个社会的全体成员有着共同的行为方式"，"一种文化是同样类型的组合重复地共存于一些遗址里，而一种类型又是同一传统特殊活动的结果，诸类型的共存表现了若干传统为一个社会所保持和认同"[20]。周所谓的这种"多种文化影响的吐谷浑本源文化"，不是吐谷浑文化，是一个人数极少的吐谷浑群体早已在众羌的汪洋大海和吐蕃的强力同化下，原有的"共同的行为方式"，早已被"羌化"，继而被"吐蕃化"了的"语言文字、政治制度、风俗习惯（服饰、丧葬仪轨等）"所置换，无本源可谈。这怕是周在玩文字游戏罢了。1999年9月8日北大考古队在结束都兰发掘考察之时，和都兰县公安局负责人有个座谈，考古队齐东方教授说："吐蕃打吐谷浑就走热水沟。这个地区现在能确定为吐谷浑的东西很少。也就是说在诺木洪文化和吐蕃时期之间的吐谷浑文化是空白的。"[21]周所谓的吐谷浑本源文化，应该是吐谷浑在辽东时的鲜卑文化在都兰地区的反映，但诚如齐东方说的，所谓"吐谷浑文化是空白的"，都兰的遗迹里没有与鲜卑"同类型的组合"，因此称不上是吐谷浑文化，也扯不到本源文化上去。恰好相反，从都兰古墓葬的形制、结构、出土古藏文、人物赭面等均说明，它是西藏吐蕃文化在都兰等地的同类型的组合，也就是说这才是吐蕃本源文化在都兰等地的反映。

　　（5）古藏文所揭示的信息和周、全对待出土古藏文资料的态度。

　　——古藏文是松赞干布时代的吞米桑布扎创制的，一般认为时间大概在公元617年后，后经四次厘定，一直沿用到现在。当时，随着吐蕃王朝军事势力向周边扩张，藏文随之传播和使用于被征服和依属的地区。西域四镇和吐谷浑旋被吐蕃役服和灭亡，两地一直驻有重兵，部分人从事经营农牧和商贸，北方的大料集由此而生。藏文记载着这些军事和经济的（包括耕牧）活动。而在更早一些时候，苯教已传入这些地区，古藏文书写的苯教经书至今能够看到。藏文的推广使用适应了吐蕃军事、经济、文化、宗教和人们之间交流的需要，从而又推动了本身的传播和发展，所以才能有大量的古代藏文通过各种物体在新疆、甘肃、青海得以保存下来。

　　——古藏文所揭示的吐蕃墓葬、墓葬主人和其他方面的信息。

　　都兰地区多处墓葬中出土有各种古藏文物件，如木简、石刻、丝织品、树片、擦擦以及苯教经卷等，这些古藏文的存在和考释的内容，是确定墓主人是吐蕃还是吐谷浑的重要依据。

　　藏族学者宗喀·漾正岗布、阿顿·华多太、旦却加、三木才等在其论文中不仅通过众多的敦煌古藏文文献详细介绍了东嘎·赤列、王尧、陈践对都兰出土古藏文木简（牍）等的考释，还对出土的木简牍作了新的读释，给出了墓主人是属于吐蕃世族中那个家族的结果，这些家族的墓主人绝不是什么吐谷浑外甥，而是吐蕃家族。旦却加还认为，热水一号大墓很可能是赞普或赞蒙，或大论级人物的陵墓[22][23][24][25]。

　　——周伟洲、全涛囿于藏文知识而致误的问题。

　　夏吾李加在其《阿夏系吐谷浑？——藏文化语境下的阿夏与吐谷浑之族源考释》一文的导言中写道："这几年笔者在整理藏文文献过程中，屡次翻阅到了记载阿夏方面的不同时期的古籍，并与周伟洲先生的《吐谷浑史》为代表的相关论著详加比较，不料惊奇地发现有不少值得商榷的问题。"文章主要涉及两个问题：一是关于吐谷浑的不同称谓与阿夏关系问题。李加说，周伟洲根据《晋书》等汉文史料记载的"阿柴虏"、"野虏"进行假设求证，把汉文中的吐谷浑与藏文文献中的"阿夏"混为一谈，认为是同属一族，源于鲜卑吐谷浑。同样，把汉语"阿柴"、"阿柴虏"等与藏语"阿夏"作为同一称谓的不同书写方式，认为是从慕容鲜卑迁徙甘青后与当地诸族发生冲突而形成的别称。指出：汉文"这一称谓（即吐谷浑的各种别称）形成的时间，最早也无法推前到公元 4 世纪。然而，在不同时期的藏文古籍中屡次出现阿夏一词，其中有不少内容属于 4 世纪以前的历史，甚至有些记载还可以推前到公元之前"。二是关于联姻问题：夏吾李加认为，"聂赤赞普时期与阿夏结下联姻关系，由此成为舅甥是比较可信的。但是，在周伟洲和仝涛等人的近作中把吐蕃王庭与阿夏之间结下联姻的历史事件假定在吐蕃末期，这主要是因为他们只能利用非常有限的藏文史籍汉译版，无法直接解读藏文史籍原典而造成的失误"。早期古藏文典籍，一说到阿夏，就称为"甥阿夏"，可见关系之密切。李加通过对敦煌藏文写本 Vol. 69. Fol. 84《阿夏纪年》残卷的分析后认为，阿夏母后吐蕃公主赞蒙墀邦的例子，便是一个实证，那是松赞干布之时或之前的事情，与仝涛的结论根本沾不上边，且错之甚远了（夏文同时指出，汉译《汉藏史集》的作者漏译、错译的问题）[26]。阿顿·华多太在其《论都兰古墓的民族属性》一文中，通过古藏文亦论及阿夏并非吐谷浑的问题。

——周伟洲、仝涛对待古藏文的态度。

周伟洲在其论文中，向青海考古专家许新国有多次发问，其中一次说，"由于都兰热水一号大墓及其陪葬的发掘简报或报告未发表，因此有一些很关键的问题弄不清楚，或以讹传讹。这就给正确认识大墓主人的民族系属等问题造成了困难和混乱。比如热水一号大墓是否出土有古藏文简牍？……上述古藏文简牍到底出土于哪个墓葬？除一号大墓外，还发掘了几座陪葬小墓？出土了什么重要文物？大墓还出土了什么文物，特别是有各种文字的文物？如果这一切都不清楚，真正科学的研究是谈不上的"。在其论文结尾时，周又强调："一些标志性的出土文物，像古藏文简牍之有无，简牍内容等，即可断定墓葬是在 663 年之前或以后的历史阶段。"[27]作为吐谷浑研究专家的周伟洲先生，近年来将注意力投向都兰古墓，想必看到过不少资料，现在连都兰热水一号大墓有无出土的古藏文木简，有的话是否有人解读过，对这样重要的问题，都不曾了解和过问，更不要说研究，实在是说不过去和不可理解的。青海省文物考古研究所原所长、研究员许新国先生《关于都兰热水乡血渭一号大墓的族属与年代》一文发表在《青海藏族》（2012 年第 1 期）上，并首次刊登了古藏文木件，共 7 个标本[28]。如果这份杂志名气小，周先生没有看到的话，应该在自己所拟的这篇长文中又为何几度提到墓葬古藏文的重要性和华多太的文章呢[29]？阿顿·华多太在《论都兰古墓的民族属性》，这篇有分量的论文中，对热水一号大墓和其他墓葬中出土的木简、石刻、石碑、骨刻、苯教经典、丝绸上的古藏文做了详尽介绍和新的解读，周伟洲已经注意到了这样重要的信息。现在墓葬中各种物体上的古藏文几乎全部摆在了面前，却装作不知，真是匪夷所思！[30]。

一方面，周伟洲承认："吐蕃文化，即藏族文化，对吐谷浑的影响很大，特别是 663 年以后吐蕃统治青海吐谷浑以后，影响是越来越大，而且是绵延不绝。上述都兰热水、德令哈等地吐蕃统治吐谷浑时期墓葬及出土文物，包括古藏文简牍等就充分证明这一实事。因此，我们绝不能忽视吐蕃文化对吐谷浑族的影响"[31]；另一方面，当提到具体的古藏文时，却以一种没有什么或不屑一顾的口吻说："墓中或陪葬墓中有古藏文简牍（衣物疏）出土，等等。这一切在吐蕃统治下吐谷浑内吐蕃化进程中出现，是十分正常的。"[32]对待出土的古藏文，他一会儿说有，有时还说得非常具体，一会儿又说无，好像根本不知有出土古藏文似的。其实他是不愿承认这些古藏文木简牍所包含的纯吐蕃的东西，即通过这些木简牍透露了吐蕃的什么信息，如与墓主人的关系等。而全涛则对一号大墓中有无古藏文出土则一句不提，真令人费解，不能不怀疑他写这篇论文的真实性和目的。

（6）周伟洲对时间排序的混乱和前移。

周曾多次提到吐谷浑在都兰的时间，不仅前后矛盾，而且与事实不符：

——"四座墓主人的民族系属应为早已建国于青海三百余年、现为吐蕃统治下的属邦有'论'、'尚'官号的吐谷浑贵族（包括逐渐融入吐谷浑的羌人）"；

——"如果此两大家族（意指热水南岸四座墓葬，周分为两大家族）为已在此地生息四百多年的吐谷浑贵族，则应是合情合理的"[33]；

——"这种内地传统的'四神'观念，在夏塔图彩棺档头赫然出现，是从 7 世纪以来随着吐蕃与唐朝的交往，吐蕃'求星术'之后传入吐蕃，以致采用苯教丧仪、驻守青海的吐蕃贵族使用于丧葬中呢？还是早在二三百年前不断与内地十六国、北朝、隋唐的文化交往中，特别是在唐贞观九年（635 年），唐朝征服吐谷浑后，'吐谷浑请颁历，奉行年号'的吐谷浑贵族墓葬中才采用的呢？显然，后者更具说服力"[34]。

在此，我们即按周的《吐谷浑史》所给的时间进行计算：公元 312～313 年吐谷浑率部由阴山度陇山，至枹罕，继而扩展到甘南、川西北和青海等地，329 年正式立国，535 年开始夸吕居伏俟城，吐谷浑的迁徙是从北到西南方向的甘、川，又从甘、川方向逐步转向西北，到青海海南，继而向青海湖周边发展。若以早于吐蕃灭吐谷浑前的二三百年计算，那时吐谷浑率部刚进入甘南、川西北和青海海南不久，根本不在都兰。若以"已在此地生息四百多年的吐谷浑贵族"计算，那时候，吐谷浑尚在辽东北，还没有出发西度阴山呢，谈何在都兰生息？岂可为了给都兰暨柴达木盆地东南沿墓葬主吐谷浑找理由，就任意改变时间？且不论时间排列的混乱。

（7）所谓"属国"、"邦国"之称。

在《敦煌古藏文文献探索集·敦煌本吐蕃历史文书》中的《小邦邦伯家臣及赞普世系》[35]中，找不到任何有这种说法的根据。周伟洲和全涛同引《贤者喜宴》一书，按赤德松赞（798～815 年）发布的崇佛诏令，从发誓人排列次序看，各小邦发誓人均排在吐谷浑之后，认为吐谷浑是吐蕃的"属邦"或"邦国"[36][37]。这在"小邦邦伯家臣"之外，又人为地造出一个"属邦"或"邦国"来，实际上，如王尧所说，吐谷浑被吐蕃消灭后，吐谷浑人只是"成为吐蕃治下一个部落，编入吐蕃军旅"而已（后详）。阿顿·华多太通过对汉藏文文献的研究，认为"吐蕃并吞吐谷浑之后，根本没有存在过什么吐谷浑邦国，更不用说什么都城"，"对吐谷浑历史多有记载的中原各个朝廷，乃至宋元明清，从未记有吐蕃统治下'吐谷浑邦国'的历史，这是不争的事实"[38][39]。

（8）周伟洲和全涛之间的相互否定：

全涛承认"白兰"在"今玉树、果洛附近"，不说"白兰"在都兰或巴隆。周伟洲原来的"白兰"为"巴隆"论，也改为"有关'白兰'的居地学术界有争议，姑且不论"了[40]。周虽与"白兰"不在巴隆尚有差距，但这一认识上的变化，可解决争论中的不少问题。如退居之地不在巴隆，"吐谷浑墓葬"的存在就成了问题等。实际上，近年来，坚持"白兰"在"都兰"或"巴隆"者除周伟洲一两人之外，再无更多的人愿意坚持了。周现在的"姑且不论"之语，想必不好再论了。

全涛推断一号大墓墓主人为"吐谷浑王垄达延墀松"，但周"颇疑此所谓一号大墓，并非墓葬，从其规制及高台前的大量的和高规格的殉牲来看，是否是吐谷浑王室祭天的祭坛，或与吐蕃'会盟'之地"。只是认为，墓主人为垄达延墀松之论"只可备一说"。因他是坚持整个柴达木东南沿墓葬都是吐谷浑的，所以又补了一句，"只此墓主人系吐谷浑王族，似乎更为稳妥一些"[41]。

全否定了周的"'白兰'为'巴隆'之说"；多次盛赞全涛论文的周伟洲，否定了全涛一号大墓墓主人是垄达延墀松的推断。这是坚持"吐谷浑论"者推翻了自家人的结论，为此，我们就可少费笔墨了。实际上，这也是"吐谷浑论"者的软肋之一，它从侧面暴露了各自的致命弱点。

3. 热水一号大墓树轮测定与垄达延墀松之亡年。全涛认为垄达延墀松亡于694年。中国社会科学院考古研究所研究员、古树轮研究专家王树芝等人对热水一号大墓树轮年轮的测定表明，大墓树轮年代在715年（或晚于715年）。这是垄达延墀松亡后21年或之后建造的。21年时间或之后，不仅否定了全涛之谬说，也否定了周伟洲关于柴达木东南沿墓葬主系属为吐谷浑说的无稽之谈。

二 从历史渊源和发展看吐谷浑的丧葬习俗

吐谷浑族源为鲜卑，古为东胡族的一支。秦汉时游牧于今内蒙古西拉木伦河与洮儿河之间，附于匈奴。北匈奴西迁后，鲜卑遂居漠北漠南之地，势力渐强，分为东中西三部。到两晋南北朝时，形成慕容氏、拓跋氏、宇文氏三大部，内部族群复杂。这些部族都曾在华北、西北建立政权，主宰过我国北方，在东晋和南北朝历史上写下了重要篇章，为隋朝的统一奠定了基础。在西部凉州有秃发氏和乞伏氏，从慕容鲜卑分离出来的吐谷浑，和从拓跋鲜卑分离出来的秃发分别在青海建立过吐谷浑和南凉政权，除此之外，活动于青海的还有河湟流域的乞伏、青海湖一带的乙弗、鲜卑等[42]。

吐谷浑从辽东，度阴山，经枹罕、甘南、川北进入青海，又在青海建国到灭亡，在丧葬习俗方面至少经历了三个阶段：

第一阶段：吐谷浑远在辽东时，其葬俗与匈奴基本相同，阴山20年，其鲜卑人的葬俗不会发生大的变化，即尸体"潜埋"，"生时车马器用皆烧之"。应属简易土葬。同时会受到其周边突厥、沙陀等部族葬俗的影响。下面分述他们的葬俗：

——鲜卑人早期的葬俗：据北周（557~581年）时的记载，鲜卑人在秦汉时实行所谓土葬，即为"死者亦埋殡。其服制，葬讫则除之"[43]，但《宋书·索虏传》记拓跋鲜卑的葬俗时说得更具体："死则潜埋，无坟垄处所，至于葬送，皆虚设棺椁，生时车马器用皆烧之，以逆亡者"。所谓"潜"，是指秘密埋葬。"皆虚设棺椁"[44]。鲜卑人的这种葬法与汉代王符时期"葬之中野，不封不树"[45]是一个意思。荒野之中为"中野"，聚土为坟为之"封"，插设标识为之"树"，那是一种极为简易的土葬，日久，骨肉土化，踪迹难觅。史学家认为，这应是吐谷浑的葬俗，若是，就与西北诸羌葬俗有相近之处。吐谷浑进入甘、川、青后极易受其火葬习俗的影响。

——匈奴、突厥和沙陀等部族的丧葬习俗：

匈奴：在北方存在了七个世纪，始见于战国时期（公元 5 世纪），考古发现匈奴亦实行简易的土葬，即所谓"无封树丧服"，且有哭泣甚至剺面流血，以表举哀之俗[46]。

突厥：隋唐之际，突厥在北方兴起，约在公元 542～745 间。突厥的葬仪除了剺面流血，哀悼亡者之外，将死者停放于帐，子孙杀马祭亡灵。7 日后，选吉日将死者之遗体放置于生前的马上和日常用具一起焚烧，尔后收集骨灰待葬。春夏死亡者待草木枯黄时，秋冬亡者待花叶茂盛时将骨灰埋于地下，其实为火葬，或谓二次葬[47]；

沙陀：沙陀是以突厥人为主体，吸收六州胡人、鞑靼人、回鹘人和吐谷浑人而形成的民族。在 7 世纪唐中叶以前至 10 世纪初存在于北方和西北。在论及我省土族族源时，沙陀族也是其中之一说。其丧俗为：人死则停尸于帐，子孙及亲属杀牛、马以祭之，择日取死者所乘马及其所用之物与尸俱焚之[48]。

一个民族的文化习俗包括丧葬、服饰，是在其长期的发展过程中逐步形成的，成为一种传统会长久传承。但这种传统，也会受到周围强势民族的影响。鲜卑和后来的吐谷浑自始至终，与同处北方的各少数民族有着千丝万缕的联系和相互影响，包括丧葬习俗，原本他们的丧葬习俗就极为相近。

第二阶段：羌人的丧葬习俗及其对吐谷浑的影响。吐谷浑进入众羌之地，由于人户极少，必定受其众羌人火葬之熏染，这可是一个三四百年的经历，丧葬习俗基本被羌化。据考古发掘和文献记载，从青铜器时代后期到公元 4 世纪，羌人主要活动于中国西部的陕、甘、青、川、新地区。活动于青海的羌人为青海地区的开拓发展做出了重要贡献。青铜器时代辛店、卡约、诺木洪等不同的文化类型都是羌人的文化遗存。

文献对古羌人的丧葬习俗记述得较完整：羌人实行火葬。公元前就是这样。二千年前《太平御览·四夷部》记庄子语云："羌人死，燔而扬其灰。"《荀子·大略篇》讲得更为具体："氐羌之虏也，不忧其系垒也，而忧其不焚也。"《墨子·节葬篇下》中说：秦之西有羌之种属的仪渠国，"其亲戚死，聚柴薪而焚之，烟上谓之登遐，然后成为孝子"。到吐谷浑统治时期，由于佛教的传入崇尚火化，羌人火化之俗一直传留下来。《旧唐书·党项传》亦有如此记载：党项羌"死则焚尸，名曰火葬"。"在氐羌居住的甘青地区，至今还难或很少发现秦汉时期的氐羌墓葬，可能与他们的火葬有关"[49]。

吐谷浑自公元 4 世纪初（即 313 年）进入陇山之后，一直活动于川、甘、青的党项羌、白兰羌、宕昌羌、参狼羌、烧当羌、白马羌、嘉良夷、白狗羌等羌人当中，最后在青海定居下来，经过了 350 年漫长岁月。相对于地域宽阔、部落众多、人口广布的诸羌来说，一个人数极少的吐谷浑部众进入实行火葬的众羌之地，在相互交往和共同发展中，不可能不受其文化习俗包括丧葬的深刻影响，其丧葬习俗，完全羌化，至少大部分吐谷浑民众完全羌化是肯定的，正如《洛阳伽蓝记》所说：吐谷浑"风俗政治，多为夷法"，这个夷法指的显然是羌人之风俗，包括丧葬。

第三阶段：吐谷浑被吐蕃灭亡后实行火葬。吐谷浑被吐蕃灭亡后（史料记载，公元 663 年以前他们早有往来，吐蕃势力就已渗透吐谷浑），遂成为其庶民。特别是 7、8 世纪藏传佛教的传入，羌人、吐蕃和留在青海的吐谷浑人一样由火葬而渐变为火葬与天葬同时存在，以后完全实行天葬（少量火葬），一直延续到现在，这是人所共知的事实。史实证明吐谷浑和吐蕃都受到羌人多方面的影响，以致羌人成为青海藏族重要的组成部分之一。

三 共同回避的问题及其事实

周传洲的著作从不涉及以下这些问题，事实上是在回避（包括仝涛的这篇文章）。

1. 如前所述，自公元 312～313 年吐谷浑率部离开辽东度阴山，经陇山至抱罕，继而扩展到甘南、川西北一带，又转而北上，到达青海海南，在青海湖边的伏俟城建都，其间几度退守白兰（青海果洛），这一路迁徙，留居凡 350 年。在这些地区至今没有发现一座能够真正称得起吐谷浑的墓葬。这本是一个"树无本，水无源"的事，却被他们将吐蕃墓炒作成吐谷浑墓，违背事实，无中生有。

2. 四大戍、十个城堡内外和周边均无吐谷浑墓葬：

吐谷浑有四大戍和十座城堡[50][51]。所谓城或戍实为土围子一类的土夯建筑，不可与内地城池相比，除了起军事堡垒作用之外，也可能供吐谷浑王族临时居住（如在隆冬季节），而广大百姓是居庐帐，逐水草而牧。即按此，其城堡内外，及其周边地区从未发现有吐谷浑墓葬。青海省考古队（即今之省文物考古研究所）于 1991 年 5 月至 1993 年 10 月，历时 3 年对伏俟城遗迹进行考古发掘，在城内外亦未发现任何有价值的出土文物[52]。本文作者查遍西北五省区和四川阿坝一带考古资料，亦无一句说到吐谷浑有墓葬。可见，这些城戍之地及其周边没有吐谷浑的墓葬是可以肯定的。

这是迄今为止，"吐谷浑墓葬"无据可查的事实之一。

3. 历三代人，近 60 年的考古调查发掘和国家认定都兰古墓为吐蕃墓是最具说服力和权威性的结论：

自 20 世纪 50 年代，从我省第一次对全省文物进行普查开始，到 2010 年，相继对都兰为主的海西柴达木东南沿、乌兰县、果洛州玛多县，玉树州治多县、玉树县、称多县等多处古墓群进行考古调查、发现和发掘。发掘研究结果均认为，这些古墓葬为吐蕃墓葬。除西藏之外，青海是吐蕃墓葬分布最广、规模最大、数量最多的地区。

具体情况是[53]：

1957 年 12 月 13 日，青海省人民政府首次发文将都兰英德尔羊场、香加乡考肖图吐蕃古墓葬公布为省级文物保护单位；

1983 年国家文物局将都兰热水血渭一号吐蕃大墓评为"全国六大考古新发现"之一；

1986 年 5 月 27 日，青海省政府公布"热水吐蕃墓群"为第四批省级文物保护单位；

1988 年 9 月 15 日，青海省政府公布果洛州玛多县花石峡乡日谢莫格得哇遗址为第五批省级文物保护单位；

1996 年，国家文物局学委将都兰吐蕃墓葬群公布为"1996 年全国十大考古新发现"之一；

1996 年 11 月 20 日，国务院以国发【1996】47 号文将热水吐蕃墓群公布为全国重点文物保护单位之一；

1999 年 7～9 月，北京大学考古文博学院、青海省文物考古研究所联合对热水血渭南岸的 4 座大中型吐蕃墓葬进行发掘，获得许多有价值的文物资料，并于 2005 年出版了极具学术研究价值的考古发掘报告《都兰吐蕃墓》；

2008 年 3 月下旬，根据省文物局要求，许新国带领考古人员对被盗的乌兰县希里沟镇泉沟墓葬进行考研，发现这是一座吐蕃壁画墓葬，也是一座我省首次发现的壁画墓，壁画三人均为赭面。《青海藏族》杂志（2012 年第 1 期）首次披露许新国《乌兰县泉沟吐蕃时期的壁画墓》一文。赭面是吐蕃区别于吐谷浑和其他民族的极为重要的特征。赭面人也是藏族的古称。

在对上述墓葬中的极少数墓葬进行清理和发掘中，出土有极为丰富、珍贵的文物：在都兰从 1982 年 7 月至 1999 年 10 月的 18 年间，青海省文物考古研究所以许新国所长为领队，发掘数量达 80 余座，遍及都兰热水乡、夏日哈乡、沟里乡、香日德地区，德令哈市郭里木乡，还有乌兰县泉沟乡等地，出土了一批精美的丝绸、金银器、铜器、漆器、木器、古藏文牧简牍、棺板画、装饰品、赭面人壁画等珍贵文物，为日后深入研究提供了丰富的实物资料。

2010 年《青海省第三次全国文物普查工作报告》和"精选本"将玉树当嘎、宁唐滩，称多白龙沟、布日，治多那考达的墓葬群定为唐代吐蕃墓葬，墓葬群共有 31 个，数量在千座以上。资料概选中亦列入都兰芦丝沟墓地，亦定为吐蕃墓葬，文字介绍说，石砌边框墓葬形制多见于西藏几个地方吐蕃墓葬[54]。

2012 年 10 月底，许新国先生带领参加《首届都兰吐蕃文化全国学术论坛》与会人员在都兰热水、香日德、乌兰茶卡莫河进行考察时说："乌兰县茶卡莫河墓葬群也是吐蕃墓葬。"这里有多座墓葬，其中一座梯形大墓，其规模比热水一号大墓还要大。

近日，中国文物信息网报道了对玉树州治多县两处吐蕃墓葬群发掘的情况。摘要如下：

青海玉树地区吐蕃墓在此次调查工作中获得重要进展，除在地表发现大批封土石丘墓葬之外，还对破坏严重的聂龙加霍列墓群和章齐达墓群两处 17 座墓葬进行了考古发掘，这也是首次在玉树地区发掘吐蕃墓葬。

圆形穹隆顶的墓室结构不但相同于西藏发现的墓葬形制，也与近年在海西州德令哈郭里木棺板画上绘制的吐蕃"拂庐"形制相似，与文献记载可相佐证。墓内出土人骨不完整，为一个个体，初步判断为男性。人骨旁还有一个羊的头骨随葬。出土文物不丰富，有石器和残碎陶片。

青海玉树地区吐蕃时期墓葬的发掘是继都兰吐蕃墓葬发掘之后的一项重要收获。从墓地布局、墓葬形制、结构等方面来看，一方面与西藏本土发现的吐蕃墓葬之间具有许多相同的特点，另一方面也具有若干地方性的特点。尤其是两处墓地中经过发掘墓葬表现出复杂的建筑式样与结构，都极大地丰富了对吐蕃墓葬内部状况的认识。墓中出土的随葬器物虽然残损十分严重，但仍可从中观察到当时丧葬仪式、随葬制度等方面的若干线索，对于推动青海吐蕃时期墓葬研究将起到重要的作用[55]。

不可忽视的是，在新疆南部和甘肃河西走廊亦有吐蕃墓葬，出土大批古藏文简牍和金银器等珍贵文物：

吐蕃军队北上收服西域于阗、龟兹、焉耆、疏勒四镇后，在那里留下许多吐蕃墓葬。于阗、楼兰等地的吐蕃墓已被沙漠吞没，无法发掘，但和静县的墓葬已进行物探勘察。新疆出土的几百件古藏文简牍等出土文物，现保存于新疆博物馆。

1979 年 8 月，在河西走廊的肃南县马蹄区西水乡大长岭出土了一批唐代吐蕃文物（金银器）；1996 年 8 月 29 日，由国家文物局组织的 13 位文物专家进行鉴定，确认肃南的这批金银器、鎏金铜器等为吐蕃遗物，并把其中 8 件鉴定为国家一级文物。介绍认为，从墓葬结构和随葬品分析，墓主人的身份应是唐三品以上将军一级的显赫人物[56]。

几十年的依法科学发掘和倾心研究，考古专家和研究者们付出了心血和辛劳，得出一个共同的结论——它们是吐蕃墓葬。在如此众多的事实面前，没有偏见和杂念的人谁都会承认这个结论，都会承认国务院、青海省政府和国家文物局的认定具有权威性、真实性和说服力。国家认定也是对历三代人，近 60 年考古发掘和研究成果的肯定。今天周伟洲等人想推翻这些"铁定"的结论，只不过是一种一厢情愿的臆断罢了。

"吐蕃是藏族所建立的政权，这个政权在鼎盛时期，曾辖有青藏高原诸部，势力达到西域、河陇地区。统一强盛的吐蕃经历了 200 多年时间，在我国古代史上占有重要的一页。都兰吐蕃墓葬分布广泛、绵延百里，在此范围内还有众多的遗迹和城址，是一处不可多得的祖国文化遗产。"许新国先生作了如此简明的概括[57]。

考古发掘和研究一次又一次证明，以上各处之墓葬均属吐蕃，与吐谷浑丝毫无涉。

四　羌人、吐谷浑人的火葬与现代羌族、土族的火葬

自 7、8 世纪藏传佛教传入青甘地区后，过去羌藏所行火葬，也演变为天葬与火葬同行。但羌人祖上的火葬，一直延续到了近代四川的羌族。有吐谷浑族源成分的土族一直奉行火葬。由此，反观吐谷浑的葬俗，不能不肯定所行为火葬。现在，让我们看看他们的承继关系。

（1）羌族的丧葬习俗。

羌族是我国历史悠久的民族之一，主要部分居住在四川阿坝州的茂县、汶川两地，以及理县和松潘的部分地区，多在岷江上游一带。其历史渊源可追溯到公元前后的先零、烧当、勒姐、广汉、武部等羌。隋唐之时，吐蕃王朝向东扩展，河湟地区的羌人相继内迁，其中一部分就到了茂汶一带，与当地土著融合而成为现今的羌民族，人口近 10 万。羌族实行火葬，是其历史悠久的传统葬法。未焚之前，棺殓尸身，请端公诵经。然后抬至火葬场，场地设一移动小木屋，屋内供奉本姓历代祖先牌位，葬时将小木屋移至他处，人死三天后即行火化，棺木四周堆以干柴，日落时点火焚烧，死者家属围坐号哭、并唱葬歌、跳葬舞、喝葬酒，以示永别。火熄后次日，取骨灰埋于地下，或封在岩穴中。近百年来，由于汉族习俗的影响，有些地方改用土葬[58]。

（2）土族的丧葬习俗。

土族主要活动于祁连山东南麓及河湟等地，聚居于青海省，是青海五个世居的少数民族之一，现有人口 24 万人。居住特点是大杂居、小聚居，主要分布于互助、大通和民和县。

土族的丧葬习俗主要是火葬或谓先焚后埋的二次葬。人亡故后，将其衣服脱去，扶起遗体，成蹲坐状，双手合十，两拇指撑于下颌骨，放在主房的炕角，周围用干净的土坯挤紧（大通土族无此

礼）上面披上白布和哈达。向喇嘛占卜葬期，木工按死体大小做一灵轿。第三天下午遗体入殓，用一条向左拧成的黄布条，殓入灵轿内。灵堂设在堂屋，一般停放 5～7 天。请喇嘛诵经超度，每晚本家老小集体念喇嘛。举行葬礼的前一天，左邻右舍和亲朋好友前来祭奠。黄昏时分，在一个僻静处，用 120 块土坯砌火化炉。火化在早晨六七点钟举行。退去黄布（大通为白布袋），砸碎灵轿一起焚烧。隔日或于当天下午拾取骨灰，置于一尺长的柏木匣内（形如棺椁），埋在临时指定的地方，待到第二年清明节时，再迁到祖坟地埋葬[59]。

真是无独有偶，2014 年《中国土族》春季号刊载麻宝珠《土族丧俗》一文，详细介绍了土族的火葬习俗，包括治丧期间在不同场合、不同对象前哀诉的丧词。这种唱丧葬歌的形式和四川羌族几乎完全一样[60]。

五　评周伟洲著作《吐谷浑资料辑录》、《吐谷浑史》以及仝涛论文中涉及吐蕃的其他几个问题

1. 再说"白兰"和禄东赞北上击"白兰"：

——关于"白兰"问题：李文实先生在其《西陲古地与羌藏文化》中表述得非常清楚。李文实是青海乃至国内有名的文史研究者，他受教于顾颉刚，有着渊博的古汉语和文史知识，人品、学风端正诚实，所著文章纵论文史，广得社会和学界的信赖。李被错判蒙难在海西三十多年，对当地史地更为熟悉。对上述中外学者和本地文史爱好者们的错误做法和悖论，李极为愤慨。在此，摘取两例，便可说明。关于白兰方位，李说："白兰是羌的一支，因居白兰山而得名。"……这白兰山即今巴颜喀拉山的简称。但是近年来有人（实指周伟洲等人），根据吴景傲和日人佐藤长等人之说[61]，以为今都兰布尔汗布达山下的巴隆，即为当年白兰国所在，依人作嫁，反自以为是新说。我考定它正好居今果洛州班玛、久治、甘德之间。其后受吐蕃侵逼，逐步南移，遂偏于今果洛、甘德之间，又说："若以今之都兰为吐谷浑王城，而从巴隆为白兰，则其东北方位为今之海北，而非海西，与古籍上河南国的记载全相违背。且目前的《中国历史地图集》也以此时期吐谷浑王城属都兰，则察汉乌苏与巴隆密迩相望，有何退保之可言。这种向声背实的说法，都是轻信新说，耳食传言或迷信权威所造成的。"[62] 现在对"白兰"不在都兰，而在果洛、玉树之间的认识基本趋于一致，已恢复历史的公正。"白兰"方位的重新认定，使持"吐谷浑论"的几种说法失去了依据，彻底动摇了周坚持认为吐谷浑墓葬就在吐谷浑退居的后方"白兰"即"巴隆"或都兰的结论，动摇了都兰墓葬为吐谷浑墓葬的基础。

周伟洲只能说"姑且不论"了，如今后再论"巴隆为白兰"不仅没有人听，且会留为学术无知的笑柄。

——关于禄东赞北上击白兰：周伟洲在其《吐谷浑史》中引录《册府元龟》对此事的记载："高宗（北魏显庆元年 656 年）禄东赞率兵一十二万击白兰，苦战三日，吐蕃初败后胜，杀白兰千余人，屯军境上，以侵掠之"。周继而肯定地说："此白兰当为今柴达木盆地一带的白兰，这是吐蕃向吐谷浑发动进攻的前奏。"[63] 周在引录这段文字时，禄东赞之前缺引："十二月，吐蕃大将"，击白兰之后

又删去"氏"字[64]。这两处不可删去。十二月"正是隆冬季节,黄河上游河床一带全部封冻,十二万大军渡之极易"。"氏"者为族,不是地名。虽说渡河之易,但"苦战三日,吐蕃初败后胜",证明白兰氏羌军抵抗力之强,战斗之激烈。把击白兰(氏)说成击巴隆,其用意实为将白兰拉到都兰以说事。巴隆区区小处哪能容得下十二万吐蕃军队驻扎,更不要说接仗抵抗。

2. 关于"吐谷浑城":《洛阳伽蓝记》及其"校释"、"校注"中有关宋云、惠生西域取经的事,是常为人们所引用的重要历史文献。为观全貌,此处须引述整段,并作必要交代。

《洛阳伽蓝记》是从北魏流传至今的一部名著,由北魏贵族杨衒之所著,距今已有一千四百多年。据《洛阳伽蓝记》卷五记述:城北……"闻义里(洛阳城地名)有敦煌人宋云宅,云与惠生俱使西域也。神龟之年(即北魏518年)十一月冬,太后遣崇立寺比丘惠生向西域取经。凡得一百七十部,皆是大乘妙典。初发京师,西行四十日,至赤岭,即国之西疆也。皇魏关防,正在于此。赤岭者,不生草木,因以为名。其山有鸟鼠同穴。异种共类,鸟雄鼠雌,共为阴阳,即所谓鸟鼠同穴。发赤岭,西行二十三日,渡流沙,至吐谷浑国。路中甚寒,多饶风雪,飞沙走砾,举目皆满,唯吐谷浑城左右暖于余处。其国有文字,况同魏('况'应为衣着或衣冠)。风俗政治,多为夷法。从吐谷浑西行三千五百里,至鄯善城。其城自立王,为吐谷浑所吞"[65]。

周伟洲在《吐谷浑资料辑录》中曾引录《洛阳伽蓝记》宋云一行去西域取经一事的全段。在注释:"①按'吐谷浑城',历来说法不一,有谓吐谷浑都城伏俟城,有谓在今青海都兰县(参见范祥雍《洛阳伽蓝记校注》第262页)等。考其方位及伏俟城名后出等,在都兰说较确"。"②按此'鄯善城',应在今新疆若羌境。"[66]周所引范祥雍之语,实为范氏在《洛阳伽蓝记校注》中引用了黄文弼的研究[67]。周在其《吐谷浑史》中也提到"此城当在今都兰县境内"。对鄯善城在今若羌县境的问题,笔者将在本文相关地方做专节说明。

仝涛论文对"唯吐谷浑城左右暖于余处"在什么地方,说得很巧妙:吐谷浑"为青藏高原北部丝绸之路的开拓和经营,以及古代中西方的文化交流做出过突出的贡献。也正因为如此,汉文文献首次提到都兰及临近地区"。并在注释③中写道:"此吐谷浑城,可能即指都兰附近。"[68]仝涛指的这份"汉文文献"是周祖谟的《洛阳伽蓝记校释》一书。周祖谟在对待所发生事件、地理位置、地名等方面非常慎重,在作注释时一般只引录别人的结论,对没有把握的事他是不妄下结论的。如对"鸟鼠同穴"就引了9个地方有此现象;对"流沙",只说"流沙"在敦煌之西,古曰"沙洲",以其风沙流漫,故曰"流沙";对"赤岭",则引用法国人"沙畹宋云行记笺注云:在今青海西宁之西……过此(指大非川)至吐谷浑界"。

对于"赤岭"、"流沙"和"吐谷浑城"所在位置,学者们历来众说纷纭,更谈不上确指,包括《新唐书》和近代国内外学者。对此,李文实说得更是一语中的(前述)。然周伟洲以一己之见,肯定"赤岭"即日月山,"吐谷浑城",当在青海都兰县。一直以来,大谈吐谷浑城在都兰的周伟洲这次也不明说,而是直接改口用都兰柴达木盆地东南沿的墓葬主民族系属来代替具体地点,这只是一种隐喻而已,可能是确指反而会使其被动之故吧。

不少学者认为"赤岭"(日月山)并非"草木不生"之地,其阳有草有木,其阴环青海湖,历来是水草丰茂之地。所谓"发赤岭西行二十三日,经流沙,至吐谷浑国"(即所谓从日月山至都兰境）并不见流沙。就现代气候变暖、草原沙化的境况下，除了都兰旺尕秀附近有一小块地方有点沙化外，其他地区均无此现象。说到"飞沙走砾"，青海之冬春季节，无处不飞沙土，更况牧区，所以此话没有代表性。

2012 年和 2013 年陕西师范大学李宗俊先后发表文章，即《唐代石堡城赤岭位置及唐蕃古道再考》和《道格尔古碑即唐蕃赤岭划界碑考辨》两文，认定甘肃碌曲县境内的道格尔古碑就是唐代开元年赤岭军事划界碑。若此论成立，唐蕃关系史上的一些重大历史事件和由此而引起的许多问题，将被改写。

再者，如果过日月山去都兰，必经青海湖。这样一个重要的地理标志，难道不值得在那样重要的一本著作中去标明吗？这可从另一面印证赤岭不应是日月山，"吐谷浑城"在都兰县境之说更荒唐。周用后世的若羌鄯善城取代汉魏时楼兰的鄯善是故意而为。为的是和都兰直接连起来，不然怎么让宋云过去？宋云是敦煌人，史无记载他是通过哪条路去洛阳的，一般来讲应该走河西走廊。返回敦煌，去西域，走原路亦很熟悉。如果真把"赤岭"当日月山，不去管青海湖这个重要的地理标志，再把茶卡莫河或王尕秀，或乌兰县希里沟（选一处作为"吐谷浑城"）经德令哈、大柴旦往北过当金山口西去，也可到达目的地；或按李文实所指往回走，由西平（西宁）经海北托勒过金鸿山口取道玉门西去。这几条道路基本符合宋云西去的路径和里程。

退一步讲，即便是依周伟洲的说法："吐谷浑城"在都兰，根据吐谷浑的丧葬习俗和迁徙路线，这里也不可能有吐谷浑墓葬。透过时空，看今日羌族、土族火葬风俗的历史承继，可依稀看到吐谷浑的过去，更不用说那样多的实证资料。有其城并不能证明有其墓，正如在吐谷浑的 4 大戍和 10 个城堡内外找不到吐谷浑一座墓葬一样。

3. 将吐谷浑东西两部并为一体：

周伟洲违背文献之所不载，藐视名家之结论于不顾，擅自将史上吐谷浑居地东西两部分勾划在一起[69]。其所以这样做，既可让宋云们顺利通过茶卡、都兰直去若羌，还可为所谓吐谷浑墓葬在都兰的存在找理由，实为一箭双雕之计。且看名家们是怎么说的：

"唐初，吐谷浑分东西两部，东部以伏俟城为中心，西部以鄯善为中心，吐谷浑可汗慕容伏允驻伏俟城，立次子慕容尊王（达延芒波）为太子，守鄯善"（范文澜《中国通史·吐蕃国的兴亡》）[70]。李文实的观点与范文澜一致。李说，"隋末唐初时，吐谷浑分东西两部。东部以伏俟城为中心，由王伏允坐镇，西部以鄯善为中心，由王子驻守。其后吐蕃由南进逼白兰，遂失其险。而吐谷浑只好辗转流徙于浩门河流域，最后由河西移灵州（凉州）附唐自保，白兰便没于吐蕃。从此便渐归衰微"[71]。中科院民族研究所研究员祝启源不仅认为白兰在青海果洛和川西北一带，还肯定吐谷浑在青海和新疆的居地分为东西两部分。他说："吐谷浑在强盛之时，地域辽阔，为便于统治，曾分东西两部分管理，东部的政治中心在伏俟城，是为都城，为主要的部分；西部的政治中心在鄯善（今新疆若羌）。鄯善地区的吐谷浑人早于东部地区的吐谷浑人降服吐蕃，所以鄯善后来也成了吐蕃人在南疆东部的一个统治据点"[72]。

4. 故意将宋云西行路线直接从茶卡、都兰划到新疆若羌县，将现代若羌说成古鄯善（楼兰）。对于史上从都兰经嘎斯口去鄯善城有无通道，李文实在其《西陲古地与羌藏文化》中援引《清实录·

圣祖实录》一段说得很清楚。清康熙帝于五十四年十月戊辰（即 1715 年）曾派銮仪使董大成巡查海西与新疆边界处的噶斯口，董之调查报告写道：嘎斯地方，三面雪山，中有一线水草，皆系芦苇，并无来往人迹。足证过去此处并非通道。这是其一；其二，按董所述，自然景观和山川形势所谓嘎斯地方指今嘎斯处阿尔金山支脉，阿卡腾能山（即今地图所标阿卡托山）和南部齐曼塔格山之间开阔地而言，而嘎斯池即在其间[73]。李又说，"当内地去西域在河西走廊受阻时，西域使者和商队由敦煌取当金山口入柴达木盆地，或由玉门取道金鸿山口入托勒（海北托勒南山一带）地区，然后取道西平（西宁）去长宁"[74]。事实证明，史书从无通过都兰经嘎斯口去西域的记载。

鄯善城在吐谷浑统治期间，指的是楼兰古城（隋改为鄯善郡），即现在若羌县偏东北处[75]，这在周的《吐谷浑资料辑录·卷五·其他散见资料》中有同样的记载[76]。但在这次的文章中，他一反之前认定，用后世的若羌鄯善取代隋唐时楼兰的鄯善是故意而为。这是他先把所谓吐谷浑城定位于都兰，然后以此为由，再把从都兰到不可行走的嘎斯口之路连起来，让宋云们直接西行二三百公里就到了现在的若羌县，这样就把本是吐谷浑各据东西之地，即包括后期都城伏俟城在内的整个海南，部分海西、海北之地和于阗、龟兹、焉耆、疏勒等四镇之西部连为一体，均成为吐谷浑辖地。其用心之良苦，可见一斑。

结　语　与　问　难

自 20 世纪 60 年代以来，虽然国家曾多次公布都兰墓葬为吐蕃墓葬，但从 90 年代以来，吐谷浑论甚嚣尘上，政府每公布一次都兰墓葬为吐蕃墓葬时，就有周伟洲等人出来唱反调。他们从不直接针对政府认定，而是采取以论代证的办法，欲将吐蕃墓葬认定为吐谷浑墓葬，这是蓄意已久的既定思路。

一直以来，我们有个总的感觉，无论从哪方面去想，这些墓葬无疑是吐蕃墓葬，任你再说，也不会成为吐谷浑的。但是，单凭直觉并不能解决问题，必须进行研究，回答这些墓葬为什么不属于吐谷浑。在这篇文章中，通过对各种情况和事实进行对比分析，可以肯定地说：所有事实充分证明吐谷浑只有火葬，没有墓葬，都兰暨柴达木盆地东南沿所有墓葬都是吐蕃墓葬。吐谷浑原本无墓，墓从何来，皮之不存，毛将焉附？

随着研究的深入，思精虑熟，人们原本的思想往往会不断修正，到达新的认识高度。许新国先生几十年在青海从事考古发掘和研究工作，其中在都兰发掘、考研吐蕃墓葬就达 18 年，为青海的考古事业做出了重要贡献。2012 年 10 月底，在青海藏研会举办"首届都兰吐蕃文化全国学术论坛"前夕，他郑重其辞地对我们讲：热水沟的 500 多座墓葬全部是吐蕃墓葬。周伟洲、仝涛拿不出任何经得起考究的证据，能够证明都兰古墓葬是吐谷浑墓葬，上述件件事实足以为证。

那么，最后我们要问：

1. 吐谷浑自进入当时甘南、川北和青海白兰地，都是众羌之地，前后经历 350 年，至今没有发掘出一座可以称得起、具有说服力的吐谷浑墓葬，不能不怀疑是什么动因促成周伟洲们的理论立场？而吐蕃北上，在新疆南部的于阗、古楼兰、和静等处，在青海玉树三县、果洛玛多、海西都兰和乌兰、海东化隆、甘肃肃南等处留下那么多墓葬群，以及三四千座墓葬和无以数计的出土文物，面对这些无法推翻的事实，不知两位做何感想？现在，周伟洲和仝涛从所有的吐蕃墓葬中挖出都兰的一块，臆断为吐谷浑墓葬，岂非咄咄怪事？难道周伟洲、仝涛等人没有思考过这些问题？也不愿去思考是为什么吗？

2. 一个民族或一个部族的文化形态，有其渊源和发展过程。只要这个民族的整体甚至某一块长久存在，那么它的民族风俗，同样会长久保留和存在。在与周边不同民族的长期交往中，互相吸收、融合，本民族的文化习俗，有些会丢失，有些会长久保留下来，即所谓周所说的本源文化。但是，一个人数极少的吐谷浑人进入全部实行火葬的众羌之地300多年，为了生存，能不与羌人在文化习俗等诸方面，发生接触，不受其影响包括葬俗影响吗？这种融化甚至同化后的文化还能称得起是本源文化吗？在吐谷浑的活动中心还在青海南部时，北魏自己强行汉化，其服饰习俗、语言文字等本质的东西已不是鲜卑原本意义上的文化，包括墓葬习俗在内。周伟洲们所谓的北魏墓葬彩画早就不是吐谷浑的本源文化了，那么，吐谷浑的本源文化到底是什么呢？

3. 1957年以来，青海省政府和国务院公布多处吐蕃古墓为省级文物保护单位，特别是1996年11月20日，国务院公布热水吐蕃墓群为第四批全国重点文物保护单位。这不仅是对事实本身的认定，也是对三代人、近六十年发掘和研究工作的充分肯定。那么，为什么周、仝有意不提这些重要论定呢？要知道，过去的专家、学者比现在的有些人更为谨慎小心，他们的研究论证是有依据、有标准、有原则的，一般不会像现在这样，极易受外界人为干扰和影响。

4. 在这么多的论据面前，周伟洲们为什么还要固执己见，一意反驳别人多年考古发掘，认真研究、证据确凿的事实、观点和结论呢？虽然，说白了就是要维护最初的设置——吐谷浑城在都兰，都兰的墓葬都是吐谷浑的这样一种结论。由于周伟洲们固守着错误的"理论立场"和主导思想不变。所以，今后就把再多的古藏文、再多的赭面图案、再多的DNA线粒体、再多的7~8世纪的树轮、再多的吐蕃墓葬形制展示出来，他们还是很难改变初衷的，因为现在出土的吐蕃文物已经足够多了，须知：偏见比无知更可怕。周伟洲们这种违背事实的做法和论证，不能不令人怀疑其目的和理由的正当性。都兰吐蕃墓上的"吐谷浑论者"们屡屡被动，乃至尴尬，就是最好的说明。

今天，两吐之争初见端倪，"吐谷浑墓葬论"者之观点，渐近消弭，但其危害所及，影响还在。要真正从各个层面、各媒体和出版物实现正本清源，恢复都兰吐蕃墓葬的历史真面目，尚需时日。周伟洲先生在论文结束时说了一句值得深思的话："还有许多工作等待我们去进行，也许需要几代人的努力，任重而道远。"[77]但我们没有那样悲观，越来越多的事实让我们坚信：假造的雾霾渐近消弭，清源的时间即在眼前。

我们很看重周伟洲先生多年研究吐谷浑历史所做出的努力和贡献，他为研究吐谷浑和吐蕃历史的人们提供了许多有价值的史料。但在今天，在越来越多的事实面前，我们并不希望周伟洲沿着"吐谷浑墓葬论"之说走下去，因为这是一条走不通的道，真心期盼周先生能够进行认真反省，回归到正确的史学轨道上来。至此因感而为之《劝勉歌》曰：

朔风萧萧千年过，尸骨潜埋无坟丘；

何处去觅吐谷浑，满目煌煌吐蕃墓；

劝君莫入死胡同，此路不通枉费心；

功成名就教授衔，焉将书案染污尘。

（原载《青海藏族》2014 年第 1 期）

注　释

[1] 仝涛：《青海都兰热水一号大墓的形制、年代及墓主人身份探讨》发表于《考古学报》2012 年第 4 期，转载于《中国土族》2013 年冬季号。文中引文页码按《中国土族》2013 年冬季号标出。第 10、17 页。

[2] 同 [1]。

[3] 周伟洲：《青海都兰暨柴达木盆地东南沿墓葬主民族系属研究》发表于《史学集刊》（2013 年第 5 期），转载于《中国土族》（2014 年春季号）。文中引文页码按《史学集刊》标出，简称：周伟洲《系属研究》（周的其他著作单独标页码）。第 7 页、19 页。

[4] 霍巍：《西藏古代墓葬制度史》，第 97 页。

[5]《化隆志》：“位于雄先乡唐春村后的唐春墓地出土有吐蕃灰陶瓮”；“黑城乡城车村有宋朝之肤公城，原系吐蕃结罗城”，第 610、614 页。

[6]《敦煌古藏文文献探索集》是西北民族大学海外民族文献研究所敦煌藏学研究丛书之一，由王尧、陈践评注，上海古籍出版社 2008 年出版。这是近年来，王尧、陈践在过去研究考释的基础上，又从英、法两国图书馆的敦煌古藏文文献中补充了许多新内容。《敦煌古藏文文献探索集·大事纪年》的起止时间也由原来的 97 年延至 114 年，是目前最全、最具权威的古藏文考释文集，定名为《敦煌古藏文文献探索集》，包括三个部分：

壹：《敦煌本吐蕃历史文书》：包括《大事纪年》、《赞普传记》、《小邦邦伯家臣及赞普世系》，附录：《地名索引》、《人名索引》、《吐蕃五茹及其四至》。

贰：《社会经济文书》：共五类四十一项。

叁：《其他吐蕃文书》：律例、书信、问答、译文等五项。

此注见《敦煌古藏文文献探索集·大事纪年》，第 90～93 页。

[7] 同 [1]。

[8]《敦煌古藏文文献探索集》，第 142 页。

[9]《敦煌古藏文文献探索集》，第 89～90、93 页。

[10] 周伟洲：《吐谷浑资料辑录》，第 446 页。

[11] 周伟洲：《系属研究》，第 7 页。

[12] 罗世平：《天堂喜宴——青海海西州郭里木吐蕃棺版画笺证》，《文物》2006 年第 7 期。

[13] 阿米·海勒（瑞士藏学家）：《青海都兰的吐蕃时期墓葬》[转自《青海民族学院学报（社会科学版）》2003 年第 3 期]。

[14] 周伟洲：《系属研究》，第 12 页。

[15] 同 [1]，第 16 页。

[16]《魏晋南北朝民族史》，第 68～84 页。

[17] 周伟洲：《系属研究》，第 23～24 页。

［18］同上，第 16 页。

［19］张光直：《考古学专题六讲》，三联书店，2013 年，第 55～59 页。

［20］戈登·柴尔维著，安志敏、安家媛、陈淳审校《考古学导论》，上海三联书店，2013 年，第 8～9 页。

［21］《都兰吐蕃墓》，第 166 页。

［22］宗喀·漾正岗布等：《“论赤偕微噶”（BLONKHRISHEUKA）都兰热水南岸吐蕃三号墓葬出土藏文碑刻考释》刊登于《文物》2012 年第 9 期，见《青海藏族》2012 年第 1 期，第 27 页。

［23］阿顿·华多太：《论都兰古墓的民族属性》见《青海藏族》2011 年第 2 期，11～28 页；《中国藏学》2012 年第 4 期，第 123、126～128 页。

［24］旦却加：《青海都兰吐蕃古墓重量级墓主人身份考释》，见《青海藏族》2012 年第 2 期，第 31 页。

［25］三木才：《都兰古墓 1 号殡葬民俗文化考察》，见《青海藏族》2011 年第 2 期，第 79 页。

［26］夏吾李加：《阿夏系吐谷浑乎？——藏文化语境下的阿夏与吐谷浑之族源考释》，《西南民族大学学报》（人文社会科学版）2014 年第 3 期，第 2、4、7～8 页。

［27］周伟洲：《系属研究》，第 5、24 页。

［28］许新国：《关于都兰热水乡血渭一号大墓的族属与年代》，见《青海藏族》2012 年第 1 期，第 5～6 页。

［29］周伟洲：《系属研究》，第 7～8 页。

［30］阿顿·华多太：《论都兰古墓的民族属性》，见《青海藏族》2011 年第 2 期，11～28 页；《中国藏学》2012 年第 4 期，第 126～128 页。

［31］［32］［33］［34］周伟洲：《系属研究》依次见第 24、7、11、13、13、17、17、21 页。

［35］《敦煌古藏文文献探索集》，第 124 页。

［36］周伟洲：《系属研究》，第 7、10、13、21 页。

［37］同上，第 18 页。

［38］阿顿·华多太：《论都兰古墓的民族属性》，《青海藏族》2011 年第 2 期，第 11～28 页；《中国藏学》2012 年第 4 期，第 123 页。

［39］同上，第 17 页。

［40］［41］周伟洲：《系属研究》，第 19、7 页。

［42］《青海民族志》，第 26 页。

［43］《周书》（中华书局 1971 年），第 913 页。

［44］《魏晋南北朝民族史》引录《宋书·索虏传》卷九五，第 31 页。

［45］《古代语言词典》（商务部书馆，2002 年），第 410 页。

［46］《秦汉民族史》，第 80～81 页。

［47］《隋唐民族史》，第 18 页。

［48］《宋辽金民族史》，第 174、229 页。

［49］《秦汉民族史》，第 281 页。

［50］周伟洲：《吐谷浑资料辑录》四大戍为：清水川，赤水，浇河，吐屈真川，第 42～43 页。

［51］周伟洲：《吐谷浑史》，第 116～118 页。

十个城堡按大致时间顺序排列，即：鸣鹤城、镇念城、三足城，以上三城地在甘肃临潭一带；西强城，在西倾山，地在今甘肃迭部西北的白龙江北岸；浇河城，阿柴时筑，在今贵德一带；曼头城，445 年前筑，在共和县西南；洪和城，又称泥河城，在今甘肃临潭附近；伏俟城，在青海湖西 15 里处的石乃亥；树敦城（周认为在赤水城，即今兴海曲沟，又说或在共和县一带）；贺真城（依李文实说，指伏俟城，即一城两名），当夷县，名为金通戍，在甘肃岷县西和《南齐书·河南》，中华书局，1972 年，第 1026～1027 页。

　　［52］《青海考古纪实》，《青海文史资料选辑》，第二十九辑，1989 年，第 158 页。

　　［53］《都兰吐蕃墓被省政府、国家文物局和国务院认定公布表》，《青海藏族》2011 年第 2 期，第 36 页。

　　［54］《青海省第三次全国文物普查报告》（2010）：第 308～310 页；《青海省第三次全国文物普查资料精选》：第 92～95、98 页。

　　［55］"中国文物信息网"，2014 年 4 月 8 日。

　　［56］施爱民：《肃南大长岭吐蕃文物出土记》［中图法分类号：k872，文章编号：1005 - 3115（1999）01 - 0066 - 02］。

　　［57］许新国：《西陲之地与东西方文明·中国青海省都兰吐蕃墓群的发现、发掘与研究》，第 141 页。

　　［58］《阿坝州志》（上册），第 466～467 页。

　　［59］《青海民族志》，第 306～307 页。

　　［60］《中国土族》（2014 年春季号），第 49～52 页。

　　［61］吴景傲：《西陲史地研究》（上海中华书局印行民国三十七年三月），第 5～6 页。

　　［62］李文实：《西陲古地与羌藏文化》，第 90、369 页。

　　［63］周伟洲：《吐谷浑史》，第 104 页。

　　［64］《册府元龟·吐蕃史料校证》（外臣部·页十五·11687），第 33 页。

　　［65］周祖谟（1914～1995）：古语言文字学家，其《洛阳伽蓝记校释》一书，从 1944 年起，先后花了十二年时间详加校释，境内外多次印行。有 1958、1963、1976、1987、2000、2013 等多个版本，2013 年版增加了周祖谟的两篇文章和其他相关资料，仝涛在注释中引用的是该书的 1958 年版。《洛阳伽蓝记校释》，第 162～164 页。

　　［66］周伟洲：《吐谷浑资料辑录》，第 181～182 页及注释。

　　［67］范祥雍：《洛阳伽蓝记校注》，第 262 页。

　　［68］仝涛文同前第 9 页。

　　［69］周伟洲：《吐谷浑史》，第 39、91 页。

　　［70］范文澜：《中国通史·吐蕃国的兴亡》，第 445 页。

　　［71］李文实：《西陲古地与羌藏文化》，第 322～323、372 页。

　　［72］《隋唐民族史》，第 124、401 页。

　　［73］李文实：《西陲古地与羌藏文化》，第 159、163 页。

　　［74］同上，第 209、370 页。

　　［75］钟兴麒：《西域地名考录》，第 600、817 页。

　　［76］周伟洲：《吐谷浑资料辑录》："鄯善郡大业五年平吐谷浑置，置在鄯善城，即古楼兰城也。并置且末、西海、河源，总四郡。有蒲昌海、鄯善水。统县二。"第 413 页。

　　［77］周伟洲：《系属研究》，第 24 页。

历史文献与列山古墓葬群（摘要）

巴桑旺堆

土葬是古代藏族主要丧葬习俗，起源于远古时期，基本上止于 10 世纪前后，其历史渊源流长。20 世纪 80 年代以来，西藏各地陆续发现了大量古代或吐蕃时期的非王室墓葬群，其中最知名的有烈山墓葬群、昌钦墓葬群等。业已刊布的一些墓葬考古发掘报告不仅使我们对藏族古代墓葬的布局、形制、随葬物等获得了更多的知识，而且对重新认识藏族古代历史构架有着重要意义。

在以往藏文历史中文献除了今西藏雅隆地区琼结县境内的知名吐蕃王室墓葬，即"藏王墓"〔散落于钦瓦（Phying ba）、团噶达（Don mkhar mda）、香达（Zhang mda）三处墓葬群〕有文字记载外，对诸如烈山墓葬群、昌钦墓葬群等大型非王室墓葬群而言，地望、墓主、形制以及相关历史找不到片言只语的记载，本应流传下来的口碑史学也亦早已失传，人们无从知晓这些墓葬群的墓主人是谁，墓葬背后所隐藏的历史真相是什么，类似的研究难题至今困扰着学界，人们期待考古发掘的成果能解开墓葬的千年之谜。

然而考古发掘还不曾取得突破性成果前，或者说考古发掘成果对弄清墓主身份暂时还无助的情况下，如何突破吐蕃大型非王室墓葬研究的难点，就此笔者在 20 世纪 90 年代曾提出一个基本思路：

（1）首先从藏文历史文献着手，分析吐蕃时期的军政建制、历史地名、葬俗沿革以及土地分封制度。

（2）其次结合墓葬所在地区的古代历史脉络和实地考察，以多学科多方位进行相互参照研究。

当时希望以此方法，能拨开历史的尘封，撩去岁月的面纱，窥见墓葬群及其历史的庐山真面目。于是先后以历史文献提供的脉络为依据，草成了两篇研究西藏大型墓葬群的文章，即《昌钦墓葬群初探》和《列山墓葬研究》，分别发表在《西藏研究》（藏文）1997 年第 3 期和《中国藏学》2006 年第 3 期，目的是求教于学界同仁。

此以列山墓葬为例，再谈谈研究心得。

20 世纪 80 年代初，今西藏林芝地区朗县金东乡境内发现了位于距金东乡政府东北约 2 公里处，距县城 48 公里大型墓葬群——列山墓葬群，是西藏至今发现的气势宏大、保存较好的大型墓葬群之一。目前列山墓地保存近 220 座墓葬。从列村方向顺着乡间小路往东南爬上一个坡地，就能从远处看到高达雄伟、壮观之极的墓葬群。

从列山墓葬群的外观形制来看，基本属封土墓，以梯形居多，其他形制有圆形、方形、塔形等。

墓葬以其封土堆面积的大小可分为大、中、小三类。大型墓葬封土边长在 40 米以上，占地 1200 平方米以上，约有 10 座，多为梯形，依地势而建，前高后低，底大顶小，从低处眺望，显得高大雄壮。中型墓葬封土边长在 40 米之下，占地不足 1000 平方米，约有近 100 座；小型墓葬封土边长在 15 米以上，占地 150 米之下，有 80 余座。墓葬群中封土最大者居东南一侧高处，其正面一侧的边长可达 66 米，封土高达 14 米，面积约 3300 平方米（见《山南加查、朗县文物志》）。构筑技术主要采用夹石、夹木夯筑方法，是西藏 1000 多年来一直流传下来的一种常见的建筑形式。

1982 年，发现列山墓葬群后西藏自治区文管会工作人员进行了初步考查和试发掘。其后 1993 年，西藏自治区文管会和中国社会科学院考古研究所联合对墓葬群进行了进一步的发掘。根据 1993 年相关发掘报告，编号为第 155 号墓的出土了 1 米之长的条形木制构件，是重要出土物，上书写有藏文 bla´-cu 字样。考古工作者推测列山墓葬群"可能是一处藏王级别陵墓区"，而当地百姓则多年来把墓穴称之为"鬼屋"，可能与墓葬群的阴森可怖有关，却全然不知一堆堆隆起的坟堆是先人灵魂安息的墓穴。

笔者曾从以下几点来试图破解其千年历史之谜。

（1）根据历史文献记录，从列山墓葬所处之地金东的地理位置着手，以古代史料为依据，结合实地调查，可知历史上"钦木域"邦国地处下达布与上工布接壤之处。今朗县金东乡正处于下达布与上工布接壤之处，也就是说，历史上"钦域"邦国和赫赫有名的"钦木"（唐史称"琛"）氏族的发祥地或中心地区当在今朗县金东乡一带。

（2）约在公元 5~6 世纪"钦木域"邦主与雅隆地区的悉博野王室开始联姻，从此钦木家族在长达近三百年间，与吐蕃王室建立了牢固的联姻关系。

（3）7 世纪松赞干布统一青藏高原，制订法律，划分行政区域。今列山墓葬所处地区属于下"约茹"千户府，而下"约茹"千户府的千户长正是由钦木氏家族男性出任。换句话说，吐蕃统一政权时期，今朗县及金东一带属钦木家族统治。

那么列山墓葬究竟与钦木氏族或家族有何关联？笔者依据多年的研究心得提出，列山墓葬极有可能是钦木氏族或家族之墓葬。原因如下：

（1）古代藏族习俗，赞普或每一个显赫氏族的发祥地对其氏族或家族有着极其重要的宗教和文化层面上的意义。故氏族或家族内的人，不管在何地何处过世，都要把死者的躯体迎回故土，安葬于祖宗最初生息繁衍的发祥地。列山墓葬所在地区今朗县金东地方的地理位置从古至今称作下达布，或下达布与上工布接壤地区。这与历史上钦木氏族的发祥地的记载完全吻合。

（2）如前所述，自松赞干布第 4 代祖辈卓念德如（约 6 世纪前叶）娶钦木萨·鲁杰额莫措为王妃后，钦木家族与吐蕃王室结成了牢固的联姻关系，都松芒布杰（677~704 年）娶钦木萨·赞姆脱为正宗王妃，为赞普赤德祖赞（704~755 年）之生母；赤松德赞娶有钦木萨·拉姆赞为王妃，赤德松赞亦娶钦木萨·莱莫赞为王妃。由于与吐蕃王室的联姻，钦木家族在下"约茹"地方，即今朗县一带成为头号豪族。

（3）从松赞干布登基至达磨王被杀，在 200 年余间，钦木家族中出现的诸多彪炳史册的大臣、将领，为吐蕃王朝的昌盛，做出了巨大的贡献。如出任宰相级大臣钦木·杰斯秀丁等人。另有钦木氏多人担任内臣、统兵将领等等。钦木家族贵为吐蕃王朝的尚论，列山墓葬群中的几座面积在 2600 平方米以上的高大陵墓只有钦木家族的钦木·杰斯秀丁、钦木·杰赞协莱斯、钦木·杰拉协乃夏等人所拥有的尊贵地位无上荣耀，巨大的财富才能配得上。

（4）古代大氏族大都有一个氏族保护神，保护神以神山的形式耸立于该氏族的发祥地。"钦木"邦国的保护神称之为"钦拉天措"，意即钦氏保护神——天措。松赞干布统一吐蕃后，"钦拉天措"被视为十三个藏王或藏区保护神之一。史料记载，"钦拉天措"位于下达布与上工布接壤之地，即钦木氏族的发祥地。今列山墓葬群的正西有一座神山，被当地人呼作"钦拉"，可以断定，此山即为古代"钦氏族"祭祀祖先，祈祷氏族昌盛的保护神——"钦拉天措"。千年来，"钦拉天措"高耸在列山的西侧，守护着钦木氏族或家族的墓葬，使墓葬群中几百个九泉之下灵魂得以安息。

（5）869 年，吐蕃全境爆发平民起义，首发于康区，随即蔓延吐蕃全境，史称犹如"一鸟凌空，众鸟飞从"。至 877 年，赞普陵墓被掘，王室后裔四处逃散，吐蕃王朝从此崩溃。当吐蕃全境爆发平民起义时，"钦木域"与工布地区有六人响应起义，史称"'钦工'六人"。根据《德吴佛法源流史》等史籍记载"钦木域"平民起义的首倡者是一位杰出的女性，她提出"不砍山头，要砍人头"的口号，首先在"钦木域"发难，反抗当地残暴的统治者。其后，她率领起义军在工噶布王统治的工布地区攻城拔寨，节节胜利。巧合的是，直至今日金东的人对"不砍山头，要砍人头"的故事耳熟能详，且列山墓葬群的东南一座山脊上的一道长长的痕迹被当地人认为与此故事直接有关。

综合以上所说，列山墓葬是应该是钦木氏族或家族安葬之地，今朗县辖境曾是钦木氏的发祥地和领地。几年前我在一篇论文结尾曾发出感叹："地处古代钦木域的金东地区宏伟壮观的列山墓葬千年来在岁月的风雨中向人们不断地诉说曾发生在这里的惊心动魄故事，并向时间求助，有朝一日，后人能够揭开其历史谜团。今天，我们已开始踏上了揭开列山墓葬历史之谜的旅途，自然，对它的研究和破译远没有穷尽，我期待更多的研究成果不断问世。"这几年来我始终关注烈山墓葬和西藏其他非王室墓葬研究的点点滴滴，总期待或盼望一些激动人心的成果问世。西藏自治区文物局文保所所长哈比布先生向我展示了一枚 1993 年出土于列山墓葬的印章，上刻有 khavuzha：zig 三个字。由于种种原因，此印章长期流落于北京，不为人知。自治区文物局通过艰辛的努力，终于索要回来了。当我看到此印文时，有些激动。原因在于我知道，khavuzha：zig 中的 khavu 一字似乎与钦木家族有一种内在的关系。13 世纪和 14 世纪噶当派著名佛学家，那塘寺堪布钦木·南喀扎巴（1210～1285 年）和钦木·洛桑扎巴（1299～1375 年）皆为吐蕃钦木家族后裔，他们同出生于娘楚河上游门卓地方（今江孜县境内）单名为 khavu 的一个村庄里。此村庄应是钦木氏族的一支迁徙落户到娘楚河上游后逐渐形成的村庄。以 khavu 命名，也许暗示与钦木氏族的关联。虽然我们还未找到清晰表明钦木与 khavu 关系的更多证据，但烈山墓葬出土的印章上的 khavu 一字和钦木氏高僧出生地地名 khavu 相吻合应该不是一个巧合。

都兰吐蕃墓葬文献对吐蕃史
研究具有重要的意义

桑 德

　　20 世纪青海都兰县发现的古墓群，根据墓中出土的文物考证为吐蕃时期的墓葬。距今约有 1500 年历史的这座墓群的发现，对了解和研究吐蕃时期的社会历史、军事、文化、宗教、语言、文字、艺术、医药、生活和社会经济等方面具有重要的参考价值，可以弥补藏族古代文献和史料的不足，因而更显弥足珍贵。对这些文物史料的考证、解读和研究，无疑有助于我们进一步深入了解和研究吐蕃社会历史文化变迁史的认识。

　　通过对都兰吐蕃墓群发现的各种文物的进一步考察、分析和研究，我们可以了解和研究吐蕃王朝在东部疆域的主要活动情况。

　　据史书记载，吐谷浑人是辽东鲜卑族的一支，公元 4 世纪部分吐谷浑人迁移到青海。公元 329 年，吐谷浑人在青海创建了自己的王国。公元 663 年，吐谷浑政权为吐蕃所灭。

　　吐蕃社会生产以农、牧业为主。有烧炭、冶铁、毛织等手工业。冶铁有较高水平，能在江面上架设铁索桥。吐蕃时期的碑铭、木简、文书、经卷等，尚有大量保存至今，是研究吐蕃社会、历史的宝贵资料。

　　据敦煌吐蕃文献史料和新旧唐书记载，大约公元 660 年时，吐谷浑已归顺吐蕃王朝，669 年开始向吐蕃进贡纳税。

　　根据《敦煌故古藏文历史文献》的《大事记》中记载"至羊年（高宗显庆五年，庚申，公元 660 年）赞普驻于札之鹿苑，大伦东赞在吐谷浑。达延莽布支于乌海之东岱处与唐苏定方交战。达延亦死，以八万之众败于一千。是为一年"。之后的鸡年（公元 661 年）、猪年（公元 663 年）、鼠年（公元 664 年）、牛年（公元 665 年）、虎年（公元 666 年）禄东赞连续六年在吐谷浑。

　　"至蛇年（高宗总章二年，己巳，公元 669 年）赞普驻于悉立之都那吐谷浑诸部前来敬礼，征其入贡赋税。是为一年。"

　　自都兰吐蕃墓发现至今，有关部门做了大量的考古发掘、整理和研究工作，取得了可喜成绩，应该予以肯定。但考古文献的收集、整理工作是个系统工程，虽然做了大量的工作，取得了一定的成绩，但现在还没有形成一个具有学术性、科学性、计划性、指导性的相对全面、权威的可操作的整体规划方案。

　　无论都兰吐蕃墓葬文献的挖掘、整理和研究进行到何种程度，挖掘和整理过程中的保护是非常重要。因为要在更大的视野下，形成一个统筹科考、挖掘、保护、合理利用的文化建设、旅游开发整体性规划，是都兰吐蕃墓群开发、利用和发掘、研究的当务之急。解决古墓遗址保护和可持续性利用的矛盾，找到古文化遗产与当代社会发展的链接点，提升科研成果的社会效益和古墓遗址的影响力，是学者、文保工作者、地方政府都应关注的方向。

　　都兰吐蕃墓葬文献的整理、研究应当成为吐蕃史文献学科的一个重要研究方向。有关吐蕃时期汉藏文化关系史的研究，随着新发现材料的不断面世，新的研究成果也将不断出现。相信在不久的未来，较为成熟的文献考证成果可为吐蕃史的研究提供崭新的观点和视角。

唐代吐蕃军事史研究概述

南辛加

现今去过拉萨的人可能都注意到了布达拉宫广场和大昭寺门前矗立的石碑，类似石碑在西藏其他地方也能见到，近几十年前在云南[1]以及巴基斯坦[2]也发现吐蕃时期遗留石碑。但人们更多的是去朝拜和旅游，来去匆匆，没有时间和精力去细读石碑上刻写的文字内容，这也难怪，也许是为了保护古籍，有的石碑周围筑起围墙，盖上顶棚，石碑只露出上半部分，游览人员无法接近，加之年代久远，部分字迹漫漶，只有专业人员才能辨认。幸运的是，有关史学专家早已将石碑上密密麻麻的字迹考录在案，并有多种文字研究成果相继问世。布达拉宫前的那个石碑叫作《恩兰·达扎路恭记功碑》[3]，立于公元763～797年吐蕃三十七代赞布赤松德赞时期，为纪念吐蕃有功之臣而立。碑身北、东、南三面均刻有藏文楷书。"南面的碑文为达扎路恭歌功颂德，赞扬他对赞普'忠诚'，对内外征战'业绩卓著'，为吐蕃'社稷长久'立下汗马功劳，所以立碑'作永固之吾'；背面的碑文，是写赤松德赞亲立誓言，对这位大臣的功绩大加赞赏，并允许达扎路恭及他的后代除非对赞普不忠，即使有其他的过失，也'决不处以死刑'；东面的碑文继续北面的内容，主要刻记赤松德赞给予大臣达扎路恭及其后代以种种特权……"[4]同时记载："唐主孝感皇帝驾崩，唐太子广平王登基，以向吐蕃纳赋为不宜，值赞普心中不悦之时，恩兰·达扎路恭首倡兴兵入唐，深取唐京师之意，赞普遂以尚琛野息与达扎路恭为攻京师之统军元帅，直取京师，于鳌屋之渡口岸畔与唐兵大战，蕃兵掩袭，击唐兵多人。广平王乃自京师出逃，遁陕州，京师陷落。"大昭寺门前的石碑叫作《唐蕃会盟碑》或《甥舅会盟碑》[5]，立于公元822年吐蕃第四十代赞布赤热巴巾和唐朝长庆二年唐王穆宗时期。为蕃、唐两国友好会盟而立，石碑西、南、北三面用蕃、汉两种文字刻写，东面全部用蕃文刻写。《唐蕃会盟碑》西面起首铭文载："大蕃圣神赞普与大唐文武孝德皇帝舅甥二主商议社稷如一，结立大和盟约，永无沦替，神人俱以证知，世世代代使其称赞，是以盟文节目题之于碑也：文武孝德皇帝与圣神赞普猎赞陛下二圣舅甥濬哲鸿被，晓今永之屯亨，矜愍之情，恩覆其无内外，商议叶同，务令万姓安泰，所思如一，成久远大喜，再续慈亲之情，重申邻好之义，为此大好矣。……"东面铭文是这样开头的："圣神赞普鹘提悉补野化现下界，自天神而为人主，为大蕃之国王。于雪山高耸之中央，大河奔流之源头，高国洁地，自天神而为人主，德泽流衍，建万世不拔之基业焉。王曾立教法善律，恩泽广被，内政贤理，又深谙兵事谋略，外敌调伏，开疆拓土，强盛莫比，永无衰颓。此威德无比雍仲之王威严焈赫。是故，南若门巴天竺，西若大食，北若突厥拔悉蜜等虽均可争胜于疆场，然对圣神赞普之强盛威势及公正法令，莫不畏服俯首，彼此欢忻而听命差遣也。……"

石碑上刻写的那些文字，较之吐蕃王朝后期人们追忆撰写的历史文书大不相同，是当时蕃、唐重大历史事件的有力佐证，同时也见证了藏汉民族彪炳史册的友谊关系，具有无可比拟的史料价值，可谓弥足珍贵，无愧于"亚洲第一碑"的称号。

两通石碑碑文很长，但本文研究主题并非石碑或碑文，所以只摘录了其中相关段落，中心意思非常明确。到了公元 8 世纪中叶至 9 世纪初，几个世纪以来与吐蕃争疆的诸方各国，终于承认了吐蕃王朝在军事上的强势地位，与吐蕃周旋到底的世界级强国唐朝，最终以盟誓的方式缔结和平友好协议，停止战争，明确承认各自拥有的疆域以及应承担的权利义务。

唐蕃会盟虽然是吐蕃与唐朝之间举行的，但它同时提到了处于吐蕃南部的印度，西部的阿拉伯帝国，北部的突厥帝国，所以它带有一定的国际性质。它即是对吐蕃帝国几百年来文治武功的一个定位，又是蕃、唐双方在未来履行和平义务的盟誓。虽然不乏对吐蕃赞布的溢美夸张之词，但相信双方酝酿协商许久。蕃唐双方并没有提出任何疑义，也没有纠缠到底谁是上天授予的第一君王，最终通过会盟誓词，勒于石碑，栽立于各自首都和唐蕃交界处，使之坚固永久。

但是，其他若天竺、大食、突厥都承认一度曾被吐蕃征服吗？这些国家的君臣知道这一重要事件吗？我们确实缺乏有力可信的依据，也不知道这些国家和民族的史料中是否能够找到被吐蕃征服的痕迹。因为我们只见到吐蕃与唐朝之间所立石碑及其碑文，而吐蕃与周边天竺、大食和突厥之间，有的藏史也提到在交界处立有界碑，但至今尚在探讨中。"与吐蕃订立盟约的三个国家即指唐朝、突厥和南诏，虽然吐蕃对于突厥、南诏在当时（约 822 年左右）订立的盟约，我们尚一无所知，但是没有理由怀疑当时曾经订立过这样的条约。"[6]

所谓"吐蕃"这个族名，开始出现在公元 7 世纪的唐朝。我们大家现在叫作"藏族"的、英语称之为 Tibet 的民族，就是吐蕃的后裔。本民族自古至今称之为"བོད"，没有发现其他称呼，只是卫、康、安多三地发音稍有差异而已。其实"བོད"族是繁衍生息在青藏高原的古老种族。汉史在不同历史时期有不同的称谓。洪涤尘先生在其所著《西藏史地大纲》中讲到西藏时就说："周时曰戎，汉时曰西羌，唐宋时曰吐蕃，元时曰西番，明时曰乌斯藏，至清时始称西藏。"还有如姜、土番、土蕃、土博、唐古忒、土伯特、藏族等叫法。"其根源是，远古藏族原处四大氏族分化出来的人群因居住地而得名为叶桑噶波（ཡེ་སང་དཀར་པོ）、叶门那波（ཡེ་སྨོན་ནག་པོ）、门泽那波（མོན་ཙེ་ནག་པོ）、羌赤益喜（རྒྱུང་ཁྲི་ཡེ་ཤེས）等四个分类，羌赤部落被简称为羌。我同意有些人的看法，显然汉文史料以羌赤的简称来命名整个藏族为羌人。正如，藏地分为安多、卫和藏三个部分，现今汉语仅依据三个地区中后藏的字音称整个藏区的人为藏族……众所周知，亘古以来藏族的名称就是'蕃'（བོད），'蕃'是原始词。"[7]这样，由于研究范围所限，我们只能对"吐蕃"、"羌人"、"藏族"等名词的来源有个大致的触及。为了方便读者，涉及现代历史事件的一律采用"藏族"的称呼，但本文研究的是公元 7 至 9 世纪吐蕃军事史，故统一采用那时"吐蕃"之称呼。

现今藏族人口约有六百多万[8]，分布在西藏、青海全部和甘肃、四川、云南部分地区约二百五十万平方公里的广袤地区，西藏人简称上阿里三围，中卫藏四翼和下多康六岗。还有缅甸、不丹、尼泊尔、印度、巴基斯坦等国家可以看到他们的族群。

早在一千三百多年前，吐蕃"བོད"这个民族是一个令人难以置信的军事强国而著称于世的。大约自吐蕃第三十一代赞布达日年斯开始，进行统一青藏高原的事业。特别是从第三十三代赞布松赞干布至吐蕃帝国解体，吐蕃君臣带领自己的优秀儿女，历尽千辛万苦，流血流汗，南征北战，东讨西伐，建国拓疆，在人类发展史上写下了光辉灿烂的篇章，在世界军事舞台上表演了惊心动魄的一幕。

吐蕃"军事强国"的定位，基于这样一些方面的考虑。首先是恶劣环境条件下的崛起。高寒缺氧限制了人类及其生命的繁盛；连绵不断的冰川雪地阻碍了交通的发展；大面积寒冷荒漠地被称为"人类禁区"；近现代在青藏高原大规模开垦荒地失败的教训告诉人们：青藏高原广阔地区并不适合有些农作物的茁壮成长。吐蕃就是在这样一个与周边各地无法比拟的环境条件下打造了一支所向披靡、威震四海的劲旅。其次是吐蕃内外用兵持续近三百年，从公元 7 世纪到 9 世纪末吐蕃王朝解体为止，持续时间之长，古今内外军事史上实属罕见。第三是通过一种持续不间断的进攻性的军事政策，不仅使吐蕃从一个初期势力仅限于雅隆地区的新兴王朝一跃而成为统治疆域辽阔、势力空前强盛的帝国，同时还将青藏高原广袤地区的众多部族首次在政治、军事上联结成为一个整体，从而为后来所谓藏民族的形成奠定了地域和文化的基础。第四是至今我们可以看得见的大量历史遗迹，坚固耐久的宫殿、寺院建筑，标志着吐蕃的统一、团结和强盛，大江大河上架设的各种桥梁遗迹，标志着吐蕃经济实力的雄厚，制造精湛的人马铠甲、兵器，标志着军事装备的开发能力，比西方还早七百多年的医学挂图，标志着科技的进步。现今把那个时代叫作吐蕃王朝，西藏人叫作"བོད་ཆེན"既大蕃，也叫ཆོས་རྒྱུན་རྒྱལ་རབས"既法王时代，国外叫作"Tibetan empire"，既吐蕃帝国。

非常明显的是，在整个吐蕃王朝时期，其军事行动的特点是以拉萨为中心，以青藏高原为本土，向四方拓展其势力。虽然南下天竺、尼波罗，西进大勃律（巴基斯坦地区）、迦湿弥罗（克什米尔地区）、吐火罗等中亚各地，北上突厥（于阗、新疆天山南北）地区，而主要是采取了一种东向发展的势头，吐蕃主要还是以唐朝为主要争夺对手，在长达两个多世纪的跨度内，两国分别在今天的巴基斯坦、阿富汗、克什米尔、新疆、青海、甘肃、四川西部、云南大理等地展开了激烈的角逐。当时在亚洲高原，蕃、唐两国的关系最为复杂，战争与和平同行，挑战与友谊并存。这种状况自始至终伴随着两个帝国的产生直至灭亡。同时也给我们留下了大量的珍贵史料。为此，我在探讨吐蕃军事领域时，参考运用最广泛的是蕃、唐两国古代史料记载，也有近现代文献以及国外研究资料。为了方便广大的读者群，在严肃依据史料和明确注明出处的前提下，将有的古籍文言文编译为容易理解的白话文。同时，对吐蕃史书中相关段落的引用，很大一部分都转引于相关研史书籍，因为寻觅原始原版资料非常难。对吐蕃军事史上发生的重大战役战例，大体上按照方向和先后的顺序予以记述，试图探求各个战役发生的因果关系，同时也注意到了吐蕃对某一重要方向的持续用兵和反复争夺，使我们能够看清吐蕃势力在这些地区的影响程度。对占有较多资料的经典战役作了重点分析，对一些事件发生过程中存在的疑问，在史家贤者的迎领指导下，在他们辛勤劳作的基础上，本着既不阉割历史，又不编造历史，探求历史真相，探索世间真理的原则进行研究，同时提出了个人的见解，充分体现了学术研究的良好氛围。

纵观吐蕃王朝诞生直至灭亡的整个阶段，不容置疑的是吐蕃在军事上的强大和成功的领土开拓方式。然而，与此不相适应的是军事学术领域的滞后。藏族拥有卷帙浩繁、内容广博的文史典籍资料，更多的是宗教、医学、文学，以及哲学方面的文书。令人非常遗憾的是在于军事领域，虽然有一些重大事件的记载，如西藏各地发现的碑刻、岩刻文字，敦煌吐蕃历史文书等，其真实性和可信度也较高，但只是零散的，没有形成系统的专辑文书。西藏后期史料大部分夹杂着一些宗教神话色彩，史料中文史不分的现象也突出。确切地说，它们就是一部部佛教发展史，离散的历史事件掩埋在大量宗教论述中，让人读起来头昏脑涨。拨开宗教迷雾，探索事物本来面目的作品屈指可数，著名学者更敦群培所著《白史》，非常遗憾地只写了一部分。时至今日，我是没有看到类似吐蕃军事专著问世。这与藏传佛教奉行的和平怜悯信仰有关吗？我没有资格对藏传佛教品头论足，由于环境和身份的不同，对这个领域涉及甚少。同时我也看到不少同胞手持念珠，口诵唵嘛呢叭咪吽，对着佛像磕头，俨然一名虔诚佛教徒，但你让他解释信教缘由，恐怕也说不出一个所以然来，只不过是随大流而已。一部蜚声国内外的英雄说唱史诗《格萨尔王传》，看上去通篇反映的是军事战争史，其实它是一部关于藏族社会的百科全书，其博大浩瀚的内容难以用一两句话说清。但是否可以说，它以神话作品的方式反映了吐蕃军事征服的轨迹？唐代的史料还是记载了不少有关吐蕃军事争雄的历史，如《通典》、《旧唐书》、《新唐书》、《资治通鉴》等。但有时也会出现前后矛盾之记述，有的细节需要做一些推敲和考察。国外也不乏类似研究吐蕃军事的文章问世，可是由于语言障碍和缺乏对整体历史连贯性的思考，对事件的分析深度难免不够。各个民族尽管没有摆脱本民族固有的思维方式，存在着张冠李戴和逻辑混乱的章节，也有不少过分夸大和有意隐瞒的事实，但毕竟记载了当时的事件，不失为考察吐蕃军事历史的珍贵文献，假如没有这些资料，我的作品将言之无物，空话连篇，只能成为几片废纸。想必有的论断可能还面临着新的挑战，学术研究的脚步也不会就此而止。诚盼专家学者们的指点。

吐蕃的崛起，军事是个重要因素。同样，吐蕃在军事上的成功，并不是偶然的和一时的，从它持续近三个世纪的情况来看，需要由多种因素的支撑，探讨的范围更加广泛，而最基本的不外乎两个方面：精神层面和物质层面，也就是所谓的硬实力和软实力。诸如编制体制、兵器装备、交通驿站、军需供给等属于硬实力，而战略战术、尚勇崇武、法制奖惩、信息情报、联姻盟誓等属于软实力。在这几个方面，最能体现综合实力的莫过于真实发生的战役战例。为此，我的作品就以《雪域劲旅——唐代吐蕃军事史研究》命名，探讨就从较为经典的战役战例展开。

（原载《雪域劲旅》，中国电影出版社，2015 年。）

注　释

[１] 冯智：《一块发现于滇西北的藏文石碑——格子石碑》。

[２]《巴基斯坦斯卡杜县发现的吐蕃王朝时期的藏文碑刻》，《中国藏学》2010 年第 4 期。

[3] 在大昭寺的正门入口处北侧，竖立着一块石碑，史称唐蕃会盟碑。碑高 3.42 米、宽 0.82 米、厚 0.32 米，碑身东面为蕃文，西面为蕃、唐两文，南面为唐文，北面为蕃文。立于公元 823 年，吐蕃赞普赤德祖赞时期。

[4] 赤列曲扎：《西藏风土志》。

[5] 毛尔盖·桑木旦：《藏族简史·奇乐明镜》。

[6] 《唐蕃会盟碑考释》，1956 年美籍华人、大语言学家李方桂所著。

[7] 《藏族简史·奇乐明镜》。

[8] 《中国民族分布及人口统计（2010 第六次人口普查)》公布的数字为 6282187 人。

吐蕃的军事建制及动员

韩旦春[1]

走进都兰，面对着高原的辽阔、静默、壮丽和深邃，我们陶醉地领略这美得让人恍惚的风光，洁白的云朵如哈达一样堆满了碧空，天地如水洗一般，遥想那都兰古城下埋藏的千年历史，又不禁让人浮想联翩，感慨万千，不知道从何说起。"君不见青海头，古来白骨无人收"[2]。这是唐朝诗人杜甫对当年唐蕃战争的认识及叹惋！史书载，公元 670 年，唐朝派薛仁贵率领大军攻打吐蕃，志愿吐谷浑，吐蕃噶尔·钦陵（mgar khri abring）迎战，双方动用大军几十万，会战于今青海湖南岸，吐蕃军大获全胜[3]；天宝七年（公元 748 年），哥舒翰屯兵青海，打退蕃军的进攻；天宝八年（公元 749年），哥舒翰又奉命进攻吐蕃，石堡城（在今青海西宁西南）一役，死数万人[4]。但历史的真实缤飞纷呈，远非如此单一。都兰作为"唐蕃古道"上的重镇，曾经历无数的戮兵争斗，演绎了一幕幕悲怆的战争历史。公元 756 年，吐蕃噶尔·东赞（mgar stong btsan）率兵十二万出击白兰氏（有学者认为此处的白兰氏是藏族的一个部落，而非其他的部族）；公元 663 年（龙朔三年）吐蕃大败吐谷浑[5]，在其一千多年的繁衍生息中，吐蕃文明在此融合发展，孕育出了今天灿烂辉煌都兰文化。也许善于思考和喜欢好奇的人们都会想，面对强大的李唐王朝和阿拉伯王国，吐蕃又是如何在东征西战的角逐中所向披靡，建立强大的帝国，其背后究竟又有怎样的一支军队为他所用？笔者将在此做一简要的论述。

一 历史沿革

任何社会的发展壮大，都离不开一套完善的行政制度和法制体系，以及高度繁荣的社会文化，处在一千多年前的吐蕃社会，其强大还离不开一支强大的军队和一套科学规范的军事制度。有人说：吐蕃军事制度的形成，缘起于青藏高原恶劣的自然条件，贫瘠的土地不能承载和容纳更多的人口，为了生存和发展，才借助军事力量，发动战争以获取更多的物资和生存空间，是地理环境孕育了吐蕃的军事制度[6]。但笔者认为吐蕃地处高原，四周群峰环绕，但仍有广袤的牧场和肥沃的田地。如果说战争是政治的延续[7]，那么吐蕃也遵循了人类社会弱肉强食、爱好扩张的贪婪本性。因为从波斯帝国到罗马帝国，到阿拉伯帝国、蒙古帝国，奥斯曼帝国、奥匈帝国，再到近代的殖民主义扩张，人类的历史无不充满了扩张和杀戮的卑劣与丑恶。因此，吐蕃军事制度的形成是吐蕃社会发展，政治成熟的必然结果。而从吐蕃早期的部落兼并战争到后期的扩张战争所表现出的扩张和掠夺，则应该放到整个人类的战争历史中去评价和衡量。

公元 7 世纪，松赞干布统一青藏高原，建立了"5 茹"（ru lng）和"61 东代"（stong sde trug bcu rtsa gcig）的军事和行政相结合的政治组织[8]。此处的东代（stong sde）和茹（ru）是指吐蕃辖区内的东代部落，和由若干东代部落组成的更高一级的军事行政组织。他们的地方长官亦是地方军事首领，全权负责当地的行政事务、军队训练、军队管理以及兵员的调配和补充。这些以部落为单位的军事行政组织作为吐蕃军队战斗序列的基本形式，在攻城略池、驻守要塞中发挥了巨大的战略作用。在与唐朝、大食和西域诸国的长期争战中，吐蕃的综合国力不断增强，疆域不断扩大，其文化也随着军事征服和部落的随军迁徙而得到传播、发展，从此吐蕃和吐蕃文明的发展进入一个新的历史阶段，由此创造的吐蕃文明更是博大精深、闻名遐迩。

二　编制体系

从政治体制上讲，吐蕃是一个部落联盟建立起来的政权，其军队就是来自各个部落的青壮年劳动力。平时全民组织生产劳动，战时人人皆兵，行军作战以部落为主体，各个部落统领自己的军事力量，听从赞普的统一指挥。吐蕃军政首脑平时主政、战时统兵，赞普是最高的军事统帅。赞普下设尚和伦，协助赞普处理国家事务，尚、伦下设各级军政长官，并授以瑟瑟、金、金饰银、银、铜、铁等六种告身的章饰，以区别品位高低[9]。在吐蕃历史上曾出现了噶尔家族的噶尔·东赞（mgar stong btsan）、噶尔·钦陵（mgar khri abring）、尚野悉（mchims zhng rgyl gzigs）和达札路恭（sdg sgr klu gong）等大批集军政大权于一身的著名将领。吐蕃在本土设 5 茹（ru）61 东代（stong sde），各茹分设长官、副将等[10]，另外吐蕃在被征服地也设立了与此相似的军政机构。

1. 编制

吐蕃本土军队有 5 茹（ru）61 东代（stong sde），由此可一大概推算出吐蕃本土军队约应有 50～60 万之众，但有些茹不足 10 个东代，有些东代不足千人，如此做一保守的估算，吐蕃本土军队约有 40 多万，如果加上后来的征服地的军队就远不是这个数字。关于这点，有学者曾考证当时的唐蕃战争，吐蕃每次提兵 15 万、20 万、40 万的战役有 10 次之多[11]按照常识，如果每次投入战场的兵力有如此之多，那强盛时期的吐蕃军队总数应远远超过 40 万人。其中的 5 茹分别是中茹（dbu ru）、左茹（gyo ru）、右茹（gyasru）、余茹（ru lag）、孙波茹（sum pavi ru）。中茹是 5 茹的中心茹，其辖地以拉萨为中心，东至桑日，南至玛拉山脉，西至尼木，北至朗玛；左茹和右茹以雅鲁藏布江为界，辖地为今天所谓的前藏地区（dbus）；右茹辖地东至朗玛，南至聂拉木，西至切玛拉古，北至黑河麦底；余茹（ru lag）辖地东至强木尼拉，南至朗纳，西至拉金雅弥；苏毗茹（sum pavi ru）辖地似是今青海与藏北联境地区[12]。但也有学者认为苏毗茹的辖地，中心在呛嘉雪陡巴园，东至尼域崩木那，即流经昌都西侧昂曲的中下游地带。西至叶尔夏登保且，即今藏北班嘎县境内其香错一带。北至纳雪司车，即今唐古拉山以北朵杂曲沿以南沿青藏公路木鲁乌苏河畔雁石坪一带，南至今黑河麦底[13]。众所周知，吐蕃的地域空间分布广阔，派兵设防需要兵力数量很大，外出作战的兵力需求更甚于此。

"5 茹"的设置，使内部各部落之间的联系紧密起来，便于统一指挥。各茹以中茹为中心，其他四茹分驻四方，分工明确，但又个个牵制、相互协同，单个茹既可以独立作战，也可以配合其他各部参加大的军事行动。这样大大提高吐蕃军队整体的战斗能力，发挥了最大的战略作用。

5 茹 61 东代中，每茹分上下两个"茹部"，分别设茹本（ru‐dpon）1 名，东代设"代本"（stong‐dpon）1 名，作为茹和东代的军政长官，茹本授以大铜字诰身，"代本"授以小铜字诰身。官吏的设置，以当地势力最大的氏族长为长茹本（stong dpon），10 个代本形成 1 茹（ru）。各茹本名义上管辖 5 个代本，实际扣除各茹负责赞普安全及供赞普指挥使用的"禁卫军代本"（sku srung gi stong sde）1 个，以及"小代本"（stong bu chung）1 个，各茹本实际下辖 4 个代本[14]。每东代下辖 10 个百户（tshn），百户下辖 10 个那岗（lng rkng）[15]。这样相互统属层级的确立，既顺畅了吐蕃的行政管理，也有利于军队的军令畅通和统一指挥。

吐蕃在被征服地设立的军事机构与吐蕃本土略有不同，但依然是以地域为单位划分军事区域，由地方长官统领当地军事。如在赤松德赞时期，吐蕃就在河陇地区设立东境五道节度使处理军政事务，其军政长官一般由内相兼任。河陇五节度使分别是青海节度使、鄯州节度使、河州节度使、凉州节度使、瓜州节度使"[16]。又如公元 663 年，吐蕃在吐谷浑境内成立东代，于 676 年后，设"巢"（khrom），主要有"赤雪巢"（khri bshos khrom）和"玛巢"（rma khrom）。论钦陵于青海地区设有"索伦代拿"（so blon sde lnga）（边疆大臣所统 5 区），负责统管辖下吐谷浑诸东代、万户[17]。该体系是把吐蕃本土的地方建制概念加以延伸，形成当地的东代、万户，各统归于 5 个"巢"管辖，5 个"巢"则归于大相下属的"索伦"（so blon）即边疆大臣管辖。这种部落迁徙与设置东代管辖征服地的办法，有效地实现了吐蕃的对外扩张和对征服之地的统治。

2. 军事分工

吐蕃实行军政一体化制度，部落编制的准军事化和行军作战的部落化使其不需要设置专门的后勤部队，军队行军作战以骑兵为主，兼用步兵占领。同时宗教信仰作为他们生活中不可或缺的部分，吐蕃军队中还有一定数量的宗教工作人员，负责军中人员的心灵防护和士气鼓舞工作。

（1）主战骑兵

吐蕃曾建立一支强大的骑兵，据《新唐书》记载：唐朝的军队多次败在吐蕃强大的骑兵力量之下，这是因为吐蕃境内广阔丰腴的牧场孕育了用之不竭的军马资源，使整个欧亚腹地和东南亚地区的战场上都能看到东奔西突、骁勇善战的吐蕃骑兵。如唐朝官员于休烈语："且臣闻吐蕃之性，彪悍果决，敏情持锐，善学不会。"[18]同时吐蕃人还掌握着当时世界上最好的马具和兵器制造技术[19]。吐蕃人战时为兵，平时为民，每一个适龄男子都是常备军的成员，肩负着保卫族人、守护牧场的神圣使命。他们把军事训练融入牧民的日常生活，平时的骑马、打猎、放牧都与战场上的搏斗技能紧密相连。在吐蕃军队绝没有现代军队中新兵营一类的部门。

（2）后勤工作

吐蕃帝国的军队没有正规的后勤制度，这是因为一部落为基础的军政一体制度，使军队的领导指挥、士兵招募、军需物资保障等都是通过血缘部落的形式联结在一起。部民区分为"桂"（rgot）和"庸"（gyon）两个团体，这里的"桂"意为武士，是吐蕃从事军务的高等属民之名称，"庸"为仆人之意，是吐蕃服务于高等属民的群体之称。如敦煌的阿骨萨部落军队由充当作战主力之"射手"（vphongs）和负责承担一些杂务并参与作战的"护持"（dgon）两部分组成[20]，这些都来源于吐蕃军队中的"桂"、"庸"制度。所谓吐蕃军队出兵不带军粮，有人认为，是吐蕃军依靠掳掠的东西度用，解决供给问题[21]。但笔者认为，这与吐蕃军队以部落为单位的军民合一制度有关，战时部落随战场而迁徙，生产资料也随之迁徙。而上述的"桂"、"庸"制度则解决武士的后勤保障问题。这种后勤保障制度，解决了人类战争史上的最棘手的粮草运输问题。克劳塞维茨的著作《战争论》，论述的主要问题就是保障军队交通线的问题，保障交通线的目的除了行军以外，更重要的就是保障军队的补给，而吐蕃的这一创举，对人类的军事活动无疑会有巨大的借鉴作用。

（3）宗教工作

宗教在吐蕃社会具有根基性的地位和作用，人们价值观念的传承常常借助于宗教来完成，而宗教工作也历来受到社会上层的重视。公元7世纪，吐蕃本土及边区镇将主要信仰苯教，也有人开始信仰佛教，因此上自王庭牙帐，下至各级行营帐，都配备着大批苯教咒师，他们被授以小银镀金诰身或大银书告身，地位仅次于授以大银镀金告身的小噶伦，与授以小银镀金告身的权臣和授以大银告身的臣相相当[22]。他们不但参决军机大事，而且通过喧嚣恐怖的占卜仪式，临战前都要举行隆重的誓师典礼，代天伐罪，通过盟誓向军队灌输宗教热情[23]。这样将士之间通过盟誓紧密团结在一起，并以宗教感情作为彼此关爱的纽带，同生共亡，荣辱共存，由此激发出来的作战勇气更是不可估量。

三　动员制度

1. 动员体系

吐蕃在本土和军事征服地，都建立有固定的军事指挥中心，以便于各种军事活动的开展。在本土以"5茹"、"61东代"为基础，上有赞普或大伦统领指挥，下有各级长官相互统属，各自按照相应的权限和义务处理军务。在本土以外，也随着军事征服的推进，相应地建立行政和军事指挥机构，并配置官员以履行职能。有书记载："吐蕃既击降吐谷浑，乃以其地及党项、白兰等族、部统称安多，由噶·钦陵长期率军驻守。从公元692年开始，分别于吐蕃本土和安多地区集会议事，每年定期举行，此后，甚至一年内举行数次盟会。"[24]这种军事领导机制，对于吐蕃完成其军事规划、军事征服和军事管理具有非常重要的作用。因其军事组织与部落组织紧密相连，吐蕃军队实行部落会议式的军事动员，临战以部落为单位，部落首领率其子弟、属民和奴隶以部落名义参加，部落也随战争的推进而移动。"吐蕃每发兵，其富室多以奴从，往往一家至十数人，由是吐蕃之众多"[25]。由此可见，吐蕃每一战的兵力投入和军需供应较之唐军都有着绝对的优势。这种军民合一的部落组织，即以部落为单位的兵力配置，还有利于军队的行军、野营、给养、作战、防御、撤退等行动。

2. 奖惩制度

为了鼓励士气，张扬军威，吐蕃除了推崇尚武精神外，还在军队中推行一系列的军功奖励制度。如军功授田制度[26]就是每次战役后，按军功大小赐予军士一定数量的田土，作为酬赏。关于这一点，史书明确记载了战国时期的商鞅变法曾推行过这种制度，而且在后来的噶厦也有很多对有功之臣赐予庄园的例子，但是其间有没有继承关系，笔者无法推测，也无从考证。军功告身制度既是吐蕃的官阶品位制，也是一种奖赏激励制度，武士阶层一般授以铁字告身，但依照军功大小，可顺次授予铜、银、金、玉诰身。此外吐蕃还推行了一些独具特色的奖励制度，如："一家数人战死，或世代死于战场的民户，编入军户，其家门前竖立旗矛，以示荣崇。"[27] 另据敦煌吐蕃文献："卑职先后为政事效劳，忠心耿耿，曾褒赏以诰身和虎皮马垫。""卑职指达日札夏这个人，他曾在平定北方一次叛乱战争中，忠心耿耿，立有军功，被大论赏给小银告身和虎皮马垫。"[28] 由此可知对勇者和有功之人赏赐虎皮马垫，被认为是最高的奖赏。当然在推出一系列奖赏制度的同时，也制定了相应的惩罚措施，如："对临阵逃脱者，悬挂狐尾于其首，表以似狐之怯，稠人广众，必以询焉，其俗耻之，以为次死。"[29] 不但对临阵怯战者挂悬狐尾，就是那些见死不救的懦夫，也要身挂狐皮。以此表示对懦夫的讽刺与嫉恨。

强大的吐蕃横跨南亚大陆，威震四疆，由此而创立的一整套军事制度更是人类军事史上的一大奇迹，对它的制度体系和运行机制进行深入研究，在今天仍具有不可估量的借鉴和启发意义。

注　释

[1] 韩旦春（rda mgrin），男，兰州大学西北少数民族研究中心硕士研究生。

[2] 唐朝诗人杜甫所著乐府诗《兵车行》。

[3] 藏族简史编写委员会：《藏族简史》，西藏人民出版社，2006 年。

[4] 据《资治通鉴》卷第二百一十六，唐纪三十二所载。

[5] 据《资治通鉴》卷第二百一，唐纪十七所载。

[6] 贺冬：《吐蕃军队的形成试析吐蕃军事制度形成的原因》，《青海民族大学学报》2012 年第 2 期。

[7] 克劳塞维茨：《战争论》原话是："战争无非是政治通过另一种手段的继续。"

[8] 巴卧·祖拉陈瓦著，黄颢、周润年译注：《贤者喜宴》，中央民族大学出版社，2010 年。

[9] 藏族简史编写委员会：《藏族简史》，西藏人民出版社，2006 年。

[10] 巴卧·祖拉陈瓦著，黄颢、周润年译注：《贤者喜宴》，中央民族大学出版社，2010 年。

[11] 宗喀·漾正冈布、英加布、才干等著：《安多却达》，甘肃民族出版社，2012 年。

[12] 巴卧·祖拉陈瓦著，黄颢、周润年译注：《贤者喜宴》，中央民族大学出版社，2010 年。

[13] 杨正刚：《苏毗初探》，《中国藏学》1989 年第 4 期。

[14] 巴卧·祖拉陈瓦著，黄颢、周润年译注：《贤者喜宴》，中央民族大学出版社，2010 年。

[15] 据《国外藏学译文集》第二辑，西藏人民出版社，1987 年。

[16] 杨铭：《吐蕃统治敦煌与吐蕃文书研究》，中国藏学出版社，2008 年。

[17] 端智嘉著，佐戈·卡尔译：《吐蕃时期的行政区划与官僚制度》，《西北民族大学学报》2005 年第 6 期。

[18]《旧唐书》卷一九六上《吐蕃传》上。

[19] 宗喀·漾正冈布、英加布、才干等著：《安多却达》，甘肃民族出版社，2012 年。

[20] 杨铭：《吐蕃统治敦煌与吐蕃文书研究》，中国藏学出版社，2008 年。

[21] 朱悦梅：《吐蕃王朝军队给养方式探蠡》，《中国藏学》2009 年第 3 期。

[22] 端智嘉著，佐戈·卡尔译：《吐蕃时期的行政区划与官僚制度》，《西北民族大学学报》2005 年第 6 期。

［23］杨永红：《吐蕃军事发展的基本特点》，《西藏研究》2007 年第 4 期。

［24］藏族简史编写委员会：《藏族简史》，西藏人民出版社，2006 年。

［25］据《资治通鉴》卷二百五十，唐纪六十六。

［26］任树民：《吐蕃军事力量概述》，《西藏研究》1990 年第 3 期。

［27］《旧唐书》卷一九六上《吐蕃传》上。

［28］王尧、陈践译注：《敦煌吐蕃文献选》，四川民族出版社，1983 年。

［29］《旧唐书》卷一九六上《吐蕃传》上。

肃南大长岭吐蕃文物出土记

施爱民

一　吐蕃文物的确认

1996 年 8 月 29 日，由国家文物局组织的文物鉴定专家组一行 13 人。对张掖地区六县（市）馆藏一级文物进行鉴定确认。经过认真分析，专家组对肃南县博物馆的一批金银器、鎏金铜器等确认为吐蕃族的遗物，并把其中的八件藏品鉴定确认为国家一级文物。

这批吐蕃文物的鉴定确认，不仅填补了甘肃省吐蕃文物的空白，而且对研究唐代吐蕃在河西走廊的历史、经济、文化具有重要的意义。

二　吐蕃文物的出土经过

这批吐蕃文物出土于肃南裕固族自治县马蹄区西水乡二夹皮村大长岭山坡。1979 年 8 月 14 日，二夹皮村的八位村民在村东偏北 7 公里处的大长岭山坡耕地时，发现古墓，擅自挖掘，并抢夺墓内随葬品。许多珍贵文物在哄抢中被破坏。该村党支部书记尕正花听到挖墓获宝的事后，立即叫来参与挖墓的村民，了解情况，向他们宣讲保护文物的政策，并将其获取的文物收缴到村部保管，同时向地、县文化部门做了汇报。3 天后，张掖地区和肃南县文化、公安部门派人到二夹皮村作善后处理，收回墓葬出土文物，并组织文物工作者对大长岭古墓进行清理。

三　墓葬的结构

这座墓葬是由墓道、甬道、前室、后室四部分组成的土室结构墓。墓道清理前已被破坏。

墓葬甬道长 4.4 米，宽 1.6 米，高 1.8 米。在甬道靠近前室门处，出土两具马尸骨。前室门向东南，门用十层石块砌堵，分内、外两层，高 1.8 米，外层宽 1.6 米，内层宽 1.2 米，厚 1.35 米。前室平面近方形，南北长 3.5 米，东西宽 3.1 米，拱顶高 2.25 米，墓顶距地表 2.1 米。后室门在前室后壁地坪以下，宽 1.2 米，高 0.9 米，厚 0.6 米。后室平面方形，边宽 3.3 米，拱顶高 2.2 米。室顶距地表 3.8 米。后室后壁用 0.25 米厚的松木板镶制（清理时已散落于地），板面上用土红色铺底，墨笔勾绘十二生肖图。棺椁置于墓室中部，室顶拱上置顶棚，顶棚用两根椽子为檩。上置 13 根 3 厘米见方的木条，盖一层黄丝绸帐幔。

四　葬具与葬式

在墓葬前室正上方设一木制铜饰双人床，已残，木构件散落于地。从残件看，床头上部横木呈菱花形，床腿方圆形，在两床腿和床头下部之间的木构件呈方格形花栏，在榫铆接缝处用鎏金铜片铆饰（据目击者讲，床头上部两端镶有铜制鎏金龙头。现收藏三个）。

前室地面还散布有残毁的鞍鞯、马具上的饰品。

后室棺椁清理时已散落于地。前椁的松木板，由三块木板拼接。高 60 厘米，宽 70 厘米，上部呈椭圆形。板面正中用墨笔清绘一歇山顶式门楼建筑。门楼上部绘一金翅鸟王。门柱两侧各绘一武将，身着铠甲，一手持剑，一手叉腰，立于门侧，门楼下绘台阶。后椁木板高 28 厘米，宽 42 厘米，由两块木板拼接，上用墨色清绘一门楼，大门两侧各绘云气两朵。棺木松帮柏底。棺内尸骨头南脚北，男性，头戴铁丝网盔帽。内用黄丝绸缝制。头上扎有 22 厘米长的小辫子两条，上用黄丝绸绕着；上身着衣 16 层，下身 14 层；外衣为米黄色锦缎夹，用金丝线织成，富丽堂皇；内层衣料为织锦团花图案，华丽庄重；腰系 3 厘米宽的牛皮腰带，上着鎏金铜饰。尸体左边置腰刀六把（大、中、小各两把），右边放铁剑一口，刀、剑均已锈蚀。脚登高腰牛皮马靴。

五　出土器物

经过对墓葬清理和文物征集，墓葬共出土各类金器、银器、鎏金铜器、铁器、金铜饰件、木器、木板画等文物 143 件。现择其主要的介绍如下：

1. 单耳带盖镶珠金壶。此壶腹圆平底，圆肩，直颈，侈口，卷沿，圆拱壶盖中央有一杯形纽，纽上镶嵌一颗圆形绿松石，壶肩部有凸弦纹一周，一侧铆一莲花瓣形横耳，下连一单耳，横耳中央镶嵌一颗圆形绿松石。壶通高 17.5 厘米，口径 6.5 厘米，底径 6.5 厘米，腹围 32.5 厘米，重 709 克。

2. 鎏金六龙铜杯。杯高 10.2 厘米，口径 9 厘米，重 235 克。杯圆球足（杯托已残），腹分六面，两面间有一棱相隔，每面模铸一龙。杯敞口，口部四周饰云纹。足部四周模铸 12 葵瓣纹。

3. 鎏金菱花形三折叠铜高足盘。盘通高 19.5 厘米，盘内径 20 厘米，边宽 4.5 厘米，盘沿呈菱花形，重 219 克。盘底部焊三高足，足分两截，足中部两端呈子母扣，用穿钉相连，可折叠。足上截焊于盘底，下截呈板瓦状，上窄下宽向外撇，中上部呈半球形，并有两个月牙形孔，足下部饰回形纹饰。

4. 鎏金铜盏托。托呈圆盘形，中间有一凹进的托心，托直径 25.5 厘米，托心内径 10.5 厘米，深 4.5 厘米，托边缘有凸棱一圈，一侧铆有托柄。

5. 银匜。平底敞口，口沿呈椭圆形，最大口径 16 厘米，底径 10 厘米，高 5 厘米，匜底部阴刻一"傅"字，为精书体。

6.如意形金饰。金垂饰呈如意形，长8.5厘米，宽3.6厘米，厚2厘米。垂饰画凸背凹，正面镂孔，其正中纹饰为桃形，边为草叶纹。

7.鎏金龙首铜饰。为木床头饰件，共三件。长15.2厘米，重898克，龙首末端凹进，内镶木头。

出土文物中还有洗、盘、刀、剑等器物，但大部分是一些鎏金铜质的鞍鞯、马具、玉带饰品。饰品形状不同、有长方形、方形、云纹形、菱花形、半圆形、桃形等。多为翻铸镂孔，其纹饰多样，有飞马、走兽、草叶、寿桃等纹样，造型生动，工艺精湛。

六　结　语

纵观这批文物，在造型和纹饰上一方面展现了唐代墓葬和金属器皿的特点，如器皿及饰品边部呈圆形外，还有菱花形、葵形、墓葬中出现的十二生肖木板画等。另一方面又有其独特的民族特色，如在一些器皿上嵌镶装饰品，纹饰多有马、兽、草等。这尤以三折叠高足鎏金铜盘为典型，其盘三条可折叠的盘足既可使盘伸高又可缩矮，使这一器物的实用性和灵活性大大增强，极富民族特色。在器皿的制作工艺上，除了用翻铸或捶拍成器外，还采用线雕镂孔的方法，运用切削加工、抛光、焊接、铆固、鎏金、嵌镶等工艺，说明当时的器物制作技术工艺相当发达。

墓葬所在地位于丝路甘州城南。公元8世纪中叶到9世纪中叶这里被吐蕃占据长达百余年，直到咸通四年（863年），唐王朝复置凉州节度使后，河西走廊才又畅通无阻。大长岭墓葬及墓葬中出土的这批吐蕃文物正是吐蕃占据河西走廊时期的遗存。从墓葬的结构和随葬品分析，墓主人的身份相当于唐代三品以上的官职（唐代葬制规定，享有三品以上职位的官员死后才可享用双室结构的砖室墓），不但其地位显赫，而且是一位驰骋疆场的将军。由于墓葬被破坏，清理中没有发现任何文字与币制，对墓葬的年代和墓主人身份无法进行准确的考证。但这批珍贵的文物宝藏为我们再现了吐、汉民族文化交流的历史，也是两个民族团结友谊的象征。

吐蕃历史上的几位杰出女性人物

得荣·泽仁邓珠

在吐蕃历史上出现了几位杰出的女性历史人物。她们对推进藏族历史发展做出了贡献，成为藏族妇女的楷模，这些人的事迹，对以后藏族妇女的社会政治地位产生了巨大的影响。吐蕃时期，藏族妇女社会地位并不低。妇女与男子的地位基本平等。尤其是吐蕃王朝的王妃、母后、祖母、外戚，她们不仅可以直接参与政事，而且在很大程度上影响着吐蕃社会的发展、强盛和灭亡。

随着佛教进入藏区，妇女地位逐步下降，在政治上开始出现"不与女人议政"、"莫听妇人言"、"妇人不参政"等法律规定。但是，据不完全统计，藏族历史上出现了百多位杰出女性人物，妇女并没有排斥于政治活动、社会生活和生产之外。研究藏族历史上的杰出女性人物，对充分发挥女性的自身能动作用，尤其在新世纪不断增强妇女在社会各项事业中的竞争意识和参政议政意识，具有一定楷模示范作用。

一　区分男女服饰的甲莫旺秋

甲莫旺秋是吐蕃八大贤人中的一位。后来由于对妇女的偏见将她视为半人，有"吐蕃七人半贤人"之说，最后将8人中的唯一女性排斥在贤人之外，形成于公元12世纪后的史书中只有"吐蕃七大贤人"记载。甲莫旺秋大约为公元3世纪人。她的杰出事迹是提出区分男女服饰。她认为男女职业有别，因此，穿衣装饰也要按男女性格、体形、气质、爱好、职业相适应或搭配。

男性的服饰要讲究潇洒、宽松、简朴、大方，佩戴矛箭、石袋、刀枪和护身符等，与男人从事的狩猎、习武、经商、砍伐、出远门等职业相配，要突出藏族男性英勇善战、剽悍潇洒、刚强机智的气质。

女性穿着打扮要讲究美丽、鲜艳、文雅、贴身。佩戴针线盒（呷乌）、奶钩、手镯、戒指、头巾、围腰和其他金银珠宝装饰，与妇女所从事的农牧业、纺织、交际、家务、生儿育女和其他精细活等职业相配。要突出藏族女性美丽健壮、贤惠温柔之特点。

甲莫旺秋区分男女服饰，推动了社会文明进程，创立了具有独特民族风格的藏族服饰文化。

二　杰出女王赤玛洛

赤玛洛又称卓萨卓玛洛。她是吐蕃35代赞普芒松芒赞（650~675年）的王妃，她以出色的政治才能影响了芒松芒赞和杜松芒布杰（676~704年）两代藏王的政治生活，在朝中起着栋梁作用。

公元675年，藏王芒松芒赞去世，其子杜松芒布杰（又称赤都松赞）年幼，这期间，有多处贵族叛乱，政局极不稳定。赤玛洛以王后的身份参与平叛，成功地平息了国内叛乱，确保了吐蕃王朝的稳定。杜松芒布杰十四岁登基，王姆赤玛洛全力辅助王子执政。

芒松芒赞执政以来，吐蕃王朝的军政大权掌握在噶尔家族手中，各地重要盟誓均由噶尔家族主盟。由于噶尔东赞域松（汉史中的禄东赞）是吐蕃著名的三朝元老、杰出的外交家、军事家和政治家，他的儿孙们继承父业，又是吐蕃王朝杰出的大相和守边将帅。藏王虽感大权落入噶氏家族手中，欲图收回，但自己年纪小、无力收回。母后赤玛洛洞察这一切。于公元698年，赤玛洛和大相论岩等人密谋策划铲除噶氏钦陵兄弟。当时噶氏四兄弟（大相噶尔东赞域松已去世31年）均在今甘、青一带巡视。赞普与母后先将噶氏在宫中的2000余亲信杀害后，派人召回钦陵兄弟回拉萨，钦陵知道宫中发生的事，预料此次召回凶多吉少，于是率部反叛，兵败自杀。钦陵兄弟赞婆及侄子芒布支部和钦陵部下部分将士投靠唐朝。唐武则天派羽林迎于郊外，武则天授赞婆为辅国大将军，封"归德郡王"；芒布支授左羽林大将军，封"安国公"。这件事在《旧唐书·则天皇后传》卷1第128页中说："圣历二年夏四月，吐蕃大论赞婆来奔。"《旧唐书·吐蕃传》上16册第5219页中记载："吐蕃自论钦陵兄弟专统兵马，钦陵每居中用事，诸北分据方面，赞婆则专在东境，与中国为邻。三十余年，常为边患。其兄弟皆有才略，诸蕃惮之。圣历二年，其赞普器弩悉弄年渐长，乃与其大论岩等密图之。时钦陵在外，赞普乃佯言将猎，召兵执钦陵亲党二千余人，杀之。发使召钦陵、赞婆等。钦陵举兵不受召，赞普自帅众讨之，钦陵未战而溃，遂自杀。其亲信左右同日自杀皆百余人。赞婆率所部千余人及兄子莽布支来降，则天遣羽林飞骑效外迎之，授赞婆辅国大将军，行右卫大将军，封归德郡王，优赐甚厚，乃令其部兵于洪源谷讨击。寻卒，赠特进，安西大都护。"

自公元700年以后，赞普带兵远征河州（今甘肃临夏）和南诏（今云南大理州），后在云南大理去世。之后的四年中，朝中一切军政大权由赤玛洛掌管。这在《敦煌本吐蕃历史文书大事纪年》中多有记载。当时吐蕃内部局势动荡不安。早已臣服于吐蕃的尼泊尔等周边邦国先后背离，她依靠朝中臣相百官，成功地平息了叛离势力，巩固了国家的统一。公元705年，她将王妃麦朵准所生一岁王子赤德祖丹（又称赤德祖赞）立位住于尼泊尔，自己登上政治舞台，一是亲自主持吐蕃王朝的内外政务。二是主持杜松芒布杰的葬礼。三是任命乞力徐为大论辅助朝政，处死了反对她掌政的三位实权派大相。四是派使臣去长安，力求蕃唐停战和好。五是二次派使臣迎娶金城公主入藏，再次蕃唐联姻。六是继承赞普杜松芒布杰扩疆拓土之大业，正如当时形成的《敦煌本吐蕃历史文书·赞普传记》166页中所说："赞普推行政令于南诏，使白蛮来贡赋税，收乌蛮归于治下。……内政和穆、人均能安居乐业。"这里虽然指的是赤德祖丹执政期间的事。但当时吐蕃政治舞台上唱主角的是母后赤玛洛，而不是赞普。七是清查户籍，整顿税收、征调兵丁，以补充军需，增加收入、加强国力。

三　崇苯反佛王妃察邦萨麦朵准

察邦萨麦朵准又称察邦萨玛甲东呷，俗称察邦萨。她是藏王赤松德赞（742～797 年）王妃，木尼赞普（769～798 年）之母。她的家族原是著名的象雄王国旧臣，后察邦纳桑投诚吐蕃后为赞普朗伦赞的大相。这个家族属于崇拜藏族本土宗教——苯布教，反对外来佛教的崇苯反佛的代表人物。公元 8 世纪下叶赤松德赞迎请古印度人莲花生（今巴基斯坦西部的卡普利斯坦人），把印度佛教传入吐蕃。莲花生用印度佛教密宗咒术征服藏族苯布教徒们，通过赞普用行政手段自上而下在吐蕃境内推行佛教。王妃察邦萨崇苯反佛的原因有三：首先，吐蕃第一代聂赤赞普至 26 代赞普均用苯教治理王政。从松赞干布（617～698 年）至赤松德赞以苯教教权占优势。苯教经过长期的发展，不仅具有深厚的社会基础和群众基础，而且吐蕃朝廷世代相袭的贵族和臣相大都信奉苯教、反对佛教。他们在朝中的实权大于赞普，重大国事都要经各地贵族和邦国部落首领们以会盟形式"议事自下而起"，赞普的权力有限。外来佛教的理论把赞普置身于诸佛之中，加以神化王权。由于赞普能容身于诸佛之中，赞普的话传达给贵族和百姓时，当然顺理成章地成为至高无上的圣旨。赞普用王权推行佛教意味着打击苯教，削弱王妃、母后、祖母和贵族权力，改变"议事自下而起"之传统的一大机会。佛苯之争的根本是以赞普为代表的崇佛派和察邦萨为代表的崇苯贵族之间的权力之争。这在以后的藏族佛苯斗争中表露得一清二楚。第二，赤松德赞把外来的佛教作为国教在吐蕃国中大力推行时，察邦萨认识到向虚幻世界寻求解脱和等待来世幸福的佛教理论灌输给藏民族的后果，使天生具有好强进取、英勇善战、从不屈服于任何强暴民族将会走向软弱屈服、安于现状、不求进取、贫穷落后的道路。第三，当时印度佛教密宗使用人的头骨、肠、皮、血作祭品和用少女胫骨作法号作法，引起她本人和全体藏人的不满，特别是引起苯教徒们的极大愤恨。赤松德赞派往古印度学习佛教归来的藏族大学者毗卢遮那、朱古埃巴、南卡宁布、杰韦罗朱、然炯纪居五人向朝中百官传授佛教思想和修炼密宗一事，遭到苯教徒和朝中臣相们的反对。王妃察邦萨要求藏王处死他们。藏王因崇爱佛教，处死了五个乞丐替身给人看，王妃揭穿了这个骗局，赞普只好将五人分别流放到嘉绒、象雄、洛扎、于田、鄯善。

莲花生在藏地传播佛教虽然用咒术征服了苯教，把印度佛教传入藏地。但他深知无力彻底根除苯教的根基——崇苯反佛贵族在朝中的势力，预料到如果朝中没有崇佛势力，他和赞普去世后，苯教势力定会战胜佛教势力取而代之。于是把赤松德赞的王妃益西措甲作为他的亲传弟子和明妃，亲自给他传授了密宗法和密咒的全部内容，有意培养她作为印度佛教在藏的传承人。同时，莲花生把他的得意门徒、贫民美女补容萨说成是唐金城公主的转世化身（藏族人死后转世化身说始于此），要赤松德赞娶为王妃。赤松德赞临终留遗嘱要王子木尼赞普娶补容萨，并要他倍加保护。察邦萨为了彻底铲除宫中崇佛势力，待莲花生和赤松德赞父子去世后，以王妃补容萨在木尼赞普葬礼上以未卸妆为借口，处死了补容萨，将益西措甲流放到今日喀则拉则县一带。

公元 797 年，赤松德赞逝世，木尼赞继位后，他继承父业，崇信佛教，在宫中供养僧人的同时，下令贵族和属民用金银衣物向寺院布施；先后三次下令平均财富，王子的行为严重违背了母后察邦萨的意愿，同时触犯了贵族阶级的利益。察邦萨将继位一年余的亲生儿子木尼赞普毒死。朝政大权掌管在自己手中，成为吐蕃历史上政治地位和权势显赫的王后。

四　佛教先驱益西措甲

益西措甲是公元 8 世纪人，出生在雅鲁藏布北部地区，最早为藏王赤松德赞的妃子之一。后为莲花生大师的明妃。莲花生大师亲自给她传授了密宗法，又给她授了密宗灌顶。在莲花生大师的众多弟子中，她是获得密法最全、最多的一位。益西措甲自幼聪明好学，对许多经典著作稍加点明，便立解其意。传说她口才出众，学识渊博。

益西措甲到过尼泊尔，传说她有能使尸体起死回生的法术，因而在那里有很高的声誉。她为了进一步修炼密法，先后到过 25 座雪山、126 处大小寺庙和深山老林，最后修炼得可以不穿衣、只喝水而不吃食物仍能维持生命。

因益西措甲成为藏族史上第一个佛教女大师，吐蕃崇苯反佛的王妃、母后和臣相们对她不满，赤松德赞的第一个王妃温木措因嫉妒，给益西措甲下毒未死，最后被王妃察邦萨流放到后藏。益西措甲在今日喀则拉孜县境内的觉木地区一座小寺庙为密宗禅室。藏族佛教的女僧寺由此为始。据文献记载：她所收的女尼有千余人，修炼有成就的有几百人，其中著名的有 1 百多人，成就者有 5 人，与她相当的有 7 人。她给弟子益西罗布、索亚唐甲、强秋多吉、强秋卓玛、达恰多吉巴吾、多吉措姆等人传授了《女尼耳传密诀百法》、《双运修持法》、《观修大手印》等密宗修持法。在卫藏有许多她修建的禅室，为佛教在藏区的传播和发展做出了不可估量的贡献。

她为后人留下了许多著作（也许是她口述，被他人记载成书）。这些书因当时无法传播而只好埋在地下，后成为宁玛派的伏藏。益西措甲成为藏族历史上最早的密宗大师和有成就的女性高僧。

莲花生对益西措甲给予了很高的评价。据《母亲的知识·益西措甲之悟》中莲花生赞益西措甲道：

> 了不起的女瑜伽行者，密宗教义的实践者！
> 人身是觉悟之本，并无男女之别；
> 若要倾心于悟性，则女身更佳。
> 现你已完美无缺——你是位杰出的女性！
> 一个女菩萨。

从这段文字来看，藏族佛教初兴阶段，已出现了卓有成就的女佛教大师，并得到印度佛教传入藏区的先行者莲花生的高度评价和赞扬。

由于女出家人受戒为尼，从事佛教活动旗开得胜，为后来藏族女性中的很多人敢于斩断俗念出家为尼，虔心修法，达到较高境界开辟的道路。

五　导致吐蕃王朝崩溃的娘氏和韦氏王妃

娘和韦是吐蕃时期著名的二大贵族姓氏。这个家族原系古象雄（汉史中的苏毗）王国的大臣。

娘曾古、韦尼策后来投诚吐蕃赞普朗日松赞（558～629 年），成为吐蕃王朝掌管军政大权的著名大相，世袭至公元 9 世纪，也是藏族历史上有名的贵族。娘曾古和韦尼策两位大相的政绩及其效忠吐蕃王朝的情况在《敦煌本吐蕃历史文书》"赞普传记"、"大事纪年"中多有记载。其他史书中也有记载。娘氏那那萨和韦氏察邦萨是吐蕃末代赞普达玛乌东赞（803～845 年）的王妃。由于她们两位出身吐蕃显赫贵族之家，成为在朝廷内外拥有很大政治地位和势力的王妃。公元 845 年，藏王达玛乌东赞被佛教徒拉隆贝吉多杰刺杀身亡。当时朝中国政大权由大妃娘氏那那萨掌管。大妃嫉妒次妃怀有王子将来会夺其王位，就用布缠身伪装怀孕。次妃韦氏察邦萨生下遗腹王子后，严防被害，夜间点灯守护，因而所生王子叫拉德维松，意为光护之子。大妃娘氏那那萨买来一平民男孩，说是她昨夜所生。大臣们明知昨夜生的婴儿不应长有牙齿，但由于大妃当权，没人敢言，取名为昂达永登，意为"母坚"之子。也有称为赤德永登。由于两个王妃都是有政治抱负的女性，双方为争夺王位引起朝中分裂。昂达永登 3 岁时，大妃娘氏在部分大臣和娘氏家族的支持下，立为赞普。这事遭到以大相吉都拉为首的部分臣相和韦氏家族一派的反对，理由是永丹不是吐蕃赞普王室血统，系乞丐妇人所生之儿，没有资格继承王位，立沃松为赞普是理所当然的事。因此，部分臣相和韦氏家族一派立拉德维松为赞普，一家王室分裂为二派。大相吉都拉因不跪拜已立赞普永丹而被杀，吐蕃王室开始内乱。拥护永登的娘氏一派据约日地区（今雅隆和琼结一带）建立小王庭；拥立沃松为赞普的韦氏一派据伍日地区（今拉萨河一带），各自称王，两派为争真假王子内战达 12 年，史称"伍约之战"。掌握兵权的守边将士对永丹继承王位和大相吉都拉被杀之事引来政见分歧，他们也分裂为两派。公元 851 年，吐蕃陇西（今甘肃）守将大相恐热与吐蕃远征大将相尚思罗为立永登为王、大相吉都拉杀害进行混战。恐热站在韦氏王妃一边支持沃松继位，尚思罗站在娘氏王妃一边支持永丹为赞普。公元 851 年，恐热又讨伐支持永丹继位的鄯州节度使毕毕，双方在河西一带混战，最后两败俱伤。毕毕被恐热击溃，恐热被永丹王系武装捉拿处死。公元 869 年左右，吐蕃暴发了平民大暴动，娘氏永丹王系和韦氏沃松王系先后被平民暴动军击溃。延续 1748 年的吐蕃王朝解体，形成群雄割据、一山一王的分裂局面长达近三百年。

藏文古籍的整理和抢救

吉美桑珠

藏文古籍文献是数量极大的，内容包括历史、文学、哲学、医学、艺术、语言、逻辑、天文、地理、历算、工艺、建筑等方面的学科，涉及政治、经济、文化和社会的各方面的内容。但就宗教文献领域看，多属佛教、手写本、木刻本。近年来，随着国家民族文化保护与发展工作力度的不断增强，藏文古籍文献的抢救、保护和研究工作取得巨大成绩，藏文文献是藏学研究事业的一个重要组成部分。藏文文献资料是藏学研究的基础和先导，对藏学研究的开展起着重要的作用。但由于历史的、文化的或地域的原因，对藏文文献的整理、研究、开发和利用还存在着许多问题和困难，下面从四个方面谈谈个人的看法。

一 藏文古籍文献的分类

1. 佛教经典《大藏经》

自从公元 7 世纪佛教传入到西藏以来，藏族的很多学者和译师们大量翻译了佛教经典。藏文古代文献佛教经典《大藏经》包括《甘珠尔》和《丹珠尔》两部分，《甘珠尔》包括经、律、论三个显宗和密宗四续部，是佛祖释迦牟尼的言教。《丹珠尔》主要是历代学者、译师对《甘珠尔》的注疏和论著的集成，其中包含较多的哲学、文学、艺术、语言、逻辑、天文、地理、历算、医药、工艺、建筑等方面的典籍。公元 14 世纪之前，佛教经典《大藏经》均为手写版。之后出现了木刻版，如纳堂版、德格版、卓尼版和布达拉版。自木刻版出现之后，《大藏经》得以在各个藏区广泛的传播。

以《大藏经》为代表的佛教典籍。藏文《大藏经》这部丛书从早期的翻译到编辑目录，刻版印刷，迄今经历了千余年的历史，其中多数是翻译作品，是当今世界保存佛教原貌最完整的文献。这也是藏族对东方文明和世界文化所做的最为杰出的贡献之一。在世界佛学研究中，藏文佛经的研究已成为重要的领域；在世界佛学资料中，藏文佛经已成为必当求索的资料。

藏族的贤者大德们在文、史、哲和艺术、自然科学等方面留有丰富的作品，在本民族传统文化的基础上，通过对周边地区多种民族文化的学习、借鉴和吸收，对形成独具特色的高原藏文化系统做出了贡献。作为一个独特的文化，对人类文明的贡献是多方面的、多层次的。

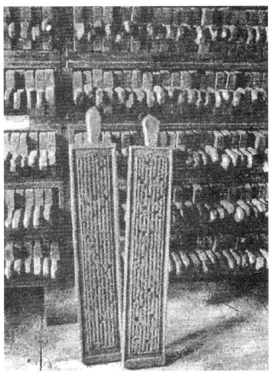

木刻版《大藏经》

手写版《大藏经》

手写版《大藏经》

手写版《大藏经》

手写版《大藏经》

2. 敦煌古藏文文献

木刻版印刷藏文文献

　　这部分文献无论从文学、历史、政治制度、经济制度的角度，还是从宗教学、文化学角度，均有重要的文献价值，也是吐蕃文献的重要组成部分，同时在藏文写卷中占有很大的比重。

　　3. 藏族学者所著的文献方面

　　从公元 7 世纪到 20 世纪之间，很多藏族学者所著的文献是佛教文献以外的主体部分，也是藏文典籍的精华。

　　如《噶当派文集》、《萨迦五祖文集》、《布敦·仁钦珠文集》、《宗喀巴大师文集》、《贾察杰达玛仁钦文集》、《凯珠结文集》、《洛沃堪钦·索南伦珠文集》、《噶玛·弥觉多杰文集》、《克珠·桑吉益希文集》、《五世达赖文集》、《第四世班禅文集》、《章嘉·若贝多杰文集》、《隆多呻嘛阿旺洛桑文集》、《质塘·贡却丹贝准美文集》、《欧曲·达摩巴札文集》、《哗尔卡·唐赤多杰文集》、《贡珠·云丹嘉措文集》、《堪布·阿田土登嘉措文集》、《居·弥盼南杰嘉措文集》、《鲁崩·喜饶嘉措文集》等。这些文集中除了关于宗教的著述外，还有很多有关因明学、传记、历史、诗歌、语言文字、医药、天文历算、工艺、音乐、绘画、雕塑、地理等各方面的论述。

　　4. 藏医学方面

　　《藏医学四部医典》著作。主要分为两类，一是藏医药学类，一是天文历算类。医学著作有宇

木刻版印刷藏文文献

妥·云丹贡布（约 708~833 年）所著的《四部医典》，第司·桑吉嘉措所著的《蓝琉璃》，藏族医学家帝玛·丹增彭措所著的《晶珠本草》，苏喀·年尼多吉所著的《藏医十万舍利》，松巴·益西班觉所著的《松巴医著集》，弥盼所著的《弥盼医著》。

《四部医典》书影

从上述著名的医学著作中可以看到从古代藏医学科的形成和发展历史概貌；12 世纪后的藏医药发展概况；强苏二派对《四部医典》发展的贡献，以及公元 17 世纪第五世达赖喇嘛到第十三世达赖喇嘛时期藏医药的大复兴和发展。

藏族天文历算学是藏族祖先在长期的生活实践中不断探索，并吸收了汉族和印度等地的先进成果发展起来的，是藏族传统文化的一个重要组成部分。藏族天文历算学历史悠久，文献丰富，有着鲜明的民族特色，且于 1027 年，从梵文《时轮历》译为藏文。《时轮历》为佛祖释迦穆尼所传，分五章，第一章讲外时轮（天体运动的规律），第二章讲内时轮，第三章讲灌顶，第四章讲修法，第五章讲内时轮和外时轮相结合。还有第悉·桑吉嘉措所著的《白琉璃》，止贡·却吉坚参所著的《历算论典——圆月论》，布顿·仁钦珠所著的《布顿历算汇编》等。

5. 藏族绘画艺术

西藏唐卡是用彩缎装裱而成的卷轴画，多数以佛教故事、事件、人物及医学、历史、文化艺术和科学技术等为表现内容，具有独特鲜明的民族特色和艺术风格。由于唐卡记载着西藏文明的发展进程，所以，它不仅凝聚着藏族人民的信仰和智慧，同时也寄托着藏族人民对佛祖的情感和对雪域家乡的无限热爱。

藏族是具有悠久历史的民族，它创造的灿烂文化，是中华民族文化遗产的重要组成部分，而唐卡则是其中独具特色的一种宗教艺术形式。

西藏唐卡是用彩缎装裱而成的，它具有浓郁的宗教色彩和独特的民族风格，历来被藏族人民视为珍宝。什么是唐卡呢？唐卡是藏语的译音，对此汉语另有几种译名：一曰"卷轴画"，此名是根据唐卡有画轴，便于悬挂膜拜瞻仰，便于收藏携带而言的；二曰"布画"，此名是根据唐卡画大多画在布料上而言的；三曰"平面绘画"，此名是根据唐卡画大多是平面图画为表现形式而言的。根据唐卡画的主要特点、功能和作用，本人认为译为"卷轴画"较为确切。

藏族唐卡艺术有着悠久的历史，其历史大体可以追溯到吐蕃时代。公元 7 世纪初，赞普松赞干布（公元 617～650 年）统一全藏，翻开了西藏历史新的一页。松赞干布先后与尼泊尔赤尊公主、唐朝文成公主联姻，加强了与其他民族的政治、经济和文化的联系。两位公主进藏时，分别从尼泊尔和中原内地带去大量的佛教经典、营造工艺、历法星算、医药书籍以及大批工匠等，为西藏文化的发展注入了强大的外部活力。此后，吐蕃王朝相继修建了雍布拉康宫、布达拉宫、帕崩卡宫、强巴明久林宫、庞塘宫等华丽的宫殿。在装饰这些宏伟壮丽的宫室时，王室召集和培养了大量的画师和画匠，这无疑促进了西藏绘画艺术的快速发展。据五世达赖所著《大昭寺目录》一书记载："法王（松赞干布）用自己的鼻血绘画了一幅吉祥天姆护法神像，后来蔡巴万户长时期果竹西活佛在塑吉祥天姆护法神像时，作为核心将其藏在神像腹内。"这幅相传由松赞干布亲自绘制的唐卡虽已不复传世，但从西藏绘画艺术发展的过程来看，唐卡是在松赞干布时期兴起的一种艺术形式。因为这个时期不但有长期发展积累起来的壁画艺术作为基础，而且更为重要的是，由于佛教的传入，佛教艺术也随之发展起来了。这时，仅有的壁画已不能满足人们的需要，于是一种能随意作画、便于悬挂、易于携带和收藏、有利于宗教宣传的新型画种——唐卡，也就应运而生。从此，在佛教昌盛的西藏，唐卡和壁画并驾齐驱，成为西藏绘画史上两颗光彩夺目的明珠。

公元 8 世纪中叶到 9 世纪初，在赤松德赞和赤热巴巾时期，由于吐蕃王室大力扶植佛教，广建寺院，壁画和唐卡也相应地得到发展。到了吐蕃王朝末期，赞普朗达玛灭佛，许多寺院被毁，寺内壁画和唐卡等文物均遭到严重的破坏。公元 9 世纪中叶，吐蕃王朝灭亡以后，西藏地区长期陷于分裂割据局面，社会经济遭到严重破坏，文化发展十分迟缓。到了元代，西藏地方政权萨迦王朝受命管理西藏事务，为元朝敕封的十三个万户之首，但萨迦王朝并未能统一全藏，各万户都有相对的独立性，绘画艺术前进的步伐也受到了影响，发展缓慢。所以，宋元时期的唐卡，流传下来的十分罕见。

西藏不同画派的出现，是西藏绘画长期发展的结果，也是西藏绘画艺术更趋成熟的表现。这个时期，先后出现了以山南的满拉顿珠嘉措为首的满唐画派，以艺术家朱古南喀扎西为代表的噶玛噶智画派，以后藏艺术家群英嘉措自行创立的新满唐画派，以禅泽钦姆为首的倩泽画派，以康区德格地区祖拉却吉朗娃为首的德格画派，以安多热贡地区嘎赛拉智巴香曲热赛为首的热贡画派等，这些都是藏区绘画史上著名的画派。

这些画派在绘画风格方面来讲：后藏的画风因地域关系，在造型、布局、施色等方面有明显的印度、尼泊尔文化痕迹，如阿里古格遗址、托林寺、江孜白居寺、扎什伦布寺等的壁画和唐卡就属此类；在康区和安多热贡地区因地理位置特殊，画风受内地汉式绘画的影响较大，从设色到山水皴法，云彩花卉分染法到山石树木的造型，以及线条勾勒等方面把汉式工笔画技法引用糅合进唐卡技法中，这类唐卡壁画在热贡地区的一些寺庙里可以看到。除地域影响外，在吐蕃时期藏王松赞干布迎娶尼泊尔尺尊公主和唐文成公主入藏后，二位公主带进藏区的尼泊尔文化和汉族文化艺术对藏族本土文化也有深远的影响。但是，我们今天所能看到的唐卡中，纯粹的尼泊尔风格和纯粹的汉式画风都已不存在，因为它们都已融入藏传唐卡艺术中了。这些不同风格的画派，促进了唐卡艺术的蓬勃发展，形成了百花齐放、竞相斗艳的局面。大体说来，前藏的唐卡构图严谨，笔力精细，善于刻画人物的内心世界。后藏的唐卡用笔细腻，风格华丽，构图讲究，笔力饱满，例如佛祖释迦牟尼像，画面丰富，着色浓艳，线条精细，几乎不见毫迹，这种浓艳细密的画风属于工笔重彩之类。安多热贡画派是介于前藏画派与汉风画派之间的一种画派。例如，第一世夏日仓应身像即属于这一画派的风格，其画面复杂，以精练的构图、精细的笔法，勾画出第一世夏日仓讲法的风姿，在西藏唐卡艺术中，这种精细风格的出现标志着藏族唐卡艺术达到顶峰。

虽然，西藏各个画派由于地区不同和风格迥异，其绘画风格各具特色，但总的说来，西藏唐卡绘画，人物、佛像，笔精而有神韵，形象栩栩如生；画走兽花鸟，则精于勾勒，姿态生动，配奇石山景，峰峦峭拔，气势雄伟；绘宫殿楼阁，格调稳重，布置壮丽。在取景布局上，视野广阔，用鸟瞰全局和散点透视的手法，把远近景物组织在一个画面内，而各景物间又有它自身的透视关系。利用景物的轻重主次、干湿浓淡、阴阳向背、虚实疏密等关系加以联系，使画面有咫尺千里之感。具体的画法多用细笔填彩晕染的方法，即先用精细的线条勾勒轮廓，再用各种艳丽的对比色彩填充或晕染。有些背景如山水、云彩、宫室、楼阁等用类似金碧山水的画法加以烘托。

西藏唐卡，在明清以前，大多是由各地民间画工分散绘制的。到公元 17 世纪，五世达赖阿旺罗桑嘉措时期，开始把各地著名画师集中起来，专门从事唐卡的绘制，现在布达拉宫收藏的很多唐卡就是这一时期民间著名画师绘制的。以后，七世达赖洛桑嘉措也采取这种办法绘制唐卡和壁画，并在这个基础上，将画工逐渐组织起来，发展成为"拉日白吉杜"，近似内地的行帮一类的绘画组织。此外，各大寺院的唐卡，一部分是由施主供奉，另一部分则是寺内有绘画才能的僧人绘制的。过去，寺院是西藏文化的荟萃之地，许多高僧不但是深受信徒崇敬的佛学大师，而且又是出类拔萃的绘画能手。著名的萨迦班智达·贡嘎坚赞，曾为萨迦北寺画过壁画——文殊菩萨像。格鲁派始祖宗喀巴大师也曾画过一幅自画像，寄给居住在青海的母亲。以后，诸如克珠杰、五世达赖喇嘛阿旺罗桑嘉措等，也画过唐卡。此外民间的画师也很多，例如前藏的洛扎丹增罗布，后藏的曲银嘉措、绒巴索朗结布、江央罗布等，他们都是公元 17 世纪著名的绘画大师。

"唐卡"又可分为黑唐卡、红唐卡、蓝唐卡、绿唐卡、金唐卡、银唐卡等。黑唐卡多用于描绘镇妖降魔的题材，在漆黑的底色上大量勾金，画面雄伟强劲，庄重沉着。红唐卡以红为底色，表现高贵富丽。蓝唐卡则以蓝为底色，给人以色调明朗、喜悦轻快之感。金唐卡以金为底色，上面用黑线和红线勾画，使画面神圣、金碧辉煌。银唐卡则全用银打底，黑色勾线，色彩朴实单纯，使整个画面显得高贵典雅。唐卡在藏区各佛教寺院保存数量最多，唐卡画是藏族独有的一个艺术门类，今天已引起国内外美术工作者的关注。

唐卡的绘制极为复杂，用料极其考究，颜料全为天然矿植物原料，色泽艳丽，经久不退，具有浓郁的雪域风格。"唐卡"艺术强调画面上的看得多，看得全，看得远，看得细，构图别致，不受时间、地域的限制，即使在很小的画幅中，上有天堂，中有人间，下有地界。画家往往把情节繁多、连续性强的故事，巧妙地勾勒描绘于画面，使画面内容丰富多彩。

唐卡的大小并不规则，大小相异，一般的为 70 厘米长宽，小者有如巴掌般大小，巨者长度达数 10 米。今天我们能见到的最大的唐卡，为布达拉宫所珍藏的长达 50 余米的二幅巨型唐卡，外地的游人若有可能来到西藏，可在藏历年 2 月 30 日举行的赛宝法会上，目睹布达拉宫赛佛台上悬挂的稀世珍品唐卡。

西藏唐卡的题材是多方面的，有取材于西藏社会历史和生活习俗的历史画和风俗画，也有反映藏族天文历法和藏医藏药的唐卡。据史作画、以画言史是西藏唐卡的一个显著特点。反映西藏历史的唐卡，有通史性的，即作者把西藏各个历史阶段的重大事件，一件件形象地描绘出来，并加以必要的文字说明，简明扼要地介绍西藏历史的概貌。也有的是以断代性的历史为题材的唐卡，即描绘某一历史阶段的几个重要事件，说明有关的事件详情。还有一种人物传记唐卡，是把某个重要历史人物（包括宗教人物）一生中的主要活动表现出来。藏医藏药已有两千年左右的历史，是祖国医药学宝库中的重要组成部分，早在公元 8 世纪就有《四部医典》等医药学典籍问世。公元 17 世纪，第司·桑结嘉措时期，集中了洛扎丹增罗布等各地著名画师，系统地绘制了一套完整的医药唐卡，共 79 幅，这在世界医药史上也是罕见的。

唐卡在西藏社会上的应用是极为广泛的，社会名流大多珍藏有数量不等的传世唐卡。平民百姓，或出自信仰，或为了某种纪念，也要聘请画师绘制唐卡供奉。在寺院里，唐卡更是必备的庄严之具，每个殿堂，甚至僧舍，都悬挂着数量不等的唐卡。这些数量极为可观的唐卡，作为文化遗产，为我们研究西藏历史、宗教、文化、绘画、工艺以及自然科学等提供了极为重要的研究素材和资料。

在西藏不少地方山神受到人们的崇拜，是因为它能呼风唤雨，既能保佑我们平安健康、牲畜兴旺，也能降灾降难、危害我们。山神如同天地一样不好不坏，亦好亦坏。我们敬重它、恳求它、拜服于它。山神比任何一种神灵都更容易被触怒。凡是经过高山雪岭、悬岩绝壁、原始森林等地方，都必须处处小心，最好不要高声喧哗、大吵大闹，否则触怒了山神，立刻就会招来狂风怒卷、雷电交加、大雨倾盆，泛滥成灾；若是冬天，就会风雪弥漫，铺天盖地，因此，山神被尊为灵验的神。同时山神经常以骑马的猎人形象巡游在高山峡谷之中。

二　藏文文献开发和利用问题

1. 藏文文献资源现状

藏文古代文献。藏文古籍，包括吐蕃古藏文文献和吐蕃以后的藏文典籍。据不完全统计，目前，全国藏区各地、各大寺院以及图书馆、博物馆、档案馆共存有藏文典籍约 43.6 万余部，木刻印版约 2.4 万余块。这些藏文典籍是藏族学者对历代藏族社会历史文化的记载和研究，是藏学研究的不可或缺的宝贵资料。

各大寺院收藏的藏文文献

就北京地区有关图书馆而言，如：民族图书馆，该馆现有藏文古籍 4000 多部。中国国家图书馆（原名北京图书馆）少数民族文字阅览室，该馆现藏有藏文古籍 3500 多部。中国藏学研究中心图书馆，该馆现藏有藏文古籍 3000 多部。中央民族大学图书馆现藏有藏文古籍 1800 多部。中国社会科学院民族研究所图书馆，现有藏文古籍 2500 多部。

2. 藏文历史档案

西藏地方的藏文历史档案起始于元代，迄于 1959 年初，历时近 70 年，为数约 300 万件，仅次于国家珍藏的汉文档案和满文档案。西藏及其他藏区地方的藏文历史档案，既是珍贵的历史文献，也是研究西藏和藏族的重要史料，又是珍贵的文化遗产。从内容上看，包括西藏及其他藏区的政治、经济、文化、宗教、行政设施、典章制度、政教首领的更迭、兄弟民族间的来往以及自 13 世纪以来西藏地方与中央政权的政治联系、历代中央政府给西藏政教首领的加封，对西藏地方官员的委任及中央政府在西藏的行政机构和官员设置等等。为了便于有关科研、教学机构的专家、学者了解西藏及北京等地所存有关西藏和藏事档案史料，并为查阅利用这些档案文献提供线索，中国藏学研究中心与有关档案部门合作编辑翻译了如下档案史料汇编和目录：中国藏学研究中心、中国第一历史档案馆、中国第二历史档案馆、西藏自治区档案馆、四川省档案馆合编的《元以来西藏地方与中央政府关系档案史料汇编》，中国第一历史档案馆与中国藏学研究中心合编的《中国第一历史档案馆所存西藏和藏事档案目录》（满藏蒙文部分），由中国第二历史档案馆与中国藏学研究中心合编的《中国第二历史档案馆所存西藏和藏事档案史料目录》等。上述档案史料汇编和目录中，辑入了大量藏文历史档案文献，反映和记载了西藏及其他藏区的政治、军事、经济、司法、教育、文化、宗教等多方面的历史面貌，是研究西藏及其他藏区藏族历史的第一手资料。

3. 藏文文献开发利用所存在的问题

对藏文文献的收集和开发利用方面存在较突出的现象有：一是有些单位或个人在面对藏文文献时，盛赞藏族古代文化灿烂、历史典籍丰富、价值重大，但在实际工作中，对于创造收藏条件、开发利用却抓得不够；二是有些单位只重视藏文文献的收集工作，而疏于开发利用，文献资料沉睡于书库，发挥不了应有的作用；三是有些单位虽然重视广泛收集藏文文献资料，并在开发利用方面也做了一些著录工作，但在利用现代技术手段和深层次的研究方面着力不多。笔者到藏区搞社会调查时，曾发现部分寺院、单位或民间存有一些有价值的藏文文献，如果不及时进行抢救整理，会出现毁损或遗失，造成不必要的后果。再则，随着时间的推移，熟悉藏文文献的老一代藏族知识分子越来越少，给咨询工作，尤其是将对一些疑难问题的咨询工作带来困难。专业人才严重短缺，要整理研究与开发利用藏文文献，至少应具备两个条件，一是要有足够的经费开支，二是要通晓藏文文献、懂专业并安心做这项工作。

三　开发利用藏文文献的意义和价值

1. 开发利用藏文文献的意义

有利于振奋民族精神，推动藏族社会的发展和进步。藏民族是个伟大的民族，在漫长的历史发展中，在高海拔的青藏高原创造了独特的文化。藏文典籍则充分地反映了藏民族在历史上创造的思想文化和科学成就，反映在中国古代史、民族史上做出杰出贡献的众多的历史人物。利用开发这些藏文文献，可以加深人们对藏文化的了解和认识，也可以提高藏民族本身的民族自尊感、荣誉感、积极进取，推动藏民族的发展进步，促进藏族社会经济文化的全面发展。

有利于历史地全方位地了解藏族文化，促进藏族文化建设。藏文文献，无论是金石铭刻、竹木简牍，还是早期的藏文写卷，无论是以《大藏经》为代表的皇皇巨典，还是藏族的贤哲大德们在文史哲和自然科学等方面著述，都是藏族古代精神文明的珍贵成果。通过这些藏文文献，不仅有助于人们客观地了解西藏地区及其他藏区的历史和现状，也可使人们看到藏区思想文化的基本状态。

有利于树立科学观念，提高藏民族文化素质。提高藏民族科学文化素质，是促进藏民族发展繁荣的一个标志。在藏区由于绝大多数民众的信仰藏传佛教，从而使这种宗教既有广泛性、普及性，又有深刻性，同时也造成了一种强大浓重的宗教氛围。它是一个完整的思想系统，有其存在的深刻的社会历史根源和认识根源。在佛教思想体系里含有一定的辩证法因素，比如藏传佛教的哲学思想在人类认识发展史上就占有一定的地位，对此我们应批判地继承，既不能全盘肯定，也不能全盘否定。

2. 用于研究藏传因明学

自从因明学传入藏区，曾有许多学者撰写了相当数量的因明学著作，但是就因明学在藏区的自身发展，人们一直认为始于公元 12 世纪的恰巴·曲吉桑格（1109~1169）。但本人新发现的手抄本——俄·洛丹西绕（1059~1109）所著的《定量论释》，证明了因明学在藏区的传播早在恰巴·曲吉桑格之前就开始了。在他的著作里，不仅有藏传因明学特殊的辩论方式及其词汇，而且其思辨模式也已初具规模，这将因明学起源往前推进了半个世纪，推翻了把恰巴·曲吉桑格作为藏传因明学之义的定论。应该说，是俄·洛丹西绕创立了藏传因明学。

因明学是藏族传统文化大五明之一，也是古代藏族逻辑思维的标准和尺度。藏传因明学来源于古印度。古印度佛学家陈那撰写了《集量论》。著名的古印度因明学家法称发展了陈那的《集量论》，完成了《集量七注》。后来许多著名的藏族学者继承和发展了因明学的理论。如萨迦班智达·贡嘎坚赞和宗喀巴大师等学者都把因明学理论作为寺院学习的主要内容。这方面的论著主要有：佛教论师陈那等的《古印度因明学选编》，西藏后期因明学的著名学者鄂·洛丹西饶大译师所著的《量抉择论释难》，凯珠杰·格勒白桑所著的《因明七论除意暗庄严疏》、《量理诲改》，萨迦班智达·贡嘎坚赞所著的《量理论宝藏总则及其注释》，洛布堪钦·索朗伦珠所著的《量理宝藏注疏·教理曦轮》，德巴夏噶等著的《因明学概要及其注释》，拉萨哲蚌寺果芒格西·慈诚嘉措所著的《因明学浅释明鉴》，贾曹杰所著的《因明中论详解》（上、下）与《因明难解注释》，尊巴敦雄所著的《释量论解说·雪域庄严》，拉让巴格西、益希旺秋所著的《释量论注释》，土登格勒嘉措所著的《摄类学论·悟道宝灯》，格西次旺所写的《因明七论要点注释》等，这些藏文论著对于研究西藏哲学、逻辑思想史、藏传因明师承和历史发展、藏传佛教因明学的主要特点、因明学在藏传佛教文化中的核心作用、因明学对藏族传统文化的影响等都是难得的参考文献。

3. 用于藏族文化史

包括藏族文化的起源、演变、文化交流，以及音乐、舞蹈、绘画、雕塑等的研究。历史地看，藏族宗教文化的发展经历了原始信仰、苯教文化和藏传佛教文化三个阶段。藏族宗教文化以苯教文化为基础，佛教文化为主导，并吸收了一些其他民族的宗教文化。我们在研究藏族古代文化中的"十明之学"、物质文化、制度文化和精神文化时，不得不去翻阅约成书于 13 世纪初叶的《丹珠尔》这部百科全书。《丹珠尔》主要是印度、西藏佛教大师、学者、译师对《甘珠尔》的注疏和论著，其中包含较多的哲学、文学、艺术、语言、逻辑、天文、历算、医药、工艺、建筑等方面的典籍。其中不仅汇集了众多的佛教典籍，而且保存了大量文化典籍。不管研究藏族古代文化的哪一方面，都涉及《丹珠尔》所包含中的诸多学科领域。藏族古代文化是丰富的，无论在衣食住行、风俗习惯，还是在哲学、宗教、伦理道德、语言文字、典章制度、文学艺术、天文历算、文化教育等诸多领域，在长期的文化积淀中都取得了极为丰硕的灿烂的成果。历史上的文化交流，从地域看，接触最为频繁、密切的是与祖国内地，此外还有印度、尼泊尔、缅甸、克什米尔、波斯等地。

四　开发利用藏文文献的建议

1. 关于开发利用藏文文献的几条建议

根据科研、教学、出版的实际需要，广泛收集藏文文献。首先看看西藏地区主要几个图书馆的藏文文献收藏情况。西藏自治区图书馆，现有藏书 59 万册（函），其中藏文典籍 10 万函。西藏社会科学院图书馆，现有藏书 24 万册，其中藏文图书 6 万册（函）。西藏大学图书馆，其藏书量为 22 万册，以藏文图书为主。西藏农牧学院图书馆，现有藏书为 30 万册，其中也有藏文图书。西藏自治区党校图书馆，藏书量为 8 万册，其中也有藏文文献。上述五家图书馆的藏文文献藏书量可达 30 多万册（函）。

布达拉宫藏书阁在所有图书馆中，藏文文献资料的数量和种类是最多和最齐全的。但是迄今为止，馆内藏文文献的目录仍然没有整理完全。本人从其他书籍中了解到，一些重要的藏文文献资料只有布达拉宫藏书阁有收藏，在藏区属独一无二。因此，整理并出版布达拉宫里那些重要的藏文文献对学术界、藏学界以至于整个社会都有很大的帮助。

2. 培养藏文文献工作专门人才

在培养藏文文献工作专门人才的同时，应与科研人员共同整理开发。从事藏文文献整理和研究的人应具备一定的素质和条件，如整理和研究以金石铭刻及竹木简牍和早期写卷为代表的古文献，从事人员需要有良好的古藏文水平。在整理和研究以《大藏经》为代表的佛教典籍和藏族的高僧大德们在文、史、哲和艺术、自然科学等方面所留的著作时，从业人员需要有佛学素养。这些人才光靠图书馆专业人员是远远不够的，必须与科研人员共同整理开发。藏学研究工作者的个人所长不同，有研究历史学、宗教学、文化学、语言学、文字学的，也有研究经济学等学科的。经过图书馆专业人员和研究人员的共同努力下，可以促进藏文文献的开发利用。同时，科研人员通过整理开发可以掌握藏文文献中的大量信息，有利于深化专业研究，提高研究层次。

3. 加大对文献整理开发力度

在加大对文献整理开发力度的同时，应编制本地区藏文文献联合目录。目前存在的严重问题是，大多数图书馆著录格式不统一，各自分类编目。故而，需要根据科研的需求，应按照藏文文献的不同类型、不同专题内容编制书目、索引、题录、文摘等编制目录。在现有编目的基础上，分藏文图书和藏文典籍两部分，最好先从藏文典籍中某一部分开始做起，逐步扩展到其他部分，最后完成全部的联合目录工作。

对藏文文献的开发利用，可以发展藏学事业，弘扬藏族优秀传统文化，推进藏族社会的发展进步。因此，研究开发利用藏文文献工作，在现阶段有着特殊意义。

吐蕃王朝时期宫堡建筑的艺术特点

巨　浪

吐蕃建筑是适应自然气候和宗教礼仪，经过漫长的历史文化演变形成的。原始社会时期的青藏高原，出于对自然环境的崇拜，人们创造出石块和木质结构混合的建筑形式，并形成影响藏族传统建筑的碉堡建筑和帐篷建筑的范式。《旧唐书·吐蕃传》记载吐蕃的都城逻些"屋皆平头，高者至数十丈。贵人处于大毡帐，名为拂庐"[1]。

公元 7 世纪 30 年代，在松赞干布的领导下建立了吐蕃王朝，前后两百余年的历史时期，是藏族历史上高度统一的时期，这期间社会稳定，经济发展，少有战乱，佛教广泛传播，为藏族社会的发展提供了广阔的空间。这一时期的藏族建筑有了很大的发展。

松赞干布对藏族社会进行了广泛的改革，其中建设拉萨和桑耶寺是最主要的举措。拉萨都城的建设包括布达拉宫、查拉路甫石窟、拉萨大堤、拉萨八角城、大昭寺、小昭寺等。吐蕃王朝时期，拉萨都城建筑规模和建筑技术都有很大的发展，出现了一些新型的建筑材料，外来文化的影响在建筑艺术中的表现日趋明显。

一　外形和功能

首先，吐蕃帝国早期的建筑注重实用性。吐蕃第二十八代赞普拉托托日年赞时期，在拉萨红山上修建了自己修行的住所。从《吐蕃王统记》记载来看，可能只是一处修行的山洞。这可能是红山上最早的建筑[2]。

吐蕃王朝时期，藏族文化从雅鲁藏布江河谷向周围扩展。吐蕃军队和随军移民把吐蕃的碉堡建筑带到很远的地方。一位叫盘热的将军历时九年实现了嘉绒地区的统一，他主持修建了从玛曲到云南中甸之间的 1020 个大小碉堡，利用天然险峻，堪称西南的万里长城[3]。

我们可以从现存布达拉宫的壁画中一窥吐蕃时期的宫堡建筑的样子。壁画中的布达拉宫其规模、形制、风格都与近代的布达拉宫有很大区别。吐蕃时期的宫堡建筑有明确的王权特征，宗教色彩不是很浓厚。这些建筑的规模都比现代的要小，注重实用性和防御性。我们可以认为后世的一种特征是青藏高原政教合一制度发展过程中逐步形成的。

其次，吐蕃帝国早期建筑艺术中，佛教地位并不十分突出。学者们推测吐蕃时期至少在相当长的一段时期内，其美术活动应多以苯教文化内容为主。但从统治阶层有意识地向青藏高原引进佛教文化，伴随着外来宗教在青藏高原渐渐完成本土化，佛教美术也就成了王朝时期美术发展的主流。吐蕃王朝时期，尽管佛教扮演了举足轻重的地位，但是佛教仍是辅助政权的一种工具，而未成为政权本身；因此吐蕃王朝时期的宫堡建筑中，尽管都有神殿佛堂，但相对于中世纪以后的建筑要小得多。例如有学者研究认为，早期的桑耶寺远不如今天这样宏伟，最初的桑耶寺没有住寺的僧人、没有大殿、没有经堂，只有供奉佛像和经书的几座小殿。大昭寺和小昭寺最初也仅仅是为了供奉文成公主和尺尊公主带来的释迦牟尼佛像而建造。这些寺院传说最初只有"四柱八梁三十三椽"，可见规模都不大。

《贤者喜宴》中介绍尺尊公主居住的赤兹红宫时也说道："宫顶均诸一竖立系以红旗中间缠以杂彩之枪矛十杆，并设各种兵器，悬挂各种丝绸之流苏。"[4]在公主的寝宫还要用如此兵器来陈设，凸显出吐蕃王朝此时尚武的文化氛围。宫殿既是城堡，同时兼具居住的功能。

在《嘛呢宝训集》中，当时的布达拉宫被这样描述："红山以三道城墙围绕，红山中心筑九层宫室，共九百九十九间屋子，连宫顶的一间一共一千间，宫顶树立长矛和旗帜……王宫南面为文成公主筑九层宫室，两宫之间，架银铜合制的桥一座以通往来……王宫护城东门外筑有国王跑马场，跑道用砖铺，砖上铺木板。跑道两侧装有彩色木栏杆，木栏杆上装饰珠宝串成的璎珞，一马驰跑道上，犹如百马奔腾之响声。"[5]可见布达拉宫建筑的气势之宏大，体现出吐蕃王朝强大的国力。另一方面，从布达拉宫的格局体现出吐蕃王朝军事治国的特点[6]。今天的布达拉宫高 117 米，四方宽度为 370 米，共有 13 层，房屋多达千余间。它的建筑风格继承了雍布拉康以来的"拉康"建筑的艺术特色，又为中世纪以后的藏族宗山建筑开创了先例。

第三，吐蕃帝国兴起的过程中，广泛吸收外来文化，这一特色也体现在当时的建筑艺术中。吐蕃王朝建立之后，松赞干布加强了对外政治和文化的联系，其主要的邦交国是印度、尼泊尔和唐朝。由于吐蕃和这些国家同属佛教国家，佛教源于印度，因此印度和尼泊尔对吐蕃文化的影响非常大。健驮罗艺术就是其中之一。由于佛教刚刚传入吐蕃，吐蕃王朝聘请了大量印度和尼泊尔工匠负责查拉路甫石窟和大昭寺的修建，从建造形式到壁画装饰都照搬了印度或尼泊尔的佛教寺院的样式。《贤者喜宴》中说："此宫堡仿锡兰楞伽布日山而建。"又如查拉路甫石窟是典型的健驮罗艺术的风格，大昭寺则严格仿照坛城。文成公主入藏后，唐朝的中原文化也开始影响到吐蕃的建筑艺术。例如文成公主曾按照汉术观测大昭寺的选址。大昭寺的人字形梁架结构体现出浓厚的汉地建筑风格，吸收了汉式歇顶、房檐斗栱等文化元素。

二　结　构

青藏高原的建筑可以分为楼房（"妥则"ཐོག་རྩེག义为"多层房"）平房（"妥吉马"ཐོག་ཆིག་མ"吉妥"གཅིག་ཐོག义为"一层房"）[7]。在今天康区和卫藏的一些地方，村落中除了日常居住的房子，还会有一些非常雄伟的城堡，用岩石筑成，底层面积不大，高度却会有七八层甚至十几层。这种巨大的碉堡在藏语里被称作"宗（ཛོང་）"这些高大的"宗（ཛོང་）"是用来做防御的，14 世纪中叶以后，帕竹政权在重要的城镇建立行政管理机构"宗（ཛོང་）"，建立巨大的碉堡，作为行政官员、军队的驻地。这种规模宏大的"宗（ཛོང་）"和吐蕃帝国时期的宫堡建筑有着密切的传承关系。

《隋书》记载青藏高原东部的炉霍、德格一带"俗好复仇，故垒石为巢而居，以避其患。其巢高至十余丈，下至五六丈，每级丈余，以木隔之。基方三四步，巢上方二三步，状似浮图。于下级开小门，从内上通，夜必关闭，以防贼盗"。可见吐蕃王朝时期，民间已经掌握了非常高超的石质建筑技术。依苯教传统，屋顶左角是祭祀战神的地方，屋顶右角是祭祀阴神的地方，这与《旧唐书·吐蕃传》中"屋皆平头，高者至数十丈"相吻合。

西藏南部以及喜马拉雅山南麓的地区受到印度洋季风的影响，气候温和，降水充足。为了适应湿润的地理条件，这里的藏族民居多用斜顶，以便排除雨水。并且这些地方的民居大量使用木材。为了与地面分隔开，阻止潮气，防止物品发霉，所以藏族民居多建在山坡，一层放置杂物或饲养牲畜，二层和二层以上才住人。

在盛产林木的地区，藏族人常常建造一种用原木垒叠的小木屋，称作"恒康"ཤིང་ཁང་（木房）。恒康的墙用长度一致的原木垒成，转角处把原木的两段砍出缺口，咬合在一起。恒康大多没有窗户，只在门的位置切割出门框。这种木屋因地制宜，建造简单，多用作堆放杂物、厨房，或者短暂居住。在《贤者喜宴》里说，松赞干布时代的如莱杰"于不能渡过的河上建造桥梁"，可见吐蕃王朝时期的藏族人已经具备了娴熟的架桥技术。这意味着他们有能力建造复杂的木质建筑，那么用原木砍削咬合制造的"恒康"木屋应当是当时林区吐蕃人最普遍的建筑了。

许多民居里都有火塘，尤其是在牧区，帐房里会放置一个用泥制成的三角形小炉子，叫作"吉布"སྒྱེད་པ་或སྒྱེད་ཁ་吉布是一个家庭生活的中心，取暖、烧水、煮茶、做饭都在这里进行。茶余饭后的家庭活动也围绕着火塘发生。

民居建筑应该和今天的藏族民居差别不大，多为土木结构的单层平顶小屋，通常为"凹"字形。一座标准的民居建筑由外墙（གཞིས་མ་）大门（རྒྱ་སྒོ་）客房（མགྲོན་ཁང་）卧室（ཉལ་ཁང་）厨房（ཐབ་ཁང་）经堂（མཆོད་ཁང་）放桑台（བསང་ཁྲི་）储藏（འབྲུ་ཁང་）牲畜圈（ཕྱུགས་རྭ་ནོར་ར）草料房（རྩྭ་ཁང་）柴火房（འབུད་ཤིང་འཇོག་ཁང་）猪圈（ཕག་ར）厕所（སྤྱོད་ཁང་）等。

三 墙 和 梁

现代藏族建筑有两种体系，梁柱承重体系和墙承重体系[8]。梁柱承重体系的建筑多分布在藏东、藏南这些降雨丰富、林木茂盛的地方，人们可以就地取材，用结实的木柱撑起沉重的屋顶以及二层以上的重量。墙承重体系的建筑多分布在青藏高原和河西走廊地区，这些地方降水较少，土地贫瘠，终年严寒，不适宜生长巨大的树木，建筑所需的木材需要从外地采购。因此这里的房子开间都比较小，房屋多建筑成梯形，用厚厚的墙壁承担房顶的重量。四面墙顶上承椽子再加屋顶。这样建造的房子厚重结实，外观看上去像城堡一样。

吐蕃兴起于山南匹播城（今琼结），从山南的气候来看，梁承重结构应该早于墙承重结构被发明和采用。但是由于坚固厚实的石墙更有利于军事驻扎，适应其军事扩张的需要。所以吐蕃在向东兼并苏毗和附国的过程中引进了"垒石为巢"[9]的技术，并运用到整个国土[10]。

青藏高原东侧地质形态复杂，多地震，断层很多，生产条状的板岩和页岩，因此这里的藏族居民会就地取材地用这种板岩砌墙。为了增加墙体的稳固性，从地基开始每隔几米就会加砌一段长长的木条，叫作"墙筋"，把松散的石条拉住，加大了石块间的张力。这样砌起的墙稳定性大大增强。

吐蕃王朝时期另一种重要的建筑形式是"边玛墙"ཤེན་ཁའི་གྱང་།边玛墙起源于民居中人们把砍来的柴禾码在墙顶，一方面可以起到防盗的作用，另一方面也可以保持柴禾干燥。后来成为吐蕃建筑等级森严的一个标志，只有寺庙和官邸才有资格使用。

边玛是生长在藏区独有的一种灌木，用边玛的枝条捆成直径十厘米左右的束，长度一尺左右。这些边玛捆用生牛皮扎成，风干后生牛皮缩紧，边玛捆会变得更结实。施工时，工匠用这种边玛枝条捆做成外墙，边玛条上下左右用木楔子钉紧成为一个整体，尾部用泥浆垫平，嵌入石墙，使边玛墙和外墙成为坚固的整体。外层和里层的厚度各占一半。边玛墙砌好后，枝条朝外的一侧会漆上朱红色，显得端庄稳重，十分好看。边玛墙的上缘和下缘还要插入一层椽头（ཕྱམ་མགོ），椽头是长方体的木块，一段深深地插在墙里，起到稳固的作用，另一端露出墙体一寸左右，刻一个圆圈，漆上白漆，防止椽头糟朽，其余漆成红色。墙顶再铺上石板，石板上加一层阿嘎土（ས་ག）防水。

阿里地区没有生长"边玛"这种植物，但是这里的人也会用当地出产的一种用作燃料的灌木制作类似的边玛墙。阿里人会在外墙距离地面一米左右的地方开始堆砌捆扎成束的灌木枝，用平行于外墙的短棍把它们固定好。木条砌至墙顶，压上胶泥做成防水层。木条朝外的一侧拍平，刷成棕红色，做成和卫藏的边玛墙一样的风格。这种墙体的外观美观大方，通风透气性好，保温和保湿效果好[11]。

藏族民居的地板多用木地板，富裕家庭会做光滑的"阿嘎"地面，颇具特色。"打阿嘎"也是一项有趣的体育运动，这项工作通常由妇女完成，她们排列成整齐的队伍，手持拍打"阿嘎"土用的石捶，唱着歌，有节奏地一起拍打阿嘎土地面。拍打好的阿嘎土地面会像水泥地一样光滑平整坚固。拍打阿嘎的夯筑工具是一块直径 20 厘米的圆饼状石块，圆心有孔，用一根长约一米的木棍穿过石饼，夯土时就用手提着木棍拍打地面。有时候为了提高阿嘎土地面的坚固程度，阿嘎土里面要掺入一些碎石、树脂、酥油等。传说建造布达拉宫时，为了使阿嘎土富有黏性，阿嘎土里还加了蜂蜜。

四　帐篷

帐篷是藏族游牧文化的一个重要的组成部分。在藏族的各式帐篷，帐篷的各种材料、配件、生活用品、有关帐篷的习俗禁忌，构成了一个严密的文化体系。在牧区，帐篷可以有两种类型：一种是用黑色牛毛褐子制成褐帐"瓦"，一种是布制成的"盖尔"。

"盖尔"（རས་གུར།义为"布帐篷"），形状大小十分灵活，最常见的就是草原上的那些三角形小帐篷了。

在一块平整干净的土地上竖起一根柱子（ཀ་བ），它是整个帐篷的支柱，起到承重的作用。支撑柱通常选取质感较轻的松木、柳木，便于运输。

帐篷布（རས）用绳子（ཆེན་ཐག）拉直、绷紧。与一般的绳子（ཐག་པ）不同，帐篷绳（ཆེན་ཐག）更加坚固，韧性很强，通常都是绑帐篷专用的。传统的帐篷绳是用牛毛搓成三股后编成辫子状的长绳，既美观又坚韧。

最后，便是围绕在帐篷四周的数量不等的木桩了，插在帐篷四周，绷紧的帐篷绳的一端挂在木桩上。木桩通常是一组成年人手臂长的木棍，被削成一端粗一端细底部尖的锥形，斜插在泥土里，用来挂帐篷绳。

柔克义（Rockhill）在《西藏民族学笔记》中描述他所见到的藏族的牛毛帐篷时提到："帐篷的底边被铁钎或藏羚角牵制住。"[12]因此我们可以推测，在吐蕃王朝时代，羊角或者牛角也会被广泛用于当作帐篷桩使用。

黑色牛毛褐子的帐篷（སྦྲ）是最常用的帐篷。它的结构与"盖尔"大同小异，只是形制上更大些，并且在细节上有更细的要求。与"盖尔"最大的区别是，"瓦"的主要材料是手工编织的牛毛褐子，在《新唐书》和《旧唐书》中，均译作"拂庐"。牛毛从牦牛的身上剪下来以后，被妇女们梳理平整，搓成毛线，再编织成整块的毛褐。一"毛褐"的编织，往往要一个妇女数月的辛勤劳作，耗费大量的时间和精力。如今质地优良的"氆氇"，价格往往高达数千元。布帐篷（རས་གུར）所需的一些材料在青藏高原不能自产，黑色牛毛帐篷（སྦྲ）应当出现早于布帐篷（རས་གུར）。

五　色彩

由于吐蕃王朝时期的建筑大多经过多次重建，我们难以见到那时的建筑是什么样子，只能根据历史资料和现在藏族建筑艺术来推测当时的情形，红色和白色应当是吐蕃建筑外墙最主要的两种装饰色彩。

红色在藏族建筑艺术中被运用得最为广泛，红色是权力的象征，这种文化寓意当来自于苯教，苯教的早期祭祀中，会用血把祭台染成红色[13]。红色在建筑装饰中代表非常重要的寓意，不会轻易使用。《旧唐书·吐蕃传》记载吐蕃人有赭面的习俗，赞普的服装、宫殿、军旗全部为红色装饰，可见红色是吐蕃王朝最喜爱的颜色，正如黑色对于汉朝、黄色对于满人一样，表达着重要的含义。

所谓赭面，就是用红褐色的赭石颜料把脸涂成红色。这源于吐蕃帝国的战士的一种装束，身穿红色的战袍、把脸染红，看上去非常有震慑力。不仅仅是青藏高原，世界各地的历史记述中都有类似的情形。一则谚语说："在作恶者的眼中，后世的道路都是红的。"[14]可见红色被赋予了代表权威的象征意义。

红色之外，被运用最为广泛的就是白色了。建筑中常见的白色装饰，来源于藏族先民游牧生活的经济形态，酥油、乳汁、奶酪皆是白色。吐蕃时期盛行"白宴"，即，用奶酪、酥油、面食等白色食物做成的宴席。一些学者认为，建筑外墙的白色装饰来源于古时候藏族人用乳汁制作的白色涂料，从房顶沿着墙壁均匀地倾倒下来，这种建筑方式，在古伯查的《鞑靼西藏旅行记》里面也有描述。

与中世纪以后的藏族宫堡建筑最大的区别在于，吐蕃帝国时期的宫堡建筑不崇尚使用黄色。一方面，黄色的重要地位开始于格鲁派兴起之后；另一方面，黄色是中原汉族文化的正统色，元代以后青藏高原被纳入到中华版图，黄色装饰的重要性才逐渐凸显。一些学者认为吐蕃赤松德赞时期在桑耶寺建造了"布孜金色殿"是外表涂黄的建筑[15]。但是史籍中却没有提及"布孜金色殿"究竟是外墙涂了黄色颜料，还是宫殿用黄金进行装饰，因此笔者认为这种说法缺乏证据支持。

六　传承脉络

吐蕃的宫堡建筑从雍布拉康开始，发展到布达拉宫，已经积累了很多经验。吐蕃王朝的建筑继承了依山而建的传统，建筑样式倾向于方块状的碉堡。从《贤者喜宴》的记载来看，松赞干布时期的布达拉宫还保留了非常浓重的军事堡垒的性质。说明此时佛教建筑刚刚从印度和尼泊尔引进，还没有完全本土化。由于前弘期的佛教势力不强，吐蕃时期的寺庙建筑大多比较朴素，没有住寺的僧人，也没有经堂，只有供奉佛像和经书的小殿。

从现有的考古资料和文献资料来看，吐蕃时期的宫堡建筑具有三个显著的特点：首先，宫堡建筑多"依山而建"，房屋沿着山坡依次升高，一方面显得雄伟壮观，一方面有效地利用了空间。这也是为什么吐蕃人的宫殿多修筑成九层、十一层、十三层而保持坚固的原因。

其次，吐蕃时期的建筑兼具军事城堡的作用，多修得坚固厚实。建筑和建筑之间往往架设桥梁通行，可见是为了防范战争中敌人进攻。例如在松赞干布的宫室和尺尊公主的宫室之间、松赞干布和文成公主的宫室之间都有金银桥相通。显然这些桥的存在不仅仅是为了视觉的美观[16]。根据根敦群培的观点[17]，飘扬在吐蕃建筑顶上的那些经幡最初的形式是一根长矛，立在门上，用意是显示军威。所以，在建筑上飘扬经幡的习俗应当是从吐蕃时期开始的。

第三，吐蕃时期的宫堡建筑已经确立了石土木结合的力学构造、外观呈梯形、向上逐渐收分的模式，外墙不开窗或只开狭窄的小窗。现代藏族建筑中典型的梯形黑色窗框很有可能也是在吐蕃时期成形的。

第四，吐蕃帝国在向四方扩张的过程中，并没有拘泥于单一的建筑特色，而是不断吸收周边部落的建筑技术。"就地取材"是吐蕃建筑的特点，各地出产的材料不同，用材就不同。卫藏地区盛产石材，所以墙体多用石块垒成，屋顶用木材做梁，然后用黏土压成屋顶。在康区，林木茂盛，木材充足，所以这里的人们多用大块的石材做墙体，中间加墙筋增加石墙的稳定性，屋顶用木梁做成。云南和喜马拉雅山南麓降雨量充沛，盛产木材，除墙外用土石外，内隔墙多用木板，二层以上的外墙用原木垒成，屋顶覆盖草、瓦或者石片。

七　结语

吐蕃帝国地域辽阔，藏文化的辐射区域十分广阔。现代北至昆仑山南麓，南至喜马拉雅山南麓，东到四川盆地，西到克什米尔，都有藏族人（包括印度、尼泊尔等国的一些说藏语的族群）生活。因此藏族建筑艺术也不是单一的，不同地方的人住着不同的房子。游牧的藏族牧民会用牛毛织成毛褐，搭建毡房；雅鲁藏布河谷以农业为生的藏族会建造木板房，而在藏北缺乏木材的地方，人们用岩石建造碉房；在黄河流域，石材以河谷中的卵石为主，不适合建筑，人们建造土坯房。这样看来，吐蕃时期的建筑艺术是丰富的。

吐蕃王朝时期是佛教在青藏高原的前弘期，这一时期的建筑对后世的影响十分重要。由于达玛俄丹赞普灭佛以及漫长历史岁月里的种种变迁，当时的建筑艺术已经很难再复原。因此研究吐蕃王朝时期的宫堡建筑，对于我们认识吐蕃王朝的社会历史风貌具有重要的意义。

注　释

［1］刘昫著：《旧唐书·吐蕃传》，中华书局，1975 年。

［2］李延寿著：《北史·列传第八十四·附国》，中华书局，1975 年。

［3］巴卧·祖拉成瓦著，黄颢、周润年译：《贤者喜宴》，中央民族大学出版社，2010 年。

［4］陈耀东著：《中国藏族建筑》，中国建筑工业出版社，2007 年。

［5］木雅·曲吉建才编著：《神居之所——西藏建筑艺术》，中国建筑工业出版社，2011 年。

［6］马扎·索南周扎：《论藏式建筑设计要以藏族文化为底蕴和支撑》，《明轮藏式建筑研究论文集》，中国藏学出版社，2012 年。

［7］罗桑开珠：《论藏族房屋建筑的发展历程及其特点》，《轮藏式建筑研究论文集》，中国藏学出版社，2012 年。

［8］［法］弗雷德里克·拉达贡著，周苏亮译：《喜马拉雅的神秘古碉》，中国建筑工业出版社，2008 年。

［9］宗喀·漾正冈布：《苏毗初探》，《中国藏学》1989 年第 3 期。

［10］刘铁程：《"拂庐"考辨》，《西藏研究》2011 年第 1 期。

［11］丁昶：《藏族建筑色彩体系研究》，西安建筑科技大学博士论文，2009 年。

［12］强俄巴·次央、王清华：《试论吐蕃时期布达拉宫的建筑规模》，《西藏大学学报》2012 年第 2 期。

［13］罗飞、杨尚明、杨晓彬：《解读西藏传统色彩与建筑装饰艺术》，《重庆建筑》2010 年第 2 期。

［14］张亚莎：《吐蕃时期西藏建筑艺术初论》，《西藏研究》1996 年第 4 期。

［15］夏格旺堆：《试论藏族民居装饰的嬗变》，《中国西藏》2001 年第 3 期。

［16］强俄巴·次央、王清华：《试论吐蕃时期布达拉宫的建筑规模》，《西藏大学学报》2012 年第 2 期。

［17］杨嘉铭：《丹巴古碉文化纵览》，《中国藏学》2004 年第 2 期。

首届都兰吐蕃文化全国学术论坛纪要

青海藏族研究会

  青海藏族研究会主办的首届都兰吐蕃文化全国学术论坛于 2012 年 10 月 28 日在青海西宁拉开帷幕。论坛以实地考察与学术研讨相结合，10 月 29 日～31 日与会专家学者先后考察了海西州乌兰县茶卡吐蕃大墓、都兰县热水吐蕃墓群、考肖图吐蕃墓群，参观了都兰县收藏的吐蕃文物（在宁期间还参观了省文物考古研究所收藏的吐蕃文物）。从各学科、不同角度、不同层次进行多方位的考察研究都兰吐蕃文化，增强了直观了解和感性认识。11 月 1 日～2 日，在西宁举办学术论坛。

  10 月 28 日晚，在西宁雅荷花园大酒店举行了盛大的欢迎晚宴。省委常委、省纪律检查委员会书记、省委统战部部长多杰热旦、省政协副主席仁青安杰和文化厅副厅长冯兴录应邀出席欢迎会并问候到会人员。欢迎会由青海日报社副社长、编审戈明主持，介绍出席晚会的领导和与会专家学者。青海藏族研究会副会长、秘书长李庆（多哇·更桑协热）致欢迎辞。他说，本次论坛邀请对吐蕃文化特别是对都兰吐蕃墓葬考古发掘和研究的省内外专家学者参加，邀请新华社青海分社和青海新闻媒体的记者对论坛给予报道。出席开幕欢迎晚宴的还有本会部分顾问、副会长、副秘书长等。

  李庆说，吐蕃文化是我国古代文化的重要组成部分，对中华文明的形成与发展做出过巨大贡献。自 20 世纪 50 年代以来，随着都兰县热水吐蕃墓群和海西州其他地区吐蕃墓葬的发掘和一大批珍贵文物的出土，青海境内的吐蕃文化遗存越来越多地受到广大学者的关注，也引起社会各界的瞩目和热议。

  几十年来，随着文物考古工作者的不懈努力，青海境内越来越多的吐蕃遗存不断呈现在人们面前，如 2002 年发现的德令哈市郭里木乡棺板画，2008 年发现的乌兰县希里沟镇泉沟壁画墓，第三次文物普查中发现的玉树县当噶墓群、称多县白龙沟可哇下庄墓群和治多县那考达墓群等。这些吐蕃遗存的发现，使人耳目一新，在学术界产生了一次又一次的震撼。这些文物，从人类学、民族学、历史学、民俗学、美术学、语言学、宗教学等许多方面，极大地丰富了吐蕃文化的实物资料，使我们对吐蕃文化、唐蕃关系、中西文化交流等有了更新的乃至颠覆性的认识。同时，也带来一些需要重新认识的课题。但这些新发现并未能使一些没有进行过深入研究的人改变错误认识，他们仅凭妄猜臆断，在学术界和群众中造成了一些负面影响，急需加以纠正。

他强调，这次论坛旨在为研究吐蕃文化的国内广大学者提供一个聚集一堂、相互交流、探讨的平台，使专家学者有一个多视角、多层次研讨都兰吐蕃文化的机会。在交流与研讨中，进一步深入研究、深化认识，正本清源，达成共识，将都兰吐蕃文化研究、推广都兰吐蕃文化知识，推向一个全新的阶段。

古为今用，以史为鉴。广泛、深入研究都兰吐蕃文化，对加强都兰地区乃至青海境内墓葬保护，实行有计划发掘，坚持在可持续发展的前提下，发展旅游事业具有重要意义；对消除在都兰热水墓群族属问题上的误导以及因这些误导在干部、群众中产生的认识误区，把认识引导到具有共识，且得到国家认定的正确范围中来具有重要作用；对提高干部群众文物保护意识、推动当地经济文化发展，加强民族团结、维护国家统一有其特殊的重要性。

参加本次论坛的专家学者中有：中国社会科学院考古研究所研究员王树芝；中国科学院地理科学与资源研究所研究员邵雪梅；中国社会科学院考古研究所研究员叶茂林和高级工程师钟建；科学出版社文物考古分社研究员孙莉；文物出版社《文物》编辑部副主编、编审王霞；中国藏学研究中心研究员桑德和吉美桑珠；吉林大学边疆考古研究中心副教授张全超；西藏社会科学院研究员巴桑旺堆；四川大学历史文化学院博士夏吾卡先；西南民族大学教授根秋登子；西南民族大学文献研究中心博士夏吾李加；兰州大学历史文化学院教授宗喀·漾正冈布；西北民族大学藏学院教授扎西才让；西北民族大学历史文化学院院长、教授才让；青海省文物考古研究所研究员许新国；青海省图书馆研究员李智信；青海省文化厅原副厅长、研究员格桑本；青海民族大学教授恰嘎·旦正；青海师范大学民族师范学院副教授叶拉太；故宫博物院原副院长、高级工程师晋宏逵，高级工程师杨红等也参加了此次论坛欢迎晚宴。

本次论坛共收到论文 30 余篇，其中藏文 6 篇。中央美术学院教授罗世平先生、四川大学教授李永宪先生因事未能到会，但提供了论文。中央民族大学教授、著名藏学家王尧先生特地给论坛寄来了他的一套五册《王尧藏学文集》。四川藏族学者得荣·泽仁邓珠先生寄来了论文并发信祝贺。发信祝贺的还有青海省政协原副主席蒲文成先生和青海省社会科学院原副院长、研究员王昱先生。

本会副会长、研究员格桑本代表本次论坛和青海藏族研究会，在论坛结束时作了总结发言。他说，首届都兰吐蕃文化全国学术论坛是吐蕃文化研究的一次盛会，标志着都兰吐蕃文化的研究工作步入了一个新台阶。在各方关心和各位专家、学者的共同努力下，圆满结束。本次论坛，主题鲜明，特色突出，发言热烈，先后有 24 位专家学者发言，收获很大。论坛一开始就得到省文化厅、都兰县委、县政府等有关部门的大力支持，得到了新华社、青海日报社等新闻媒体的大力支持，这对论坛的成功举办发挥了重要的作用。格桑本在归纳本次论坛的特点时指出：

一是专家学者多、论文多、参与学科多。参加论坛的专家学者有近 60 位，有来自北京、吉林、西藏、四川、甘肃、青海等地的社会科学、自然科学研究单位和文博单位的研究员，还有大学教授、博士研究生、硕士研究生等。参加论坛的学科既有考古学、古藏文学、历史学的专家，还有人骨DNA 测定、树轮测定、物理探测等方面的自然学科的专家。

二是做到了四个结合：

——实地考察与科学研讨相结合。与会者通过实地考察和参观文物展，印象深刻，受益匪浅。在研讨中，大家各有侧重，畅所欲言：有的对都兰出土的吐蕃文物进行了介绍，有的发表了专题研究成果，有的对相关问题进行了探讨，会议气氛热烈，学术态度严谨，达到了良好的效果。

——藏汉专家结合。藏汉专家聚集一堂，用汉藏两种语言发言（论坛还提供了藏文论文汉译摘要），介绍各自的研究成果，互相交流、相互学习，创造了一个学术研讨和民族团结和谐的浓郁氛围。尤其是很多藏学专家充分利用丰富的古藏文和古汉文史料，对都兰吐蕃墓考古资料进行了科学、缜密、深入的研究。

——传统史学、考古学与现代科学相结合。会上，既有各族史学专家、考古专家、美术专家宣讲研究成果，更有自然科学专家介绍各自的研究成果，如科学出版社文物考古分社研究员孙莉、吉林大学边疆考古研究中心 DNA 实验室副教授张全超、中国社会科学院考古研究所研究员王树芝、中国科学院地理科学与资源研究所研究员邵雪梅，分别对都兰古墓考古发掘、墓葬出土人骨线粒体 DNA 测定、都兰吐蕃墓葬树轮年代测定作了介绍。

——老中青专家相结合。参加本次论坛的专家既有德高望重的资深藏学家、考古专家，也有学术功底深厚，在某些领域有较高造诣的中青年学者，还有一批在吐蕃文化方面有较深研究，涉猎广泛的后起之秀。本次论坛在都兰吐蕃文化研究方面起到了承前启后、继往开来的作用。

三是内容广泛，主题鲜明。论坛主要围绕都兰吐蕃墓葬及出土文物展开研讨。通过对墓葬布局、形制、结构，随葬物品，殉葬制度，壁画以及棺板画反映的宴饮、出巡、人物服饰、化妆习俗和出土的古藏文的研究，对都兰吐蕃墓群民族属性、文化内涵、文化意义进行了广泛的论证、探讨，作了高水平的讲演，得出了许多科学的结论。专家们认为，都兰古墓群是吐蕃文化，这与中央政府、省政府对它公布的定性相吻合，也是国内考古专家多年发掘和众多权威学者长期研究得出的结论，更是这次会议的共识。同时强调，都兰吐蕃墓群是中华民族难得的文化遗产和宝贵财富，保护好、发掘好、研究好、利用好这一文化财富，对保护吐蕃文化、增进民族团结进步、宣传中华民族悠久文明具有十分重要的意义。大家呼吁：今后应该乘文化大发展、大繁荣和中央支持藏区文化发展政策的有利时机，相关部门和地区应按有关规定和程序，就地保护都兰热水一号大墓，建成类似西安半坡、四川三星堆、陕西汉阳陵一样的遗址博物馆，在其周围进行有计划发掘，逐步建成有大、中、小型吐蕃墓葬系列遗址博物馆，并建立青海省和都兰县两级吐蕃文化博物馆，将珍贵的吐蕃文物向世人展示。

与会专家学者共同的感受是：本次论坛组织合理、安排周全，尤其是实地考察，对没到过都兰的人们来说，是难得的考察机会，增强了认识，开阔了眼界，开启了思路，收益丰殷。

《青海藏族》杂志将整理专家学者们在论坛上的发言和个别采访记录，出一期专集。将这次论坛会上发的《论文汇集》（会议版）的基础上，正式出版。届时将赠送各位与会人员。

对这次论坛省内外媒体给予了广泛报道。新华通讯社青海分社在新华网发稿，多家媒体予以转载。《中国文物报》（2012 年 11 月 7 日第 2 版）、《中国民族报》（2012 年 11 月 9 日第 10 版）、《工人日报》（2012 年 11 月 19 日 05 版）、《青海日报》（2012 年 11 月 2 日第 2 版）、《青海藏文报》（2012

年 11 月 9 日第 6 版）、《西海都市报》（2012 年 11 月 2 日第 A2 版）、《西宁晚报》（2012 年 11 月 2 日第 A12 版）、《西宁晚报》（2012 年 11 月 23 日 B07 全版）、青海广播电视台、中国藏族网通、中国藏族网等都先后予以报道。

党的十八大将文化建设列为今后的重要工作之一，我们希望通过这次论坛，请各级领导和各位专家学者在今后的工作中，对都兰吐蕃文化给予更多的关注，奉献数量更多、质量更高的研究成果，将这一祖国文化遗产的保护、研究、合理利用推向一个新的发展阶段。

2012 年 11 月 19 日

（原载《青海藏族》2012 年第 1 期）

尊重历史，维护结论，愿地方史研究
在正确的轨道上行进

《青海藏族》编辑部

本会半年刊《青海藏族》2011年第2期即都兰吐蕃墓专刊，自今年四月出版发行以来，在读者中，包括在本省各级领导和国内有关专家学者中引起了强烈反响。共同认为：这期专刊引证全面，史据确凿，文章质量高。专刊引述各种资料，从考古发掘、史地考证、古藏文读释、人骨和树轮测定、国内外专家学者研究成果等，均可证明都兰古墓为吐蕃墓，而非吐谷浑墓。更何况省政府、国家文物局和国务院先后发文予以确认，并公布于世，其真实性和说服力由此可见。同时认为，本期专刊定会起到正本清源、排除谬误的作用。专刊还以卷首语和评论的形式，介绍一些论说者的来龙去脉，评驳我省极少数地方文史爱好者在都兰吐蕃墓上的"吐谷浑说"。我省考古工作者历经三代人、近六十年在都兰考古发掘，后又有北大的考古发掘和多方面论证，尤其在国家早有认定通知的前提下，极少数地方文史爱好者还要藐视定论，违背事实，一意孤行，实在是说不过去的。有的读者将这期刊物看了一遍又一遍，或打电话，或来编辑部谈心得体会。他们说，看了这些文章，等于给自己上了一堂青海地方史和藏族古代史的教育课，增长了知识、受到了启发。有几位原来持"吐谷浑说"的朋友，过去没有看到过北大、省考古所的《都兰吐蕃墓》和李文实先生的《西陲古地与羌藏文化》，也不知道省政府和国务院通知公布的事，看了本刊后，才恍然大悟。有的学者如《雪域觅珍》一书的作者赵春生先生，20多年来一直从事收集和研究羌藏历史文物，还有唐卡、雕刻和天铁等，收藏种类多，精品多，研究范围广，造诣很深。他除了肯定专刊成功之外，并就今后如何办出特色、拓展深度与广度提了不少好建议。还有的读者提出疑问说，本省极少数非专业地方文史爱好者为什么置国家文件和考古定论于不顾，顽固坚持都兰吐蕃墓是吐谷浑墓，甚至篡改历史，要国家在都兰建立中国吐谷浑文化中心呢？这个问题提的好。我们认为，就一般而论，首先，涉及做学问者的治史态度问题。历史上有不少人不为名，不为利，研磨探讨，孜孜以求，奋斗终生。他们坚持真理，不为势所驱，不为风所动，甘受寂寞和冷遇，甚至不怕贬斥，不怕坐牢、不怕杀头。他们追求真理的业绩在历史上彪炳千年而不朽。许多为文者还成为刚正不阿、坦荡做人的楷模。但也有些人不是这样，他们要么是趋势跟风、图谋私利之徒；要么是歪曲事实，伪造历史之辈，其留存的著述不仅成为贻笑后世的话柄，连著文者本人也为人所不齿。第二，史学和任何学术一样，是正大光明之术，是追求真知灼见、去伪存真之学，来不得半点虚伪和牵强附会。其中包括知错改错、知之为之、不知为不知的追求真知的态度和精神。史学研究更加重视的是地下实物证据与地面文献记载的密切结合，那种仅凭以论代证、猜测臆想之说是史学研究所忌讳和摈弃的，至于抱着其他目的而蓄意造假那当是另一类问题。第三，对于都兰吐蕃墓的考古发掘，国内外学者的深入研究，已成定论，并由省政府、国家文物局、国务院先后公布确认。这应是国家的权威认定和政府行为，除此之外，还要什么定论？我们的态度，应该是拥护和遵从，而不是阳奉阴违，甚至唱反调。如果你的研究，确有凭据证明都兰吐蕃墓是吐谷浑墓，可以直接、大胆地向省上有关部门提供考证研究报告，以便逐级上报改正。但可惜的是，这极少数人不仅拿不出像样的凭据来，还要公然违背国家定论，另搞一套，其意图和用心，真让人费解！

　　本期又是一期关于都兰吐蕃墓的专刊。为拨乱反正，以正视听，在《文件摘登》栏目中，再次刊登国务院、省政府和国家文物局曾公布的关于都兰吐蕃墓的文件。在上期杂志中，我们提到都兰血渭一号大墓出土的古藏文木简牍收藏在省文物考古研究所，本期在《吐蕃古墓研究》中，首次将摹本刊出，同时附上省文物考古研究所原所长、研究员许新国的《关于都兰县热水血渭一号大幕的族属和年代》，以飨读者。特别值得庆幸的是，许新国先生为我们第一次提供了海西州乌兰县泉沟吐蕃时期的墓葬壁画照片，并撰写了《乌兰县泉沟吐蕃时期的壁画墓》一文，全面介绍了墓葬壁画和相关史料，读者可通过文章和画片，了解更多的历史信息。事实再次证明：不仅都兰墓葬是吐蕃墓，根据全省第三次文物普查，连同乌兰县和玉树州的玉树、称多、治多三县的墓葬，同样是吐蕃墓。在此栏目中，还刊登有1999年主持都兰吐蕃墓发掘的北京大学齐东方先生《都兰吐蕃墓群》的摘要，兰州大学教授、博士生导师宗喀·漾正冈布等的《七（bdun）、九（dgu）、十三（bcn gsun）——神秘的都兰吐蕃墓数字文化》和《"论赤偕微噶"（Blon Khri She'y Ka）》，以及雨佳的《关于吐蕃与吐谷浑若干问题之我见》、苏德胜的《都兰吐蕃墓出土丝绸文物与东西方文化交流》。在《史地考证》栏目，我们从已故著名史学家李文实所著《西陲古地与羌藏文化》中，节选"吐谷浑国地理考释"中的几节，帮助读者进一步了解吐谷浑国当时地理和地名释疑，民族特征以及与吐蕃的区别。在《藏文》通栏中，刊出阿顿·华多太的《柴达木藏族变迁史》、夏吾李加的《藏语"va—zha"之族源考辨——兼论吐谷浑之间的关系》和堪卓加《阿夏、吐蕃、吐谷浑三者之族属解疑》。他们通过藏汉历史典籍的研究，从不同方面揭示吐谷浑的根基不在海西，更加坚信都兰古墓就是吐蕃墓，可以想见当年吐蕃披靡四方的军事和经济力量之强大，以及在与东西方文化交流中的作用。通过诺日仁青的歌词"察苏河"（他曾请人谱曲、演唱）和都兰吐蕃墓专题片的解说词"消失在察苏河畔的古王国"，我们可在聆听赞颂察苏河历史的深沉、嘹亮的歌声中，跟随镜头的指引，去领略都兰山水和吐蕃古墓群的雄浑、伟大。这片古老的土地，曾是吐蕃铁骑北上直取伏俟城之道，也是建立根据地、开展东西方商贸往来之所。历史上的一件件、一幕幕似乎又展现在我们眼前，历史让我们振奋和沉思！

（原载《青海藏族》2012年第1期）

国务院
关于公布第四批全国重点文物保护单位的通知

国发【1996】47 号

各省、自治区、直辖市人民政府，国务院各部委、各直属机构：

国务院同意文化部提出的第四批全国重点文物保护单位（共计 250 处），现予公布。

我国是具有悠久历史的文明古国，拥有极为丰富的文物。保护和利用好这份珍贵的历史文化遗产，对于正确认识中华民族的发展历史、继承和发扬民族优秀传统、增强民族自信心和凝聚力、建设有中国特色的社会主义，有着重要的意义。望各地依照《中华人民共和国文物保护法》等法律法规，进一步贯彻"保护为主，抢救第一"的文物工作方针，认真做好本地区内全国重点文物保护单位的保护、管理工作，使之为弘扬中华民族文化和促进社会主义物质文明、精神文明建设发挥更大的作用。

国务院

一九九六年十一月二十日

（……略……）

15. 热水墓群

时代：唐

地址：青海省都兰县热水乡

热水墓群共有封土 300 余座，1982～1985 年发掘 26 座，其中大墓封土内有三周阶梯形的石砌围墙，主墓位于石围墙内，由封石、照壁、棚木、墓道、墓门、回廊、东室、西室、中室、南室组成。该墓地属盛唐时期的吐蕃遗存，也是青海境内面积最大、保存封土最多的一处吐蕃墓地。对于研究中西文化交流、吐蕃与中原文化交流及吐蕃、吐谷浑的丧葬习俗有重要价值。

（……略……）

青海省人民政府文件

青政【1986】65 号

青海省人民政府关于公布青海省第四批省级文物
保护单位及调整原文物保护单位的通知

西宁市、各自治州人民政府，海东行署，省政府各部门：

我省历史悠久，文化灿烂，地上地下保存了大批珍贵的历史文物。近几年来，省文化部门组织人力对全省文物进行了普查，登记了古代文物遗迹二千余处，其中新发现的一千五百多处。根据《中华人民共和国文物保护法》的规定，对其中具有较高历史、艺术、科学价值的革命遗迹、古建筑物、古遗址、古墓葬、石刻等一百三十二处列为青海省第四批省级文物保护单位。同时，根据国务院国发（1980）120 号文件关于"调整、补充、重新公布各级文物保护单位名单"的要求，对第一、二、三批共六十二处文物保护单位进行了复查，除两处升为全国重点文物保护单位和保存完好的四十八处外，对破坏严重，已失去保护意义的十二处，予以撤销。现对第四批及调整后的第一、二、三批省级文物保护单位一并公布。

我省先后公布的这四批文物保护单位，是青海历史的珍贵遗产。各部门、各地区、各单位必须按《文物保护法》的规定，严加保护。对于毁坏、盗窃以及走私文物的活动，要视其情节轻重，给以处罚，直至依法惩处。

附件：

一、青海省第四批文物保护单位名单；

二、青海省第一、二、三批文物保护单位名单；

三、撤销的青海省第一、二、三批文物保护单位名单。

青海省人民政府

一九八六年五月二十七日

附件：一

青海省第四批文物保护单位名单
（一九八六年五月二十七日公布）

顺序号	名称	时代	地点
（……略……）			
128	热水墓群	唐代（吐蕃）	都兰县热水乡
（……略……）			

附件：二

青海省第二批文物保护单位名单
（一九五七年十二月十三日公布）

顺序号	名称	时代	地点
（……略……）			
010	英德尔古墓	唐代（吐蕃）	都兰县英德尔羊场老场部
011	考肖图古墓	唐代（吐蕃）	都兰县香加乡
（……略……）			

《中华人民共和国文物博物馆事业纪事》（摘录）

1996年全国十大考古新发现是：1. 丰都烟墩堡旧石器时代遗迹；2. 孟津妯娌新石器时代聚落遗址；3. 成都平原史前古城址群；4. 平顶山应国墓地；5. 长清西汉济北王陵；6. 长沙三国吴纪年简牍；7. 北票喇嘛洞鲜卑族墓地；8. 青州龙兴寺佛像造像窖藏；9. 都兰吐蕃墓群；10. 华蓥南宋安丙家族墓地。同时还确定1996年重大考古新发现提名荣誉奖是：1. 浙江省嘉兴南河浜新石器时代遗址；2. 安徽省巢湖市放王岗西汉吕柯墓地；3. 西沙群岛文物普查。

正本清源，排除谬误，还都兰吐蕃墓本来面貌

《青海藏族》编辑部

都兰吐蕃陵墓群是我国西部古代少数民族的重要历史文化遗存，对研究吐蕃生产方式、生活习俗、宗教信仰、东西方文化交流提供了弥为珍贵的实物资料。但深感痛惜的是，从清末开始，盗墓者的鬼祟身影从未离开过，其在马步芳统治时期和"文化大革命"结束后的许多年里，盗掘之烈，毁坏之残，令人发指，损失不可复得。疯狂的盗墓活动，首先引起我省考古工作者的高度关注，他们曾几次写信给中央领导，请求重视。1982年以来，省文物考古研究所在都兰县热水乡血渭草场发现了一个庞大的唐代吐蕃陵墓群并开始进行发掘，其中包括命名为"都兰血渭一号大墓"的吐蕃陵墓。这个发现被国家文物局学术委员会以"都兰吐蕃墓群"冠名，评为"1996年全国十大考古新发现"之一。为此，国务院于1996年11月20日以国发【1996】47号文将"都兰热水吐蕃墓群"公布为全国重点文物保护单位。在此之前，1986年5月27日，青海省人民政府以青政【1986】65号文件将"都兰热水吐蕃墓群"公布为第四批省级文物保护单位。该文同时公布了调整后的青海省第一、二、三批省级文物保护单位，其中在1957年12月13日公布的第二批名单中，都兰县英德尔羊场老场部的英德尔古墓和都兰县香加乡考肖图古墓均被定为唐代吐蕃古墓。1994年10月《青海百科大辞典》，在分类目录《考古文物》中对此亦有全面介绍，其中题目和开头一段是："都兰吐蕃墓葬群吐蕃文化遗址位于柴达木盆地东南边缘都兰县的热水乡，是一处唐代吐蕃大型墓葬群。"1996年国家文物局主编的《中国文物地图集——青海分册》也将"都兰热水吐蕃墓群"定名为吐蕃古墓群，国家文物局还将热水吐蕃墓群列入全国百大遗址。随着这些吐蕃墓葬的发现和发掘，墓葬的考古研究也随之兴起，近二十年来，考古工作者又陆续发掘了几十座墓葬，出土了许多新的极有价值的文物。

围绕墓葬的形制、结构、出土文物（包括古藏文、金属制品和人骨）、年代、族属等一系列问题，国家考古、人骨测定、树轮研究等单位以及古藏文专家相继发表了一系列考古、测定、释读的研究成果。都兰吐蕃墓葬的发现、发掘也引起了我省一些非专业、民间文史爱好者的兴趣，他们在省内外刊物和媒体上发表了许多以论代证的文章。我们姑且把前者称为"吐蕃说"，后者称为"吐谷浑说"，持"吐谷浑说"的文字材料，除了个别文集外，绝大多数发表在我省《柴达木开发研究》、《中国土族》、《西宁晚报》等报纸杂志上。不知什么原因，在他们的文章中，却很少提及，甚至根本回避国家级专家学者们的考古和研究成果。他们无视国务院和省政府《通知》，也不顾专家学者们考古科研成果，臆说这些墓群属吐谷浑墓。他们的所作所为不仅使社会上一些有识之士感到十分惊讶

和费解，还在省内外考古界、学术界造成了恶劣影响，甚至影响到个别基层政府的工作决策。

为了让有关领导、相关部门以及文化、文物、地方史乃至旅游、媒体等工作者全面了解都兰吐蕃墓葬的真实情况，去伪存真，不被误导，本着对国家、对历史、对子孙后代应有的责任感，我们已向省委、省政府主要领导以及相关部门和海西州、都兰县负责同志呈送了2005年出版的考古专著《都兰吐蕃墓》一书，本期将有关考古专家、学者们的部分研究成果和国务院、省政府的有关文件编辑出版供读者参考阅读。

党的十七届六中全会提出要加强新时期的文化建设，省委书记强卫在全省文化改革发展大会上指出，我们有可以和宁夏西夏王陵相媲美的热水古墓。这对我省文化、文物考古工作者是一个很大的鼓舞和鞭策。我们应该继续加强对都兰吐蕃墓群的保护，同时有计划地进行考古调查、发掘和研究，展示这一珍贵的吐蕃文化遗迹和遗物，充分利用这份璀璨的祖国文化遗产为当地社会、经济发展做出应有的贡献。

下面将持"吐蕃说"的专著和文章中的主要观点，摘录如下，以便检阅原文：

一　《都兰吐蕃墓》（2005年由科学出版社出版，北京大学考古文博学院、青海省文物考古研究所编著），本专著系都兰热水沟南岸一、二、三、四号古墓葬考古发掘报告书。

1. 关于人物形象：

对一、二、三号墓出土的木板彩绘图，报告分别认为："……此人物形象很可能就是吐蕃人。""……此二人物皆有赭面特征，可推测为吐蕃人形象"，"……人物形象似为吐蕃人"。

2. 关于古藏文木简：

在一、二、三号墓葬中都发现了古藏文木简。其中对一号墓的木简经全国著名古藏文研究专家，中央民族大学教授王尧释读，认为："墓主人可能为公元757年死于任上名叫'甲贡'的尚论思结桑，若此，这是第一座可以明确断定墓主人的吐蕃墓葬。"

3. 关于年代与族属：

专著引用了吉林大学人骨鉴定专家们的报告。报告说"墓葬的年代应当在中晚唐时期"。"关于墓主人的人种参数我们已进行DNA测定，属于现代藏族人种。""这批古人骨的族属当系唐代的吐蕃人。""族属无疑是吐蕃，而非吐谷浑。"

4. 关于调查报告：

在考古发掘报告调查座谈会上，北京大学考古教授齐东方说："吐蕃打吐谷浑就走热水沟。这个地区现在能确定为吐谷浑的东西很少，也就是说在诺木洪文化和吐蕃时期之间的吐谷浑文化是空白的。"

二　热水北岸都兰"血渭一号大墓"的发掘和研究

——对热水北岸所谓都兰"血渭一号大墓"的研究，持"吐谷浑说"者从不提及该大墓中出土的古藏文木简。"血渭一号大墓"出土古藏文木简，现存我省文物考古研究所，待释读。

——持"吐谷浑说"者鲍义志在2011年出版的《中国土族》夏季号《寻踪吐谷浑》一文中把没有测定过该墓树轮年代的央视10频道《中国地理》栏目的主持词作为依据，而"铁定大墓吐谷浑"。文章说"血渭一号大墓"树轮定年为公元400年（后来他又在12月6日《西宁晚报》上写文章说是公元 600 年）。为此，青海考古研究所有关专家曾就"血渭一号大墓"树轮定年问题询问中国社会科学院考古研究所王树芝研究员和中国科学院地理资源与环境研究所邵雪梅研究员，两位研究员都说："没有采集过'血渭一号大墓'树轮样本，所以没有该墓的具体定年。"

——古藏文是在松赞干布时代的吞米桑布扎所创制，一般认为时在公元 617 年以后。吐谷浑于公元 663 年为吐蕃所灭。按鲍义志的说法"血渭一号大墓"是在公元 400 年（或公元 600 年）。这一问题将做何解释？

在此，我们引用我省考古专家许新国对整个都兰吐蕃墓的结论来印证"血渭一号大墓"也是吐蕃墓。他说："吐蕃是藏族所建立的政权，这个政权在鼎盛时期，曾辖有青藏高原诸部，势力达到西域河陇地区。统一强盛的吐蕃经历了二百多年时间，在我国古代史上占有重要的一页。都兰吐蕃墓葬分布广泛、绵延百里，在此范围内还有众多的遗址和城址，是一处不可多得的祖国文化遗产"。（《西陲之地与东西方文明》：许新国著，p141）

三　关于树轮测定

树轮测定法不仅是广泛用于编制某地区历史气候变化表的先进手段，也是确定古代墓葬中树木砍伐年代的可信办法。

从中国社科院考古研究所王树芝、中科院邵雪梅和我省文物考古研究所许新国、肖永明等人采集测定的都兰 8 座墓葬树轮定年结果表明，这些墓均属吐蕃墓，都是在吐蕃灭吐谷浑以后所葬。它们是热水北岸的 M21：公元 685 年；M14：公元 691 年；M19：公元 713 年；M3：公元 732 年；M23：公元 753 年；M8：公元 784 年，还有热水南岸 M3：公元 784 年和香加莫克里 M1：公元 783 年。

四　巴隆非白兰，都兰不是吐谷浑王城。

我省已故史学家、青海民族大学教授李文实先生是中国著名史学家顾颉刚之高足，著有《西陲古地与羌藏文化》（2001 年青海民族出版社出版），尤以西陲史地考证见长。顾颉刚考定白兰国疆域在今青海省与四川之间，李文实据此继续考证，认为，白兰山即在今果洛藏族自治州的玛多、甘德、达日、班玛县和久治县之大部。"若以今之都兰为吐谷浑王城，而以巴隆为白兰，则其东北方位为今之海北，而非海南，与古籍的河南国的记载全相违背。以此时期之吐谷浑王城为都兰，则察汗乌苏与巴隆密迩相望，有何退保之可言？这种向声背实的说法，都是轻信新说，耳食传讹或迷信权威所造成的"（《西陲古地与羌藏文化》p369）。李文实在其著作中几次严厉批评有些人将巴隆作白兰，把都兰视为吐谷浑王城的错误，且这种批评几近到了谴责之程度。他说，"这种仰人鼻息，以讹传讹，则即无味，且败坏学风"（p31）。"近年有人根据吴景敖（见《西陲史地研究》p1－p9，1947 年 10 月由中华书局出版）和日人佐藤长等人之说，以为今布尔汗布达山下的巴隆，即为当年白兰国所在，依人作嫁，反自以为新说"（p90）。

李文实之言，凿凿有据，针对性不言而喻。皮之不存，毛将焉附，地之不属，墓从何来？近年来有人不断在这个问题上既传讹又造假，至今既不觉悟，又不收敛。

五　参加发掘和研究的专家有

1. 主持参加都兰热水考古发掘并撰写《都兰吐蕃墓》考古发掘报告专著和论文的专家有：

齐东方，北京大学考古文博学院教授、博士生导师、考古专家。

林梅村，北京大学考古文博学院教授、博士生导师、考古专家。

许新国，青海省文物考古研究所原所长、研究员、考古专家。

格桑本，青海省文化厅原副厅长、研究员、考古专家。

任晓燕，青海省文物考古研究所研究员、考古专家。

刘小何，青海省柳湾彩陶博物馆原馆长、副研究员、考古专家。

吴平，青海省文物考古研究所副研究员、考古专家。

2. 考释都兰吐蕃墓古藏文木简牍、石刻、碑文，并有专论的专家有：

王尧，中央民族大学藏学教授，著名古藏文专家。

东嘎·洛桑赤烈，中央民族大学藏学教授，著名古藏文专家。

3. 解读都兰吐蕃墓织物墨书道符并有专论的专家：

王育成，中国社会科学院历史研究所研究员。

4. 对都兰吐蕃墓人骨测定并有专论的专家有：

朱泓，吉林大学教授、博士生导师、边疆考古研究中心著名人骨鉴定专家。

周慧，吉林大学教授、博士生导师、边疆考古研究中心人骨鉴定专家。

5. 采集测定研究都兰吐蕃墓树轮定年并有专论的专家有：

王树芝，中国社会科学院考古研究所研究员、古树轮研究专家。

邵雪梅，中国科学院地理资源与环境研究所研究员、树轮研究专家。

许新国，青海省文物考古研究所原所长、研究员、考古专家。

肖永明，青海省文物考古研究所研究员、考古专家。

6. 研究吐蕃、吐谷浑文史和都兰吐蕃墓并发表著作和多篇论文的还有：

李文实，青海民族大学教授、史学家。

霍巍，四川大学中国藏学研究所所长、教授、博士生导师。

阿米·海勒，瑞士藏学家。

李智信，青海省博物馆原馆长、研究员、考古专家。

汤惠生，青海省文物考古研究所原副所长、研究员、考古专家。

以上专家、学者从都兰古墓葬形制、结构、随葬品、古藏文、人骨、树轮等遗迹和遗物，用科学的考古发掘和研究方法，以及用先进的测定技术对文物进行科学研究。也就是说，由不同的专家，对不同的文物进行考证和测定，最终得出的结论都一致认定，都兰古墓是吐蕃墓葬，属吐蕃文化。这才是真实的历史留给青海的厚重礼物！

（原载《青海藏族》2011 年第 2 期）

关于呈送《都兰吐蕃墓》一书的说明

2005 年科学出版社出版了由北京大学考古文博学院、青海省文物考古研究所编著的最具权威的考古发掘报告《都兰吐蕃墓》一书，该书就出土的陶器和织物残片、木器件、木板画、皮件、金银饰件、古藏文、人体骨骼、道符等加以专文论述。1982 年以来，青海省文物考古研究所在都兰县热水乡血渭草场发现的庞大唐代墓群，属吐蕃墓群。这个发现被国家文物局学术委员会以"都兰吐蕃墓群"冠名，评为 1996 年"全国十大考古新发现"之一。为此、国务院 1996 年 11 月 20 日以国发【1996】47 号文将"都兰热水吐蕃墓群"公布为全国重点文物保护单位。在此之前，1986 年 5 月 27 日，青海省政府以青政【1986】65 号文件将"都兰热水吐蕃墓群"公布为第四批省级文物保护单位。该文的附件二还重申了青海省第一、二、三批文物保护单位名单。其中 1957 年 12 月 13 日公布的第二批名单中，都兰县英德尔羊场老场部的英德尔古墓和都兰县香加乡考肖图古墓均被定为唐代吐蕃古墓。1996 年国家文物局主编的《中国文物地图集——青海分册》等书也将"都兰热水吐蕃墓群"定名为吐蕃古墓群。国家文物局已将热水吐蕃墓群列入全国百大遗址。还有很多考古、古藏文、人骨、树轮等方面的著名专家发表了几十篇专论，论证结果都是吐蕃墓，属吐蕃文化。

但是近些年来，我省一些非专业、民间文史爱好者对都兰热水吐蕃墓群颇感兴趣，他们在一些省内刊物和媒体上发表文章，无视国务院和省政府的《通知》，也不顾专家学者们考古科研成果，臆说这些墓群属吐谷浑墓，在省内外造成混乱，他们的观点和言行可能对当地政府相关工作的决策起到误导作用。对这种现象，社会各界的一些人士极为关注，他们通过网络或写信、打电话给我部，要求向相关部门和领导反映，并以出土实物资料为依据来研究，采取组稿等形式，反映真实的历史面貌。

党的十七届六中全会提出要加强新时期的文化建设，省委书记强卫在全省文化改革发展大会上指出，"我们有可以和宁夏西夏王陵相媲美的热水古墓"，这对我省文化、文物考古工作者是一个很大的鼓舞和鞭策。我们应该继续加强对都兰吐蕃墓群的考古调查、发掘和研究，不断挖掘、保护和展示这一珍贵的吐蕃文化遗迹和遗物，充分利用这份璀璨的祖国文化遗产为当地社会经济发展做出应有的贡献。

在此我们还建议，乘十七届六中全会加强文化建设和国家文物局将都兰热水吐蕃墓群列入全国百大遗址的大好机遇，一是修建吐蕃文化博物馆；二是对热水吐蕃墓群大遗址（包括遗址和墓葬）

整体保护，适度展示利用。对都兰热水一号大墓现场保护，建成像陕西半坡、四川三星堆一样的大遗址博物馆；三是继续发掘中、小型吐蕃墓，逐步保护与修建吐蕃墓葬大、中、小系列遗址博物馆。将吐蕃文化这一祖国文化遗产向世人展示，同时将这些内容列入青海文化建设"十二·五"规划中。

为了让相关部门和领导了解真实情况，现呈上《都兰吐蕃墓》一书，望能引起关注和重视。

【编者按】：

这份"说明"是日前本刊编辑部为省上领导、有关地方政府和部门呈送《都兰吐蕃墓》一书的说明，现附后，请参考和查阅原书。

《青海藏族》编辑部

2011 年 12 月 12 日

（原载《青海藏族》2011 年第 2 期）

媒体新闻报道

报道综述

首届都兰吐蕃文化全国学术论坛于 2012 年 10 月，由青海藏族研究会主办，有来自中国社科院、中国科学院、中国藏学研究中心、西南民族大学、西北民族大学、青海民族大学等科研院校的 60 多位专家学者参加。论坛发表了 30 多篇有关都兰吐蕃古墓群研究的最新成果，对这次论坛省内外媒体给予强势关注和积极广泛的宣传报道。新华通讯社青海分社在新华网发稿，多家媒体予以转载。《中国文物报》（2012 年 11 月 7 日第 2 版）、《中国民族报》（2012 年 11 月 9 日第 10 版）、《工人日报》（2012 年 11 月 19 日 05 版）、《青海日报》（2012 年 11 月 2 日第 2 版）、《青海藏文报》（2012 年 11 月 9 日第 6 版）、《西海都市报》（2012 年 11 月 2 日第 A2 版）、《西宁晚报》（2012 年 11 月 2 日第 A12 版）、《西宁晚报》（2012 年 11 月 23 日 B07 全版）、青海广播电视台、中国藏族网通、中国藏族网等都先后予以报道，在社会上受到高度评价，产生广泛影响。

青海举办学术论坛研讨都兰吐蕃文化

新华网青海频道（2012 年 11 月 2 日）

新华网青海频道 11 月 2 日电（记者马勇）为期 5 天的首届都兰吐蕃文化全国学术论坛 2 日在青海省西宁市闭幕，来自中国多家院校的专家学者发表了有关青海都兰吐蕃古墓群研究的最新成果。

位于青海省海西蒙古族藏族自治州都兰县境内的古墓群陆续产生于公元 7～8 世纪，其墓葬主体属吐蕃文化，是唐代重要的历史文化遗存。都兰古墓群广泛分布于都兰县 9 个乡镇，总数在 2000 座以上。1982 年以来，青海省文物考古研究所等单位对其中八十多座进行了考古发掘，出土了一大批精美的丝绸、金银器、铜器、漆器、文牍等文物。

1983 年和 1996 年，都兰古墓群被国家文物局评定为"全国六大考古新发现"和"全国十大考古新发现"，1996 年，国务院将都兰吐热水墓群命名为"全国重点文物保护单位"。都兰古墓群是研究丝绸之路和西部民族史的重要历史文化遗存。

首届都兰吐蕃文化全国学术论坛由青海省藏族研究会主办，共有来自中国社科院、中国科学院、中国藏学研究中心、兰州大学等科研院校的 50 多位专家学者参加。论坛发表了 30 多篇有关都兰吐蕃古墓群研究的最新成果。

首届都兰吐蕃文化全国学术论坛举行

《工人日报》（2012 年 11 月 19 日 05 版）

本报讯（特约记者邢生祥）10 月 29 日至 11 月 1 日，由青海藏族研究会主办的首届都兰吐蕃文化全国学术论坛在西宁举行，来自中国社会科学院考古研究所、中国科学院地理科学与资源研究所、兰州大学等高校、科学出版社等机构的近 60 名专家学者，赴都兰县实地考察吐蕃墓群、参观相关出土文物博物馆，并举办学术论坛。

吐蕃文化是我国古代文化的重要组成部分，对中华文明的形成与发展做出过巨大贡献。20 世纪 90 年代以来，青海省发掘了都兰县热水吐蕃墓群，出土了一大批珍贵文物，这些文物从人类学、民族学、历史学、民俗学等许多方面，极大地丰富了吐蕃文化的实物资料，使专家学者对吐蕃文化、唐蕃关系、中西文化交流等有了更新的乃至颠覆性的认识，同时也带来一些急需重新认识的课题。都兰吐蕃陵墓群是我国西部古代少数民族的重要历史文化遗存，对研究吐蕃生产方式、生活习俗、宗教信仰、东西方文化交流提供了弥足珍贵的实物资料。

青海都兰吐蕃墓葬文化受关注
专家呼吁更有效的科学保护

《中国民族报》（2012 年 11 月 9 日）

10 月 29 日至 11 月 1 日，"首届都兰吐蕃墓葬文化全国学术论坛"在青海举行，中国社科院、中国科学院等科研机构和高校的近 60 名专家学者进行了交流探讨，并考察了吐蕃墓群等地。

据了解，总数在 2000 座以上的青海都兰古墓群产生于公元 7～8 世纪，墓葬主体属吐蕃，是研究丝绸之路和西部民族史的重要历史遗存。1982 年以来，青海省文物考古研究所等研究机构对其中八十余座墓葬进行了考古发掘，出土了一大批精美的丝绸、金银器、铜器、漆器、文牍等文物。相关考古成果分别于 1983 年和 1996 年被评定为"全国六大考古新发现"和"全国十大考古新发现"，北京大学等还出版过考古发掘报告《都兰吐蕃墓》一书。

随着青海推进文化名省建设，深入挖掘历史文化、民族文化、地方文化，都兰吐蕃墓群等历史文化遗存越来越多地受到海内外学者的关注，也引起社会各界的瞩目和热议。

学术论坛主办方、青海藏族研究会秘书长多哇·更桑协热介绍，"都兰吐蕃墓群"方圆数万公里，具有 1500 多年历史。虽然青海省多次组织专项行动打击，但盗墓活动始终没有停止过，已有近一半墓葬品惨遭盗掘，珍贵文物、木简文献等大量流失，千年墓葬文化正遭受着灭顶之灾。他呼吁有关部门和社会各界给予关注和重视，给予更为有效的科学保护。

都兰草原上的金字塔

《西宁晚报》（2012 年 11 月 29 日）

都兰吐蕃古墓群，就像古埃及金字塔，隐现在都兰热水沟一带的群山之中；或更广泛的地域。10 月 29 日至 31 日我们随来自全国及青海的考古专家，赴都兰吐蕃古墓群进行实地考察。一路上，专家们相互交流着对古墓的最新研究成果，感叹当年参加发掘时的壮观场景。他们说，群山之中如此庞大的古墓群，填补了青海湖到格尔木之间的旅游空白点，开发利用好它，古墓群将是青海旅游的黄金品牌。

绵延在群山中的古墓群

绵延的群山从我们眼中滑过，车在土路边停下了，前方已不能行驶，只能是徒步前行了。大约走了 30 分钟的路程，我们翻上了一座小山包，极目望去，远方的古墓（土丘）轮廓已清晰可辨。考古专家许新国教授说，虽然看见古墓就在眼前，但距我们还有大约五六里地呢，由于时间关系，我们不必走过去了，主要是让大家认识到在周边绵延的群山中沉睡着近千座大大小小的古墓。我们为古墓群这样壮观的存在唏嘘不已……

这次我们主要去了都兰血渭草场上最有名的"都兰一号大墓"，以及草场南岸的吐蕃古墓群。

都兰热水乡的血渭草场上有一条察汗乌苏河，这条河把血渭草场分成南北两部分，1982 年，青海省文物考古队在南北两岸发现了一个庞大的唐代吐蕃古墓群，发掘工作从那时起开始。

令人震撼的"血渭一号大墓"

"血渭一号大墓"在血渭草场北岸，大墓依山傍水，有高原"金字塔"之称。东西两面各有山峦向墓旁延伸，两山交汇处有一巨石，形似鸟首，两面的大山浑似鸟翼展开，正面眺望，犹如一只展翅雄鹰，以双翅护墓。大墓透出一种神秘深邃的气氛。

大墓东西长 55 米，南北宽 37 米，高约 30 米，系人工筑成的小山包，墓室之上棚盖巨大柏树圆木 10 多层，大墓南侧有殉马坑 5 条，出土殉马骨骼 87 具；另有殉牛坑、殉犬坑多处。出土的文物有：织锦袜、皮靴、金银器、漆器、陶器、木碗、木碟、木鸟兽、罗马金币、波斯银币和一批绵、绫、绢、缂、丝等丝绸织品。其中有一件织有波斯萨珊王朝所使用的钵罗婆文体"伟大的光荣的王中之王……"字体的织锦，据考证是目前世界上仅有的一件，被确证为 8 世纪波斯锦。是稀世珍品。

专家们认为，这个墓葬的级别很高，是吐蕃古墓中最惊人的发现，它也是所有古墓中最为壮观的一座墓葬，墓葬对研究吐蕃文明史、古代东西方商贸、文化交流均有非常重要的研究价值。

国内外考古专家亲临都兰

此次赴都兰吐蕃古墓考察，我有幸见到了国内许多知名的考古专家，并与他们做了简短的交流。中科院考古研究所王树芝教授告诉我，她就参加过都兰古墓的树轮测年工作，她的考古专业是树木植物年轮测定。那是 1999 年 7 月，都兰最美的季节。

1999 年 7 月，在美国唐研究会的资助下，由北京大学考古文博院、青海省文物考古研究所联合在都兰血渭草场察汗乌苏河南岸发掘了四座大中型唐代的吐蕃墓葬。这是对都兰吐蕃墓葬的最重要的一次科学考古发掘。

这次联合发掘出土了大量的文物，其中古藏文木简牍、石刻碑铭的发现，为大墓及墓主人身份的定性起到了极为关键的作用。

北大考古文博院教授齐东方、中央民族大学教授王尧、兰州大学教授宗喀·漾正冈布分别对古藏文木简牍、碑铭进行了学术释读；国内外知名考古专家对墓葬的人骨、墓室之上棚盖柏树圆木进行墓葬人骨线粒体 DNA 测定及树木年轮测定，得出了明确的结论——都兰热水乡古墓群等级较高，年代大约在 8 世纪中期，属唐代吐蕃贵族墓葬群。

烧墓、炸墓、推土机掘墓的盗墓者

据有关都兰古墓群调查报告中记载，都兰的墓葬被盗的历史很长，最早是在清朝，就发生过盗墓事件，到了 20 世纪三四十年代，马步芳派了一个工兵营驻扎在都兰的智尕日，将热水南岸的一个大墓挖成了平台。据说工兵营撤退时，被掘的墓室着火，浓烟冒了很长时间，人们猜测墓中肯定有粮食。这座墓的规模与"血渭一号大墓"差不多，是一个王族的墓。

20 世纪 90 年代，是一个盗墓的高峰期，都兰热水乡崖豁山顶墓被炸，虽然没有炸开，但在炸出的残渣中发现了描画精美的漆片。考古人员闻讯赶到时，手捧这些漆片十分心疼，许新国教授说，他们最怕听到盗墓的方式，就是炸墓，这对古墓的破坏性是最大的，不仅仅是毁坏了珍贵的文物，更重要的是直接影响考古人员对古墓的科学鉴定。

1998 年发现了一起用推土机盗墓的事件，盗墓者将墓推平后，撬开墓门，挖了一个盗洞，有十多米深，从中盗走了许多东西。后来盗墓者被抓获，交代说，其中有一只铜马，因为个体太大，拿不出来，他们便锯断了铜马的腿……

我们在都兰国际酒店吃饭时，与服务员闲聊起来，服务员告诉我，每年夏天，各色人种齐聚都兰，有到国际狩猎场打猎的，有自驾游和户外徒步旅游的，有收购古墓文物的，还有一些神秘人物，专门打探古墓发掘情况的。他们携带的仪器和开的车辆品质都是一流的，早出晚归十分神秘。

"新潮"的考古人

在我们一行人中，有 8 名来自兰州大学的博士生和研究生，他们的欢声笑语，为这次考察带来了生机勃勃的气象。当我们徒步的过程中，他们的户外服给我们这支沉寂的队伍增加了色彩，专家教授们高兴地说，这支考古队伍后继有人啊。

博士生和研究生们带的设备也很新潮，巨浪是 8 名学生中年龄最小的研究生，只有 23 岁，他拿的 GPS 定位器，是挂在胸前的；每到一座古墓前，东经北纬多少度自动显示。他的记录有着一套专业程序，还即兴画地形图。一路下来小本本已记满了。

学民族学专业的博士生刘铁程告诉我，他已经是第二次来都兰了，对都兰古墓十分有兴趣，并与导师合作写了《墓葬出土藏文碑刻考释》的博士生论文，刊发在国内考古界权威杂志《文物》上。他说，都兰群山之中，隐现如此宏大的古墓群，是让人激动的一件事……

古墓群的"黄金品牌"

活动即将结束时，我采访了青海文物研究所原所长许新国教授，他说，都兰古墓群不光对青海、对国家及世界都是很重要的人类文化遗址。它出土的文物见证了我国唐朝丝绸之路上中西文化交流的繁荣，是藏族文化、艺术领域一次重大的发现。

都兰古墓群就青海旅游而言，存在着无与伦比的价值，它填补了青海湖到格尔木之间的旅游空白点。如此众多的古墓群堪称是一个奇迹，它点多、面广、线长，既有大墓、中小型墓；又有孤墓、群墓，很好地保护利用，将是我省旅游中的黄金品牌。

首届都兰吐蕃文化全国学术论坛在西宁举行

《青海日报》（2012 年 11 月 29 日）

本报讯（记者/苑玉虹）由青海藏族研究会主办的首届都兰吐蕃文化全国学术论坛于 10 月 29 日至 11 月 1 日在西宁举行。

来自中国社会科学院考古研究所、中国科学院地理科学与资源研究所、西南民族大学、西北民族大学、青海民族大学、科学出版社、西藏社会科学院、中国民族史学会、中国史学研究会、文物出版社期刊中心等机构的近 60 名专家学者，赴都兰实地考察吐蕃墓群、参观相关出土文物博物馆，并举办学术论坛。

吐蕃文化是我国古代文化的重要组成部分，对中华文明的形成与发展做出过巨大贡献。都兰吐蕃陵墓群是我国西部古代少数民族的重要历史文化遗存，对研究吐蕃生产方式、生活习俗、宗教信仰、东西方文化交流提供了弥足珍贵的实物资料。20 世纪 90 年代以来，我省发掘了都兰县热水吐蕃墓群，出土了一大批珍贵文物，这些文物从人类学、民族学、历史学、民俗学、美术学、语言学、宗教学等许多方面，极大地丰富了吐蕃文化的实物资料，使专家学者对吐蕃文化、唐蕃关系、中西文化交流等有了更新的乃至颠覆性的认识，同时也带来一些急需重新认识的课题。青海境内的吐蕃文化遗存越来越多地受到广大学者的关注，也引起社会各界的瞩目和热议。

这次论坛旨在为研究吐蕃文化的国内学者提供一个聚集一堂、相互交流、探讨的平台。使专家学者有一个多视角、多层次研讨都兰吐蕃文化的机会，在交流与商讨中，进一步深化研究、深化认识、正本清源、达成共识，将吐蕃文化研究、吐蕃文化知识推广推向一个全新的阶段。论坛采取实地考察与学术研讨相结合的方式，意在以墓葬文化为起点，拓展到吐蕃文化更广的领域，使研究更加深入、视野更加开阔、实地与文献结合更加紧密。

论坛上，来自全国各地的重量级专家学者分别以《天堂喜宴——青海海西郭里木吐蕃棺板画笺证》、《青海海西都兰等处吐蕃墓与吐蕃文化之关系再探讨》、《都兰吐蕃墓发掘述略》、《吐蕃丧葬习俗与佛苯文化的差异》、《地球物理勘探在古代墓葬探测中的应用》、《都兰吐蕃三号墓四方藏文石刻排序的研究》等为题作了演讲。

首届都兰吐蕃文化全国学术论坛参会人员通讯录

	序号	姓名	职称/职务	单位名称	备注
北京	1	晋宏逵	原副院长、研究员	故宫博物院	
	2	叶茂林	研究员	中国社科院考古研究所	
	3	钟建	高级工程师	中国社科院考古研究所	
	4	桑德	研究员	中国藏学研究中心	
	5	吉美桑珠	研究员	中国藏学研究中心	
	6	王树芝	研究员	中国社科院考古研究所	
	7	邵雪梅	研究员	中国科学院地理科学与资源研究所	
	8	王霞	副主编、编审	文物出版社《文物》编辑部	
	9	孙莉	研究员	科学出版社文物考古分社	
	10	杨红	高级工程师	故宫博物院	
	11	曹振伟	博士	故宫博物院	
	12	纪立芳	博士	故宫博物院	
西藏	1	巴桑旺堆	研究员	西藏社会科学院	
	2	夏吾卡先	研究员	西藏大学图书馆藏学文献中心	
四川	1	夏吾李加	副研究员	西南民族大学文献研究中心	
	2	根秋登子	教授	西南民族大学	
吉林	1	张全超	副教授	吉林大学边疆考古研究中心	
甘肃	1	宗喀·漾正冈布	教授	兰州大学历史文化学院	
	2	扎西才让	教授	西北民族大学藏语言文化学院	
	3	才让	教授	西北民族大学历史文化学院	
	4	才项多杰	教授	西北民族大学藏语言文化学院	
	5	刀吉仁青	副教授	西北民族大学藏语言文化学院	
	6	英加布	副教授	西北民族大学藏语言文化学院	
	7	刘铁程	讲师	兰州大学西北少数民族研究中心	
	8	岗泽	博士	西北民族大学藏语言文化学院	
	9	贡博吉	博士	西北民族大学历史文化学院	

续表

		序号	姓名	职称/职务	单位名称	备注
甘肃		10	周毛先	博士	兰州大学西北少数民族研究中心	
		11	韩旦春	硕士	兰州大学西北少数民族研究中心	
		12	闫脑吾	硕士	兰州大学西北少数民族研究中心	
		13	苏都毕力格	硕士	兰州大学西北少数民族研究中心	
		14	王兴恺	硕士	兰州大学西北少数民族研究中心	
		15	靳艳娥	硕士	兰州大学西北少数民族研究中心	
		16	巨浪	硕士	兰州大学西北少数民族研究中心	
青海	省级单位	1	李庆	原主任，藏研会秘书长	青海省民宗委青海藏族研究会	
		2	格桑本	原副厅长，研究员，藏研会副会长	青海省文化厅	
		3	冯兴禄	副厅长	青海省文化厅	
		4	党周	社长	新华社青海分社	
		5	戈明	副总编，藏研会副会长	青海省日报社	
		6	赵春生	原副主任，藏研会副会长	青海省军区政治部	
		7	才仁战斗	原主任，藏研会副会长	青海省教育厅招生办	
		8	汪群	副巡视员，藏研会副会长、副秘书长	青海省民宗委	
		9	阿德成	藏研会顾问	青海互助县政协	
		10	完玛冷智	主任，译审	青海省委统战部研究室	
		11	华多太	副译审	青海省政府信息中心	
		12	才让本	主任科员	青海省民宗委	
		13	端智	处长	青海省教育厅民教处	
		14	温生云	副处长	青海省民政厅社会救助处	
	文博单位	1	许新国	原所长，研究员	青海省文物考古研究所	
		2	李智信	研究员	青海省图书馆	
		3	王国林	馆长	青海柳湾彩陶博物馆	
		4	元旦尖措	副馆长	青海藏医药文化博物馆	
		5	才洛太	主任	青海藏医药文化博物馆	
		6	才公太	副馆长	青海藏医药文化博物馆	
		7	索南吉	讲解员	青海藏医药文化博物馆	
		8	华果	讲解员	青海藏医药文化博物馆	
	大专院校	1	恰嘎·旦正	教授	青海民族大学	
		2	叶拉太	副教授	青海师范大学民族师范学院	
		3	元旦	副教授	青海师范大学民族师范学院	
		4	冷智多杰	副教授	青海师范大学民族师范学院	
		5	拉克才让	硕士研究生	青海民族大学	

续表

		序号	姓名	职称/职务	单位名称	备注
青海	青海藏族研究会	1	彭措	原主任，藏研会副会长	黄南藏族自治州人大	
		2	卓玛措	原副主任，藏研会副会长	果洛藏族自治州人大	
		3	英青加	原副主席，藏研会副会长	海南藏族自治州政协	
		4	诺日仁青	副巡视员，藏研会副秘书长	海西蒙古族藏族自治州文联	
		5	仁青达哇	副会长	青海藏族研究会项目部	
		6	李国栋	原导演，藏研会副秘书长	青海省民族语影视译制中心	
		7	万俄吾	原处长，藏研会副秘书长	青海省公安厅	
		8	多杰卓玛	原主席，藏研会副秘书长	青海省司法厅工会	
		9	夏治	副秘书长	青海藏族研究会	
		10	苏德胜	主任，藏研会副秘书长	果洛藏族自治州政协文史办	
		11	华克嘉	副秘书长	青海藏族研究会	
		12	吾金文江	项目主任	青海藏族研究会项目部	
		13	德吉	主任	青海藏族研究会办公室	
		14	喇桂英	常务理事	青海藏族研究会	
		15	仁青吉	网站编辑	青海藏族研究会办公室	
		16	珠姆吉	工作人员	青海藏族研究会办公室	
	新闻媒体	1	马勇	主任	新华社青海分社	
		2	李少鹏	记者	新华社青海分社	
		3	苑玉虹	记者	青海日报社	
		4	赵秋玲	记者	西宁晚报社	
		5	郑思哲	记者	西海都市报	
		6	南加仁增	记者	青海广播电视广播网络	
		7	乔公保	主任	中国藏族网通	
		8	仁增才让	记者	中国藏族网通	
		9	三盘俄日	记者	中国藏族网通	
		10	仁青才让	记者	青海广播电视台	
		11	路加	记者	青海广播电视台	

图版 1　青海省省委常委、省纪律检查委员会书记多杰热旦，省政协副主席仁青安嘉和省文化厅领导看望与会代表时合影

图版 2　首届都兰吐蕃文化全国学术论坛专家学者和与会人员合影

图版3　北京大学考古文博学院、青海省文物考古研究所出版的考古发掘报告《都兰吐蕃墓》、王尧先生为首届都兰吐蕃文化全国学术论坛赠送《王尧藏学文集》（1~5册）、青海藏族研究会会刊《青海藏族》出专刊论述都兰吐蕃墓葬

图版4　2014年7月青海省文化厅原副厅长、研究员、青海藏族研究会副会长格桑本赴京向王尧先生介绍论坛和出版论文集情况

图版5　2015年10月上旬，青海省民委原主任、青海藏族研究会副会长李庆（多哇·更桑协热）和中国藏学研究中心研究员吉美桑珠拜访王尧先生，介绍论文集编辑情况时合影

图版 6　参加论坛的专家学者在都兰热水一号大墓前合影

图版 7　2012 年 10 月 29 日，青海日报副总编、青海藏族研究会副会长戈明在欢迎晚会上致辞

图版 8　2012 年 11 月 1 日，青海省民委原主任、青海藏族研究会副会长李庆（多哇·更桑协热）在论坛开幕式上致辞

图版 9　青海省文化厅原副厅长、研究员、青海藏族研究会副会长格桑本主持论坛并发言

图版 10　青海省文物考古研究所原所长、研究员许新国介绍海西都兰、乌兰等地吐蕃考古调查和发掘情况

图版 11　科学出版社文物考古分社研究员孙莉介绍热水南岸吐蕃墓葬发掘和研究成果

图版 12　中国科学院地理科学与资源研究所研究员邵雪梅介绍都兰吐蕃墓树轮研究

图版 13　吉林大学边疆考古研究中心副教授张全超介绍热水出土吐蕃人骨 DNA 测定

图版 14　中国社会科学院考古研究所高级工程师钟建发言

图版 15　中国社科院考古研究所研究员叶茂林发言

图版 16　西藏社会科学院研究员巴桑旺堆发言

图版 17　西北民族大学历史文化学院教授才让发言

图版 18　西南民族大学文献研究中心副研究员夏吾李加发言

图版 19　西藏大学藏学文献中心研究员夏吾卡先发言

图版 20　青海民族大学教授恰嘎·旦正发言

图版 21　西北民族大学藏语言文化学院副教授英加布发言

图版 22　西南民族大学教授根秋登子发言

图版 23　中国藏学研究中心研究员吉美桑珠发言

图版 24　兰州大学西北少数民族研究中心博士刘铁程发言

图版 25　西北民族大学藏语言文化学院教授扎西才让发言

图版 26　青海省图书馆研究员李智信发言

图版 27　青海省军区政治部原副主任、青海藏族研究会副会长赵春生发言

图版 28　兰州大学历史文化学院教授宗喀·漾正冈布发言

图版 29　采访青海师范大学副教授叶拉太

图版 30　论坛大会现场

图版 31　论坛大会现场

图版 32　许新国在省考古所介绍吐蕃文物

图版 33　许新国介绍热水地区吐蕃墓葬分布情况

图版 34　在热水一号大墓前采访当地群众

图版 35　在热水墓群现场采访中国社会科学院考古研究所研究员王树芝

图版 36　在热水墓群现场采访文物出版社编审王霞

图版 37　在热水墓群现场采访青海柳湾彩陶博物馆馆长王国林

图版 38　许新国在乌兰县茶卡吐蕃大墓现场讲解

图版 39　在热水墓群现场采访格桑本研究员

图版 40　在都兰县考肖图考察吐蕃遗址

图版 41　都兰热水吐蕃一号大墓（未挖掘前）

图版 43　热水一号吐蕃大墓石砌封堆
围墙

图版 42　热水吐蕃墓群全国重点文物保护单位碑

图版 45　都兰县热水芦丝沟龙根吐蕃墓地

图版 44　热水一号吐蕃大墓发掘现场

图版 46　1949 年前被马步芳盗掘过的都兰热水智尕日吐蕃大墓

图版 47　乌兰县茶卡吐蕃大墓

图版 48　玛多县莫格德哇吐蕃古墓群

图版 49　玉树县当嘎吐蕃古墓群

图版 50　治多县那考达吐蕃古墓群

图版 51　治多县白龙沟可哇下庄吐蕃古墓群

图版 52　宝花镀金银质牌饰

图版 53　镀金银质包木饰条

图版 54　对马图案丝绸

图版 55　鎏金银质人头像

图版 56　木碗

图版 57　嵌玉金牌饰

图版 58　热水 M1 大墓 1 号殉马沟出土镀金银饰片

图版 59　热水 M1 大墓出土太阳神织锦

图版 60　热水 M1 大墓出土宝花对兽饰

图版 61　热水 M1 大墓出土嵌松石饰牌

图版 62　热水小型墓出土嵌宝饰金牌

图版 63　热水 M1 大墓 M2 陪葬墓出土宝花织锦袜

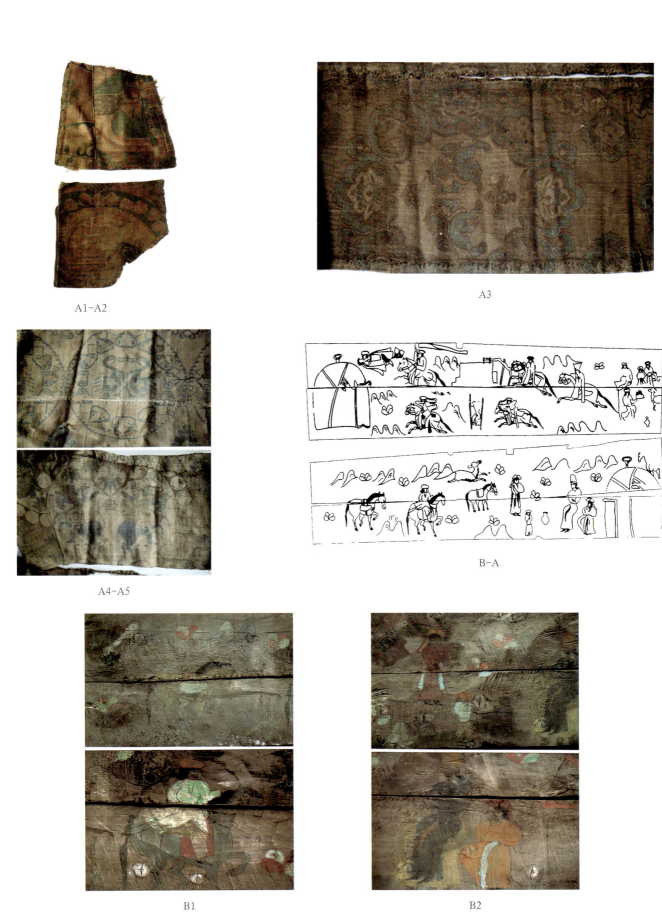

A1-A2

A3

A4-A5

B-A

B1

B2

图版64 《德令哈吐蕃墓出土丝绸与棺板画研究》插图（一）

B3

B4

B5

B6

图版 65　《德令哈吐蕃墓出土丝绸与棺板画研究》插图（二）

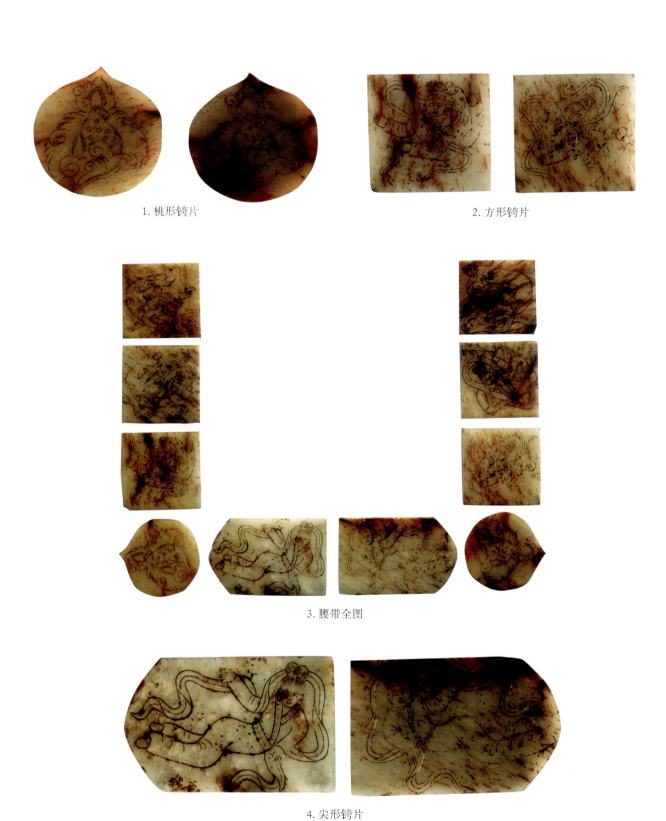

1. 桃形銙片

2. 方形銙片

3. 腰带全图

4. 尖形銙片

图版 66 《吐蕃飞天纹玉带板小考》中玉带板局部与全图

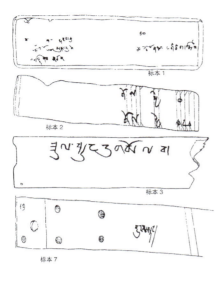

标本 1

标本 2

标本 3

标本 7

1

（1） 木简（99DRNM1:36）（正面）

（2） 木简（99DRNM1:36）（反面）

2

3

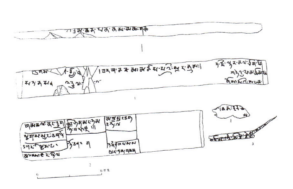

4

5

图版 67　《论都兰古墓的民族属性》插图（一）

7

6

8

9

10

图版68 《论都兰古墓的民族属性》插图（二）

11

12

13

14

图版69　《论都兰古墓的民族属性》插图（三）

15

16

17

18

图版70 《论都兰古墓的民族属性》插图（四）

1. 乌兰县泉沟吐蕃壁画墓

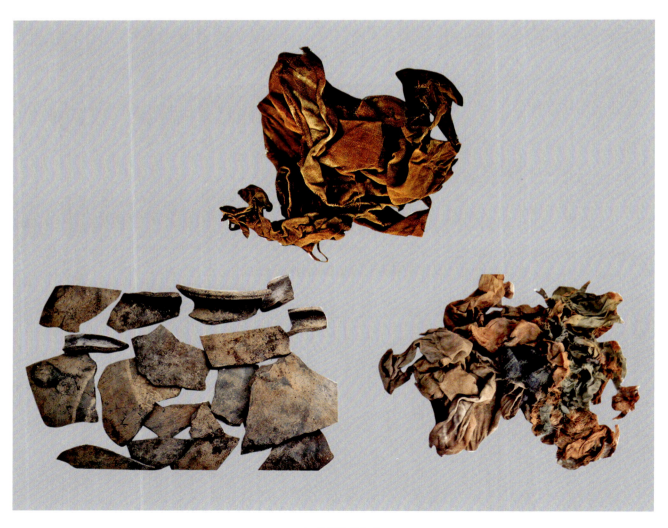

2. 丝织物及陶片

图版 71 《乌兰县泉沟首次发现吐蕃壁画》插图（一）

3. 前室东壁

4. 前室东壁

5. 前室南壁—舞乐团

6. 前室中心

7. 前室西壁

图版 72 《乌兰县泉沟首次发现吐蕃壁画》插图（二）

8. 后室壁绘圆顶大帐篷

9. 后室北壁

10. 后室顶棚上绘鹰

11. 放牧图

12. 怪兽图

图版 73 《乌兰县泉沟首次发现吐蕃壁画》插图（三）